제8판

형법총론

오영근 · 노수환 공저

박영사

항상 집필의 원동력을 주는 아내와 가족에게 바칩니다.

제8판 서 문

2024년 제7판이 출간된 후 2년이 지나 제8판을 출간하게 되었다.

다른 시기에 비해 2024년과 2025년에는 대법원 전원합의체 형법판결이 별로 선고되지 않았다. 형법총론에 관한 판결로서는 대법원 2025. 3. 20. 선고 2023도10405 전원합의체 판결이 유일하다. 동 판결은 진정결과적가중범의 미수를 부정하는 판결인데, 학계의 다수설도 같은 입장이다. 당연히 이번 개정판에 이 판결을 반영하였다. 그리고 독자들의 입장에서 좀더 이해하기 쉬운 표현들로 바꾸기 위해 노력하였다.

제8판에서는 분량을 약간 줄였는데, 그 이유는 학생들의 공부 부담을 조금이나마 덜어주기 위해 학문적 관심사들에 대한 내용들을 축약하거나 작은 글씨로 하였기 때문이다. 각종 국가시험이나 변호사시험에 주로 판례의 결론을 암기하는 문제들이 출제되는 현재의 상황에 맞추기 위함이다. 그러나 형법 이론가이든 실무가이든 판례의 결론을 암기하는 것도 필요하지만, 더욱 중요한 것은 판례의 논리와 그 문제점 및 개선방안에 대한 문제의식을 갖는 것이다. 이러한 의미에서 작은 글씨 부분은 대학원생이나 실무가들이 기존 학설들과 판례를 이해하고 우리 형법의 올바른 해석을 위해 한번씩 읽어보면 좋을 것이다.

이번 개정판을 위해 수고하여 주신 박영사의 안종만 회장님, 안상준 대표님, 조성호 이사님, 장유나 차장님과 관계 직원 여러분들께 깊은 감사를 드린다.

2026. 2.

공동저자 오영근 · 노수환

제7판 서 문

이번 판부터는 노수환 교수를 공동저자로 모셨다. 근래에 단독저서에 제자들을 공동저자로 하는 교과서들이 출간되고 이것은 매우 바람직한 현상이라고 생각된다. 단독저서의 장점도 많지만 단점으로는 저자 스스로 자신만의 논리에 함몰되어 객관성을 잃을 위험이 있다는 것이다. 공저의 경우 이러한 단점은 줄어들지만 제자를 공동저자로 하는 경우에는 제자가 더 좋은 견해를 가지고 있어도 스승이 집필한 기존 교과서의 내용을 고치기는 쉽지 않다.

이 때문에 평소 존경해오던 노수환 교수에게 공동저자를 부탁하였고, 감사하게도 노 교수가 흔쾌히 수락해주었다. 노 교수가 필자의 견해를 토대로 우리 형법학과 형사실무에 도움이 될 수 있는 교과서로 발전시켜 주기를 바란다.

노 교수는 일찍이 사법연수원을 수석으로 졸업하고, 판사와 변호사를 거쳐 2009년부터 성균관대학교 법학전문대학원 교수로 활동하고 있다. 실무와 이론을 겸비한 노 교수의 형사기록형 교재는 로스쿨 학생들의 필독서가 되어 변호사시험 공부에 많은 도움을 주고 있다. 이러한 노 교수의 능력을 발휘한다면 로스쿨 학생을 비롯한 모든 법학도들의 형법 공부에도 큰 도움을 줄 수 있는 교과서로 발전시킬 수 있으리라 확신한다. 필자 역시 노 교수와 계속적인 토론과 협의를 통해 좀 더 나은 교과서가 될 수 있도록 노력을 아끼지 않을 것이다.

개정판을 출간하면서 명지대 안수길 교수의 도움을 많이 받았다. 그는 제6판의 내용상의 오류와 오탈자를 꼼꼼히 수정해 주었다. 박영사의 장유나 차장은 이번 개정판을 공저로 하게 되면서 두 사람의 원고를 잘 정리해 주었다. 또한 박영사의 안종만 회장, 조성호 이사 및 모든 직원분들도 개정판의 출간을 위해 수고해 주셨다. 이 자리를 빌려 감사드린다.

2024. 2.

공동저자 오 영 근

많은 학자들의 존경을 받고 계시는 오영근 교수님은 형법학계의 큰 산입니다. 교수께서는 우리 형법규정에 맞는 우리의 자주적인 형법해석학을 확립하기 위한 연구에 헌신하셨습니다. 연구자들을 위하여 새해 초마다 발표하셨던 전년도 대법원 형사판례들에 대한 평석은 간명하면서도 폐부를 찌르는 내용으로 법률실무전문가인 저도 매번 경이로웠습니다. 그래서 교수께서 평생의 업적으로 일구신 알기 쉽게 쓰인 형법총론과 형법각론 교과서에 감히 저의 이름을 함께 올리는 것은 더할 나위 없는 영광이기에 미력이나마 보탠다는 이유로 욕심을 부리기로 하였습니다.

모든 형법학의 기초가 되는 필수적인 형법총론은 학생들이 그 논리적인 해석과 이해, 체계화를 위하여 공부하기에는 상당히 어려운 부분입니다. 한편 법학은 구체적인 사안에서 실정법을 적용하여 그 해결책을 제시하는 실용학문이므로 대법원 판례를 익히는 것도 매우 중요합니다. 그러나 우리는 대법원 판례의 법리를 그대로 맹종해서는 안 되고 이를 논리적으로 비판할 수 있는 사고능력을 길러야 합니다. 저는 이 책이 여러분에게 형법총론을 좀더 이해하기 쉬우면서도, 판례를 이해하고 논리적으로 비판할 수 있는 사고능력을 향상시켜 줄 것으로 확신합니다.

이번 개정판에서는 2023년도까지의 대법원 판례와 개정된 법률 등을 반영하였는데, 그 이전의 판례도 상당 부분 추가·보완하여 책의 분량이 약 80쪽 증가하였습니다. 하지만 이것은 형법각론 공부에 있어서도 중요하고 여러분의 이해를 돕기 위한 판례와 사례의 보완이므로 책을 읽는 속도와 이해는 종전보다 빨라질 것이어서 실제 부담은 크지 않을 것입니다.

존경하는 오영근 교수님과 저는 앞으로 다양한 쟁점과 판례를 망라하여 형법학을 공부하는 여러분에게 유용한 형법총론 교과서가 될 수 있도록 부단히 노력할 것을 약속드립니다. 새해에도 독자 여러분께 건강과 행복이 함께 하기를 기원합니다.

2024. 2.

공동저자 노 수 환

서 문

법학은 지식의 학문이 아니라 지혜의 학문이다. 형법학도 지혜있는 사람이라야 제대로 할 수 있다. 지혜있는 사람이 되기 위해서는 단순히 지식을 연마하는 것으로 부족하고 전인격적인 노력이 필요하다. 지혜의 첫 단계는 사물을 있는 그대로 보고 말할 수 있는 솔직함이다. 사물을 있는 그대로 보기 위해서는 권력이나 이익 혹은 편견 등에 물들은 색안경을 끼지 말아야 한다.

우리 법학의 문제점 중 하나가 많은 법학도들이 출세의 색안경을 끼고 법학을 공부한다는 것이다. 이 경우 정당한 방법을 통해 필요한 만큼의 노력을 들여 법학을 공부하려고 하기보다는 오직 시험합격을 위한 공부를 하게 된다. 이러한 현상은 개인의 잘못이라기보다는 법학교육이나 국가시험제도의 잘못에 기인한 것이기는 하다. 그러나 이러한 공부방법으로는 시험에 합격하는 것 그 자체가 힘들다. 어떤 시험이건 합격가능성이 가장 높은 공부방법은 정상적으로 공부하는 것이기 때문이다. 설사 요령위주의 공부방법으로 요행으로 합격하였다 하여도 사회의 수요에 부응하는 법률서비스를 제공하지 못하는 기형적 법률전문가가 될 수밖에 없고, 이는 길게 보면 본인에게도 불행한 결과를 초래한다.

다른 한편 종래 우리 형법학의 문제점은 독일형법학의 색안경을 끼고 우리 형법을 바라보았다는 것이다. 최근에는 이러한 문제점을 반성하고 우리의 독자적 형법학을 확립해야 한다는 자각이 생겨나고 있지만, 아직도 우리 형법학에 대한 열등의식과 독일형법학에 대한 사대주의적 자세가 완전히 극복되지는 못하였다.

독일 사대주의 형법학의 첫 번째 문제점은 교과서나 논문들의 내용이 알 수 없는 용어로 쓰여진다는 것이다. 아직도 많은 교과서와 논문들 중에는 내용이 어려워서가 아니라 독일의 용어를 잘못 번역하거나 우리의 언어감각과 동떨어지게 표현하였기 때문에 어려운 것들이 많이 있다. 독일 사대주의 형법학의 두 번째 문제점은 독일형법 규정에 대한 해석론을 우리 형법규정에 대한 해석론으로 그대로 받아들였다는 것이다. 이로 인해 갓쓰고 양복을 입은 것과 같이 어색하거나 우스꽝스러운 해석론도 생겨났다. 이러한 해석론들은 형법공부를 쓸데없이 어렵게 만들고, 더 나아가서는 학생들로 하여금 교과서와 논문보다는 요약서에 의존하여 형법공부를 할 수밖에 없도록 하는 심각한 문제를 발생시켰다.

이 책을 집필하면서 저자의 가장 큰 목표는 형법해석의 기본원칙에 따라 우리 형법규정에 맞는 우리의 형법해석학을 확립하는 것이다. 독일식 용어와 학설에 치우친 독일 사대주의 형법학에서 독립하여, 우리 형법규정에 대해 우리 언어로 해석하고 우리 언어로 표현된 자주적(自主的) 형법학을 확립하는 것이다. 저자가 이 책의 표지색을 자주색(紫朱色)으로 한 것도 우리의 자주적 형법학에 대한 간절한 소망의 표현이다.

이 책의 특징은 다음과 같다.

첫째, 학설이나 법률용어들에 대해 그러한 명칭이 붙은 이유 등을 소개하는 등 가능한 한 독자들이 형법총론의 내용을 이해하기 쉽도록 서술하려고 노력하였다.

둘째, 자주적 형법학을 확립하기 위해서 우리 판례를 충실히 소개하려 하였다. 판례는 형법해석학의 중요한 대상임은 물론이요, 국가시험에서 판례가 다수 출제되기 때문에 독자들로 하여금 국가시험에도 충실히 대비할 수 있게 하기 위함이다. 다만 교과서의 분량이 너무 많아지는 것을 피하기 위해 중복된 판례들은 자세한 내용소개를 생략하였다.

셋째, 통설·판례에 따라 서술하고, 저자의 개인적 견해나 그 밖에 생각해 봐야 할 문제점들은 작은 글씨로 표기하였다. 작은 글씨로 된 부분은 암기하려 말고 통설·판례의 문제점이나 약점을 생각해 보고, 이를 통해 통설·판례에 대한 이해를 높일 수 있는 방식으로 활용하면 좋을 것이다.

넷째, 어떤 문제에 대한 각 학설들의 내용과 그에 따른 결론을 분명하게 이해할 수 있도록 하기 위해 사례와 그 해결방안을 제시하였다.

이 책을 출간하는 데에 도움을 주신 분들이 많이 계신다. 한양대학교 대학원 박사과정에 재학중인 이승현 법학석사는 참고문헌 인용부분을 일일이 확인하여 주었고 편집과 교정에도 수고를 아끼지 않았다. 한양대학교 석사과정에 재학중인 송주영 법학사는 편집, 색인작성, 교정 등 여러 가지 까다로운 일들을 도맡아 주었다. 사법시험에 합격하여 사법연수원 입소를 앞두고 있는 윤수정 법학석사, 김지연 법학사, 사법연수원에서 법원실무 연수중인 신상록 법학석사는 개인적으로 바쁜 시기임에도 불구하고 충실하게 교정을 봐 주었다. 법무사로서 경원대와 경기대에 출강도 하는 최영승 법학박사도 충실하게 교정을 봐 주었다.

이 책의 편집과 교정을 맡아 주신 박영사 편집부의 노현 차장님, 이 책을 기획하고 출판에 도움을 주신 기획부의 조성호 차장님과 송창섭 선생님께도 깊은 감사의 말씀을 드린다.

2005년 2월
한양대학교 법과대학 연구실에서
저 자

차 례

제 1 편 서 론

제 1 장 형법의 기본개념 §1

제 2 장 형법의 역사 §2

제 3 장 죄형법정주의 §3

제 4 장 형법의 적용범위 §4

제 2 편 범 죄 론

제 1 장 범죄론의 기본개념

제 1 절 범죄의 개념과 종류 §5

제 2 절 형법이론 §6

제 3 절 행위론과 범죄체계 §7

제 2 장 구성요건론

제 1 절 구성요건이론 §8

제 2 절 법인의 형사책임 §9

제 2 절 정당방위 §18

제 3 절 긴급피난 §19

제 4 절 자구행위 §20

제 5 절 피해자의 승낙에 의한 행위 §21

제 6 절 정당행위 §22

제4장 책 임 론

제1절 책임이론 §23

제 2 절 책임능력 §24

제 3 절 기대가능성 §25

제 4 절 위법성의 인식과 법률의 착오 §26

제5장 미 수 론

제 1 절 미수의 일반이론 §27

제 4 절 불능미수 §30

제 5 절 예비 · 음모죄 §31

제6장 공 범 론

제 1 절 공범론의 기본개념 §32

제 2 절 공동정범 §33

제6절 필요적 공범 §37

제7절 동 시 범 §38

제7장 죄 수 론

제1절 죄수의 일반이론 §39

제2절 일 죄 §40

제3절 수 죄 §41

제3편 형벌론

제1장 형 벌

제1절 형벌의 의의 §42

제2절 형벌의 종류 §43

제3절 양 형 §44

제4절 선고유예, 집행유예, 가석방 §45

참고문헌

강동욱, 강의 형법총론, 박영사, 2024

김선복, 형법총론, 세종출판사, 2015

김성돈, 형법총론, 박영사, 2025

김성천, 형법총론, 소진출판사, 2023

김일수, 새로쓴 형법총론, 박영사, 2018

김신규, 형법총론강의, 박영사, 2018

김태명, 형법총론, 정독, 2024

김형만, 형법총론, 박영사, 2021

김혜정/박미숙/안경옥/원혜욱/이인영, 형법총론, 정독, 2024

도중진/정대관, 형법총론, 충남대학교 출판문화원, 2016

박상기/전지연, 형법학, 집현재, 2021

배종대, 형법총론, 홍문사, 2024

서거석/송문호, 형법총론, 전북대학교 출판문화원, 2017

성낙현, 형법총론, 박영사, 2020

손동권/김재윤, 새로운 형법총론, 피앤씨 미디어, 2025

신동운, 형법총론, 법문사, 2025

신치재/윤영철, 형법총론, 글누리, 2017

원형식, 형법총론(판례중심), 동방문화사, 2018

유기천, 영인본 형법학, 법문사, 2011

윤동호, 한눈에 잡히는 형법총론, 국민대학교출판부, 2017

이영란, 형법학(총론강의), 형설출판사, 2011

이용식, 형법총론, 박영사, 2020

이재상/장영민/강동범, 형법총론, 박영사, 2024

이정원/이석배/정배근, 형법총론, 박영사, 2023

이주원, 형법총론, 박영사, 2024

이형국/김혜경, 형법총론, 법문사, 2025

임웅/김성규/박성민, 형법총론, 법문사, 2025
정성근/정준섭, 형법강의 총론, 박영사, 2022
장한철, 형법총론, 동방문화사, 2020
정성근/박광민, 형법총론, 성균관대학교출판부, 2020
정영일, 형법총론, 학림, 2022
정웅석/최창호, 형법총론, 대명출판사, 2018
조준현, 형법총론, 법원사, 2013
주호노, 형법총론, 법문사, 2022
최정학/최관호, 형법총론, 한국방송통신대학교출판문화원, 2023
최병천, 판례중심 형법총론, 피앤시미디어, 2017
최호진, 형법총론강의, 준커뮤니케이션즈, 2024
한국형사판례연구회, 형법판례 150선, 박영사, 2021
한상훈/안성조, 형법입문, 피앤씨미디어, 2018
황산덕, 형법총론, 방문사, 1992

제 1 편

서 론

제1편 서 론

제1장 형법의 기본개념
형법의 의의/형사제재의 종류와 형법의 보충성/형법의 목적 및 기능

제2장 형법의 역사
고대의 형벌제도/중세의 형벌제도/근대의 형벌제도/현대의 범죄 및 형벌관/한국형법의 역사

제3장 죄형법정주의
죄형법정주의의 의의 및 연혁/죄형법정주의의 현대적 의의/죄형법정주의의 내용

제4장 형법의 적용범위
시간적 적용범위/장소적·인적 적용범위/관할의 경합

제2편 범 죄 론

제1장 범죄론의 기본개념
범죄의 개념과 종류/형법이론/행위론과 범죄체계

제2장 구성요건론
구성요건이론/법인의 형사책임/행위반가치와 결과반가치/인과관계와 객관적 귀속/주관적 구성요건요소/결과적가중범/사실의 착오/인과과정의 착오/부작위범

제3장 위법성론
위법성의 일반이론/정당방위/긴급피난/자구행위/피해자의 승낙에 의한 행위/정당행위

제4장 책 임 론
책임이론/책임능력/기대가능성/위법성의 인식과 법률의 착오

제5장 미 수 론
미수의 일반이론/장애미수/중지미수/불능미수/예비·음모죄

제6장 공 범 론
공범론의 기본개념/공동정범/협의의 공범(교사범 및 종범)/간접정범/공범과 신분/필요적 공범/동시범

제7장 죄 수 론
죄수의 일반이론/일죄/수죄

제3편 형 벌 론

제1장 형 벌
형벌의 의의/형벌의 종류/양형/선고유예, 집행유예, 가석방/형의 시효 및 소멸과 기간

제2장 보안처분
보안처분의 의의/보안처분의 법적 성격/치료감호/보호관찰/보안관찰

제1장 형법의 기본개념

§1

Ⅰ. 형법의 의의

1. 실질적 의미의 형법과 형식적 의미의 형법

형법(criminal law; Strafrecht)이란 '범죄와 그에 대한 형사제재(criminal sanction)를 규정한 법'이다. 이것을 실질적 의미의 형법이라고 한다. 상법 제622조(특별배임죄) 이하의 벌칙규정, 국가공무원법 제84조(정치운동죄) 등과 같이 어떤 법률에 있는지 상관없이 범죄와 그에 대한 형사제재를 규정한 법규정은 모두 실질적 의미의 형법에 속한다.

이에 대해 1953년 법률 제293호로 제정된「형법」이라는 명칭의 법률을 '형법전' 혹은 형식적 의미의 형법이라고 한다. 형식적 의미의 형법 속에는 범죄와 형사제재에 대한 기본원칙과 대표적인 범죄들이 규정되어 있지만, 제312조 제1항의 친고죄 규정, 제312조 제2항의 반의사불벌죄 규정 등과 같이 실질적 의미의 형법이 아니라 실질적 의미의 형사소송법에 속하는 규정들도 있다.

실질적 의미의 형법에 대해서는 죄형법정주의와 같은 형법의 일반원리가 적용되고 원칙적으로 형법총칙규정이 적용된다(형법 제8조).

2. 형법전과 형사특별법 및 행정형법

(1) 형 법 전

형법전은 범죄와 형벌에 관한 기본적 규정들을 담고 있기 때문에 이 법률이 형법총론과 형법각론의 주요 연구대상이 된다. 형법전은 총칙(제1조-제86조), 각칙(제87조-제372조) 및 부칙으로 규정되어 있다. 각칙은 개별범죄들을 규정한 것이고, 총칙은 개별범죄에 공통되는 요소들을 추상화하여 체계화한 것이다. 총칙은 범죄에 관한 규정(제1조-제40조)과 형벌에 관한 규정(제41조-제86조)으로 이루어져 있다.

형법총칙은 형법전 제1조 내지 제86조에 규정되어 있는 각 규정을 의미하고, 형법총론은 이와 같은 규정들을 체계적으로 정리하고 그 의미를 밝히는 학문적 연구를 말한다.

(2) 형사특별법

특별형법 내지 형사특별법은 형법전 이외에 범죄와 형사제재를 규정해 놓은 법률을 말한다. 그 예로 「국가보안법」, 「폭력행위 등 처벌에 관한 법률」(이하 '폭력행위처벌법'이라 함), 「특정범죄가중처벌 등에 관한 법률」(이하 '특정범죄가중법'이라 함), 「특정경제범죄 가중처벌 등에 관한 법률」(이하 '특정경제범죄법'이라 함), 「성폭력범죄의 처벌에 관한 특례법」(이하 '성폭력처벌법'이라 함), 「성매매알선 등 행위의 처벌에 관한 법률」(이하 '성매매처벌법'이라 함) 등 다수의 법률을 들 수 있다.

형사특별법들은 대부분 일반법인 형법보다 범죄의 종류를 늘리고 형사제재를 강화하고 처벌절차를 완화하는 내용으로 되어 있다.

변호사시험용 법전에서는 특별형법 중 특정범죄가중법, 특정경제범죄법, 「부정수표단속법」, 폭력행위처벌법, 성폭력처벌법, 「아동·청소년의 성보호에 관한 법률」, 「도로교통법」, 「교통사고처리특례법」, 「여신전문금융업법」, 「정보통신망 이용촉진 및 정보보호 등에 관한 법률」이 수록되어 있고, 교육현장에서도 위 법률을 중심으로 설명이 이루어지고 있다. 법원행정처가 발간하는 사법연감에 의하면 전국 1심법원이 형사재판에서 적용한 법률의 건수 기준으로 특별형법과 형식적 의미의 형법이 거의 같은 수준이다. 이와 같이 우리 법현실상 특별형법의 중요성은 아무리 강조해도 지나침이 없지만, 특별형법을 이해하기 위해서는 일단 형식적 의미의 형법에 대한 체계적 지식이 있어야 한다. 특히 형법총칙에 대한 여러 가지 규정 및 해석론은 특별형법의 각 범죄에 대해서도 마찬가지로 적용될 수 있다(형법 제8조). 또한 특별형 형식적 의미의 형법과의 관계에서 형사제재가 가중되는 규정이거나, 형식적 의미의 형법에서 처벌대상으로 하는 여러 범죄들을 하나로 결합하여 1죄인 결합범으로 하면서 형벌을 대폭가중하는 규정하는 규정을 두고 있형식적 의미의 형법에 대한 이해가 필요하기 때문이다.

(3) 행정형법

행정형법이란 행정법적 성격의 법률 중 일부에(대부분 마지막 부분 벌칙의 형식으로) 규정되어 있는 범죄와 형벌에 관한 규정을 말한다. 예를 들어 「도로교통법」은 행정법적 성격의 법률이지만, 제148조 이하에서 범죄와 형벌에 관한 규정을 두고 있는데, 이것이 행정형법이다. 현행법률 중 형벌규정을 두고 있는 행정법률들은 그 수가 1천개를 훨씬 넘을 정도로 많다.

형사특별법과 행정형법 모두 실질적 의미의 형법에 속하기 때문에 죄형법정주의와 같은 형법의 일반원리와 형법총칙은 이들 법령에도 그대로 적용된다(형법 제8조). 예를 들면, 형법총칙은 고의범과 과실범을 나누어 과실범의 경우 법률에 특별한 규정이 있는 경우에 한하여 처벌하고 있고(형법 제14조), 이는 실질적 의미의 형법의 경우에도 마찬가지로 적용된다. 따라서 가령 「도로교통법」상 무면허운전죄(제152조 제1호)의 경우 과실범 처벌규정을 따로 두고 있지 않으므로 '유효한 운전면허가 없음을 알면서도 자동차를 운전'한 경우, 즉 고의가 있는 경우에 한하여 처벌되는 것으로 보아야 한다(대판 2023. 6. 29. 2021도17733).

3. 형법의 체계적 지위

법체계상으로 구분하여 보면 형법은 국내법, 공법, 실체법에 속한다.

형법은 국가간의 권리·의무를 규정하는 법이 아니라, 국가와 그 국민간의 관계를 규율하는 법으로서 국내법에 속한다. 형법의 효력이 외국인에게 미치는 경우가 있지만, 이 경우에도 형법은 국가간의 권리·의무관계를 규정한 법이 아니므로 국제법이 아니라 국내법이다.

형법은 개인과 개인간의 관계가 아니라, 국가와 일반국민 또는 범죄인의 관계를 규율하는 법으로서 공법에 속한다. 따라서 형법에서는 평균적 정의(형식적 의미의 평등)보다는 배분적 정의(실질적 의미의 평등)가 강조된다.

형법은 범죄와 그에 대한 형사제재를 규정한 실체법이다. 따라서 범죄인을 확정하고 처벌하는 절차를 규정한 절차법인 형사소송법과 구별된다.

4. 형법학의 분야

형법을 체계적으로 연구하는 학문분야에는 형법해석학, 형법입법학, 형법정책학 등이 있을 수 있는데, 일반적으로 형법학이라고 하면 형법해석학을 말한다. 형법입법학은 형법제정이나 개정에서 지켜야 할 원칙들을 탐구하는 학문분야이고, 형법정책학은 일정한 정책을 수행하는 데에 필요한 형법의 제정, 해석 및 운용 등의 원리를 탐구하는 학문분야이다.

형법해석학은 형법규정의 의미·내용을 명확하게 하는 학문분야이다. 예를 들어 산모에게 진통이 생긴 후부터는 태아가 형법 제250조의 '사람'에 해당된다고 하는 것은 형법해석학의 산물이고, 전부 노출된 후부터 민법 제3조의 '사람'이라고 하는 것은 민법해석학의 결과이다. 실정형법은 간략하고 추상적인 형식으로 되어 있는데 비해, 그 규정의 적용을 둘러싸고 발생하는 사회적 사실들은 매우 다양하고 복잡하다. 여기에서 추상적 법규정과 구체적 현실 사이의 간격이 생기게 되고 이를 메꿔 주는 해석학적 작업이 필요하게 된다.

> 매우 다양한 사실관계들의 공통분모를 추출하여 추상화되어 있는 실정형법의 개념들과 실제 발생한 개별적인 사회적 사실들을 연결시키는 과정에서, 만약 위 실정형법의 개념들을 지나치게 확장해석하거나 유추해석하는 경우 처벌범위가 지나치게 확장되는 결과를 초래할 수 있다. 따라서 실정형법의 개념들은 피고인에게 불리한 방향으로 유추해석하거나 지나친 확장해석을 해서는 안 된다(죄형법정주의 부분 참조).

Ⅱ. 형사제재의 종류와 형법의 보충성

민사법상 또는 행정법상의 의무를 위반한 사람에 대해서는 민사제재(손해배상책임, 하자담보책임 등)나 행정제재(과태료, 인·허가취소처분, 영업정지명령 등)가 가해진다. 마찬가지로 형법상의 의무를 위반한 사람, 즉 범죄자에 대해서는 형사제재가 가해진다. 종래의 형사제재란 형벌을 의미하였으나, 19세기 후반부터 많은 국가에서 보안처분을 도입하면서 형벌과 보안처분의 이원적 형사제재 체계가 수립되었다. 그리고 보호관찰, 사회봉사명령, 수강명령, 위치추적 전자장치부착명령, 약물치료명령, 신상공개 등 다양한 형태의 형사제재가 생겨나고 있다.

우리나라에서도 1980년 「사회보호법」(2005년 폐지되고 「치료감호 등에 관한 법률」로 대체)에 의해 본격적으로 보안처분제도가 도입되어 형벌과 보안처분의 이원적 형사제재체계가 확립되었다. 또한 위에서 언급한 새로운 형태의 형사제재가 속속 도입되었다.

1. 형벌의 종류

형법 제41조에는 다음의 9가지 형벌이 규정되어 있다.[1)]

---

1) 2011년의 형법개정법률안 제40조는 사형, 징역, 벌금, 구류 등 4가지 형벌만을 규정하였다.

① 사형은 범죄인의 생명박탈을 내용으로 하는 형벌로서, 현행법은 교수형(제66조)과 총살형(「군형법」 제3조)을 사형집행방법으로 규정하고 있다.

② 징역은 범죄인을 교정시설 안에 수용하여 정해진 노역에 복무하게 하는 형벌이다(제67조). 징역은 무기징역과 유기징역으로 나뉘고, 유기징역의 기간은 1월 이상 30년 이하이고, 유기징역을 가중할 때에는 50년까지로 한다(제42조 본문 및 단서).

형기를 전혀 정하지 않는 형태의 '절대적 부정기형'은 법치국가에서 인정되지 않고 있다. 형기의 상·하한을 정하는 형태의 상대적 부정기법정형은 인정되지만, 성인에 대한 상대적 부정기선고형은 도입되어 있지 않다. 다만, 소년법의 경우 반사회성 있는 소년에 대하여 형사처분에 관한 특별조치를 행함으로써 소년의 건전한 육성을 기하기 위한 소년법의 입법목적을 실현하고자 하는 취지에서 상대적 부정기선고형이 인정되고 있다(소년법 제60조). (자세한 내용은 죄형법정주의의 명확성 원칙 부분 참조).

③ 금고는 범죄인을 교정시설 안에 수용하여 집행하는 형벌로서(제68조), 수형자가 정해진 노역에 복무할 의무가 없다는 점에서 징역과 구별되나, 수형자의 신청이 있는 경우에는 정해진 노역에 복무하도록 한다(「형의 집행 및 수용자 처우에 관한 법률」 제67조; 이하 '형집행법'이라 한다). 금고의 기간은 징역과 같다.

④ 자격상실이란 일정한 형의 선고가 있는 경우 그 효력으로서 일정한 자격이 상실되도록 하는 형벌이다. 사형, 무기징역, 무기금고의 판결을 받은 자는 형법 제43조 제1항 각호에 열거된 자격이 상실된다. 또한 국가공무원법은 일정한 형벌을 받은 자는 국가공무원으로 임용될 수 없고(제33조), 공무원이 일정한 형벌을 선고받은 경우 당연퇴직하도록 규정하고 있다(제69조).

⑤ 자격정지란 1년 이상 15년 이하의 기간 동안 일정한 자격의 전부 또는 일부를 정지시키는 것을 말한다(제44조). 자격정지는 일정한 유죄판결의 부수적 효과로서 법률상 당연히 자격정지의 효과가 인정되는 경우와(제43조), 자격정지의 판결에 의한 경우가 있다. 자격정지를 과할 수 있는 범죄는 형법각칙에 규정되어 있다(제257조 제1항, 제307조 제2항, 제309조 제2항 등). 자격정지는 다른 형벌에 병과할 수도 있다(제256조, 제265조, 제270조 제4항, 제282조 등).

⑥ 벌금과 과료는 모두 일정한 금액을 납부하도록 하는 형벌로서 그 액수에 따라서 구별된다. 벌금은 원칙적으로 5만원 이상이고(제45조), 과료는 2천원 이상

5만원 미만이다(제47조). 벌금을 납부하지 않는 경우에는 1일 이상 3년 이하, 과료를 납부하지 않는 경우에는 1일 이상 30일 미만 노역장에 유치하여 작업에 복무하도록 하거나(제69조 제2항) 미납자의 재산을 강제집행한다(형사소송법 제477조).

⑦ 구류는 1일 이상 30일 미만의 기간 동안 교정시설에 구치하는 것을 내용으로 하는 형벌이다(제46조, 제68조). 구류형에서도 수형자의 신청이 있으면 작업을 과할 수 있다('형집행법' 제67조).

⑧ 몰수는 범죄행위와 관련된 물건을 국고에 강제 귀속시키는 형벌을 말한다(제48조 제1항). 몰수는 원칙적으로 다른 유죄판결에 부가되는 형벌이지만, 예외적으로 몰수만을 선고할 수도 있다(제49조). 몰수대상 물건을 몰수하기 불능한 때에는 그 가액을 추징하고(제48조 제2항), 전자기록등 특수매체기록 또는 유가증권의 일부가 몰수에 해당하는 때에는 그 부분을 폐기한다(제48조 제3항). 현행법상 몰수는 '임의적' 몰수가 원칙이다(제48조 제1항). 다만 뇌물죄에서 문제되는 금품과 같이 '필요적' 몰수를 해야 하는 경우도 있다(제134조).

현행법상 몰수는 '형벌'인 이상 검사의 공소제기를 조건으로 한다. 하지만 효과적인 범죄예방 등을 위해 검사의 공소제기가 없더라도 독립하여 몰수할 수 있는 이른바 '독립몰수'를 도입해야 한다는 입법론이 최근 강력하게 주장되고 있다.

2. 보안처분의 종류

보안처분이란 장래에 다시 범죄를 저지를 위험성, 즉 재범위험성이 있는 범죄인을 사회에 복귀시키고 그의 재범으로부터 사회를 보호하기 위해 행하는 개선·교육처분을 말한다. 「치료감호 등에 관한 법률」(이하 '치료감호법'이라 한다)은 치료감호, 치료명령 및 보호관찰을, 보안관찰법은 보안관찰이라는 보안처분을 규정하고 있다.

치료감호법상 치료감호는 심신장애 상태, 마약류·알코올이나 그 밖의 약물중독 상태, 정신성적(精神性的) 장애가 있는 상태 등에서 범죄행위를 한 자로서 재범위험성이 있고 특수한 교육·개선 및 치료가 필요하다고 인정되는 자들을 치료감호소에 수용하여 치료를 위한 조치를 하는 보안처분을 말한다(제2조). 동법상의 보호관찰은 치료감호가 가종료된 자, 외부위탁된 자 등에 대해 일정기간 보호관찰관의 지도·감독을 받으면서 사회생활을 하도록 하는 보안처분이다(제32조).

「보안관찰법」상 보안관찰은 일정한 죄를 범하여 금고 이상의 형의 집행을 받은 후 출소하였으나 재범의 위험성이 있는 자에 대하여 경찰의 감독을 받게 하는 보안처분을 말한다(제1조-제5조). 법원이 아닌 행정기관(보안관찰처분심의위원회의 의결을 거쳐 법무부장관이 결정하며, 이를 검사가 집행함)이 부과하는 보안처분이라는 점에 특징이 있다.

형벌과 보안처분의 이원적 체계하에서 헌법재판소 및 대법원은 보안처분에 대해 소급효금지원칙(헌법 제13조 제1항 전단)이 적용되지 않는다고 하거나, 형벌과 보안처분을 병과하여 선고한다고 하더라도 이중처벌금지원칙에 반하는 것이 아니라고 보는 경우가 있다. 그에 따라 보안처분이 실제로는 행위자의 인권 침해 등의 수단으로 남용되고 있다는 지적도 있다.

3. 기타의 형사제재

「소년법」제32조 제1항에는 비행소년을 보호·선도하기 위한 보호처분이 규정되어 있다. 또한 형법에는 형의 선고유예자, 집행유예자, 가석방자 등에 대한 보호관찰(제59조의2, 제62조의2, 제73조의2), 형의 집행유예자에 대한 사회봉사명령·수강명령(제62조의2) 등이 규정되어 있다. 「아동·청소년의 성보호에 관한 법률」(이하 '청소년성보호법'이라 한다)에는 신상정보의 공개명령(제49조) 및 고지명령(제50조), 「전자장치 부착 등에 관한 법률」(이하 '전자장치부착법'이라 한다)에는 위치추적 전자장치 부착명령(제9조) 등이 규정되어 있다.

이러한 형사제재들은 종래의 형벌이나 보안처분과 비슷한 성격을 가지고 있지만, 동시에 형벌과 보안처분만으로는 설명할 수 없는 성격을 지닌 새로운 제도들이라고 할 수 있다.[1)]

4. 형법의 보충성원칙

(1) 형사제재의 심각성

사형, 징역, 금고, 치료감호처분 등은 생명이나 자유를 박탈하는 것을 내용으로 한다. 일정 이상의 형벌을 받게 되면 사회적 활동에도 중대한 장애가 생긴다.

---

1) 판례는 형법상의 보호관찰(대판 1997. 6. 13. 97도703), 사회봉사명령(대결 2008. 7. 24. 2008어4), 신상공개 및 고지명령(대판 2012. 5. 24. 2012도2763), 위치추적전자장치부착명령(대판 2009. 9. 10. 2009도6061), 약물치료명령(대판 2014. 2. 27. 2013도12301) 등을 모두 보안처분이라고 한다.

예컨대 금고 이상의 형을 받게 되면 공무원이나 전문직 종사자가 될 수 없거나(「국가공무원법」 제33조 등), 일정기간 전문직 종사자가 될 수 없고(「변호사법」 제5조, 「공인회계사법」 제4조 등) 나아가 전과자로 낙인찍혀 취업, 결혼, 기타 사회활동에 많은 지장을 받을 수 있게 된다.

(2) 형법의 보충성

형사제재의 심각성 때문에 형법의 보충성의 원칙이 등장하게 된다. 형법의 보충성원칙은 형사제재의 최후수단성과 비례성을 포함하는 개념이라고 할 수 있다.

형사제재의 최후수단성이란 민사제재나 행정제재 등을 우선적으로 동원하고 이것으로 목적달성이 불가능할 때에 최후수단(ultima ratio)으로 형사제재를 동원해야 한다는 것이다. 즉 형사제재를 민사제재나 행정제재보다 먼저 동원해서는 안된다는 것이다. 예를 들어 타인의 이익을 직접 침해하지 않고 단순히 비윤리적인 행위에 대해 형사제재를 과해서는 안되는데, 이를 형법의 탈윤리화(demoralization) 원칙이라고 한다. 그리고 이러한 행위들이 범죄로 규정되어 있다면 그것을 비범죄화(decriminalization)해야 한다는 것이다.

비례성원칙이란 형사제재를 동원할 때에도 필요한 최소한의 범위에서 동원해야 한다는 것이다. 이는 구체적으로 과잉범죄화(overcriminalization), 과잉형벌화(overpenalization)의 금지를 의미한다. 과잉범죄화 및 과잉형벌화의 금지란 민사제재나 행정제재로 규제할 수 있는 행위들을 범죄로 규정해서는 안되고, 범죄로 규정하더라도 과도한 형벌을 과해서는 안된다는 원칙이다.

(3) 현행법에 대한 평가

위와 같은 관점에서 현행 형법규정들을 살펴보면, 과잉범죄화와 과잉형벌화가 심각하다는 것을 쉽게 알 수 있다.

「경범죄처벌법」상 대부분의 처벌규정, 「성매매알선 등 행위의 처벌에 관한 법률」(이하 성매매처벌법이라 한다)상의 단순성매매죄와 같은 소위 '피해자 없는 범죄'의 처벌규정, 행정형법상의 대부분의 벌칙규정들은 과잉범죄화의 예라고 할 수 있다.

> 예컨대 「식품위생법」 제97조 제6호, 제44조 제1항 제7호에 의하면 손님을 꾀어서 끌어들이는 행위를 한 영업자에 대해 3년 이하의 징역 또는 3천만원 이하의 벌금에 처하고 있는데, 과잉범죄화의 단적인 예라고 할 수 있다.

사형을 형벌로 규정하고(제41조 제1호), 고의살인을 포함하지 않은 범죄에도 사형을 과하고(제92조-제96조, 제98조), 유기징역이나 유기금고형의 상한을 30년 내지 50년까지로 한 것(제42조) 등은 과잉형벌화의 한 예라고 할 수 있다. 또한 형사특별법상의 모든 규정은 과잉형벌화되어 있다고 해도 과언이 아니다.

> 구 성폭력처벌법상 주거침입강제추행죄의 경우 '무기징역 또는 7년 이상의 징역'에 처하고 있는데(같은 법 제3조 제1항), 가령 아파트 공동현관에 몰래 들어가 엘리베이터를 기다리고 있는 여성의 엉덩이를 만진 자가 사람을 살해한 자(살인죄로서 사형, 무기 또는 5년 이상의 징역에 처함)에 버금가는 불법을 저지른 것이라고 할 수 있는지는 의문이다. 이에 헌법재판소는 2023년 위 성폭력처벌법 규정 중 주거침입강제추행 내지 준강제추행 부분에 대하여 '행위의 개별성에 맞추어 그 책임에 알맞은 형을 선고할 수 없을 정도로 과중'하다는 이유에서 위헌결정(헌재 2023. 2. 23. 2021헌가9 등 병합)을 선고했다.

Ⅲ. 형법의 목적 및 기능

1. 형법의 목적

보통 이 문제는 형법의 기능이라는 주제로 다루지만, 이는 정확한 말이 아니다. 기능이라는 말은 사실적 개념인데, 형법에는 순기능 이외에 역기능도 있기 때문이다. 따라서 다음 세 가지는 형법이 추구하는 목적이라고 보는 것이 더 정확한 표현이 될 것이다.

2. 보호적 목적(기능)

(1) 형법의 보호법익

인간이 살아가기 위해 필요한 이익들이 있고 이들 중에는 윤리나 관습 등의 사회규범 이외에 법이 보호하는 이익이 있는데 이를 보호법익이라고 한다.

형법은 범죄자를 처벌한다는 목적도 있지만, 더 큰 목적은 범죄로 침해·위태화될 수 있는 이익을 보호하는 것이다. 예를 들어 형법 제250조(살인죄)는 사람의 생명을, 제329조(절도죄)는 재물에 대한 소유를, 제87조(내란죄)는 국가의 안녕을 보호하려고 한다. 어떤 이익을 형법상 보호법익으로 할 것인지는 각 국가의 입법적 결단에 의해 정해진다. 그러나 형법의 보충성원칙상 형법의 보호법익은 다른 법률의 보호법익에 비해 그 범위가 좁다. 예를 들어 부부의 동거는 민법상의 보호법익이기는 하지만, 형법상의 보호법익은 아니다. 다만, 급격한 사회변화에 따라 종래 형법의 보호법익으로 삼지 않았던 '동물의 복지'(동물보호법) 등과 같은 것도 보호법익으로 등장하고 있다.

모든 범죄규정에는 보호법익이 있는데(즉 '보호법익 없는 범죄는 없다') 그것이 명문으로 규정되어 있지 않으므로 해석에 의해 규명된다. 따라서 어떤 범죄규정의 보호법익이 무엇인가에 대해 다양한 해석론이 있을 수 있다. 예컨대 방화죄(제164조 이하)의 보호법익에 대해서는 공공의 안녕과 함께 개인의 재산도 포함되는지에 대해 견해가 대립한다. 보호법익은 형법각칙에 규정된 개념들을 해석함에 있어 지침을 제공하기 때문에, 각 범죄의 보호법익이 무엇인지를 확정하는 일은 특히 형법각론에 있어 매우 중요한 과제이다. 예를 들면, 외부인이 간통목적으로 주거에 들어간 경우 주거침입죄가 성립하는지 여부에 대해 주거침입죄의 보호법익을 '주거권'이라 본다면 그 주거에 부재중인 거주자의 주거권을 침해하는 것이기 때문에 주거침입죄의 성립을 긍정할 수 있는 반면, 그 보호법익을 '사실상 주거의 평온'이라고 본다면 주거침입죄의 성립을 긍정하기 어려운 것이다.[1)]

(2) 법익보호의 능력

어떤 법익을 형법적으로 보호할 가치와 필요가 있다고 하더라도 국가는 자신의 보호능력을 고려하여 보호 여부를 결정해야 한다. 개인의 능력에 비해 국가의 능력이 매우 크지만, 국가의 능력도 무한하지는 않기 때문이다. 형법의 보충성 원칙은 형사제재의 심각성 이외에도 국가의 형법적 보호능력이 제한되어 있다는 점에서도 근거를 찾을 수 있다. 국가의 형법적 보호능력이 무한하다면 굳이 비범죄화나 탈윤리화를 요구할 필요가 없을지도 모른다. 그러나 국가의 형법적 보호능력이 제한되어 있으므로 그를 가장 합리적, 효과적으로 사용하기 위해서는 중대한 범죄의 순으로 국가형벌권을 동원해야 한다. 윤리위반행위나 사소한 범죄에 대해 국가형벌권을 동원하다가 중대한 범죄를 방치하게 되면, '나무만 보고 숲은 보지 못하는' 잘못을 저지르게 된다.

이러한 잘못의 대표적 예로 1920년 미국의 금주법(禁酒法, The Volstead Act)을 들 수 있다. 동법은 음주로 인한 사회적 해악에 착안하여 알코올음료를 양조·판매·운반·수출입하지 못하게 하는 것을 내용으로 하고 있었다. 그러나 동법 위반행위를 확실·공평하게 단속하고 처벌할 수 있는 국가의 능력이 부족했기 때문에

1) 대법원은 2021년 후자의 입장을 취하였다(대판 2021. 9. 9. 2020도12630 전합).

오히려 밀조·밀매 등에 따르는 범죄만 크게 늘어나는 부작용을 초래하였고, 1933년 폐지되었다.

(3) 법익보호효과의 극대화

국가가 형사제재를 동원할 때에는 확실성, 공평성, 신속성이 있어야 범죄예방 및 법익보호 효과가 커진다.

형벌의 확실성이란 죄를 범한 사람은 반드시 처벌된다는 것을 말한다. 형벌이 무거운 범죄의 경우에도 그 죄를 범하여도 처벌되지 않는다고 한다면 쉽게 그 죄를 범할 수 있다. 반면 형벌이 가볍다고 하더라도 그 죄를 범하면 반드시 처벌된다고 하면 그 죄를 범하기 어려워지게 된다.

형벌이 공평하게 부과되지 않는다면, 처벌받는 사람은 자신의 잘못을 반성하기보다는 억울하다고 생각한다. 일반국민들도 처벌받는 사람이 나쁜 사람이 아니라 불운한 사람이라고 생각할 수 있다. 이 경우 범죄예방을 통한 법익보호의 효과를 기대하기 어렵다.

죄를 범하는 즉시 형벌에 처해질 경우 형벌의 범죄예방효과가 클 것임은 두말할 필요가 없다.

과잉범죄화가 된 사회에서는 범죄가 너무 많기 때문에 처벌의 확실성, 공정성, 신속성 어느 것도 달성하기 어려워진다.

3. 인권보장의 목적

형법은 형벌의 근거가 되기도 하지만 형벌권의 한계를 정하여 일반인과 범죄인의 인권을 보장한다. 예컨대 형법 제329조는 절도죄를 벌하지만, 절도죄에 대해 사형이나 무기징역, 6년을 초과하는 징역이나 1천만원을 초과하는 벌금을 과할 수 없도록 보장하고 있다. 또 형법에 범죄로 규정되어 있지 않은 행위로 인해 형사제재를 받지 않을 것을 보장하고 있다. 이를 형법의 인권보장적 목적 혹은 보장적 목적이라고 한다. 이 때문에 형법을 '범죄인의 마그나 카르타'(Magna Carta)라고도 한다.

이러한 보장적 목적을 수행할 수 있도록 하는 형법의 대원칙이 죄형법정주의 즉, 범죄와 형벌(형사제재)은 성문법에 규정되어야 하고, '법률 없이는 범죄도 없고, 형벌도 없다'는 원칙이다.

4. 규범적 목적

형법은 평가규범·재판규범임과 동시에 행위규범·의사결정규범이다. 형법에 범죄와 형벌을 규정한 것은 그 행위는 나쁜 행위로 평가되므로 일반국민들이 그 행위를 하지 않도록 의사결정을 하게 하려는 목적을 지니고 있다. 이를 규범적 목적이라고 한다.

5. 형법의 순기능과 역기능

앞에서 언급한 형법의 목적이 달성되기 위해서는 형법의 제정, 해석·적용 및 집행이 공정하게 이루어져야 한다. 그러나 현실에 있어서는 형법 제정에서 집행에 이르기까지 여러 가지 문제가 발생한다. 입법과정이 불공정함으로 인해 특정계층의 이익을 보호하는 법률이 제정되거나 형법의 해석·적용 또는 집행이 불공정하게 이루어져 '유전무죄, 무전유죄'라는 역기능이 생겨나기도 한다.

따라서 형법의 순기능을 최대화하고 역기능을 최소화하기 위해서는 형법의 제정에서 집행까지의 모든 과정을 합리적으로 통제할 수 있는 방안이 필요하다. 형법학의 주된 역할도 바로 형법의 제정에서 집행까지의 모든 과정을 학문적 관점에서 비판하고 올바른 방향을 제시하는 것에 있다고 할 수 있다.

§2 # 제 2 장 형법의 역사

Ⅰ. 고대의 형벌제도

고대에도 단순한 사고(事故)와 범죄를 구별하고, 범죄에 대해 부족(部族)이 아니라 개인에게 책임을 물어야 한다는 생각도 생겨났다. 범죄 및 형벌에 대해서도 다양한 시각이 형성되었다. 예를 들어 범죄의 원인을 마귀라고 생각하였던 시대에는 금기(taboo)침해죄, 마술부리는 죄 등도 존재하였다.

고대 초기에는 개인적 법익에 대한 죄를 처벌하는 공적 기관이 없어 개인간의 범죄에 대해서는 사적인 복수가 행해졌다. 그러나 복수가 복수를 낳는 혈투(blood feuds)를 방지하기 위해 공적인 형벌기구가 생겨났다.

고대국가가 형성된 이후에도 공적 형벌기구가 생겨났는데, 형벌은 주로 사형, 명예형과 이에 결합된 추방, 신체형, 명예형과 신체형의 결합형 등이었지만 배상형태의 형벌도 있었다. 그리고 신분에 따라 책임과 형벌이 차별화되었다.

Ⅱ. 전제왕권국가 시대의 형벌제도

전제왕권국가가 수립되면서부터 범죄와 형벌에 대한 관념이 바뀌게 되었고, 이들 기관들의 결정에도 강제력이 생기게 되었다. 즉, 개인에 대한 범죄라도 그것은 왕의 권위를 떨어뜨리고 공공의 안녕을 해치는 것으로 여겨져 공적 기관에서 다루어지고, 가혹한 형벌이 가해졌다. 즉, 한편으로는 왕의 권위를 세운다는 사고와 다른 한편으로는 엄한 형벌이 범죄억지효과(deterrent effect)가 크다는 일반인들의 확신이 결합되어 범죄인에게 가능한 한 많은 고통을 줄 수 있는 형벌이 동원되었다.

이에 따라 이 시대에는 사형, 신체형 등이 주로 사용되었고, 그 집행방법도 범죄인의 고통을 극대화하고 일반인들이 형벌에 대해 느끼는 공포심도 극대화할 수 있는 형태로 이루어졌다. 주된 형벌은 사형이었고, 사형에 처할 수 있는 범죄가 매우 많았다. 사형집행도 공개적으로 행해졌고, 십자가형, 화형, 돌로 쳐 죽이는 형, 끓여 죽이는 형, 능지처참 등 잔인한 방법이 사용되었다. 신체형의 집행방법도 태형, 신체절단형, 낙인형 등과 같이 고통을 극대화하는 형태로 이루어졌다.

> 1757년 3월 2일, 루이 15세를 살해하려다 체포되어 극형을 받게 된 '다미엥'에 대한 판결문은 절대왕권국가 형벌제도의 특징을 단적으로 보여준다고 할 수 있다. 당시 판결문은 "처형대 위에서 가슴, 팔, 넓적다리, 장딴지를 뜨겁게 달군 쇠집게로 고문을 가하고, 그 오른손은 국왕을 살해하려 했을 때의 단도를 잡게한 채, 유황불로 태워야 할 것, 계속해서 쇠집게로 지진 곳에 불로 녹인 납, 펄펄 끓는 기름, 지글지글 끓는 송진, 밀랍과 유황의 용해물을 붓고, 몸은 네 마리의 말이 잡아 끌어 사지를 절단하게 한 뒤, 손발과 몸은 불태워 없애고 그 재는 바람에 날려버릴 것"이라고 한다.[1] 이처럼 앙시앵 레짐에서의 형벌은 극단적 잔혹성이라는 특징을 가지고 있었다.

Ⅲ. 근대의 형벌제도

1. 고전학파(구파, classical school)

(1) 고전학파의 인간상

중세 서양사회는 기독교와 봉건제도에 기초하고 있었다. 봉건제도는 장원이라는 일정구역과 영주, 기사, 농노라는 신분제도로 이루어졌다. 봉건제도에서 인간은 신분과 토지에 구속된 존재이다. 그러나 기독교의 영향에 의해 인간은 다른 동물들과는 달리 자유의지를 지닌 합리적 존재이고, 범죄는 인간의 자유의지의 남용 내지 오용으로 인식되었다.

그러나 16세기를 전후한 산업혁명, 르네상스, 종교개혁 등을 거치면서 서구사회에는 새로운 인간관이 생겨났다. 특히 18세기 산업혁명을 통해 부를 축적한 시민계급(부르주아)은 모든 사람은 자유롭고 평등하다는 새로운 인간관을 주장하고, 이에 기초한 근대국가를 형성하였다.

---

1) 미셸 푸코/오생근 역, 감시와 처벌(번역개정판), 나남, 2016, 23면.

고전학파는 시민계급의 세계관과 인간관을 형법에 반영하였다. 고전학파의 학자들은 인간이 합리적 존재라는 중세시대의 인간상은 그대로 유지하면서 인간을 토지와 신분에 구속되지 않은 자유롭고 평등한 존재라고 생각하였다.

고전학파에 의하면 범죄는 합리적 인간이 자유의지를 남용하여 타인에게 피해를 준 것이고, 형벌은 합리적 인간에게만 가할 수 있는 것이다. 그리고 형벌은 범죄인이 타인에게 준 피해를 자신도 받도록 하는 응보나 범죄인을 처벌함으로써 일반인들이 범죄를 저지르지 않도록 하는 일반예방의 목적을 지닌 것이었다. 다만, 고전학파는 절대왕권국가의 잔혹한 위하형(威哧刑; 위하란 '겁주기'를 말한다) 대신에 범죄와 형벌이 균형을 이루는 응보형을 강조하였다.

(2) 고전학파의 주요학자

고전학파의 학자들은 응보형론자와 일반예방론자로 나눌 수 있다.

응보형론자들은 형벌의 목적은 응보이고, 응보란 그 자체가 정당하므로 응보를 추구하는 형벌은 그 자체가 목적이라고 한다. 이에 대해 일반예방론자들은 형벌은 그 자체로서 목적이 될 수 없고, 일반예방이라는 정당한 목적을 위한 필요악으로서의 수단이라고 한다.

응보형론자와 일반예방론자들은 형벌의 목적에 대해서는 견해를 달리하지만, 형벌의 내용은 범죄인에 대한 고통의 부과라고 하는 점에서는 견해를 같이 한다. 이런 점에서 형벌은 범죄인의 개선·교육을 위한 수단이므로 반드시 고통을 내용으로 할 필요는 없다고 하는 근대학파와 구별된다.

1) 응보형론자

가. 칸 트 칸트(I. Kant)는 범죄인은 타인의 자유를 침해하지 않는다는 약속 즉, 실천이성의 지상명령을 위반하여 국민으로서의 자격을 상실한 사람이라고 한다. 그리고 형벌은 정의라는 목적 외에 다른 목적을 갖지 않고 그 자체로 선한 것인 반면, 일반예방론은 사람을 목적이 아니라 수단으로 다루는 것이라고 비판한다. 칸트는 형벌은 범죄의 경중에 정확하게 대응해야 하므로 살인에는 사형을, 강간에는 거세형을 과해야 한다고 하는 동해보복론(同害報復論)을 주장하였다.

나. 헤 겔 헤겔(G.W.F. Hegel)은 범죄는 법률의 부정(否定)이고 이를 다시 부정(否正)함으로써 법률을 회복하는 것이 형벌의 목적이라고 한다. 즉, 형벌은 그 자체로서 정당하고 인간은 형벌을 받을 때에도 이성적 존재로서 존중받아야 하므로, 범죄인을 개선한다고 하는 것은 범죄인을 유해한 동물로서 취급하는

것이라고 비판한다. 다만, 헤겔은 형벌의 내용이 범죄와 동일하지 않아도 동일한 가치의 것이면 된다고 하는 동가보복론(同價報復論)을 주장하였다.

2) 일반예방론자

가. 베카리아 '근대형법의 아버지'라고 불리는 베카리아(Beccaria)는 1764년 출간된 「범죄와 형벌」(Dei delitti e delle pene)에서 사회계약론, 공리주의, 합리주의에 입각하여 당시 형사법제도의 문제점 및 개선방안을 제시하였다. 그는 당시의 야만적 형벌을 비판하고 범죄와 형벌 사이의 균형을 강조하였다. 즉, 형벌의 고통은 범죄에 따른 이익을 조금 넘는 정도이면 족하고, 형벌의 엄격성(severity)보다는 확실성(certainty), 공평성(fairness) 및 신속성(swifty)이 일반예방효과를 높일 수 있다고 하였다. 그는 사형은 사회계약에 포함될 수 없으므로 사형을 폐지할 것을 주장했다.

나. 포이에르바하 베카리아와 유사한 형벌이론을 전개한 독일학자가 바로 포이에르바하(Anselm von Feuerbach)다. 포이에르바하(Feuerbach)는 인간은 어떤 행위로 생겨나는 쾌락과 고통을 비교하여 자신의 행동을 결정하는 존재라고 한다. 그는 1800년 출간된 「독일 현행 보통형사법 교과서(Lehrbuch des gemeinen in Deutschland geltenden Peinlichen Rechts)」에서 인간이 죄를 범하는 것은 범죄로 생겨나는 이익을 위한 것인데, 죄를 범하면 형벌이라는 고통이 따른다는 것을 알게 되면 사람들의 심리가 강제되어 범죄를 저지르지 않게 된다고 하는 심리강제설을 주장하였다. 그는 심리강제를 위해서는 미리 국민들에게 범죄와 형벌을 예고해 두어야만 한다고 하여 죄형법정주의를 강조하였다(법률 없이 형벌 없고, 법률 없으면 범죄 없다). 또한 그는 형벌의 균형(비례의 원칙)을 강조했다. 합리적 인간이라면 형벌에 의해 부여되는 고통은 범죄에 의해 얻어진 쾌락을 약간 상회하는 정도이면 족하기 때문에, 범죄와 형벌 사이에는 균형이 있어야만 하고 잔혹한 형벌은 금지되어야 한다고 하였다. 또한 그는 법과 윤리를 구별하면서, 법은 인간의 내면적인 종교나 윤리의 문제에 간섭해서는 안 되고, 사회질서 유지를 위해 필요한 한도에서만 인간의 외부적 행동을 규율하는 것이라고 하였다. 이 때문에 포이에르바하를 '독일 근대형법학의 창시자'라고 부른다.

(3) 고전학파의 영향

고전학파의 인도주의적 형법관은 서구 각국의 형법 및 형사사법제도에 커다란 영향을 미쳤고, 각국에서는 야만적 형벌을 폐지하고 인도주의에 따른 형벌제도로 전환하였다.

1) **프랑스의 형법개정** 몽테스키외(Montesquieu)는 1721년의 저서 「페르시아인의 편지」를 통해 당시의 형법의 남용을 신랄하게 공격하였고, 볼테르(Voltaire)는 형법과 형사소송법의 개정을 위해 활동하였다. 그러나 프랑스형법과 형사소송법 개정에 가장 큰 영향을 미친 사람은 이탈리아 사람인 베카리아였다. 프랑스혁명 직후인 1791년 제정된 혁명법전은 베카리아의 사상을 충실히 반영한 것이라고 평가된다.

2) **영국의 형법개정** 영국에서는 존 하워드(J. Howard)가 감옥의 실태를 일반인들에게 알리고 감옥개선 운동을 전개하였는데 이러한 운동은 영국의 형법개정에 큰 영향을 미쳤다. 벤담(J. Bentham)은 공리주의와 인도주의 관점에서 영국의 잔인한 형법을 개정할 것을 주장하였다. 1820년부터 1861년 사이 영국형법은 인도적인 내용으로 대폭 개정되었다. 1700년대 초 사형에 처할 수 있는 범죄의 수가 222개에 이르렀으나, 1861년에는 모살죄(murder), 반역죄, 해적죄 이외의 범죄에 대한 사형이 모두 폐지되었다.

3) **미국의 형법개정** 미국에서는 1776년 독립선언 이후 1825년 사이에 광범위한 형법개정이 이루어졌다. 독립선언의 정신을 구현하기 위해 제정된 1786년의 형법은 강도죄, 범죄목적주거침입죄(burglary), 수간(獸姦)·동성애에 대한 사형을 폐지하였다. 1794년의 펜실베니아주 법률은 제1급 모살(murder of the first degree) 이외의 범죄에 대해서는 사형을 폐지하였다.

4) **독일의 형법개정** 중세 독일의 대표적인 형법전으로 1532년 제정된 카롤리나 형법전(Constitutio Criminalis Carolina)이 있다. 동법전은 고의, 인과관계, 위법성조각사유 등을 규정하고, 책임원칙을 형법의 기본원리로 인정하는 등 이전의 법전들에 비해 발전된 내용을 담고 있었다. 그러나 동법전도 주요한 형벌로서 사형과 신체형을 규정하고 화형, 참수형, 사지절단형, 입절단형 등의 야만적 집행방법도 그대로 두고 있었다.

그러나 독일에서도 고전학파의 등장에 따라 18, 19세기에 걸쳐서 잔혹한 형벌을 완화하는 입법이 대폭 이루어져 사형이나 신체형의 범위가 대폭 축소되게 되었다. 1871년 제정된 독일제국형법전은 프랑스형법전의 영향을 많이 받았다.

2. 근대학파(신파, positive school)

(1) 근대학파의 인간상

고전학파의 심리강제설에도 불구하고 19세기에 들어오면서 전체범죄는 줄어들지 않았을 뿐만 아니라 소년범, 도시화·산업화·빈부격차에 따른 범죄, 상습범·누범의 증가현상은 여전하였다. 이로 인해 고전학파의 이론은 두 가지 측면에서 공격을 받게 되었다.

첫째, "인간은 자유·평등하다"라는 시민계급의 주장은 "인간은 자유·평등해야 한다"는 규범적 명제를 "인간은 자유·평등하다"는 사실적 명제로 혼동한 것이고, 현실세계에서 인간은 소질(素質)과 환경에 구속되고, 따라서 불평등하다는 것이다.

둘째, 자연과학의 실증주의를 사회과학에도 그대로 적용하면, 인간이 합리적이고 자유의지를 지닌 존재라는 말은 실증되지 않는다는 것이다. 다윈(C. Darwin)의 진화론적 관점을 형법학에 도입하게 되면 인간은 자유·평등·합리적 존재가 아니라 환경과 소질에 구속되어 불평등하고, 본능적·충동적 존재가 된다. 따라서 범죄는 자유의지의 남용이 아니라 어쩔 수 없는 운명이 되고, 자유의지에 맞추어진 범죄대책도 범죄인의 소질과 환경에 맞추어진 범죄대책으로 바뀌어야 한다는 것이다.

근대학파는 범죄의 생물학적 원인을 강조하는 범죄생물학파와 범죄의 환경적 원인을 강조하는 범죄사회학파로 나뉜다. 이들은 범죄의 원인에 대해서는 서로 다른 견해를 갖지만, 범죄는 소질과 환경의 필연적 산물이고 형벌의 목적은 응보, 일반예방보다는 범죄인의 개선·교육을 통한 재범방지, 즉 특별예방이라고 하는 점에서 의견을 같이 한다.

(2) 범죄생물학파

1) 롬브로조 근대학파의 효시로 불리우는 롬브로조(C. Lombroso)는 당시 이탈리아를 떠들썩하게 했던 빌렐라라고 하는 강도살인범의 시체를 해부한 결과 그에게는 보통사람에게는 없고 고릴라에게만 있는 중앙후두와(中央後頭窩, 뒷머리 가운데의 홈)를 발견하였다. 여기에서 롬브로조는 빌렐라가 범죄를 저지르는 것은 자유의지를 남용해서가 아니라 범죄적 소질을 타고 태어났기 때문이라고 하는 생래범죄인설(生來犯罪人說)을 주장하였다. 그리고 빌렐라의 범죄적 형질은 세세유전된

것이 아니라 격세유전(隔世遺傳, atavism)된 것이라고 하였다.

그는 범죄인의 유형을 생래범죄인, 정신병적 범죄인, 잠재적 범죄인으로 분류하고 생래범죄인의 비율은 전체 범죄인의 3분의 1, 나머지 대부분은 잠재적 범죄인이라고 하였다. 그는 범죄인 유형에 따른 개별적 처우(individual treatment)를 강조하였다. 그러나 롬브로조도 나중에는 환경도 범죄의 원인이라는 것을 인정하였다. 롬브로조의 연구는 범죄에는 일정한 원인이 있다고 하는 범죄원인론의 연구를 촉발시켰다.

2) 가로팔로 이탈리아의 형법학자였던 가로팔로(R. Garofalo)는 범죄를 자연범과 법정범으로 구별하였다. 자연범이란 인간에 내재하는 범죄를 말하고 법정범이란 법률에 의해 비로소 범죄가 되는 행위를 말한다. 그는 범죄의 본질은 자연범에 있고, 이것만이 과학적 연구대상이 된다고 보았다. 그는 자연범의 원인은 애타적 감정의 결핍이라고 하여 사회학적·심리학적 범죄원인을 강조하였다.

(3) 범죄사회학파

1) 게리와 케틀레 제도학파(범죄지리학파)의 시조로 불리는 게리(Guerry)는 1827년 프랑스에서 최초의 근대적 범죄통계가 발간되자 경제적 조건에 따른 범죄율 변화를 지도 위에 표시하여 분석하였다. 한편 벨기에의 케틀레(Quetelet)는 환경적 요인과 범죄율의 함수관계를 밝혀냈다. 게리와 케틀레는 범죄가 빈곤의 산물이라는 통념을 검증하는 과정에서, 뜻밖에도 빈민지역보다 부유한 지역의 재산범죄율이 더 높음을 알아냈다. 이러한 연구결과에 대해 게리는 부유한 지역에는 재산범죄의 기회가 많기 때문이라고 하였고, 케틀레는 부유한 지역에서의 빈부격차 때문이라고 하였다.

2) 페 리 이탈리아의 페리(E. Ferri)는 여러 가지 범죄원인 중 사회적 원인이 가장 중요하고, 범죄는 사회현상으로서 "일정한 조건을 지닌 사회에서는 그에 상응하는 일정 수의 범죄가 발생하기 마련이고, 그 이상도 그 이하도 발생하지 않는다"는 범죄포화(犯罪飽和)의 법칙을 주장하였다. 페리는 범죄를 유발하는 사회적 조건을 제거해야 범죄가 없어질 수 있다고 하고, 이를 위해 '책임과 형벌 없는 형법전'을 주장하였다. 이는 책임을 재범위험성, 형벌을 보안처분으로 대체해야 한다는 것으로서, 페리의 구상은 1921년의 '이탈리아 형법초안'에 구체화되었고, 중남미제국 및 초기의 소련형법에 큰 영향을 끼쳤다.

3) 리 스 트 독일에서는 리스트(F. von Liszt)가 실증주의에 입각한 목적

형을 주장하였다. 그는 결정론의 전제에서 '처벌해야 하는 것은 행위가 아니라 행위자이다'라고 하면서, 범죄생물학이론과 범죄사회학이론을 절충하여 범죄는 소질과 환경의 산물이라고 하고, 특별예방만이 정당한 형벌의 목적이 될 수 있고, 범죄원인에 따라 범죄인에 대한 형벌을 개별화할 것을 주장하였다.

그는 재범방지를 위해 '개선가능한 범죄인'에 대해서는 개선처분, '개선불가능한 범죄인'에 대해서는 제거 또는 격리, '우발적 범죄인'에 대해서는 위하(겁주기)를 해야 한다고 주장하였다. 그는 범죄자를 우발적 범죄인과 상습적 범죄인으로 구별하고, 상습적 범죄인은 다시 개선가능한 범죄인과 개선불가능한 범죄인으로 나누었다. 우발적 범죄인에 대해서는 위하(威嚇)만으로 충분하므로 형의 집행유예제도를 도입함과 함께 벌금형을 확충해야 한다고 하였다. 반면, 개선가능한 범죄인에 대해서는 상대적 부정기형에 의한 시민적 개선이 이루어져야 하는 한편, 개선불가능한 범죄인에 대해서는 종신 내지 부정기의 구금에 의한 무해화(incapacitation)를 도모해야 한다고 주장하였다.

(4) 근대학파의 영향

고전학파는 범죄의 원인은 '자유의지의 남용', 형벌은 고통의 부과라고 하는 단순한 논리를 따랐다. 이에 비해 근대학파는 범죄는 소질과 환경의 복합체이므로 다양한 원인이 있고, 그에 상응하는 개별화된 대책을 세워야 한다고 하였다.

근대학파의 이론 역시 모든 나라의 형법에 반영되었다. 이 중에는 1921년 이탈리아형법초안과 후의 소련형법 등과 같이 근대학파이론을 적극적으로 받아들인 입법례도 있다. 그러나 대부분의 국가에서는 기존의 고전학파이론에 입각한 형법으로는 해결할 수 없었던 사회방위와 특별예방의 목적까지 달성하기 위해 근대학파의 이론을 받아들였다.

영미의 경우 19세기 후반 이래 전개된 소위 신형벌학(new penology)의 영향으로 20세기 초 의료모델(medical model)에 입각하여 정기형에서 부정기형으로의 정책전환이 이루어졌다. 의료모델이란 범죄를 사회적 질병으로 파악하고 환자를 치료하듯 범죄인을 치료하려는 노력을 말한다.[1)]

---

1) 의료모델은 의학의 용어를 형법적 용어로 바꿔 사용한다. 'treatment'를 의학에서는 '치료'라고 하고 형법에서는 '처우'라고 한다. 의학의 '통원치료', '입원치료', '재활'이라는 용어는 형법에서 각각 '사회내처우', '시설내처우', '사회복귀'라는 용어로 바꿔 사용한다. 의사가 환자의 질병이 언제 나을 것이라고 단언할 수 없고 일정기간 두고 보아야 하듯이 범죄인의 재범위험성 판단에도 부정기의 기간이 필요하기 때문에 의료모델에서는 부정기형을 주장

그러나 대부분의 유럽국가들은 형벌만으로는 사회방위와 특별예방의 목적을 달성하기 어려우므로 부정기형 대신 형법전이나 특별법에 보안처분을 도입하였다. 1893년 쉬토스(Carl Stooß)의 스위스형법 예비초안에서 보안처분을 규정하였고 독일은 1933년 보안처분을 형법전에 도입하였다.

이에 따라 형사제재는 형벌과 보안처분의 이원적 체제를 갖추게 되었다.

Ⅳ. 현대의 범죄 및 형벌관

1. 범죄와 형벌의 과학적 탐구

근대학파이론은 형법의 과학화에 기여하였다. 다양한 범죄원인을 인정하고 각 원인에 알맞는 대책을 세우려고 하는 오늘날의 형사정책은 근대학파로부터 비롯되었다고 할 수 있다.

그러나 인간의 자유의지를 부인하는 근대학파의 이론은 처음부터 인권침해의 가능성을 내포하고 있었다. 이러한 가능성은 가능성에 그친 것이 아니라 현실화되어 근대학파이론은 많은 독재자에게 합법적으로 인권을 침해할 수 있는 근거를 제공하였다. 실증적 방법론에 의하더라도, 인간에게 자유의지가 없다거나, 인간이 환경과 소질에 전적으로 구속되는 존재라는 것 역시 실증되는 것은 아니다.

2. 인권보장의 강조

현대의 형법학에서는 근대학파의 장점인 범죄와 형벌의 과학화와 고전학파의 장점인 형법의 인도화를 함께 추구하고 있다.

Ⅴ. 한국형법의 역사

1. 고려시대까지의 형법

고조선시대의 형법이라고 할 수 있는 8조 법금(法禁) 중 살인죄는 사형, 상해죄는 곡물배상, 절도죄는 노비로 삼는 것 등 3개만 현재까지 전해지고 있다.

삼국시대에는 모반죄, 살인죄, 절도죄, 성범죄 등에 대한 규정이 있었고, 형

한다.

벌은 사형에서 절취액의 12배 배상, 노비로 만드는 것 등과 같이 같은 시대의 서양처럼 엄격한 내용을 지니고 있었다.

고려시대에는 당나라의 당률을 모방한 고려율이 있었다. 고려율에는 태형(笞, 조그만 곤장으로 때리는 형벌), 장(杖, 커다란 곤장으로 때리는 형벌), 도(徒, 중노동형), 유(流, 귀양), 사(死, 사형)의 5가지 형벌이 있었다.

2. 조선시대의 형법

(1) 경국대전의 특징

조선시대에는 10여종의 법전이 있었으나 그 중 가장 기본적인 것은 성종 16년 통일법전으로 편찬된 경국대전이다.[1)]

경국대전 중 제5권이 형전인데 여기에는 형법뿐만 아니라 형사소송법, 행형법적 성격의 규정이 모두 포함되어 있다. 형전은 이전, 호전 등과 달리 중국 명나라의 형률인 대명률을 의용하는 규정을 두고 있다(用大明律). 경국대전은 신분·연령에 따라 범죄와 형벌 및 형사절차가 달라지는 등 사회적 계급에 따른 차별대우를 인정하고 있다.

(2) 경국대전상의 범죄규정

경국대전 형전에는 여러 가지 범죄구성요건이 자세히 규정되어 있다. 살인, 절도, 강도 등은 물론이고, 남형(濫刑), 위조, 원악향리(元惡鄕吏; 향리가 고을수령을 조종하여 저지르는 비리), 분경(奔競; 벼슬을 얻기 위해 권문세가에 드나드는 행위), 외국에 가는 사신이 정해진 이상의 화물을 가져가는 행위, 역마(驛馬)를 함부로 타는 행위와 내어주는 행위, 관청에 사사로이 출입하는 행위, 일정한 색깔의 의복을 입는 행위 등도 범죄로 규정되어 있다.

(3) 경국대전상의 형벌

경국대전에는 고려시대와 같이 태, 장, 도, 유, 사의 다섯가지 형벌 이외에 노비나 역리(驛吏)로 전락시키는 형벌, 자형(刺刑; 죄인의 얼굴이나 팔뚝에 낙인을 새기는 형벌) 등도 규정되어 있다.

태형은 오형(五刑) 중 가장 가벼운 형벌로서 작은 곤장으로 볼기를 치는 형벌로 10대, 20대, 30대, 40대, 50대의 다섯 종류로 구분된다.

장형은 태형보다 커다란 곤장으로 볼기를 치는 형벌로서 60대, 70대, 80대,

1) 한국법제연구원, 경국대전, 1993.

90대, 100대의 다섯 종류로 구분된다.

도형이란 범죄인을 관청에 구속하여 두고 소금을 굽고 철을 다루게 하는 등 일정한 역무에 종사하게 하는 형벌이다. 1년과 장 60대, 1년 반과 장 70대, 2년과 장 80대, 2년 반과 장 90대, 3년과 장 100대 다섯 종류로 구분된다.

유형이란 중범죄인을 귀양보내고 왕명이 없는 한 죽을 때까지 고향에 돌아오지 못하게 하는 형벌로서 이천리와 장 1백, 이천오백리와 장 1백, 3천리와 장 1백 등 세 가지 종류로 구분된다. 유형에는 어느 곳을 정하여 머물러 있게 하는 부처(付處), 유배지에서 일정한 지역을 지정하여 거주하게 하는 안치(安置) 등이 있다. 안치에도 중형인 절도안치(絕島安置, 섬에 거주시키는 것), 본인의 고향에 머물게 하는 본향안치(本鄕安置), 일정한 울타리를 둘러막는 위리안치(圍籬安置), 가시덤불을 쌓아놓고 그 안에 머무르게 하는 가극안치(加棘安置) 등이 있었다.

사형에도 감형을 전제로 한 일률(一律), 죽인 뒤에 그 시체를 거리에 내돌리는 효시(梟示), 일정기간 경과 후 교수하는 교대시(絞待時), 사형이 선고되자마자 교수하는 교불대시, 일정기간 경과 후 참수하는 참대시(斬待時), 사형이 선고되는 즉시 참수하는 참불대시, 독약을 주어 죽게 하는 사약, 시체를 토막내어 각처에 보내 민중에게 구경시키는 육시 또는 능지(凌遲)가 있었다. 이 중 참형이 많이 사용되었다.

3. 일제강점기에서 1953년 형법제정시까지의 형법

(1) 일제강점기의 형법

갑오경장 이후 우리나라에서도 형법대전 등 새로운 형법전이 제정되기도 하였지만, 근대형법이 도입된 것은 한일합방 이후인 1912년 조선형사령에 의해 일본형법이 우리나라에 의용되면서부터이다.

일본은 1868년경 시작된 명치유신 이후 법령의 근대화작업을 하였고 그 결과 1880년 서구식 형법을 제정하였는데 이때 가장 많이 참고한 것은 프랑스의 형법이었다. 그러나 서양의 법을 계수한 것이어서 일본의 풍토에 잘 맞지 않음에 따라 1907년 형법을 개정하였는데 이것이 현행 일본형법이고, 우리나라에 의용되었던 형법이다. 이 형법은 1871년의 독일형법의 영향을 강하게 받음과 동시에, 당시 유럽에서 강력하게 주장되고 있던 근대학파의 형법이론을 대폭 수용하였다고 평가된다.

(2) 현행형법의 제정 및 개정

해방 이후에도 미군정법령 제21호에 의해 일본의 법률들이 계속 우리나라에 의용되었다. 이에 정부는 기본 6법의 기초를 마련하기 위하여 대통령 직속하에 법전편찬위원회를 구성하였다. 동위원회의 2년여 기간의 작업 끝에 작성된 형법 초안이 1951. 4. 13. 국회에 제출되었다. 동초안은 약 2년간의 국회의 심의를 거쳐 1953. 9. 18. 법률 제293호로 제정·공포되어 그 해 10월 3일부터 시행되었는데 이것이 현행형법의 근간을 이루고 있다.

제정형법은 1930년의 독일형법초안과 당시의 독일형법·일본형법 및 중국형법을 참작하였다고 하나, 사실은 1940년의 일본개정형법가안의 내용을 상당부분 그대로 옮긴 것이라고 할 수 있다. 이는 당시 형법학자들이 부족했고, 빠른 시일 내에 그것도 6·25 전쟁 중에 제정해야 했기 때문이었다.

(3) 형법의 개정작업

이후 정부는 형사특별법을 제정함으로써 그때그때의 범죄대책을 세웠기 때문에 형법개정작업은 거의 없었다.[1)]

그러나 형법이 제정된 지 30년이 지나면서 신종범죄들이 많이 출현하였고, 각종의 형사특별법으로 인해 형법의 체계가 산만하여지자, 이러한 문제점을 해결하기 위해 형법을 전면개정해야 할 필요성이 있었다. 이에 법무부는 1985년 형법개정특별심의위원회를 구성하여 형법의 전면개정작업을 진행하였다. 동위원회는 7년여의 작업 끝에 1992년 형법개정법률안을 만들었고,[2)] 이것이 국회에 제출되었지만, 1995년 형법일부개정법률안이 대안으로 발의되고, 전부개정법률안은 폐기되었다.

1995. 12. 29. 위 전부개정법률안의 일부 각칙규정과 보호관찰, 사회봉사·수강명령들을 새로 도입한 형법개정이 이루어졌다. 1996년에는 현행형법의 총칙부분을 1992년의 형법개정법률안의 총칙으로 대체한 내용의 형법개정법률안이 국회에 제출되었으나 역시 통과되지 못하였다. 이후 2001. 12. 29.에는 1995년 개정형법에서 미비된 컴퓨터등 사용사기죄를 보완하는 개정이, 2004. 1. 20.에는 사후

---

1) 1975. 3. 5. 유신체제에 대한 비판을 억압하기 위해 국가모독죄 등을 신설하는 개정이 이루어졌지만(법률 제2745호), 군사정권이 쇠퇴하자 1988. 12. 31. 이를 삭제하는 개정이 이루어졌다(법률 제4040호).

2) 동법률안의 내용과 입법이유에 대해서는 법무부, 형법개정법률안의 제정이유, 1992.

적 경합범을 조정하는 내용의 개정이 이루어졌다. 2005. 3. 31.에는 민법상 호주제도의 폐지에 따른 관련 규정의 개정이, 2005. 7. 29.에는 사후적 경합범에 대한 판결과 관련된 개정이, 2010. 4. 15.에는 유기징역형의 상한을 높이는 등의 개정이, 2012. 12. 18.에는 강간과 추행의 죄를 비친고죄로 하는 개정이, 2013. 4. 5.에는 약취와 유인죄 등에 대한 개정이, 2014. 5. 14.에는 노역장유치제도에 대한 개정이, 2014. 12. 30에는 심신장애인과 미결구금일수의 전부산입에 대한 개정이, 2016. 1. 6.에는 자격정지, 벌금형에 대한 집행유예, 간통죄 폐지 등의 개정이, 2016. 5. 29.에는 배임수재죄에 대한 개정이, 2016. 12. 20.에는 형법 제7조, 2017. 12. 20.에는 제78조의 개정이, 2018. 10. 16.에는 업무상위력 등에 의한 간음죄의 형량을 상향하는 개정이, 2018. 12. 18.에는 형법 제10조 제2항의 필요적 감경을 임의적 감경으로 하는 개정이, 2020. 5. 19.에는 13세-16세 미만 미성년자간음등죄 및 강간등 예비·음모죄를 신설하는 개정이, 2020. 10. 20.에는 노역장유치 관련 부칙의 개정이, 2020. 12. 8.에는 쉬운 용어로의 개정이, 2023. 8. 8.에는 영아살해죄 및 영아유기죄를 폐지하고, 사형판결 확정 후 30년이 지나면 형의 시효가 완성되도록 한 부분을 삭제하는 개정이, 2025. 12. 23.에는 공중협박죄(제116조의2)를 신설하는 개정 및 2025. 12. 31. 친족간 범행 규정의 개정이 각 이루어졌다. 그리하여 1953년 형법 제정 이후 2025년까지 타법개정에 따른 용어변경을 위한 개정 등을 포함하여 총 26차례의 부분개정이 있었다.

그러나 형법의 전면개정의 필요성은 여전히 존재하였기 때문에 법무부에서는 2007. 6. 형사법개정특별분과위원회를 구성하여 형법의 전면개정작업을 진행하여, 2011년에는 형법총칙의 전면개정법률안이 국회에 제출되었으나 국회의 회기만료로 자동폐기되었다.

2차례에 걸친 형법의 전면개정작업이 결실을 맺지 못하자. 2025. 12. 법무부에 형사법개정특별위원회가 다시 구성되어 형법의 전면개정을 위한 활동을 하고 있다.

(4) 형법제정 이후 우리 형법학의 동향

1) 형법제정 후 1970년대 초반까지 해방 이후 우리나라의 형법학은 불모지나 다름없었다. 우리의 독자적인 형법학이 정립되어 있지 못했던 관계로 1950년대부터 1970년대 초반까지의 우리 형법학은 대부분 일본의 형사판례와 문헌들을 번안하는 수준이었고, 독일의 형법이론들을 받아들이는 경우에도 독일로

부터 직수입을 하기보다는 일본의 문헌들을 통해 간접적으로 받아들이는 경우가 많았다.

2) 1970년대 후반부터 2000년대 초까지 그러나 1970년대 후반 이후 독일에 유학하여 박사학위를 취득하여 오는 학자들이 늘어나면서 독일의 형법이론을 직수입하게 되었다. 이러한 학자들의 활발한 학문적 활동과 독일형법학에 대한 사대사상으로 인해 국내에서 형법을 공부한 학자들도 독일문헌을 참고하는 현상이 나타나게 되었다. 이와 함께 독일의 학자들을 대거 한국에 초청하여 그들의 연구성과를 직접 배우려고 하는 일이 잦아졌고, 독일문헌을 정확하게 소개하기 위해 독일의 논문이나 단행본들을 직접 번역하는 작업도 늘어나게 되었다. 그리하여 우리 형법과 독일형법을 비교·연구하는 비교법적 연구방법이 대종을 이루고 있었다. 이후 독일형법학을 그대로 받아들이는 것은 문제가 있다는 의식이 생겨남에 따라 우리의 독자적 형법학을 수립하려는 노력이 생겨나고 있다.

3) 2000년대초부터 현재까지 2007년 「법학전문대학원의 설치·운영에 관한 법률」이 제정되고 2009년 법학전문대학원이 운영되면서 형법학계의 풍토는 많이 달라졌다. 긍정적인 측면으로는 실무자들이 법학전문대학원교수로 임용되면서 우리의 현실적 문제를 해결하기 위한 실용적 연구들이 많이 이루어지고 있다는 것이다. 부정적인 측면으로는 법학전문대학원을 설치하지 않은 대학의 법과대학이나 법학과가 폐지되거나 대폭 축소됨으로써 안정적으로 형법학을 연구할 수 있는 학자들의 수가 대폭 감소하였다는 것이다.

4) 바람직한 방법론의 모색 20세기까지 일본형법학이나 독일형법학을 그대로 직수입하던 시기였다고 하면, 21세기에 들어서면서부터는 우리 형법규정과 우리 현실에 기초한 형법학으로 나아가려던 시기였다고 할 수 있다. 그러나 학부의 법과대학이나 법학과가 축소됨으로써 우리 형법학은 위기를 맞고 있다고 할 수 있다.

현재로서는 바람직한 방법론을 논하는 것 자체가 사치에 가깝다고 할 수 있다. 당장 시급히 해야 할 일은 형법학을 연구할 수 있고, 형법을 올바로 공부할 수 있는 환경을 조성하는 것이다. 그리고 제정된지 오래된 형법전과 과잉범죄화 과잉형벌화 된 형사특별법과 행정형법으로 운영되고 있는 우리의 형법에서 과학화, 인도화, 합리화된 형법으로 거듭날 수 있는 방안을 연구하는 것이다.

이를 위해서는 다음과 같은 방법론이 필요하다.

첫째, 우리 법규정에 맞는 해석론을 확립해야 한다. 우리와 다른 법규정과 법현실을 지닌 나라의 해석론을 그대로 우리의 해석론으로 받아들여서는 안된다. 외국의 이론들을 참고하되 우리나라의 법규정과 법현실을 우선시하는 해석론을 확립해야 한다.

둘째, 좀더 나은 해석론이나 입법론을 확립하기 위해서는 다른 나라와의 예를 참고하는 비교법적 연구도 필요하다. 이 때에도 외국형법의 체계, 개념, 적용현실들을 정확하게 이해해야 한다.

셋째, 형법이 적용될 우리의 현실을 정확하게 파악해야 한다. 형법의 해석원칙이나 입법원칙을 지키면서도 여러 가지 해석론이나 입법론이 제시될 수 있는데, 이 중에서도 좀더 바람직한 해석론이나 입법론을 확립하기 위해서는 우리의 형법현실을 제대로 파악해야 하기 때문이다.

§3

제 3 장 죄형법정주의

Ⅰ. 죄형법정주의의 의의 및 연혁

1. 죄형법정주의의 의의

죄형법정주의란 '범죄(罪)와 형벌(刑)은 반드시 성문법에 의해 정해져야(法定) 한다는 원칙'을 말한다. 죄형법정주의에서 '법'이란 성문법(statute, Gesetz)만을 의미한다. "법률 없으면 범죄 없다"(nullum criminen sine lege), "법률 없으면 형벌 없다"(nulla poena sine lege) 혹은 "법률 없으면 범죄 없고 형벌 없다"는 표현은 모두 죄형법정주의를 나타내는 말이다.

명칭과 관련하여 통용되고 있는 죄형법정'주의'는 자칫 이데올로기화될 위험이 있고 그 개념상 예외가 전혀 허용될 수 없는 한계가 있기 때문에, 죄형법정'원칙'이라는 용어를 사용해야 한다는 주장도 있으나, 이 책에서는 죄형법정주의라고 표현한다. 실무에서는 '죄형법정주의' 혹은 '죄형법정주의 원칙'이라는 표현이 주로 사용되고 있다(대판 2020. 7. 9. 2020도6077; 헌재 2000. 2. 24. 99헌가4 등).

죄형법정주의는 국가형벌권행사를 합리적으로 통제할 수 있는 원리로서 오늘날 모든 문명국가에서 형법의 제정, 해석, 적용의 최고원리로 자리잡고 있다.

2. 죄형법정주의의 연혁

죄형법정주의에 유사한 원리는 일찍이 1215년 영국의 대헌장(Magna Carta)에서 찾아볼 수 있지만, 근대적 죄형법정주의는 1776년의 미국헌법 제1조, 1789년의 프랑스인권선언 제8조(누구든지 범죄 이전에 제정·공포되고 적법하게 적용되는 법률에 의하지 않고는 처벌받지 않는다) 및 1810년의 프랑스의 나폴레옹법전 제4조 등에 규정되었다.

우리 헌법 제12조 제1항(누구든지 법률과 적법한 절차에 의하지 아니하고는 처벌, 보안처분 또는 강제노역을 받지 아니한다), 제13조 제1항 및 제37조 제2항 등은 죄형법정주의가 헌법적 원리임을 선언하고 있다. 형법 제1조 제1항(범죄의 성립과 처벌은 행위시의 법률에 따른다)도 죄형법정주의를 표현한 것이다.

3. 죄형법정주의의 사상적 배경

(1) 대헌장의 사상

죄형법정주의의 원리는 일찍이 1215년 영국의 대헌장(Magna Carta)에서 찾아볼 수 있다. 동헌장 제39조는 법률에 의해서만 자유인들에게 형벌, 조세 등의 부담을 지게 할 수 있다는 내용을 담고 있었다. 대헌장의 이러한 자유주의적 사상은 1776년 미국 독립선언 및 1789년 프랑스 인권선언에도 반영되었다.

(2) 몽테스키외의 권력분립론

몽테스키외는 국가권력의 남용을 방지하기 위해 의회는 법률의 제정권, 행정부는 법률의 집행권, 사법부는 법률의 적용권을 가져야 한다는 3권분립론을 주장하였다. 그는 사법부는 법률을 해석해서는 안되고 기계적으로 적용하기만 해야 한다고 하였다. 사법부가 형법을 기계적으로 적용하기 위해서는 범죄와 형벌을 법률에 미리 정해놓아야 한다.

(3) 포이에르바하의 심리강제설

포이에르바하는 시민계급들은 인간을 이성에 따라 행동할 수 있는 합리적인 존재이며, 쾌락을 추구하고 고통을 피하려고 하는 공리적 존재라고 하였다. 그는 인간이 범죄를 하는 것은 범죄에 따른 이익을 추구하기 위한 것이므로, 범죄를 저지르면 형벌의 고통이 따른다는 것을 알게 되면 심리가 강제되어 범죄를 저지르지 않게 된다고 하였다. 이를 심리강제설이라고 하는데, 범죄와 형벌이 사전에 성문법에 규정되어 있어야 심리강제가 가능하고, 또한 극대화된다는 것이다.

(4) 베카리아의 균형론

심리강제만을 강조한다면 근대 이전의 형법처럼 가벼운 범죄에 대해서도 무거운 형벌을 과하는 위하형(威嚇刑)주의를 택할 수도 있다. 그러나 위하형은 인권침해의 요소가 있었으므로 범죄와 형벌이 균형을 이루어야 한다는 요구가 생겨났다. 균형론을 주장한 대표적 학자로서 베카리아를 들 수 있다.

Ⅱ. 죄형법정주의의 현대적 의의

1. 죄형법정주의에 대한 도전

17, 18세기에 형성된 고전적 죄형법정주의는 19세기에 들어오면서 여러 측면에서 도전을 받게 된다.

첫째, 근대학파의 형법학자들은 인간이 자유, 평등, 합리적인 존재가 아니라 환경과 소질에 구속받는 존재로서 자유의지를 갖는 존재가 아니라고 이해하였다. 따라서 인간이 합리적이고 공리적 존재라고 하는 심리강제설과 같은 죄형법정주의의 기본사상과 내용들을 거부하게 된다. 1926년의 소련형법 제16조는 "공산주의혁명의 목적상 사회에 위험한 행위는 실정법을 떠나서 처벌할 수 있다," 1935년의 독일 나찌형법 제2조는 "건전한 국민감정에 반하는 행위는 법률이 없어도 벌할 수 있다"고 하여 죄형법정주의를 부인하는 규정을 두었다.

둘째, 독재권력들은 법률에 근거없이 형벌을 과하기도 하지만, 악법으로 범죄와 형벌을 정하여 국민의 자유를 부당하게 제약하는 경우가 훨씬 많다.[1)]

셋째, 몽테스키외나 베카리아의 주장처럼 사법부가 법률을 해석해서는 안되고 기계적으로 적용해야 한다는 원칙을 고수하게 된 결과, 현실문제를 합리적으로 해결할 수 없게 되었다. 예를 들어 이러한 주장을 가장 충실하게 받아들인 1791년의 프랑스혁명법전을 운용해 본 결과 위와 같은 심각한 문제점이 발생하였다. 이로 인해 1810년 프랑스의 개정형법에서는 법관에게 객관적인 상황을 고려할 수 있도록 재량권을 인정하였다.

2. 죄형법정주의의 현대적 의의

20세기에 들면서 인류는 두 차례의 세계대전과 수많은 독재권력들에 의한 인권침해현상을 경험하게 되었다. 이를 통해 세계문명국가에서는 죄형법정주의가 포기해야 할 원칙이 아니라 오히려 좀더 강조해야 할 원리라고 인식하게 되었다. 제2차 세계대전 후인 1948년 UN의 인권선언 제11조, 1950년의 유럽인권협약 제7조 제1항은 죄형법정주의를 규정하였고, 죄형법정주의를 부인하였던 독일형법은

1) 과거 우리나라에서도 군사독재정권들이 국민의 인권을 부당하게 제약하는 내용의 헌법이나 법률들을 만들어 놓고 국민에게 이러한 법규들을 준수할 것을 요구함으로써 독재정권에 저항하는 민주세력들을 탄압하였다.

1946년, 소련형법은 1958년 각각 죄형법정주의를 다시 규정하였다.

현대적 의미의 죄형법정주의는 형식적 의미의 죄형법정주의의 기본원칙을 유지하되, 그 정신을 최대한 살릴 수 있도록 부분적으로 수정하는 실질적 죄형법정주의를 따른다. 실질적 죄형법정주의에서는 형법의 내용의 적정성을 요구하고, 형식적 의미의 죄형법정주의의 내용들을 부분적으로 수정하여 피고인에게 유리한 유추해석이나 소급효 등도 허용한다.

Ⅲ. 죄형법정주의의 내용

1. 성문법주의

성문법주의란 범죄와 형벌은 반드시 성문법률에 규정되어야 한다는 원칙이다. 이는 범죄와 형벌은 국회가 제정한 법률에 의해 정해져야 하고, 관습법은 형법의 직접적 법원(法源)이 될 수 없다는 두 가지 의미를 지니고 있다.

(1) 법률주의의 의의

범죄와 형벌은 반드시 국회가 제정한 법률에 규정되어야 하고, 명령·규칙·자치법규(지방자치단체의 조례, 규칙) 등에 의해 범죄와 형벌을 규정할 수 없다는 것이다. 이 원칙은 권력분립사상에 기초한 것이라고 할 수 있다.

(2) 백지형법

1) 백지형법의 개념 사회현상의 복잡화와 국회의 전문적·기술적 능력의 한계로 인하여 모든 형벌법규를 형식적 의미의 법률만에 의하여 규정하는 것은 사실상 불가능할 뿐만 아니라 합리적이지도 않다. 따라서 범죄와 형벌의 주내용은 법률에서 정하되, 그 구체적 내용은 다른 법률이나 명령·규칙 등 하위법규에 위임해야 할 필요가 있게 된다(헌법 제75조). 이 경우 위임하는 법률을 백지형법이라고 하고, 위임받는 법률 또는 명령·규칙 등 하위법규를 보충규범이라고 한다.

2) 백지형법의 제한 범죄와 형벌의 구체적 내용을 명령·규칙·자치법규 등에 위임하는 것이 불가피하다 하더라도 이는 인권보장적 관점에서는 별로 바람직하지 않으므로 이에 대한 엄격한 제한이 필요하다.

또한 하위법규에 위임을 하더라도 하위법규들이 형사처벌의 대상을 확장하거나 형벌을 강화하는 것은 허용되지 않는다(대판 2017. 2. 16. 2015도16014 전합; 대판 1999. 2. 11. 98도2816).

[대판 2002. 11. 26. 2002도2998] 특히 긴급한 필요가 있거나 미리 법률로써 자세히 정할 수 없는 부득이한 사정이 있는 경우에 한하여 수권법률(위임법률)이 구성요건의 점에서는 처벌대상인 행위가 어떠한 것인지 이를 예측할 수 있을 정도로 구체적으로 정하고, 형벌의 점에서는 형벌의 종류 및 그 상한과 폭을 명확히 규정하는 것을 전제로 위임입법이 허용되며, 이러한 위임입법은 죄형법정주의에 반하지 않는다.

[대판 2017. 2. 21. 2015도14966] 법률의 시행령은 모법인 법률의 위임 없이 법률이 규정한 개인의 권리·의무에 관한 내용을 변경·보충하거나 법률에서 규정하지 아니한 새로운 내용을 규정할 수 없고, 특히 법률의 시행령이 형사처벌에 관한 사항을 규정하면서 법률의 명시적인 위임 범위를 벗어나 그 처벌의 대상을 확장하는 것은 죄형법정주의의 원칙에도 어긋나므로, 그러한 시행령은 위임입법의 한계를 벗어난 것으로서 무효이다.

[헌재 2002. 6. 27. 99헌마480] 구 전기통신사업법 제53조 제2항은 "제1항의 규정에 의한 공공의 안녕질서 또는 미풍양속을 해하는 것으로 인정되는 통신의 대상등은 대통령령으로 정한다"고 규정하고 있는바 이는 포괄위임입법금지원칙에 위배된다. 왜냐하면 '공공의 안녕질서'나 '미풍양속'의 개념은 대단히 추상적이고 불명확하여, 수범자인 국민으로 하여금 어떤 내용들이 대통령령에 정하여질지 그 기준과 대강을 예측할 수도 없게 되어 있고, 행정입법자에게도 적정한 지침을 제공하지 못함으로써 그로 인한 행정입법을 제대로 통제하는 기능을 수행하지 못하기 때문이다.

[헌재 1995. 5. 25. 91헌바20] 군(軍)에서 구체적인 명령의 제정권자를 일일이 법률로 정하는 것도 불가능하며, 또한 군형법 제47조는 명령위반죄의 구성요건의 내용에 관한 사항을 명령에 위임한 형태를 취하고 있지만 명령위반행위에 대한 형벌의 종류와 내용은 법률에서 구체적으로 정해져 있으며 그 피적용자인 군인은 이를 충분히 예측할 수 있는 지위에 있으므로, 정당한 명령에 대한 준수의무를 과하고 그 위반에 대하여 구체적 형벌의 종류와 범위를 명시하고 있는 위 법률규정이 위임입법의 한계를 벗어난 것이라고 할 수는 없다.

(3) 관습법배제의 원칙

관습법이란 '일정한 관행이 법적 확신을 얻게 된 불문법'을 말한다. 관습법은 형법의 직접적 법원(法源)은 될 수 없다. 법원이란 '법의 존재형식'을 말한다. 관습법배제의 원칙이란 관습법의 형태로 존재하는 형법, 즉 직접 범죄나 형벌을 규정하는 관습법은 인정되지 않는 원칙을 말한다.

그러나 관습법은 형법의 간접적 법원이 될 수는 있다. 즉 성문형법에 규정되어 있는 개념들을 해석할 때에는 관습법을 고려할 수 있다. 그 예로 다음과 같은 경우들을 들 수 있다.

첫째, 위법성조각·감경사유, 책임조각·감경사유 등의 해석에서 관습법을 고려할 수 있다. 예를 들어 형법 제20조의 '사회상규에 반하지 않는 행위'를 해석할 때 관습법을 고려할 수 있다.

둘째, 형법에는 다른 법률에 의존하는 개념들이 있다. 형법 제329조의 절도죄가 성립하기 위해서는 '타인(소유)의 재물'을 절취해야 한다. 재물의 소유권귀속은 민법에 의해 결정되는데, 이 경우 민사관습법을 고려하여 절도죄의 성립여부를 해석하게 된다.

[대판 2021. 2. 18. 2016도18761 전합] 형법 제355조 제1항이 정한 횡령죄에서 보관이란 위탁관계에 의하여 재물을 점유하는 것을 뜻하므로 횡령죄가 성립하기 위하여는 재물의 보관자와 재물의 소유자(또는 기타의 본권자) 사이에 법률상 또는 사실상의 위탁관계가 존재하여야 한다. 이러한 위탁관계는 사용대차·임대차·위임 등의 계약에 의하여서뿐만 아니라 사무관리·관습·조리·신의칙 등에 의해서도 성립될 수 있[다].

2. 명확성의 원칙

(1) 명확성원칙의 의의

명확성원칙이란 범죄와 형벌의 내용이 명확하게 규정되어야 한다는 원칙이다. 범죄와 형벌의 내용이 명확하지 않으면 어떤 행위가 금지되는지, 범죄인이 어떤 형벌을 받게 되는지 불분명하게 된다. 이 경우 예측가능성과 법적 안정성이 침해되어 형법이 규범적 기능과 보장적 기능을 제대로 수행할 수 없게 된다.

그러나 법규범의 추상적 성격상 형법에 규정된 개념들이 어느 정도 불명확한 것은 불가피하다. 따라서 명확성의 원칙이란 명확성의 유무가 아니라 정도의 문제라고 할 수 있다.

[헌재 2013. 9. 26. 2012헌바34] 명확성원칙은 법치국가원리의 한 표현으로서 기본권을 제한하는 법규범의 내용은 명확하여야 한다는 헌법상의 원칙이다. 만일 법규범의 의미내용이 불확실하면 법적 안정성과 예측가능성을 확보할 수 없고, 법

집행 당국의 자의적인 법해석과 집행을 가능하게 할 것이기 때문에, 기본권을 제한하는 법규범은 그 내용이 명확하여야 한다는 것이다. 다만 법규범의 문언은 어느 정도 가치개념을 포함한 일반적, 규범적 개념을 사용하지 않을 수 없는 것이기 때문에 명확성원칙이란 기본적으로 최대한이 아닌 최소한의 명확성을 요구하는 것으로서, 법 문언이 법관의 보충적인 가치판단을 통해서 그 의미내용을 확인할 수 있고, 그러한 보충적 해석이 해석자의 개인적인 취향에 따라 좌우될 가능성이 없다면 명확성원칙에 반한다고 할 수 없다.

(2) 구성요건의 명확성

죄형법정주의의 명확성원칙은 먼저 구성요건[1)]의 명확성을 요구한다.

구성요건이 명확하기 위해서는 구성요건상의 개념들이 누구나 알 수 있는 것이어야 한다. 따라서 추상적 개념보다는 구체적 개념, 불확정개념보다는 확정개념, 전문용어보다는 일상용어, 규범적 용어보다는 사실적(혹은 記述的) 용어들을 사용하는 것이 바람직하다. 그러나 법규범의 성격상 추상적·불확정적·전문적·규범적 용어를 사용하는 것이 불가피하므로, 통상의 판단능력을 가진 국민 혹은 사물의 변별능력을 제대로 갖춘 일반인들을 기준으로 명확성 유무를 판단할 수밖에 없다(헌재 1997. 9. 25. 96헌가16). 형법에서도 '사회상규'(제20조), '상당한 이유'(제21조 이하) 등과 같은 추상적·불확정개념이 사용되고 있다.

따라서 구성요건이 어느 정도 명확하여야 하는가는 일률적으로 정할 수 없고, 그 법률이 제정된 목적, 각 구성요건의 특수성과 그러한 법적 규제의 원인이 된 여건이나 처벌의 정도, 다른 법률조항과의 연관성을 고려하여 합리적인 해석이 가능한지의 여부에 따라 결정될 수밖에 없다(헌재 1997. 3. 27. 95헌가17; 헌재 2000. 2. 24. 99헌가4; 대판 2000. 11. 16. 98도3665).

[헌재 2010. 12. 28. 2008헌바157, 2009헌바88(병합)] 전기통신기본법 제47조 제1항은 '공익을 해할 목적'의 허위의 통신을 금지하는바, 여기서의 '공익'은 형벌조항의 구성요건으로서 구체적인 표지를 정하고 있는 것이 아니라, 헌법상 기본권 제한에 필요한 최소한의 요건 또는 헌법상 언론·출판의 자유의 한계를 그대로 법률에 옮겨 놓은 것에 불과할 정도로 그 의미가 불명확하고 추상적이다. … 결국,

1) 구성요건이란 '법률에 정해놓은 범죄의 유형'이라고 할 수 있다. 형법 제250조 제1항 살인죄의 구성요건은 '사람을 살해한 자'이고, 형법 제329조 절도죄의 구성요건은 '타인의 재물을 절취한 자'이다.

이 사건 법률조항은 수범자인 국민에 대하여 일반적으로 허용되는 '허위의 통신' 가운데 어떤 목적의 통신이 금지되는 것인지 고지하여 주지 못하고 있으므로 표현의 자유에서 요구하는 명확성의 요청 및 죄형법정주의의 명확성원칙에 위배하여 헌법에 위반된다.

[헌재 2006. 7. 27. 2005헌바19] 형법 제349조 제1항(부당이득죄)의 '궁박한 상태를 이용하여 현저하게 부당한 이익을 취득'하였는지 여부는 사회통념 또는 건전한 상식에 따라 거래당사자의 신분과 상호 간의 관계, 피해자가 처한 상황의 절박성의 정도, 계약의 체결을 둘러싼 협상과정 및 피해자의 이익, 피해자가 그 거래를 통해 추구하고자 한 목적을 달성하기 위한 다른 적절한 대안의 존재 여부 등 제반 상황을 종합한다면 합리적으로 판단할 수 있다고 할 것이므로 이 사건 법률조항이 지니는 약간의 불명확성은 법관의 통상적인 해석 작용에 의하여 충분히 보완될 수 있고 건전한 상식과 통상적인 법감정을 가진 일반인이라면 금지되는 행위가 무엇인지를 예측할 수 있으므로 이 사건 법률조항은 죄형법정주의에서 요구되는 명확성의 원칙에 위배되지 아니한다.

[대판 2022. 11. 17. 2022도7290] 헌법은 국가형벌권의 자의적인 행사로부터 개인의 자유와 권리를 보호하기 위하여 범죄와 형벌을 법률로 정하도록 하고 있다(헌법 제13조 제1항). 국민의 기본권을 제한하거나 의무를 부과하는 법률, 그중에서도 특히 형벌에 관한 법률은 국가기관이 자의적으로 권한을 행사하지 않도록 명확하여야 한다. 다시 말하면, 형벌법규는 어떠한 행위를 처벌할 것인지 일반인이 예견할 수 있어야 하고, 그에 따라 자신의 행위를 결정할 수 있도록 구성요건을 명확하게 규정할 것을 요구한다. 건전한 상식과 통상적 법감정을 가진 사람으로 하여금 자신의 행위를 결정해 나가기에 충분한 기준이 될 정도의 의미와 내용을 가지고 있다고 볼 수 없는 형벌법규는 죄형법정주의의 명확성원칙에 위배되어 위헌이 될 수 있으므로, 불명확한 규정을 헌법에 맞게 해석하기 위해서는 이 점을 염두에 두어야 한다. 그리고 형벌법규의 해석은 엄격하여야 하고, 문언의 가능한 의미를 벗어나 피고인에게 불리한 방향으로 해석하는 것은 죄형법정주의의 내용인 확장해석금지에 따라 허용되지 않는다.

(3) 형사제재의 명확성(절대적 부정기 형·보안처분의 금지)

1) 의 의 구성요건이 명확하더라도 형사제재가 명확하게 규정되어 있지 않다면 형법의 보장적 기능이 제대로 발휘될 수 없다. 그러나 개개 사건에 맞는 형사제재를 형법에 규정한다는 것은 불가능하므로 형법에 규정된 형사제재가 어느 정도 불명확성을 갖는 것은 역시 불가피한 일이다. 그러나 이러한 한계

를 넘어서는 형사제재, 즉 절대적 부정기 형·보안처분은 허용되지 않는다.

2) 정기형과 부정기형의 종류 형벌은 형법에 규정되어 있는 법정형과 법관이 구체적 사건에서 선고하는 선고형으로 나눌 수 있다. 또 대표적 형벌인 자유형에는 정기형과 부정기형이 있고, 부정기형에는 절대적 부정기형과 상대적 부정기형이 있다. 정기형이란 기간이 특정되어 있는 형태의 형벌이고, 부정기형은 기간이 특정되어 있지는 않지만 기간의 범위(장기와 단기)는 정해져 있는 상대적 부정기형과 기간의 범위조차 정해지지 않은 절대적 부정기형이 있다.

일반적으로 부정기형이라 함은 상대적 부정기형 그 중에서도 상대적 부정기 선고형을 의미한다. 법정형은 거의 모두 상대적 부정기형으로 되어 있다. 예를 들어 단순절도죄에 대한 법정징역형은 1개월 이상 6년 이하이고(제329조), 강도죄의 법정징역형은 3년 이상 30년 이하이다(제333조). 그러나 현행형법상 성인에 대한 선고형은 예를 들어 징역 1년, 징역 2년 6월 등 정기형이어야 하고 단기 2년에 장기 2년 6월과 같은 상대적 부정기선고형은 소년에게만 허용된다(소년법 제60조 제1항). 소년에 대한 상대적 부정기선고형은 행형단계에서 소년의 개선·교육이라고 하는 특별예방적 목적이 반영된 것이다.

3) 절대적 부정기 형벌 및 보안처분의 금지 상대적 부정기형은 법정형이든 선고형이든 죄형법정주의 관점에서 모두 허용된다. 예를 들어 현재에는 소년에게만 인정하고 있는 성인에 대한 상대적 부정기형을 형법에 도입하였다고 하더라도 죄형법정주의 위반은 아니다. 그러나 형기의 범위가 정해지지 않은 절대적 부정기형은 법정형이든 선고형이든 금지된다. 보안처분에는 절대적 부정기처분도 허용된다는 견해도 있으나, 통설은 인권보장적 관점에서 절대적 부정기보안처분도 허용될 수 없다고 한다.

마찬가지로 벌금형의 경우에도 절대적 부정액형은 인정되지 않는다.

3. 소급효금지의 원칙

(1) 소급효금지원칙의 의의

소급효금지의 원칙이란 범죄와 그 처벌은 행위 당시의 법률에 의해야 하고 행위 후에 제정된 사후법률(事後法律)에 의해 이전의 행위를 처벌해서는 안 된다는 것을 말한다. 사후법률에 의해 이전의 행위를 처벌하기 위해서는 사후법률의 소급효를 인정해야 하는데 이를 금지하는 원칙이다. 소급효를 인정하게 되면 국민들의 예측가능성, 법적 안정성이 침해되기 때문이다. 형법 제1조 제1항도 행위시법주의를 규정하고 있다. 그러나 판례는 행위시법주의를 넓게 해석한다.

[대판 2020. 8. 20. 2020도7154] '도로교통법 제44조 제1항 또는 제2항을 2회 이상 위반한 사람'에 위와 같이 개정된 도로교통법이 시행된 2019. 6. 25. 이전에 구 도로교통법 제44조 제1항 또는 제2항을 위반한 전과가 포함된다고 보아야 한다. 이와 같이 해석하더라도 형벌불소급의 원칙이나 일사부재리의 원칙에 위배되지 않는다.

(2) 보안처분과 소급효금지

사후에 보안처분을 도입하거나 처분기간을 연장하는 등 피고인에게 불리한 개정이 있은 경우 소급효가 인정되는가에 대해 견해가 대립한다.

1) 소급효인정설 보안처분에는 소급효금지원칙이 적용되지 않는다는 입장이다. 대법원 및 헌법재판소는 형벌과 보안처분의 이원적 체계하에서 형벌에는 피고인에게 불리한 소급효가 인정되지 않지만, 보안처분에는 원칙적으로 피고인에게 불리한 소급효도 인정된다고 한다.

가. 대법원의 태도 대법원은 형법 제62조의2에 따른 보호관찰의 경우 형법불소급의 원칙이 적용되지 않는다고 한다. 보호관찰은 형벌이 아니라 보안처분의 성격을 갖는 것으로서, 과거의 불법에 대한 책임에 기초하고 있는 제재가 아니라 장래의 위험성으로부터 행위자를 보호하고 사회를 방위하기 위한 합목적적인 조치이므로, 그에 관하여 반드시 행위 이전에 규정되어 있어야 하는 것은 아니며, 재판시의 규정에 의하여 보호관찰을 받을 것을 명할 수 있다고 보아야 한다는 이유에서이다(대판 1997. 6. 13. 97도703). 구 청소년성보호법상 성범죄자에 대한 (신상)공개명령의 경우에도, 그것이 아동·청소년 대상 성범죄를 효과적으로 예방하고 성범죄로부터 아동·청소년을 보호함을 목적으로 하는 일종의 보안처분으로서 범죄행위를 한 자에 대한 응보 등을 목적으로 그 책임을 추궁하는 사후적 처분인 형벌과 구별되어 그 본질을 달리하는 것으로서 형벌에 관한 소급입법금지의 원칙이 그대로 적용되지 않는다고 보았다(대판 2011. 3. 24. 2010도14393). 전자장치부착법상 전자감시의 경우에도 마찬가지로 불소급의 원칙이 적용되지 않는다고 보았다(대판 2010. 12. 23. 2010도11996).

다만, 「가정폭력범죄의 처벌 등에 관한 특례법」이 정한 보호처분 중의 하나인 사회봉사명령의 경우 소급효금지의 원칙이 적용된다고 보았다. 즉, 위 사회봉사명령이 보안처분의 성격을 가지는 것이기는 하나 한편으로 이는 가정폭력범죄행위에 대하여 형사처벌 대신 부과되는 것으로서, 가정폭력범죄를 범한 자에게 의무적 노동을 부과하고 여가시간을 박탈하여 실질적으로는 신체적 자유를 제한하게 되므로, 이에 대하여는 소급효금지의 원칙이 적용된다는 것이다(대결 2008. 7. 24. 2008어4).

나. 헌법재판소의 태도 한편, 헌법재판소는 전자장치부착법상 위치추적 전자장치 부착에 대해서는 위 대법원의 태도와 마찬가지로, 전통적 의미의 형벌이 아니며, 이를 통하여 피부착자의 위치만 국가에 노출될 뿐 그 행동 자체를 통제하지 않는다는 점에서 비형벌적 보안처분에 해당되므로, 이를 소급적용하도록 한 부칙경과조항은 헌법 제13조 제1항 전단의 소급처벌금지원칙에 위배되지 아니한다고 보았다(헌재 2015. 9. 24. 2015헌바35). 「디엔에이신원확인정보의 이용 및 보호에 관한 법률」상 디엔에이신원확인정보의 수집·이용의 경우에도 수형인등에게 심리적 압박으로 인한 범죄예방효과를 가진다는 점에서 보안처분의 성격을 지니지만, 처벌적인 효과가 없는 비형벌적 보안처분으로서 형법불소급의 원칙이 적용되지 않는다고 보았다(헌재 2014. 8. 28. 2011헌마28 등 병합).

2) **소급효부정설** 통설은 보안처분도 형사제재이고 형벌에 못지않은 자유제한을 포함하므로 보안처분에도 소급효금지의 원칙이 적용되어야 한다고 한다.

3) **결 어** 죄형법정주의를 규정하고 있는 헌법 제12조 제1항은 형벌뿐만 아니라 보안처분도 함께 규정하고 있다. 따라서 독일형법과 같이 보안처분의 소급효를 인정하는 명문의 규정(제2조 제6항)이 없는 우리 형법에서는 보안처분에도 소급효금지의 원칙이 적용되어야 한다.

(3) 형사절차법과 소급효금지

사후에 공소시효를 연장하거나 친고죄를 비친고죄로 변경한 경우와 같이 형사절차법에도 소급효금지원칙이 적용되느냐에 대해 견해가 대립한다.

1) **전면적 소급효인정설** 통설은 소급효금지원칙은 실체형법에만 적용되고, 절차법에는 적용되지 않는다고 한다.

2) **부분적 소급효인정설** 이 견해에는 형사절차법이 가벌성과 관련된 경우에는 소급효금지원칙이 적용된다는 견해 및 신법 시행 이전에 고소기간이 만료

되었거나 공소시효가 완성된 경우에는 소급효금지원칙이 적용된다는 견해 등이 있다. 그 근거로 공소시효가 완성되어 소추할 수 없는 상태에 이른 뒤에 소추가 가능하도록 하는 새로운 법률을 제정하는 것은 실질적으로는 형벌을 사후적으로 가능하게 하는 새로운 범죄구성요건의 제정과 마찬가지라는 것을 든다.

3) 판　　례 　대법원과 헌법재판소는 형사절차법에 대해 죄형법정주의의 파생원칙으로서의 소급효금지원칙은 적용되지 않는다고 보는 입장이다. 다만, 법치국가의 원리 등에 따라서 피고인의 불이익과 공익을 비교형량하여 보아 전자가 클 경우 그 소급입법이 인정되지 않을 수 있다고 한다.

가. 소급입법금지원칙 부적용 　12·12사건 및 5·18사건에 관련된 헌정질서파괴범에 대하여 범행종료시부터 1993. 2. 24.까지 공소시효 진행이 정지되도록 한 「5·18민주화운동등에관한특별법」 조항에 대하여, 헌법재판소는 헌법 제12조 제1항 및 제13조 제1항에 규정한 죄형법정주의의 파생원칙인 형벌불소급 원칙에 반하는 것은 아니라고 보았다. 즉, 헌법이 규정한 형벌불소급의 원칙은 형사소추가 "언제부터 어떠한 조건하에서" 가능한가의 문제에 관한 것이고, "얼마동안" 가능한가의 문제에 관한 것은 아니다. 다시 말하면 헌법의 규정은 "행위의 가벌성"에 관한 것이기 때문에 소추가능성에만 연관될 뿐, 가벌성에는 영향을 미치지 않는 공소시효에 관한 규정은 원칙적으로 그 효력범위에 포함되지 않는다는 것이다 (헌재 1996. 2. 16. 96헌가2 등 병합). 대법원도 이와 동일하게, 범죄의 성립과 형벌에 관한 내용을 담은 '실체법'적 규정에 있어서는 엄격히 적용되어 소급효는 절대적으로 금지되지만 공소시효는 바로 범죄의 성립과 형벌에 관한 것은 아니어서 소급금지의 원칙이 당연히 적용되는 영역에 해당하는 것은 아니라고 본다(대판 1997. 4. 17. 96도3376 전합).

나. 법치국가원리에 따른 제한 　헌법재판소 및 대법원은 형사절차법의 소급입법이 법치국가원리 등에 위반되는지 여부를 판단하기 위하여 형사절차법의 개정입법이 진정소급입법인지 아니면 부진정소급입법인지 나눈다. 진정소급입법은 개인의 신뢰보호와 법적 안정성을 내용으로 하는 법치국가원리에 의하여 특단의 사정이 없는 한 헌법적으로 허용되지 아니하는 것이 원칙이지만, 일반적으로 국민이 소급입법을 예상할 수 있었거나 법적 상태가 불확실하고 혼란스러워 보호할 만한 신뢰이익이 적은 경우와 소급입법에 의한 당사자의 손실이 없거나 아주 경미한 경우 그리고 신뢰보호의 요청에 우선하는 심히 중대한 공익상의 사유가 소

급입법을 정당화하는 경우 등에는 예외적으로 허용될 수 있다고 한다(헌재 1999. 7. 22. 97헌바76; 대판 1997. 4. 17. 96도3376 전합).

이에 대해 부진정소급입법의 경우 법률에 소급적용을 명시적으로 규정한 경우에는 소급효가 인정된다고 한다. 그러나 명시적 규정이 없는 경우에는 소급효 인정여부를 헌법 제12조 제1항과 제13조 제1항의 정신을 바탕으로 하여 법적 안정성과 신뢰보호원칙을 포함한 법치주의 이념을 훼손하지 아니하도록 신중히 판단하여야 한다고 하여 소급효를 인정하기도 하고 인정하지 않기도 한다.

[대판 2015. 5. 28. 2015도1362,2015전도19] 공소시효를 정지·연장·배제하는 내용의 특례조항을 신설하면서 소급적용에 관한 명시적인 경과규정을 두지 아니한 경우에 그 조항을 소급하여 적용할 수 있다고 볼 것인지에 관하여는 이를 해결할 보편타당한 일반원칙이 존재할 수 없는 터이므로 적법절차원칙과 소급금지원칙을 천명한 헌법 제12조 제1항과 제13조 제1항의 정신을 바탕으로 하여 법적 안정성과 신뢰보호원칙을 포함한 법치주의 이념을 훼손하지 아니하도록 신중히 판단하여야 한다. … 공소시효의 배제를 규정한 특례조항(13세 미만의 여자 등에 대한 강간 등 범죄에 대해 공소시효 적용을 배제한 구 성폭력처벌법 제20조 제3항)은 소급적용이 허용되지 않는다.
[대판 2021. 2. 25. 2020도3694] 시행일 당시 아직 공소시효가 완성되지 않은 범죄에 대하여 공소시효의 정지를 규정한 특례조항(아동학대범죄의 경우 피해아동이 성년에 달한 날에 공소시효가 진행되는 것으로 한 구 아동학대처벌법 제34조)은 그 소급적용이 허용된다.

4) 결 어 절차법에서도 피고인에게 불리한 소급효는 원칙적으로 인정하지 말아야 한다. 다만, 소급효를 인정하지 않는다면 참을 수 없을 정도로 정의가 훼손당하여 이를 회복하지 않으면 안될 정도의 중대한 공익상의 사유가 있는 경우에 한하여 부진정소급효와 진정소급효 모두 허용된다고 해야 할 것이다.

12·12 군사반란과 같이 국민과 국가에 전대미문의 극심한 피해를 초래한 행위의 처벌은 기존의 법논리에 구속될 것이 아니라 새로운 법논리의 창조가 요구되는 문제라고 할 수 있다. 독일의 법철학자 라드부르흐(G. Radbruch) 역시 정의와 법적 안정성이 서로 충돌하는 상황에서 기본적으로는 법적 안정성이 우선하지만 만약 실정법의 불법성이 참을 수 없는 정도에 이른 경우에는, 그 법은 법으로서의 자격 자체가 박탈되며 정의에게 자리를 물려주어야 한다고 했다.

(4) 판례의 변경과 소급효금지

행위시의 판례에 의하면 처벌받지 않던 행위로 소추되었는데 그 사이 그 행위를 처벌하는 것으로 판례가 변경된 경우 변경된 판례의 소급효가 인정되는가도 문제될 수 있다.

1) 소급효긍정설 판례변경의 소급효를 인정하는 입장이다. 대법원 역시 형사처벌의 근거가 되는 것은 법률이지 판례가 아니고, 형법조항에 관한 판례의 변경은 그 법률조항의 내용을 확인하는 것에 지나지 아니하여 이로써 그 법률조항 자체가 변경된 것이라고 볼 수는 없으므로, 행위 당시의 판례에 의하면 처벌대상이 되지 아니하는 것으로 해석되었던 행위를 판례의 변경에 따라 확인된 내용의 형법조항에 근거하여 처벌한다고 하여 그것이 헌법상 평등의 원칙과 형벌불소급의 원칙에 반한다고 할 수는 없다고 하여 소급효긍정설을 취한다(대판 1999. 9. 17. 97도3349).

다만, 형벌불소급 원칙은 적용되지 않는다고 하더라도 종전 판례를 신뢰한 피고인에게 형법 제16조의 법률의 착오가 인정될 수 있는지 여부가 문제될 수 있다. 대법원은 이 경우 법률 위반 행위 중간에 일시적으로 판례에 따라 그 행위가 처벌대상이 되지 않는 것으로 해석되었던 적이 있었다고 하더라도 그것만으로 자신의 행위가 처벌되지 않는 것으로 믿은 데에 정당한 이유가 있다고 할 수 없다는 입장이다(대판 2021. 11. 25. 2021도10903).

[대법원 양형기준의 소급적용 여부] 법원조직법 제81조의2 이하의 규정에 의하여 마련된 대법원 양형위원회의 양형기준은 법적 구속력을 가지지 아니하고(법원조직법 제81조의7 제1항 단서), 단지 위와 같은 취지로 마련되어 그 내용의 타당성에 의하여 일반적인 설득력을 가지는 것으로 예정되어 있으므로 법관의 양형에 있어서 그 존중이 요구되는 것일 뿐이다. 따라서 대법원 양형위원회가 설정한 '양형기준'이 발효하기 전에 공소가 제기된 범죄에 대하여 위 '양형기준'을 참고하여 형을 양정하더라도 피고인에게 불리한 법률을 소급하여 적용한 위법이 있다고 할 수 없다(대판 2009. 12. 10. 2009도11448).

2) 소급효부정설 판례도 법률과 같이 국민에게 규범의 형태로 인식되며 이러한 국민의 신뢰 및 법적 안정성을 보호할 필요성이 있으므로 판례가 변경된 경우에도 소급효금지원칙이 적용되어야 한다는 견해이다.

3) 절 충 설 판례가 법적 견해를 변경한 경우에는 소급금지원칙을 적용하고, 단순한 법상황의 변경인 경우에는 소급적용이 허용된다는 견해이다. 후술하는 피고인에게 유리한 형법의 소급효에 관한 동기설을 판례의 변경에도 적용하는 입장이다.

4) 결 어 형법 제1조 제1항은 '행위시의 법률'이라고 명시하여 소급효의 적용을 법률에 한하고 있으며, 법관이 행하는 판례의 변경을 입법작용으로 이해할 수도 없다. 따라서 소급효긍정설이 타당하다. 다만, 종래의 판례를 신뢰한 행위자의 경우 정당한 이유가 있는 법률의 착오(제16조)로 책임이 조각될 수 있을 것이다.

(5) 피고인에게 유리한 소급효

헌법재판소에 의해 위헌결정을 받은 형벌법규는 소급하여 효력을 상실한다. 다만, 해당 법률 또는 법률의 조항에 대하여 종전에 합헌으로 결정한 사건이 있는 경우에는 그 결정이 있는 날의 다음 날로 소급하여 효력을 상실한다(헌법재판소법 제47조 제3항). 위헌결정에 따라 효력을 상실한 법률조항이 적용되어 기소된 사건에 대해 법원은 형사소송법 제325조 전단에 따라 무죄를 선고하여야 한다(대판 2011. 6. 23. 2008도7562 전합 등).

한편 법률이 개정되어 피고인에게 유리하게 변경된 경우 통설은 전면적으로 신법의 소급효를 인정한다. 판례는 과거 법률변경의 동기가 무엇이냐에 따라 신법의 소급효 여부를 결정하는 동기설[1]에 따라 피고인에게 유리한 소급효의 범위를 제한하다가 이후 동기설을 포기하고, 형사법적 관점의 변화를 주된 근거로 하는 법령의 변경으로서 소급효를 인정하는 경과규정을 두지 않거나 한시법이 아닌 경우에는 피고인에게 유리한 소급효를 인정한다(대판 2022. 12. 22. 2020도16420 전합).

(6) 신법적용을 배제하는 경과규정

형벌을 완화하는 개정을 하면서 구법시의 행위는 구법을 적용한다고 하는 경과규정을 신법에 두는 경우가 있다. 이러한 경과규정은 피고인에게 유리한 신법의 소급효를 금지하고 불리한 구법의 추급효를 인정하는 것이다.

통설·판례는 이러한 경과규정을 두는 것이 허용된다고 한다(대판 1999. 12. 24. 99도3003; 대판 2022. 12. 22. 2020도16420 전합).

1) 동기설에 대해서는 후술하는 형법의 시간적 적용범위 참조.

[대판 1999. 7. 9. 99도1695] 형법 제1조 제2항 및 제8조에 의하면 범죄 후 법률의 변경에 의하여 형이 구법보다 경한 때에는 신법에 의한다고 규정하고 있으나 신법에 경과규정을 두어 이러한 신법의 적용을 배제하는 것도 허용되는 것으로서, 형을 종전보다 가볍게 형벌법규를 개정하면서 그 부칙으로 개정된 법의 시행 전의 범죄에 대하여 종전의 형벌법규를 적용하도록 규정한다 하여 헌법상의 형벌불소급의 원칙이나 신법우선주의에 반한다고 할 수 없다.

4. 유추해석금지의 원칙

일반적으로 법의 해석방법에는 다음과 같은 것이 있다.

A. 문리해석 문리해석은 법규의 문언을 문자의 의미 그대로 해석하는 것이다. 문리해석만으로도 합리적인 결론을 도출할 수 있다면 그것이 가장 바람직할 것이다. 그러나 추상적인 형법규범의 속성상 문리해석만으로는 합리적 결론에 도달하기 불가능한 경우가 많다. 이 경우에 당해 법률의 제정목적, 체계 등 여러 가지 사정을 종합적으로 고려해서 의미를 밝히는 논리해석이나 목적론적 해석이 필요하게 된다.

B. 논리해석 논리해석이란 문언의 의미를 법규의 체계적 관련성을 고려하여 해석하는 것이다. 논리해석은 그 기준에 따라 다음과 같이 나눌 수 있다.

a. 확장해석과 축소해석 이는 해석의 결과를 기준으로 한 분류이다. 확장해석은 해석의 결과 어떤 개념이 문자의 의미보다 넓어진 해석이고, 축소해석은 해석의 결과 어떤 개념이 문자의 의미보다 좁아진 해석이다. 예를 들어 미성년자를 문리해석하면 19세 미만인 사람이지만, 19세 미만이라도 대학생은 미성년자가 아니라 성년자로 본다면 미성년자를 축소해석한 것이고, 성년자는 확대해석한 것이다.

b. 반대해석, 물론해석, 유추해석 이는 해석의 방법을 기준으로 한 분류이다. 반대해석이란 문언에 포함되지 않은 사항은 그 규정이 적용되지 않는다고 해석하는 것이다. 물론해석이란 법규상의 문언에 포함되지 않은 사항에도 당연히 그 규정이 적용된다고 해석하는 것이다. 유추해석은 그 사항에 적용할 법규가 없을 경우 그것과 가장 유사한 사항에 적용되는 법규를 적용하는 것을 말한다. 물론해석은 법규의 문언과 전혀 비슷하지 않은 사항에도 법규를 적용하는 것이라면 유추해석은 법규의 문언과 유사한 사항에 대해서 법규를 적용한다는 점에 차이가 있다.[1)]

1) 예를 들어 오래된 다리 앞에 '마차통행금지'라는 규정이 있는데, 트럭은 통행해도 된다고 해석하는 것은 반대해석이다. 마차보다 훨씬 무거운 트럭의 통행은 당연히 금지된다고 해

형벌을 신설, 강화하는 규정에 대해서는 반대해석을 해야 하고 물론해석이나 유추해석을 해서는 안 된다. 이에 대해 형벌을 완화하는 규정에 대해서는 반대해석, 물론해석, 유추해석 모두 허용될 수 있다.

C. 목적론적 해석 　목적론적 해석이란 그 법규의 제정목적을 고려하여 해석하는 것이다. 이에는 주관적 목적론적 해석과 객관적 목적론적 해석이 있다.

주관적 목적론적 해석은 법률을 제정할 당시 입법자의 목적이 무엇이었느냐를 고려하여 해석하는 것이다. 입법자의 법률제정목적은 입법이유서에 나와 있는 경우가 많다.

객관적 목적론적 해석은 해석 당시 객관적으로 보여지는 법률의 목적을 고려하여 해석하는 것이다.

객관적 목적론적 해석과 주관적 목적론적 해석 중에서는 전자를 우선시해야 한다. 일단 법률이 제정되면 그 법률은 제정 당시 입법자의 목적에 종속되는 것이 아니라 독자적인 목적을 수행하는 것으로 보아야 하기 때문이다.[1)]

D. 법해석의 원칙 　법은 불특정 다수인에 대하여 동일한 구속력을 갖는 사회의 보편타당한 규범이므로 법의 표준적 의미를 밝혀 객관적 타당성이 있도록 해석해야 하고, 가급적 모든 사람이 수긍할 수 있는 일관성을 유지함으로써 법적 안정성이 손상되지 않도록 해야 한다. 한편 실정법은 보편적이고 전형적인 사안을 염두에 두고 규정되기 마련이므로 사회현실에서 일어나는 다양한 사안에서 구체적 사안에 맞는 가장 타당한 해결이 될 수 있도록 해석·적용할 것도 요구된다. 요컨대 법해석의 목표는 어디까지나 법적 안정성을 저해하지 않는 범위 내에서 구체적 타당성을 찾는 데 두어야 한다. 나아가 그러기 위해서는 가능한 한 법률에 사용된 문언의 통상적인 의미에 충실하게 해석하는 것을 원칙으로 하면서, 법률의 입법 취지와 목적, 제·개정 연혁, 법질서 전체와의 조화, 다른 법령과의 관계 등을 고려하는 체계적·논리적 해석 방법을 추가로 동원함으로써, 위와 같은 법해석의 요청에 부응하는 타당한 해석을 하여야 한다(대판 2022. 10. 27. 2022두44354).

석하면 물론해석이다. 말이 아닌 소가 끄는 달구지의 통행도 금지된다고 해석하는 것은 유추해석이다.

1) 예를 들어 위의 다리 예에서 '마차통행금지'라는 규정을 만들 때 입법자들이 목적은 다리가 약해서가 아니라 말들의 배변등으로 인해 다리가 더러워지는 것을 방지하기 위한 것이었지만, 오랜 시간이 흘러 다리가 약해져서 마차가 통행하면 다리가 붕괴될 수도 있는 상황이 되었다고 가정해보자. 이 경우 주관적 목적론적 해석을 따르게 되면 반대해석을 해서 트럭의 통행은 허용해야 할 것이다. 그러나 객관적 목적론적 해석을 따르게 되면 물론해석이나 유추해석을 해야 할 것이다.

(1) 유추해석의 개념

유추해석이란 두 개의 사건이 유사한 경우 한 사건에 적용되는 법규정을 다른 사건에도 적용하는 것 또는 일정한 사항을 직접 규정하고 있는 법규가 없는 경우 그와 가장 유사한 사항을 규정하고 있는 법규를 적용하는 것을 말한다.

예를 들어 甲이 A의 1만원짜리 USB을 절취한 경우 甲은 절도죄를 범한 것이다(제329조). 그런데 甲이 A의 USB는 훔치지 않고 그 안에 저장되어 있는 영업비밀을 훔쳐 간 경우, 甲의 영업비밀 절취는 재물 절취는 아니지만 재물 절취와 유사하므로 절도죄로 처벌할 필요가 있다고 생각할 수 있다. 그리하여 영업비밀의 절취가 재물 절취에 해당되어 절도죄로 처벌할 수 있다는 결론을 내리면 이것은 제329조를 유추해석한 것이다.[1] 유추해석은 '재물'이라는 용어의 문리상 의미(문언의 가능한 의미)에 영업비밀이 포함될 수 없음에도 불구하고 억지로 포함시키는 과정을 거친다.

(2) 유추해석금지의 의의

이러한 의미에서 유추해석이란 국회가 아닌 '해석자 혹은 법관에 의한 입법'을 의미하므로 헌법상의 권력분립 정신에 위반되는 것이다. 그럼에도 불구하고 해석·적용자들이 유추해석을 하는 이유는 유추해석을 하지 않으면 법규의 흠결로 말미암아 비난받을 행위를 처벌할 수 없게 되어 당해 사건의 구체적 타당성 있는 해결이 불가능하기 때문이다.

그러나 유추해석은 형벌권의 범위를 확장하고, 일반국민이 그 규정에서 예상할 수 없는 형벌을 받을 가능성을 높여 법적 안정성과 형법의 보장적 기능을 침해한다. 유추해석은 '나무는 보되 숲은 보지 못하는' 잘못을 지닌 해석이라고 할 수 있다. 이러한 이유에서 형벌법규의 해석은 엄격하게 해야 하고 피고인에게 불리한 유추해석금지 원칙이 강조되는 것이다.

따라서 설사 반사회적이고 비난가능한 행위라고 하더라도 처벌법규가 없는 경우에는 유추해석으로 벌할 것이 아니라 새로운 처벌법규를 제정하여 해결해야 한다. 이 경우 처벌법규가 제정될 때까지는 비난가능한 행위를 처벌하지

---

1) 유추해석은 해석이라고 할 수 없기 때문에 유추 또는 유추금지라는 용어를 사용하는 견해가 있다. 그러나 형법적용을 위한 해석의 과정에서 유추해석이 이루어지고 이를 통해 유추라는 결과가 도출된다. 즉 유추해석은 해석의 한 과정이고, 유추는 해석의 결과라고 할 수 있다. 형법 적용을 위한 해석의 과정에서 유추해석의 유혹을 경계해야 한다는 점을 고려하면 유추해석금지이라는 표현이 더 적합하다고 생각된다.

못하는 문제가 있지만, 그것은 법의 해석·적용자가 아닌 입법부가 해결해야 할 문제이다.

(3) 확장해석의 문제

1) 확장해석의 허용 여부 형법해석에서 피고인에게 유리한 유추해석은 허용되고, 피고인에게 불리한 유추해석은 허용되지 않는다는 점에는 이의가 없다.[1] 다만 피고인에게 불리한 확장해석이 허용되느냐에 대해서는 긍정하는 학설들이 있지만, 판례는 부정설의 입장에 있다(대판 2000. 11. 16. 98도3665; 대판 1999. 10. 12. 99도2309).

2) 유추해석과 확장해석의 구별 판례의 입장은 확장해석에 대한 오해에서 비롯되는 것이다. 확장해석은 해석의 '결과'를 기준으로 한 것이고, 유추해석은 해석의 '방법'을 기준으로 한 것이다. 따라서 확장해석 중에는 유추해석에 해당하는 것이 있을 수도 있고, 유추해석에 해딩하지 않는 것이 있을 수도 있다. 확장해석 중 유추해석에 해당되지 않는 것은 피고인에게 유리하든 불리하든 허용된다. 그러나 유추해석에 해당되는 확장해석인 경우 피고인에게 불리한 것이면 허용되지 않는다.

따라서 금지되는 해석인가의 여부에서 제일 먼저 따져봐야 할 것은 '문언의 가능한 의미'[2]를 넘어가는 해석, 즉 유추해석인지 여부 및 그 해석이 피고인에게 불리한가 여부이다. 문언의 가능한 의미를 넘어가지 않으면서 확장해석일 수가 있는데 이러한 경우는 유추해석이 아니므로 허용되는 해석이다. 반면에 문언의 가능한 의미까지 넘어가는 확장해석은 유추해석이 되고 피고인에게 불리한 경우에는 허용되지 않는다.

---

1) [대판 2004. 11. 11. 2004도4049] 형벌법규의 해석에 있어서 유추해석이나 확장해석도 피고인에게 유리한 경우에는 가능한 것이나, 문리를 넘어서는 이러한 해석은 그렇게 해석하지 아니하면 그 결과가 현저히 형평과 정의에 반하거나 심각한 불합리가 초래되는 경우에 한하여야 할 것이고, 그렇지 아니하는 한 입법자가 그 나름대로의 근거와 합리성을 가지고 입법한 경우에는 입법자의 재량을 존중하여야 하는 것이다.

2) '문언의 가능한 의미'라는 용어는 독일어 'möglicher Wortsinn'을 번역하여 쓰는 것이다. 예를 들어 IQ가 150이 넘는 원숭이는 사람과 다를 바 없으므로 그 원숭이를 살해하면 살인죄에 해당된다고 해석하면 이는 '사람'이라는 문언의 가능한 의미를 넘어가는 해석이다. '사람'이라는 문언에 '머리좋은 원숭이'까지 포함될 수는 없기 때문이다. 이에 비해 일부 노출된 태아를 민법에서는 사람이라고 보지 않지만, 형법에서는 사람이라고 보아 이 태아를 살해한 때에는 살인죄에 해당된다고 본다. 일부 노출된 태아가 사람에 포함된다고 하는 것은 사람이라는 문언의 가능한 의미를 넘어서는 것은 아니기 때문이다.

예를 들어 형법 제250조 제2항 존속살해죄의 객체인 직계존속을 민법상의 개념으로 한정한다면 이는 문리해석이다. 사실상의 직계존속도 직계존속에 포함된다고 할 경우 확장해석이 되고, 나아가 이를 문언의 가능한 의미를 넘어가는 유추해석이라고 본다면 피고인에게 불리하기 때문에 허용되지 않는다. '직계존속'이라는 문언에 사실상의 직계존속도 포함시킬 수 있기 때문에 유추해석이 아니라고 한다면 이는 확장해석이지만 금지되는 해석은 아니다. 그러나 직계존속에 가톨릭의 대부, 대모도 포함된다고 하면 직계존속에 대한 확장해석임과 동시에 언어의 가능한 의미를 넘어가는 유추해석이므로 금지되는 해석이라고 할 수 있다.

3) 결 어 따라서 형법에서 확장해석이 허용되느냐를 따지는 것은 무의미하고, 중요한 것은 '문언의 가능한 의미'를 넘어가는 유추해석인지 여부이다. 문언의 가능한 의미를 넘어가는 확장해석은 확장해석이기 때문에 허용되지 않는 것이 아니라 유추해석이고 피고인에게 불리하다면 이 때문에 허용되지 않는 것이다.

(4) 피고인에게 불리한 축소해석의 문제

예를 들어 형법 제331조의2에 규정된 자동차란 소형자동차만을 의미하고 대형자동차를 일시사용한 경우에는 절도죄가 성립한다고 하는 것처럼 피고인에게 유리한 규정을 축소해석함으로써 피고인에게 불리한 결과를 가져오는 것이 허용되는지에 대해, 판례는 허용되지 않는다는 입장이고 이것이 타당하다.

[대판 2022. 12. 22. 2020도16420 전합] 피고인에게 유리한 형법 제1조 제2항과 형사소송법 제326조 제4호를 축소해석하는 것은 결국 처벌 범위의 확장으로 이어지게 되므로, 목적론적 관점에서 이를 제한적으로 해석하는 것에는 신중을 기하여야 한다.

[대판 1997. 3. 20. 96도1167] 유추해석금지의 원칙은 모든 형벌법규의 구성요건과 가벌성에 관한 규정에 준용되는데, 위법성 및 책임의 조각사유나 소추조건 또는 처벌조각사유인 형면제사유에 관하여 그 범위를 제한적으로 유추적용하게 되면 행위자의 가벌성의 범위는 확대되어 행위자에게 불리하게 되는바, 이는 가능한 문언의 의미를 넘어 범죄구성요건을 유추적용하는 것과 같은 결과가 초래되므로 죄형법정주의의 파생원칙인 유추해석금지의 원칙에 위반하여 허용될 수 없다.

(5) 참고판례

1) 땅콩회항 사건 甲은 이륙을 위해 지상에서 이동 중인 항공기를 멈추

게 한 후 JFK 공항에서 푸시백(항공기가 이륙을 위해 자체 동력으로 이동 가능한 활주로에 연결된 유도로까지 견인차를 이용하여 지상에서 후진 이동하는 것)을 하고 있는 A항공사의 항공기 내에서 기내 서비스의 잘못을 지적하면서 비행기를 당장 세울 것을 지시했다. 기내 사무장이 '이미 비행기가 활주로에 들어서기 시작하여 비행기를 세울 수 없다'며 만류하였으나, 甲은 항공기를 당장 세우도록 명령하여 기내 사무장 등을 하차시키고, 위력으로 지상이동 중인 항공기를 멈춰 세워 게이트로 되돌아가게 하였다. 甲은 "운항중인 항공기의 항로를 변경"(「항공보안법」 제42조)하였다는 공소사실로 기소되었다.

대법원은 (가) 항공보안법에 '항로'가 무엇인지에 관하여 정의한 규정은 없는 상황에서, (나) 법률을 해석할 때 입법 취지와 목적, 제·개정 연혁, 법질서 전체와의 조화, 다른 법령과의 관계 등을 고려하는 체계적·논리적 해석 방법을 사용할 수 있으나, 문언 자체가 비교적 명확한 개념으로 구성되어 있다면 원칙적으로 이러한 해석 방법은 활용할 필요가 없거나 제한되어야 하고, (다) 법령에서 쓰인 용어에 관해 정의규정이 없는 경우에는 원칙적으로 사전적인 정의 등 일반적으로 받아들여진 의미에 따라야 하는데 항로는 '항공기가 통행하는 공로(空路)'이며, (라) 다른 법률에서도 항로는 항공기가 비행하면서 다니는 항공로의 의미로 쓰이고, (마) 지상에서 이동하는 항공기의 경로를 함부로 변경하는 것은 다른 항공기나 시설물과 충돌할 수 있어 위험성이 큰 행위이지만 처벌의 필요성만을 내세워 죄형법정주의에 반하는 해석을 할 수 없으며, (바) 폭행·협박 또는 위계를 수반할 것이므로 10년 이하의 징역으로 처벌 가능한 직무집행방해죄(항공보안법 제43조) 등에 해당할 수 있어 처벌의 공백이 생기는 것도 아니라는 등의 이유로 지상의 항공기가 이동할 때 '운항 중'이 된다는 이유만으로 그때 다니는 지상의 길까지 '항로'로 해석하는 것은 문언의 가능한 의미를 벗어난다고 보았다(대판 2017. 12. 21. 2015도8335 전합).

그러나 대법관 3인이 반대의견은, (가) 항로라는 표현은 문맥에 따라 지상에서의 항공기 이동 경로를 포함하는 개념이 될 수 있고, (나) 공중 운행을 위하여 공항 내 지상에서의 운행도 필연적으로 있을 수밖에 없으며, (다) 지상에서의 이동하는 항공기 경로를 함부로 변경하는 행위는 대형참사로 이어질 수 있고 이를 처벌하는 것이 입법자의 의도에 들어맞고, (라) '항로'만을 따로 떼어 해석할 것이 아니라 '운항 중인 항공기의 항로'라는 어구 속에서

의미를 파악함이 타당하다는 등의 이유를 들어, 승객이 탑승한 후 항공기의 모든 문이 닫힌 때부터 내리기 위하여 문을 열 때까지 항공기가 지상에서 이동하는 경로는 항공보안법 제42조의 '항로'에 포함되는 것이라고 보았다.

2) 형벌법규 해석에 관한 판례

가. 국가보안법위반죄 사건

A. 관련 규정 국가보안법 제7조 제5항(제1항·제3항 또는 제4항의 행위를 할 목적으로 문서·도화 기타의 표현물을 제작·수입·복사·소지·운반·반포·판매 또는 취득한 자는 그 각 항에 정한 형에 처한다), 같은 법 제7조 제1항(국가의 존립·안전이나 자유민주적 기본질서를 위태롭게 한다는 정을 알면서 반국가단체나 그 구성원 또는 그 지령을 받은 자의 활동을 찬양·고무·선전 또는 이에 동조하거나 국가변란을 선전·선동한 자는 7년 이하의 징역에 처한다)

B. 판 례 죄형법정주의로부터 파생된 유추해석금지 원칙과 국가보안법 제1조 제2항, 제7조 제1항, 제5항에 비추어 볼 때, '블로그', '미니 홈페이지', '카페' 등의 이름으로 개설된 사적(私的) 인터넷 게시공간의 운영자가 사적 인터넷 게시공간에 게시된 타인의 글을 삭제할 권한이 있는데도 이를 삭제하지 아니하고 그대로 두었다는 사정만으로 사적 인터넷 게시공간의 운영자가 타인의 글을 국가보안법 제7조 제5항에서 규정하는 바와 같이 '소지'하였다고 볼 수는 없다(대판 2012. 1. 27. 2010도8336).

나. 도로교통법위반죄 사건

A. 관련 규정 구 도로교통법 제154조 제2호(제43조의 규정을 위반하여 제80조의 규정에 의한 원동기장치자전거면허를 받지 아니하고 원동기장치자전거를 운전한 사람)

B. 판 례 죄형법정주의는 국가형벌권의 자의적인 행사로부터 개인의 자유와 권리를 보호하기 위하여 범죄와 형벌을 법률로 정할 것을 요구한다. 그러한 취지에 비추어 보면 형벌법규의 해석은 엄격하여야 하고, 명문의 형벌법규의 의미를 피고인에게 불리한 방향으로 지나치게 확장해석하거나 유추해석하는 것은 죄형법정주의의 원칙에 어긋나는 것으로서 허용되지 아니한다. 도로교통법 제43조는 무면허운전 등을 금지하면서 "누구든지 제80조의 규정에 의하여 지방경찰청장으로부터 운전면허를 받지 아니하거나 운전면허의 효력이 정지된 경우에는 자동차 등을 운전하여서는 아니된다"고 정하여, 운전자의 금지사항으로 운전면허를 받지 아니한 경우와 운전면허의 효력이 정지된 경우를 구별하여 대등하게 나열하고 있다. 그렇다면 '운전면허를 받지 아니하고'라는 법률문언의 통상적인 의미에

'운전면허를 받았으나 그 후 운전면허의 효력이 정지된 경우'가 당연히 포함된다고는 해석할 수 없다(대판 2011. 8. 25. 2011도7725).

위 판결이 선고된 후 2019년 도로교통법 개정에 의해 제154조 제2호 위반죄에 '원동기장치자전거를 운전할 수 있는 운전면허의 효력이 정지된 경우를 포함'하는 입법이 이루어졌다.

3) 소송조건 등 규정의 해석에 관한 판례

가. 전자장치 부착법 사건

A. 관련 규정 전자장치부착법 제5조 제1항 제3호(검사는 '성폭력범죄를 2회 이상 범하여(유죄의 확정판결을 받은 경우를 포함한다) 그 습벽이 인정된 때'에 해당하고, 성폭력범죄를 다시 범할 위험성이 있다고 인정되는 사람에 대하여 전자장치를 부착하도록 하는 명령을 법원에 청구할 수 있다)

B. 판 례 죄형법정주의 원칙상 형벌법규는 문언에 따라 엄격하게 해석·적용하여야 하고 피고인에게 불리한 방향으로 지나치게 확장해석하거나 유추해석하여서는 안 되는 것이 원칙이고, 이는 특정 범죄자에 대한 위치추적 전자장치 부착명령의 요건을 해석할 때에도 마찬가지이다. 전자장치부착법 제5조 제1항 제3호 전단은 문언상 '유죄의 확정판결을 받은 전과사실을 포함하여 성폭력범죄를 2회 이상 범한 경우'를 의미한다고 해석된다. 따라서 피부착명령청구자가 소년법에 의한 보호처분을 받은 전력이 있다고 하더라도, 이는 유죄의 확정판결을 받은 경우에 해당하지 아니함이 명백하므로, 피부착명령청구자가 2회 이상 성폭력범죄를 범하였는지를 판단할 때 소년보호처분을 받은 전력을 고려할 것이 아니다(대판 2012. 3. 22. 2011도15057).

나. 반의사불벌죄 사건(소송조건 해석)

A. 관련 규정 청소년성보호법 제16조(「형법」 제306조 및 「성폭력범죄의 처벌 및 피해자보호 등에 관한 법률」 제15조에도 불구하고 청소년을 대상으로 한 다음 각 호의 죄에 대하여는 피해자의 고소가 없어도 공소를 제기할 수 있다. 다만, 피해자의 명시한 의사에 반하여 공소를 제기할 수 없다. 각 호 생략)

B. 판 례 반의사불벌죄에 있어서 피해자에게 의사능력이 있음에도 불구하고 그 처벌을 희망하지 않는다는 의사표시 또는 처벌희망 의사표시의 철회에 법정대리인의 동의가 있어야 하는 것으로 본다면, 이는 피고인 또는 피의자에 대한 처벌희망 여부를 결정할 수 있는 권한을 명문의 근거 없이 새롭게 창설하여

법정대리인에게 부여하는 셈이 되어 부당하며, 형사소송법 또는 청소년성보호법의 해석론을 넘어서는 입론이라고 할 것이다. 뿐만 아니라, 처벌을 희망하지 않는다는 의사표시 또는 처벌희망 의사표시의 철회는 이른바 소극적 소송조건에 해당하고, 소송조건에는 죄형법정주의의 파생원칙인 유추해석금지의 원칙이 적용된다고 할 것인데, 명문의 근거 없이 그 의사표시에 법정대리인의 동의가 필요하다고 보는 것은 유추해석에 의하여 소극적 소송조건의 요건을 제한하고 피고인 또는 피의자에 대한 처벌가능성의 범위를 확대하는 결과가 되어 죄형법정주의 내지 거기에서 파생된 유추해석금지의 원칙에도 반한다(대판 2009. 11. 19. 2009도6058 전합).

다. 국회증언감정법 사건(소송조건 해석)

A. 관련 규정　　국회증언감정법 제15조 제1항 본문(본회의 또는 위원회는 증인·감정인 등이 제12조·제13조 또는 제14조 제1항 본문의 죄를 범하였다고 인정한 때에는 고발하여야 한다. 다만, 청문회의 경우에는 재적위원 3분의 1 이상의 연서에 따라 그 위원의 이름으로 고발할 수 있다)

B. 판　례　　특별위원회가 존속하지 않게 된 이후에도 과거 특별위원회가 존속할 당시 재적위원이었던 사람이 연서로 고발할 수 있다고 해석하는 것은 유추해석금지의 원칙에 위배된다. 국회증언감정법 제15조 제1항 단서의 문언 및 입법 취지, 다른 법률 규정과의 관계 등에 비추어 보면, 국회증언감정법 제15조 제1항 단서의 재적위원은 존속하고 있는 위원회에 적을 두고 있는 위원을 의미하고, 특별위원회가 존속하지 않게 된 경우 그 재적위원이었던 사람을 의미하는 것은 아니라고 해석하는 것이 타당하다. 이와 달리 특별위원회가 소멸하였음에도 과거 특별위원회가 존속할 당시 재적위원이었던 사람이 연서로 고발할 수 있다고 해석하는 것은 소추요건인 고발의 주체와 시기에 관하여 그 범위를 행위자에게 불리하게 확대하는 것이다. 이는 가능한 문언의 의미를 벗어나므로 유추해석금지의 원칙에 반한다(대판 2018. 5. 17. 2017도14749 전합).

5. 적정성의 원칙

(1) 적정성원칙의 의의

현대적 의미의 죄형법정주의는 법을 해석·적용하는 사법부만이 아니라 입법자도 구속될 것을 요구한다. 즉 형사입법권도 과도하게 행사되어서는 안 되고, 형사입법에서도 형벌법규상의 구성요건과 형벌의 내용이 적정할 것을 요구한다. 이

원칙은 헌법 제37조 단서의 비례원칙, 과잉금지원칙에서 도출된다.

따라서 과잉범죄화나 과잉형벌화된 형벌법규는 형식적 의미의 죄형법정주의는 만족시킬 수 있어도, 실질적 의미의 죄형법정주의에는 위반된다.

(2) 범죄규정의 적정성

일정한 행위를 범죄로 규정할 경우 형법의 보충성원칙 즉, 최후수단성과 비례성원칙을 지켜야 한다.

먼저 사회에 유해한 행위만을 범죄로 규정해야 한다. 사회유해성과 관련하여 소위 '해악의 원칙'(harm principle)이 지지를 받고 있다. 이에 의하면 단순한 윤리도덕규범 위반행위나 직접 타인에게 피해를 주지 않고 간접적으로만 타인에게 피해를 주는 행위를 범죄로 규정해서는 안 된다. 형법의 탈윤리화(demoralization) 주장도 비슷한 입장이라고 할 수 있다. 이러한 견해에 의하면 성매매죄 및 단순도박죄 등 그 자체로 직접 타인에게 피해를 주지 않거나 비윤리적인 성격을 가진 데 불과한 행위들을 범죄로 규정한 것은 과잉범죄화(overcriminalization)이므로 이들 범죄들을 비범죄화(decriminalization)해야 한다.

이러한 원리와 함께 사회유해성이 있는 행위라도 행정제재나 민사제재 등을 동원해서는 충분하지 않고 형사제재를 동원해야 규제할 수 있다는 형사제재의 최후수단성원칙을 준수해야 한다.[1)]

[헌재 2015. 2. 26. 2009헌바17 등] 성도덕에 맡겨 사회 스스로 질서를 잡아야 할 내밀한 성생활의 영역에 국가가 개입하여 형벌의 대상으로 삼는 것은, 성적 자기결정권과 사생활의 비밀과 자유를 침해하는 것이다. 비록 비도덕적인 행위라 할지라도 본질적으로 개인의 사생활에 속하고 사회에 끼치는 해악이 크지 않거나 구체적 법익에 대한 명백한 침해가 없는 경우에는 국가권력이 개입해서는 안 된다는 것이 현대 형법의 추세이다.

(3) 형벌규정의 적정성

일정한 행위를 범죄로 규정했다 하더라도 그에 대한 형벌은 범죄의 사회유해성 내지 불법에 비례해야 한다. 범죄에 비해 형벌이 너무 무거워 범죄와 형벌

---

1) 이러한 관점에서 형법전, 형사특별법 및 각종 행정형법을 살펴보면 과잉범죄화가 되어 있는 경우가 많다. 예를 들어 경범죄처벌법이나 행정형법상 범죄로 규정되어 있는 대부분의 행위에 대해서는 행정제재만을 과해도 족하다.

사이의 균형이 상실될 경우 그 형벌규정은 과잉형벌화(overpenalization)된 것으로서 헌법상 과잉금지원칙에 반한다.

이러한 관점에서 보면, 폭력행위처벌법, 특정범죄가중법, 특정경제범죄법, 성폭력처벌법 등 대부분의 형사특별법들은 과잉형벌화되어 있으므로 하루 빨리 폐지되어야 한다. 형법전에도 과잉형벌화된 규정이 많음은 물론이다.

(4) 참고판례

[헌재 2007. 11. 29. 2005헌가10][1)]
1. 위의 규정에 대해 "종업원의 범죄행위에 대해 영업주의 선임감독상의 과실이 인정되는 경우"라는 요건을 추가하여 해석하는 것은 문리해석의 범위를 넘어서는 것으로서 허용될 수 없으므로, 형사법의 기본원리인 책임주의에 반한다.
2. 가사 위 법률조항을 종업원에 대한 선임감독상의 과실 있는 영업주만을 처벌하는 규정으로 보더라도, 과실밖에 없는 영업주를 고의의 본범(종업원)과 동일하게 '무기 또는 2년 이상의 징역형'이라는 법정형으로 처벌하는 것은 그 책임의 정도에 비해 지나치게 무거운 법정형을 규정하는 것이므로, 두 가지 점을 모두 고려하면 형벌에 관한 책임원칙에 반한다.

[헌재 1997. 8. 21. 93헌바60] 1. 어느 범죄에 대한 법정형이 그 범죄의 죄질 및 이에 따른 행위자의 책임에 비하여 지나치게 가혹한 것이어서 현저히 형벌체계상 균형을 잃고 있다거나 그 범죄에 대한 형벌 본래의 목적과 기능을 달성함에 있어 필요한 정도를 일탈하였다는 등 헌법상의 평등의 원리 및 비례의 원칙 등에 명백히 위배되는 경우가 아닌 한 쉽사리 헌법에 위반된다고 단정하여서는 안되며, 죄질이 서로 다른 둘 또는 그 이상의 범죄를 동일선상에 놓고 그 중 어느 한 범죄의 법정형을 기준으로 하여 단순한 평면적인 비교로써 다른 범죄의 법정형의 과중여부를 판정하여서는 아니된다.
2. 어느 범죄에 대한 법정형의 하한도 여러 가지 기준의 종합적 고려에 의하여 정해지는 것으로서 죄질의 경중과 법정형의 하한의 높고 낮음이 반드시 정비례하는 것은 아니므로, 강도상해죄의 법정형(무기 또는 7년 이상의 징역)의 하한을 살인죄(사형, 무기 또는 5년 이상의 징역)의 그것보다 높였다고 해서 바로 합리성과 비례성의 원칙을 위배하였다고는 볼 수 없다.

---

1) 이 결정은 "법인의 대표자 또는 법인이나 개인의 대리인·사용인 기타 종업원이 그 법인 또는 개인의 업무에 관하여 제2조 내지 제5조의 위반행위를 한 때에는 행위자를 처벌하는 외에 법인 또는 개인에 대하여도 각 본조의 예에 따라 처벌한다"고 규정하였던 구 보건범죄단속에 관한 특별조치법 제6조의 위헌성 여부에 대한 것이다.

§4 제 4 장 형법의 적용범위

제 4 장 형법의 적용범위

Ⅰ. 시간적 적용범위

> 제1조(범죄의 성립과 처벌) ① 범죄의 성립과 처벌은 행위 시의 법률에 따른다.
> ② 범죄 후 법률이 변경되어 그 행위가 범죄를 구성하지 아니하게 되거나 형이 구법(舊法)보다 가벼워진 경우에는 신법(新法)에 따른다.
> ③ 재판이 확정된 후 법률이 변경되어 그 행위가 범죄를 구성하지 아니하게 된 경우에는 형의 집행을 면제한다.

1. 행위시법주의와 재판시법주의

범죄 행위시와 재판시 사이에 법률이 변경되어 행위시법과 재판시법이 서로 다른 경우 행위시법과 재판시법 중 어느 법을 재판시에 적용할 것인지 문제된다.

법규범이 의사결정규범 혹은 행위규범임을 강조하면 행위시법주의를 따르게 된다. 이 경우 행위시에는 존재하였지만 재판시에는 존재하지 않는 행위시법, 즉 구법이 적용되게 되고 구법은 재판시에까지 효력을 발휘하는 추급효를 갖게 된다. 법규범이 평가규범 혹은 재판규범임을 강조하면 재판시법주의를 따르게 된다. 이 경우 재판시에는 존재하였지만 행위시에는 존재하지 않았던 재판시법 즉, 신법이 행위시까지 거슬러 올라가 효력을 발휘하는 소급효를 갖게 된다.

2. 행위시법주의(구법주의)

제1조 제1항은 "범죄의 성립과 처벌은 행위시의 법률에 따른다"라고 하여 행위시법주의를 규정하고 있다. 이는 사후입법(事後立法)에 의한 범죄신설규정, 형벌

규정, 가중처벌규정 등의 소급효를 인정하지 않는다는 취지이다. 따라서 노역장 유치기간의 하한을 가중하는 개정을 한 경우 개정 이전의 행위라도 개정규정의 시행일 이후 최초로 공소제기되는 사건에도 적용하는 것은 소급금지원칙에 위배된다(대판 2018. 2. 13. 2017도17809).

(1) 범죄행위 계속 중 법률의 변경이 있는 경우

통설·판례에 의하면 행위시란 '범죄행위종료시'를 의미한다. 따라서 범죄행위가 계속되고 있던 중 형벌이 무겁거나 가볍게 변경된 경우의 행위시법은 신법이므로 신법을 적용해야 한다.

[대판 1998. 2. 24. 97도183] 포괄일죄로 되는 개개의 범죄행위가 법 개정의 전후에 걸쳐서 행하여진 경우에는 신·구법의 법정형에 대한 경중을 비교하여 볼 필요도 없이 범죄실행 종료시의 법이라고 할 수 있는 신법을 적용하여 포괄일죄로 처단하여야 한다.

그러나 법률의 개정에 의해 새로이 범죄가 되거나 새로운 형벌이 추가된 경우 포괄일죄라고 하더라도 법률의 개정 이전에 행해진 범행에 대해서는 신법을 적용할 수 없다.

[대판 2016. 1. 28. 2015도15669] 포괄일죄에 관한 기존 처벌법규에 대하여 그 표현이나 형량과 관련한 개정을 하는 경우가 아니라 애초에 죄가 되지 아니하던 행위를 구성요건의 신설로 포괄일죄의 처벌대상으로 삼는 경우에는 신설된 포괄일죄 처벌법규가 시행되기 이전의 행위에 대하여는 신설된 법규를 적용하여 처벌할 수 없다(형법 제1조 제1항). 이는 신설된 처벌법규가 상습범을 처벌하는 구성요건인 경우에도 마찬가지이다.

[대판 2011. 6. 10. 2011도4260] 포괄일죄인 뇌물수수 범행이 벌금형의 신설 규정의 시행 전후에 걸쳐 행하여진 경우 특가법 제2조 제2항에 규정된 벌금형 산정 기준이 되는 수뢰액은 위 규정이 신설된 2008. 12. 26. 이후에 수수한 금액으로 한정된다고 보아야 한다.

(2) 결과범에서 행위시의 법률

예를 들어 甲이 A를 살해하기 위해 칼로 찔렀으나 A가 즉사하지 않고 1개월간 병원에서 치료를 받다 사망하였는데, 그 사이에 형벌이 무겁게 법률이 변경되었을 때에 어느 법률을 행위시법이라고 할 것인지 문제된다.

다수설은 행위시란 범죄행위 종료시를 말하고 결과발생시는 포함되지 않는다고 한다. 판례는 범죄행위종료시라고 하면서도,[1] 범죄행위로 인하여 법익침해의 결과를 필요로 하는 '결과범'의 경우 '범죄행위종료시'란 결과발생을 포함하는 것이라고 한다.[2] 범죄행위란 결과범에서 결과를 포함하는 개념이므로 일반 결과범이나 격시범(隔時犯)[3]에서는 결과발생시가 범죄행위종료시라고 할 수 있다. 그러나 격시범에도 해당되지 않는 경우에는 범죄행위종료시를 행위시로 보아야 할 것이다.[4]

(3) 판례의 변경에 의한 처벌

다수설과 판례는 행위 당시의 판례보다 재판시의 판례가 피고인에게 불리하게 변경된다고 하더라도 형사처벌의 근거가 되는 것은 법률이지 판례가 아니고 법률조항 자체가 변경된 것은 아니므로 처벌대상이 되지 아니하는 것으로 해석되었던 행위를 판례의 변경에 따라 확인된 내용의 위 법률조항에 근거하여 처벌한다고 하여 그것이 행위시법주의에 반하지 않는다고 한다(대판 1999. 7. 15. 95도2870; 자세한 것은 앞서 본 형벌불소급 원칙 부분 참조). 소수설은 판례는 사실상 구체화된 법률이므로 이 경우에도 행위시법주의 위반이라고 한다.

3. 재판시법주의(신법주의)

(1) 형법 제1조 제2, 3항의 취지

형법 제1조 제2, 3항은 재판시법이 피고인에게 유리하게 변경된 경우에는 재판시법을 적용하여 재판시법의 소급효를 인정하고 있다. 이 경우에는 행위시법주

---

1) 대판 1994. 5. 10. 94도563. 범죄의 성립과 처벌은 행위시의 법률에 의한다고 할 때의 '행위시'라 함은 범죄행위의 종료시를 의미한다

2) 대판 1997. 11. 28. 97도1740(성수대교 붕괴사건에 관한 판례이다). 형사소송법 제252조 제1항에 정한 '범죄행위'에는 당해 범죄행위의 결과까지도 포함하는 취지로 해석함이 상당하므로, 교량붕괴사고에 있어 업무상과실치사상죄, 업무상과실일반교통방해죄 및 업무상과실자동차추락죄의 공소시효도 교량붕괴사고로 인하여 피해자들이 사상에 이른 결과가 발생함으로써 그 범죄행위가 종료한 때로부터 진행한다고 보아야 한다."

3) 격시범이란 예를 들어 시한폭탄장치를 설치하여 3일 후에 폭발하게 한 경우와 같이 실행행위와 결과발생 사이에 시간적 차이가 있는 형태의 범죄를 말한다.

4) 위 성수대교 붕괴사건 판례는 사회적으로 큰 물의를 일으킨 성수대교 붕괴사건의 공사책임자를 벌하지 않는 것은 국민감정에 맞지 않는다는 점을 고려한 것이라고 할 수 있다. 그러나 피고인들의 주의의무위반이 누적되어 결과가 발생한 것이고, 이 경우에는 각 피고인의 주의의무위반과 결과발생 사이의 인과관계를 인정할 수 없을 것이다.

의가 추구하는 법적 안정성이나 인권보장이라는 목표가 손상되지 않기 때문이다.

따라서 행위시법과 재판시법 사이에 형의 변경이 수차례 있어서 중간시법의 형이 행위시법이나 재판시법보다 가벼운 때에는 중간시법을 적용해야 한다(대판 1968. 12. 17. 68도1324). 따라서 이를 재판시법주의라고 하기 보다는 행위시법주의의 예외라고 하기도 한다.

[대판 1968. 12. 17. 68도1324] 행위시와 재판시 사이에 수차 법령의 변경이 있는 경우에는 이 점에 관한 당사자의 주장이 없더라도 직권으로 행위시법과 위 제1심 재판 당시의 법, 그리고 원심재판 당시의 법, 이 세 가지 규정에 의한 형의 경중을 비교하여 그 중 가장 형이 경한 법규정을 적용하여 심판했어야 [한다].

(2) 형이 구법보다 가벼워진 경우의 의미

신법에 의해 그 행위가 범죄를 구성하지 아니하게 되거나 형이 구법보다 가벼워진 경우에 신법을 적용하므로, 신법에 의해 형이 무겁게 변경되거나 형이 동일한 경우에는 행위시법인 구법을 적용한다(대판 1992. 6. 23. 92도954). 형의 경중(輕重)은 형법 제50조, 제41조(기본적으로 1. 사형, 2. 징역, 3. 금고, 4. 자격상실, 5. 자격정지, 6. 벌금, 7, 구류, 8. 과료, 9. 몰수의 순서)에 의해 정해진다. 형의 경중 비교는 선고형이 아니라 법정형을 기준으로 하고, 법정형 중 병과형이나 선택형이 있을 경우 가장 중한 형을 기준으로 한다(대판 1992. 11. 13. 92도2194). 형의 가중 또는 감경사유가 있는 경우 가중 또는 감경을 한 후에 그 경중을 비교한다(대판 1961. 12. 28. 4293형상664).

[대판 1992. 11. 13. 92도2194] 형의 경중의 비교는 원칙적으로 법정형을 기준으로 할 것이고 처단형이나 선고형에 의할 것이 아니며, 법정형의 경중을 비교함에 있어서 법정형 중 병과형 또는 선택형이 있을 때에는 이 중 가장 중한 형을 기준으로 하여 다른 형과 경중을 정하는 것이 원칙이다.
[대판 1983. 11. 8. 83도2499] '3년 이하의 징역'이 '5년 이하의 징역 또는 1,000만원 이하의 벌금'으로 변경된 경우에는 비록 신법에 벌금형이 선택형으로 규정되었다 하더라도 가장 중한 죄인 5년 이하의 징역을 구법의 3년 이하의 징역과 비교해야 한다.
[대판 2012. 5. 9. 2011도11264] 구 정보통신망 이용촉진 및 정보보호 등에 관한 법률 제66조의 양벌규정은 법인에 대한 면책규정을 두지 아니하였는데, 같은 법률이 개정되면서 같은 조 단서에 법인이 그 대리인, 사용인, 그 밖의 종업원의 위

반행위를 방지하기 위하여 해당 업무에 관하여 상당한 주의와 감독을 게을리하지 아니한 경우에는 법인을 처벌하지 아니하도록 하는 면책규정이 추가되었는바, 이는 범죄 후 법률의 변경에 의하여 그 행위가 범죄를 구성하지 아니하거나 형이 구법보다 경한 경우에 해당한다고 할 것이어서 형법 제1조 제2항에 따라 피고인에게는 위와 같이 개정된 정보통신망 이용촉진 및 정보보호 등에 관한 법률의 양벌규정이 적용되어야 할 것이다.

(3) 신법의 경과규정에 의한 구법의 적용

통설·판례는 신법에 형을 가볍게 변경하면서 경과규정을 두어 구법을 적용하도록 하는 것이 허용된다고 한다(대판 2022. 12. 22. 2020도16420 전합).

(4) 판 례

1) 동기설의 포기

종래의 판례는 형법 제1조 제2항의 적용범위에 대해 소위 동기설을 따랐다. 동기설이란 법률변경의 동기가 법률이념의 변경, 즉 구법에 대한 반성인 경우에는 피고인에게 유리한 신법이 적용되지만, 법률변경의 동기가 사실관계의 변경인 때에는 피고인에게 불리한 구법을 적용한다는 것이다.

현재의 판례는 동기설을 포기하였다. 다만, ① 법률의 변경 후에도 구법을 적용한다는 경과규정을 둔 경우, ② 범죄의 성립 및 처벌과 직접적으로 관련된 형사법적 관점의 변화를 주된 근거로 하는 법령의 변경이 아닌 경우, ③ 한시법의 경우 등에서는 제1조 제2항이 적용되지 않고 피고인에게 불리한 구법이 적용된다고 한다.

[대판 2022. 12. 22. 2020도16420 (전합)] 형법 제1조 제2항은 … 입법자가 법령의 변경 이후에도 종전 법령 위반행위에 대한 형사처벌을 유지한다는 내용의 경과규정을 따로 두지 않는 한 그대로 적용되어야 한다. … 형법 제1조 제2항을 적용하려면, 해당 형벌법규에 따른 범죄의 성립 및 처벌과 직접적으로 관련된 형사법적 관점의 변화를 주된 근거로 하는 법령의 변경에 해당하여야 하므로, 이와 관련이 없는 법령의 변경으로 인하여 해당 형벌법규의 가벌성에 영향을 미치게 되는 경우에는 형법 제1조 제2항이 적용되지 않는다. … 법령이 개정 내지 폐지된 경우가 아니라, 스스로 유효기간을 구체적인 일자나 기간으로 특정하여 효력의 상실을 예정하고 있던 법령이 그 유효기간을 경과함으로써 더 이상 효력을 갖지 않게 된 경우도 형법 제1조 제2항에서 말하는 법률의 변경에 해당한다고 볼 수 없다.

2) 비 판 위 판례가 동기설을 포기한 것은 너무 늦기는 하였지만 긍정적으로 평가할 수 있다. 다만, 제1조 제2항의 적용에 대해 제한을 둔 것은 문제가 있다.

첫째, 범죄의 성립 및 처벌과 직접적으로 관련이 없는 법령의 변경을 제외한 것 역시 제1조 제2항의 가능한 문언의 의미를 넘어서서 피고인에게 불리한 축소해석이라고 할 수 있다.

둘째, 범죄의 성립 및 처벌과 직접적으로 관련된 형사법적 관점의 변경을 주된 근거로 한다는 것이 무엇인지 불분명하다.

셋째, 한시법의 추급효를 인정하는 규정이 있는 독일에서도 동기설에 의해 추급효를 제한하려고 하는데, 추급효를 인정하는 규정이 없는 우리 형법에서 한시법의 추급효를 무제한 인정할 근거가 박약하다.

넷째, 경과규정을 두는 경우 무조건 행위시법을 적용할 수 있다는 것 역시 지나치다. 입법당시 경과규정을 둔 취지와 맞지 않는 사정변경이 얼마든지 있을 수 있기 때문이다.

동기설을 포기한 이후의 구체적 사례(대판 2023. 2. 23. 2022도4610)

1. 사실관계

법무사인 피고인들이 개인의 파산·회생사건을 대리하였는데, 검사는 변호사가 아니면서 금품 등을 받고 법률사무를 취급하였다고 하여 위 피고인들을 「변호사법」 위반죄로 공소제기하였다. 그런데 위 피고인들의 행위 이후 2020. 2. 4. 「법무사법」 제2조 제6호가 개정되어 개인의 파산·회생사건의 대리를 법무사의 업무로 규정하였다. 이 사건의 쟁점은 법무사법의 개정이 형사법적 관점의 변화를 주된 근거로 하는 법령의 변경인지 여부이다.

2. 판결요지

이 사건 법률 개정은 형사법적 관점의 변화를 주된 근거로 하는 법령의 변경에 해당하지 아니하므로 형법 제1조 제2항과 형사소송법 제326조 제4호를 적용하지 아니하고 유죄로 인정한 원심의 판단은 정당하[다].

1) 이 사건 법률 개정으로 제6호의 내용이 추가된 법무사법 제2조는 이 부분 공소사실의 해당 형벌법규인 변호사법 제109조 제1호 또는 그로부터 수권 내지 위임을 받은 법령이 아닌 별개의 다른 법령에 불과하다. 변호사법 제109조 제1호 위반죄의 성립 요건과 구조를 살펴보더라도 법무사법 제2조의 규정이 보충규범으

로서 기능하고 있다고 보기 어렵다. 2) 법무사법 제2조는 법무사의 업무범위에 관한 규정으로서 기본적으로 형사법과 무관한 행정적 규율에 관한 내용이다. 따라서 이는 타법에서의 비형사적 규율의 변경이 문제된 형벌법규의 가벌성에 간접적인 영향을 미치는 경우에 해당할 뿐이므로, 원칙적으로 형법 제1조 제2항과 형사소송법 제326조 제4호의 적용 대상인 형사법적 관점의 변화에 근거한 법령의 변경에 해당한다고 볼 수 없다. 3) 법무사법 제2조가 변호사법 제109조 제1호 위반죄와 불가분적으로 결합되어 그 보호목적과 입법취지 등을 같이한다고 볼 만한 특별한 사정도 인정하기 어렵다.

3. 비 판

대법원이 동기설을 포기하면서도 제1조 제2항의 적용에 대해 제한을 둠으로써 범죄의 성립 및 처벌과 직접적으로 관련이 없는 법령의 변경인지 여부가 불분명해지는 문제가 생겼다는 점을 살펴보았다. 이 판결 역시 이와 같은 비판이 그대로 적용될 수 있다.

4. 법률의 변경과 백지형법 보충규범의 개폐

백지형법의 보충규범이 변경된 경우에도 형법 제1조 제2, 3항을 적용할 것인가에 대해서 견해가 대립한다.

통설 및 판례(대판 2022. 12. 22. 2020도16420 전합)는 제1조 제2, 3항의 '법률의 변경'에서 '법률'이란 '총체적 법률상태' 혹은 '전체로서의 법률'이라는 것을 근거로 적극설을 따른다.

이에 대해 보충규범의 변경은 형법 제1조 제2, 3항에 규정된 법률의 변경에 해당되지 않으므로 구법을 적용해야 한다거나, 보충규범 개폐의 성격에 따라 신법과 구법 중 어느 것을 적용해야 할지 결정해야 한다는 소수설이 있다.

백지형법의 보충규범의 변경은 바로 백지형법의 변경이라고 할 수 있으므로, 백지형법의 보충규범이 피고인에게 유리하게 변경된 때에는 제1조 제2, 3항에 따라 항상 신법이 적용되어야 한다고 할 것이다.

5. 한 시 법

(1) 한시법의 개념

한시법이란 유효기간이 명시된 법규를 말한다. 법률제정시에 유효기간이 명시된 경우뿐만 아니라 제정 이후에 유효기간이 명시적으로 추가된 경우에도 그 이후부터는 한시법이라고 할 수 있다. 한시법이 아닌 일반법을 영구법이라고도 한다. 한시법에는 형법 이외의 법률도 있으므로 여기에서 말하는 한시법은 한시형법을 의미한다. 한시법의 예로 계엄포고문이나 1982. 4. 3.-1984. 12. 31.까지 효력을 지녔던 「부동산소유권 이전등기등에 관한 특별조치법」 제13조의 벌칙규정을 들 수 있다.

> 「물가안정에 관한 법률」 제26조, 제7조는 기획재정부 장관이 매점매석 행위로 지정고시한 행위를 한 경우 3년 이하의 징역 또는 1억원 이하의 벌금에 처하도록 하고 있다. 기획재정부장관은 2020년 코로나 국면에서 고시 제2020-28호로 '마스크, 손소독제'에 대한 매점매석행위를 금지했고 그 유효기간을 2021. 12. 31.(당초 2020. 12. 31.로 지정했다가 코로나 사태가 길어지면서 이를 연장한 것임)로 한 바가 있다. 이 역시도 한시법의 예시라고 할 것이다.

한시법에서 가장 중요한 쟁점은 한시법의 효력기간 동안 행해진 범죄를 한시법의 폐지 후에도 한시법을 적용하여 처벌할 수 있는지, 즉 한시법의 추급효 인정여부이다.

(2) 한시법의 추급효

추급효(追及效)란 재판시 이전에 존재했고 재판시에는 폐지된 법이 재판시에도 효력을 발휘하는 것을 말한다. 행위시에는 존재하지 않고 재판시에 존재하는 법이 행위시에도 효력을 미치는 소급효와 대비되는 개념이다.

한시법 자체에 추급효를 인정하는 명시적 규정을 둔 경우와 두지 않은 경우가 있다. 전자의 경우에는 추급효를 인정하는 데에 별 문제점이 없다고 한다.[1] 후자의 경우 추급효를 인정할 것인가에 대해서 다음과 같은 견해가 대립한다.

1) 추급효부정설 통설은 한시법은 그 유효기간이 경과하면 당연히 실효되므로 한시법의 추급효를 인정할 수 없다고 한다. ① 추급효를 인정하기 위해서는 형법 제1조 제2항을 부정하고 행위시법주의로 환원하는 규정이 있어야 하는데 그런 규정이 없고, ② 특별한 규정없이 추급효를 인정하는 것은 죄형법정주의에 반하고, ③ 유효기간 종료가 가까워질수록 위반행위가 늘어나는 것은 한시형법의 성격상 자연스러운 것이라는 점 등을 근거로 든다.

2) 추급효인정설 소수설은 ① 법규범은 행위규범, 의사결정규범인데 행

---

1) 그러나 한시형법의 폐지와 함께 추급효 인정규정도 효력을 상실하기 때문에 이 경우에도 추급효를 인정할지 문제가 될 수 있다.

위 혹은 의사결정 당시 금지법규가 있음에도 그것을 위반한 사람은 유효기간이 경과하더라도 처벌해야 하고, ② 형법 제1조 제2항은 제1항에 대한 예외규정인데 예외규정의 적용범위는 그 인정취지에 비추어 해석해야 하고, ③ 행위시에 이미 처벌규정이 있었던 경우이므로 추급효를 인정하더라도 죄형법정주의에 위반되지 않고, ④ 추급효를 인정하지 않으면, 한시법의 유효기간의 종료가 가까워질수록 위반행위가 속출하게 되어 입법자가 한시법의 유효기간을 필요 이상으로 길게 할 우려가 있고, ⑤ 독일에서는 명문규정이 없던 때에도 당연히 추급효를 인정하였다는 점 등을 근거로 추급효를 인정한다.

3) **절 충 설** 이 견해는 한시법의 추급효 인정여부를 동기설에 따라 해결하자고 한다. 그런데 거의 모든 한시법은 특수한 상황에 대처하기 위한 것이므로 이 견해는 추급효인정설과 사실상 다르지 않다.

4) **판 례** 대법원은 구체적인 일자나 기간으로 유효기간을 특정한 법령에 대해 추급효가 인정된다는 입장이다(대판 2022. 12. 22. 2020도16420 전합; 즉, 유죄판결 선고 가능). 법령 자체가 명시적으로 예정한 유효기간의 경과에 따른 효력 상실은 일반적인 법령의 개정이나 폐지 등과 같이 애초의 법령이 변경되었다고 보기 어렵고, 어떠한 형사법적 관점의 변화 내지 형사처벌에 관한 규범적 가치판단의 변경에 근거하였다고 볼 수도 없고, 유효기간을 명시한 입법자의 의사를 보더라도 유효기간 경과 후에 형사처벌 등의 제재가 유지되지 않는다면 유효기간 내에도 법령의 규범력과 실효성을 확보하기 어려울 것이므로 특별한 사정이 없는 한 유효기간 경과 전의 법령 위반행위는 유효기간 경과 후에도 그대로 처벌하려는 취지라고 보는 것이 합리적이라는 이유에서이다.

반면, 대법원 전합의 별개의견은 다수의견에 의할 경우 만약 입법기술적으로 구체적 유효기간을 특정하기만 하면 행위시법의 추급효를 전면적으로 인정하는바, 종래 대법원판례에서도 부분적으로 인정한 재판시법 적용의 여지가 없어지고 오히려 종전보다 형사처벌의 범위를 확대시키는 결과를 초래한다는 점 등을 비판한다. 그러면서 위 별개의견은, 유효기간을 정한 법령이나 고시 등의 경우에도 명시적인 경과규정이 없는 이상 원칙적으로 추급효를 부정해야 한다고 보았다(즉, 형법 제1조 제2항, 형사소송법 제326조 제4호에 따라 면소판결).

5) **결 어** 폐지된 법의 효력을 부정하는 것이 당연한 것이고, 한시법의 추급효를 인정하는 것은 제1조 제2, 3항에 정면으로 반하므로 동 규정에 우선

적용되는 명문의 규정이 없는 한 한시법의 추급효를 부정해야 할 것이다.

6. 헌법재판소 위헌결정의 효력

헌법재판소가 위헌으로 결정한 형벌에 관한 법률 또는 법률의 조항은 소급하여 그 효력을 상실한다. 다만, 해당 법률 또는 법률의 조항에 대하여 종전에 합헌으로 결정한 사건이 있는 경우에는 그 결정이 있는 날의 다음 날로 소급하여 효력을 상실한다(헌법재판소법 제47조 제3항). 예컨대 2001. 1. 1. 제정된 형벌조항이 2019. 3. 20. 위헌결정을 받은 때에는 2001. 1. 1.로 소급하여 효력을 상실하지만, 만약 2010. 5. 1. 그 조항에 대한 헌법재판소의 합헌결정이 있었다면 2010. 5. 2.까지만 소급하여 그 규정이 효력을 상실한다.

위헌으로 결정된 법률이 적용되어 기소된 피고사건의 경우 범죄 후 법령이 폐지된 때로 보아 면소판결을 선고할 것이 아니라, 애초에 '범죄로 되지 아니하는 때'에 해당하기 때문에 형사소송법 제325조 전단에 따라 무죄가 선고되어야 하고(대판 2022. 1. 13. 2021도12856), 한편 위헌으로 결정된 법률에 근거한 유죄의 확정판결에 대해서는 재심을 청구할 수 있다(헌법재판소법 제47조 제4항; 같은 법 제75조 제5항, 제6항).

> 구 형법상 간통죄는 1953년 형법 제정 당시부터 존재하던 규정인데, 헌법재판소는 2008. 10. 30. 간통죄에 대해 합헌결정을 선고했고, 이후 2015. 2. 26. 간통죄에 대해 위헌결정을 선고했다. 그런데 국회는 2014. 5. 20. 헌법재판소법을 개정하여 "법률 또는 법률의 조항에 대하여 종전에 합헌으로 결정한 사건이 있는 경우에는 그 결정이 있는 날의 다음 날로 소급하여 효력을 상실"한다는 부분을 추가했고, 그 결과 간통죄의 경우에도 종래 합헌결정이 있은 날의 다음 날인 2008. 10. 31.부터 그 효력을 상실하는 것으로 되었다. 헌법재판소가 위헌결정을 선고한 후 실제 재심청구를 위해서 2008. 10. 31. 이후 '범죄행위'가 있어야 하는지, 아니면 설령 범죄행위는 그 이전에 있더라도 합헌결정이 있는 다음 날 이후에 '간통죄 유죄확정판결'이 있기만 하면 되는지 논란이 있었는데, 대법원은 후자의 입장을 취했다(대결 2016. 11. 10. 2015모1475).

7. 형법 제1조의 올바른 해석

형법 제1조는 행위시와 재판시 사이에 법률이 변경되지 않으면 필요없고, 법률이 변경되었을 때에야 필요한 조항이다. 형법 제1조는 행위시와 재판시 사이에 법률의 변경의 있을 때에 가장 유리한 법률을 적용하라는 취지라고 할 수 있다. 즉 법률이 불리하게 변경된 경우에는 행위시법인 제1항을, 법률이 유리하게 변경된 경우에는 중간시법이든 재판시법이든 가장 유리한 법률을 적용하라는 취지라고 할 수 있다.

Ⅱ. 장소적·인적 적용범위

1. 속지주의

제2조(국내범) 본법은 대한민국영역내에서 죄를 범한 내국인과 외국인에게 적용한다.
제4조(국외에 있는 내국선박 등에서 외국인이 범한 죄) 본법은 대한민국 영역외에 있는 대한민국의 선박 또는 항공기 내에서 죄를 범한 외국인에게 적용한다.

(1) 개 념

속지주의란 한 나라의 영역 내에서 발생한 범죄에 대해서는 내국인이건 외국인이건 그 나라의 형법을 적용한다는 원칙이다. 형법 제2조는 "본법은 대한민국 영역 내에서 죄를 범한 내국인과 외국인에게 적용한다"고 규정하여 속지주의를 택하고 있다. 속지주의는 주권평등의 원칙상 모든 나라에서 채택하고 있는 원칙이다.

(2) 대한민국의 영역

대한민국의 영역이란 대한민국의 영토보다 넓은 개념으로서 영토 이외에 영해, 영공을 모두 포함한다. 대한민국의 영토는 한반도와 그 부속도서이므로(헌법 제3조), 비록 실효성이 없더라도 북한에도 우리 형법이 적용된다. 주한 외국 대사관, 영사관, 문화원 등에는 우리 형법이 적용되지만,[1] 외국에 있는 우리 대사관

1) 판례는 미국문화원 점거 사건에서 "국제협정이나 관행에 의하여 대한민국 내에 있는 미국문화원이 치외법권지역이고 그 곳을 미국영토의 연장으로 본다 하더라도 그 곳에서 죄를 범한 대한민국 국민에 대하여 우리 법원에 먼저 공소가 제기되고 미국이 자국의 재판권을 주장하지 않고 있는 이상 속인주의를 함께 채택하고 있는 우리나라의 재판권은 동인들에게도 당연히 미친다 할 것이며 미국문화원 측이 동인들에 대한 처벌을 바라지 않았다고 하여 그 재판권이 배제되는 것도 아니다"라고 하여(대판 1986. 6. 24. 86도403) 속지주의가 아닌 속인주의에 따라 우리나라의 재판권을 인정하였다. 그러나 치외법권지역이란 개념은 과거 제국주의시대에 강대국이 약소국을 침략하기 위해 인정된 개념이고, 오늘날의 국제법이론에서는 치외법권지역이라는 개념은 인정되지 않는다. 따라서 속지주의에 의해도 미국문화원에 우리 형법이 적용된다.

등에는 우리 형법이 적용되지 않는다.

[대판 2006. 9. 22. 2006도5010] 만약, 중국인이 중국 북경시에 소재한 대한민국 영사관 내에서 외국인명의의 '사문서'를 위조한 경우, 위 대한민국 영사관은 대한민국의 영역이 아니라 중국의 영토일 뿐이기 때문에 제2조가 적용될 수 없고, 사문서위조죄는 제5조에 규정된 범죄도 아니며, 제6조에 규정한 대한민국 또는 대한민국 국민에 대하여 범한 죄도 아니기 때문에, 결국 위 범죄에 대해 대한민국 형법은 적용되지 않는다

대한민국 영역 외에 있는 대한민국의 선박 또는 항공기 내에서 죄를 범한 외국인에게도 우리 형법이 적용된다(제4조). 이를 기국주의(旗國主義)라고 하는데, 속지주의의 적용범위를 좀 더 명백하게 하고 있다.

(3) '죄를 범한'의 의미

통설은 '죄를 범한'의 의미에 대해 실행행위와 결과발생 중 어느 하나라도 대한민국의 영역이나 영역 외에 있는 우리 국적의 선박, 항공기 등에서 발생하면 족하다고 한다.

판례도 외국인이 대한민국 공무원에게 알선한다는 명목으로 금품을 수수한 행위가 대한민국 영역 내에서 이루어지고 금품수수의 명목이 된 알선행위의 장소가 대한민국 영역 외인 경우에도 우리 형법이 적용되고(대판 2000. 4. 21. 99도3403), 공모공동정범의 경우 공모지도 범죄지로 보아야 하므로(대판 1998. 11. 27. 98도2734), 만약 프랑스인 甲과 한국인 乙이 프랑스인 丙으로부터 홍콩에서 마약을 매수하기로 서울에서 공모한 다음, 甲이 홍콩으로 가 丙으로부터 마약을 매수한 경우 외국인 甲에 대해서도 속지주의에 따라 대한민국 형법이 적용된다.

[대판 2000. 4. 21. 99도3403] 외국인이 대한민국 공무원에게 알선한다는 명목으로 금품을 수수하는 행위가 대한민국 영역 내에서 이루어진 이상, 비록 금품수수의 명목이 된 알선행위를 하는 장소가 대한민국 영역 외라 하더라도 대한민국 영역 내에서 죄를 범한 것이라고 하여야 할 것이므로, 형법 제2조에 의하여 대한민국의 형벌법규인 구 변호사법 제90조 제1호가 적용되어야 한다.

(4) 외국의 원수, 외교관 및 미군

외국 원수나 외교관에게 치외법권이 인정되는 것은 아니므로 이들이 우리나

라에서 직무수행중 저지른 범죄에 대해서는 우리 형법이 적용되지만, 국제법상 면책특권이 인정된다. 그리고 이 면책특권은 책임조각사유가 아니라 인적 처벌조각사유라고 할 수 있다.

한미행정협정(SOFA)은 재판관할권을 정하는 조약에 불과하므로, 우리나라에 주둔하는 미군의 공무수행중 범죄에 대해서도 우리 형법이 적용되고, 재판관할권만 한미행정협정에 따르게 된다.

2. 속인주의

> 제3조(내국인의 국외범) 본법은 대한민국 영역 외에서 죄를 범한 내국인에게 적용한다.

(1) 개 념

속인주의란 자기 국민의 범죄행위에 대해서는 그것이 어디에서 행해졌든 자국의 형법을 적용한다는 원칙이다. 우리 형법은 속인주의를 규정하고 있다(제3조). 따라서 내국인이 도박죄를 처벌하지 않는 외국 카지노에서 도박을 한 경우에도 우리 형법에 의해 처벌된다(대판 2004. 4. 23. 2002도2518; 대판 2001. 9. 25. 99도3337).

(2) 대통령과 국회의원

대통령은 내란 또는 외환의 죄를 범한 경우를 제외하고는 재직중 형사소추를 받지 않고(헌법 제84조), 국회의원은 국회에서 직무상 행한 발언과 표결에 관하여 국회 외에서 책임을 지지 않는다(헌법 제45조).

대통령의 재직 중 형사소추면제권은 우리 형법이 적용된다는 것을 전제로 하므로 대통령의 재직 중 범한 죄에도 형법이 적용된다. 국회의원의 면책특권의 법적 성질에 대해서는 책임조각사유라는 견해와 인적 처벌조각사유라고 하는 견해가 있으나 이것 역시 형법의 적용을 전제로 하는 것이라고 할 수 있다.

3. 보호주의

> 제5조(외국인의 국외범) 본법은 대한민국 영역 외에서 다음에 기재한 죄를 범한 외국인에게 적용한다.
> 1. 내란의 죄
> 2. 외환의 죄

3. 국기에 관한 죄
4. 통화에 관한 죄
5. 유가증권, 우표와 인지에 관한 죄
6. 문서에 관한 죄중 제225조 내지 제230조
7. 인장에 관한 죄중 제238조

제6조(대한민국과 대한민국국민에 대한 국외범) 본법은 대한민국 영역 외에서 대한민국 또는 대한민국 국민에 대하여 전조에 기재한 이외의 죄를 범한 외국인에게 적용한다. 단 행위지의 법률에 의하여 범죄를 구성하지 아니하거나 소추 또는 형의 집행을 면제할 경우에는 예외로 한다.

(1) 제5조, 제6조 본문

보호주의란 외국인이 외국에서 죄를 범했더라도 그것이 자국이나 자국민에 대한 범죄이면 자국의 형법을 적용하는 원칙을 말한다. 우리 형법은 보호주의를 규정하고 있다(제5조 및 제6조). 여기서 '대한민국 또는 대한민국 국민에 대하여 죄를 범한 때'란 대한민국 또는 대한민국 국민의 법익이 직접적으로 침해되는 결과를 야기하는 죄를 범한 경우를 의미한다(대판 2011. 8. 5. 2011도6507).

판례는 외국인이 외국에서 한국인에게 행한 위조사문서행사죄(대판 2011. 8. 5. 2011도6507)와 한국 국적 주식회사의 인장위조죄(대판 2002. 11. 26. 2002도4929)는 형법 제5조에 열거된 범죄가 아니고, 또한 대한민국 또는 대한민국 국민에 대하여 죄를 범한 것도 아니기 때문에 대한민국 형법이 적용되지 않는다고 한다. 그러나 위 범죄들이 대한민국이나 대한민국 국민에 대한 범죄가 아닌 이유는 자세히 언급하지 않고 있다.

(2) 제6조 단서

보호주의에 의하면 외국인이 외국에서 한 행위가 외국에서는 범죄가 되지 않음에도 불구하고 우리나라에서는 범죄가 되어 우리 형법이 적용될 수 있다. 이는 외국인에게 불합리할 수 있으므로 제6조 단서는 행위지의 법률에 의하여 범죄를 구성하지 아니하거나 소추 또는 형의 집행을 면제할 경우에는 우리 형법의 적용을 배제하고 있다.

예를 들어 네덜란드인이 네덜란드에서 한국인과 성매매를 한 경우 우리나라에서는 성매매를 처벌하지만(성매매처벌법 제21조) 네덜란드에서는 성매매를 처벌하지 않는다(네덜란드는 2000년 성매매를 합법화함). 따라서 이 경우 한국인에게는 속인주의에 의해 우리 형법상 성매매죄가 적용되지만 네덜란드인에게는 제6조 단서에 의해 우리 형법이 적용되지 않는다.

[대판 2008. 7. 24. 2008도4085] 형법 제6조 본문에 의하여 외국인이 대한민국 영역 외에서 대한민국 국민에 대하여 범죄를 저지른 경우에도 우리 형법이 적용되지만, 같은 조 단서에 의하여 행위지의 법률에 의하여 범죄를 구성하지 아니하거나 소추 또는 형의 집행을 면제할 경우에는 우리 형법을 적용하여 처벌할 수 없다고 할 것이고, 이 경우 행위지의 법률에 의하여 범죄를 구성하는지 여부에 대해서는 엄격한 증명에 의하여 검사가 이를 입증하여야 할 것이다.

[대판 2008. 4. 17. 2004도4899 전합] 독일에서 거주하다가 대한민국 국적을 상실한 사람이 국적 상실을 전후하여 북한을 방문한 사안에서, 대한민국 국적을 상실하기 전의 방문행위는 국가보안법 제6조 제2항의 탈출에 해당하지만 국적 상실 후의 방문행위는 이에 해당하지 않는다. 독일인이 독일 내에서 북한의 지령을 받아 베를린 주재 북한이익대표부를 방문하고 그곳에서 북한공작원을 만났다면 위 각 구성요건상 범죄지는 모두 독일이므로 이는 외국인의 국외범에 해당하여, 형법 제5조와 제6조에서 정한 요건에 해당하지 않는 이상 위 각 조항을 적용하여 처벌할 수 없는 것이다(독일 국적을 취득함에 따라 대한민국 국적을 상실한 피고인이 독일 내에서 북한의 지령을 받아 1997. 7. 7. 베를린 주재 북한이익대표부를 방문하고 그곳에서 북한공작원을 만난 행위는 외국인의 국외범에 해당한다는 이유로 국가보안법을 적용할 수 없다고 본 사례).

4. 세계주의

세계주의란 외국인이 외국에서 외국인에 대해 범죄를 저지른 경우에도 자국의 형법을 적용한다는 원칙이다. 세계주의는 자국과 관계없는 범죄들에 대해서도 외국인에 대해 자국의 형법을 적용하는 것이므로 반인륜적 범죄나 국제적 범죄들에 대해서만 적용하는 것이 보통이다. 형법은 세계주의를 규정하지 않았었으나, 2013년 개정형법은 약취, 유인 및 인신매매의 죄에 대해 명시적으로 세계주의를 도입하였다(제296조의2). 예컨대, 미국인이 일본에서 중국 국적의 미성년자를 영리 목적으로 매매한 경우에도 위 미국인에 대해 우리나라의 형법이 적용된다.

「테러방지법」도 테러단체 구성, 테러단체 가입, 테러단체 지원 등 범죄에 대한 세계주의를 규정하고 있다(같은 법 제19조, 제17조).

Ⅲ. 관할의 경합

예를 들어 한국인이 독일에서 미국인에게 폭행을 한 경우 속인주의에 의하면 한국형법, 속지주의에 의하면 독일형법, 보호주의에 의하면 미국형법이 적용되어 관할의 경합이 발생하게 된다. 이 경우 현실적으로는 범죄인이 소재하는 국가에서 처벌하겠지만, 국가간의 조약이나 범죄인 인도조약 등에 의해 어느 국가가 처벌할 것인가가 결정될 것이다.

국가간 관할의 경합으로 인해 외국에서 형의 집행을 받은 사람에 대해 우리나라에서 형을 선고하는 경우가 있을 수 있다. 이 경우 과거에는 형을 감경 또는 면제할 수 있도록 규정(구 형법 제7조 임의적 감면)하였으나, 헌법재판소는 우리 형법에 의한 처벌 시 외국에서 받은 형의 집행을 전혀 반영하지 아니할 수도 있도록 한 것은 과잉금지원칙에 위배되어 신체의 자유를 침해한다는 이유를 들어 헌법불합치 결정을 선고했다(헌재 2015. 5. 28. 2013헌바129). 이후 2016년 형법이 개정되어 죄를 지어 외국에서 형의 전부 또는 일부가 집행된 사람에 대해서는 그 집행된 형의 전부 또는 일부를 선고하는 형에 산입하도록 하였다(제7조, 형의 전부 또는 일부의 '필요적 산입').

외국에서 형사사건으로 기소되어 미결구금 상태에 있다가 무죄판결을 받은 경우 그 미결구금 기간이 형법 제7조에 따른 산입 대상이 되는지 문제된다. 판례는 부정적 입장을 취한다.

[대판 2017. 8. 24. 2017도5977 전합] 형사사건으로 외국 법원에 기소되었다가 무죄판결을 받은 사람은, 설령 그가 무죄판결을 받기까지 상당 기간 미결구금되었더라도 이를 유죄판결에 의하여 형이 실제로 집행된 것으로 볼 수는 없으므로, '외국에서 형의 전부 또는 일부가 집행된 사람'에 해당한다고 볼 수 없고, 그 미결구금 기간은 형법 제7조에 의한 산입의 대상이 될 수 없다.

제 2 편

범죄론

제1편 서 론

제 1 장 형법의 기본개념

형법의 의의/형사제재의 종류와 형법의 보충성/형법의 목적 및 기능

제 2 장 형법의 역사

고대의 형벌제도/중세의 형벌제도/근대의 형벌제도/현대의 범죄 및 형벌관/한국형법의 역사

제 3 장 죄형법정주의

죄형법정주의의 의의 및 연혁/죄형법정주의의 현대적 의의/죄형법정주의의 내용

제 4 장 형법의 적용범위

시간적 적용범위/장소적·인적 적용범위/관할의 경합

제2편 범 죄 론

제 1 장 범죄론의 기본개념

범죄의 개념과 종류/형법이론/행위론과 범죄체계

제 2 장 구성요건론

구성요건이론/법인의 형사책임/행위반가치와 결과반가치/인과관계와 객관적 귀속/주관적 구성요건요소/결과적가중범/사실의 착오/인과과정의 착오/부작위범

제 3 장 위법성론

위법성의 일반이론/정당방위/긴급피난/자구행위/피해자의 승낙에 의한 행위/정당행위

제 4 장 책 임 론

책임이론/책임능력/기대가능성/위법성의 인식과 법률의 착오

제 5 장 미 수 론

미수의 일반이론/장애미수/중지미수/불능미수/예비·음모죄

제 6 장 공 범 론

공범론의 기본개념/공동정범/협의의 공범(교사범 및 종범)/간접정범/공범과 신분/필요적 공범/동시범

제 7 장 죄 수 론

죄수의 일반이론/일죄/수죄

제3편 형 벌 론

제 1 장 형 벌

형벌의 의의/형벌의 종류/양형/선고유예, 집행유예, 가석방/형의 시효 및 소멸과 기간

제 2 장 보안처분

보안처분의 의의/보안처분의 법적 성격/치료감호/보호관찰/보안관찰

제1장 범죄론의 기본개념

제1절 범죄의 개념과 종류 §5

Ⅰ. 범죄의 개념

1. 형식적 범죄개념

형식적 범죄개념에 의하면 범죄란 '형법에 의해 형사제재가 과해지는 행위' 혹은 '구성요건에 해당하고 위법하고 유책한 행위'라고 정의된다. 행위의 내용이나 실질을 따지지 않고 오로지 법률에 의해 형사제재가 과해진다는 형식적 측면에 착안한 정의이기 때문에 형식적 범죄개념이라고 한다. 형법해석학에서는 주로 이 형식적 범죄개념을 사용한다.

형식적 범죄개념은 '실정법에 규정되어 있는 범죄와 형사제재의 내용이 무엇인가'라는 해석론적 질문에는 답할 수 있지만 '어떤 행위를 실정법에 범죄로 규정하고 그에 대한 형사제재를 어떻게 규정할 것인가'라는 입법론적·정책론적 질문에는 아무런 답을 할 수가 없다.

2. 실질적 범죄개념

실질적 범죄개념은 범죄가 아닌 행위와 구별되는 범죄의 실체, 성격, 범위 등은 무엇인가라는 질문에 답하기 위한 개념정의이다. 형식적 범죄개념과 실질적 범죄개념은 보통은 조화관계에 있지만, 대립·갈등의 관계에 있기도 하다. 예를 들어 "현행법상 성매매죄는 범죄로 규정되어 있지만, 피해자가 없기 때문에 범죄라고 할 수 없다"는 주장에서, 앞의 '범죄'는 형식적 범죄개념이고, 뒤의 '범죄'는 실질적 범죄개념이다. 실질적 범죄개념은 형법해석학에서보다는 형사입법에서 중요한 의미를 갖게 된다.

실질적 범죄개념에 도달하기 위해서는 범죄의 실체 내지 본질을 규명해야 하는데, 이에 대해서는 다음과 같은 견해들이 제시되고 있다.

(1) 권리침해설

권리침해설은 범죄의 본질은 권리의 침해에 있다고 한다. 이에 의하면 의무위반행위나 사실상 이익을 침해하는 행위만으로는 범죄가 될 수 없고 반드시 타인의 권리를 침해해야 범죄가 될 수 있다.

권리침해설은 자기 집에 방화하는 행위나 자기 물건에 방화하여 공공의 위험을 발생시킨 경우 권리침해가 없음에도 현주건조물방화죄(제164조)나 일반물건방화죄(제167조 제2항) 등 범죄가 성립하는 이유를 설명하기 곤란하다.

(2) 의무위반설

의무위반설은 범죄의 본질은 법익침해나 권리침해가 아닌 행위자의 의무위반에 있다고 한다.

과실범은 주의의무위반을 전제로 하고, 고의범에서도 작위범은 부작위의무, 부작위범은 작위의무를 위반한 것이라고 할 수 있으므로 이런 점에서 의무위반설은 장점이 있다. 그러나 주의의무위반이 있어도 결과가 발생하지 않으면 과실범이 성립할 수 없는 것에서 볼 수 있는 것처럼 의무위반만으로 모든 범죄를 설명하기는 곤란하다.

(3) 법익침해설

법익침해설은 범죄의 본질은 법익의 침해 또는 위태화에 있다고 한다. 이 때의 법익이란 권리보다는 넓은 개념으로서 법적으로 보호해야 할 사실상의 이익을 포함한다.

법익침해설에 의하면 마약의 단순사용, 단순도박, 성매매 등과 같이 '법익침해없는 범죄' 혹은 '피해자없는 범죄'(victimless crime)가 범죄가 되는 이유를 설명하기가 곤란하다.

(4) 법익침해와 의무위반 결합설

법익침해와 의무위반 결합설은 대부분의 범죄에서는 의무위반과 법익침해를 동시에 수반하지만, 법익침해나 의무위반 어느 하나만으로도 범죄가 성립할 수 있는 경우도 있다고 한다. 이에 의하면 범죄란 "형벌을 과해야 할 정도로 사회적 유해성이 있거나 법익을 침해하는 반사회적 행위"가 된다.

그러나 이에 대해서는 의무위반설과 법익침해설에 대한 비판이 그대로 타당하다.

(5) 결　어

범죄의 실질적 개념을 정의하는 것은 아직까지는 불가능하다. 그러나 권리침해까지 이르지 않더라도 범죄가 성립할 수 있는 것은 확실하므로, 범죄란 '의무를 위반하여 법익을 침해하거나 위태화하는 행위'라고 일응 정의할 수 있을 것이다.

여기에서 형벌을 과해야 할 법익의 침해나 위태화 및 의무위반의 종류와 정도는 무엇인지가 그 다음 질문으로 등장하게 된다. 이에 대한 답은 형법의 영역에서만으로는 결정하기 곤란하고 그 사회 전체의 가치관·세계관에 좌우되는 것이라고 할 수 있다. 예를 들어 성희롱을 범죄로 할 것인가 아니면 민사상 불법행위로 할 것인가는 그 사회 전체의 가치관·세계관에 달려있다. 다른 예로 대마초흡입이 어느 국가에서는 범죄가 되고 어느 국가에서는 범죄가 되지 않는 것은 이 때문이다. 따라서 실질적 범죄개념은 시대와 사회에 따라 끊임없이 변화한다고 할 수 있다.

Ⅱ. 범죄의 성립조건·처벌조건·소추조건

1. 범죄의 성립조건

형법해석학에서는 주로 '구성요건에 해당하고 위법하고 유책한 행위'라는 형식적 범죄개념을 사용한다. 이에 의하면 범죄가 성립하기 위해서는 어떤 행위가 구성요건해당성과 위법성이 있어야 하고 행위자에게 구성요건해당성과 위법성이 있는 행위에 대해 책임을 물을 수 있어야 한다.

(1) 구성요건해당성

1) 구성요건의 개념　구성요건이란 '형법에 규정된 범죄의 유형'이라고 할 수 있다. 예를 들어 살인죄의 구성요건은 '사람을 살해한 자'(제250조 제1항), 존속살해죄의 구성요건은 '자기 또는 배우자의 직계존속을 살해한 자'(동 제2항)이다.

2) 구성요건요소　구성요건을 문장화하여 분석하면, 주어, 목적어, 술어, 수식어 등을 찾을 수 있다. 야간주거침입절도죄(제330조)의 구성요건에서 주어는 '자', 목적어는 '사람의 주거, 관리하는 건조물, 선박이나 항공기 또는 점유하는 방

실' 및 '재물'이고, 술어는 '야간에 침입하여 절취하는 것'이다. 이를 각각 '행위의 주체', '행위의 객체', '행위의 방법 혹은 태양(態樣)'이라고 한다. 이것을 객관적 구성요건요소라고 한다. 구성요건요소에는 주관적 구성요건요소도 있는데, 고의 또는 과실이 그것이다. 예를 들어 살인죄(제250조)는 고의가 필요한 범죄이고, 과실치사죄(제267조)는 과실이 필요한 범죄이다.

3) 구성요건해당성　　구성요건해당성이란 '어떤 행위가 일정한 구성요건에 포함되어 있는 모든 객관적 요소 및 주관적 요소를 충족하는 것'을 말한다. 예를 들어 '甲이 일부러 A의 얼굴에 침을 뱉은 행위'는 살인죄의 구성요건에 해당하지 않는다. 행위의 주체, 객체라는 요건은 충족되지만 '살해'라는 행위의 방법이라는 요건을 충족하지 못하기 때문이다. 그러나 甲의 행위는 '타인의 신체에 폭행을 가한 자'(제260조)라는 폭행죄의 구성요건에 해당한다. 甲의 행위가 행위의 주체, 객체, 방법 등 폭행죄의 모든 객관적 구성요건요소뿐만 아니라 고의라는 주관적 구성요건요소도 충족하기 때문이다.

(2) 위 법 성

1) 개　　념　　위법성이란 '구성요건에 해당하는 행위가 법에 어긋나는(違)것'을 말한다. 법에 어긋난다(違法)는 것은 그 행위를 우리 법질서가 허용하지 않거나 금지한다는 것이다. 위법성판단은 국가의 법질서 전체적 관점에서의 판단이라고 할 수 있다. 따라서 위법성을 '구성요건에 해당하는 행위에 대한 법질서 전체적 관점에서의 부정적 가치판단'이라고 하기도 한다. 부정적 가치판단이란 '나쁘다', '비난받아야 한다'는 판단을 말한다. 따라서 위법성이란 '구성요건에 해당하는 행위에 대한 비난(가능성)'이라고 할 수 있다.

그런데 구성요건에 해당하는 행위가 모두 위법한 것은 아니다. 예를 들어 군인이 적군을 살해하는 행위는 살인죄의 구성요건에 해당되지만, 우리 법질서 전체적 관점에서 본다면 그 행위는 칭찬받을 행위이지 비난받을 행위가 아니다. 따라서 위 군인의 행위는 살인죄의 구성요건해당성은 있지만 위법성이 없다고 한다.

2) 구성요건해당성과 위법성의 관계　　통설은 형법의 영역에서 위법한 행위는 모두 구성요건해당성이 있지만, 구성요건해당성이 있는 행위라고 하여 모두 위법성이 있는 것은 아니라고 한다. "구성요건해당성은 위법성의 존재근거가 아니라 인식근거이다"라는 표현도 같은 의미이다.[1)]

---

1) 예를 들어 어떤 사람이 밥을 먹는 것을 볼 때와 다른 사람을 때리는 것을 볼 때 느낌이 다

이와 같이 구성요건에 해당하는 행위는 원칙적으로 위법하고 예외적으로 위법하지 않은데, 구성요건해당행위를 위법하지 않도록 하는 조건을 위법성조각사유라고 한다. 위법성문제는 '언제 위법한가'라는 적극적 질문이 아니라 '언제 위법하지 않은가'라는 소극적 질문, 즉 위법성조각사유의 성립 여부를 중심으로 다루어진다. 총칙상 위법성조각사유로서 정당행위, 정당방위, 긴급피난, 자구행위, 피해자의 승낙에 의한 행위(제20조-제24조) 등이 규정되어 있다.

(3) 책 임

책임이란 구성요건해당성과 위법성이 있는 행위를 한 '행위자'에 대한 비난(가능성)을 말한다. 구성요건해당성과 위법성판단의 대상이 행위인 데에 비해 책임판단의 대상은 행위자이다. 위법성은 책임의 인식근거라고 할 수 있다. 위법한 행위를 한 사람에 대해서는 일단 비난받을 사람이라고 인식하게 된다. 그러나 예외적으로 그 사람을 비난할 수 없는 경우가 있는데 이를 책임조각사유라고 한다.

책임의 문제도 '언제 책임이 있는가'가 아니라 '언제 책임이 조각되는가' 즉, 책임조각사유의 성립 여부를 중심으로 다루어진다. 형법총칙에 규정되어 있는 책임조각사유로 형사미성년자(제9조), 심신장애인(제10조), 강요된 행위(제12조), 법률의 착오(제16조) 등이 있다.

2. 범죄의 처벌조건

처벌조건이란 범죄가 성립한 경우 국가형벌권이 발동되기 위한 조건을 말한다. 처벌조건에는 객관적 처벌조건과 주관적 처벌조각이 있는데, 인적처벌조각사유가 있는 경우에는 주관적 처벌조건이 결여되어 처벌되지 않는다.

구성요건해당성, 위법성 및 책임을 갖추어 범죄가 성립하였어도 일정한 객관적 조건이 충족되어야 국가가 처벌할 수 있는 경우가 있다. 예를 들어 사전수뢰죄(제129조 제2항)로 처벌하기 위해서는 '공무원 또는 중재인이 될 것'이라는 조건이 충족되어야 하고, 파산범죄로 처벌하기 위해서는 '파산선고의 확정'(「채무자회생법」 제650조, 제651조)이라는 조건이 충족되어야 한다. 이러한 조건을 객관적 처벌조건이라고 한다.

범죄가 성립하였어도 일정한 인적 조건을 갖춘 사람은 처벌하지 않는 경우

를 것이다. 후자의 경우 '저 사람이 위법한 행위를 한다'는 생각이 떠오른다. 이 때문에(폭행죄의) 구성요건해당성이 있는 행위는 위법성의 인식근거라고 하는 것이다.

가 있다. 예를 들어 범행을 중지한 범인의 형을 면제하거나(제26조), 공무상 범죄를 저지른 외국원수나 외교관 등에 대해서는 형벌권이 발동하지 않는다. 이를 인적 처벌조각사유라고 한다. 이러한 인적 처벌조각사유를 인정하는 것은 범죄인처벌이라는 가치보다 더 중요한 가치를 실현하기 위함이다.

인적 처벌조각사유는 그 사유가 없는 공범에게는 적용되지 않는다. 예를 들어 甲과 乙이 범죄의 실행에 착수하였으나 甲만 중지한 경우, 甲은 형벌이 면제될 수 있지만, 乙은 중지하지 않았으므로 미수범으로 처벌된다.

처벌조건이 없어 벌할 수 없는 행위 역시 범죄의 성립조건은 갖춘 것이기 때문에 이에 대해서는 정당방위가 가능하다. 처벌조건은 범죄성립조건과는 달리 고의의 인식대상이 되지 않으므로, 처벌조건에 대해 착오를 하더라도 범죄성립에 아무런 영향이 없다. 처벌조건이 없는 경우라도 공범성립이 가능하다. 소송법상으로는 범죄의 성립조건이 갖추어지지 않은 경우에는 무죄판결을 하고, 처벌조건이 갖추어지지 않은 경우에는 형면제판결을 한다.

3. 범죄의 소추조건

소추조건 혹은 소송조건이란 형사재판을 개시하거나 계속하기 위해 필요한 조건이다. 범죄성립조건이나 처벌조건이 실체법적 개념인 데에 비해 소추조건은 절차법적 개념이다.

소추조건으로는 친고죄에서의 고소 또는 고발, 반의사불벌죄에서 처벌을 원치 않는 명시적 의사표시가 존재하지 않는 것 등이다. 친고죄에서 고소·고발은 그 존재가 필요한 적극적 조건이고, 반의사불벌죄에서 처벌불원의 의사표시는 그 부존재가 필요한 소극적 조건이다. 이 때문에 친고죄를 정지조건부범죄, 반의사불벌죄를 해제조건부범죄라고 하기도 한다.

형법상 친고죄로는 사자명예훼손죄(제312조 제1항, 제308조), 모욕죄(제312조 제1항, 제311조), 비밀침해죄(제318조, 제316조), 업무상비밀누설죄(제318조, 제317조), 제328조 및 이를 준용하는 재산범죄(상대적 친고죄; 제344조, 제354조, 제361조, 제366조, 제328조)가 있다.

형법상 반의사불벌죄로는 외국원수폭행등죄(제110조, 제107조), 외국사절폭행등죄(제110조, 제108조), 외국국기국장모독죄(제110조, 제109조), 폭행·존속폭행죄(제260조), 과실치상죄(제266조), 협박·존속협박죄(제283조), 사실적시·허위사실적시 명예훼손죄(제312조 제2항, 제307조), 출판물등명예훼손죄(제312조 제2항, 제309조)가 있다.

소추조건이 결여된 경우 법원은 형사재판을 개시할 수 없고, 소송의 진행중 소추조건이 결여된 경우에는 공소기각의 판결로써 바로 소송을 종료해야 한다(형사소송법 제327조 제5호·제6호).

Ⅲ. 범죄의 종류

아래에서 설명하는 범죄의 종류 부분은 주로 형법각론에서 많이 문제되지만, 총론의 지식을 이해함에 있어서도 필요하기 때문에(예컨대 일반범과 신분범의 구분은 형법 제33조를 이해하기 위해 필수적인 지식이다) 이를 설명하기로 한다.

1. 침해범과 위험범

(1) 개 념

이는 보호법익[1]에 대한 보호의 정도에 따른 구별이다. 침해범은 보호법익이 침해되어야 기수가 될 수 있는 범죄로서 살인죄, 상해죄, 사기죄, 강도죄 등을 예로 들 수 있다. 위험범 혹은 위태범은 보호법익을 침해할 위험을 발생시키면 즉 보호법익을 위태화하면 기수가 될 수 있는 범죄이다.

(2) 위험범의 종류

위험범은 구체적 위험범과 추상적 위험범으로 나뉜다.

구체적 위험범은 구성요건적 행위(내지 결과) 이외에 보호법익이 현실적으로 침해되지 않더라도 침해될 구체적·현실적 위험은 발생되어야 기수가 될 수 있는 범죄이다. 구체적 위험범의 구성요건은 대체로 "…에 대한 위험을 발생시킨 자는"이라는 형식으로 되어 있다. 이러한 위험발생은 구체적 위험범의 구성요건 요소로서 그에 대한 고의 또는 과실이 인정되어야 범죄가 성립할 수 있다.

---

1) 어떤 범죄의 보호법익은 명문으로 규정되어 있지 않고 해석에 의해 결정된다. 어떤 범죄의 보호법익을 따지는 이유는 보호법익을 침해하거나 보호법익에 위험을 초래할 수 있는 행위만이 구성요건적 행위가 될 수 있기 때문이다. 살인죄의 보호법익은 사람의 생명이므로, 살인행위는 사람의 생명을 침해할 수 있는 사회적 정형성을 갖춘 행위여야 한다. 따라서 설사 사람을 살해하기 위해 몸에 침을 뱉거나 죽으라고 기도했다고 하더라도 그 행위는 살인행위가 될 수 없다.

반면, 추상적 위험범은 구성요건적 행위(내지 결과)가 있으면 족하고 보호법익에 대한 구체적·현실적 위험발생을 필요로 하지 않는 범죄이다. 구성요건적 행위는 적어도 법익침해의 추상적 위험을 지닌 행위이므로 구성요건적 행위에 대한 고의, 과실 이외에 추상적 위험 발생에 대한 고의 또는 과실은 요구되지 않는다.

자기소유건조물등방화죄(제166조 제2항), 일반물건방화죄(제167조) 등은 구체적 위험범이고, 현주건조물방화죄(제164조), 공용건조물방화죄(제165조), 타인소유건조물등방화죄(제166조 제1항)는 추상적 위험범이다. 예를 들어 통설에 의하면, 동네공터에서 타인소유의 자동차에 방화한 경우 그로 인하여 일반인의 생명·신체·재산 등이 침해될 현실적·구체적 위험이 생기지 않아도 범죄(제166조 제1항의 타인소유자동차방화죄)가 성립하지만, 그 자동차가 자기소유인 경우는 일반인의 생명·신체·재산 등에 대한 현실적·구체적 위험이 발생해야 범죄(제166조 제2항의 자기소유자동차방화죄)가 성립한다. 타인소유자동차방화죄는 추상적 위험범이고, 자기소유자동차방화죄는 구체적 위험범이기 때문이다.

판례는 형법 제136조의 공무집행방해죄는 추상적 위험범으로 공무원에 대한 폭행·협박만 있으면 성립하고 구체적으로 직무집행의 방해라는 결과발생을 요하지 않는다고 보고(대판 2018. 3. 29. 2017도21537), 형법 제185조의 일반교통방해죄 역시 추상적 위험범으로서 교통이 불가능하거나 현저히 곤란한 상태가 발생하면 족하고 교통방해의 결과가 현실적으로 발생할 것을 요하지 않는다고 본다(대판 2018. 1. 24. 2017도11408).

(3) 추상적 위험범과 거동범

추상적 위험범 중에는 거동범(일정한 행위만으로 범죄가 성립하고 결과발생을 요하지 않는 범죄)이 많지만, 모든 추상적 위험범이 거동범은 아니다. 예를 들어 현주건조물방화죄 등은 추상적 위험범이지만 '불을 놓는 행위' 이외에 '불태움'의 결과발생을 필요로 하는 결과범이다. 이에 대해 폭행죄, 명예훼손죄 등은 추상적 위험범이면서 거동범이다. 추상적 위험범은 구체적 위험범이나 침해범과 대비되는 개념이고, 거동범은 결과범과 대비되는 개념으로 비교의 차원이 다르기 때문이다.

(4) 침해범과 위험범의 구별기준

침해범은 보장적 기능을 수행하는 데에는 장점이 있으나 보호적 기능을 수행하는 데에는 약점이 있고, 위험범은 그 반대의 장단점이 있다. 침해범인지 위험범인지는 해석에 맡겨져 있다.

예를 들어 어린 아이를 살해할 의사로 ① 지하철 선로로 내려보낸 경우 아이의 생명에 추상적 위험이 발생하였고, ② 전동차가 역으로 들어오기 시작할 때에는 아이의 생명에 구체적 위험이 발생하였고, ③ 전동차가 그 아이를 치어 아이가 사망한 경우 그 아이의 생명이 침해되었다고 할 수 있다. 살인죄를 추상적 위험범이라고 한다면 ①의 단계에서, 구체적 위험범이라고 한다면 ②의 단계에서, 침해범이라고 한다면(통설, 판례) ③의 단계에서 기수가 될 수 있다.

종래 협박죄를 위험범으로 볼 것인가 아니면 침해범으로 볼 것인가 문제되었다. 특히 협박죄가 미수범 처벌규정을 두고 있어서 논란이 된 것인데, 대법원은 협박죄는 위험범이므로 보호법익인 의사의 자유가 침해되지 않아도(즉 상대방이 현실적으로 공포심을 느끼지 않아도) 기수가 된다고 하였다(대판 2007. 9. 28. 2007도606 전합 다수의견). 반면에 대법관 2인의 반대의견은 "협박죄는 침해범으로서 일반적으로 사람으로 하여금 공포심을 일으킬 수 있는 정도의 해악의 고지가 상대방에게 도달하여 상대방이 그 의미를 인식하고 나아가 현실적으로 공포심을 일으켰을 때에 비로소 기수"에 이른다고 하였다(위 전합 반대의견).

2. 일반범과 신분범

이는 범죄의 주체가 특정한 신분을 가진 사람으로 제한되는지 여부에 의한 구별이다.

일반범 혹은 비신분범은 누구든지 범죄의 주체가 될 수 있는 범죄를 말한다. 신분범은 범죄의 주체가 일정한 신분을 가진 사람으로 제한되어 있다. 예를 들어 뇌물공여죄(형법 제133조)는 그 주체에 제한이 없기 때문에 일반범에 속한다. 그러나 뇌물수수죄(제129조 제1항)는 그 주체가 '공무원 또는 중재인'으로 제한되므로 신분범에 속한다.

신분범에는 진정신분범과 부진정신분범이 있다. 진정신분범이란 일정한 신분을 가진 사람만이 범죄의 주체가 될 수 있고, 비신분자는 범죄의 주체가 될 수 없는 범죄를 말한다. 뇌물죄(형법 제129조), 위증죄(제152조 제1항) 등의 주체는 각각 '공무원 또는 중재인', '법률에 의하여 선서한 증인'으로 한정되어 있으므로 진정신분범이다.

부진정신분범이란 비신분자도 범죄의 주체가 될 수 있지만 신분자가 죄를 범한 경우에는 형벌이 가중되거나 감경되는 범죄를 말한다. 존속살해·상해죄 등

존속범죄, 업무상과실치사상죄(제268조) 등은 형벌이 가중되는 부진정신분범이고, 구형법상 영아살해죄(제251조), 영아유기죄(제272조) 등은 형벌이 감경되는 부진정신분범이다.

> 구형법상 영아살해죄(제251조), 영아유기죄(제272조) 등은 형벌이 감경되는 부진정신분범이었으나, 형법개정으로 삭제되어 현행 형법전에는 감경적 부진정신분범은 규정되어 있지 않다.

신분범에서는 비신분자가 신분범에 가담한 경우 비신분자에게 어떤 죄책과 처벌을 인정할 것인가가 문제되는데, 제33조가 이를 규정하고 있다.

3. 단일범과 결합범

이는 하나의 범죄로 이루어지는 범죄인지 수개의 범죄가 결합하여 이루어지는 범죄인지에 따른 구별이다.

단일범이란 하나의 행위 또는 수개의 행위이지만 각각의 행위로는 범죄가 되지 않는 수개의 행위로 이루어지는 범죄이다. 살인죄(제250조), 절도죄(제329조) 등은 하나의 행위로 이루어지는 단일범이고, 사기죄는 기망행위 및 재물의 교부를 받는 행위 등 수개의 행위로 이루어지지만 각각의 행위만으로는 범죄가 되지 않으므로 단일범이라고 할 수 있다.

결합범이란 수개의 범죄가 결합되어 있는 형태의 범죄이다. 강도살인죄(제337조 전단)는 강도죄(제333조등)와 살인죄(제250조)가 결합되어 있고, 강도치사죄(제337조 후단)는 강도죄와 과실치사죄(제267조)가 결합되어 있는 형태의 범죄이다. 강도치사죄와 같이 고의범과 과실범이 결합되어 있는 범죄를 (진정)결과적가중범이라고 한다.

결합범을 인정하는 이유는 각각의 범죄를 실체적 경합범(제37조, 제38조)이나 상상적 경합범(제40조)으로 처벌하는 것보다 가중하여 처벌하기 위함이다. 예컨대 강도치사죄를 강도죄와 과실치사죄의 실체적 경합범으로 처벌할 경우 징역형의 범위는 3년 이상 32년 이하의 징역(제38조 제1항 제2호 단서), 상상적 경합범으로 처벌할 경우 3년 이상 30년 이하의 징역이지만(제40조), 강도치사죄라는 결합범을 규정함으로써 무기 또는 10년 이상 30년 이하의 징역으로 형벌이 가중된다.

단일범은 물론이고 결합범도 형법과 형사소송법에서 하나의 범죄로 다루어진다.

4. 거동범과 결과범

이는 범죄성립에 범죄행위 이외에 일정한 결과발생을 요하는가에 따른 구별이다.

거동범 혹은 형식범은 일정한 행위만으로 범죄가 성립하고 결과발생을 요하지 않는 범죄를 말한다. 결과범 혹은 실질범은 행위 이외에 일정한 결과발생을 요하는 범죄를 말한다. 예컨대 폭행죄(제260조 제1항)는 사람의 신체에 대한 유형력의 행사라는 행위만 있으면 성립하는 거동범이고, 살인죄(제250조 제1항)는 살인행위 이외에 사망이라는 결과발생을 요하는 결과범이다.

거동범과 결과범의 구별실익은 결과범에서는 범죄행위와 결과 사이에 인과관계 내지 객관적 귀속을 검토해야 한다는 데에 있다. 거동범의 경우 범죄행위만 있으면 기수가 될 수 있지만, 결과범의 경우 결과발생이 없거나 결과가 발생하더라도 범죄 행위와 결과 사이에 인과관계나 객관적 귀속이 인정되지 않으면 미수가 되기 때문이다.

5. 작위범과 부작위범

범죄행위가 신체거동을 수반하느냐의 여부에 따른 구분이다.

부작위범에는 진정부작위범과 부진정부작위범이 있다. 진정부작위범은 퇴거불응죄(제319조 제2항), 다중불해산죄(제116조) 등과 같이 구성요건 자체가 부작위의 형태로 규정된 것으로 보이는 범죄를 말한다. 부진정부작위범은 작위범처럼 규정된 것으로 보이는 범죄를 부작위로 실현하는 것을 말한다. 예컨대 사람에게 독약을 먹게 하여 살해한 경우 작위살인죄이고, 어머니가 갓난 아기에게 젖을 주지 않아 살해한 경우에는 부진정부작위살인죄이다.

부진정부작위범에서는 작위의무, 보증인적 상황 등 작위범에서는 별 문제되지 않는 사항들을 확인해야 할 필요가 있다.

6. 계속범과 상태범

이는 기수가 된 이후에도 범죄행위가 계속되는가에 의한 구별이다.

계속범은 주거침입죄(제319조 제1항), 체포·감금죄(제276조) 등과 같이 기수가 된 이후에도 범죄행위가 계속되는 범죄로서 기수시기와 범죄종료시기가 일치하지 않는다.

판례에 의하면, ㉠ 「주차장법」에 반하여 부설주차장을 주차장 외의 용도로 사용하는 범죄(대판 2006. 1. 26. 2005도7283), ㉡ 「공익법인의 설립·운영에 관한 법률」에 반하여 공익법인이 주무관청의 승인을 받지 않은 채 수익사업을 하는 범죄(대판 2006. 9. 22. 2004도4751), ㉢ 「건설폐기물의 재활용 촉진에 관한 법률」에 반하여 건설폐기물을 허가받지 아니한 업체에 위탁하여 처리하는 범죄(대판 2009. 1. 30. 2008도8607), ㉣ 형법 제122조의 직무유기죄(대판 1997. 8. 29. 97도675), ㉤ 「청소년성보호법」상 청소년성착취물의 소지범죄(대판 2023. 3. 16. 2022도15319), ㉥ 「농지법」에 반하여 허가 없이 농지를 전용하는 범죄(대판 2009. 4. 16. 2007도6703 전합), ㉦ 「시장법」에 반하여 허가없이 시장을 개설한 범죄(대판 1981. 10. 13. 81도1244), ㉧ 형법 제276조 제1항의 체포죄(대판 2018. 2. 28. 2017도21249), ㉨ 형법 제185조의 일반교통방해죄(대판 2018. 1. 24. 2017도11408) 등은 계속범이다.

상태범은 기수시에 범죄도 종료하고 다만 그 위법상태가 계속될 뿐인 범죄로서 기수시기와 범죄종료시기가 대체로 일치한다.

판례에 의하면, ㉠ 다수인이 한 지방의 평온을 해할 정도의 폭동을 하였을 때 이미 내란의 구성요건은 완전히 충족되므로 형법 제87조 내란죄(대판 1997. 4. 17. 96도3376 전합), ㉡ 자기의 보호 또는 감독을 받는 사람에게 육체적으로 고통을 주거나 정신적으로 차별대우를 하는 행위가 있음과 동시에 범죄가 완성되므로 형법 제273조 학대죄(대판 1986. 7. 8. 84도2922)는 상태범 또는 즉시범이다.

계속범과 상태범의 구별실익은 공소시효의 기산점과 기수 이후 공범의 성립 여부이다. 공소시효는 범죄행위종료시부터 기산되므로(형사소송법 제252조), 계속범에서는 범죄행위가 계속되고 있는 동안 그 공소시효가 기산되지 않는 반면 공동정범, 교사범, 방조범 등 공범이 성립할 수 있다. 상태범에서는 기수시기와 범죄종료시기가 대체로 일치하여 기수시기에 공소시효가 기산되며, 기수 이후에는 공범이 성립할 수 없다.

판례에 의하면, 도주죄는 즉시범으로서 범인이 간수자의 실력적 지배를 이탈한 상태에 이르렀을 때에 기수가 되어 도주행위가 종료하므로 도주죄의 범인이 도주행위를 하여 기수에 이른 이후에 범인의 도피를 도와주는 행위는 범인도피죄에 해당할 수 있을 뿐 도주원조죄에는 해당하지 않는다(대판 1991.

10. 11. 91도1656). 또한 폭력행위처벌법상 범죄단체구성죄는 같은 법에 규정된 범죄를 목적으로 한 단체 또는 집단을 구성함으로써 즉시 성립·완성되는 즉시범이므로 범죄성립과 동시에 공소시효가 진행된다(대판 2013. 10. 17. 2013도6401).

나아가 계속범과 상태범의 구별은 형법의 시간적 적용범위와도 연관이 있는데, 계속범의 경우 처벌규정의 신설 이전에 시작된 행위가 그 처벌규정의 신설 후에도 종료되지 않고 계속적으로 이루어진 이상 처벌규정이 신설된 후 이루어진 행위에 대해서는 신설된 처벌규정이 적용될 수 있게 된다(대판 2009. 1. 30. 2008도8607).

7. 고의범과 과실범

이는 범죄행위시의 행위자의 내심상태에 따른 구분이다.

고의범은 범죄행위시 행위자가 범죄의 의미와 그 결과를 인식하고 인용하거나 의욕하는 내심상태를 가진 경우를 말한다(제13조). 과실범이란 행위자가 범죄결과를 예견하거나 방지할 주의의무에 위반하여 범죄결과를 발생시켰지만 결과발생을 의욕하거나 인용하지 않은 경우를 말한다(제14조).

형법은 원칙적으로 고의범을 처벌하고 과실범은 처벌규정이 별도로 존재하는 예외적인 경우에만 처벌한다(제13조 및 제14조). 또한 과실범을 처벌하는 경우에도 그 형벌은 고의범의 형벌에 비해 현저히 가볍다(제250조와 제267조 비교).

8. 목적범·경향범

(1) 목 적 범

목적범이란 고의 이외에 일정한 결과를 달성하려는 내심적 목적(초과주관적 구성요건요소)을 필요로 하는 범죄이다.

목적범도 진정목적범과 부진정목적범으로 나눌 수 있다. 진정목적범은 각종 위조죄(제207조, 제214조, 제225조, 제239조 등)와 같이 고의 이외에 일정한 목적이 있어야만 성립한다. 부진정목적범이란 목적이 없어도 성립하지만 목적이 있는 경우 형벌이 가중, 감경되는 범죄를 말한다. 모해위증죄(제152조 제2항), 영리목적미성년자약취·유인죄(제288조 제1항) 등은 형벌이 가중되는 부진정목적범이고, 현행형법에는 형벌이 감경되는 부진정목적범은 없다.

목적범을 '단절된 결과범'과 '단축된 2행위범'으로 나누기도 하지만, 별 실익이 없는 구별이다.[1)]

(2) 경 향 범

경향범이란 행위자에게 고의 이외에 초과주관적 구성요건요소로서 일정한 행위자의 성향을 요하는 범죄이다. 예를 들어 공연음란죄(제245조)를 경향범이라고 할 경우, 불이 난 목욕탕에서 알몸으로 뛰어나온 사람의 경우 고의로 뛰어나왔지만 음란한 경향이 없으므로 그 행위는 공연음란죄의 구성요건해당성이 없다. 그러나 경향범이 아니라고 한다면 그 행위가 공연음란죄의 구성요건에 해당하고 위법성이 조각될 수 있을 뿐이다.

경향범의 인정여부와 범위에 대해서는 견해가 일치하지 않는다.

§6

제 2 절 형법이론

I. 객관주의와 주관주의

범죄는 인간만이 저지를 수 있고, 인간만이 형벌의 대상이 된다. 범죄와 형벌에는 인간의 의사에 의한 범죄행위 및 결과라는 요소가 필요한데, 이 중에서 어느 것에 중점을 둘 것인가에 따라 형법이론은 객관주의와 주관주의로 나뉜다. 객관주의는 객관적으로 나타나는 범죄행위 및 결과라는 객관적 요소를, 주관주의는 행위자의 의사(내심상태)나 인격과 같은 주관적·인적 요소를 중시한다. 이에 따라 형법의 여러 분야에서 해석상의 차이를 나타낸다.

II. 객관주의

객관주의는 — 논리필연적인 것은 아니지만 — 주로 고전학파의 이론을 따른다. 고전학파에 의하면 인간은 모두 자유·평등하고 합리적이므로 인적 요소 혹은

---

1) 단절된 결과범은 국기·국장모욕죄(제105조), 무고죄(제156조) 등과 같이 목적달성을 위해 별도의 행위를 요하지 않지만, 단축된 2행위범이란 각종 위조죄와 같이 목적한 결과를 달성하기 위해서는 별도의 행위가 필요한 범죄라고 한다. '추가행위 불요범', '추가행위 필요범'이라고 할 수 있다.

주관적 요소에 의해 범죄나 형벌의 경중을 평가하는 것은 불가능하다.

예를 들어 甲, 乙, 丙이 각각 절도, 강도, 살인죄를 범한 경우 甲, 乙, 丙은 모두 평등하고 합리적이므로 인적·주관적 요소는 같다. 따라서 세 범죄의 차이는 범죄행위 및 그 결과라고 하는 객관적 요소 때문이고 형벌도 이러한 객관적 요소에 의해 결정되어야 한다.

Ⅲ. 주관주의

주관주의는 — 역시 논리필연적인 것은 아니지만 — 주로 근대학파의 이론을 따른다. 근대학파이론에 의하면 인간은 소질·환경에 구속되고 그만큼 불평등하다. 주관주의에 의하면, 행위란 행위자의 인격·소질·환경의 필연적 산물이라고 할 수 있다.

따라서 행위자의 주관적·인적 요소[1)]를 고려하지 않고 범죄행위와 그 결과라는 객관적 요소에만 관심을 갖는 것은 마치 의사가 환자의 증세만을 보고 치료하려고 하는 것과 같다. 의사는 증세와 함께 그 증세의 원인인 질병을 치료해야 한다. 마찬가지로 범죄와 형벌에서도 증세인 범죄행위와 결과보다 질병인 행위자의 인적·주관적 요소를 중요시해야 한다. 즉, 범죄행위와 그 결과보다는 행위자의 인격에서 나오는 범죄의사 내지 사회적 위험성에 중점을 두어야 한다.

Ⅳ. 객관주의와 주관주의의 형법해석 비교

객관주의와 주관주의는 사실의 착오, 책임론, 실행의 착수시기, 미수론, 공범론, 죄수론, 형벌론 등과 같이 주로 범죄행위와 결과라는 객관적 요소와 행위자의 의사와 사회적 위험성이라는 주관적 요소를 모두 포함하는 영역에서[2)] 어느 요소

1) 법에서 '주관적'이란 용어와 '인적'이라는 용어는 동일한 의미로 쓰이기도 한다. "물권은 물적, 객관적 권리이고, 채권은 인적, 주관적 권리이다"라고 할 때 '인적'과 '주관적'은 같은 의미이다. 한편 양자가 다른 의미로 사용되기도 한다. 예를 들어 고의·과실은 주관적 요소이지만 국적, 성별, 신분 등과 같은 인적 요소 혹은 행위자요소가 아니라 '주관적 행위요소'이다. 여기에서 말하는 주관주의는 행위와 결과와 같은 객관적 행위요소가 아니라 고의·과실과 같은 주관적 행위요소와 국적, 성별, 신분 등과 같은 인적 요소를 모두 포함한 의미이다.
2) 엄밀하게 말하면 인과관계론이나 과실에서 주의의무위반의 기준 등과 같이 객관적 요소 혹은 주관적 요소만이 문제되는 영역에서도 두 이론이 차이를 보일 수 있다. 예를 들어 상당

를 더 중요시하느냐에 따라 해석에 차이를 보인다.

1. 사실의 착오

甲이 상해의 의사로 A를 향해 돌을 던졌는데 빗나가 옆에 있던 창문이 깨진 경우, 주관주의에서는 A가 상해를 입지 않은 것이나 창문이 깨진 결과 보다는 甲이 A에게 돌을 던지는 행위에서 나타난 甲의 범죄의사와 반사회적 위험성에 중점을 둔다. 객관주의에서는 甲의 반사회적 위험성이 아니라 甲이 돌을 던진 행위와 A가 상해를 입지 않은 것이나 창문이 깨진 결과에 중점을 두고 甲의 죄책을 논할 것이다.

2. 책 임 론

책임의 본질에 대해 객관주의에서는 위법행위를 이유로 한 행위자에 대한 비난(가능성)이라고 하는 규범적 책임론을, 주관주의에서는 위법행위에서 나타난 행위자의 반사회적 위험성이라고 한 사회적 책임론을 따른다. 행위자가 책임을 지는 이유에 대해 객관주의에서는 자유의지의 남용이라고 하는 도의적 책임론을, 주관주의에서는 행위자의 소질이나 인격 등이라고 하는 행상(行狀)책임론이나 인격책임론을 따른다. 행위자에게 책임을 묻는 근거에 대해 객관주의에서는 위법한 행위라고 하는 행위책임론을, 주관주의에서는 행위자의 반사회적 위험성이라고 하는 행위자책임론을 따른다.

책임능력에 대해 객관주의에서는 죄를 범할 수 있는 능력 즉, 범죄능력이라고 하는데 대해 주관주의에서는 형사제재를 받을 수 있는 능력(또는 필요성), 즉 형벌능력(보안처분의 필요성)이라고 한다.[1)]

3. 미 수 론

범죄행위의 시작을 의미하는 실행의 착수시기에 대해, 객관주의에서는 객관적으로 보아 범죄라고 할 만한 행위가 시작되었을 때에 실행의 착수가 있다고 하

인과관계설을 취할 경우 객관주의에서는 객관적 상당인과관계설을, 주관주의에서는 주관적 상당인과관계설을 따를 수도 있다.

1) 책임론은 형벌론과 연결되어 있다. 객관주의에서는 형벌이란 비난받을 범죄자에 대한 고통의 부과를 내용으로 하지만, 주관주의에서는 사회적 위험성이 있는 사람에 대한 치료로서 보안처분을 의미하므로 그 내용이 반드시 고통의 부과일 필요는 없다.

는 객관설을 취한다. 이에 대해 주관주의에서는 범죄의사를 외부로 명백하게 드러낸 행위라면 그것이 객관적으로는 범죄행위로 볼 수 없더라도 실행의 착수가 있다고 하는 주관설을 취한다.

미수에 대해, 객관주의는 미수는 기수에 비해 범죄행위나 결과발생이 적으므로 미수와 기수를 반드시 구별해야 하고 형벌에도 차이를 두어야 한다고 한다. 이에 대해 주관주의에서는 미수와 기수에서 모두 범죄인의 반사회적 위험성은 동일하고 결과발생 여부는 우연에 불과하므로 미수와 기수를 구별하거나 형벌에 차이를 둘 필요가 없다고 한다.

4. 공 범 론

여러 사람이 범죄에 관여하였을 경우, 객관주의에서는 각자가 담당한 객관적 행위가 무엇이냐에 따라 정범과 공범을 구별하고, 협의의 공범인 교사범과 방조범의 성립과 처벌은 정범의 성립과 처벌에 종속된다고 하는 공범종속성설을 따른다.

주관주의에서는 범죄에 관여함으로써 표현된 반사회적 위험성이 중요하고 객관적으로 어떤 행위를 하였는가는 중요하지 않다고 한다. 따라서 정범과 공범을 구별할 필요가 없고, 공범의 성립과 처벌은 정범의 성립과 처벌과 무관하다는 공범독립성설을 따른다.

5. 죄 수 론

범죄의 수(數)를 정하는 기준에 대해, 객관주의에서는 범죄행위의 수(행위표준설), 침해법익의 수(법익표준설), 구성요건충족 횟수(구성요건표준설)가 몇 개인가를 기준으로 한다. 이에 대해 주관주의에서는 행위자의 범죄의사의 수가 몇 개인가를 기준으로 한다(의사표준설).

6. 형 벌 론

형벌의 목적에 대해, 객관주의는 자유의사를 인정하므로 응보형론이나 일반예방론을 따르는 데에 비해, 주관주의는 범죄인의 개선이나 교육을 통한 재범방지라고 하는 특별예방론을 따른다.

형벌의 본질과 내용에 대해, 객관주의에서는 형벌이란 도의적으로 비난받을 행위자에게 과하는 고통의 부과라고 한다. 이에 대해 주관주의에서는 형벌은 사회적 위험성이 있는 행위자로부터 사회의 안전을 확보하는 보안처분이고, 그 내용도 반드시 고통의 부과일 필요는 없다고 한다.

형벌의 종류와 정도에 대해, 객관주의에서는 범죄행위와 그 결과를 기준으로, 주관주의에서는 행위자의 재범위험성을 기준으로 정해야 한다고 한다.

Ⅴ. 형법의 입장

두 이론 모두 어느 것이 절대적으로 옳다고 할 수 없는 반면, 객관주의는 인권보장에, 주관주의는 범죄와 형벌의 과학화에 장점이 있다. 따라서 현행형법은 두 입장을 절충하여 받아들이고 있다. 그런데 객관주의가 추구하는 죄형법정주의와 같은 인권보장을 위한 원칙은 매우 구체화되어 있는 반면, 현재의 과학수준에서 주관주의의 입장을 실현할 수 있는 구체적 방법이 제시되지는 못하고 있다. 이 때문에 현행형법은 객관주의 입장을 기본으로 하면서 주관주의를 가미하고 있다고 할 수 있다.

1. 사실의 착오에 관한 규정

형법 제15조 제1항은 "특별히 무거운 죄가 되는 사실을 인식하지 못한 행위는 무거운 죄로 벌하지 아니한다"고 하여 객관주의와 같이 발생한 결과를 중심으로 죄책을 논하되 행위자의 인식범위에서만 처벌하는 주관주의 입장을 가미하고 있다.

2. 책임에 관한 규정

형법 제10조는 책임능력판단의 기준으로 사물변별·의사결정능력을 제시하고 있는데 이는 자유의사를 인정하는 도의적 책임론에서 주장하는 것으로서 객관주의에 따른 것이다. 그러나 치료감호법은 책임무능력자라도 재범위험성이 있고 치료감호의 필요성이 있는 경우에는 치료감호를 과할 수 있도록 하여 주관주의 입장인 사회적 책임론을 따르고 있다.

3. 미수범에 관한 규정

형법은 미수와 기수를 구별하여 기본적으로 객관주의 입장을 따른다.

객관주의에 의하면 장애미수와 중지미수의 형벌은 필요적 감경이어야 하고 형벌의 면제는 불가능하다. 왜냐하면 두 경우 모두 기수범에 비해 범죄행위나 결과가 가벼우므로 형벌도 가벼워야 하나 범죄의 일부를 수행한 부분에 대해서는 형벌을 과해야 하기 때문이다. 반면, 불능미수(제27조)는 결과발생이 불가능하기 때문에 처벌할 필요가 없다.

주관주의에 의하면 장애미수와 불능미수는 기수와 동일하게 처벌해야 한다. 실행의 착수를 통해 행위자의 반사회적 위험성이 나타났고, 그것이 기수범과 구별되지 않기 때문이다. 반면, 중지미수의 경우 행위자가 합법의 세계로 돌아왔으므로 처벌할 필요가 없다.

형법은 장애미수는 임의적 감경(제25조 제2항), 중지미수는 필요적 감면(제26조), 불능미수는 임의적 감면(제27조)로 규정하여 절충적 입장을 따른다. 예를 들어 장애미수의 경우 형벌을 감경하면 객관주의를, 감경하지 않으면 주관주의를 따르게 되는 것이다. 중지미수의 경우 형벌을 감경하면 객관주의, 형벌을 면제하면 주관주의를 따르게 된다. 불능미수의 경우 형벌을 면제하면 객관주의를, 형벌감경도 하지 않으면 주관주의를 따르게 된다.

4. 공범에 관한 규정

주관주의에서는 정범과 공범의 구별을 부인하지만 현행형법은 정범과 공범을 구별하고 공범종속성을 인정하여 기본적으로는 객관주의 입장을 따른다.

형법은 '타인을 교사하여 죄를 범하게 한 자', '죄를 실행한 자'라고 하여(제31조) 정범과 교사범을 구별하는데, 이는 객관주의 입장을 따른 것이라고 할 수 있다. 그러나 교사범의 형을 정범과 동일하게 함으로써 주관주의를 가미하고 있다. 교사범에 대해 객관주의는 필요적 감경을, 주관주의에서는 정범과 동일한 형벌을 주장하기 때문이다.

효과없는 교사(교사자가 범행을 교사하여 피교사자가 범죄실행을 승낙했지만 실행의 착수에 이르지 않은 경우; 형법 제31조 제2항)와 실패한 교사(교사자가 범행을 교사하였으나 피교사자가 범죄실행을 승낙하지 않은 경우; 형법 제31조 제3항)에 대해 객관주의에서는 공범종속성설에 따라 정범의 행위가 없으므로 교사자도 처벌할 수 없다고 하는 데 비해, 주관주의에서는 공범독립성설의 입장에 따라 교사자의 반사회적 위험성이 있으므로 정범과 동일하게 벌해야 한다고 한다. 형법은 이를 절충하여 음모 또는 예비에 준하여 처벌하도록 규정하고 있다(제31조 제2, 3항).

5. 죄수에 관한 규정

상상적 경합의 경우 객관주의 입장인 법익표준설이나 구성요건표준설에 의하면 상상적 경합을 인정할 필요가 있고 그 형벌도 수개의 죄의 형벌을 합산해야 할 것이다. 이에 대해 주관주의 입장인 의사표준설에 의하면 상상적 경합이라는 개념을 인정할 필요가 없이 단순일죄로 다루면 된다. 형법 제40조는 상상적 경합 개념을 인정하여 객관주의 입장을 따르면서 형벌은 합산하는 것이 아니라 가장 중한 죄에 대하여 정한 형으로 하도록 하여 주관주의 입장을 취하고 있다.

수개의 행위로 수개의 죄를 범한 경합범에 대해서 객관주의에서는 병과주의를 주관주의에서는 흡수주의를 지지할 가능성이 큰데, 형법 제38조는 흡수주의, 병과주의, 가중주의를 도입하여 절충적 입장을 취하고 있다.

6. 형벌에 관한 규정

형법 제41조에 규정되어 있는 형벌은 모두 고통이나 불이익을 내용으로 한 것이어서 객관주의에 기초하고 있다고 할 수 있다. 이에 대해 치료감호법상의 보안처분들은 반드시 고통이나 불이익을 내용으로 할 필요는 없으므로 주관주의 입장을 취한 것이다.

형법 제51조의 양형조건 중 제3호 범행의 수단과 결과는 객관주의 입장, 제3호의 범행의 동기, 제1호·제2호·제4호 등은 주관주의 입장을 반영한 것이라고 할 수 있다. 형법은 각종 유예제도, 보호관찰제도, 사회봉사·수강명령제도 등 범죄인의 특별예방을 위한 제도를 가미하고 있다. 누범(제35조), 상습범(제264조, 제279조 등)에 대해서 객관주의에 의하면 비상습범과 동일하게 벌해야 하고, 주관주의에 의하면 특별한 조치에 의해야 하지만, 형법은 형을 가중하도록 함으로써 역시 절충적 입장을 취하고 있다.

제 3 절 행위론과 범죄체계 §7

Ⅰ. 행위론의 의의

1. 행위론의 연혁

1930년대에서 1950년대에 걸쳐 독일에서는 범죄체계론과 연결되어 행위개념에 대한 활발한 논의가 있었다. '범죄는 구성요건에 해당하고 위법하고 유책한 행위'라는 정의는 '범죄는 행위이다'라는 정의에서 출발하여 구성요건, 위법성, 책임이라는 수식어들이 추가되는 것이다. 따라서 범죄를 이해하는 첫걸음은 행위가 무엇인가를 이해하는 것이라고 생각할 수 있다. 이와 같이 구성요건 이전에 존재하는 행위개념을 탐구하는 실천적 의미는 행위의 사실적 개념을 확립하여 형법의 영역에서 입법자의 자의(恣意)를 배제하려는 것이었다. 행위의 사실적 개념을 확립하지 않고 규범적 개념으로 방치하게 되면 행위 아닌 것을 행위라고 규정하고 처벌하는 입법권의 남용이 있을 수 있기 때문이다.[1)]

행위론이 관심을 끌게 된 또 다른 이유는 올바른 범죄체계론을 확립하기 위해서는 제일 먼저 행위개념을 명확하게 해야 한다는 믿음 때문이었다. 목적적 행위론은 종래의 인과적 행위론의 범죄체계와는 다른 범죄체계를 주장하였다. 이 때문에 행위개념과 범죄체계는 불가분의 관계에 있다고 오해하게 되었다.

우리나라의 행위론은 독일의 행위론을 그대로 옮겨놓은 것이다. 우리나라에서는 1960년대 후반 목적적 행위론, 1970년대 후반부터 사회적 행위론이 소개되면서 행위론에 대한 논의가 활발하게 되었다. 이후 1980년대에는 독일의 인격적 행위론, 소극적 행위론 등의 추종자도 생기게 되었다. 현재 우리나라의 다수설은 사회적 행위론이라고 할 수 있다.

2. 행위론 무용론

그러나 결론부터 말한다면 행위론은 실익이 없는 논쟁이다.

---

1) 사실적 개념은 분명한 반면 규범적 개념은 모호하다. 예를 들어 "대한민국은 아시아에 위치하고 있다"라는 사실적 명제에 대해 누구나 동의할 것이다. 그러나 그것이 좋으냐 나쁘냐하는 규범적 판단과 관련하여서는 의견이 분분할 것이다.

대부분의 악법은 범죄라고 해서는 안 될 행위를 범죄행위라고 규정하는 것이지, 행위가 아닌 것을 범죄로 규정하는 악법은 거의 없다. 또 범죄체계론과 행위개념과는 반드시 논리필연적인 관계에 있는 것이 아니다. 범죄체계론은 행위개념과는 무관하게 형법의 목표, 임무, 기능 및 한계 등을 고려하여 독자적으로 구성되는 것이지 행위개념에 종속되는 것이 아니기 때문이다.[1)]

Ⅱ. 행위개념의 기능

행위개념의 기능으로 근본기능, 연결기능, 한계기능을 들고 있다. 모든 행위론은 이러한 세 가지 기능을 제대로 수행하느냐에 의해 평가된다.

근본기능이란 형법상 문제되는 고의·과실·작위·부작위행위를 모두 포괄해야 한다는 것이다. 근본기능을 제대로 수행하기 위해서는 네 가지 행위를 모두 포괄해야 하고, 따라서 행위개념의 외연이 넓어지게 된다.

연결기능 혹은 결합기능이란 그럼에도 불구하고 그 외연이 너무 넓어서 공허한 개념으로 되어서는 안 되고 구성요건, 위법성, 책임 등의 문제와 연결될 수 있을 정도로 구체적이어서 형법해석에 유용한 개념이어야 한다는 것이다.

한계기능이란 형법상 행위로 다루어서는 안 되는 것들, 예를 들어 동물의 거동, 수면중의 동작, 반사동작, 법인의 행위 등을 행위로 인정해서는 안 된다는 것이다.

Ⅲ. 행위론의 내용

1. 인과적 행위론

인과적 행위론은 19세기 이후 급속하게 발달한 자연과학의 영향에 따라 행위를 인과적으로 파악하여, 인간의 의사의 존재가 원인(因)이 되고 그것이 외부적 신체동작이라는 결과(果)로 나타나는 것이라고 한다. 그리하여 행위를 '유의적(有意的; 의사에 의한) 신체거동'이라고 정의한다. 인과적 행위론은 외적·객관적 요소는 구성요건과 위법성요소, 주관적 요소인 고의·과실을 책임요소로 파악하는 인과적 범죄체계를 주장하였다. 행위나 구성요건 단계에서는 의사의 존재 여부만 문제삼

1) 이 때문에 1960년대에 들어서는 독일에서도 행위론이 별 주목을 받지 못하였다. 그런데 우리나라에서는 1960년대부터 1980년대에 이르기까지 행위론이 활발히 전개되는 아이러니한 현상이 벌어졌다.

고, 의사의 내용은 책임단계에서 고려한다는 것이다.

인과적 행위론에 대해서는 수면중의 행동과 같은 무의식적 신체거동은 행위에서 제외하는 한계기능은 잘 수행하지만, 부작위를 포괄하지 못해 근본기능에 문제가 있고, 의사의 내용을 고려하지 않고는 행위의 의미를 파악할 수 없다는 등의 비판이 제기되었다.

2. 목적적 행위론

독일의 형법학자 벨첼(Hans Welzel)이 처음 주장하였다. 목적적 행위론에 의하면, 인간은 일정한 목적을 달성하기 위해 행위를 하므로 행위는 목적달성의 수단이다. 목적을 고려하지 않고 재료나 모양만 가지고 어떤 물건에 대한 개념정의를 할 수 없듯이,[1] 목적을 고려하지 않고 행위의 개념을 정의하는 것은 불가능하다.

목적적 행위론에 의하면, 어떤 행위가 어떤 범죄의 구성요건에 해당하는 행위인가를 알기 위해서는 의사의 존재만이 아니라 의사의 내용까지 고려해야 한다. 따라서 고의·과실과 같은 내심상태는 책임요소가 아니라 주관적 구성요건요소이다.

목적적 행위론에 대해서는 고의범을 설명하는 데에는 적절하지만 과실범의 경우 목적이 없거나 목적이 있더라도 형법적으로 문제되지 않기 때문에[2] 과실범을 제대로 설명하지 못하여 근본기능을 수행하지 못한다는 비판이 제기되었다.

3. 사회적 행위론

사회적 행위론은 행위를 '사회적으로 중요한 인간의 행태'(行態, Verhalten)[3]라고 파악한다. 사회적 행위론자들은 사회적 행위개념이 고의·과실·작위·부작위를 모두 포괄하여 근본기능을 잘 수행하고, 행위를 인간의 행태라고 파악하기 때문에 법인의 행위, 동물의 거동 등은 행위개념에서 제외할 수 있어서 한계기능도 제대로 수행한다고 한다. 우리나라의 다수설이다.

---

1) 예를 들어 재료만 가지고는 걸레와 행주를 정의할 수 없고, 각각의 사용목적을 고려해야 걸레와 행주를 정의할 수 있다.

2) 예를 들어 급히 사무실로 가려고 차를 몰다가 행인을 치어 과실범을 범했다고 할 경우 이때 사무실로 가려는 목적은 형법적으로 아무 문제되지 않는다.

3) 행태는 영어의 behavior와 같은 뜻으로 행동이라고 할 수 있다. 사람들의 잠꼬대, 짐승들이 먹이를 먹는 것 등은 행동이지 행위가 아니다. 행위는 사람의 의사에 의한 행동만을 의미한다.

그러나 사회적 행위론에 대해서는 다음과 같은 비판이 제기된다.

첫째, 사회적 행위론은 연결·결합기능에 중대한 문제가 있다. 사회적으로 중요한 인간의 행태라는 것은 그 내용이 모호하기 때문이다.

둘째, 사회적으로 중요하다는 것은 규범적 판단이다. 이는 사실적 행위개념을 파악하려고 하는 행위론 본래의 목적에서 빗나가게 된다.

셋째, 예를 들어 외딴 섬에 혼자 사는 사람의 행위는 사회적으로 중요하지 않으므로 행위가 아니라고 해야 하는데 이는 부당하다.

넷째, '사회적으로 중요한 인간의 행태'가 구성요건 이전의 자연적 혹은 사회통념상의 행위를 의미한다면, 이것은 새로운 의미가 없는 동어반복에 불과하다.

4. 기타의 행위론

인격적 행위론은 행위를 '인격의 표현'이라고 정의하고, 소극적 행위론은 '회피가능한 불회피'라고 한다. 인격적 행위론은 사회적 행위론의 아류라고 할 수 있으므로 사회적 행위론에 대한 비판이 그대로 타당하다. "행위는 인격의 표현이다"라는 말은 "주차도 인격의 표현이다"라는 말처럼 모든 것을 이야기해 주지만 아무것도 이야기해 주지 않는다. 소극적 행위개념으로 가면 머리가 혼란해진다. 왜 "甲이 밥을 먹는다"를 "甲이 밥먹는 것을 회피할 수 있는데 회피하지 않고 있다"고 복잡하게 말해야 하는지 의문이기 때문이다.

Ⅳ. 행위론 무용론

1. 행위론의 쇠퇴

(1) 행위론의 한계

독일의 경우 1970년대에 들어오면서 행위론에 대한 관심이 현저하게 줄어들었다. 그 가장 중요한 이유는 행위론을 통해서 형법해석에 도움이 될 만한 아무것도 얻을 수 없다는 반성 때문이었다. 그럼에도 불구하고 우리나라에서는 1970년대 후반부터 행위개념에 대한 논쟁을 활발하게 벌이는 이상한 현상이 나타났다.

다만 행위론 논쟁이 범죄체계론의 정립에 기여했다는 점은 높이 살 수 있다. 행위론과 범죄체계론은 논리필연적 관계에 있는 것은 아니지만 그럼에도 불구하고 각 행위론자들이 나름대로의 범죄체계를 주장함으로써 범죄체계의 정립에 도움이 되었던 것이다.

(2) 형법학의 실천적 과제

행위개념의 확립이 형법학의 필수조건이라고 생각하는 것은 범죄는 인간만이 저지를 수 있으므로 인간의 개념을 정확하게 정의해야 올바른 형법학을 수립할 수 있다고 생각하는 것과 같다. 물론 인간을 정확하게 알면 올바른 형법학을 수립할 수 있을 것이다.

그러나 누구나 동의하는 인간개념은 없고, 앞으로도 단시일 내에 찾아질 수 있는 것이 아니다. 인간개념을 찾는 데에 몰두한다면 형법학은 한 걸음도 나아갈 수 없다. 행위개념이 그토록 중요하다면 민·상법학자나 행정법학자들도 행위개념을 탐구해 내려고 노력을 했을 것이다. 민법에서는 '법률행위', 상법에서는 '상행위', 행정법에서는 '행정행위' 개념에 관심을 기울이지 행위 그 자체를 정의하려고 하지 않는다.

행위론이 우리 현실문제를 해결하는 데에 별다른 공헌을 하지 못함은 우리나라에서 행위론이 활발하게 전개된 1970년대 후반과 1980년대의 상황을 보아도 알 수 있다. 당시는 군사독재정권이 기승을 부리던 시기였다. 독재정권의 가장 중요한 통치수단은 국민의 자유를 억압하는 악법이었다. 그러나 악법들 중에는 '행위 아닌 것'을 '행위'로 규정하여 처벌하는 규정은 없었다. 행위가 아닌 것을 이유로 처벌하는 것이 문제된 예도 없었다. '범죄로 되어선 안 될 행위'를 '범죄행위'로 규정하여 실질적 의미의 죄형법정주의를 위반하는 것이 문제였다.

2. 형법상의 범죄행위

(1) 고의·과실·작위·부작위행위

형법학에서는 일반적 행위개념이 아니라 '범죄행위' 혹은 형법에 규정되어 있는 행위개념에 관심을 기울여야 한다. 형법상의 범죄행위는 여러 가지 기준으로 분류할 수 있지만, 가장 기본적으로 고의·과실·작위·부작위행위로 분류할 수 있다. 이를 조합하면 고의작위행위, 고의부작위행위, 과실작위행위, 과실부작위행위의 4가지가 된다. 이러한 행위개념들을 가지고 형법적 문제가 될 수 있는 사례들을 고찰할 수 있으면 충분하다.

예를 들어 변사체가 발견되었다고 할 경우, 범죄행위에는 네 가지 유형이 있으므로 ① "그 사람을 때리거나 독약을 주어 살해한 것은 아닌가" 하는 고의작위범, ② "실수로 그 사람을 밀거나 독약을 주어 사망케 한 것은 아닌가" 하는 과실작위범, ③ "그 사람의 죽음을 방지해야 할 사람이 고의로 방치하여 사망케 한 것은 아닌가" 하는 고의부작위범, ④ "그 사람의 죽음을 방지해야 할 사람이 실수로 방치하여 사망케 한 것은 아닌가" 하는 과실부작위범을 생각해야 한다.

순서는 상관이 없지만 이 네 가지 중 어디에 해당되는지를 반드시 생각해 봐야 한다. 네 가지 어디에도 해당되지 않는다면 그 사건은 범죄가 아니라 사고에 불과한 것으로서 형법적 고찰의 대상이 아니다.

(2) 실정형법상의 행위개념

형법의 많은 규정에서 행위라는 용어가 사용되고 있다. 그러나 행위론을 통해 형법에 규정된 행위의 개념을 알 수는 없다. 형법의 여러 규정에서 사용되는 행위개념은 그 자체가 해석의 대상이 된다. 예를 들어 형법 제1조의 "행위시의 법률에 의한다"에서의 행위개념과 제40조 "한 개의 행위가 여러 개의 죄에 해당하는 경우"에서의 행위개념은 다르다. 전자는 범죄행위, 후자는 범죄행위 이전의 행위를 의미할 것이다. 형법학에서 관심을 가져야 할 행위개념은 바로 실정형법에서 사용되는 각각의 행위개념이라고 할 수 있다.

Ⅴ. 범죄체계론

1. 범죄체계론의 의의

범죄가 성립하기 위해서는 수많은 요소들이 필요하다. 범죄체계론은 범죄를 가장 효과적이고 올바르게 이해하기 위해서 범죄성립요소에는 어떤 것이 있고, 이를 어느 위치에서 어떻게 다루어야 하는가를 탐구하는 분야이다.

2. 범죄체계론의 역사

범죄가 성립하기 위해서 구성요건해당성, 위법성, 책임이라는 조건이 필요하다는 것도 범죄체계론의 발전에 의한 것이다. 과거 연좌제가 인정되었던 시대나 결과책임주의를 인정하였던 시대에는 행위가 없거나 고의, 과실이 없어도 일정한 결과만 발생하면 범죄와 형벌이 인정될 수 있었다.

범죄성립에 구성요건해당성, 위법성, 책임이 필요하다는 것이 인정된 이후 범죄체계론의 주된 관심은 개개의 범죄성립요소들을 이 세 가지 조건 중 어디에 위치시킬 것인가였다. 이러한 논쟁은 특히 고의·과실이 책임요소인지 구성요건요소인지 아니면 구성요건요소이면서 책임요소라고 할 것인지 및 위법성의 인식(가능성)이 책임요소로의 고의의 구성요소인지 아니면 독자적 책임요소인지를 중심으로 전개되었다.

3. 범죄체계론의 내용

(1) 인과적 범죄체계론

인과적 범죄체계는 자연세계의 인과법칙을 탐구하는 자연과학적 방법론을 형법에 그대로 도입한 것이다. 이에 의하면 범죄란 고의·과실 등 인간의 내심상태가 원인이 되어 범죄행위라는 결과로 나타난 것이라고 한다. 따라서 원인과 결과, 주관적 요소와 객관적 요소, 내적 요소와 외적 요소를 엄격히 분리하여 고찰하려고 한다.

그리하여 구성요건해당성은 객관적 사실판단, 위법성은 객관적 가치판단이고, 책임은 행위자의 내심상태에 대한 주관적 사실판단이라고 한다. 이 견해는 고의·과실은 책임요소라고 하는 심리적 책임론과 위법성의 인식(가능성)도 구성요건적 사실의 인식과 함께 책임요소로서의 고의의 한 구성요소로 보는 고의설을 주장한다.

(2) 목적적 범죄체계론

목적적 행위론자들은 행위자의 내심상태를 고려하지 않고 행위의 의미를 파악하는 것은 불가능하므로 구성요건해당성과 위법성판단에서도 행위자의 의사를 고려해야 한다고 한다.

이에 따라 고의·과실은 책임요소가 아니라 주관적 구성요건요소가 된다고 한다. 목적적 행위론자들은 책임도 행위자의 비난가능성 유무에 대한 규범적 판단이라고 하는 규범적 책임론과 위법성인식은 고의의 한 구성요소가 아니라 독자적인 책임요소라고 하는 엄격책임설을 주장한다.

(3) 절충적 범죄체계론

절충적 범죄체계론에서는 목적적 범죄체계론의 입장을 대부분 수용하되 고의·과실이 주관적 구성요건요소로서만이 아니라 책임요소로서도 기능한다고 하여 고의·과실의 이중적 기능을 인정한다. 고의·과실을 책임요소로서도 인정한다는 점에서 인과적 범죄체계의 입장도 받아들이고 있다. 이 이론은 고의·과실의 이중적 기능을 인정함으로써 위법성조각사유의 요건(전제)사실의 착오에서 과실범의 효과를 인정하려고 하는 법효과 제한책임설을 따른다. 우리나라의 다수설이다.

4. 개인적 견해

예를 들어 어떤 사람이 다른 사람의 발을 밟고 미안하다고 사과할 경우 자신의 행위가 고의가 아닌 과실행위라고 하는 것과 자신이 고의범으로서 비난받을 정도는 아니라는 것을 함께 의미한다. 이러한 의미에서 고의·과실의 이중적 기능을 인정하는 것이 타당하다. 즉 고의·과실은 구성요건단계에서는 행위의 의미를 결정짓는 기능을 하지만, 책임단계에서는 행위자에 대한 비난가능성의 유무나 정도를 결정하는 이중적 기능을 한다.

다만 위법성조각사유의 요건사실의 착오에 대해 책임고의의 탈락을 이유로 과실책임만을 인정하는 제한책임설 보다는 고의범의 효과를 인정하는 엄격책임설이 더 타당하다고 생각된다.

법효과 제한책임설을 따르지 않는다면 고의·과실의 이중적 기능을 인정한다는 것은 큰 의미가 있는 것은 아니다. 예컨대 위험한 물건을 휴대하고 폭행한 경우 그것은 구성요건단계에서는 행위의 의미를 결정하는 기능을 하지만 책임단계에서는 그러한 행위를 한 행위자에 대한 비난의 정도를 결정하는 기능도 하기 때문이다.

제 2 장 구성요건론

제 1 절 구성요건이론 §8

I. 구성요건의 개념과 의의

1. 구성요건의 개념

구성요건이란 '성문형법에 규정되어 있는 범죄의 유형'이라고 정의할 수 있다. 예를 들어 보통살인죄의 구성요건은 '사람을 살해한 자'(제250조 제1항), 존속살해죄의 구성요건은 '자기 또는 배우자의 직계존속을 살해한 자'(제250조 제2항)이다.

구성요건이라는 용어는 실정법상의 용어가 아니고 이론적으로 고안된 용어이다. 따라서 학자들마다 자신의 이론을 설명하기 위해 독특한 구성요건개념을 사용하는 경우가 많다. 몇 가지 예를 들어보면 다음과 같다.

첫째, 최광의의 구성요건이다. 이것은 소추조건을 제외한 범죄의 성립조건과 처벌조건을 포괄하는 개념이다.

둘째, 광의의 구성요건이다. 이것은 범죄의 성립조건, 즉 구성요건해당성, 위법성, 책임을 포괄하는 개념이다.

셋째, 협의의 구성요건이다. 성문법에 규정되어 있는 범죄의 유형이라는 의미이다. 불법구성요건이라고도 한다. 형법학에서 사용되는 구성요건이라는 용어는 거의 이 개념이다.

넷째, 총체적 불법구성요건이다. 위법성을 구성요건의 소극적 측면으로 파악하는 소극적 구성요건요소이론 주창자들이 사용하는 용어이다. 통설이 말하는 구성요건해당성과 위법성을 모두 포함하는 개념이다. 이 이론에 의하면 위법성이 없는 행위는 총체적 불법구성요건해당성이 없다.

다섯째, 허용구성요건이다. Erlaubnistatbestand라는 독일어를 직역한 용어로서 위법성조각사유의 성립요건을 의미한다.

여섯째, 기본적 구성요건과 수정적 구성요건이다. 형법각론에서 많이 사용되는 개념이다. 이러한 구분은 공범이 어떤 죄책을 지느냐를 결정하는 데에 실익이 있다.[1)] 기본적 구성요건이란 각칙의 같은 장에 규정되어 있는 같은 죄질의 범죄 중에서 가장 기본적인 범죄를 규정한 것이다. 예를 들어 제38장의 절도의 죄에서 기본적 구성요건은 단순절도죄(제329조)이고, 그 이외의 절도죄는 모두 수정적 구성요건이다.[2)]

2. 구성요건의 기능

(1) 구성요건의 기능과 형법의 기능

형법의 보호적 기능, 보장적 기능, 규범적 기능은 형법에 규정된 구성요건과 형벌 규정을 통해 이루어진다.

(2) 경고·환기기능

구성요건해당성이 있는 행위는 위법성과 책임이 사실상 추정되므로 구성요건해당행위를 하는 사람은 위법성조각사유나 책임조각사유가 있는지에 주의를 기울일 필요가 있다. 이를 구성요건의 경고·환기기능이라 한다.

3. 구성요건과 구성요건해당성

구성요건해당성이란 일정한 행위가 일정한 구성요건상의 객관적·주관적 요소를 모두 충족하는가에 대한 판단이다. 구성요건은 정적·추상적인 개념인데 비해 '구성요건해당성'은 구성요건과 현실을 비교하는 동적·구체적 개념이다.

3단 논법으로 환언하면, 구성요건을 대전제로 놓고 소전제인 구체적인 사실

---

1) 공범의 죄책은 일반적으로 '불법(위법)연대'와 '책임개별화' 원칙에 의해 해결된다. 예를 들어 甲과 乙이 공동으로 甲의 아버지를 살해한 경우 존속살해죄를 불법가중구성요건이라고 한다면 甲, 乙 모두 존속살해죄, 책임가중구성요건이라고 한다면 甲은 존속살해죄, 乙은 보통살인죄로 처벌된다.

2) 이외에 벨첼(Welzel)은 폐쇄적 구성요건과 개방적 구성요건으로 나누었다. 폐쇄적 구성요건이란 그 구성요건 자체에서 무엇이 금지되었는지 완전히 나타나고 외부의 보충이 필요없는 구성요건을, 개방적 구성요건이란 법관의 해석 등에 의한 보충이 필요한 구성요건을 말한다. 그러나 폐쇄적 구성요건도 법관의 해석이 필요하므로 양자를 구별할 실익이 없다.

이 구성요건요소와 부합하는지를 확인하는 논리과정이 바로 구성요건해당성이라 할 수 있다.

예를 들어 甲이 놀라게 할 생각으로 솜방망이로 A의 머리를 세게 때린 경우 위험한 물건을 휴대한 폭행이 아니기 때문에 특수폭행죄(제261조)의 구성요건해당성은 없다. 그러나 甲의 행위는 폭행죄(제260조)의 모든 객관적 및 주관적 구성요건요소를 충족하기 때문에 폭행죄의 구성요건해당성은 인정된다.

Ⅱ. 구성요건이론

1. 구성요건이론의 역사적 발전

구성요건이라는 용어는 중세 이탈리아의 corpus delicti(죄체, 罪體)라는 용어에 근원을 두고 있다. 죄체는 형사소송의 대상이 되는 범죄사실의 총체를 의미하였다. 그 후 독일의 클라인(Klein)이 죄체를 Tatbestand라는 용어로 번역하였고, 이것은 19세기에 이르러 실체법상의 용어로 사용되었다.

그러나 이 때의 구성요건은 위법성, 책임과 구별되는 협의의 구성요건개념이 아니라 범죄성립조건이라는 의미의 광의의 구성요건개념이었다. 구성요건을 법률에 규정되어 있는 범죄행위의 유형이라는 협의의 의미로 사용한 최초의 학자는 벨링(Beling)이라고 한다.

벨링은 위법성, 책임과 구별되는 협의의 구성요건개념을 사용하여 구성요건해당성, 위법성, 책임이라고 하는 범죄성립 3원론을 확립하였다. 이후 독일의 형법을 받아들인 일본의 학자들이 Tatbestand를 구성요건으로 번역하였고 우리도 이 용어를 사용하고 있다.[1)]

벨링은 구성요건해당성의 판단은 '객관적' 사실판단이므로 고의, 과실, 목적 등 주관적 사실은 구성요건요소가 될 수 없고 책임판단의 대상이 될 수 있을 뿐이라고 하였다. 또한 객관적 '사실판단'이기 때문에 객관적 '가치판단'인 위법성판

---

1) 독일어 Tatbestand에서 Tat는 Handlung과는 달리 단순한 행위가 아니라 '범죄행위'라는 의미가 강한 말이고, Bestand란 '구성하다'라는 의미의 동사 bestehen의 명사형이다. 따라서 Tatbestand는 '범죄행위를 구성하는 것', '범죄의 구성요소'라는 문자적 의미를 가지고 있다. 구성요건을 법정구성요건이라고도 하는데 구성요건을 '법률에 규정되어 있는(법정) 범죄행위의 유형(구성요소)'이라고 하는 것은 이 때문이다.

단과 구별된다고 하는 인과적 범죄체계를 주장하였다.[1]

벨링의 이론은 이후 마이어(M.E. Mayer)의 규범적 구성요건요소와 목적적 행위론자의 주관적 구성요건요소의 인정으로 인해 수정을 거치게 되었다. 마이어는 '허위'의 진술(위증죄)이나 '타인'의 재물(절도죄)과 같은 것은 규범의 세계에 속하는 것으로, 구성요건해당성도 사실판단에 그치지 않고 가치판단이자 규범적 판단임을 강조하였다. 또한 목적적 행위론자들은 주관적 불법요소가 목적범이나 미수범에 대하여만 존재하는 것이 아니라 고의범에 있어서의 고의나 과실범에 있어서의 과실 자체도 모두 주관적 불법요소로서 구성요건 요소에 해당하는 것임을 강조하기도 했다. 오늘날의 통설은 고의, 과실과 같은 주관적 구성요건요소와 공연음란죄에서 '음란', 위증죄에서 '허위' 등과 같이 다양한 규범적 구성요건요소를 인정한다.

2. 소극적 구성요건요소이론

(1) 통설과의 비교

통설은 구성요건해당성판단과 위법성판단은 별개·독립적인 것으로서 구성요건해당성은 위법성의 인식근거라고 한다. 즉, 구성요건에 해당하는 행위가 있으면 일차적으로 그 행위가 위법하다고 인식하게 되고, 위법성조각사유의 존재를 확인하게 되면 비로소 위법하지 않다고 인식하게 된다는 것이다.

이에 대해 소극적 구성요건요소[2]이론은 구성요건해당성과 위법성은 동전의 양면과 같다고 하면서 통설의 구성요건과 위법성을 하나로 결합한 '총체적 불법구성요건'이라는 개념을 주장한다. 총체적 불법구성요건해당성이 있기 위해서는 적극적 요건으로서 통설의 구성요건해당성의 존재와 소극적 요건으로서 (통설의) 위법성조각사유의 부존재가 필요하다고 한다.

이 이론에 의하면, 살인죄(제250조 제1항)의 의미는 '사람을 살해한 자'가 아니라 '사람을 위법하게 살해한 자'가 된다. 형법은 '모든 살인'이 아니라 '위법한 살

---

1) 벨링이 구성요건해당성을 객관적 사실판단이라고 한 것은 형법의 보장적 기능을 강화하기 위한 것이었다. 주관적 사실에 비해 객관적 사실이 명확하고, 규범적 판단에 비해 사실판단이 명확하다. 형법적 고찰의 첫 관문인 구성요건해당성판단이 객관적 사실판단이라고 하면 어떤 행위가 구성요건에 해당하는지가 명백하여지므로 보장적 기능이 잘 수행될 수 있다.

2) 요소라는 말 대신에 혹은 표지(標識)라는 용어도 사용되는데 모두 독일어 Merkmal을 번역한 것이다.

인'을 금지할 뿐이라는 것이다. 따라서 위법하지 않은 살인은 살인죄의 총체적 불법구성요건해당성이 없다고 한다. 이와 같이 총체적 불법구성요건에 해당하는 행위는 언제나 위법하므로 (총체적 불법)구성요건해당성은 위법성의 존재근거가 된다. 따라서 범죄성립조건을 불법(총체적 불법구성요건해당성)과 책임의 두 가지로 파악하는 범죄성립이원론을 주장한다.

(2) 평 가

소극적 구성요건요소이론은 사실의 착오, 법률의 착오 및 위법성조각사유의 요건사실에 대한 착오[1]는 모두 총체적 불법구성요건해당성이 없는 행위로서 과실범만이 성립할 수 있다고 한다.

그러나 이 이론에 대해서는 다음과 같은 비판이 제기된다.

첫째, 이 이론은 구성요건해당성이 없는 행위와 구성요건에 해당하지만 위법하지 않은 행위와의 질적 차이를 무시한다(벨첼은 정당방위로 사람을 살해한 자를 모기를 죽이는 것과 같게 평가하게 된다는 점을 들어 비판하였다). 이 이론에 의하면 교도관이 식사를 하는 행위나 사형을 집행하는 행위 모두 살인죄의 총체적 불법구성요건해당성이 없는 행위로서 형법적으로 동일하게 평가되는데, 이는 부당하다.

둘째, 이 이론은 법률의 착오에 대해 과실범의 효과만을 인정하는데, 이렇게 되면 엄격고의설처럼 처벌의 공백이 너무 크다. 또한 위법성조각사유의 요건사실의 착오에 대해서 과실범의 효과를 인정하는 것 역시 문제점이 있다.

Ⅲ. 구성요건의 구조와 구성요건요소

1. 사실적 구성요건요소와 규범적 구성요건요소

(1) 사실적(기술적, descriptive) 구성요건요소

사실적 구성요건요소[2]란 가치판단·규범적 판단을 하지 않고 오감(五感)을 통

1) 예를 들어 가게 주인이 손님을 강도로 오인하고 정당방위의사로 폭행을 가한 경우와 같이 위법성조각사유의 객관적 요건을 충족하는 사실이 없음에도 행위자는 있다고 오인한 경우를 말한다. 이에 대해서는 후술 참조.

2) 사실적 구성요건요소라는 표현보다는 기술적(記述的) 혹은 서술적 구성요건요소라는 용어가 많이 사용된다. 기술적 혹은 서술적이란 descriptive를 직역한 것이다. 'describe'란 '사실'을 기술, 서술하는 것을 말한다. 따라서 규범적 구성요건요소라는 용어에 대비하여 사실적 구성요건요소라는 용어가 더 적절하다.

한 사실판단이나 상식을 통해서도 확정할 수 있는 개념들을 말한다. 대부분의 구성요건요소들은 사실적 구성요건요소이다. 예를 들어 형법상 '사람'의 개념과 같은 사실적 구성요건요소도 규범적 판단을 거쳐야 확정되는 경우가 있다. 그러나 대부분의 경우 사람인지 여부는 상식적 판단을 통해서도 알 수 있다.

(2) 규범적 구성요건요소

1) 개 념 규범적 구성요건요소란 예를 들어 '음란'(제243조 내지 제245조)과 같이 가치판단·규범적 판단을 통해서야 확정되는 개념을 말한다. 나체공연이 있을 경우 그것이 나체공연이라는 사실판단에는 의견이 일치하지만, 음란한지 여부는 사람마다 의견이 다를 수 있다. 따라서 음란은 규범적 판단을 거쳐야 확정되는 규범적 구성요건요소이다.

위증죄(제152조 제1항)의 '허위의 진술'에서 진술은 사실적 요소이다. 그런데 다수설 및 판례는 '허위'란 객관적 사실에 반한다는 의미가 아니라 진술자의 기억에 반한다는 의미라고 한다. 이러한 해석은 위증죄의 본질이나 기능 등에 대한 여러 가지 규범적 판단과정을 거친 후에야 나올 수 있는 것이다. 따라서 '허위'는 규범적 구성요건요소라고 한다.

2) 규범적 구성요건요소의 인정여부 벨링(Beling)은 구성요건해당성판단은 객관적 사실판단이라고 하여 주관적 구성요건요소와 규범적 구성요건요소를 모두 부인하였다. 이는 구성요건의 보장적 기능을 강화하기 위한 것이었다. 그러나 이후 다수의 사건들을 추상화된 짧은 문장으로 표현해야 하는 법규범의 성격상 규범적 구성요건요소가 인정됨에 따라 구성요건해당성판단이 순수한 사실판단이 될 수 없다는 것도 인정되었다.

사실적 구성요건요소와 규범적 구성요건요소의 구별실익은, 착오에 대한 법적 효과에 있다. 사실적 구성요건요소의 경우 사실의 착오로서 고의가 조각되는 반면, 규범적 구성요건요소의 착오는 사실의 착오에 해당될 수도 있고 법률의 착오에 해당될 수도 있다. 하지만 사실적 구성요건요소와 규범적 구성요건요소의 구별이 항상 분명 한 것은 아니다. 사람은 사실적 구성요건요소라고 하지만, 형법과 민법의 사람 개념이 다른 것에서도 나타나듯이 어느 정도 규범적 판단을 요하기 때문이다.

2. 객관적 구성요건요소와 주관적 구성요건요소

(1) 객관적 구성요건요소

객관적 구성요소란 외적으로 드러나는 구성요건요소를 말한다. 구성요건은 문장으로 되어 있기 때문에 주어, 목적어, 술어, 수식어 등이 있다. 예를 들어 수뢰죄(제129조)의 구성요건에서 주어는 공무원 또는 중재인, 목적어는 뇌물, 술어는 수수, 요구 또는 약속이고, 직무에 관하여는 술어를 수식하는 말이다. 이를 각각 행위의 주체, 행위의 객체, 행위의 태양(態樣) 혹은 방법이라고 한다.

한편 범죄행위 이외에 외적 결과의 발생을 요하는 결과범이 성립하기 위해서는 ① 결과가 발생해야 하고, ② 범죄행위와 결과 사이에 인과관계(객관적 귀속론에 의하면 인과관계 및 객관적 귀속)가 인정되어야 한다. 인과관계나 객관적 귀속은 일단 객관적으로 결정되는 것이기 때문에 객관적 구성요소에 속한다.

따라서 행위의 주체, 객체, 태양(방법), 인과관계 및 객관적 귀속을 객관적 구성요건요소로 다룬다.

(2) 주관적 구성요건요소

인과적 범죄체계론자들은 구성요건해당성판단은 객관적 사실판단이기 때문에 고의, 과실, 목적 등과 같이 주관적 요소는 구성요건요소가 아니라 책임요소라고 하였다. 즉, 구성요건 단계에서는 어떤 행동을 행위라고 할 수 있게 하는 의사의 존재만 확인하면 되고 의사의 내용을 확인할 필요는 없다고 하였다.

그러나 목적적 행위론자들은 행위자의 의사의 내용까지 고려하지 않고서는 어떤 행동이나 행위의 의미를 알 수 없다고 하였다. 예를 들어 甲이 乙의 얼굴을 강타하여 코피를 나게 한 경우, 甲의 행위가 살인미수, 과실치상, 폭행치상, 상해기수 중 어디에 해당하는가는 객관적 행위와 결과만으로는 알 수 없고, 甲의 의사의 내용을 고려해야만 알 수 있다는 것이다.

현재의 통설은 고의, 과실을 주관적 구성요건요소라고 한다. 또한 목적, 동기, 불법영득의사 등과 같은 행위자의 내심상태를 고의와 구별되는 초과주관적 구성요건요소라고 한다.

Ⅳ. 구성요건해당성과 위법성의 관계

1. 사회상당성이론

벨첼(Welzel)이 주장한 사회상당성이론에 의하면 경미한 폭행, 일시오락을 위한 행위, 소액의 뇌물공여 등과 같이 정상적·역사적으로 형성된 생활질서 안에서 행해진 행위는 사회적 상당성이 있는 행위로 구성요건해당성이 없다고 한다.

그러나 통설은 사회상규에 위배되지 않는 행위(제20조)라는 일반적 위법성조각사유에 관한 규정을 두고 있는 우리나라에서는 위와 같은 행위의 대부분은 구성요건해당성은 있지만 사회상규에 위배되지 않는 행위로 파악할 수 있으므로 사회상당성이론은 필요하지 않다고 한다.

벨첼의 사회상당성 이론과는 다르지만, 우리나라에서도 사회생활상 널리 인정되는 행위는 구성요건해당성이 있지만 위법성이 조각되는 것이 아니라 구성요건해당성조차 인정되지 않는다고 해야 한다. 예컨대 노점상이 손님에게 '밑지고 판다'고 한 말은 사기죄의 구성요건해당성이 있지만 위법성이 조각되는 행위라고 하기보다는 사기죄의 구성요건해당성이 없다고 해야 한다. 친근감의 표현으로 어린 아이의 머리를 쓰다듬는 행위도 신체에 대한 유형력의 행사로서 폭행죄의 구성요건해당성이 있지만 위법성이 조각되는 것이 아니라 아예 폭행죄의 구성요건해당성조차 없다고 해야 한다.

2. 불법과 위법성

다수설은 불법과 위법을 구별하여 전자는 실체적·양적 개념이고 후자는 관계적·질적 개념이라고 한다. 즉 살인행위와 절도행위는 모두 위법하다는 점에서는 동일하지만, 살인행위의 불법이 절도행위의 불법보다는 크다는 것이다.

그러나 일상생활에서는 불법과 위법이라는 말이 거의 같은 개념으로 사용되므로 굳이 양자를 구별할 필요가 있는지 의문이다. 예를 들어 일상생활에서는 위법주차라는 말보다 불법주차라는 말이 많이 사용되는데 불법주차에서의 불법은 위에서 언급한 불법이 아니라 위법이라는 개념과 같다. 또 "더 위법하다, 덜 위법하다," "그 행위는 불법이다"라는 말도 사용되는데, 이는 위법성이 관계개념뿐만 아니라 실체개념으로도 사용되고, 불법이 실체개념뿐만 아니라 관계개념으로도 사용되고 있음을 의미한다.

V. 구성요건론의 내용개관

구성요건론에서는 객관적 구성요건요소와 주관적 구성요건요소를 하나 하나 살펴보게 된다.

1. 객관적 구성요건

(1) 행위의 주체

행위의 주체와 관련하여 문제되는 것은 행위의 주체가 제한되어 있는 신분범의 문제와 법인도 범죄행위의 주체가 될 수 있는가 하는 문제이다. 형법총론에서 신분범은 공범론에서 비신분자가 신분범에 가담한 경우(형법 제33조)의 문제로 다루어진다. 따라서 구성요건론에서는 법인의 범죄능력과 형벌능력 및 양벌규정의 성격 등을 다룬다.

(2) 행위의 객체

살인죄에서 사람, 절도죄에서 재물 등과 같이 행위의 객체는 개별범죄에 규정되어 있다.

다만, 행위의 객체는 보호의 객체(보호법익)와 구별해야 한다. 행위의 객체는 구성요건에 명시적 또는 묵시적으로 규정되어 있다. 이에 대해 보호의 객체 또는 보호법익은 범죄의 성격, 내용, 체제 등을 종합적으로 고려하여 밝혀진다.

예를 들어 주거침입죄(제319조)의 행위객체는 사람의 주거, 건조물 등이지만 보호객체(보호법익)는 주거침입죄의 체계적 위치, 내용 기타 관련규정을 종합적으로 고려하여 밝혀지므로, 주거의 사실상 평온이나 주거권 등으로 해석하게 된다(판례는 주거침입죄의 보호법익을 '주거의 사실상 평온'이라고 한다. 자세한 내용은 형법각론의 주거침입죄 부분 참조).

행위의 객체나 보호의 객체는 주로 개별구성요건의 해석론, 즉 형법각론에서 다룬다.

(3) 행위의 방법(태양: 態樣)

구성요건에 규정해 놓은 행위방법(태양)을 통해서 보호법익을 침해 내지 위태화(보호법익에 대한 위험의 초래)해야 범죄가 성립한다. 예를 들어 주거침입죄(제319조)는 침입이라는 행위방법을 통해 주거의 평온을 침해·위태화해야 한다. 침입 이외의 다른 방법으로 주거의 평온을 해하였다고 하더라도 주거침입죄는 성립하지 않는다.

형법총론에서는 개별범죄에 공통적으로 존재하는 행위방법으로서 부작위범을 다루게 된다. 부작위범에는 진정부작위범과 부진정부작위범(작위로 규정되어 있는 범죄를 부작위에 의하여 범하는 것)이 있는데, 주로 부진정부작위범(제18조)을 다루게 된다.

(4) 인과관계와 객관적 귀속

결과범에서는 실행행위(구성요건적 행위, 구성요건실현행위) 이외에 일정한 결과발생을 요한다. 그런데 실행행위 후에 발생한 모든 결과에 대해 행위자에게 책임을 묻는 결과책임주의를 따르게 되면 형사책임의 인정범위가 너무 넓어진다. 따라서 실행행위가 원인이 되어 결과가 발생했다고 할 수 있어야 행위자에게 발생된 결과에 대한 책임을 물을 수 있다. 이것이 인과관계의 문제이다(제17조).

한편 1980년대 초 이래 우리나라에서도 인과관계 이외에 독일에서 주장된 객관적 귀속론을 인정하는 것이 다수설의 입장이다(객관적 귀속론의 설명 및 그 비판점에 대하여는 후술함). 인과관계론과는 달리 객관적 귀속론에서는 발생된 결과를 실행행위에 귀속시킬 수 있는지 여부와 귀속의 기준을 문제삼는다.

2. 주관적 구성요건

(1) 고의 및 과실

형법은 죄의 요소되는 사실을 인식하지 못한 경우 원칙적으로 처벌하지 않는다는 것만을 규정하고(제13조, 제14조), 고의·과실의 내용을 적극적으로 규정하고 있지 않기 때문에 그 구체적 내용은 해석에 의해 결정된다.

(2) 초과주관적 구성요건요소

일정한 범죄가 성립하기 위해서는 고의 이외에 목적, 동기, 불법영득의사 등과 같은 초과주관적 구성요건요소가 필요하다. 초과주관적 구성요건요소는 특별한 범죄에서만 문제되기 때문에 주로 형법각론의 연구대상이다.

3. 객관과 주관의 불일치(착오)

(1) 사실의 착오의 개념

일반적으로 착오란 행위자가 인식·의도한 내용과 실제로 발생한 내용이 일치하지 않는 경우를 말한다. 형법은 사실의 착오(제15조)와 법률의 착오(제16조)에 대해 규정하고 있다. 사실의 착오는 착오에 정당한 이유가 있는지를 불문하고 원칙적으로 고의를 조각하지만, 법률의 착오는 정당한 이유가 있는 경우에 한하여 책임요소로서의 고의(고의설) 혹은 책임(책임설)을 조각한다. 법률의 착오는 행위자의 책임의 문제에서 다루고, 구성요건론에서는 사실의 착오만을 다룬다.

사실의 착오란 행위자가 발생시키려 한 구성요건사실과 실제 발생한 구성요건사실이 일치하지 않은 경우를 말한다.

사실의 착오에서 '사실'이란 '구성요건적 사실', 즉 행위의 주체, 객체, 태양(방법), 행위상황, 인과관계, 행위에서부터 결과까지 이르는 과정(이를 '인과과정'이라 한다) 등을 말한다. 따라서 사실의 착오에는 주체의 착오, 객체의 착오, 방법의 착오, 행위상황의 착오, 인과관계의 착오, 인과과정의 착오 등이 있을 수 있다.

이들 중 주체의 착오나 인과관계의 착오는 주로 불능범이나 불능미수의 문제(제27조)로 다루어지고, 행위상황에 대한 착오는 불능미수나 불능범 또는 제15조 제1항의 문제로 다루어진다. 따라서 사실의 착오에서 주로 문제되는 것은 객체의 착오, 방법의 착오 및 인과과정의 착오이다.

객체의 착오란 예컨대 침대에서 자고 있는 사람을 A라고 생각하고 살해하였는데, 침대에서 자고 있던 사람은 B였던 경우와 같이 행위방법에는 착오가 없었지만 행위객체(행위객체의 정체성이나 동일성)에 대해 착오를 일으킨 경우이다.

방법의 착오란 A와 B 중 A를 살해하려고 총을 쏘았는데 빗나가 B가 맞아 사망한 경우와 같이 행위객체에 대한 착오가 없었지만, 행위방법이 잘못된 경우를 말한다. 인과과정의 착오란 예를 들어 B를 살해하기 위해 몽둥이로 내리친 후 사체를 은닉하기 위해 웅덩이에 묻었는데 사실은 B가 몽둥이에 맞아 사망한 것이 아니라 웅덩이에서 질식사한 경우와 같이 실행행위에서부터 결과발생까지의 과정에 대해 착오가 있었던 경우를 말한다.

이들 착오에서는 발생된 결과(B의 사망)에 대해 행위시에 행위자에게 존재했던 고의를 인정할 수 있을지 문제된다. 이를 긍정한다면 위의 세 사례 모두에서 B에 대한 살인기수죄가 인정된다. 그러나 이를 부정한다면 객체의 착오와 방법의 착오에서는 A에 대한 살인미수죄 및 B에 대한 과실치사죄의 상상적 경합범, 인과과정의 착오에서는 B에 대한 살인미수죄 및 B에 대한 과실치사죄의 실체적 경합범이 인정될 수도 있다.

(2) 결과적가중범

결과적가중범이란 상해치사죄(제259조), 폭행치사상죄(제262조) 등과 같이 행위자가 원래 발생시키려고 했던 결과보다 무거운 결과가 발생되고, 행위자가 그 무거운 결과에 대해서도 책임을 지는 형태의 범죄를 말한다. 행위자가 발생시킨 모든 결과에 대해 행위자에게 책임을 인정하는 결과책임주의를 취하게 되면 형사책임의 인정범위가 너무 넓어지게 된다. 따라서 결과적가중범에서는 무거운 결과에 대해 행위자의 책임을 물을 수 있는 근거가 핵심적 문제가 된다. 형법 제15조 제2항(결과 때문에 형이 무거워지는 죄의 경우에 그 결과의 발생을 예견할 수 없었을 때에는 무거운 죄로 벌하지 아니한다)이 이에 대해 규정하고 있다.

§9 제 2 절 법인의 형사책임

Ⅰ. 법인과 형사책임

1. 문 제 점

오늘날 법인은 사법이나 공법의 영역에서 권리·의무의 주체가 된다. 형법의 영역에서도 법인의 재산 등은 보호의 객체가 될 수 있다는 점에서 권리·의무의 주체성이 간접적으로 인정되고 있다. 여기에서 더 나아가 법인도 범죄행위의 주체가 될 수 있는지 및 법인에 대해서도 형벌을 과할 수 있는지 문제되고 있다. 전자가 법인의 범죄능력, 후자가 법인의 형벌능력의 문제이다.

현행 다수의 형사특별법이나 행정형법 중에는 법인의 대표자나 종업원 등이 범죄행위를 한 경우 그 행위자뿐만 아니라 법인에 대해서도 형벌을 과하는 양벌규정을 두고 있다. 여기에서 법인의 범죄능력과 형벌능력의 인정범위에 관해 양벌규정이 있는 경우는 물론 없는 경우에도 법인의 범죄능력과 형벌능력을 모두 인정하는 입장에서부터 양벌규정이 있든 없든 범죄능력과 형벌능력을 모두 부정하는 입장까지 다양한 입장이 있을 수 있다.

통설 및 판례는 양벌규정이 없는 경우에는 법인의 범죄능력과 형벌능력을 인정하지 않고, 양벌규정이 있는 경우에는 법인의 범죄능력과 형벌능력을 모두 인정한다.

2. 비교법적 고찰

미국의 경우 20세기 초부터 연방대법원은 법인의 책임에 관한 민법상의 원리를 형법에도 그대로 적용하였다. 모범형법전(Model Penal Code)은 법인에 대해 일정한 범죄에 대해서는 무과실책임(strict liability)을, 좀더 중한 일정한 범죄에 대해서는 과실책임을 인정하고 있다. 그리고 어떤 주에서는 모범형법전보다 더 넓은 범위에서 법인의 형사책임을 인정하고 있다.

독일의 통설·판례는 법인의 범죄능력을 부인한다. 이는 범죄의 주체를 자유의사를 지닌 인간에 한정하고 범죄의 본질도 자유의사의 오용이라고 파악하는 도의적 책임론을 따르는 전통 때문이라고 할 수 있다. 그러나 조세법이나 경제법의 영역에서는 법인의 형사책임을 인정해야 할 현실적 필요성이 있다. 이러한 전통과 법인처벌의 현실적 요구를 충족시키기 위해 독일에서는 범죄행위와 질서위반행위(Ordnungswidrigkeit)를 구별하여 법인의 형사책임은 부정하되 법인의 질서위반책임을 인정하고 있다.

일본의 경우 통설·판례는 법인의 범죄능력을 부인한다. 하지만 법인을 처벌해야 할 현실적 필요성 때문에 처음에는 법인 혹은 법인의 대표자에 대한 전가벌 형태로 법인의 형사책임을 인정하다가, 현재에는 양벌규정의 형식으로 법인의 형사책임을 인정하고 있다.

그러나 최근의 경향을 보면 영미법계 국가에서는 물론 프랑스, 스위스 등 대륙법계 국가에서도 법인의 형사책임을 인정하는 방향으로의 형법개정이 이루어지고 있다.

Ⅱ. 법인의 범죄능력

1. 법인의 본질론과 범죄능력

법인의 본질에 대해서는 법인의제설과 법인실재설이 대립하였다. 법인의제설은 법인은 사회적 실체가 아니라 법률에 의해 법인격이 인정되는 것으로 간주되는 존재에 불과하다고 하고, 법인실재설은 법인은 자연인과 구별되는 사회적 실체라고 한다. 오늘날 법인의 사회적 영향력이 커짐에 따라 법인의제설은 점차 설득력을 잃어가고 있다. 그러나 법인실재설도 법인과 자연인을 동일한 존재로 파악하지 않고, 법률에 의해 법인격이 인정되는 법인은 자연인과 다른 특성을 지니고 있다고 한다.

법인의 범죄능력을 인정할 것인가의 여부는 법인의 본질론뿐만 아니라 범죄와 형벌의 본질론과도 밀접하게 연결되어 있다. 도의적 책임론(책임이란 자유의사를 가진 자가 자유로운 의사에 의하여 적법한 행위를 할 수 있었음에도 위법한 행위를 한 것에 대한 도의적 비난이라고 보는 견해)에 의하면 법인의 범죄능력을 완전히 부정하지는 않아도 범죄능력을 인정할 가능성이 작아지는 것은 사실이다. 이에 비해 사회적 책임론(책임이란 행위자의 사회적 위험성으로 인한 특별한 조치의 필요성이라고 보는 견해)에 의하면 법인의 범죄능력을 인정할 가능성이 커진다. 법인에게 사회적 위험성이 있다면 형벌을 통해서 그 위험성을 제거해야 할 필요가 있기 때문이다.

2. 범죄능력 인정여부에 관한 학설

(1) 범죄능력 부정설

범죄능력 부정설은 ① 법인은 육체와 의사가 없어 범죄행위를 할 수 없고 자유형이나 사형을 받을 수 없으며, ② 법인은 목적 범위에서만 활동할 수 있는데 범죄는 법인의 목적이 될 수 없고, ③ 법인에게는 자유의사가 없으므로 도의적 책임을 물을 수 없고, ④ 법인을 처벌함으로써 범죄와 무관한 구성원들까지 처벌당하는 연대책임을 인정하는 결과가 초래되고, ⑤ 개인과 법인을 모두 처벌하는 것은 이중처벌이고, ⑥ 법인은 형벌이 아니라 영업정지나 영업취소 등 행정벌이나 질서위반벌을 가하면 된다는 등의 근거를 든다.

(2) 범죄능력 긍정설

범죄능력 긍정설은 ① 법인도 기관을 통하여 범죄행위를 할 수 있고, ② 현실에 있어서는 법인이 그 활동과정에서 범죄행위를 할 수 있고, ③ 법인에 대한 도의적 비난이 가능하고, 책임을 반사회적 위험성이라고 한다면 법인에게도 책임을 인정할 수 있고, ④ 자연인을 처벌하는 경우에도 그 가족이나 친족 등 범죄와 무관한 사람들이 간접적 피해를 입게 되고, ⑤ 법인은 자연인인 기관을 통해서 활동하기 때문에 자연인과 법인을 함께 처벌해도 이중처벌이 되지 않고, ⑥ 법인에게 영업정지나 영업취소는 자연인에 대한 자유형이나 사형과 마찬가지이며 벌금형은 법인에게 적절한 형벌이고, ⑦ 행정제재는 법인이 행한 반사회적 행위에 대한 제재로서는 부족하고 법인의 재범방지와 사회방위에 효과적이지 못할 수 있다는 것 등을 근거로 든다.

(3) 부분적 긍정설

형사범에서는 법인의 범죄능력을 부인하고 행정범에서는 법인의 범죄능력을 인정하는 견해는 ① 범죄능력 부정설은 각종 법규에 산재해 있는 양벌규정에 의한 법인처벌을 설명하는 데에 치명적 결함이 있고, ② 살인, 강도, 강간 등과 같이 자연인의 인격표현으로서의 성격이 강한 범죄는 조직체로서의 법인의 활동이 표현된 것이라고 보기 곤란하다는 등의 근거를 제시한다.

3. 판 례

판례는 양벌규정이 없는 경우 법인의 범죄능력을 부정한다. 다만, 그 법인을 대표하여 사무를 처리하는 자연인인 '대표기관'의 형사책임은 인정한다.

[대판 2009. 5. 14. 2008도11040; 대판 1997. 1. 24. 96도524] 법인격 없는 사단과 같은 단체는 법인과 마찬가지로 사법상의 권리의무의 주체가 될 수 있음은 별론으로 하더라도 법률에 명문의 규정이 없는 한 그 범죄능력은 없고 그 단체의 업무는 단체를 대표하는 자연인인 대표기관의 의사결정에 따른 대표행위에 의하여 실현될 수밖에 없다.

[대판 1984. 10. 10. 82도2595 전합] 형법 제355조 제2항의 배임죄에 있어서 타인의 사무를 처리할 의무의 주체가 법인이 되는 경우라도 법인은 다만 사법상의 의무주체가 될 뿐 범죄능력이 없는 것이며 그 타인의 사무는 법인을 대표하는 자연인인 대표기관의 의사결정에 따른 대표행위에 의하여 실현될 수 밖에 없어 그 대표기관은 마땅히 법인이 타인에 대하여 부담하고 있는 의무내용 대로 사무를 처리할 임무가 있다 할 것이므로 법인이 처리할 의무를 지는 타인의 사무에 관하여는 법인이 배임죄의 주체가 될 수 없고 그 법인을 대표하여 사무를 처리하는 자연인인 대표기관이 바로 타인의 사무를 처리하는 자 즉 배임죄의 주체가 된다.

그러나 양벌규정이 있는 경우에는 법인의 범죄능력을 인정한다. 행위자가 법인의 대표자인 경우 법인은 과실로 인한 범죄능력뿐만 아니라 고의에 의한 범죄능력도 지닌다고 한다.

[대판 2010. 9. 30. 2009도3876; 헌재 2010. 7. 29. 2009헌가25] 법인은 기관을 통하여 행위하므로 법인이 대표자를 선임한 이상 그의 행위로 인한 법률효과는 법인

에게 귀속되어야 하고, 법인 대표자의 범죄행위에 대하여는 법인 자신이 책임을 져야 하는바, 법인 대표자의 법규위반행위에 대한 법인의 책임은 법인 자신의 법규위반행위로 평가될 수 있는 행위에 대한 법인의 직접책임으로서, 대표자의 고의에 의한 위반행위에 대하여는 법인 자신의 고의에 의한 책임을, 대표자의 과실에 의한 위반행위에 대하여는 법인 자신의 과실에 의한 책임을 지는 것이다.

반면에 행위자가 법인의 대표자나 기관이 아니라 종업원인 경우에는 법인에게 종업원에 대한 선임·감독상의 과실책임을 인정한다.

[대판 2006. 2. 24. 2005도7673] 양벌규정에 의한 영업주의 처벌은 금지위반행위자인 종업원의 처벌에 종속하는 것이 아니라 독립하여 그 자신의 종업원에 대한 선임감독상의 과실로 인하여 처벌되는 것이므로 종업원의 범죄성립이나 처벌이 영업주 처벌의 전제조건이 될 필요는 없다.

Ⅲ. 법인의 형벌능력

1. 양벌규정의 유형

과거에는 면책규정이 있는 양벌규정과 면책규정이 없는 양벌규정이 있었다. 그런데 헌법재판소가 면책규정이 없는 양벌규정은 위헌이라고 결정한 이후에는 면책규정을 두는 형태의 양벌규정으로의 개정이 이루어지고 있다.

[헌재 2007. 11. 29. 2005헌가10] 이 사건 법률조항이 종업원의 업무 관련 무면허의료행위가 있으면 이에 대해 영업주가 비난받을 만한 행위가 있었는지 여부와는 관계없이 자동적으로 영업주도 처벌하도록 규정하고 있고, 그 문언상 명백한 의미와 달리 "종업원의 범죄행위에 대해 영업주의 선임감독상의 과실(기타 영업주의 귀책사유)이 인정되는 경우"라는 요건을 추가하여 해석하는 것은 문리해석의 범위를 넘어서는 것으로서 허용될 수 없으므로, 결국 위 법률조항은 … 형사법의 기본원리인 '책임없는 자에게 형벌을 부과할 수 없다'는 책임주의에 반한다. 가사 위 법률조항을 종업원에 대한 선임감독상의 과실 있는 영업주만을 처벌하는 규정으로 보더라도, 과실밖에 없는 영업주를 고의의 본범(종업원)과 동일한 법정형으로 처벌하는 것은 그 책임의 정도에 비해 지나치게 무거운 법정형을 규정하는 것이므로, 두 가지 점을 모두 고려하면 형벌에 관한 책임원칙에 반한다.

위 헌법재판소 결정은 “법인의 대표자 또는 법인이나 개인의 대리인·사용인 기타 종업원이 그 법인 또는 개인의 업무에 관하여 제2조 내지 제5조의 위반행위를 한 때에는 행위자를 처벌하는 외에 법인 또는 개인에 대하여도 각 본조의 예에 따라 처벌한다”고 규정했던 구 「보건범죄단속에 관한 특별조치법」 제6조(양벌규정)의 위헌여부에 관한 것이다. 이 결정에 따라 동규정은 “법인의 대표자나 법인 또는 개인의 대리인, 사용인, 그 밖의 종업원이 그 법인 또는 개인의 업무에 관하여 제2조, 제3조, 제4조 및 제5조의 어느 하나에 해당하는 위반행위를 하면 그 행위자를 벌하는 외에 그 법인 또는 개인을 1억원 이하의 벌금에 처한다. 다만, 법인 또는 개인이 그 위반행위를 방지하기 위하여 해당 업무에 관하여 상당한 주의와 감독을 게을리하지 아니한 경우에는 그러하지 아니하다”로 개정되었다. 즉 법인이나 개인인 영업주에 대해서는 적어도 종업원의 선임감독상의 과실책임이 인정되는 경우에만 벌금형을 과하도록 단서의 면책규정이 추가되었다. 이후 다른 법률의 양벌규정에도 면책규정이 추가되는 개정이 이루어졌다.

> 행위시점 이후 양벌규정이 개정되어 위와 같은 면책규정이 추가된 경우 이는 범죄 후 법률의 변경에 의하여 그 행위가 범죄를 구성하지 아니하거나 형이 구법보다 경한 경우에 해당한다고 할 것이므로, 형법 제1조 제2항에 따라 그 면책규정이 추가된 신법이 적용되어야 한다(대판 2012. 5. 9. 2011도11264).

2. 법인처벌의 근거

양벌규정에 의해 법인을 처벌할 경우 그 근거에 대해서는, 법인의 범죄능력이 인정되지 않음에도 불구하고 법인을 처벌하는 것이라는 무과실책임설, 종업원에 대한 선임·감독상의 과실 때문이라는 과실책임설, 법인에게 선임·감독상의 과실이 있을 때뿐만 아니라 고의가 있는 경우도 처벌하는 것이라는 고의 및 과실책임설 등이 있다. 과실책임설 중에는 순수한 과실책임설과 과실추정설 및 과실의제설 등이 있다.

판례는 법인 대표자의 법규위반행위에 대한 법인의 책임은 그 법인의 직접책임이라고 본다. 즉, 법인대표자의 고의범죄에 대해서는 법인이 고의책임을 지고, 대표자의 과실범죄에 대해서는 법인이 과실책임을 진다고 한다. 이처럼 양벌규정 중 법인의 대표자 관련 부분은 대표자의 책임을 요건으로 하여 법인을 처벌하는 것이지 그 대표자의 처벌까지 전제조건이 되는 것은 아니다(대판 2022. 11. 17.

2021도701 외 다수판결). 반면, 법인의 대표자가 아닌 종업원의 범죄에 대해서는 법인이 이들에 대한 선임감독상의 과실책임을 진다고 한다(대판 2012. 5. 9. 2011도11264 외 다수판결).

[대판 2022. 11. 17. 2021도701] 양벌규정을 따로 둔 취지는, 법인은 기관을 통하여 행위하므로 법인의 대표자의 행위로 인한 법률효과와 이익은 법인에 귀속되어야 하고, 법인 대표자의 범죄행위에 대하여는 법인 자신이 책임을 져야 하는바, 법인 대표자의 법규위반행위에 대한 법인의 책임은 법인 자신의 법규위반행위로 평가될 수 있는 행위에 대한 법인의 직접책임이기 때문이다. 따라서 대표자의 고의에 의한 위반행위에 대하여는 법인 자신의 고의에 의한 책임을, 대표자의 과실에 의한 위반행위에 대하여는 법인 자신의 과실에 의한 책임을 져야 한다. 이처럼 양벌규정 중 법인의 대표자 관련 부분은 대표자의 책임을 요건으로 하여 법인을 처벌하는 것이지 그 대표자의 처벌까지 전제조건이 되는 것은 아니다.

[대판 2012. 5. 9. 2011도11264] (종업원 관련 부분) 양벌규정의 취지는 법인 등 업무주의 처벌을 통하여 벌칙조항의 실효성을 확보하는 데 있는 것이므로, 여기에서 말하는 법인의 사용인에는 법인과 정식 고용계약이 체결되어 근무하는 자뿐만 아니라 그 법인의 업무를 직접 또는 간접으로 수행하면서 법인의 통제·감독하에 있는 자도 포함되고, 이 경우 법인은 위반행위가 발생한 그 업무와 관련하여 법인이 상당한 주의 또는 관리·감독 의무를 게을리한 과실로 인하여 처벌되는 것이라 할 것인데, 구체적인 사안에서 법인이 상당한 주의 또는 감독을 게을리하였는지 여부는 당해 위반행위와 관련된 모든 사정 즉, 당해 법률의 입법 취지, 처벌조항 위반으로 예상되는 법익 침해의 정도, 위반행위에 관하여 양벌규정을 마련한 취지 등은 물론 위반행위의 구체적인 모습과 그로 인하여 실제 야기된 피해 또는 결과의 정도, 법인의 영업 규모 및 행위자에 대한 감독가능성이나 구체적인 지휘·감독 관계, 법인이 위반행위 방지를 위하여 실제 행한 조치 등을 전체적으로 종합하여 판단하여야 한다.

3. 양벌규정에 의한 처벌

(1) 양벌규정의 요건

1) **사업주**(법인 또는 개인) 양벌규정에 의해 처벌되는 사업주인 법인이나 개인은 단지 형식상의 사업주가 아니라 자기의 계산으로 사업을 경영하는 실질적인 사업주를 말한다(대판 2010. 7. 8. 2009도6968; 대판 2000. 10. 27. 2000도3570; 대판 2013. 7. 11. 2011도15056).

2) 행 위 자 실제 행위자는 ㉠ 법인의 대표자 혹은 ㉡ 법인이나 개인의 대리인, 사용인, 그 밖의 종업원(이하 '㉡' 부분은 통칭하여 '종업원 등'이라 함)이다.[1)]

'법인의 대표자'는 그 명칭 여하를 불문하고 당해 법인을 실질적으로 경영하면서 사실상 대표하고 있는 자도 포함된다(대판 1997. 6. 13. 96도1703; 대판 2013. 7. 11. 2011도15056).

그리고 종업원 등에는 법인과 정식의 고용계약이 체결되어 근무하는 자뿐만 아니라 법인의 대리인, 사용인 등이 자기의 보조자로서 사용하고 있으면서 직접 또는 간접으로 법인의 통제·감독하에 있는 자도 포함한다(대판 1993. 5. 14. 93도344; 대판 2007. 8. 23. 2007도3787). 종업원이 영업주의 업무를 수행함에 있어서 위반행위를 하면 족하고, 그 위반행위의 동기가 직접적으로 종업원 자신의 이익을 위한 것이라도 양벌규정이 적용된다(대판 1977. 5. 24. 77도412; 대판 2007. 11. 29. 2007도7920).

3) 위반행위 법인의 대표자 혹은 종업원 등이 양벌규정에 명시되어 있는 위반행위를 할 것이 요구된다. 만약 양벌규정에서 기수범만 규정하고 있다고 한다면, 위 대표자나 종업원 등이 미수범에 그쳤을 경우 양벌규정이 적용될 수 없다.

[대판 2023. 12. 14. 2023도3509] 구 부정경쟁방지 및 영업비밀보호에 관한 법률(2019. 1. 8. 법률 제16204호로 개정되기 전의 것) 제19조는 '법인의 대표자나 법인 또는 개인의 대리인, 사용인, 그 밖의 종업원(이하 '사용인 등'이라 한다)이 그 법인 또는 개인의 업무에 관하여 제18조 제1항부터 제4항까지의 어느 하나에 해당하는 위반행위를 하면 그 행위자를 벌하는 외에 그 법인 또는 개인에게도 해당 조문의 벌금형을 과한다.'고 규정한다. 이에 따르면 위 양벌규정은 사용인 등이 영업비밀의 취득 및 부정사용에 해당하는 제18조 제1항부터 제4항까지의 위반행위를 한 경우에 적용될 뿐이고, 사용인 등이 영업비밀의 부정사용에 대한 미수범을 처벌하는 제18조의2에 해당하는 위반행위를 한 경우에는 위 양벌규정이 적용될 수 없다.

(2) 양벌규정에 의한 처벌의 성격

1) 사업주 처벌과 그 성격 양벌규정에 의한 영업주의 처벌은 우선 법인

1) 현행 양벌규정은 대부분 "법인의 대표자나 법인 또는 개인의 대리인·사용인 그 밖의 종업원이 그 법인 또는 개인의 업무에 관하여 이 장의 죄를 저지른 때에는 행위자를 벌하는 외에 그 법인 또는 개인에 대하여도 각 해당조의 벌금형을 과한다."는 형태로 되어 있다.

의 대표자의 행위에 관한 부분은 그 대표자의 책임을 요건으로 하여 법인을 처벌하는 것이지 그 대표자의 처벌까지 전제조건이 되는 것은 아니다(대판 2022. 11. 17. 2021도701). 다음으로, 위반행위자가 종업원인 경우에도 종업원의 처벌에 종속하는 것이 아니라 독립하여 그 자신의 종업원에 대한 선임감독상의 과실로 인하여 처벌되는 것이므로 위반행위가 있으면 되고, 종업원의 범죄성립이나 처벌이 영업주 처벌의 전제조건은 아니다(대판 2006. 2. 24. 2005도7673).

따라서 행위자에 대해 부과되는 형량을 정상참작감경하는 경우라도 양벌규정에 의하여 법인을 처벌함에 있어서는 정상참작감경을 하지 않아도 무방하다(대판 1995. 12. 12. 95도1893). 법인에게 자수감경을 하기 위하여는 법인의 이사 기타 대표자가 자수하여야 하고 위반행위를 한 직원 또는 사용인이 자수한 것만으로는 부족하다(대판 1995. 7. 25. 95도391). A회사의 종업원들이 회사비밀을 유출하여 외국에서 외국회사 B에게 취득하게 한 경우 종업원들의 행위가 국내에서 이루어졌으므로 B회사를 양벌규정으로 처벌할 수 있다(대판 2025. 8. 14. 2022도8664).

양벌규정에 따른 법인 처벌은 행정적 제재나 민사적 불법행위책임과는 그 성격을 달리하여 승계대상이 되지 않는다. 따라서 합병으로 소멸한 법인이 그 종업원 등의 위법행위에 대해 양벌규정에 따라 부담하던 형사책임은 그 성질상 이전을 허용하지 않는 것이므로 합병으로 인하여 존속하는 법인에 승계되지 않는다(대판 2007. 8. 23. 2005도4471).

2) 행위자 처벌(수범자 범위 확대기능) 판례에 의하면 양벌규정은 반드시 사용자인 법인이나 개인만을 처벌하는 규정은 아니다. 벌칙규정의 적용대상자가 일정한 '업무주'로 한정되어 있는 경우라도, 업무주가 아니면서 그 업무를 실제로 집행하는 자가 그 벌칙규정의 위반행위를 하였다면, 그 업무를 실제로 집행하는 자도 그 벌칙규정을 적용대상으로 하고 있는 '양벌규정'에 의해 처벌될 수 있다.

[대판 1999. 7. 15. 95도2870 전합] 구 건축법 제54조 내지 제56조의 벌칙규정에서 그 적용대상자를 건축주, 공사감리자, 공사시공자 등 일정한 업무주로 한정한 경우에 있어서, 같은 법 제57조의 양벌규정은 업무주가 아니면서 당해 업무를 실제로 집행하는 자가 있는 때에 위 벌칙규정의 실효성을 확보하기 위하여 그 적용대상자를 당해 업무를 실제로 집행하는 자에게까지 확장함으로써 그러한 자가 당해 업무집행과 관련하여 위 벌칙규정의 위반행위를 한 경우 위 양벌규정에 의하

여 처벌할 수 있도록 한 행위자의 처벌규정임과 동시에 그 위반행위의 이익귀속 주체인 업무주에 대한 처벌규정이라고 할 것이다.

하지만 위와 같은 양벌규정에 의한 '수범자 범위 확대기능'에 대해서는 처벌범위를 부당하게 확대하게 된다는 비판도 있다. 즉, 양벌규정에서 '행위자' 처벌을 새로이 정한 것인지 여부가 불명확한 상황에서 형사처벌의 근거규정이 된다고 보는 것은 죄형법정주의의 원칙에 반한다는 것이다(위 전합판결의 4인의 반대의견 참조).

(3) 소송법상 문제

양벌규정에 따라 법인 또는 개인사업주를 처벌하는 경우에 있어, 문제되는 범죄가 친고죄이고 또 피해자 등 고소권자가 실제 '행위자'만 고소한 경우 그 고소의 효력이 법인 또는 개인사업주에도 미치는지 문제된다. 판례는 친고죄의 경우에 있어서도 행위자의 범죄에 대한 고소가 있으면 족하고, 나아가 양벌규정에 의하여 처벌받는 자에 대하여 별도의 고소를 요한다고 할 수는 없다고 한다(대판 1996. 3. 12. 94도2423).

4. 법인격없는 사단의 범죄능력과 형벌능력

형법이론상으로 보면 형법적용에 있어서는 법인격 유무라는 형식적 요건보다는 사실적 상태라는 실질적 요건을 더 중시해야 하므로 법인격없는 사단의 범죄능력과 형벌능력도 인정해야 할 입법론적 필요성은 있다.

그러나 해석상으로는 법인격없는 사단을 포함시킨 양벌규정이 없는 이상 법인격없는 사단의 범죄능력이나 형벌능력은 인정되지 않는다고 해야 한다. 판례도 죄형법정주의의 원칙상 법인만을 명시한 양벌규정으로 법인격없는 사단을 벌할 수 없고, 법인격없는 사단의 구성원 개개인을 양벌규정의 개인으로 보아 처벌할 수도 없다고 한다(대판 1997. 1. 24. 96도524). 같은 의미에서 특별한 근거규정이 없는 한 법인이 설립되기 이전에 자연인이 한 행위에 대하여 양벌규정을 적용하여 법인을 처벌할 수는 없다(대판 2018. 8. 1. 2015도10388).

쉬어가기

주식회사 甲호텔 대표이사 乙은 호텔종업원들의 성매매알선을 못하도록 하기 위해 종업원들을 채용할 때 성매매를 알선하지 않겠다는 각서를 받고 성매매알선 방지를 위한 교육을 시켰다. 어느 날 호텔에 투숙한 손님 A가 종업원 丙에게 돈을 주며 하룻밤 동침할 아가씨를 불러달라고 하였다. 丙은 근처 유흥업소 여종업원 B를 A의 방으로 보내주었다. 그날 밤 A와 B는 성매매를 하였다. 甲·乙·丙의 죄책 및 처벌은?

【참조조문】 성매매알선 등 행위의 처벌에 관한 법률

제19조(벌칙) 제1항 제1호. 성매매알선 등 행위를 한 사람은 3년 이하의 징역 또는 3천만원 이하의 벌금에 처한다.

제27조(양벌규정) 법인의 대표자나 법인 또는 개인의 대리인, 사용인, 그 밖의 종업원이 그 법인 또는 개인의 업무에 관하여 제18조부터 제23조까지의 어느 하나에 해당하는 위반행위를 하면 그 행위자를 벌하는 외에 그 법인 또는 개인에게도 해당 조문의 벌금형을 과하고, 벌금형이 규정되어 있지 아니한 경우에는 1억원 이하의 벌금에 처한다. 다만, 법인 또는 개인이 그 위반행위를 방지하기 위하여 해당 업무에 관하여 상당한 주의와 감독을 게을리하지 아니한 경우에는 그러하지 아니하다.

【설문의 해결】 종업원 丙은 고의로 성매매를 알선하였으므로 성매매처벌법 제19조 제1항 제1호 위반죄의 죄책을 지고, 3년 이하의 징역 또는 3천만원 이하의 벌금에 처해진다.

종업원 丙의 사용주인 주식회사 甲호텔은 丙에 대한 선임·감독상의 과실이 있는 경우 제27조의 양벌규정에 의해 벌금형으로 처벌된다. 판례는 각서를 받거나 교육을 시키는 등 일반적·추상적 감독만을 한 경우 선임·감독상의 과실이 인정된다고 한다(대판 1992. 8. 18. 92도1395). 따라서 주식회사 甲호텔은 3천만원 이하의 벌금형에 처해진다.

대표이사 乙은 성매매알선행위로 처벌되지 않고, 丙의 사용주가 아니므로 양벌규정에 의해서도 처벌되지 않는다.

---

§10 제 3 절 행위반가치와 결과반가치

Ⅰ. 행위반가치와 결과반가치의 개념

1. 용어의 정리

행위반가치와 결과반가치란 각각 독일어의 Handlungsunwert와 Erfolgsunwert를 직역한 말이다. '반가치'란 가치에 반한다는 것, 즉 부정적 가치평가를 받는다는 뜻이다. 가치평가라 함은 옳다·그르다, 좋다·나쁘다, 정당하다·부당하다는 판단을 말하고 부정적 가치평가라 함은 그르다, 나쁘다, 부당하다 등을 의미한다.

행위반가치란 (결과가 어떻든 간에) “행위가 나쁘다, 부당하다”는 의미이고, 결과반가치란 (행위가 어떻든 간에) “결과가 나쁘다, 부당하다”는 의미이다. 따라서 행위반가치는 ‘나쁜 행위’, 결과반가치는 ‘나쁜 결과’라는 의미이다. 그러나 행위반가치나 결과반가치는 너무나 생소한 용어이므로 이하에서는 행위불법, 결과불법이라는 용어를 사용하기로 한다.

2. 범죄체계에서 행위불법과 결과불법

범죄행위에서 나쁜 행위(행위불법)와 나쁜 결과(결과불법) 중 어느 것을 중시하느냐에 따라 범죄의 성립 여부 및 그 형법적 평가에 대해 다른 견해를 가질 수 있다.

예를 들어 고속도로에서 준법운전을 하고 가다 무단횡단하는 행인을 치어 상처를 입힌 경우 나쁜 결과가 발생했다고 할 수 있다(결과반가치 혹은 결과불법 인정). 그러나 이 경우 운전자는 주의의무를 위반하지 않았기 때문에 나쁜 행위를 한 것은 아니다(행위반가치 혹은 행위불법 불인정). 이 사례에서 결과불법을 중시한다면 운전자에게 업무상과실치상죄를 인정하고, 행위불법을 중시한다면 업무상과실치상죄를 인정하지 않을 것이다. 이 경우 행위불법이 없어서 업무상과실치상죄의 구성요건에 해당하지 않는다고 할 수도 있고(통설·판례), 업무상과실치상죄의 구성요건해당성은 있지만 위법하지 않다고도 할 수 있다.

한편 甲이 A를 살해할 의사로 총을 쏘았는데 마침 A도 甲을 살해하려고 하였기 때문에 결과적으로는 정당방위가 된 경우(이를 우연방위라 한다), 甲에게 살해의사가 있고 정당방위의사는 없기 때문에 행위불법은 인정된다. 그러나 객관적으로는 정당방위가 되었기 때문에 결과불법은 인정되지 않는다고 할 수도 있다. 이 사례에서 행위불법을 강조하면 甲에 대해 살인기수죄를 인정할 것이다(판례). 그러나 결과불법을 강조하면 정당방위가 된다고 할 것이다. 중간적 입장에서는 행위불법을 인정하는 한편, 불능미수에서 요구되는 위험성 정도의 결과불법을 인정하여 살인죄의 불능미수를 인정할 수도 있다(다수설). 이 사례에서 행위불법과 결과불법은 주로 위법성조각 혹은 감경 여부와 관련되어 논의되는 것이다.

행위불법론과 결과불법론은 위법성의 본질과 관련하여 발전된 이론이지만, 오늘날에는 구성요건해당성판단에도 관련을 갖는 이론이라는 것이 인정되고 있다.

Ⅱ. 결과불법(반가치)론과 행위불법(반가치)론의 발전

1. 결과불법(반가치)론

결과불법론은 형법의 평가규범으로서의 성격을 강조하는 것이다. 계몽기의 형법학자들은 위법성을 단순히 규범위반이라고 하는 형식적 위법성 개념을 넘어서서, 위법성의 실질이 무엇인가 하는 문제를 논의하였다. 예컨대, 포이에르바하(Feuerbach)는 위법성의 실질을 권리침해로 파악하여 권리침해가 없으면 위법도 범죄도 없다고 하였다. 이후 19세기 후반 리스트(Franz von Liszt)는 위법성의 실질을 법익침해라고 보아 아무리 나쁜 행위(행위반가치 혹은 행위불법이 있는 행위)가 있더라도 법익침해를 수반하지 않으면 범죄가 될 수 없다고 보았다. 리스트의 법익침해설은 오늘날 지배적인 견해가 되었다.

이후 19세기 후반에서 20세기 초반의 인과적 행위론에 기초했던 범죄체계론에서는 범죄의 객관적인 측면과 주관적인 측면을 엄격하게 분리하여 객관적인 측면은 구성요건 및 위법성 등 불법요소로, 주관적인 측면은 책임요소로 분류하였다. 여기에서 불법요소란 권리침해 또는 법익침해와 같은 객관적 요소들이고, 고의·과실 등 행위자의 내심상태는 책임요소가 되었다.

2. 행위불법(반가치)론

행위불법론은 형법의 의사결정규범으로서의 성격을 강조하는 것이다. 1930년대의 목적적 행위론자들은 불법(구성요건해당성 및 위법성)판단에서도 객관적인 측면뿐만 아니라 행위자의 내심상태를 고려해야 한다고 하고, 이를 소위 '주관적 불법요소'라고 하였다. 이에 의하면 법익이나 권리 침해라는 객관적 결과보다 그에 이른 행위방법이 더욱 중요하고, 불법은 행위자와 무관하게 결정되는 것이 아니라 행위자의 인격 및 내심상태와 불가분하게 연결되어 있다고 한다. 이를 인적 불법론이라고도 하는데, 인적 불법론은 결과불법(결과반가치)보다 행위불법(행위반가치)을 강조한다.

극단적 행위(인적) 불법론에 의하면, 불법판단에서 중요한 것은 행위불법(행위반가치)뿐이고, 객관적·외부적 결과는 불법판단에서 아무런 영향을 미치지 못하며 단지 객관적 처벌조건으로서의 의미를 가질 수 있을 뿐이라고 본다. 이러한 입장을 일원적·인적 불법론 혹은 인적 불법일원론이라고 한다.

이에 의하면, 예를 들어 모든 주의의무를 다하면서 차를 운전한 운전자가 사람을 사상하는 결과를 발생시킨 경우, 결과불법은 있지만 주의의무위반이라는 행위불법은 없다. 불법판단에서 중요한 것은 행위불법이고 이 사례에서 행위불법이 없으므로 운전자는 무죄가 된다. 마찬가지로 운전자가 주의의무를 다하지 않아 사고를 발생시킨 경우 결과불법과 행위불법 모두 있지만, 불법판단에서는 결과불법은 중요하지 않고 주의의무위반이라는 행위불법만을 고려해야 한다.

3. 통설의 입장

오늘날의 통설은 불법판단에서 결과불법(반가치)과 행위불법을 모두 고려해야 한다고 하는 이원적 불법론을 따르고 있다. 즉 불법이 성립하기 위해서는 행위불법과 결과불법이 모두 있어야 하고 이 중 어느 하나가 흠결되었을 때에는 범죄가 성립할 수 없다고 한다. 형법의 평가규범과 의사결정규범적 성격을 모두 강조하는 입장이다.

결과불법만으로 불법을 판단하는 결과불법일원론은 불법을 객관적으로 판단함으로써 인권보장을 기하려고 하는 의도에서 주장된 것이다. 그렇지만 일정한 법익침해의 결과만 발생시키면 그것을 불법이라고 하고 책임단계의 심사까지 나아가는 것은 사고의 낭비라고 할 수 있다. 형법적 평가의 초기단계인 불법판단에서부터 결과불법뿐만 아니라 행위불법을 고려하여 결과불법이 있더라도 행위불법이 없는 경우에는 형법적 평가를 종료하는 것이 인권보장에 유리할 수도 있기 때문이다.

결과불법일원론은 고의범과 과실범의 구성요건을 따로 규정하고 있는 형법의 태도와도 부합하지 않는다. 예컨대 형법은 살인죄, 상해치사죄와 과실치사죄의 각 법정형을 달리 규정하고 있다. 고의범과 과실범은 결과불법에서는 차이가 없고 행위불법에서 차이가 있는데, 결과불법일원론에 의하면 구성요건단계에서는 고의범과 과실범을 구별할 필요가 없기 때문이다.

행위불법일원론에 의하면 과실범의 미수도 벌해야 한다. 왜냐하면 과실범의 미수에서도 결과불법은 없지만, 주의의무위반이라는 행위불법은 인정되기 때문이다. 행위불법일원론은 기수와 미수를 구별하여 처벌하는 우리 형법의 규정과도 맞지 않는다. 행위불법일원론에 의하면 미수와 기수 모두에서 기수의 고의가 있어 행위불법에서는 동일하므로 미수와 기수를 구별하여 처벌할 필요가 없기 때문이다.

Ⅲ. 결과불법(반가치)과 행위불법(반가치)의 내용

1. 결과불법(반가치)의 내용

결과불법(반가치)의 내용은 법익의 침해 또는 위태화라고 할 수 있다. 법익의 침해란 생명, 자유 등 형법적으로 보호하는 이익의 전부 또는 일부를 상실케 하는 결과를 말한다. 법익의 위태화란 법익침해의 위험을 발생시키는 것, 즉 형법이 보호하는 이익의 전부 또는 일부가 상실될 가능성을 생기게 하거나 그 가능성을 높이는 것을 말한다.

예를 들어 甲이 A를 살해할 의사로 음료수에 몰래 설탕 한 스푼을 타 마시게 한 경우, 행위불법은 인정될 수 있지만, A의 생명에 대한 침해는 물론 위태화도 없기 때문에 결과불법이 인정되지 않는다.

2. 행위불법(반가치)의 내용

행위불법의 내용은 주관적 요소와 객관적 요소로 나누어진다. 행위불법(나쁜 행위)이 있다고 하기 위해서는 행위자에게 고의·과실 등의 불법적인 내심상태가 있어야 하고, 그 행위가 불법한 방법으로 수행되어야 한다.

(1) 주관적 요소

행위불법을 인정하기 위해서는 주관적 불법요소, 즉 고의·과실이 있어야 한다. 고의는 형법의 요구를 의식적으로 무시하는 것이므로, 행위불법을 인정하기 위해 필요한 가장 대표적인 요소이다. 과실 역시 필요한 주의를 다하면서 어떤 행위를 하라는 형법의 요구를 무시하는 것이다. 행위불법은 정도의 차이가 있을 수 있으므로 일반적으로는 고의의 행위불법이 과실의 행위불법보다 크다고 할 수 있다.

고의·과실 이외에 목적범에서의 목적 등도 행위불법의 주관적 요소이다.[1] 예를 들어 행사할 목적이 있는 통화위조행위(제207조 제1항, 행사할 목적으로 통용하는 대한민국의 화폐, 지폐 또는 은행권을 위조 또는 변조한 자는 무기 또는 2년 이상의 징역에 처한다)

1) 다만, 판례는 목적은 행위불법의 주관적 요소가 아니라 행위자요소인 신분이라고 한다(대판 1994. 12. 23. 93도1002).

는 불법이라고 할 수 있지만 행사할 목적이 없는 통화위조행위는 불법이라고 할 수 없다.

(2) 객관적 요소

다음과 같이 행위의 객관적 수행방법이 행위불법의 내용이 될 수 있다.[1)]

첫째, 행위의 주체, 즉 행위자요소가 행위불법의 존부와 정도에 영향을 미친다(who). 예를 들어 공무원이 뇌물을 수수해야 뇌물죄의 행위불법이 있다.

둘째, 행위의 장소가 행위불법에 영향을 미칠 수 있다(where). 예를 들어 해상에서 강도죄가 이루어져야 해상강도죄의 행위불법이 인정된다.

셋째, 행위의 시점이 행위불법에 영향을 미칠 수 있다(when). 야간에 행한 주거침입절도와 주간에 행한 주거침입절도의 행위불법이 다르다.

넷째, 행위의 방법에 따라 행위불법이 달라질 수 있다(how). 위험한 물건을 휴대한 폭행행위는 단순폭행행위보다 행위불법이 더 크다.

다섯째, 행위의 대상에 따라 행위불법이 달라질 수 있다(what). 보통살인죄와 존속살해죄는 행위불법이 다르다.

3. 결과불법과 행위불법의 상대성

법익의 침해나 위태화는 결과불법에 속하고, 고의·과실, 목적·동기 등과 같은 주관적 요소는 행위불법에 속한다고 할 수 있다.

그러나 위에서 행위불법의 내용으로 소개한 행위의 주체, 객체, 상황 등은 결과불법에 속한다고 할 수도 있다. 예를 들어 공무원이 뇌물을 받아야 뇌물죄의 결과불법이 있고, 위험한 물건을 휴대하여 폭행해야 특수폭행의 결과불법이 있고, 야간에 주거에 침입해 절도를 해야 야간주거침입절도죄의 결과불법이 있다고 할 수 있다.

따라서 행위자가 솜방망이를 야구방망이로 오인하고 상해행위를 한 경우 행위불법은 있지만, 상해라는 결과발생이 불가능한 경우이다. 이 경우 결과불법이 없다고 할 것인지 아니면 불능미수의 위험성 정도의 결과불법은 있다고 할 수 있는지에 따라 상해죄의 불능범 혹은 불능미수(제27조)를 인정할 수 있을 것이다.

---

1) 다만, 여기에서 언급하는 요소들은 행위불법만을 결정하는 것이 아니라 결과불법도 결정한다. 예를 들어 해상강도와 강도, 야간주거침입절도와 주간주거침입절도는 행위불법뿐만 아니라 결과불법도 다르다고 할 수 있다.

§11

제 4 절 인과관계와 객관적 귀속

제17조(인과관계) 어떤 행위라도 죄의 요소되는 위험발생에 연결되지 아니한 때에는 그 결과로 인하여 벌하지 아니한다.

Ⅰ. 인과관계의 형법적 의의

1. 문 제 점

인과관계를 문자대로 보면, 원인(因)과 결과(果)의 관계라는 뜻이다. 관계라는 말은 둘 이상의 존재 사이의 관련성을 말한다. 따라서 A와 B 사이에 인과관계가 있다고 하는 말은 'A가 B의 원인이다', 'B가 A의 결과이다', 'A 때문에 B가 발생했다'라는 의미이다.

일반적으로 인과관계는 수많은 존재 사이에도 논할 수 있는 것이지만, 형법적으로는 좀더 좁혀서 구성요건적 행위(실행행위)와 구성요건적 결과 사이의 인과관계의 문제이다. 예를 들어 甲이 A를 상해하기 위해 칼로 찔렀고(상해행위) A가 중상을 입고 B병원에 입원하여 치료를 받던 중 병원에 화재가 나서 사망한 경우 A가 중상을 입은 원인은 甲이 칼로 찌른 행위라는 것, 즉 甲이 칼로 찌른 행위와 A가 중상을 입은 것 사이에 인과관계가 있고 상해기수죄(제257조)에 해당된다는 것까지는 쉽게 판명된다. 그러나 A가 사망한 것이 甲이 칼로 찌른 행위 때문인지 병원의 화재 때문인지 문제될 수 있다. 만약 A의 사망의 원인이 병원에 난 화재라고 한다면 甲은 A의 사망에 대해서는 형사책임을 지지 않는다. "A의 사망의 원인은 甲이 칼로 찌른 행위이다" 혹은 "甲이 칼로 찌른 행위로 인해 A가 사망했다"라고 할 수 있어야 甲에게 A의 중상 이외에 A의 사망에 대해 형사책임을 물을 수 있다. 이 경우 甲은 상해기수죄에서 더 나아가 상해치사죄(제259조)로 처벌될 수 있다. 다시 말해 실행행위와 결과 사이에 인과관계가 있어야 행위자에게 결과에 대한 책임을 물을 수 있고, 인과관계가 없으면 책임을 물을 수 없다.

인과관계론의 의의는 행위자가 자신의 행위로 인해 발생한 '모든' 결과에 대해 책임을 져야 한다는 결과책임주의를 제한하는 것이다. 위의 사례에서 결과책임주의에 의하면 甲은 A의 사망에 대해 책임을 져야 한다. 또한 甲이 칼로 찌른 행위 때문에 A가 사망한 것이라면, 즉 甲의 행위와 A의 사망 사이에 인과관계가 있다고 한다면 역시 甲은 A의 사망에 대해 책임을 져야 한다. 그러나 병원의 화재 때문에 A가 사망한 것이라고 한다면, 즉 병원의 화재와 A의 사망 사이에 인과관계가 있고 甲이 찌른 행위와 A의 사망 사이에 인과관계를 인정할 수 없다면 甲이 A의 사망에 대해서는 책임을 지지 않는다.

인과관계론은 행위자의 범죄행위(실행행위)와 발생된 결과 사이에 어떤 방법에 의해 인과관계를 인정할 것인가의 문제를 다루는 것이다.

2. 인과관계논의의 실익

인과관계는 구성요건적 행위만 있으면 성립하는 거동범에서는 문제되지 않고, 구성요건적 행위 이외에 결과발생을 요하는 결과범에서만 문제된다. 결과범은 구성요건적 행위와 결과 사이에 인과관계가 있어야 완전히 성립할 수 있다.

(1) 고의결과범

살인죄나 상해죄와 같은 고의결과범에서 인과관계는 범죄의 기수·미수를 결정하는 기능을 한다. 예를 들어 甲이 A를 살해하는 행위를 하였고 A가 사망한 결과도 발생하였으나 甲의 살해행위와 A의 사망 사이에 인과관계가 인정되지 않으면 甲은 살인기수가 아닌 살인미수의 죄책만을 진다.

(2) 과실범과 결과적가중범

과실범에서 인과관계 유무는 과실범의 성립 여부를 결정하는 기능을 한다. 주의의무위반도 있고 결과도 발생하였지만 양자 사이에 인과관계가 없는 경우 과실범의 미수가 되는데, 과실범의 미수는 벌하지 않기 때문이다.

결과적가중범에서 인과관계 유무는 결과적가중범이 성립하는가 아니면 기본범죄만이 성립하는가를 결정한다. 기본범죄행위가 있고 중한 결과도 발생하였지만 양자 사이에 인과관계가 없는 경우 결과적가중범이 성립하지 않고 기본범죄만 성립한다. 앞의 사례에서 甲의 행위 A의 사망 사이에 인과관계가 인정되지 않으면 甲은 결과적가중범인 상해치사죄의 죄책은 지지 않고, 상해죄의 죄책만 진다.

3. 특히 문제되는 사례 유형

우연히 여러 개의 행위가 함께 발생(경합)하여 그 중 특정행위와 결과 사이의 인과관계 유무를 판정함에 있어 특히 문제되는 사례들을 유형화해보면 다음과 같다. 아래 각 사례에서 甲, 乙, 丙 사이에는 의사의 연락이 없어 각자의 행위는 독립적으로 경합한 것이다(제19조).

첫째, 택일적 경합이다. 이는 선택적인 수개의 행위가 있고 그 중 하나의 행위에 의해 결과가 발생한 경우를 말한다. 예컨대, 甲은 A를 살해하기 위해 치사량의 독약을 탄 냉수를 주었고, 옆에 있던 乙도 A를 살해하기 위해 치사량의 독약이 든 주스를 주었는데 A가 甲이 준 냉수를 마시고 사망한 경우이다.

둘째, 이중적 경합이다. 이는 수개의 행위가 동시에 결과를 발생시킨 경우를 말한다. 예컨대, 甲, 乙은 각각 A를 살해하기로 결심하고 있는 상황에서 각각 A에게 총을 쏘았고, 두 총알이 모두 심장에 명중하여 A가 사망한 경우이다.

셋째, 단절적 및 추월적 경합이다. 앞의 행위가 있은 후 뒤의 행위가 앞의 행위를 추월하여 결과를 발생시킨 경우, 앞의 행위는 단절적 경합, 뒤의 행위는 추월적 경합이 된다. 예컨대, 乙은 A를 살해하기 위해 63층 빌딩 옥상에서 A를 빌딩 밑으로 밀어버렸는데, A가 추락하는 도중 40층에서 이를 발견한 甲이 A를 반드시 자신의 손으로 죽여야 한다고 생각하고 총을 A에게 발사하였고 甲이 발사한 총에 의해 A가 사망한 경우이다. 여기서 乙의 행위에 대해서는 단절적 경합, 甲의 행위에 대해서는 추월적 경합이 문제된다.

넷째, 가설적 경합이다. 앞의 행위가 있은 후 비록 뒤의 행위가 있기는 했으나 앞의 행위에 의해 결과가 발생한 경우이다. 예컨대, 甲은 살해의사로 A가 탄 비행기에 시한폭탄장치를 하였고, 비행 도중 그 비행기가 엔진고장을 일으켜 추락하였지만 추락 도중 시한폭탄이 터져 A가 사망한 경우이다.

다섯째, 누적적 경합이다. 독자적으로는 결과를 발생시킬 수 없는 행위들이 결합하여 결과를 발생시킨 경우이다. 예컨대, 甲, 乙, 丙이 A를 살해하기 위해 치사량 10g의 독약을 차례로 3g, 4g, 3g씩 먹였고 이로 인해 A가 사망한 경우이다.

여섯째, 비유형적 결과발생 사례이다. 어떤 행위가 결과발생의 조건은 되지만 그 결과발생 과정에서 다른 사람의 행위나 특별한 사건이나 사정 등이 개입하여 결과가 발생한 경우이다. 예컨대, 甲이 상해의 고의로 A의 다리를 칼로 찔렀고 A는 상처를 치료하기 위해 B병원에 입원하였는데 그날 밤 병원에 화재가 났고 잠을 자던 A가 불에 타 사망한 경우이다.

Ⅱ. 인과관계에 관한 학설

1. 형법 제17조

독일과 일본형법은 인과관계에 관한 명문규정을 두지 않았고, 이에 따라 인과관계에 관해 다양한 학설이 전개되었다. 그런데 우리 형법 제17조는 인과관계라는 표제하에 "어떤 행위라도 죄의 요소되는 위험발생에 연결되지 아니한 때에는 그 결과로 인하여 벌하지 아니한다"라고 규정하고 있다. 즉 행위와 결과 사이의 인과관계 유무는 행위가 죄의 요소되는 위험발생에 연결되었는지의 여부에 의해 결정된다는 것이다.

행위는 구성요건적 행위, 결과는 구성요건적 결과를 의미하므로 '죄의 요소되는 위험발생' 및 '연결'의 의미가 제17조의 해석에서 핵심적인 사항이 된다.

2. 조 건 설

어떤 결과가 발생하기 위해서는 무수한 조건들이 필요하다. 조건설은 결과발생에 기여한 '모든 조건'들을 결과발생의 '원인'으로 파악하는 것이다. 조건들의 우열을 따지지 않고 모든 조건을 동일하게 원인으로 파악한다는 점에서 등가설이라고도 한다.

예를 들어 앞의 비유형적 결과발생 사례에서 甲이 A를 찌른 행위, A가 B병원에 입원한 것, B병원에 화재가 발생한 것, A가 중상을 입어 빠져나오지 못한 것 등 무수한 조건을 A의 사망이라는 결과의 원인으로 본다. 따라서 甲이 A를 찌른 행위도 A의 사망의 원인이 되므로 甲은 상해치사죄의 죄책을 진다.

(1) 전통적 조건설

전통적 조건설은 "앞의 행위(구성요건적 행위)가 없었다면 뒤의 결과가 발생하지 않았을 것"이라고 인정되는 경우 행위와 결과 사이의 인과관계를 인정한다. 자연과학에서 사용되는 인과관계개념을 형법에 그대로 받아들인 것이다. 이를 가설적 제거공식 또는 c.s.q.n.(conditio sine qua non) 공식이라고 한다.

전통적 조건설은 범죄행위만 있게 되면 그로부터 발생되는 모든 결과에 대해 인과관계를 인정하므로 기수범과 결과적가중범을 너무 넓게 인정하는 문제점이 있다. 즉 c.s.q.n 공식에 의하면, 아래에서 보듯 누적적 경합, 단절적 경합, 비유형적 결과발생 사례에서 등에서 인과관계를 인정한다. 반면, 택일적 경합, 이중적 경합, 추월적 경합, 가설적 경합에서는 인과관계를 인정하지 않아 인과관계를 너무 좁게 인정하는 문제점이 있다.

이와 같이 전통적 조건설은 인과관계를 너무 넓게 인정하여 결과책임을 제한하지 못하고, 동시에 인과관계를 너무 좁게 인정하여 행위자의 책임을 인정하여야 할 경우에도 인정하지 못하게 되는 등 형법의 목적을 달성하는 데에 문제점이 있다. 전통적 조건설은 일상생활에서 행위자에게 도의적 책임이나 정치적 책임을 인정하는 데에는 유용할 수 있을지 모르지만, 형사책임을 인정하는 근거로 사용하기에는 적절하지 않다.

쉬어가기

다음 사례에서 甲의 행위와 A의 사망 사이의 인과관계를 전통적 조건설에 따라 논하라. 모든 사례에서 각 행위자는 다른 행위자와 의사의 연락없이 단독으로 범행을 하려고 했고(제30조가 아닌 제19조 적용 사례), 누적적 경합 이외의 경우에는 각 행위자의 행위는 독자적으로도 결과를 발생시킬 수 있었다.

① 甲은 A를 살해하기 위해 독약을 탄 냉수를 주었다. 이 때 옆에 있던 乙도 A를 살해하기 위해 독약이 든 주스를 주었다. A는 甲이 준 냉수를 먹고 사망했다(택일적 경합: 선택적인 수개의 행위가 있고 그 중 하나의 행위에 의해 결과가 발생한 경우).

② 甲, 乙은 각각 A를 살해하기로 결심하고 있었다. 우연히 이들은 연설하는 A에게 각각 총을 쏘았고, 두 총알이 모두 심장에 명중하여 A는 사망하였다(이중적 경합: 수개의 행위가 동시에 결과를 발생시킨 경우).

③ 乙은 A를 살해하기 위해 63층 빌딩 옥상에서 A를 빌딩 밑으로 밀어버렸다. A가 추락하는 도중 40층에서 이를 발견한 甲은 A를 반드시 자신의 손으로 죽여야 한다고 생각하고 총을 A에게 발사하였다. A는 甲의 총에 맞아 사망하였다(추월적 경합: 앞의 행위가 있은 후 뒤의 행위가 앞의 행위를 추월하여 결과를 발생시킨 경우. 乙의 행위와 A의 사망 사이의 인과관계를 논할 때에는 단절적 경합이 된다. 단절적 경합: 추월적 경합에서 앞의 행위와 결과발생의 관계).

④ 甲은 살해의사로 A가 탄 비행기에 시한폭탄장치를 하였다. 그런데 비행 도중 그 비행기가 엔진고장을 일으켜 추락하였고, 추락 도중 시한폭탄이 터져 A는 사망하였다(가설적 경합: 앞의 행위 후에 뒤의 행위가 있었으나 앞의 행위에 의해 결과가 발생한 경우).

⑤ 甲·乙·丙은 A를 살해하기 위해 치사량 10g의 독약을 차례로 3g, 4g, 3g씩 먹였다. 이로 인해 A는 사망하였다(누적적 경합: 독자적으로는 결과를 발생시킬 수 없는 행위들이 결합하여 결과를 발생시킨 경우).

⑥ 甲은 상해의 고의로 A의 다리를 칼로 찔렀다. A는 상처를 치료하기 위해 B병원에 입원하였다. 그날 밤 병원에 화재가 났고 잠을 자던 A는 불에 타죽고 말았다(비유형적 결과발생 사례: 결과적가중범의 성립 여부).

【**설문의 해결**】 전통적 조건설의 c.s.q.n. 공식에 의하면 위의 사례 중 택일적·이중적·추월적·가설적 경합의 경우 "甲의 행위가 없었더라도 A의 사망이라는 결과는 발생하였을 것"(－甲 → A)이어서 "甲의 행위가 없었으면 A의 사망이라는 결과가 발생하지 않았으리라"(－甲 → －A)는 관계가 인정되지 않으므로, 甲의 행위와 A의 사망 사이에 인과관계가 인정되지 않는다. 한편 누적적·단절적 경합[1] 및 결과적가중범의 경우에는 甲의 행위(단절적 경합에서는 乙의 행위)가 없었더라면 A의 사망이라는 결과가 발생하지 않았을 것이기 때문에 인과관계가 인정된다.

---

(2) 합법칙적 조건설

1) 합법칙적 조건설의 내용 합법칙적 조건설은 c.s.q.n. 공식이 아니라 실제 발생한 행위와 결과 사이의 합법칙적 관련성 유무에 따라 인과관계를 판단한다. 어떤 행위가 외부세계의 변화를 일으키고 그것이 구성요건적 결과로 발생되었다는 것, 즉 행위에서부터 결과발생까지의 과정이 인간에게 알려진 모든 논리적·과학적·경험적 법칙들에 의해 설명가능한(합법칙적 관계에 있는) 경우에는 양자 사이의 인과관계를 인정한다.

합법칙적 조건설에 의하면 택일적·이중적·추월적·가설적·누적적 경합 및 비유형적 결과발생 사례에서 인과관계를 인정할 수 있다.[2] 단절적 경합에서는 (비유형적 결과발생 사례로 보아) 인과관계를 긍정할 수도 있고 부정할 수도 있을 것이다.

이러한 차이가 있기는 하지만 합법칙적 조건설은 전통적 조건설과 결론을 대부분 같이 하기 때문에 인과관계를 인정하는 범위가 너무 넓다. 이와 같이 조건설과 합법칙적 조건설은 인과관계론을 통해 형법상의 책임범위를 줄이지 못하

---

1) 전통적 조건설에서도 단절적 경합의 경우 언제나 인과관계가 인정되는 것은 아니다. ④의 사례에서 엔진고장으로 추락하여 A가 사망하였다면 甲의 행위와 A의 사망 사이에 인과관계가 인정되지 않는다.

2) 합법칙적 조건설은 이들 사례에서 인과관계의 판단에서 乙의 행위는 고려하지 말아야 한다는 것인데, 왜 그래야 하는지는 불분명하다.

기 때문에, 인과관계와는 별도의 기준인 객관적 귀속론에 의해 형법상의 책임범위를 줄이려고 한다.

2) 합법칙적 조건설의 문제점 합법칙적 조건설은 실제 이루어진 행위와 결과발생 사이의 관련성만을 고려한다고 하는데, 경합행위는 실제 있었던 행위임에도 불구하고 인과관계 판단에서 고려하지 말아야 하는 이유에 대한 설명은 하지 않는다. 그리고 전통적 조건설의 c.s.q.n 공식에서도 논리적·과학적·경험적 법칙을 고려한다. 예를 들어 甲이 A를 살해하기 위해 다량의 커피를 주었는데 A가 사망한 경우 甲이 커피를 주지 않았다면 A가 사망하지 않았을 것이라는 경험적·과학적 법칙이 없기 때문에 양자 사이의 인과관계를 부정한다.

무엇보다 합법칙적 조건설도 전통적 조건설과 같이 인과관계를 인정하는 범위가 너무 넓어 결과책임을 제한하려는 형법의 목표를 실현할 수 없다는 문제점이 있다. 이 때문에 합법칙적 조건설을 따르는 학자들은 후술하는 객관적 귀속론을 통해 형사책임을 제한하려고 한다. 그러나 이와 같이 인과관계와 형사책임의 인정 문제를 분리하여 살펴보는 것에도 문제가 있다. 이에 대해서는 후술하는 객관적 귀속론 부분에서 살펴보기로 한다.

3. 상당인과관계설

(1) 상당인과관계설의 개념

상당인과관계설에서는 행위와 결과 사이에 경험법칙상 상당성이 있을 때에만 인과관계를 인정한다. 상당성이란 '높은 가능성', 즉 '개연성'(probability, Wahrscheinlichkeit)을 의미한다. 즉, 일정한 행위가 있으면 일정한 결과가 발생할 개연성이 있는 경우에만 인과관계를 인정하고 일정한 결과가 발생할 가능성(possibility, Möglichkeit)만이 있는 경우에는 인과관계를 인정하지 않는다.

상당인과관계설은 인과관계를 원인과 결과의 관련성만이 아니라 형사책임의 인정기준으로도 파악한다. 즉, 형법 제17조에 규정된 인과관계는 형법상 독특한 인과관계를 의미하고, 이는 단순히 행위와 결과 사이의 형법 이전의 인과관계를 파악하는 데에 그치는 것이 아니라 결과책임의 제한이라는 형법의 목표를 달성하기 위한 것이라고 한다.

예를 들어 앞의 ⑥번 사례에서 합법칙적 조건설에 의하면 甲의 행위와 A의 사망 사이에 인과관계가 인정되지만 甲에게 A의 사망에 대한 책임까지 인정하는 것은 부당하기 때문에 객관적 귀속이라는 또 다른 기준을 제시한다. 그러나 상당인과관계설에서는 甲의 상해행위가 A가 병원화재로 사망하는 결과를 발생시킬 가능성은 있어도 개연성까지 있는 것은 아니라는 규범적 판단을 통해 상당인과관계와 함께 A의 사망에 대한 형사책임도 부정한다.

(2) 상당인과관계설의 종류

상당인과관계설은 상당성판단의 자료를 무엇으로 할 것인가, 즉 행위 당시에 어떤 사정이 있다는 것을 전제로 하여 행위와 결과발생 사이의 상당성을 판단할 것인가에 따라 주관적·객관적·절충적 상당인과관계설로 나뉜다.

주관적 상당인과관계설은 '행위 당시 행위자가 인식하였거나 인식할 수 있던 사정'을 기초로 하여, 객관적 상당인과관계설은 '행위 당시에 존재했던 모든 사정'을 기초로 하여, 절충적 상당인과관계설은 '행위 당시 일반인이 인식할 수 있었던 사정과 행위자가 특별히 알고 있었던 사정'을 기초로 하여 상당인과관계를 판단한다. 세 학설은 상당성판단의 기초가 되는 사정을 무엇으로 할 것인가에 따라 차이가 있고, 그러한 사정이 있을 경우 사회경험칙상 결과발생의 상당성(개연성)이 있는지 여부를 판단하는 방법에서는 동일하다.

쉬어가기

교사인 甲은 학생 A가 조회에 불참하였다는 이유로 왼쪽 뺨을 살짝 때렸다. 이 순간 A가 뒤로 넘어지면서 머리를 지면에 부딪쳐 사망하였다. 아무도 알 수 없었지만 A는 두개골이 0.5mm밖에 안되고(보통 사람은 3-5mm) 뇌수종을 앓고 있었는데, 이 때문에 머리를 지면에 부딪치고 사망하게 되었다는 것이 판명되었다. 甲은 A가 허약체질이라는 사실은 알고 있었지만, 특이체질과 뇌수종에 대해서는 알지 못하였다.

【설문의 해결】 주관적 상당인과관계설은 '행위(甲이 A의 뺨을 때리는 행위) 당시 행위자(甲)가 인식하였거나(허약체질인 A의 뺨을 때린다는 것) 인식할 수 있었던 사정'(甲이 A의 특이체질과 뇌수종을 알 수는 없었으므로 허약체질인 A의 뺨을 때린다는 사정)을 기초로 하여 사회경험칙상 A가 사망할 상당성·개연성이 있는가를 판단한다. 이에 의하면 허약체질인 A의 왼뺨을 살짝 때릴 경우 사회경험칙상 A가 사망할 가능성은 있다고 할 수 있더라도 개연성까지 있다고 할 수는 없으므로 상당인과관계가 부정된다.

객관적 상당인과관계설은 '행위 당시에 존재했던 모든 사정'(甲이 허약체질이면서 두개골이 0.5mm인 특이체질이고 뇌수종을 앓고 있는 A의 뺨을 때렸다는 사정)을 기초로 하여 상당성 여부를 판단한다. 이 경우 A가 사망할 가능성은 물론이고 개연성까지 있다고 할 수 있으므로 상당인과관계가 인정된다.

절충적 상당인과관계설은 '행위 당시 일반인이 인식할 수 있었던 사정'(아무도 A의 허약체질 및 특이체질과 뇌수종을 알 수 없었으므로 甲이 보통사람인 A의 뺨을 때린다는 사정)과 '행위자가 특별히 인식하였던 사정'(허약체질인 A의 뺨을 때린다는 사정)을 기초로 하여 상당성 여부를 판단한다. 이 경우 허약체질인 A의 뺨을 때린다고 하여 그가 사망할 개연성까지는 있다고 할 수 없으므로 상당인과관계는 인정되지 않는다.

【관련 판례】 대법원은 상당인과관계설에 의하는데, 위 상당인과관계설 중 정확하게 어떤 입장을 취했는지는 명확하지는 않다. 피해자가 '특이체질이나 지병' 등을 앓고 있는 사정이 있을 경우 대법원은 우선 "고등학교 교사가 제자의 잘못을 징계코자 왼쪽뺨을 살짝 때렸는데 뒤로 넘어지면서 사망에 이른 경우 위 피해자는 두께 0.5미리 밖에 안되는 비정상적인 얇은 두개골이었고 또 뇌수종을 가진 심신허약자로서 좌측뺨을 때리자 급격한 뇌압상승으로 넘어지게 된 것이라면 위 소위와 피해자의 사망간에는 이른바 인과관계가 없는 경우에 해당"한다고 보았다(대판 1978. 11. 28. 78도1961, 폭행치사죄의 인과관계 부정).

반면에 대법원은 "피해자를 2회에 걸쳐 두 손으로 힘껏 밀어 땅바닥에 넘어뜨리는 폭행을 가함으로써 그 충격으로 인한 쇼크성 심장마비로 사망케 하였다면 비록 위 피해자에게 그 당시 심관성동맥경화 및 심근섬유화 증세등의 심장질환의 지병이 있었고 음주로 만취된 상태였으며 그것이 피해자가 사망함에 있어 영향을 주었다고 해서 피고인의 폭행과 피해자의 사망간에 상당인과 관계가 없다고 할 수 없다."고 하였다(대판 1986. 9. 9. 85도2433, 폭행치사죄의 인과관계긍정).

---

(3) 상당인과관계설에 대한 비판

상당인과관계설에 대해서는 다음과 같은 비판이 제기된다.

첫째, 인과관계의 문제와 형사책임의 인정문제를 혼동하였다.

둘째, 상당성(개연성)과 가능성의 구별이 모호하다. 예를 들어 심한 고혈압환자의 뺨을 때린 경우 그가 사망할 가능성만 있는지 개연성까지 있는지 불분명하다. 이에 따라 상당성판단이 법관의 자의(恣意)에 맡겨져 법적 안정성을 해칠 수 있다.

셋째, 상당인과관계설은 결과적가중범의 성립범위를 축소시키려는 의도에서 고안된 측면도 있다. 그런데 형법 제15조 제2항은 결과적가중범의 성립요건으로서 '무거운 결과에 대한 예견가능성'을 규정하고 있다. 이것은 인과관계에 대해서는 조건설을 전제로 한 것일 수도 있다.[1)]

---

1) 대판 2010. 5. 27. 2010도2680 판결도 피고인의 폭행과 피해자의 사망 간에 인과관계는 인

4. 기타의 학설

현재 우리나라에서 이하의 학설들을 따르는 학자는 없으므로, 이들은 학설사적 의미밖에 없다. 그러나 이하의 학설들은 모두 조건설에 의할 경우 인과관계의 범위가 너무 넓다는 문제점을 해결하기 위한 목적으로 제시된 것이다.

(1) 원 인 설

조건설이 결과발생의 '모든 조건'을 원인으로 파악하는 데에 비해 원인설은 그 중 '일정한 조건'만이 원인이 될 수 있다고 한다. 조건설이 모든 조건을 동일하게 다루는 데에 비해, 원인설은 조건들을 조건과 원인으로 다르게 평가한다. 원인설은 원인이 되는 '일정한 조건'이 무엇이라고 하느냐에 따라 최종조건설, 최유력조건설, 필연조건설, 동적 조건설, 위험관계조건설 등 다양한 견해로 나눠진다.

원인설은 '어떤 조건만을 원인으로 해야 하는가' 하는 규범적 판단을 개입시킨 것이므로, 무엇이 최종, 최유력, 필연, 동적, 위험관계조건인지가 불분명하다는 비판이 제기된다.

(2) 인과관계중단설

인과관계중단설은 행위와 결과발생 사이에 고의·과실행위나 자연적 사실이 개입된 경우 인과관계가 중단되므로 행위와 결과 사이에 인과관계를 부정하는 입장이다. 예를 들어 앞의 설문[1]의 ⑥ 사례(비유형적 결과발생 사례)에서 병원의 화재는 고의방화행위나 실화행위 혹은 자연발생적 사고일 것이므로 甲의 행위와 A의 사망 사이의 인과관계가 중단되고 이에 따라 양자 사이에 인과관계를 부정한다.

인과관계중단설에 대해서는 인과관계란 유무만을 판단할 수 있는 것이지 일단 존재했던 인과관계가 중단된다는 것은 있을 수 없으므로 개념혼란에 빠진 이론이라는 비판이 제기된다.

(3) 목 적 설

인과관계의 문제를 심층심리학에 입각하여 해결하자고 하는 견해이다. 예를 들어 앞의 설문의 ③번 단절적 경합 사례에서 상당인과관계설 등에 의하면 乙의 행위와 A의 사망 사이에 인과관계가 부정된다고 하더라도 심층심리학의 입장에

정되지만 피해자의 사망에 대한 예견가능성은 없다는 이유로 폭행치사죄의 성립을 부정한다.

1) 제2편 제2장 제4절 Ⅱ.2.(1)의 설문.

서 보면 乙과 A의 사망 사이에 인과관계가 인정되고 따라서 乙은 살인기수의 죄책을 져야 한다고 한다.

목적설에 대해서는 심층심리학적 기준이 확실하지 않아 인과관계 판단에 법적 불안정이 초래될 수 있다는 비판이 제기된다.

5. 판 례

판례는 일찍부터 상당인과관계설을 따른다고 표방하였고(대판 1946. 3. 26. 4279형상1), 이러한 태도를 지금까지 유지해 오고 있다(대판 2017. 3. 15. 2016도17442). 즉, 판례는 어떤 행위와 결과 사이에 상당인과관계가 있는지 여부를 토대로 판시하고 있다.

[대판 2020. 8. 27. 2015도9436 전합] 행위자가 간음의 목적으로 피해자에게 오인, 착각, 부지를 일으키고 피해자의 그러한 심적 상태를 이용하여 간음의 목적을 달성하였다면 위계와 간음행위 사이의 인과관계를 인정할 수 있고, 따라서 위계에 의한 간음죄가 성립한다.

[대판 1984. 12. 11. 84도2347] 피해자의 머리를 한번 받고 경찰봉으로 때린 구타행위와 피해자가 외상성 뇌경막하 출혈로 사망할 때까지 사이 약 20여 시간이 경과하였다 하더라도 그 사이 피해자는 머리가 아프다고 누워 있었고 그 밖에 달리 사망의 중간요인을 발견할 자료가 없다면 위 시간적 간격이 있었던 사실만으로 피고인의 구타와 피해자의 사망 사이에 인과관계가 없다고 할 수 없다.

[대판 1982. 11. 23. 82도1446] 강간을 당한 피해자가 집에 돌아가 음독자살하기에 이른 원인이 강간을 당함으로 인하여 생긴 수치심과 장래에 대한 절망감 등에 있었다 하더라도 그 자살행위가 바로 강간행위로 인하여 생긴 당연의 결과라고 볼 수는 없으므로 강간행위와 피해자의 자살행위 사이에 인과관계를 인정할 수는 없다.

또한 판례는 행위자의 실행행위가 결과 발생의 유일한 원인이거나 직접적 원인이어야만 하는 것은 아니라고 한다.

[대판 1994. 3. 22. 93도3612] 살인의 실행행위와 피해자의 사망과의 사이에 다른 사실이 개재되어 그 사실이 치사의 직접적인 원인이 되었다고 하더라도 그와 같은 사실이 통상 예견할 수 있는 것에 지나지 않는다면 살인의 실행행위와 피해자의 사망과의 사이에 인과관계가 있는 것으로 보아야 한다.[1]

---

1) 상해치사죄에 대해 같은 취지의 판결로, 대판 2012. 3. 15. 2011도17648. 교통사고에서 같은

한편, 과실범이나 결과적 가중범의 인과관계의 경우에도 판례는 기본적으로 상당인과관계설에 의하고 있다(각 과실범, 결과적 가중범 부분 참조).

판례는 부작위범의 경우에도 작위의무를 이행하였다면 그 결과가 발생하지 않았을 것인가의 관점에서 인과관계 유무를 판단하고 있다(대판 2015. 11. 12. 2015도6809 전합 외 다수판결; 상세는 부작위범 부분 참조).

[대판 2018. 5. 15. 2016도13089] 의사의 설명의무 위반을 이유로 한 형사상 책임을 묻기 위해서는 의사가 시술의 위험성에 관하여 설명을 하였더라면 환자가 시술을 거부하였을 것이라는 점이 합리적 의심의 여지가 없이 증명되어야 한다.

판례들은 부작위범의 경우 조건설과 같은 표현을 하고 있다. 그러나 판례가 작위범에서는 상당인과관계설, 부작위범에서는 조건설을 따른다고 할 수는 없다. 모든 판례들에서 상당인과관계설에 의해도 같은 결론이 나오기 때문이다. 따라서 판례는 전통적 조건설처럼 표현하지만, 사실은 상당인과관계설을 따르거나, 전통적 조건설에 따른 인과관계가 인정되지 않는 경우에는 상당인과관계를 논할 필요가 없다는 입장이라고 해석해야 할 것이다.

6. 결 어

인과관계에 대한 해석학적 접근을 할 때에 가장 중요한 것은 먼저 명문규정의 의미를 명확하게 하는 것이다. 형법 제17조에 의하면 인과관계는 '어떤 행위'와 '그 결과' 사이의 인과관계를 말하고, 양자 사이의 인과관계 유무는 '어떤 행위'가 '죄의 요소되는 위험발생'에 '연결'되었는지의 유무이다.

'어떤 행위'에서 '행위'란 '구성요건적 행위'라고 할 수 있다. '죄의 요소되는 위험발생'에서 '죄'란 '범죄'를 말하고, '요소되는'이란 '범죄의 구성요소가 되는'이란 의미이다. 예를 들어 사망은 살인죄의 요소가 되고, 상해는 상해죄의 요소가 된다.

문제는 '위험발생'의 의미이다. 위험발생은 제10조 제3항, 제18조 등에서도 사용되고 있다. 세 규정을 분석해 보면, '위험발생'은 미래적·예견적인 것이고, '결과'는 현재적·현실적 의미를 가진 것임을 알 수 있다. 즉 '위험발생'이란 '행위 당시에 발생할 개연성이 있다고 예상할 수 있는 모든 형태의 결과'라고 할 수 있다. 예를 들어 칼로 사람의 심장을 찔러 살해하려고 하는 경우

취지의 판결로, 대판 2014. 7. 24. 2014도6206.

예견할 수 있는 사망의 결과발생 형태(위험발생)는 ① 피해자가 심장을 찔려 즉사하는 경우, ② 심장을 찌르려던 칼이 빗나가 목에 찔려 사망하는 경우, ③ 칼에 찔려 병원에 입원하여 며칠간 치료를 받다가 사망하는 경우 등 다양하다. 이 모두가 사망의 '위험발생'에 속하고, 이들 중 어느 하나가 발생하였다면 이것이 사망의 결과발생이다. 그러나 ④ 피해자가 칼에 찔려 도망가던 중 지진이 나서 사망하였다면 이것은 甲의 행위시에 발생할 개연성이 있다고 예상할 수 있는 결과가 아니므로 위험발생에 속하지 않는다.

행위가 위험발생에 '연결된다'라는 것은 발생된 결과가 행위 당시에 예상되었던 위험발생의 범위 안에 속한다는 의미라고 할 수 있다. 예를 들어 위의 사례 ①, ②, ③에서와 같이 행위시 개연성 있는 사망의 결과가 발생된 경우에는 칼로 찌른 행위가 사망의 위험발생에 연결되었다고 할 수 있다. 그러나 ④의 경우 그 사망의 결과는 칼로 찌르는 행위 당시에 발생할 개연성이 없었으므로, 칼로 찌른 행위가 사망의 위험발생에 연결되었다고 할 수 없다.

이렇게 본다면 형법 제17조에 가장 가까운 학설은 상당인과관계설이라고 할 수 있다. 일본개정형법가안이나 우리 형법이 제정되던 당시의 일본과 우리나라의 지배적인 견해는 상당인과관계설이었다는 점을 감안해도, 형법 제17조가 상당인과관계설의 입장을 취하였다고 보는 것이 솔직한 태도일 것이다.

Ⅲ. 객관적 귀속론

쉬어가기

甲은 2층에서 3세된 딸 A와 함께 놀고 있었는데, 그 건물에서 불이 났다. 다른 탈출방법이 없자 甲은 A가 부상을 입더라도 생명은 구해야 되겠다고 생각하고 A를 이불에 싸서 밑으로 던졌다. A는 땅에 떨어지면서 다리가 골절되는 상해를 입었다. 甲에게 상해기수죄를 인정할 수 있는가?

【설문의 해결】 상당인과관계설에서는 건물 밑으로 던진 행위와 딸의 부상 사이에는 상당인과관계가 인정되므로 甲의 행위는 상해기수죄에 해당된다고 할 것이다. 그러나 허용된 위험에 따른 행위로서 상해죄의 구성요건해당성이 없다고 하거나 사회상규에 위배되지 않는 행위로 위법성이 조각된다고 할 것이다.

이에 대해 객관적 귀속론에서는 甲의 행위와 A의 상해 사이에 합법칙적 조건설에 따른 인과관계는 인정되지만, A의 상해를 甲의 행위에 객관적으로 귀속시킬 수 없다고 한다. 그러나 甲의 행위를 상해행위로 보는 한 객관적 귀속이 부정되어도 甲의 행위는 상해미수죄에 해당되지만, 역시 허용된 위험에 따른 행위로 상해미수죄의 구성요건해당성이 없거나 사회상규에 위배되지 않는 행위로 위법성이 조각된다고 해야 한다.[1)]

---

1. 객관적 귀속론의 의의

조건설 내지 합법칙적 조건설에 의하면 인과관계를 인정하는 범위가 너무 넓어서 인과관계 단계에서 책임범위를 줄일 수가 없다. 이 때문에 책임범위를 줄이기 위한 다른 기준이 필요하게 되는데, 이것이 객관적 귀속론이다. 객관적 귀속론은 인과관계의 문제와 귀책(책임귀속)의 문제를 구별하여, 전자는 자연적 내지 전(前)법률적 인과관계 개념인 합법칙적 조건설에 의해 해결하고, 인과관계가 인정될 경우 형사책임이 문제되는 결과를 실행행위(구성요건적 행위)에 귀속시킬 수 있는지를 문제삼는다.

객관적 귀속론은 인과관계의 문제와 형사책임의 인정 문제를 구별한다는 점에서 상당인과관계설과 구별된다. 상당인과관계설에서는 일정한 행위에서 어떤 결과가 발생할 것인가와 같이 전망적 성격이 강한 데에 비해, 객관적 귀속론에서는 이미 발생한 결과를 실행행위에 귀속시킬 것인가 하는 회고적 성격이 강하다.

예를 들어 앞의 상당인과관계에 관한 ①사례(택일적 경합), ②사례(이중적 경합), ③사례(추월적 경합) 사례에서는 A의 사망을 甲의 행위에 객관적으로 귀속시킬 수 있지만, ⑥의 사례(비유형적 결과발생 사례)에서는 A의 사망을 화재에 귀속시킬 수 있을지 몰라도 甲의 행위에 귀속시킬 수는 없다고 한다.

2. 객관적 귀속의 기준

구성요건적 결과를 실행행위에 귀속시키기 위한 기준으로서 위험증대이론, 지배가능성이론, 규범의 보호범위이론 등이 제시되고 있다.

(1) 위험증대이론

위험증대이론은 어떤 행위가 보호객체에 대한 위험을 야기·증대시키는 행위인 경우에만 발생된 결과를 그 행위에 귀속시키고, 그 행위가 위험을 감소시키거

---

1) 이 사례에 대한 합리적 해결은 상당인과관계설과 객관적 귀속론 중 어느 것을 따르느냐에 달려있는 것이 아니라, 甲의 행위를 상해행위로 볼 것인가이다. 상해행위로 보게 되면 어떤 견해든 상해 기수 또는 미수의 위법성조각여부를 문제삼아야 할 것이고, 상해행위로 보지 않으면 상해죄의 구성요건해당성이 없다고 할 것이다.

나 허용된 위험의 범위 내의 행위인 경우에는 발생된 결과를 그 행위에 귀속시킬 수 없다는 이론이다.

앞의 설문에서 아버지 甲의 행위는 딸의 생명·신체에 대한 위험을 감소시킨 행위이므로 딸의 부상이라는 결과를 甲이 1층으로 던진 행위에 객관적으로 귀속시킬 수 없다고 한다.

또한 위험을 야기·증대시킨 행위라고 하더라도 그 위험이 실현되어 발생된 결과가 아니라면 그 결과를 행위에 귀속시킬 수 없다. 앞의 ⑥의 사례(비유형적 결과발생 사례)에서 A의 사망은 甲이 야기·증대한 위험이 실현된 것이 아니므로 A의 사망을 甲의 행위에 귀속시킬 수 없다.

(2) 지배가능성이론

지배가능성이론이란 행위자가 그 결과발생 여부를 지배할 수 있었던 경우에만 객관적 귀속을 인정할 수 있고, 그 결과발생 여부를 지배할 수 없었던 경우에는 객관적 귀속이 인정되지 않는다는 이론이다. 회피가능성이론이라고도 한다.

예를 들어 甲이 댐을 제대로 관리하지 않아서 댐이 무너진 경우 甲은 댐의 붕괴를 회피할 수 있었으므로 댐의 붕괴를 甲의 관리소홀행위에 귀속시킬 수 있다. 그러나 지진이 발생하여 댐이 붕괴된 경우 이 결과는 甲에게 지배가능성이나 회피가능성이 없기 때문에 설사 甲이 댐관리를 소홀히 했다 하더라도 댐의 붕괴가 甲의 관리소홀행위에 귀속되지 않는다는 것이다.

(3) 규범의 보호목적이론

규범을 위반하여 위험을 증대·야기시킨 경우라고 하더라도 발생된 결과가 규범의 보호목적범위에 속하지 않는 경우에는 그 결과를 규범위반행위에 귀속시킬 수 없다는 이론이다.

예를 들어 甲이 A를 폭행하였는데, 마음이 여린 A가 이를 비관하여 자살한 경우, A의 사망을 甲의 폭행행위에 귀속시킬 수 없다. 폭행죄를 금지하는 규범의 보호목적에는 폭행당한 사람의 자살방지라는 목적까지 포함되어 있다고 할 수 없기 때문이라는 것이다.

3. 객관적 귀속론에 대한 비판

객관적 귀속론에 대해서는 다음과 같은 비판이 제기된다.

첫째, 객관적 귀속론은 인과관계에 관한 명문규정이 없고, 판례가 인과관계에 관해 조건설을 취하는 독일에서 발전된 이론이지만, 우리나라에서는 인과관계에 관한 명문규정을 두고 있고, 판례가 상당인과관계설을 따르고 있기 때문에 굳이 객관적 귀속론을 도입할 필요가 없다.

둘째, 형법 제17조는 형법상 고유한 인과관계 개념을 규정한 것이라고 할 수 있다. '어떤 행위', '죄', '요소', '위험발생', '결과' 등 제17조에 규정된 모든 개념들은 형법 이전의 개념이 아니라 형법상의 개념들이다. 따라서 우리나라에서 형법 이전의(前法律的) 인과관계 개념인 합법칙적 조건설을 따른 후 이어 형법적 책임 문제를 결정하기 위해 객관적 귀속론을 별도로 논할 당위성이나 필요성이 전혀 없다.

셋째, 형법 제17조가 인과관계와 객관적 귀속을 모두 규정하고 있다는 견해가 있다. 그러나 우리 형법의 제정 당시에는 객관적 귀속론이 우리나라에 알려지지도 않았기 때문에 이는 무리한 해석이다. 오히려 형법 제17조는 형법 제정 당시 일본과 우리나라의 다수설인 상당인과관계설을 규정하였다고 해석하는 것이 훨씬 간명하다.

넷째, 객관적 귀속론이 모든 사례들을 의심없이 분명하게 해결해 주는 것도 아니다.[1)]

다섯째, 객관적 귀속론은 다양한 귀속의 기준을 제시하고 있지만, 어떤 경우에 어떤 기준을 따를 것인지 분명하지 않다. 객관적 귀속론에 따른 대부분의 결론은 동어반복에 그친다. 이에 비해 상당인과관계설처럼 상당성 혹은 개연성이라는 단일한 기준을 사용하는 것이 훨씬 명쾌하다.

1) 예를 들어 독일의 경우 자전거를 추월하려면 150cm의 간격을 두어야 하는데 트럭운전자가 1m의 간격만을 두고 추월하던 중 술취한 자전거 운전자가 왼쪽으로 쓰러지면서 트럭에 치여 사망하였고, 설사 트럭운전자가 150cm의 간격을 두고 추월했다 하더라도 자전거 운전자가 사망하였을 확률이 높은 사건에서, 위험증대이론을 따르는 학자들 사이에서도 객관적 귀속 여부에 대해 의견이 갈린다. 추월적 경합, 이중적 경합, 가설적 경합 등에서도 학자에 따라서는 위험증대가 없다고 할 수도 있다. 비유형적 결과발생 사례(⑥)에서도 비유형적의 범위가 불분명하고, 그것이 객관적 귀속을 부정하는 실질적 근거를 제시하지 못한다.

§12

제 5 절 주관적 구성요건요소

Ⅰ. 고 의

제13조(고의) 죄의 성립요소인 사실을 인식하지 못한 행위는 벌하지 아니한다. 다만, 법률에 특별한 규정이 있는 경우에는 예외로 한다.

1. 형법 제13조 및 제14조

형법은 원칙적으로 고의범만을 벌하고, 과실범은 법률에 특별한 규정이 있는[1] 예외적인 경우에만 벌하도록 규정하고 있다(제13조, 제14조). 그리고 과실범은 처벌되더라도 그 형벌이 고의범에 비해 현저히 낮다(제250조 살인죄는 사형, 무기 또는 5년 이상의 징역형인 반면, 제267조 과실치사죄는 2년 이하의 금고 또는 700만 원 이하의 벌금형). 따라서 고의와 과실의 구별은 해석학적으로 매우 중요한 의미가 있다.

제13조는 사실의 인식이 없으면 고의가 없다는 취지인데, 이것이 논리적으로 사실의 인식이 있다고 하여 고의가 있다는 의미가 되지는 않는다. 제13조는 고의에 필요한 최소한의 요건으로서 사실의 인식만을 규정한 것이지 그 이외에 고의 성립에 어떤 요소가 필요한지, 필요하다면 그것이 무엇인지는 해석에 맡겨져 있다.

예를 들어 비오는 날 식당에서 나오면서 자기 우산과 유사한 타인의 우산을 들고 간 행위는 절도죄의 객관적 구성요건해당성이 있고, 이 경우 행위자에게 절도의 고의가 있으면 절도죄로 처벌될 수 있지만, 고의가 없으면 과실절도행위가 되어 처벌되지 않는다. 여기에서 행위자의 내심상태는 ① "남의 우산이지만 그냥 쓰고 가자"(확정적 고의), ② "내 우산인지 남의 우산인지 잘 모르겠지만 남의 우산이더라도 그냥 쓰고 가자"(미필적 고의), ③ "남의 우산일지도 모르지만 설마 내 우산일테니 쓰고 가자"(인식있는 과실), ④ "내 우산이니 쓰고 가자"(인식없는 과실) 등으로 나눌 수 있다. 이 중 어느 경우까지 절도의 고의를 인정할 수 있을지 문제된다.

---

1) 대판 2010. 2. 11. 2009도9807: 행정상의 단속을 주안으로 하는 법규라 하더라도 '명문규정이 있거나 해석상 과실범도 벌할 뜻이 명확한 경우'를 제외하고는 형법의 원칙에 따라 고의가 있어야 벌할 수 있다.

2. 고의의 개념

고의의 개념은 미필적 고의와 인식있는 과실을 어떻게 구별할 것인가를 중심으로 전개된 이론이다. 현재 우리나라의 통설·판례는 인용설 혹은 감수설에 의해 양자를 구분하여 위의 사례에서 ①의 확정적 고의, ②의 미필적 고의만을 고의로 인정하므로 고의의 본질에 관한 학설들은 연혁적 의미밖에 없다.

(1) 인 식 설

구성요건실현에 대한 인식이 있으면 고의가 성립한다는 견해로서, 고의의 지적 요소를 강조한다. 이 견해에 의하면 미필적 고의뿐만 아니라 인식있는 과실도 고의가 된다. 구성요건적 결과발생의 가능성을 인식한 경우에는 미필적 고의가 인정된다고 하는 가능성설, 구성요건적 결과발생의 가능성을 인식한 때에는 인식있는 과실이지만 개연성을 인식한 경우에는 미필적 고의라고 하는 개연성설 및 허용되지 않은 위험을 인식한 경우에 미필적 고의라고 하는 위험인식설 등은 모두 인식설에 속한다.

(2) 의 사 설

고의가 성립하기 위해서는 구성요건실현을 의욕해야 한다는 견해로서, 고의의 의지적 요소를 강조한다. 의사설에 의하면 인식있는 과실은 물론 미필적 고의도 과실에 속하게 된다.

(3) 인 용 설

고의가 성립하기 위해서는 구성요건실현에 대한 인식 및 인용이 필요하다는 견해로서, 지적 요소와 의사적 요소 모두 고의 성립에 필요하다고 한다. 인용설에서 인용이란 "구성요건이 실현되어도 '할 수 없다'"는 내심상태를 말한다. 인용설에 의하면 인용이 있으면 미필적 고의, 인용이 없고 인식만 있으면 인식있는 과실이 되므로 형법적 효과에 있어서도 큰 차이가 난다.

인용설에 의하면 행위자가 구성요건실현을 의욕하였을 때에는 확정적 고의, 의욕하지는 않고 인용만 하였을 경우에는 미필적 고의, 구성요건실현을 인식하였으나 인용하지 않은 경우에는 인식있는 과실, 인식도 하지 못한 경우에는 인식없는 과실이 된다.

예를 들어 앞의 사례에서 ①의 경우 절도죄를 범할 의지 내지 의사가 있고 (확정적 고의), ②의 경우 절도죄를 범할 의사는 없지만 절도죄에 대한 인식 및 인용이 있어서(미필적 고의) 절도죄의 고의가 인정된다. 이에 비해 ③의 경우 절도죄에 대한 인식은 있지만 인용이 없고(인식있는 과실), ④의 경우 절도죄에 대한 인식조차 없으므로(인식없는 과실) 절도죄의 고의가 인정되지 않는다. 앞의 두 경우에는 고의절도죄가 되지만 뒤의 두 경우는 과실절도가 되어 처벌되지 않는다.

(4) 감 수 설

감수설은 행위자가 구성요건실현을 감수하면 족하다고 한다.[1)] 감수란 '구성요건적 결과가 발생해도 할 수 없다'고 생각하는 행위자의 내심상태를 말한다. 이 견해는 인용이란 고의를 책임요소로 파악할 때나 가능한 개념으로서 '구성요건적 결과가 발생하면 좋겠다'라는 감정적 요소를 포함하므로 인용설은 부당하다고 한다. 그러나 인용이라는 말은 고의의 범죄체계상 지위와 무관한 개념이고, 우리나라에서 인용설을 따르는 학설과 판례 모두 감정적 요소가 필요하다고 한 적은 없다.[2)] '구성요건적 결과가 발생해도 할 수 없다'는 의사적 요소만 필요하다고 한다. 따라서 감수설과 인용설은 차이가 없다.[3)]

(5) 판 례

판례 중에는 "살인죄에 있어서의 범의는 자기의 행위로 인하여 타인의 사망의 결과를 발생시킬 만한 가능 또는 위험이 있음을 인식하거나 예견하면 족한 것이고 그 인식 또는 예견은 확정적인 것은 물론 불확정적인 것이라도 이른바 미필적 고의로 인정된다"고 하여 인식설을 따르는 듯한 판결들도 많이 있다(대판 2011. 12. 22. 2011도12927; 대판 1966. 3. 15. 65도966; 대판 1954. 1. 6. 4286형상120 외 다수판결).

그러나 "미필적 고의가 있었다고 하려면 결과발생에 대한 인식이 있음은 물론 나아가 이러한 결과발생을 용인하는 내심의 의사가 있음을 요한다"고 명백하게 밝히는 판례들도 있다(대판 2024. 4. 4. 2021도15080; 대판 2012. 10. 11. 2010도11053; 대판

---

1) 감수란 독일어 Einwilligung을 번역한 것으로 보이는데, Einwilligung은 감수보다는 인용이라고 번역하는 것이 더 적절하다.

2) 대판 1982. 11. 23. 82도2024는 "피해자가 사망하는 결과가 발생하더라도 용인할 수밖에 없다는 내심의 의사, 즉 살인의 미필적 고의가 있었다고 볼 수 있다"라고 한다. 이 사례에서 피고인은 '피해자가 사망하면 좋겠다'가 아니라 '피해자가 사망하지 않으면 좋겠다'고 생각하였다. 이와 같은 감정적 요소 유무와 상관없이 판례는 '피해자가 사망해도 할 수 없다'고 생각하였다는 이유로 미필적 고의를 인정한다.

3) 오히려 감수라는 용어의 문자상 뜻이 '달게(甘) 받아들인다(受)'는 것으로서 '인식하고(認) 받아들인다(容)'는 뜻의 인용이라는 용어보다 감정적 요소가 개입될 가능성이 더 크다. 따라서 인용이 감수보다 더 정확한 용어라고 할 수 있다.

2011. 12. 22. 2008도11847; 대판 1982. 11. 23. 82도2024; 대판 1969. 12. 9. 69도1671 외 다수판결).

판례들을 종합하여 보면, 인용설을 따르고 있다고 할 수 있다. 왜냐하면 살인죄의 경우 자신의 행위에 의해 사망의 결과가 발생할 수도 있다고 인식하고도 살해행위를 하였다면 사망의 결과발생에 대한 의욕 또는 적어도 인용이 있었다고 할 수 있기 때문이다.

3. 고의의 종류[1)]

(1) 확정적 고의

확정적 고의란 행위 당시 구성요건의 실현을 확실히 인식하고 의욕하는 행위자의 내심상태를 말한다. 구성요건의 실현을 인식하였다는 점에서 인식없는 과실과 구별되고, 구성요건의 실현을 의욕하였다는 점에서 인식있는 과실 및 미필적 고의와 구별된다.

(2) 불확정 고의

불확정 고의란 행위시에 결과발생, 행위의 대상 등에 대해 확실하게 결정하지 않은 상태에서 구성요건의 실현을 의욕·인용하는 행위자의 내심상태를 말한다 (대판 1985. 6. 25. 85도660).

1) 미필적 고의 미필적 고의란 행위자가 행위 당시 구성요건의 실현을 인식하였지만 그를 의욕하지는 않고 인용만 하는 내심상태를 말한다. 인용이란 구성요건이 실현되어도 할 수 없다는 행위자의 내심상태를 말한다. 미필적 고의도 확정적 고의와 형법적 효과는 같다.

[대판 1985. 6. 25. 85도660] 미필적 고의라 함은 결과의 발생이 불확실한 경우 즉 행위자에 있어서 그 결과발생에 대한 확실한 예견은 없으나 그 가능성은 인정하는 것으로 미필적 고의가 있었다고 하려면 결과발생에 대한 인식이 있음은 물론 나아가 이러한 결과발생을 용인하는 내심의 의사가 있음을 요한다.

미필적 고의의 유무 판단은, 실제 행위자가 가지고 있었던 심리적 상태를 밝혀내는 작업이기는 하지만 열 길 물 속은 알아도 한 길 사람 속은 모른다.

---

1) 독일에서는 고의를 의도적 고의(Absicht), 지정 고의(Wissentlichkeit), 미필적 고의(dolus eventualis)로 나누는데, 이를 우리 형법에 그대로 도입하는 견해가 있다. 그러나 Absicht는 의도라기보다는 목적이라고 번역하는 것이 더 적당하다. 따라서 의도적 고의를 인정하게 되면 목적범을 단순 고의범으로 파악하게 될 위험이 있다.

따라서 현실적으로는 "외부에 나타난 행위의 형태와 행위의 상황 등 구체적인 사정을 기초로 일반인이라면 해당 범죄사실이 발생할 가능성을 어떻게 평가할 것인지를 고려"(대판 2004. 5. 14. 2004도74 외 다수판결)한 외부적 평가를 통해, 미필적 고의의 유무를 판단하게 된다.

[대판 2002. 10. 25. 2002도4089] 머리나 가슴 등 치명적인 부위가 아닌 허벅지나 종아리 부위 등을 주로 찔렀다고 하더라도 칼로 피해자를 20여 회나 힘껏 찔러 그로 인하여 피해자가 과다실혈로 사망하게 된 이상 피고인 甲, 乙이 자기들의 가해행위로 인하여 피해자가 사망할 수도 있다는 사실을 인식하지 못하였다고는 볼 수 없고, 오히려 살인의 미필적 고의가 있었다고 볼 수 있다.

[대판 1982. 12. 28. 82도2525] 피고인이 예리한 식도로 피해자의 하복부를 찔러 직경 5센티, 길이 15센티미터 이상의 자상을 입힌 결과 사망하였다면 일반적으로 내장파열 및 다량의 출혈과 자창의 감염으로 사망의 결과를 발생하게 하리라는 점을 경험상 예견할 수 있는 것이므로 피고인에게 살인의 결과에 대한 확정적 고의는 없다 치더라도 미필적 인식은 있었다고 볼 것이다.

[대판 2001. 3. 9. 2000도5590] 건장한 체격의 군인이 왜소한 체격의 피해자를 폭행하고 특히 급소인 목을 설골이 부러질 정도로 세게 졸라 사망케 한 행위에 살인의 범의가 있다고 본 사례(폭력의 태양 및 정도에 비추어 보면 이 사건 범행 당시 피고인에게 최소한 살인의 미필적 고의는 있었다고 한 사례)

[대판 2012. 8. 30. 2012도7377] 피해자가 만 12세 6개월인 중학교 1학년생이고, 몇살이냐는 피고인의 질문에 '중학교 1학년이라서 14살이다'라고 대답했고, 피해자는 키 약 155cm, 몸무게 약 50kg 정도로 중학교 1학년생으로서는 오히려 큰 편에 속하는 체격이었고, 피고인이 피해자를 모텔로 데리고 들어갈 때에도 모텔 관리자로부터 특별한 제지를 받은 바 없었던 점 등을 고려할 때 피고인에게 만 13세 미만 미성년자강간죄의 미필적 고의가 있다고 할 수 없다.

2) 택일적 고의 택일적 고의란 결과발생 자체는 의욕·인용하였으나 그 대상이 확실하게 정해지지 않은 경우의 고의를 말한다. 한 예로서 같이 걸어가는 A와 B 중 아무나 맞아도 좋다고 생각하고 총을 발사한 경우를 들 수 있다. 택일적 고의에 대해서는 대상이 둘인 경우만을 말한다는 소수설과 대상이 둘보다 많은 경우도 포함된다는 다수설이 있다. 대상의 수는 별 의미가 없으므로 둘 이상의 대상을 모두 포함한다는 다수설이 타당하다.

3) 개괄적 고의 개괄적 고의란 이른바 개괄적 고의 사례에서 행위자에게 고의기수의 죄책을 인정하기 위해 고안된 개념이다. 개괄적 고의 사례란 예컨

대 甲이 A를 살해하기 위해 몽둥이로 머리를 가격하고 A가 정신을 잃고 쓰러지자 사망한 것으로 오인하고 A의 사체를 은닉하기 위해 모래웅덩이에 파묻었으나 실은 A가 몽둥이에 맞아 사망한 것이 아니라 모래웅덩이에서 질식사한 경우를 말한다.[1] 이 사례에서 행위자에게 살인기수죄를 인정하기 위해 제시된 견해 중 하나가 개괄적 고의이론이다.

즉, 이 사례에서 살인미수죄와 과실치사죄의 경합범을 인정할 수도 있다. 그러나 두 행위를 개괄적으로 보아 첫 번째 행위시에 존재했던 살인고의가 두번째 행위에도 효력을 미친다고 한다면 甲이 살인고의로 사망의 결과를 발생시켰으므로 甲에게 살인기수죄를 인정할 수 있다. 이와 같이 여러 개의 행위로 이루어진 사건을 개괄적으로 포괄하는 고의를 개괄적 고의라고 한다.

그러나 통설은 개괄적 고의는 고의로서의 효력이 인정되지 않는다고 한다.[2]

(3) 사전고의와 사후고의

사전(事前)고의란 행위 이전에 존재했던 고의를, 사후(事後)고의란 행위 이후에 생긴 고의를 말한다.

예를 들어 甲이 자동차를 몰고 가다가 실수로 행인 A를 치어 상해를 입혔는데, 甲이 평소 A를 상해할 고의를 가지고 있었다면 이것을 사전고의, 사고 후 A가 상해를 입은 것을 발견하고 잘 되었다고 생각하였다면 이것이 사후고의이다.

고의는 행위 당시에 존재해야 하므로 사전고의나 사후고의 모두 고의로서의 효력이 인정되지 않는다. 따라서 위 사례에서 甲은 과실범의 죄책만을 질 수 있다.

4. 고의의 체계적 지위

(1) 책임요소설

인과적 범죄체계는 구성요건해당성을 객관적 사실판단이고, 모든 주관적 요소들은 책임판단의 대상이라고 하여 주관적 구성요건요소라는 개념을 인정하지 않았다.[3] 따라서 주관적 요소인 고의는 구성요건단계가 아니라 책임단계에서 문제되는 책임요소라고 하였다.

1) 대판 1988. 6. 28. 88도650에서 문제된 사례이다.
2) 후술하는 §15/Ⅲ 이하 참조.
3) 그러나 고의가 책임요소인지 구성요건요소인지는 행위론과 논리필연적 관계에 있는 것은 아니다. 따라서 사회적 행위론을 따르면서도 고의는 책임요소라고 하는 견해도 있다.

(2) 구성요건요소설

목적적 범죄체계에서는 행위자의 내심상태를 고려하지 않고서는 행위의 의미를 파악할 수 없으므로, 구성요건적 행위를 파악하기 위해서는 고의를 고려해야 한다고 하였다. 이에 의하면 고의는 주관적 구성요건요소이다. 목적적 범죄체계에서는 고의는 책임요소가 아니므로 책임단계에서는 아무런 기능도 하지 못한다고 하였다.

(3) 이중적 지위설

다수설은 고의는 주관적 구성요건요소임과 동시에 책임요소라고 하여 고의의 이중적 기능을 인정한다. 이 견해에 의하면 고의는 구성요건단계에서는 행위의 의미를 결정하는 기능을, 책임단계에서는 행위자의 비난가능성의 유무나 정도를 결정하는 기능을 한다.

(4) 결 어

甲이 A의 얼굴을 때렸을 때 그것이 폭행, 상해, 살인행위 중 어디에 해당되는지는 고의를 고려하지 않고서는 알 수 없다. 따라서 주관적 구성요건요소로서의 고의는 행위의 의미를 결정하는 기능을 한다.

한편 고의는 책임단계에서는 행위자의 책임, 즉 비난가능성 여부나 그 정도를 결정하는 기능을 한다. 예를 들어 어떤 사람의 발을 밟고 "실수로 밟았다"고 사과하는 것은 자신의 행위가 과실행위라는 의미뿐만 아니라 자신에 대해 고의범으로 비난하지 말아달라는 의미도 가지고 있다.

따라서 고의, 과실의 이중적 기능을 인정하는 것이 타당하다. 그러나 후술하는 것과 같이 위법성조각사유의 요건(전제)사실의 착오에 대해 제한책임설 중 법효과 제한책임설을 따르지 않는다면 고의·과실의 이중적 기능을 인정한다는 것은 큰 의미가 있는 것은 아니다. 예컨대 위험한 물건을 휴대하고 폭행한 행위는 구성요건단계에서는 단순폭행이 아니라 특수폭행이라는 의미를 결정하는 기능을 하지만, 책임단계에서는 행위자가 단순폭행이 아니라 특수폭행을 하였다는 이유로 비난의 정도가 높아지게 하는 기능도 하기 때문이다.

5. 고의의 성립요건

앞서 본 고의의 개념에 관한 인용설에 의할 경우 고의가 성립하기 위해서는 지적 요소로서 '죄의 성립요소인 사실'의 인식(제13조) 및 의지적 요소로서 죄의 성립요소인 사실의 실현에 대한 의욕 또는 인용이 필요하다.

(1) 지적 요소

1) 죄의 성립요소인 사실과 의미의 인식 통설에 의하면 죄의 성립요소인 사실은 구성 요건사실, 즉 객관적 구성요건요소를 말한다. 객관적 구성요건요소에는 행위의 주체, 객체, 방법, 상황, 결과, 인과관계 및 인과과정 등이 있는데, 통설, 판례에 의하면, 객관적 구성요건요소의 존재 및 그 의미를 인식해야 한다.

협의의 공범(교사범·방조범)의 경우 교사 내지 방조한다는 사실과 정범의 행위가 구성요건에 해당하는 행위라는 사실에 대한 인식이 있어야 한다.

[대판 2005. 4. 29. 2003도6056] 형법상 방조행위는 정범이 범행을 한다는 정을 알면서 그 실행행위를 용이하게 하는 직접·간접의 행위를 말하므로, 방조범은 정범의 실행을 방조한다는 이른바 방조의 고의와 정범의 행위가 구성요건에 해당하는 행위인 점에 대한 정범의 고의가 있어야 … (중략) … 또한 방조범에 있어서 정범의 고의는 정범에 의하여 실현되는 범죄의 구체적 내용을 인식할 것을 요하는 것은 아니고 미필적 인식 또는 예견으로 족하다.

이에 비해 책임능력이나 기대가능성 등 책임요소에 관련된 사실, 처벌조건, 소추조건 등에 대한 인식은 필요하지 않다.

[대판 1966. 6. 28. 66도104] 피고인이 본가의 소유물로 오신하여 이를 절취하였다 할지라도 그 오신은 형의 면제사유에 관한 것으로서 이에 범죄의 구성요건 사실에 관한 제15조 제1항은 적용되지 않는 것이므로 그 오신은 범죄의 성립이나 처벌에 아무런 영향도 미치지 아니한다.

고의의 성립에 인과관계 내지 인과과정의 인식 및 위법성의 인식이 필요한가에 대해서는 견해가 대립한다(자세한 내용은 후술함).

사실적 구성요건요소이건 규범적 구성요건요소이건 법률전문가에게 요구되는 정도의 인식까지 필요한 것은 아니고 '일반인 내지 보통사람들 수준에서의 인식'(보통 이를 '문외한으로서의 소박한 인식'이라고 표현한다)이면 족하다. 또한 대체적인 내용을 인식하면 족하고 구체적인 내용까지 인식할 필요는 없다. 따라서 수뢰하는 공무원이 자신이 공무원이라는 것을 인식하면 족하고 세무공무원인지 소방공무원인지까지 인식할 필요는 없고, 절취하는 가방이 재물이라는 것을 인식하면 족하지 그 소유자나 그 안에 들어있는 내용물까지 인식할 필요는 없다. 확정적 인식뿐만 아니라 미필적 인식이면 충분하다.

2) 행위의 주체 및 객체　신분범에서는 신분에 대한 인식이 있어야 한다. 수뢰죄(제129조)에서는 공무원 또는 중재인이라는 인식을, 횡령죄(제355조 제1항)에서는 자신이 타인의 재물을 보관하는 자라는 것을 인식을 해야 한다.

폭행죄(제260조)에서 사람의 신체, 절도죄에서 타인의 재물(제329조) 등과 같이 행위의 객체도 인식해야 한다. 그러나 사람의 신체라는 것을 인식하면 족하고 A의 신체인지 B의 신체인지 혹은 가슴인지 어깨인지까지 구체적으로 인식할 필요가 없고, 타인의 재물이라는 것을 인식하면 족하고 소유자가 구체적으로 A인지 B인지까지 인식할 필요는 없다.

3) 행위의 태양(방법)　모든 구성요건에는 행위의 태양(방법)이 규정되어 있는데 이를 인식해야 고의가 성립할 수 있다. 위험한 물건의 휴대(제261조, 제284조), 2인 이상의 합동(제331조 제2항, 제334조 제2항) 등 특수한 행위방법이 규정되어 있는 경우 그것도 인식해야 한다.

야간주거침입절도죄나 특수강도죄에서 '야간'(제330조, 제334조 제1항), 다중불해산죄에서 '단속할 권한이 있는 공무원으로부터 3회 이상의 해산명령을 받은 것'(제116조) 등 특수한 행위상황이 규정되어 있는 경우 이를 인식해야 한다.

4) 결과범에서 결과발생 및 구체적 위험범에서 위험발생　살인죄, 상해죄와 같이 고의결과범에서는 사망이나 상해와 같은 결과의 발생, 일반물건방화죄(제167조), 가스·전기등공급방해죄(제173조) 등과 같이 고의 구체적 위험범에서는 공공의 위험 발생에 대한 인식이 필요하다. 그러나 (과실범인) 실화죄(제170조 제2항)에서는 공공의 위험발생에 대한 인식이 필요하지 않다. 중상해죄(제258조 제2항)에서는 생명에 대한 위험발생에 대한 인식이 필요하기도 하고 필요하지 않기도 하다. 어떤 범죄에서 구체적 위험에 대한 인식이 필요한지 여부는 해석에 의해 결정된다.

5) 인과관계 내지 인과과정의 인식　통설은 고의가 성립하기 위해서 인과관계의 인식이 필요하다고 한다. 다만, 정확한 인과관계의 인식은 전문가들에게만 가능한 것이므로, 형법에서의 인과관계의 인식은 일반인 수준의 인식이면 족하다. 행위자가 인과관계를 잘못 인식한 경우에는 불능범이나 불능미수가 문제된다. 예를 들어 살인의 고의로 커피나 인삼을 준 사람은 커피나 인삼이 사망의 원인이 될 수 있다고 생각한 것으로서 인과관계를 착오한 것이다. 이 경우 불능범이나 불능미수가 문제된다.

통설은 고의성립에 인과과정의 인식도 필요하다고 한다. 인과과정이란 실행행위에서부터 결과발생에까지 이르는 과정을 말한다.

다만, 인과관계나 인과과정에 대한 정확한 인식은 전문가들에게도 불가능하기 때문에 그 본질적 부분에 대한 인식이 있으면 족하다. 즉, 청산가리를 먹이거나 칼로 심장을 찌르면 사람이 죽을 수 있다는 정도의 인식이면 족하다. 따라서 행위자가 인식한 인과과정과 실제 발생한 인과과정에 차이가 있을 경우, 그 차이가 중요하거나 본질적이 아닐 때에는 발생된 결과에 대한 고의가 인정된다. 그러나 그 차이가 중요하거나 본질적일 때에는 발생된 결과에 대한 고의가 인정되지 않는다.

6) 위법성의 인식　고의성립에 위법성의 인식도 필요한가에 대해서는 고의설과 책임설이 대립한다. 고의설은 주로 인과적 범죄체계론에서 주장하는 것으로서 위법성의 인식(가능성)이 사실의 인식과 함께 책임요소로서의 고의의 성립요소 중 하나라고 한다. 책임설은 목적적 범죄체계론이나 절충적 범죄체계론에서 주장하는 것으로서 고의는 주관적 구성요건요소이므로 위법성의 인식가능성은 고의와는 상관없는 독자적 책임요소라고 한다.

7) 부작위범의 경우　부진정 부작위범의 고의는 반드시 구성요건적 결과발생에 대한 목적이나 계획적인 범행 의도가 있어야 하는 것은 아니고 법익침해의 결과발생을 방지할 법적 작위의무를 가지고 있는 사람이 의무를 이행함으로써 결과발생을 쉽게 방지할 수 있었음을 예견하고도 결과발생을 용인하고 이를 방관한 채 의무를 이행하지 아니한다는 인식을 하면 족하며, 이러한 작위의무자의 예견 또는 인식 등은 확정적인 경우는 물론 불확정적인 경우이더라도 미필적 고의로 인정될 수 있다(대판 2015. 11. 12. 2015도6809 전합).

(2) 의지적 요소

고의의 의지적 요소는 구성요건실현에 대한 의욕 내지 인용이다. 전자를 확정적 고의, 후자를 미필적 고의라고 한다. 구성요건실현을 인식하였으나 의욕도 인용도 하지 않았으면 인식있는 과실이 될 수 있을 뿐이다.[1)]

1) 이와 같이 인용의 유무라는 작은 차이로 미필적 고의와 인식있는 과실을 구분하고 그 형법적 효과에 커다란 차이를 두는 것은 부당하다는 이유로, 영미법에서는 미필적 고의와 인식있는 과실을 모두 포괄하는 recklessness라는 개념을 사용한다. recklessness란 행위에서 발생할 수 있는 결과에 무관심하거나 결과를 예상하면서도 행위를 지속하는 행위자의 내심상태를 말한다.

(3) 고의의 입증문제

구성요건실현에 대한 인식, 인용 또는 의욕은 행위자의 내심상태이기 때문에 입증이 어렵다. 설사 의욕이나 인용을 한 피고인이라고 하더라도 재판에서는 인식조차 못하였다거나 인식은 하였지만 인용은 하지 않았다고 주장할 것이기 때문이다. 따라서 고의, 목적 등 주관적 요소의 존부는 객관적 상황을 종합하여 판단할 수밖에 없다.

> [대판 2000. 8. 18. 2000도2231] 피고인이 살인의 범의를 자백하지 아니하고 상해 또는 폭행의 범의만이 있었을 뿐이라고 다투고 있는 경우에 피고인에게 범행 당시 살인의 범의가 있었는지 여부는 피고인이 범행에 이르게 된 경위, 범행의 동기, 준비된 흉기의 유무·종류·용법, 공격의 부위와 반복성, 사망의 결과발생가능성 정도, 범행 후에 있어서의 결과회피행동의 유무 등 범행 전후의 객관적인 사정을 종합하여 판단할 수밖에 없다.

6. 행정형법과 고의

이상은 일반형법에서의 고의에 관한 논의이지만, 이것이 행정형법에서도 그대로 적용되어야 하는지는 의문이 있다. 행정형법에서는 행정법상의 의무위반행위를 처벌하는 규정들의 경우 규범적 구성요건요소를 많이 포함하고 있다. 여기에서 지적요소로서 '일반인의 소박한 인식', 의사적 요소로서 인용이 일반형법에서와 같은 정도라고 하게 되면 지나치게 처벌범위가 넓어지는 문제점이 있기 때문이다. 따라서 행정형법에서는 인식과 인용의 정도가 일반형법에 비해 좀더 높아야 한다고 해야 할 것이다. 예를 들어 '허가없이' 영업을 한 경우 무허가라는 인식이 위법성인식의 문제로 보아야 할지 고의의 문제로 보아야 할지 좀더 신중하게 따져보아야 한다.

Ⅱ. 과 실

> 제14조(과실) 정상적으로 기울여야 할 주의(注意)를 게을리하여 죄의 성립요소인 사실을 인식하지 못한 행위는 법률에 특별한 규정이 있는 경우에만 처벌한다.

1. 과실의 개념

(1) 과실범의 개념 및 성격

형법 제14조는 인식없는 과실만을 규정하고 있지만, 고의의 개념에 관한 인용설이나 감수설(인용설이 타당하다는 점은 앞서 살펴보았다)에 따르면 구성요건실현에 대한 인식은 있지만 인용이나 감수를 하지 않은 인식있는 과실도 과실이 된다.

인간은 다른 사람에게 피해를 주지 않도록 노력해야 할 의무가 있는데, 이를 주의의무라고 한다. 고의가 아니라 주의의무를 위반하여 타인의 법익을 침해하는 결과를 발생시킴으로 인해 처벌되는 행위를 과실범이라고 하고, 과실행위시 행위자의 내심상태에 대한 평가를 과실이라고 한다.

인간이 항상 주의를 한다는 것은 불가능하기 때문에, 주의의무위반이 있다 하더라도 결과를 발생시키지 않으면 처벌되지 않는다. 즉 과실범은 주의의무위반과 결과발생이 있는 경우만 처벌하는 결과범이고, 주의의무위반만이 있는 과실범의 미수는 벌하지 않는다. 또한 공공의 위험발생, 사람의 생명·신체침해 등 중대한 법익침해의 결과를 발생시킨 경우에만 처벌하고, 처벌하는 경우에도 그 형벌은 고의범에 비해 현저히 가볍다.

(2) 과실범의 처벌근거

과실범이 고의범보다 사회적 위험성이 반드시 적다고 할 수는 없다. 고의로 수백 명을 살해하는 사람은 거의 없지만, 대형 교통사고나 건설사고에서 보듯이 과실로 수십 명 혹은 수백 명을 사상(死傷)케 하는 일은 종종 있기 때문이다. 특히 사회적 유용성과 위험성이 큰 물질이나 시설들의 사용이 증가함에 따라 과실범에 의한 위험은 증대되고 있다.

그럼에도 불구하고 과실범을 예외적으로만 처벌하고, 그 형벌도 고의범보다 현저하게 가벼운 이유는 사회윤리적 내지 도의적 비난가능성이 고의범보다 적기 때문이라고 할 수 있다. "과실범은 위험하지만, 고의범처럼 사악하지는 않다."

형법에서 과실범을 처벌하는 특별규정을 둔 경우는 실화죄(제170조), 과실폭발성물건파열죄(제173조의2), 과실일수죄(제181조), 과실교통방해죄(제189조), 과실치사상죄(제266조-제268조), 업무상과실장물취득죄(제364조) 등 여섯 가지이다. 기타 형사특별법이나 특별형법에도 과실범을 처벌하는 규정이 있다.

(3) 과실범과 고의범의 비교

과실범은 고의범과는 다른 구조를 지니고 있다. 고의범에서는 행위 당시에 행위자가 실제로 인식하고 의욕·인용한 사실이 중요하다. 그러나 과실범에서는 행위 당시 행위자가 실제로 인식하고 의욕·인용한 사실은 형법적으로 중요한 의미가 있는 사실이 아니다.

예를 들어 차를 몰고 사무실로 가다가 실수로 교통사고를 낸 운전자의 경우 운전자가 인식·의욕하였던 사실은 사무실로 가는 것이었는데, 이러한 행위자의 내심상태는 형법적으로 중요한 의미를 갖지 않는다. 이 사건에서 형법적으로 중요한 것은 정상의 주의를 게을리하였다는 규범적 평가이다. 이러한 차이 때문에 과실범을 특수한 범죄유형으로 다루기도 한다.

2. 과실의 종류

(1) 인식없는 과실과 인식있는 과실

인식없는 과실이란 행위자가 행위 당시 주의의무를 위반하여 구성요건실현을 인식하지 못한 경우를 말한다. 인식있는 과실이란 행위자가 행위 당시 구성요건실현을 인식하였지만 인용하지 않은 경우를 말한다. 예를 들어 옆에 휘발유가 있다는 사실을 모르고 담배를 피우다가 화재를 발생시킨 경우는 인식없는 과실이고, 옆에 휘발유가 있어서 불이 날 수도 있지만 괜찮을 것이라고 생각하고 담배를 피우다가 화재를 발생시킨 경우는 인식있는 과실이다.

인식있는 과실과 인식없는 과실의 형법적 효과는 동일하다. 판례도 같은 입장이다(대판 1984. 2. 28. 83도3007). 다만, 양형시 법관이 양자에 차이를 둘 수는 있다.

[대판 1984. 2. 28. 83도3007] 소위 과실범에 있어서의 비난가능성의 지적 요소란 결과발생의 가능성에 대한 인식으로서 인식있는 과실에는 이와 같은 인식이 있고, 인식없는 과실에는 이에 대한 인식자체도 없는 경우이나, 전자에 있어서 책임이 발생함은 물론, 후자에 있어서도 그 결과발생을 인식하지 못하였다는 데에 대한 부주의 즉 규범적 실재로서의 과실책임이 있다고 할 것이다.

(2) 경과실·중과실·업무상과실

1) 경과실과 중과실 경과실이란 주의의무위반의 정도가 중과실의 경우처럼 크지 않은 것을 말한다. 중과실은 주의의무위반의 정도가 큰 경우, 즉 조금

만 주의를 했더라면 결과발생을 예견하고 회피할 수 있었던 경우의 과실을 말한다. 중과실과 경과실의 구별은 구체적인 경우에 사회통념을 고려하여 결정될 문제이다(대판 1980. 10. 14. 79도305).

[대판 1997. 4. 22. 97도538] 고령의 여자 노인이나 나이 어린 연약한 여자아이들은 약간의 물리력을 가하더라도 골절이나 타박상을 당하기 쉽고, 더욱이 배나 가슴 등에 상처가 생기면 치명적 결과가 올 수 있다는 것은 피고인 정도의 연령이나 경험 지식을 가진 사람으로서는 약간의 주의만 하더라도 쉽게 예견할 수 있음에도 그러한 결과에 대하여 주의를 다하지 않아 사람을 죽음으로까지 이르게 한 행위는 중대한 과실이라고 보아야 한다.

2) 업무상과실의 개념 업무상과실이란 일정한 업무에 종사하는 사람들의 주의의무위반을 말한다. 업무란 "사회생활상의 지위에 기하여 계속적으로 종사하는 사무나 사업을 의미하는 것으로서, 주된 업무뿐만 아니라 이와 밀접 불가분한 관계에 있는 부수적인 업무도 포함되는 것(대판 1989. 9. 12. 88도1752 외 다수판결)"이므로 일회적으로 종사하는 사무는 업무라고 할 수 없다. 예를 들어 호기심에 길에 시동이 걸려 있는 자동차를 운전하다가 사고를 낸 경우에는 계속성이 없어서 업무상과실이라 할 수 없다. 그러나 자동차를 사서 처음 운전하다가 사고를 낸 때와 같이 계속적인 의사가 있는 경우에는 계속성이 있기 때문에 업무상과실이다.

업무상과실은 가중처벌된다. 형법은 업무상과실과 중과실을 동일하게 취급하는 경우가 많다.

3) 업무상과실의 형벌가중근거 업무상과실의 형벌가중의 근거에 대해 ① 업무자에게는 일반인보다 더 높은 주의의무가 요구되기 때문이라는 견해, ② 업무자와 일반인의 주의의무는 동일하지만 업무자에게는 더 높은 예견의무가 요구되기 때문이라는 견해 및 ③ 업무자와 일반인의 주의의무는 같지만 업무자에게는 더 높은 주의능력이 있기 때문이라는 견해가 있다. ①의 견해는 업무상과실은 단순과실에 비해 불법(위법성)이 크다는 입장이고, ②, ③의 견해는 책임이 가중된다는 입장이라고 할 수 있다.

업무상과실을 가중처벌하는 이유는 업무자들은 일반인들보다 주의능력이 더 많고, 또 주의능력을 더 많이 갖출 것이 요구되기 때문이다. 프로선수는 더 높은 기량을 갖고 있고 또 가져야 하기 때문에 같은 실수를 하더라도 프로선수는 아마추어선수보다 더 많은 비난을 받게 되는 것과 마찬가지이다.

3. 과실의 범죄체계상의 지위

(1) 책임요소설

인과적 범죄체계에서는 고의와 마찬가지로 과실도 책임요소로서 행위자의 책임형식을 결정하는 기능만을 하였다. 과실을 책임요소로 볼 때의 문제점은 고의에서 살펴본 것과 같다.

(2) 위법성요소설

후술하는 허용된 위험의 원리를 과실범에 적용하여 허용된 위험범위 내에서의 행위는 위법하지 않고 허용된 위험을 초과하는 행위만이 위법하므로 과실은 위법성요소가 된다는 견해가 있었으나 현재 이러한 견해는 거의 없다.

(3) 구성요건요소설

목적적 범죄체계에서는 고의와 마찬가지로 과실도 구성요건요소라고 하였다. 이에 의하면 행위자의 내심상태를 고려해야 행위의 의미를 알 수 있기 때문에 고의뿐만 아니라 과실도 주관적 구성요건요소가 된다.

(4) 과실의 이중적 기능설

절충적 범죄체계에서는 고의와 마찬가지로 과실은 구성요건요소로서 뿐만 아니라 책임요소로서도 기능한다고 한다. 이에 의하면 주의의무위반은 구성요건단계에서 행위의 의미를 결정하는 기능만을 하는 것이 아니라 책임단계에서도 행위자에 대한 비난가능성의 여부나 정도를 결정하는 기능도 한다.

과실의 이중적 기능을 인정해야 하지만, 이는 고의의 이중적 기능을 인정하는 것에서 본 바와 같이 제한책임설 중 법효과제한책임설을 따르지 않는 한 큰 의미가 있는 것은 아니다.

4. 과실범의 성립요건

과실범의 성립요건은 구성요건적 결과 발생, 주의의무위반, 주의의무위반과 결과발생 사이의 인과관계(와 객관적 귀속)의 존재 등이다.

(1) 구성요건적 결과의 발생

과실범의 미수는 벌하지 않기 때문에 설사 주의의무위반이 있다 하더라도 구성요건적 결과가 발생하지 않으면 과실범을 논할 실익이 없다.

과실범에서 요구되는 결과발생은 사상(死傷; 업무상과실치사상), 장물취득 등(업무상과실장물취득죄)과 같은 실제 법익침해의 결과인 경우도 있지만, 공공의 위험발생(실화죄, 과실일수죄 등) 등과 같이 법익에 대한 구체적 위험발생인 경우도 있다. 과실범의 성립에 어떤 결과가 발생해야 하는가는 각 과실범의 구성요건에 규정되어 있다.

(2) 주의의무위반

과실범이 성립하기 위해서는 정상적으로 기울여야 할 주의를 게을리하는 것, 즉 주의의무위반이 있어야 한다.

1) 주의의무의 내용 주의의무는 결과예견의무와 결과회피의무이다. 이는 자신의 행위로부터 발생될 수 있는 법익침해·위태화를 예견하고 이에 기초하여 그러한 결과가 발생하지 않도록 해야 할 의무이다.[1]

결과회피의무에는 일정한 행위를 하거나 하지 말아야 할 의무가 있다. 작위의무의 예로서 안전조치를 취하거나 관계기관이나 전문가 등에게 조회나 문의를 해야 할 의무를 들 수 있다. 부작위의무의 예로서 위험을 발생시킬 행위를 하지 말아야 할 의무를 들 수 있다. 소위 인수과실(引受過失)은 부작위의무를 위반한 것이라고 할 수 있다. 인수과실이란 일정한 행위를 할 능력이 없는 사람은 그 행위를 인수하지 말아야 함에도 불구하고 그 행위를 인수한 경우에 인수행위 그 자체에서 인정되는 과실을 말한다. 제대로 치료시설을 갖추지 못한 의사가 환자의 치료를 인수한 경우를 한 예로 들 수 있다.

[대판 2009. 5. 28. 2008도7030] 원칙적으로 도급인에게는 수급인의 업무와 관련하여 사고방지에 필요한 안전조치를 취할 주의의무가 없으나, 법령에 의하여 도급인에게 수급인의 업무에 관하여 구체적인 관리·감독의무 등이 부여되어 있거나 도급인이 공사의 시공이나 개별 작업에 관하여 구체적으로 지시·감독하였다는 등의 특별한 사정이 있는 경우에는 도급인에게도 수급인의 업무와 관련하여 사고방지에 필요한 안전조치를 취할 주의의무가 있다.

[대판 2002. 8. 23. 2002도2800] 중앙선에 서서 도로횡단을 중단한 피해자의 팔을

1) 예를 들어 의사가 산모의 태반조기박리에 대한 대응조치로서 응급 제왕절개수술을 시행하기로 결정한 경우와 같이 산모에게 수혈을 할 필요가 있을 것이라고 예상되는 특별한 사정이 있는 경우에는 미리 혈액을 준비하여야 할 업무상주의의무가 있다(대판 2000. 1. 14. 99도3621).

갑자기 잡아끌고 피해자로 하여금 도로를 횡단하게 만든 피고인으로서는 위와 같이 무단횡단을 하는 도중에 지나가는 차량에 충격당하여 피해자가 사망하는 교통사고가 발생할 가능성이 있으므로, 이러한 경우에는 피고인이 피해자의 안전을 위하여 차량의 통행 여부 및 횡단 가능 여부를 확인하여야 할 주의의무가 있다 할 것이므로, 피고인으로서는 위와 같은 주의의무를 다하지 않은 이상 교통사고와 그로 인한 피해자의 사망에 대하여 과실책임을 면할 수 없다.

2) 허용된 위험의 법리

가. 허용된 위험의 의의 자동차운행, 건설공사, 원자력의 이용 등과 같이 사회적 유용성이 큰 행위라고 하더라도 다른 사람의 법익을 침해할 위험성을 포함하고 있다. 이 경우 행위의 위험성을 강조하여 무조건 그 행위를 금지한다면 인간이 할 수 있는 행위란 거의 존재할 수 없게 된다.

따라서 필요한 모든 안전조치를 할 것을 조건으로 위와 같은 행위를 허용해야 할 필요가 있게 된다. 이를 허용된 위험이라고 한다.[1]

나. 허용된 위험의 형법적 효과

A. 구성요건해당성배제설 통설은 허용된 위험에 따른 행위는 고의·과실범죄의 구성요건해당성이 없다고 한다. 상해에 사용된 칼의 제조행위는 처음부터 상해죄나 과실치상죄의 구성요건해당성이 없는 행위이지, 구성요건해당성은 있으나 위법성이 조각되는 행위라고 할 수 없다는 것이다.

B. 위법성조각설 허용된 위험에 따른 행위는 원칙적으로 구성요건해당성이 있어서 위험한 행위로 금지되어 있지만 이익교량의 관점에서 예외적으로 허용되는 경우로 보아야 할 경우에서는 사회상규에 위배되지 않는 행위라고 하는 견해가 있다.

C. 결 어 위험한 행위로 금지된 경우에는 허용된 위험의 법리를 적용할 것이 아니라 위법성조각의 일반원리로 해결하면 될 것이다. 따라서 허용된 위험에 따른 행위는 구성요건해당성이 없다고 해야 할 것이다. 그 이유에 대해 객관적 귀속이 일반적으로 부정되기 때문이라고 하는 견해가 있지만, 허용된 위험에 의한 행위는 구성요건적 행위라고 할 수 없기 때문에 객관적 귀속을 논할

1) 허용된 위험이란 정확하게 말하면 위험을 허용하는 것이 아니라 위험을 수반하는 행위를 허용하는 것이라고 할 수 있다.

필요조차 없다.

다. 신뢰의 원칙

A. 신뢰의 원칙의 개념 허용된 위험의 법리가 좀더 구체화된 것이 신뢰의 원칙이다. 신뢰의 원칙이란 자신의 주의의무를 다하는 사람은 다른 사람도 역시 주의의무를 다하리라고 신뢰해도 좋다는 원칙, 즉 상대방의 적법행위를 신뢰해도 좋다는 원칙이다. 신뢰의 원칙이 인정되기 이전에는 자신이 주의의무를 다한다고 하여 다른 사람도 주의의무를 다하리라고 믿어서는 안 된다는 원칙, 즉 불신의 원칙이 적용되었다.

예를 들어 甲이 고속도로에서 제한속도로 차를 몰고 가면서 혹시 고속도로를 무단횡단하는 사람이 있을 수도 있다고 생각하였지만 속도를 늦추지 않고 그대로 가다가 무단횡단한 사람을 치어 상처를 입힌 경우를 가정하자. 이 경우 신뢰의 원칙을 적용하면 甲은 사람들이 고속도로를 무단횡단을 하지 않을 것(적법행위)이라고 믿고 운전을 해도 좋다고 하게 되어 甲의 과실이 인정되지 않는다. 그러나 불신의 원칙을 적용하면 甲은 사람들이 고속도로를 무단횡단하는 경우(위법행위)도 예견하고 이에 대비하여 운전해야 하므로 甲에게 과실이 인정된다.

B. 신뢰의 원칙의 등장배경 오늘날과 같이 고도의 분업이 이루어지고 모든 생활관계가 복잡한 사회에서 불신의 원칙을 적용하게 되면 여러 가지 문명의 이기나 제도들이 제 기능을 발휘하지 못하게 된다. 예를 들어 KTX기관사에게 언제라도 사람이 철로 위로 뛰어들 것을 예견하고 사고방지 조치를 취하면서 운전하라고 한다면 KTX의 고속열차로서의 기능은 발휘될 수 없다. 이것이 신뢰의 원칙이 출현하게 된 배경이다.

C. 신뢰의 원칙의 적용범위

① **교통사고의 경우** 신뢰의 원칙은 1930년대 독일에서 인정되기 시작하였고 우리나라에서는 1970년대부터 법원이 교통사고의 경우 차 대 차의 관계에서 인정하기 시작하여 이후 자동차전용도로 등에서는 차 대 사람과의 관계에서도 그 적용범위를 확장하였다.

[대판 1970. 2. 24. 70도176] 후방차량이 교통법규를 준수하여 진행할 것이라고 신뢰하며 자동차를 진행하는 운전사로서는 손수레를 피하기 위하여 중앙선을 약간 침범하였다 하더라도 후방에서 오는 차량의 동정을 살펴 그 차량이 무모하게 추

월함으로써 야기될지도 모르는 사고를 미연에 방지하여야 할 주의의무까지 있다고는 볼 수 없다.

[대판 1984. 2. 14. 83도3086] 중앙선 표시가 있는 직선도로에 있어서 특별한 사정이 없는 한 그 대향차선상의 차량은 그 차선을 유지운행하고 도로중앙선을 넘어 반대차선에 진입하지 않으리라고 믿는 것이 우리의 경험칙에 합당하다고 할 것이므로 대향차선상을 달려오는 차량을 발견하였다 하여 자기가 운전하는 차를 정지 또는 서행하거나 일일이 그 차량의 동태를 예의주시할 의무가 있다고 할 수 없다.

[대판 2025. 6. 12. 2025도1049] 차량의 안전지대 횡단은 일반적으로 금지되어 있으므로, 안전지대의 표시에도 불구하고 차량의 안전지대 횡단이 특별히 허용되고 있었던 사정이 인정되지 않는 한 안전지대 옆을 통과하는 차량의 운전자로서는 그 부근을 운행하는 다른 차량이 위 안전지대를 횡단하여 자기 차량의 진로 앞에 달려드는 일은 없으리라고 신뢰하는 것이 당연한 것이므로, 안전지대를 횡단하려는 차량을 상당한 거리에서 미리 발견하여 안전지대의 횡단을 예상할 수 있는 특별한 사정이 없는 한, 운전자에게 위 안전지대를 횡단하여 오는 차량이 있을 것을 미리 예상하고 운전할 업무상 주의의무를 기대할 수는 없다. 운전자가 제한속도를 지키며 진행하였더라면 피해자를 발견한 후에 충돌을 피할 수 있었다는 등의 사정이 없는 한 피고인이 제한속도를 초과하여 과속으로 진행한 잘못이 있다 하더라도 그러한 잘못과 교통사고의 발생 사이에 상당인과관계가 있다고 볼 수는 없다.

[대판 1988. 10. 11. 88도1320] 한 가을의 심야이고 도로교통이 빈번한 대도시 육교 밑의 편도 4차선의 넓은 길 가운데 2차선 지점인 경우라면 이러한 교통상황 아래에서의 자동차 운전자는 무단횡단자가 없을 것으로 믿고 운전해 가면 되는 것이고 도로교통법규에 위반하여 그 자동차의 앞을 횡단하려고 하는 사람이 있을 것까지 예상하여 그 안전까지를 확인해가면서 운전하여야 할 의무는 없다.

[대판 2000. 9. 5. 2000도2671] 고속도로를 운행하는 자동차의 운전자로서는 일반적인 경우에 고속도로를 횡단하는 보행자가 있을 것까지 예견하여 보행자와의 충돌사고를 예방하기 위하여 급정차 등의 조치를 취할 수 있도록 대비하면서 운전할 주의의무가 없고, 다만 고속도로를 무단횡단하는 보행자를 충격하여 사고를 발생시킨 경우라도 운전자가 상당한 거리에서 보행자의 무단횡단을 미리 예상할 수 있는 사정이 있었고, 그에 따라 즉시 감속하거나 급제동하는 등의 조치를 취하였다면 보행자와의 충돌을 피할 수 있었다는 등의 특별한 사정이 인정되는 경우에만 자동차 운전자의 과실이 인정될 수 있다.

② 일반 사고의 경우 판례는 일반적인 과실치사 사건에서도 신뢰의 원칙이라는 용어를 그대로 사용하며(대판 1992. 3. 10. 91도3172), 신뢰의 원칙을 인정하고 있다.

[대판 1992. 3. 10. 91도3172] 경찰관인 피고인들은 동료 경찰관인 갑 및 피해자 을과 함께 술을 많이 마셔 취하여 있던 중 갑자기 위 갑이 총을 꺼내 을과 같이 총을 번갈아 자기의 머리에 대고 쏘는 소위 “러시안 룰렛” 게임을 하다가 을이 자신이 쏜 총에 맞아 사망한 경우 피고인들은 위 갑과 을이 “러시안 룰렛”게임을 함에 있어 갑과 어떠한 의사의 연락이 있었다거나 어떠한 원인행위를 공동으로 한 바가 없고, 다만 위 게임을 제지하지 못하였을 뿐인데 보통사람의 상식으로서는 함께 수차에 걸쳐서 흥겹게 술을 마시고 놀았던 일행이 갑자기 자살행위와 다름없는 위 게임을 하리라고는 쉽게 예상할 수 없는 것이고(신뢰의 원칙), 게다가 이 사건 사고는 피고인들이 “장난치지 말라”며 말로 위 갑을 만류하던 중에 순식간에 일어난 사고여서 음주만취하여 주의능력이 상당히 저하된 상태에 있던 피고인들로서는 미처 물리력으로 이를 제지할 여유도 없었던 것이므로, 경찰관이라는 신분상의 조건을 고려하더라도 위와 같은 상황에서 피고인들이 이 사건 “러시안 룰렛” 게임을 즉시 물리력으로 제지하지 못하였다 한들 그것만으로는 위 갑의 과실과 더불어 중과실치사죄의 형사상 책임을 지울 만한 위법한 주의의무위반이 있었다고 평가할 수 없다.

③ 의료사고의 경우 판례는 의료사고에서 명시적으로 신뢰의 원칙을 표현하지 않다가 소위 분업적 의료행위에서 신뢰의 원칙을 명시적으로 적용하였다.

[대판 2003. 1. 10. 2001도3292] 내과의사가 신경과 전문의에 대한 협의진료결과 피해자의 증세와 관련하여 신경과 영역에서 이상이 없다는 회신을 받았고, … 그 회신을 신뢰하여 뇌혈관계통 질환의 가능성을 염두에 두지 않고 내과 영역의 진료행위를 계속하다가 피해자의 증세가 호전되기에 이르자 퇴원하도록 조치한 경우, 피해자의 지주막하출혈을 발견하지 못한 데 대하여 내과의사의 업무상과실이 인정되지 않는다.

판례는 약사와 의사 혹은 약사와 제약회사 사이에도 신뢰의 원칙을 적용하고 있다.

[대판 1976. 2. 10. 74도2046] 약사는 의약품을 판매하거나 조제함에 있어서 그 의약품이 그 표시 포장상에 있어서 약사법 소정의 검인 합격품이고 또한 부패 변질 변색되지 아니하고 유효기간이 경과되지 아니함을 확인하고 조제판매한 경우에는 특별한 사정이 없는 한 관능시험 및 기기시험까지 할 주의의무가 없으므로 그 약의 표시를 신뢰하고 이를 사용한 경우에는 과실이 없다고 볼 수 있다.

한편 분업관계가 아닌 상하관계에 의한 의료행위에서 대법원은 상위자에 대해 신뢰의 원칙을 인정하지 않는 듯하다가[1] 이후 신뢰의 원칙을 인정하는 듯한 판결을 하였다.

[대판 2003. 8. 19. 2001도3667] 간호사가 '진료의 보조'를 함에 있어서는 모든 행위 하나하나마다 항상 의사가 현장에 입회하여 일일이 지도·감독하여야 한다고 할 수는 없고, 경우에 따라서는 의사가 진료의 보조행위 현장에 입회할 필요없이 일반적인 지도·감독을 하는 것으로 족한 경우도 있을 수 있다.

이상을 종합하면 판례의 전반적인 입장은 상하관계에서도 신뢰의 원칙을 인정하는 것이라고 할 수 있다.

D. 신뢰의 원칙의 적용배제 통설, 판례에 의하면 다른 사람의 적법행위를 신뢰할 수 없는 특별한 사정이 있는 경우에는 신뢰의 원칙이 적용되지 않는다. 특별한 사정의 예로 상대방이 위법행위를 하는 것을 이미 행위자가 알았거나, 상대방이 적법행위를 하지 않을 수도 있다는 것이 구체적으로 예상될 수 있는 경우를 말한다.[2] 또한 행위자 스스로가 위법행위를 한 경우에도 원칙적으로 신뢰의 원칙이 적용되지 않는다.

3) 주의의무의 판단기준 주의의무위반 여부의 판단기준에 대해서는 객관설과 주관설이 대립하고 있다.[3]

---

1) 대판 1998. 2. 27. 97도2812: 의사가 만연히 간호사를 신뢰하여 간호사에게 당해 의료행위를 일임함으로써 간호사의 과오로 환자에게 위해가 발생하였다면 의사는 그에 대한 과실책임을 면할 수 없다.

2) 대판 1984. 4. 10. 84도79; 대판 2000. 9. 5. 2000도2671; 대판 1986. 2. 25. 85도2651 외 다수 판결.

3) 객관설과 주관설을 비유적으로 설명하면 다음과 같다. 100명의 학생 중 항상 1등을 하던 甲과 항상 꼴등을 하던 乙이 어떤 시험에서 같이 70등을 하였다고 가정하자. 객관설에 의하면 100명 중 70등은 좋은 성적이라고 할 수 없다. 甲과 乙의 평소성적을 고려하는 주관설에 의하면 甲은 형편없이 나쁜 성적을 받은 것이고(과실 내지 중과실), 乙은 매우 좋은

가. 객 관 설 통설, 판례는 구성요건단계에서는 보통인 또는 평균인이라면 그 상황에서 어떻게 행동했을 것인가를 기준으로 주의의무위반 여부를 판단하고, 개별 행위자의 주의능력은 책임단계에서 고려하면 된다고 한다.

객관설에 의하면 보통인 또는 평균인보다 주의능력이 뛰어난 사람이 주의의무에 위반하여 결과가 발생하였지만, 보통인 또는 평균인이라면 주의의무를 다했더라도 결과가 발생했을 것이라고 판단되는 경우 주의의무위반을 인정할 수 없다. 이렇게 되면 전문가집단의 주의의무위반 행위를 처벌할 수 없게 될 것이므로, 객관설에서도 행위자의 특별한 지식과 경험은 객관적 주의의무위반 판단에서 고려하게 된다.

[대판 2011. 4. 14. 2010도10104] 의료사고에서 의사의 과실을 인정하기 위해서는 의사가 결과발생을 예견할 수 있었음에도 이를 예견하지 못하였고 결과발생을 회피할 수 있었음에도 이를 회피하지 못한 과실이 검토되어야 하고, 과실의 유무를 판단할 때에는 같은 업무와 직무에 종사하는 보통인의 주의정도를 표준으로 하여야 하며, 여기에는 사고 당시의 일반적인 의학의 수준과 의료환경 및 조건, 의료행위의 특수성 등이 고려되어야 하고, 이러한 법리는 한의사의 경우에도 마찬가지이다.

[대판 2015. 6. 24. 2014도11315] 의사에게는 환자의 상황, 당시의 의료수준, 자신의 지식·경험 등에 따라 적절하다고 판단되는 진료방법을 선택할 폭넓은 재량권이 있으므로, 의사가 특정 진료방법을 선택하여 진료를 하였다면 해당 진료방법 선택과정에 합리성이 결여되어 있다고 볼 만한 사정이 없는 이상 진료의 결과만을 근거로 하여 그 중 어느 진료방법만이 적절하고 다른 진료방법을 선택한 것은 과실에 해당한다고 말할 수 없다.

나. 주 관 설 주관설은 고의범과 마찬가지로 과실범에서도 객관적 구성요건요소와 주관적 구성요건요소를 나누어 전자는 보통인 또는 평균인의 주의능력을 기준으로, 후자는 행위자의 주의능력을 기준으로 판단하여야 한다고 한다.

주관설은 주관적 주의의무위반은 책임요소가 아니라 고의처럼 과실범의 행위불법을 형성하는 주관적 불법요소가 된다고 한다. 이에 의하면 평균인 이하의 주의능력의 소유자가 일반인에게 요구되는 주의의무를 다하지 못하였더라도 자신

성적을 올린 것이다(무과실). 甲, 乙 모두 10등을 한 경우 객관설에 의하면 좋은 성적을 올린 것이지만, 주관설에 의하면 甲은 매우 나쁜 성적을 올린 것이다.

의 주의능력에 따른 주의의무를 다하였다면, 과실범의 구성요건해당성이나 위법성이 부정된다.

다. 결 어 주관설은 고의범과 과실범을 같은 구조로 파악하려고 하지만, 고의는 현실적으로 존재하는 내심의 사실을 중심으로 형성된 개념이고, 과실은 마땅히 존재해야 할 당위를 중심으로 형성된 것이다. 주관설에 의하면 과실범의 구성요건해당성이나 위법성판단이 행위자의 주의능력이라고 하는 매우 모호한 요소에 의해 결정되는 문제점도 있다.

따라서 객관설이 타당하지만, 객관설이 말하는 보통인 또는 평균인은 현실사회의 일반인이 아니라 현실세계에서는 거의 볼 수 없는 초인적인 주의능력을 지니고 있고, 그것을 최대한으로 발휘하는 사람이다. 이러한 의미에서 고의범이 일반인 '이하의' 행위를 한 사람만을 처벌한다고 한다면, 고의범과 과실범에서의 일반인은 전혀 다른 개념이다.

(3) 인과관계와 객관적 귀속

과실범이 성립하기 위해서는 주의의무위반과 결과발생 사이에 인과관계가 있어야 하고 (객관적 귀속론자들에 의하면) 결과발생을 주의의무위반에 귀속시킬 수 있어야 한다. 인과관계나 객관적 귀속이 인정되지 않으면 과실범의 미수가 되어 처벌되지 않는다.

판례는 인과관계 유무만을 문제삼고, 객관적 귀속에 대해서는 언급하지 않는다. 판례는 고의범과 마찬가지로 과실범에서도 상당인과관계설에 따라 인과관계를 판단하지만, 조건설의 c.s.q.n 공식을 따르는 듯한 판례들도 있다. 이것은 상당인과관계설에 의해도 같은 결론이 나기 때문일 수도 있고, 조건설적 인과관계가 인정되지 않으면 상당인과관계를 논할 실익이 없다는 입장으로 해석할 수도 있다.

[대판 1996. 11. 8. 95도2710] 피고인이 농배양을 하지 않은 과실이 피해자의 사망에 기여한 인과관계 있는 과실이 된다고 하려면, 농배양을 하였더라면 피고인이 투약해 온 항생제와 다른 어떤 항생제를 사용하게 되었을 것이라거나 어떤 다른 조치를 취할 수 있었을 것이고, 따라서 피해자가 사망하지 않았을 것이라는 점을 심리·판단하여야 한다.[1]

1) 피고인이 농배양을 하지 않은 과실이 피해자의 사망에 기여한 인과관계 있는 과실이 된다고 하려면, 농배양을 하였더라면 피해자가 사망하지 않았을 것이라는 점을 심리·판단하여야 한다. 이러한 판례의 입장을 객관적 귀속의 기준으로 의무위반관련성이 없다는 것으로

제 6 절 결과적가중범 §13

> 제15조(사실의 착오) ② 결과 때문에 형이 무거워지는 죄의 경우에 그 결과의 발생을 예견할 수 없었을 때에는 무거운 죄로 벌하지 아니한다.

Ⅰ. 결과적가중범의 개념 및 문제점

1. 결과적가중범의 개념

결과적가중범이란 '결과 때문에 형이 무거워지는 죄'(형법 제15조 제2항)이다. 여기에서 '결과'란 '행위자가 의도·인용했던 것보다 중대한 결과'를 말하므로, (진정) 결과적가중범이란 '행위자가 의욕·인용했던 결과보다 중대한 결과가 발생하였기 때문에 가중처벌되는 범죄'라고 할 수 있다.

형법에서 폭행치사상죄(제262조), 강간치사상죄(제301조, 제301조의2), 강도치사상죄(제337조, 제338조) 등과 같이 대체로 '~치사상죄'의 형태로 규정되어 있다. 그러나 중상해죄(제258조 제1항), 중유기죄(제271조 제2, 3항)와 같이 생명의 위험을 발생시키는 결과나 연소죄(제168조)와 같이 연소(延燒; 불이 옮겨붙는 것)의 결과를 요하는 범죄 등도 있다.

이 중 폭행, 강간, 강도 등과 같은 범죄를 기본범죄라고 하고, 상해, 사망, 생명에 대한 위험발생, 연소 등을 중대한 결과라고 한다. 형사특별법에는 기본범죄가 과실범인 형태의 결과적가중범도 존재하지만[1] 형법전의 결과적가중범의 기본범죄는 모두 고의범이다.

2. 결과적가중범의 문제점

(진정)결과적가중범은 고의범인 기본범죄와 중대한 결과를 발생시킨 과실범이

설명하는 견해도 있다. 그러나 우리 판례가 객관적 귀속론을 받아들였다고 하기는 곤란하다.

1) 「환경범죄의 단속 및 가중에 관한 특별조치법」 제5조 제2, 3항. 이러한 형태의 범죄를 결과적가중범이라고 하는 데에는 의문이 있지만, 편의상 기본범죄가 과실범인 형태의 결과적가중범이라고 하기로 한다.

결합되어 있는 형태의 범죄이고, 두 죄의 실체적 혹은 상상적 경합범에 비해 형벌이 현저히 무겁다.[1)]

어떤 범죄를 가중처벌하는 경우 합리적 근거가 있어야 하고 가중의 정도도 합리적인 범위 내에서 이루어져야 한다. 결과적가중범을 가중처벌하는 이유는 무거운 결과를 발생시킬 개연성이 높은 범죄를 하려고 하는 사람은 중대한 결과가 발생할 것을 예상하여 기본범죄를 하지 말아야 하는데 이를 무시하고 기본범죄행위를 하다가 무거운 결과를 발생시켰기 때문이다. 따라서 절도치사상죄와 같이 중대한 결과를 발생시킬 개연성이 없는 범죄와 중대한 결과를 결합시킨 형태의 결과적가중범을 인정하는 것은 과잉금지원칙에 반한다고 할 수 있다.

과거에는 결과적가중범의 가중처벌근거를 'versari in re illicita'(위법한 행위를 한 사람은 그 후로 발생한 모든 결과에 대해 책임을 져야 한다)원칙에서 찾은 경우도 있었다. 그러나 결과책임주의가 너무 가혹하므로 결과적가중범을 제한하려는 노력이 생겨났다. 그 대표적인 예가 조건설 이외의 인과관계이론을 통한 형사책임 인정범위의 축소이다. 형법은 결과적가중범의 성립요건으로서 중대한 결과에 대한 예견가능성, 즉 과실로 중대한 결과를 발생시킬 것도 규정하고 있다. 이는 결과책임주의를 배제하고 행위책임주의를 따른다는 취지이다.

Ⅱ. 결과적가중범의 종류

통설·판례는 결과적가중범을 진정결과적가중범과 부진정결과적가중범으로 나눈다.

진정결과적가중범이란 고의의 기본범죄와 중대한 결과에 대한 과실범이 결합되어 있는 형태의 범죄를 말한다. 상해치사죄, 폭행치사상죄, 강도치사상죄 등을 예로 들 수 있다. 이러한 범죄에서는 사망이나 상해에 대해 과실이 있어야 하고, 사망이나 상해 등 중대한 결과에 대해 고의가 있는 경우에는 상해치사죄가

---

1) 예를 들어 사람을 상해하려다 사망에 이르게 한 경우 상해치사죄(제259조)의 규정이 없다면 상해죄와 과실치사죄의 상상적 혹은 실체적 경합범으로 처벌될 것이다. 이 경우 벌금형도 가능하고 징역형의 처단형은 최대 7년 이하의 징역(상상적 경합범, 제40조) 또는 9년 이하의 징역(실체적 경합범, 제38조 제1항 제2호 단서)이 된다. 그러나 상해치사죄(제259조)가 규정됨으로써 벌금형은 불가능하고 3년 이상 30년 이하의 징역으로 형벌이 현저하게 가중된다.

아닌 살인죄, 폭행치사상죄가 아닌 상해죄나 살인죄, 강도치사상죄가 아닌 강도상해죄나 강도살인죄가 성립한다.

부진정결과적가중범이란 고의의 기본범죄가 있다는 점에서는 진정결과적가중범과 같지만, 중대한 결과에 대해 과실이 있을 때뿐만 아니라 고의가 있을 때에도 성립하는 범죄이다. 입법상의 오류를 시정하기 위해 고안된 개념이다. 현주건조물방화치사상죄(제164조 제2항)를 예로 들 수 있다. 이 경우 현주건조물방화치사죄는 현주건조물방화죄와 과실치사죄의 결합범(협의의 현주건조물방화치사죄) 및 현주건조물방화죄와 고의살인죄의 결합범(현주건조물방화살인죄)을 모두 포함하는 개념이다.

이하에서는 진정결과적가중범에 대해 다루고, 부진정결과적가중범에 대해서는 별도로 다루기로 한다.

〈진정결과적가중범과 부진정결과적가중범〉

진정 결과적 가중범	의의	기본행위에 대해 고의가 있고 중대한 결과에 대해 과실이 있는 경우에만 성립(고의범+과실범의 결합형태)
	유형	상해치사죄(§259), 폭행치사상죄(§262), 강도치사상죄(§337, §338) 등
부진정 결과적 가중범	의의	중대한 결과에 대해 과실이 있을 때 뿐만 아니라 고의가 있을 때에도 성립하는 범죄(고의범+과실범 및 고의범+고의범의 결합형태)
	유형	현주건조물방화치사상죄(§164②), 중상해죄(§258), 특수공무방해치상죄(§144②) 등

Ⅲ. 결과적가중범의 성립요건

결과적가중범이 성립하기 위해서는 고의의 기본범죄가 있어야 하고, 중대한 결과가 발생해야 하고, 중대한 결과에 대한 예견가능성이 있어야 한다(제15조 제2항). 나아가 통설·판례는 기본범죄와 중대한 결과 사이에 인과관계가 있어야 한다고 한다. 또한 객관적 귀속론을 인정하는 입장에서는 중대한 결과를 기본범죄에 객관적으로 귀속시킬 수 있어야 한다고 한다.

1. 고의의 기본범죄

기본범죄는 고의범에 국한된다. 기본범죄가 미수에 그친 경우에도 결과적가중범이 성립할 수 있는가에 대해서는 견해가 대립한다.

(1) 미수범을 포함하는 규정이 있는 경우

강도치사상죄에서와 같이 행위주체가 '강도'로 규정되어 있는 경우 '강도'라는 개념의 해석상 강도기수뿐만 아니라 강도미수범도 포함될 수 있다는 데에 별 의문이 없다.

[대판 1986. 9. 23. 86도1526] 형법 제337조의 강도상해, 치상죄는 재물강취의 기수와 미수를 불문하고 범인이 강도범행의 기회에 사람을 상해하거나 치상하게 되면 성립하는 것이다.

강간등치사상죄(제301조 및 제301조의2)는 행위주체를 '제297조 내지 제300조의 죄를 범한 자'라고 하여 강간등기수범뿐만 아니라 강간등미수범(제300조)도 포함하는 것으로 명시적으로 규정하고 있다. 따라서 강간등미수범이 과실로 피해자를 사상케 한 경우에도 강간등치사상죄가 성립한다(대판 1984. 7. 24. 84도1209). 체포감금치사상죄도 마찬가지이다(제276조, 제280조).

[대판 1988. 11. 8. 88도1628] 강간이 미수에 그친 경우라도 그 수단이 된 폭행에 의하여 피해자가 상해를 입었으면 강간치상죄가 성립하는 것이며, 미수에 그친 것이 피고인이 자의로 실행에 착수한 행위를 중지한 경우이든 실행에 착수하여 행위를 종료하지 못한 경우이든 가리지 않는다.

(2) 미수범을 포함하는 규정이 없는 경우

문제는 해상강도치사상죄(제340조 제2, 3항) 등과 같이 행위주체가 '~조(항)의 죄를 범한 자'라고 규정되어 있는 경우에도 미수범이 포함될 수 있는가이다.

기본적으로 '~조(항)의 죄를 범한 자'란 기수범만을 의미하고 미수범은 포함되지 않는다. 이것은 제301조의 해석에서 자연스럽게 나타난다. 동규정에서 제297조, 제298조, 제299조의 죄를 범한 자란 동범죄들의 기수범에 국한되고, 동범죄들의 미수범은 제300조에 규정되어 있다. 판례도 같은 입장이다.

[대판 1995. 4. 7. 95도94] 형벌법규는 그 규정내용이 명확하여야 할 뿐만 아니라 그 해석에 있어서도 엄격함을 요하고 유추해석은 허용되지 않는 것이므로 (구)성폭력범죄의처벌및피해자보호등에관한법률 제9조 제1항의 죄의 주체는 '제6조의

죄를 범한 자'로 한정되고 같은 법 제6조 제1항의 미수범까지 여기에 포함되는 것으로 풀이할 수는 없다.[1)]

2. 중대한 결과의 발생

결과적가중범이 성립하기 위해서는 기본범죄보다 중대한 결과가 발생해야 한다. 중대한 결과는 치사상 등과 같이 생명·신체 등의 법익을 침해하는 결과인 경우가 대부분이지만, 중상해죄·중권리행사방해죄·중손괴죄 등에서와 같이 생명에 대한 위험발생, 즉 법익에 대한 구체적 위험발생이나 연소죄에서와 같이 연소의 결과인 경우도 있다.

제277조에 규정된 중체포·감금죄는 "사람을 체포 또는 감금하여 가혹한 행위"를 한 경우에 성립하는 범죄로서, 결과적 가중범이 아니다.

3. 기본범죄와 중대한 결과 사이의 인과관계 및 객관적 귀속

(1) 인과관계

결과적가중범이 성립[2)]하기 위해서는 기본범죄와 중대한 결과 사이에 인과관계가 인정되어야 한다. 판례는 상당인과관계설에 의해 기본범죄와 중대한 결과 사이의 인과관계존재 여부를 판단한다. 인과관계가 인정되지 않으면 결과적가중범은 성립하지 않고 기본범죄의 기수범이나 미수범만이 성립할 수 있다.

[대판 1995. 5. 12. 95도425] 피고인이 자신이 경영하는 속셈학원의 강사로 피해자를 채용하고 학습교재를 설명하겠다는 구실로 유인하여 호텔 객실에 감금한 후 강간하려 하자, 피해자가 완강히 반항하던 중 피고인이 대실시간 연장을 위해 전화하는 사이에 객실 창문을 통해 탈출하려다가 지상에 추락하여 사망한 사안에서, 피고인의 강간미수행위와 피해자의 사망과의 사이에 상당인과관계가 있다.

---

1) 이 판례 이후 성폭력특별법이 개정되었고, 현행 성폭력처벌법은 미수범을 명문으로 규정하고 있다. 다만, 이 판결에서 보듯이 현실적으로는 미수범이 고의, 과실로 상해나 사망의 결과를 발생시키는 경우가 많으므로 입법취지는 미수범도 포함시키는 것이었다고 할 수 있다. 또한 현주건조물방화미수범에게 현주건조물방화치상죄를 인정하는 듯한 판결(대판 2002. 3. 26. 2001도6641)도 있다.

2) 결과적 가중범이 성립하기 위해서는, 기본범죄와 중대한 결과인 사상(死傷) 사이에 인과관계가 있어야 하고, 행위 시에 그 중대한 결과의 발생을 예견(부진정결과적 가중범의 경우 고의도 포함)할 수 있어야 한다.

[대판 2000. 2. 11. 99도5286] 승용차로 피해자를 가로막아 승차하게 한 후 피해자의 하차 요구를 무시한 채 당초 목적지가 아닌 다른 장소를 향하여 시속 약 60km 내지 70km의 속도로 진행하여 피해자를 차량에서 내리지 못하게 한 행위는 감금죄에 해당하고, 피해자가 그와 같은 감금상태를 벗어날 목적으로 차량을 빠져 나오려다가 길바닥에 떨어져 상해를 입고 그 결과 사망에 이르렀다면 감금행위와 피해자의 사망 사이에는 상당인과관계가 있다고 할 것이므로 감금치사죄에 해당한다.
[대판 1996. 5. 10. 96도529] 피해자가 위와 같이 계속되는 피고인의 폭행을 피하려고 다시 도로를 건너 도주하다가 차량에 치여 사망한 사정에 비추어 보면 피고인의 위 상해행위와 피해자의 사망 사이에 상당인과관계가 있다.

(2) 중대한 결과의 객관적 귀속(직접성의 원칙)

중대한 결과를 기본범죄에 객관적으로 귀속시키기 위해서는 지배가능성의 원칙과 위험실현의 원칙에 따른 귀속기준이 충족되어야 한다는 견해가 있다. 즉 결과적가중범에 있어서는 기본범죄에 내포되어 있는 전형적 위험이 실현되어 중대한 결과가 발생하였다는 의미에서 직접성원칙을 필요로 한다는 것이다.

직접성이라는 요건은 인과관계에 관한 (합법칙적) 조건설을 취할 때에는 필요로 하지만, 상당인과관계설을 취할 때에는 인과관계의 문제로 해소되고 직접성원칙은 옥상옥에 불과하다고 할 수 있다. 예를 들어 강간피해자가 자살한 경우 직접성원칙을 주장하는 학자들은 강간행위와 사망 사이에 조건설적 인과관계는 인정되지만 직접성이 인정되지 않으므로 강간치사죄가 성립하지 않는다고 한다. 그러나 상당인과관계설에서는 위와 같은 경우에는 상당인과관계를 부정할 것이다. 판례도 상당인과관계설에 따라 직접성원칙은 언급하지 않는다.[1)]

4. 중대한 결과에 대한 예견가능성

(1) 예견가능성과 인과관계

기본범죄와 중대한 결과 사이에 인과관계가 있더라도 중대한 결과에 대한

---

1) 대판 1982. 11. 23. 82도1446: 강간을 당한 피해자가 음독자살하기에 이른 원인이 강간을 당함으로 인하여 생긴 수치심과 장래에 대한 절망감 등에 있었다 하더라도 그 자살행위가 바로 강간행위로 인하여 생긴 당연의 결과라고 볼 수는 없으므로 강간행위와 피해자의 자살행위 사이에 인과관계를 인정할 수는 없다. '직접성'의 척도는 인과관계의 상당성을 구체화한 것에 지나지 않는다는 견해도 있고, 이것이 타당하다.

예견가능성이 없을 때에는 결과적가중범이 성립하지 않는다.

주관적 혹은 절충적 상당인과관계설에 의하면 예견가능성이란 요건은 별로 중요한 역할을 하지 못한다. 중대한 결과가 발생할 개연성이 인정됨에도 불구하고 중대한 결과에 대한 예견가능성이 없는 경우는 있을 수 없기 때문이다.

그러나 객관적 상당인과관계설이나 인과관계에 관한 조건설에 따르면 예견가능성은 결과적가중범의 성립범위를 줄이는 데에 중요한 역할을 하게 된다. 양자 모두 인과관계를 인정하는 범위가 넓기 때문에 결과적가중범의 성립범위를 줄이는 역할은 예견가능성이 담당하게 된다.

판례 중에는 인과관계를 인정하면서 중대한 결과에 대한 예견가능성이 인정되지 않는다는 이유로 결과적가중범의 성립을 부정한 경우도 있다(대판 2010. 5. 27. 2010도2680; 대판 1988. 4. 12. 88도178 등).[1)]

[대판 2010. 5. 27. 2010도2680] 속칭 '생일빵'을 한다는 명목 하에 피해자를 가격하여 사망에 이르게 한 사안에서, 폭행과 사망 간에 인과관계는 인정되지만 폭행 당시 피해자의 사망을 예견할 수 없었다는 이유로 폭행치사의 공소사실에 대하여 무죄를 선고한 원심판단을 수긍한 사례

[대판 1988. 4. 12. 88도178] 형법 제15조 제2항이 규정하고 있는 이른바 결과적 가중범은 행위자가 행위시에 그 결과의 발생을 예견할 수 없을 때에는 비록 그 행위와 결과 사이에 인과관계가 있다 하더라도 중한 죄로 벌할 수 없다.

(2) 예견가능성의 판단기준

1) 예견가능성과 과실 중대한 결과에 대한 예견가능성이 있다는 것은 행위자가 중대한 결과를 예견하지 못한 데에 과실이 있다는 의미이다.

2) 예견가능성의 판단기준 통설은 결과적가중범의 과실 혹은 예견가능성을 객관설에 따라 판단한다. 이에 대해 과실범과 같이 결과적가중범의 과실판단 역시 주관설에 따라야 한다는 견해가 있다.

그러나 결과적가중범에서의 예견가능성도 객관적으로 판단해야 하고, 행위자의 주관적 주의능력은 책임단계나 양형단계에서 고려하면 족하다고 생각된다. 판례도 '일반경험칙상 예상할 수 있는가'라고 하는 등의 표현을 사용함으로써 객관

1) 그러나 이를 사례에서 상당인과관계설에 의해도 마찬가지 결론이 도출되므로, 이들 판례가 인과관계에 관한 조건설을 따른다고 하기는 어렵다.

설을 따르고 있다.[1)]

[대판 1990. 6. 22. 90도767] 특수공무방해치사상죄는 결과적가중범으로서 행위자가 그 결과의 발생을 예견할 수 있으면 족하다고 할 것인바, 피고인들이 도서관에 농성중인 학생들과 함께 경찰의 진입에 대항하여 건물현관 입구에는 빈 드럼통으로, 계단 등에는 책상과 걸상으로 각 장애물을 설치하고, 화염병이 든 상자 등 가연물질이 많이 모여 있는 7층 복도 등에는 석유를 뿌려놓아 가연물질이 많은 옥내에 화염병이 투척되면 화염병이 불씨에 의하여 발화할 가능성이 있고 행동반경이 좁은 고층건물의 옥내인 점을 감안하여 볼 때, 불이 날 경우 많은 사람이 다치거나 사망할 수 있다는 것은 일반경험칙상 넉넉히 예상할 수 있는 것이므로 피고인들에게 위와 같은 화재로 인한 사망 등의 결과발생에 관하여 예견가능성이 없었다고는 할 수 없다.

[대판 1990. 9. 25. 90도1596] 폭행치사죄는 결과적 가중범으로서 폭행과 사망의 결과 사이에 인과관계가 있는 외에 사망의 결과에 대한 예견가능성 즉 과실이 있어야 하고 이러한 예견가능성의 유무는 폭행의 정도와 피해자의 대응상태 등 구체적 상황을 살펴서 엄격하게 가려야 하는 것인바, 피고인이 피해자에게 상당한 힘을 가하여 넘어뜨린 것이 아니라 단지 공장에서 동료 사이에 말다툼을 하던 중 피고인이 삿대질하는 것을 피하고자 피해자 자신이 두어걸음 뒷걸음치다가 회전중이던 십자형 스빙기계 철받침대에 걸려 넘어진 정도라면, 당시 바닥에 위와 같은 장애물이 있어서 뒷걸음치면 장애물에 걸려 넘어질 수 있다는 것까지는 예견할 수 있었다고 하더라도 그 정도로 넘어지면서 머리를 바닥에 부딪쳐 두개골절로 사망한다는 것은 이례적인 일이어서 통상적으로 일반인이 예견하기 어려운 결과라고 하지 않을 수 없으므로 피고인에게 폭행치사죄의 책임을 물을 수 없다.

Ⅳ. 결과적가중범의 미수

1. 형법의 규정

1995년의 개정형법 이전의 형법은 의식적으로 결과적가중범의 미수처벌규정을 두지 않았으나 1995년 개정형법은 인질상해·치상죄와 인질살해·치사죄의 미수범 처벌규정(제324조의5) 및 강도상해·치상죄와 강도살인·치사죄 및 해상강

1) 대판 1990. 6. 22. 90도767: 불이 날 경우 많은 사람이 다치거나 사망할 수 있다는 것은 '일반경험칙상' 넉넉히 예상할 수 있는 것이다. 기타 대판 1990. 9. 25. 90도1596.

도상해·치상죄와 해상강도살인·치사죄의 미수범 처벌규정(제342조)을 두었다. 여기에서 결과적가중범의 미수가 인정되는지, 인정된다면 무엇을 의미하는지 문제된다.

2. 진정결과적가중범의 미수의 인정여부

(1) 진정결과적가중범의 미수의 형태

진정결과적가중범의 미수란 예를 들어 강도미수범, 인질강요미수범 등이 과실로 사상(死傷)의 결과를 발생시킨 경우와 같이 기본범죄가 미수에 그치고 무거운 결과가 발생한 경우이다.

(2) 인정여부에 대한 학설

소수설(긍정설)은 제324조의5와 제342조는 새롭게 진정결과적가중범의 미수를 인정한 것이라고 한다. 그리고 이 규정들이 입법상의 과오라고 하더라도 개정되기 전까지는 효력을 인정해야 하고, 결과적가중범의 미수를 인정함으로써 이들 범죄에 대한 과도한 형벌을 완화시킬 수 있다고 한다.

다수설(부정설)은 제324조의5와 제342조는 인질강요상해·살인죄, 강도상해·살인죄 등의 미수만을 규정한 것이고 인질치사상죄나 강도치사상죄의 미수를 규정한 것은 아니라고 한다. 결과적가중범의 미수란 무거운 결과가 발생하지 않은 경우인데, 이 때에는 아예 결과적가중범이 성립하지 않고, 결과적가중범에서는 기본범죄가 기수인가 미수인가는 중요하지 않기 때문이라고 한다.

판례는 부정설의 입장에 있다.

[대판 2025. 3. 20. 2023도10405 전합] 성폭력처벌법 제4조 제1항에서 정한 특수강간의 죄를 범한 경우뿐만 아니라 특수강간의 실행에 착수하였으나 미수에 그친 경우라고 하더라도, 이로 인하여 피해자가 상해를 입었으면 특수강간치상죄가 성립한다. 후자의 경우 특수강간치상죄의 기수범이 성립할 뿐, 성폭력처벌법 제15조가 다시 적용되어 특수강간치상죄의 미수범이 성립하는 것은 아니다. 성폭력처벌법 제15조에서 정한 제8조 제1항에 대한 미수범 처벌규정은 제8조 제1항에 특수강간치상죄와 함께 규정된 특수강간상해죄의 미수범, 즉 특수강간의 죄를 범하거나 미수에 그친 사람이 상해의 고의를 가지고 피해자에게 상해를 가하려다가 미수에 그친 경우에 적용될 뿐, 제8조 제1항에서 정한 특수강간치상죄에는 적용된다고 볼 수 없기 때문이다.

(3) 결 어

다음과 같은 이유에서 부정설이 타당하다고 생각된다.

첫째, 강간치사상죄와 같이 다른 진정결과적가중범에서는 미수를 벌하는 규정을 두고 있지 않은데, 강도치사상죄나 인질강요치사상죄에서만 결과적가중범의 미수를 인정하는 것은 균형에 맞지 않는다.

둘째, 진정결과적가중범의 개념상 그 미수란 인정하기 곤란하다.

셋째, 인질강요치사상죄, 강도치사상죄에서는 사람의 생명·신체의 침해 여부가 강요행위나 재물강취의 기수 여부보다 훨씬 중요하다.

넷째, 무거운 결과가 발생하였으나 기본범죄와 인과관계가 인정되지 않는 경우, 기본범죄만 인정하지 않고 결과적가중범의 미수를 인정하게 된다면 이것은 피고인에게 불리하다.

다섯째, 이들 범죄의 동시범의 경우 오히려 형벌가중의 효과가 생겨날 수도 있다. 예를 들어 독립된 강도행위가 경합하여 과실로 상해나 사망의 결과를 발생시켰으나 원인된 행위가 판명되지 않은 경우, 강도치사상죄의 미수를 인정하지 않으면 모두 강도죄의 기수나 미수로 처벌되지만, 강도치사상죄의 미수를 긍정하면 모두 강도치사상죄의 미수로 처벌될 수 있기 때문이다.

여섯째, 소수설에 의하면 강도살인죄와 같이 고의범과 고의범의 결합범에서 강도미수범이 살인기수에 이른 경우 강도살인미수죄를 인정해야 논리적인데, 이것은 다른 고의범과 고의범의 결합범에서와 균형이 맞지 않는다.

Ⅴ. 결과적가중범의 공범

1. 결과적가중범의 공동정범

(1) 문 제 점

甲, 乙이 공동으로 강도죄를 범하였는데 ① 피해자가 상처를 입었고, 그 상처가 甲, 乙 중 누구의 행위에 의해 발생하였는지 판명되지 않은 경우 또는 ② 乙이 고의 또는 과실로 피해자에게 상처를 입힌 경우와 같이, 기본범죄만을 공모하였으나 무거운 결과가 발생하였거나 다른 공범이 고의 또는 과실로 무거운 결과를 발생시킨 경우 결과적가중범의 공동정범이 성립하는지 문제된다.

(2) 학설의 대립

범죄공동설은 과실범의 공동정범을 부인하므로 결과적가중범의 공동정범이 아니라 결과적가중범의 동시범을 인정한다. 따라서 위 ①의 경우 甲은 강도죄의 공동정범의 죄책만을 지고, ②의 경우 상해에 대한 예견가능성이 있는 경우 강도치상죄의 단독정범의 죄책을 진다.

이에 대해 행위공동설을 따르는 학설 및 판례는 과실범의 공동정범도 인정하므로 결과적가중범의 공동정범도 당연히 인정한다. 이에 의하면 甲은 위 ①의 경우 강도치상죄의 공동정범, ②의 경우 甲에게 상해에 대한 예견가능성이 있다면 강도치상죄의 공동정범의 죄책을 진다. 이 경우 대법원은 기본행위를 공동으로 할 의사가 있으면 족하고 중대한 결과를 공동으로 할 의사가 필요한 것은 아니라고 한다(대판 2000. 5. 12. 2000도745).

[대판 1991. 11. 12. 91도2156] 수인이 합동하여 강도를 한 경우 그 중 1인이 사람을 살해하는 행위를 하였다면 그 범인은 강도살인죄의 기수 또는 미수의 죄책을 지는 것이고 다른 공범자도 살해행위에 관한 고의의 공동이 있었으면 그 또한 강도살인죄의 기수 또는 미수의 죄책을 지는 것이 당연하다 하겠으나, 고의의 공동이 없었으면 피해자가 사망한 경우에는 강도치사의, 강도살인이 미수에 그치고 피해자가 상해만 입은 경우에는 강도상해 또는 치상의, 피해자가 아무런 상해를 입지 아니한 경우에는 강도의 죄책만 진다고 보아야 할 것이다.[1)]

[대판 2002. 4. 12. 2000도3485] 어느 범죄에 2인 이상이 공동가공하는 경우 공모는 법률상 어떠한 정형을 요구하는 것이 아니고 2인 이상이 공모하여 범죄에 공동가공하여 범죄를 실현하려는 의사의 결합만 있으면 되는 것으로서, 비록 암묵적으로라도 수인 사이에 의사가 상통하여 의사의 결합이 이루어지면 공모관계가 성립하고, 이러한 공모가 이루어진 이상 실행행위에 직접 관여하지 아니한 자라도 다른 공모자의 행위에 대하여 공동정범으로서 형사책임을 지며, 또 결과적가중범의 공동정범은 기본행위를 공동으로 할 의사가 있으면 성립하고 결과를 공동으로 할 의사는 필요 없는바, 특수공무집행방해치상죄는 단체 또는 다중의 위력을 보이거나 위험한 물건을 휴대하고 직무를 집행하는 공무원에 대하여 폭행·협박을 하여 공무원을 사상에 이르게 한 경우에 성립하는 결과적가중범으로서 행위자가 그 결과를 의도할 필요는 없고 그 결과의 발생을 예견할 수 있으면 족하다.

[대판 1996. 4. 12. 96도215] 현존건조물방화치상죄와 같은 이른바 부진정결과적가중범은 예견가능한 결과를 예견하지 못한 경우뿐만 아니라 그 결과를 예견하거나 고의가 있는 경우까지도 포함하는 것이므로 이 사건에서와 같이 사람이 현존하는

1) 현주건조물방화치사상죄 및 특수공무집행방해치상죄의 공동정범에 대해서는 대판 2002. 4. 12. 2000도3485; 대판 1990. 6. 26. 90도765; 대판 1990. 6. 22. 90도767; 대판 1996. 4. 12. 96도215; 상해치사죄의 공동정범에 대해서는 대판 2000. 5. 12. 2000도745; 대판 1993. 8. 24. 93도1674; 대판 1984. 10. 5. 84도1544; 대판 1978. 1. 17. 77도2193.

건조물을 방화하는 집단행위의 과정에서 일부 집단원이 고의행위로 살상을 가한 경우에도 다른 집단원에게 그 사상의 결과가 예견 가능한 것이었다면 다른 집단원도 그 결과에 대하여 현존건조물방화치사상의 책임을 면할 수 없는 것인바, 피고인을 비롯한 집단원들이 당초 공모시 쇠파이프를 소지한 방어조를 운용하기로 한 점에 비추어 보면 피고인으로서는 이 사건 건물을 방화하는 집단행위의 과정에서 상해의 결과가 발생하는 것도 예견할 수 있었다고 보이므로, 이 점에서도 피고인을 현존건조물방화치상죄로 의율할 수 있다고 본 사례.

[대판 2000. 5. 12. 2000도745] 결과적 가중범인 상해치사죄의 공동정범은 폭행 기타의 신체침해 행위를 공동으로 할 의사가 있으면 성립되고 결과를 공동으로 할 의사는 필요 없으며, 여러 사람이 상해의 범의로 범행 중 한 사람이 중한 상해를 가하여 피해자가 사망에 이르게 된 경우 나머지 사람들은 사망의 결과를 예견할 수 없는 때가 아닌 한 상해치사의 죄책을 면할 수 없다.

(3) 결 어

형법 제30조는 '공동하여 죄를 범한 때'라고 규정하고 있는데, 이는 공범들 사이에 공동으로 죄를 범한다는 의사가 있어야 한다. 따라서 고의범은 공동으로 범할 수 있으나 과실범을 공동으로 범하는 것은 불가능하다고 해야 하므로 결과적가중범의 공동정범은 인정하지 말아야 하고, 중한 결과에 대해 과실이 있는 경우에는 결과적가중범의 단독정범을 인정해야 할 것이다.

2. 결과적가중범의 교사·방조범

통설, 판례는 피교사자가 교사행위를 초과하여 무거운 결과를 발생시켰을 경우 교사자에게 중한 결과에 대한 과실 내지 예견가능성이 있다면 결과적가중범의 교사·방조범이 성립한다고 한다. 판례도 같은 입장이다.

[대판 1997. 6. 24. 97도1075] 상해를 교사하였는데 피교사자가 이를 넘어 살인을 실행한 경우, 일반적으로 교사자는 상해죄에 대한 교사범이 되는 것이고, 다만 이 경우 교사자에게 피해자의 사망이라는 결과에 대하여 과실 내지 예견가능성이 있는 때에는 상해치사죄의 교사범으로서의 죄책을 지울 수 있다.

상해치사죄의 교사범이란 정확하게 말하면 상해교사치사죄라고 할 수 있다. 상해치사죄는 상해죄의 정범만이 범할 수 있고, 상해죄의 교사범이 사망에 대해 과실이 있는 경우를 특별히 처벌하는 규정은 없다. 따라서 통설, 판례의 입장은 피고인에게 불리한 유추해석이므로, 상해죄의 교사범과 과실치사죄의 상상적 경합범을 인정해야 할 것이다.

한편, 결과적가중범의 교사범을 긍정하는 통설, 판례의 태도에 의하더라도, 가령 절도를 교사하였는데 피교사자가 강간을 범한 경우와 같이 교사내용과 실제 범행 사이에 '질적 차이'가 있는 경우라면 교사한 범죄의 예비·음모가 처벌되는 경우에 한하여 제31조 제2항에 따라 예비·음모로 처벌될 수 있을 뿐이다.

Ⅵ. 부진정결과적가중범

1. 부진정결과적가중범의 개념

부진정결과적가중범이란 기본범죄에 대해 고의가 있고, 중대한 결과에 대해서는 과실뿐만 아니라 고의가 있는 경우에도 성립하는 형태의 결과적가중범을 말한다. 현주건조물방화치사상죄(제164조 제2항), 중상해죄(제258조), 중유기죄(제271조 제2, 3항), 특수공무집행방해치상죄(제144조 제2항) 등 다수의 범죄가 이에 속한다.

2. 부진정결과적가중범의 인정이유

부진정결과적가중범은 형벌의 불균형을 시정하기 위해 고안된 개념이다. 예를 들어 현주건조물방화치사죄(제164조 제2항)를 사망에 대해 과실이 있을 때에만 성립할 수 있는 진정결과적가중범으로 해석하면, 현주건조물에 방화하여 고의로 사람을 살해한 자에 대해서는 현주건조물방화치사죄를 적용할 수 없다. 또한 강간살인죄나 강도살인죄 등에서와 달리 현주건조물방화살인죄를 특별히 처벌하는 규정이 없으므로 결국 현주건조물방화죄와 살인죄의 상상적 경합범으로서 중한 죄인 살인죄로 처벌하게 된다(제40조). 그런데 살인죄의 형벌(사형, 무기, 5년 이상의 징역)이 현주건조물방화치사죄의 형벌(사형, 무기, 7년 이상의 징역)보다 가볍다. 이와 같이 현주건조물에 방화하여 고의로 사람을 살해한 자를 과실로 사람을 사망케 한 자보다 가볍게 처벌하는 것은 균형에 맞지 않는다.

따라서 현주건조물방화치사죄를 사망에 대해 과실이 있는 경우뿐만 아니라 고의가 있어도 성립하는 부진정결과적가중범으로 해석하면, 현주건조물에 방화하여 고의로 사망의 결과를 발생시킨 사람이 과실로 사망의 결과를 발생시킨 사람보다 가볍게 처벌되는 것을 피할 수 있다.

3. 부진정결과적가중범의 성립범위

부진정결과적가중범을 인정하는 것은 과실로 사망이나 상해의 결과를 발생시켰다는 의미의 '~치사상죄'의 문언을 고의로 발생시킨 경우까지 확대해석하는 문제점이 있다. 따라서 부진정결과적가중범은 불가피할 경우에만 인정해야 한다.

예를 들어 교통방해치사상죄(제188조)에서 교통방해치상죄는 부진정결과적가중범으로 해석해야 한다. 그러나 교통방해치사죄는 진정결과적가중범으로 해석하더라도 교통방해죄(제185조-187조)를 범하여 고의로 사람을 살해한 경우 교통방해죄와 살인죄의 상상적 경합범이 되어 살인죄로 처벌된다. 그런데 살인죄의 형벌(사형, 무기, 5년 이상의 징역)이 교통방해치사죄의 형벌(무기 또는 5년 이상의 징역)보다 무겁기 때문에 교통방해치사죄는 부진정결과적가중범이 아닌 진정결과적가중범으로 해석해야 한다.

특수공무방해치사상죄(제144조 제2항), 현주건조물일수치사상죄(제177조 제2항), 음용수혼독치사상죄(제194조)도 마찬가지이다. 특수공무방해치상죄, 현주건조물일수치상죄 및 음용수혼독치상죄는 부진정결과적가중범으로 해석해야 하지만, 특수공무방해치사죄, 현주건조물일수치사죄 및 음용수혼독치사죄는 진정결과적가중범으로 해석해도 무방하다.

이와 같이 부진정결과적가중범은 해석의 합리성을 위해 어쩔 수 없이 인정하지만, 바람직한 개념은 아니다. 따라서 입법론적으로는 현주건조물방화살인죄, 현주건조물일수상해죄 등과 같은 범죄규정을 신설하거나 결과적가중범의 법정형을 낮춰야 한다.

4. 부진정결과적가중범의 미수

(1) 인정여부에 대한 학설

이에 대해 부진정결과적가중범의 미수를 논할 실익이 없다는 견해, 현주건조물일수치사상죄(제177조 제2항)의 미수범처벌규정(제182조)이 있으므로 부진정결과적가중범의 미수를 인정할 수 있다는 견해 및 현주건조물일수치사상죄의 미수범 처벌규정은 있지만, 미수범 처벌규정이 없는 현주건조물방화치사상죄와 교통방해치사상죄와의 균형상 부진정결과적가중범의 미수를 인정할 수 없다는 견해가 대립한다.

(2) 결 어

이 문제는 일률적으로 결정할 것이 아니라 관련 규정들에 따라 달리 해석해야 한다. 예를 들어 부진정결과적가중범인 현주건조물일수치상죄란 현주건조물일수치상죄와 현주건조물일수상해죄의 두 가지 형태를 말한다.

1) **고의범과 과실범이 결합된 경우** 현주건조물일수치상죄의 주체는 '제177조 제1항의 죄를 범한 자' 즉, 현주건조물일수죄의 기수범에 국한되므로 현주건조물일수미수범이 과실로 상해의 결과를 발생시킨 경우에는 현주건조물일수치상죄의 미수가 될 수 없고, 현주건조물일수미수죄와 과실치상죄의 (상상적) 경합범을 인정해야 한다.

2) **고의범과 고의범이 결합된 경우** 현주건조물일수상해죄의 미수범은 ① 현주건조물일수죄는 기수이고 상해죄는 미수인 경우, ② 현주건조물일수죄는 미수이고 상해죄는 기수인 경우, ③ 현주건조물일수죄와 상해죄 모두 미수인 경우를 생각할 수 있다. 그런데 현주건조물일수상해죄의 주체는 현주건조물일수죄의 기수범에 국한되므로 ②, ③의 경우에는 현주건조물일수상해죄의 미수범이 아니라 현조건조물일수미수죄와 상해죄의 상상적 경합범이 성립할 수 있을 뿐이다. 따라서 현주건조물일수상해미수죄란 ①의 경우만을 의미한다고 해야 한다.

5. 부진정결과적가중범의 죄수

예를 들어 현주건조물에 방화하여 고의로 사람을 살해한 경우 현주건조물방화치사죄와 살인죄의 죄수관계와 같이 부진정결과적가중범과 중한 결과에 대한 고의범의 죄수관계가 문제된다.

1) **학 설** 다수설은 부진정결과적가중범은 본질적으로 결과적가중범이므로 독립적인 고의범의 불법내용이 거기에 당연히 포함될 수는 없다는 이유로 고의범과 부진정결과적가중범의 상상적 경합을 인정한다. 즉, 위 사례에서 살인죄와 현주건조물방화치사죄의 상상적 경합을 인정한다.

2) **판 례** 판례는 부진정결과적가중범과 중대한 결과에 대한 고의범의 법정형을 비교하여 그 죄수를 판정하고 있다. 즉 대법원은 "고의로 중한 결과를 발생하게 한 행위가 별도의 구성요건에 해당하고 그 고의범에 대하여 결과적가중범에 정한 형보다 더 무겁게 처벌하는 규정이 있는 경우에는 그 고의범과 결과적가중범이 상상적 경합관계에 있지만, 위와 같이 고의범에 대하여 더 무겁게 처벌하는 규정이 없는 경우에는 결과적가중범이 고의범에 대하여 특별관계에 있

으므로 결과적가중범만 성립하고 이와 법조경합의 관계에 있는 고의범에 대하여는 별도로 죄를 구성하지 않는다."고 한다(대판 2008. 11. 27. 2008도7311).

그에 따라 "피고인들이 피해자들의 재물을 강취한 후 그들을 살해할 목적으로 현주건조물에 방화하여 사망에 이르게 한 경우, 피고인들의 행위는 강도살인죄와 현주건조물방화치사죄에 모두 해당하고 그 두 죄는 상상적 경합범관계"에 있다고 보았고(대판 1998. 12. 8. 98도3416), "사람을 살해할 목적으로 현주건조물에 방화하여 사망에 이르게 한 경우에는 현주건조물방화치사죄로 의율하여야 하고 이와 더불어 살인죄와의 상상적 경합범으로 의율할 것은 아니며, 다만 존속살인죄와 현주건조물방화치사죄는 상상적 경합범 관계에 있으므로, 법정형이 중한 존속살인죄로 의율함이 타당하다"고 하였다(대판 1996. 4. 26. 96도485).

존속살인죄와 현주건조물방화치사죄에 대해 상상적 경합범이라고 본 위 96도485와 관련하여, 위 판결이 선고된 후 1995. 12. 형법개정으로 존속살인과 현주건조물 방화치사죄의 법정형이 동일하게 바뀌었으나, 제256조에 따라 존속살인은 자격정지형이 병과될 수 있기 때문에 여전히 존속살인죄의 법정형이 더 무거운 것이라고 보아야 할 것이다.

3) 결 어 첫째, 위 판례에 대해, 무거운 결과에 대한 고의범의 형벌이 부진정결과적가중범의 형벌보다 무거운 때에는 고의로 무거운 결과를 발생시킨 사람의 형벌이 과실로 중한 결과를 발생시킨 사람의 형벌보다 가볍다는 문제점이 없기 때문에 부진정결과적가중범을 인정할 필요가 없다. 따라서 판례의 입장은 타당하지 않다.

둘째, 죄수문제에 대해 중대한 결과에 대한 고의범과 부진정결과적가중범의 상상적 경합범을 인정하는 학설의 문제점은 다음과 같다. 즉, 부진정결과적가중범은 중대한 결과에 대한 과실범과 고의범을 모두 포함하는 개념이다. 따라서 중대한 결과에 대한 고의범의 형벌이 부진정결과적가중범의 형벌보다 가벼운 때에도 부진정결과적가중범의 일죄만을 인정해야 한다. 두 범죄의 상상적 경합을 인정하는 것은 중대한 결과에 대한 고의를 부진정결과적가중범과 중대한 결과에 대한 고의범에서 이중평가하는 것으로 부당하기 때문이다.

제 7 절 사실의 착오 §14

> 제15조(사실의 착오) ① 특별히 무거운 죄가 되는 사실을 인식하지 못한 행위는 무거운 죄로 벌하지 아니한다.

Ⅰ. 착오의 일반적 개념

1. 형법상의 착오

일반적으로 착오라 함은 행위자가 인식한 내용과 객관적으로 발생한 내용이 일치하지 않는 것, 즉 행위자의 주관적 의사와 객관적 사실의 불일치라고 할 수 있다.

이런 의미의 착오는 형법의 여러 영역에서 문제된다. 예를 들어 과실범, 결과적가중범, 미수범 등에서도 행위자의 의사와 객관적으로 발생한 사실이 일치하지 않는다. 과실범과 결과적가중범에서는 행위자의 의사보다 무거운 결과가, 미수범에서는 행위자의 의사보다 가벼운 결과가 발생한 경우이기 때문이다. 이를 도표로 표시하면 다음과 같다.

〈주관적 측면과 객관적 측면의 불일치〉

주관적 측면	객관적 측면	형법상의 개념
구성요건해당성 있음	구성요건해당성 없음	환각범, 미신범, 불능범 등
구성요건해당성 없음	구성요건해당성 있음	과실범
기본범죄만 실현	무거운 결과도 발생	결과적가중범
구성요건 전체 실현	구성요건 일부 실현	미수범
A 구성요건 실현	B 구성요건 실현	사실의 착오
위법하지 않음	위법함	법률의 착오
위법함	위법하지 않음	환각범, 미신범, 불능범 등

2. 사실의 착오의 범위

형법총칙에서 착오라는 명칭하에 규정되어 있는 것은 사실의 착오(제15조)와 법률의 착오(제16조)이다. 사실의 착오는 구성요건사실을 인식하지 못하거나[1] 잘못 인식한 경우이고, 법률의 착오는 자신의 행위에 대한 규범적 평가를 잘못한 경우이다. 통설에 의하면 법률의 착오는 원칙적으로 고의를 조각하지 못하고 정당한 이유가 있는 경우에만 책임을 조각하지만, 사실의 착오는 이유를 불문하고 원칙적으로 고의를 조각한다. 따라서 법률의 착오에 비해 사실의 착오는 가벌성을 조각·감경하는 효과가 더 크다.

형법 제15조는 사실의 착오라는 제목하에 발생한 사실이 인식한 사실보다 특별히 무거운 경우(제1항) 및 결과적가중범(제2항)을 규정하고 있다.

제1항에서 '특별히 무거운 죄가 되는 사실을 인식하지 못한 경우'란 예를 들어 보통살인의 고의로 존속살해의 결과를 발생시킨 경우를 말한다. 여기에서 인식한 사실에 비해 발생한 사실이 단순히 무거운 죄인 경우(손괴의 고의로 사망의 결과를 발생시킨 경우), 인식한 사실이 발생한 사실보다 특별히 무거운 죄이거나(존속살해의 고의로 보통살인의 결과를 발생시킨 경우), 인식한 사실과 발생한 사실이 다르지만 양자에 경중이 없는 경우(A를 살해할 고의로 B의 사망 결과를 발생시킨 경우) 등도 생각해 볼 수 있다. 또한 행위자가 인식한 인과과정과 실제 발생한 인과과정이 일치하지 않는 인과과정의 착오도 사실관계에 대한 착오라고 할 수 있다. 이러한 경우들은 제15조에 규정되어 있지 않다.

〈사실의 착오의 종류〉

인식한 사실 < 발생한 사실	살인의 고의로 존속살해의 결과발생(제15조 1항)
	손괴의 고의로 살인의 결과발생
인식한 사실 > 발생한 사실	존속살해의 고의로 보통살인의 결과발생
	살인의 고의로 손괴의 결과발생
인식한 사실 ≠ 발생한 사실	A를 살해할 고의로 B를 살해한 결과발생
	인식한 인과과정과 다른 과정을 거쳐 결과발생

1) [대판 1983. 9. 13. 83도1762] 절도죄에 있어서 재물의 타인성을 오신하여 그 재물이 자기에게 취득(빌린 것)할 것이 허용된 동일한 물건으로 오인하고 가져온 경우에는 범죄사실에 대한 인식이 있다고 할 수 없으므로 범의가 조각되어 절도죄가 성립하지 아니한다.

Ⅱ. 사실의 착오의 개념과 종류

1. 사실의 착오의 개념

사실의 착오에서 '사실'이란 '구성요건적 사실', 즉 행위의 주체, 객체, 태양(방법), 상황, 인과관계, 인과과정 등을 말한다. 따라서 '사실의 착오'란 행위자가 인식[1]했던 구성요건적 사실과 실제 발생한 구성요건적 사실이 일치하지 않는 경우이다. 이에는 주체의 착오, 객체의 착오, 행위태양(방법)의 착오, 행위상황의 착오, 인과관계의 착오, 인과과정의 착오 등이 있을 수 있다.

이 중 주체의 착오는 불능범이나 과실범의 문제가 된다. 예를 들어 공무원이 자신이 공무원이란 사실을 모르고 뇌물을 수수하였을 경우 과실범, 공무원이 아닌 사람이 자신이 공무원이라 생각하고 뇌물을 수수하였을 경우 불능범이 문제된다.

인과관계의 착오 역시 불능범 등이나 과실범이 문제될 것이다. 예를 들어 살인의 고의로 커피를 먹이거나 살인의 고의없이 청산가리를 먹인 사람의 경우 커피와 사망, 청산가리와 사망 사이의 인과관계를 착오한 것이지만, 전자에서는 불능범 또는 불능미수, 후자에서는 과실범이 문제된다. 행위상황의 착오는 그 유형에 따라 제15조 1항, 불능범, 과실범이 문제되거나 범죄성립에 영향을 주지 못한다.

따라서 사실의 착오로서는 객체의 착오와 방법의 착오가 주로 문제되고, 이와 함께 인과과정의 착오도 문제된다.

2. 사실의 착오의 종류

(1) 객체의 착오와 방법의 착오

객체의 착오란 행위객체의 동일성(identity)에 대해 착오를 일으킨 경우이다. 예를 들어 A라고 생각하고 살해하였으나 사망한 사람은 A가 아니고 쌍둥이 동생인 B인 경우이다.

방법의 착오란 행위객체는 정확하게 파악하였지만 행위방법, 즉 타격을 잘못한 경우를 말한다. 예를 들어 같이 앉아있는 A와 B 중 A를 향해 돌을 던졌지만 그 돌이 빗나가 B에게 명중한 경우를 말한다. 이 경우 A와 B인지를 정확하게 알았지만 돌을 던지는 행위방법, 즉 타격을 잘못한 경우이다.

---

1) 여기에서의 인식사실이란 인식하고 의욕 또는 인용했던 사실(고의개념에 관한 인용설 참조)을 의미한다.

(2) 구체적 사실의 착오와 추상적 사실의 착오

1) 개 념 구체적 사실의 착오란 인식사실과 발생사실이 동일한 구성요건에 속한 경우를 말한다. 예를 들어 객체의 착오로 A로 오인하고 B를 살해하거나, 방법의 착오로 A를 살해하려다 B를 살해한 경우를 말한다. 이 경우 인식사실과 발생사실 모두 살인죄의 구성요건에 해당된다.

추상적 사실의 착오란 인식사실과 발생사실이 서로 다른 구성요건에 속하는 경우이다. 예를 들어 A를 살해하려다가 객체의 착오나 방법의 착오에 의해 A의 반려견을 살해한 경우를 말한다. 이 경우 인식사실은 살인죄, 발생사실은 손괴죄의 구성요건에 해당된다.

2) 동종의 구성요건사실의 착오 예를 들어 甲이 자신의 아버지를 살해하려다 아버지의 친구를 살해한 경우 인식사실은 존속살해죄(제250조 제2항), 발생사실은 보통살인죄(제250조 제1항)에 해당된다. 그런데 존속살해죄와 보통살인죄는 동일한 구성요건은 아니지만 동일한 성질(동종)의 구성요건이라고는 할 수 있다.

구성요건을 형법에 규정된 대로 엄격하게 해석하는 구성요건부합설에 의하면 이 경우는 추상적 사실의 착오가 된다. 그러나 구성요건을 동종의 구성요건까지 포함하는 개념으로 넓게 해석하는 죄질부합설에 의하면 이 경우는 구체적 사실의 착오가 된다.

(3) 구분의 실익

객체의 착오와 방법의 착오를 구분하는 실익은 후술하는 바와 같이 구체적 부합설은 구체적 사실의 착오에서 객체의 착오와 방법의 착오의 형법적 효과를 달리 파악하기 때문이다. 구체적 사실의 착오와 추상적 사실의 착오를 구분하는 주된 실익은 법정적 부합설이 구체적 사실의 착오와 추상적 사실의 착오에 대해 다른 형법적 효과를 인정하기 때문이다.

Ⅲ. 사실의 착오의 형법적 효과

1. 문 제 점

형법 제15조 제1항은 발생사실이 인식사실보다 특별히 무거운 경우만 규정하고, 발생사실이 인식사실보다 가볍거나 동일한 경우에 대해서는 규정하지 않고 있다. 따라서 이러한 유형의 사실의 착오의 효과는 해석에 의해 해결해야 한다.

사실의 착오에서는 인식사실과 발생사실이 일치하지 않으므로 이를 가장 간단하게 해결하는 방법은 인식사실의 미수범과 발생사실에 대한 과실범을 인정하는 것이다. 이것은 행위시에 존재했던 고의의 효력을 발생사실에 대해 인정하지 않는 것을 의미한다(발생사실을 고의에 주관적으로 귀속시키지 않는 것이라고 표현하기도 한다).

단, 행위자의 인식사실과 발생사실이 그대로 일치하는 경우는 거의 없다(오히려 인식과 객관이 완전히 일치하는 경우는 예외에 속하고 대부분의 사례에 있어 다소간의 불일치는 있을 수밖에 없다). 예를 들어 甲이 A의 심장을 찔러 살해하려고 하였으나 이를 피하던 A가 목을 찔려 사망한 경우 엄밀하게 보면 甲의 인식사실과 발생사실이 일치하지 않는다. 이 경우에도 살인미수죄와 과실치사죄를 인정한다면 고의살인기수죄가 인정되는 경우란 거의 없을 것이다.

따라서 이와 같이 중요하지 않은 착오는 형법적 효과에 영향을 미치지 않으므로, 행위시에 존재했던 고의의 효력을 발생사실에 대해 인정할 수 있다는 것이다. 그러나 착오가 중요한 경우에는 착오가 범죄성립에 영향을 미치므로, 행위시에 존재했던 고의의 효력을 발생사실에까지 인정할 수는 없다는 것이다.

사실의 착오에 관한 학설들은 어느 정도의 착오가 중요하지 않은 착오로서 행위시의 고의의 효력을 발생사실에도 인정할 수 있는가에 대해 견해를 달리한다.

2. 구체적 부합설

(1) 구체적 부합설의 내용

구체적 부합설은 행위자의 인식사실과 발생사실이 구체적인 부분까지 일치할 때에만 인식사실에 대한 고의가 발생사실에 대해서도 효력을 미쳐 발생사실의 고의기수범의 성립한다는 입장이다.[1] 따라서 양자가 구체적으로 일치하지 않는

1) 구체적 부합설이란 용어의 앞과 뒤에 생략되어 있는 말을 제대로 찾는다면 구체적 부합설과 사실의 착오에 대해 정확하게 이해하고 있는 것이다. 구체적 부합설이 사실의 착오에 관한 것이고 착오가 행위자의 인식사실과 발생사실이 일치하지 않는 경우를 말하는 것이므로 구체적 부합설의 앞에는 '행위자의 인식사실과 발생사실'이 생략되어 있는 것이다. 구체적 부합이라는 것은 세세한 부분에까지 (구체적으로) 일치(부합)해야 한다는 것을 의미한다. 사실의 착오에서는 발생사실의 고의기수범을 인정할 것인가 아니면 인식사실의 미수범과 발생사실의 과실범의 상상적 경합을 인정할 것인가가 문제되므로 구체적 부합이라는 말의 뒤에 생략된 말은 "발생사실에 대한 고의기수범이 성립한다"는 말이다. 즉, 구체적 부합설이란 행위자의 인식사실과 발생사실이 구체적으로 부합해야 발생사실의 고의기수를 인정하는 학설을 말한다. 법률용어의 개념을 무조건 암기하려고 하지 말고 그 말의 앞뒤 혹은

경우에는 인식사실의 미수범과 발생사실의 과실범의 상상적 경합을 인정하게 된다. 다만 구체적 사실의 착오 중 객체의 착오에 대해서는 발생사실의 고의기수죄를 인정한다.

즉, 구체적 부합설에 의하면, A와 B 중 A를 살해하려고 총을 쏘았으나 빗나가 B가 맞아 사망한 경우와 같이 구체적 사실의 착오 중 방법의 착오에서는 A에 대한 살인의 고의가 B의 사망에 대해 효력을 미칠 수 없으므로 A에 대한 살인미수죄와 B에 대한 과실치사죄의 상상적 경합범이 성립한다. 그러나, A인 줄 알고 살해하였으나 B가 사망한 경우와 같이 구체적 사실의 착오 중 객체의 착오에서는 A에 대한 사망의 고의가 발생사실인 B의 사망에 대해 효력을 미치므로 B에 대한 고의살인기수죄를 인정한다.

독일의 통설·판례이고, 우리나라에서도 다수설이다.

(2) 구체적 부합설에 대한 비판

구체적 부합설에 대해서는 다음과 같은 비판이 제기된다.

첫째, 구체적 사실의 착오 중 객체의 착오에서도 인식사실과 발생사실이 구체적으로 부합하지는 않음에도 예외를 인정할 근거가 모호하다.

둘째, 간접정범이나 교사범에서 피이용자나 피교사자의 객체의 착오가 간접정범과 교사범에게는 객체의 착오와 방법의 착오 중 어디에 해당되는지 모호하다.

셋째, 구체적 사실의 착오 중 방법의 착오의 경우 예컨대 '사람'을 살해할 고의로 '사람'을 살해한 결과를 발생시킨 경우에는 살인죄의 구성요건이 충족하였다고 해야 한다.

넷째, 구체적 사실의 착오 중 방법의 착오에서 인식사실의 미수범과 발생사실의 과실범을 처벌하는 규정이 없는 범죄에서는 처벌의 공백이 크다. 예를 들어 아들 A를 유기할 고의가 있었으나 방법의 착오로 인해 딸 B를 유기한 경우 유기미수와 과실유기를 벌하는 규정이 없으므로 행위자를 처벌할 수 없게 된다.

3. 법정적 부합설

(1) 법정적 부합설의 내용

법정적 부합설은 인식사실과 발생사실이 법률에 규정되어 있는 만큼(법정적)

중간에 생략되어 있는 말이 무엇일까를 생각해서 그것을 정확하게 찾아내는 방법으로 공부하는 것이 바람직하다.

일치(부합)하는 경우(양자가 동일구성요건에 속하는 경우)에는 '발생사실'의 고의기수죄를 인정한다. 이에 의하면 구체적 사실의 착오는 인식사실과 발생사실이 동일한 구성요건에 속하기 때문에 객체의 착오이든 방법의 착오이든 발생사실의 고의기수죄를 인정한다. 그러나 추상적 사실의 착오에서는 인식사실과 발생사실이 동일한 구성요건에 속하지 않기 때문에 인식사실의 미수범과 발생사실의 과실범의 상상적 경합을 인정한다. 예컨대 상해의 고의로 사람을 향해 돌멩이를 던졌으나 빗나가서 그 옆에 있던 다른 마을 주민의 자동차에 맞아 자동차가 손괴된 경우, 甲의 행위에 대해서는 인식사실의 미수범인 상해미수죄와 발생사실의 과실범인 과실재물손괴죄의 상상적 경합이 되어야 하나, 과실재물손괴죄는 처벌규정이 없기 때문에 상해미수죄로만 처벌된다.

이전의 다수설 및 현재의 판례가 취하고 있는 입장이다.

[대판 1984. 1. 24. 83도2813] (형수를 살해하려고 내려쳤으나 업혀있던 조카를 살해한 사건에서) 소위 타격의 착오가 있는 경우라 할지라도 행위자의 살인의 범의 성립에 방해가 되지 아니한다.
[대판 1968. 8. 23. 68도884] 피고인이 갑을 살해할 의사로 농약 1포를 숭늉 그릇에 투입하여 식당에 놓아 둠으로써 그 정을 알지 못한 갑의 장녀가 마시게 되어 사망케 하였다면 인과관계가 있다고 할 것이므로 갑의 장녀에 대한 살인죄가 성립한다.

(2) 구성요건 부합설과 죄질 부합설

예를 들어 존속살해의 고의로 보통살인의 결과를 발생시킨 경우와 같이 인식사실과 발생사실이 동일한 구성요건에 속하지는 않지만 동종의 구성요건에 속할 경우 이를 구체적 사실의 착오와 추상적 사실의 착오 중 무엇으로 볼 것인지 문제된다. 구성요건 부합설은 이 경우도 구성요건 자체가 다르므로 추상적 사실의 착오로 보고, 죄질 부합설에서는 구성요건은 다르나 죄질이 같으므로 구체적 사실의 착오로 본다. 따라서 위의 사례에서 구성요건 부합설은 존속살해미수죄와 과실치사죄를, 죄질 부합설에서는 보통살인기수죄를 인정한다.

구성요건 부합설에 대해서는 비슷한 성격의 행위를 너무 다르게 취급한다는 비판이, 죄질 부합설에 대해서는 동종의 죄질이라는 개념이 모호하다는 비판이 제기된다. 예를 들어 절도죄(제329조), 횡령죄(제355조) 및 점유이탈물횡령죄(제360조)

의 죄질이 같은지 아니면 다른지 문제된다는 것이다.

(3) 법정적 부합설에 대한 비판

법정적 부합설이 구체적 사실의 착오 중 방법의 착오에 대해 발생사실의 고의기수죄를 인정하는 것에 대해서는 다음과 같은 비판이 제기된다.

첫째, 발생사실에 대한 고의를 인정하는 것은 부당하다. 살인의 고의로 A에게 총을 쏘았으나 B를 맞힌 경우 A를 살해할 고의는 인정되지만, B를 살해할 고의를 인정할 수는 없다.

둘째, 인식사실에 대해서는 아무런 범죄가 성립하지 않으므로, 위의 예에서 A는 甲을 고소하거나 甲의 형사재판에서 피해자에게 주어진 권리를 행사할 수 없다.

셋째, 발생사실에 대한 과실이 전혀 없는 경우에도 고의를 인정하는 것은 부당하다. 예를 들어 甲이 A를 살해하려고 총을 쏘았으나 빗나가 마침 절도를 하기 위해 병풍 뒤에 몰래 숨어있던 B가 맞아 사망한 경우에도 B에 대한 고의살인죄를 인정한다면, 이는 부당하다.

넷째, A에게 상처만 입히고 B를 사망케 한 경우 A에 대한 살인미수죄를 인정해야 하겠지만 B에 대해서는 어떤 죄책을 인정할지 불분명하다. 만약 과실치사죄를 인정한다면 A에게 상처를 입혔음에도 상처를 입히지 않은 경우보다 가볍게 처벌하는 문제점이 있고, 고의살인죄를 인정한다면 하나의 살인고의를 A에 대한 살인미수죄와 B에 대한 살인기수죄에서 이중평가하는 문제점이 있다.

4. 추상적 부합설

추상적 부합설은 주관주의에 따른 것이지만, 이를 주장하는 학자는 없기 때문에 학설사적 의미밖에 없다. 추상적 부합설은 인식사실과 발생사실이 모두 범죄라는 점에서 일치(추상적으로 부합)하므로 어떤 형태이든 고의기수죄를 인정하겠다는 입장이다. 따라서 구체적 사실의 착오에서는 발생사실의 고의기수죄를 인정하고, 추상적 사실의 착오는 다음과 같이 해결한다.

첫째, 가벼운 범죄의 고의로 무거운 범죄를 발생시킨 경우 무거운 범죄의 고의기수죄를 인정할 수는 없다. 이 경우 추상적 부합설에서는 소위 "대(大)는 소(小)를 겸한다"는 원칙에 따라 가벼운 범죄에 대한 고의기수죄, 무거운 범죄에 대한 과실범의 상상적 경합을 인정한다. 개를 죽이려다 사람을 살해한 경우 사람의 사망이라는 결과(大)는 개의 사망이라는 결과(小)를 포함하므로, 손괴기수죄와 과실치사죄의 상상적 경합을 인정한다.

둘째, 무거운 범죄의 고의로 가벼운 범죄의 결과를 발생시킨 경우 무거운 범죄에 대한 기수죄를 인정할 수는 없다. 그리하여 무거운 범죄에 대한 고의(大)는 가벼운 범죄에 대한 고의를 포함(小)하므로 가벼운 범죄에 대한 고의기수죄를 인정한다. 예를 들어 사람을 살해하려다가 개를 살해한 경우 살인미수죄와 고의손괴기수죄를 인정한다.

〈사실의 착오의 효과에 대한 학설의 정리〉

<table>
<tr><th colspan="2"></th><th>구체적 부합설</th><th>법정적 부합설</th><th colspan="2">추상적 부합설</th></tr>
<tr><td rowspan="2">구체적 사실의 착오</td><td>객체의 착오</td><td>발생사실의 고의기수</td><td>발생사실의 고의기수</td><td colspan="2">발생사실의 고의기수</td></tr>
<tr><td>방법의 착오</td><td>인식사실의 미수
발생사실의 과실</td><td>발생사실의 고의기수</td><td colspan="2">발생사실의 고의기수</td></tr>
<tr><td rowspan="2">추상적 사실의 착오</td><td>객체의 착오</td><td>인식사실의 미수
발생사실의 과실</td><td>인식사실의 미수
발생사실의 과실</td><td rowspan="2">重→輕:
인식사실의 미수
발생사실의 고의기수</td><td rowspan="2">輕 → 重:
인식사실의 고의기수
발생사실의 과실</td></tr>
<tr><td>방법의 착오</td><td>인식사실의 미수
발생사실의 과실</td><td>인식사실의 미수
발생사실의 과실</td></tr>
</table>

5. 결　어

추상적 부합설은 언급할 필요가 없고, 구체적 사실의 착오 중 방법의 착오에 대해서는 법정적 부합설보다는 구체적 부합설이 타당하다고 할 수 있다. 이 경우 발생사실에 대한 고의를 인정하는 것은 고의를 확대시키는 것으로서 부당하기 때문이다.

구체적 부합설이 구체적 사실의 착오 중 객체의 착오에서 발생사실의 고의기수죄를 인정하는 것은 타당하지만, 그 논리적 구성에는 문제가 있다. A가 아니고 B인 줄 알았다면 행위자는 범행을 하지 않았을 것이기 때문에 객체의 착오도 중요한 문제이기 때문이다.

사실의 착오에 관한 학설들의 문제점은 미리 자신들의 개념을 설정하여 놓고 그 개념에 사례를 억지로 끼워 맞추려고 하는 것이다. 따라서 사실의 착오에서 구체적 유형을 설정하지 말고 각 사례에서 어떤 경우에 고의를 인정할 수 있는 것인가를 자연스럽게 결정하면 족하다. 고의가 인정되기 위해서 행위의 주체, 태양, 인과관계, 인과과정 등에 대한 세세한 내용까지 인식해야 하는 것은 아니다. 행위 객체의 인식도 마찬가지이다. 살인죄의 경우 범행 대상이 사람이라는 정도까지 인식하면 족하지 그 사람의 이름, 신분까지 인식해야 하는 것은 아니다. 이름, 신분 등을 잘못 알았더라도 살해된 사람에 대한 고의는 인정될 수 있다.

즉, 구체적 사실의 착오 중 객체의 착오에서는 비록 착오가 있지만 원래 범행을 하려던 대상에 대한 고의가 있다고 하더라도 행위시에는 결과가 발생한 대상에 대한 고의도 인정할 수 있다. 따라서 발생사실의 고의기수죄를 인정하면 된다. 구체적 사실의 착오 중 방법의 착오를 포함한 나머지 유형의 착오에서는 발생사실에 대한 고의를 인정할 수 없고, 과실범만을 인정할 수 있다. 이 때에도 발생사실에 대한 주의의무위반이 있는가는 별개로 따져봐야 한다.

예를 들어 A와 B가 함께 걸어가고 있는데 A에게 총을 쏴 B를 사망케 한 경우 B의 사망에 대한 과실을 인정할 수 있지만, A의 방에서 A를 향해 총을 쐈는데 병풍 뒤에 몰래 숨어있던 도둑 B에게 명중한 경우에는 B의 사망에 대한 과실을 인정할 수 없다.

결국 사실의 착오는 발생사실에 대한 고의 인정여부의 문제로 해결하면 족하다. 이러한 의미에서 사실의 착오에 관한 학설들은 별 필요가 없고 오히려 혼란만 초래하는 것이라고 할 수 있다.

쉬어가기

【설문1.】 甲은 A를 혼내주고자 숨어 있다가 승용차에서 내리는 A를 향해 벽돌을 던졌다. 그러나 벽돌이 빗나가서 A 옆에 서있던 B에게 맞았고 이로 인하여 B는 전치 4주의 상해를 입었다. 甲의 죄책은?

【설문1의 해결】 벽돌은 위험한 물건이므로 형법상 특수상해죄(제258조의2)의 성립여부가 문제된다. 방법의 착오가 있었으므로 구체적 부합설은 A에 대한 특수상해미수죄와 B에 대한 과실치상죄를 인정한다. 법정적 부합설은 B에 대한 특수상해기수죄를 인정한다.

【설문2.】 甲은 乙에게 A를 살해할 것을 부탁하였고 이를 승낙한 乙은 B를 A로 오인하고 B를 자동차로 들이받았으나 6주의 상해를 가하는 데에 그쳤다. 甲과 을의 죄책은?

【설문2의 해결】 (교사범에 대한 설명은 후술함) 첫째, 정범 乙은 살인미수죄의 성부가 문제되나 객체의 착오가 문제되므로 학설대립에 관계없이 고의전용이 긍정되어 B에 대한 살인미수가 성립한다. 둘째, 정범 乙의 객체의 착오가 교사범 甲에 대하여 어떤 효과가 미치는지 문제되는데, (1) 피교사자가 객체의 착오를 일으켰다면 그것은 교사자에게도 일어날 수 있는 착오이므로 객체의 착오로 보는 견해(이 경우 착오에 대한 학설대립에 관계없이 고의전용이 긍정되어 B에 대한 살인교사의 미수범 성립), (2) 정범의 객체의 착오는 교

사자에게는 방법의 착오가 된다는 견해를 따르면서 구체적 부합설에 의하면 A에 대한 살인교사의 미수범과 B에 대한 과실치상죄, 법정적 부합설에 의하면 B에 대한 살인교사의 미수범이 성립한다(A에 대한 살인교사 부분은 불문).

제 8 절 인과과정의 착오 §15

Ⅰ. 인과과정의 착오의 개념

1. 인과과정과 고의

인과과정이란 범죄의 '원인행위(因)부터 결과발생(果)까지의 과정(過程)'을 말한다. 예를 들어 甲이 A를 칼로 찔렀고 중상을 입은 A가 병원에 입원하여 이틀동안 치료를 받다가 사망한 경우, 甲의 칼로 찌르는 행위에서부터 A의 사망까지의 전과정을 말한다.

통설에 의하면 고의가 성립하기 위해서는 인과과정의 본질적 부분 혹은 중요부분을 인식해야 한다. 인과과정을 정확하게 안다는 것은 일반인은 물론 전문가에게도 어려운 일이다. 심장을 칼로 찌르면 사람이 사망한다는 것은 알지만 구체적으로 어떤 과정을 거쳐서 사망하는지를 아는 사람은 별로 없다. 따라서 인과과정의 세세한 부분까지 인식해야 고의가 성립할 수 있다고 하면 고의가 인정될 수 있는 경우가 거의 없을 것이다. 이 때문에 인과과정의 본질적 부분 혹은 중요부분을 인식하면 고의가 성립한다고 하는 것이다.

인과과정의 본질적 부분 혹은 중요부분에 대한 인식이란 위의 예에서 "심장을 찌르면 사람이 죽는다"는 정도의 인식을 말한다.

2. 인과과정의 착오의 개념과 유형

인과과정의 착오란 범죄행위도 있었고 범죄결과도 발생하였고 양자 간의 인과관계도 인정되지만 행위자가 인식한 과정과는 다른 과정을 거쳐서 결과가 발생한 경우를 말한다. 인과과정의 본질적 부분 혹은 중요부분을 인식해야 고의가 성립한다는 말은 인과과정의 사소한 부분에 착오를 일으킨 경우에는 발생사실에 대한 고의를 인정할 수 있지만, 인과과정의 본질적 부분 혹은 중요부분에 착오를 일으킨 경우에는 발생사실에 대한 고의를 인정할 수 없다는 의미이다.

이와 같이 인과과정의 착오가 범죄성립에 영향을 미치는 유형으로 보통 다음과 같은 사례들이 제시된다.

Ⅱ. 교각(橋脚)살해 사례

甲이 A를 강물에 익사시키기 위해 다리 밑으로 던졌는데 A가 강물로 추락 도중 교각(다리의 다리)에 머리를 부딪쳐 사망한 경우이다. 이 사례는 하나의 실행행위만 있는 경우로서 전형적인 인과과정의 착오 사례라고 할 수 있다.

이 사례에서 학설은 일치하여 살인기수죄를 인정한다. 甲이 인식한 인과과정(다리 밑으로 던져 강물에 익사)과 실제 발생한 인과과정(다리 밑으로 던져 교각에 부딪쳐 사망)이 일치하지 않지만, 이 착오가 본질적 혹은 중요한 착오라고 할 수 없기 때문이다.

만약 A가 강물로 추락 도중 벼락을 맞아 사망하였다면 이 경우의 인과과정의 착오는 본질적 혹은 중요한 착오라고 할 수 있고 甲에게 A의 사망에 대한 고의를 인정할 수 없어 살인미수의 죄책만을 진다고 해야 한다. 그러나 이러한 사례에서는 인과과정의 착오를 논하기 이전에 이미 상당인과관계나 객관적 귀속이 인정되지 않을 것이다.

Ⅲ. 개괄적 고의 사례

1. 개 념

개괄적 고의 사례란 행위자가 구성요건적 결과가 발생하기까지 두 개의 행위를 하였고, 행위자는 두 개의 행위 중 첫 번째 행위를 통해 구성요건적 결과를 발생시키려고 하였으나, 실제로는 첫 번째 행위가 아닌 두 번째 행위에 의해 구성요건적 결과가 발생한 경우이다. 강학상 결과발생이 뒤로 늦춰진 사례라고 하기도 한다.

예를 들어 甲이 A를 살해하기 위해 돌멩이로 A의 머리를 내리쳐서(제1행위) A가 정신을 잃고 쓰러지자 그가 사망한 것으로 오인하고 증거를 인멸할 목적으로 피해자를 그 곳에서 150m 떨어진 개울가로 끌고 가 웅덩이를 파고 A를 매장하였는데(제2행위), A가 제1행위가 아닌 제2행위로 인해 웅덩이에서 질식사한 경우이다(대판 1988. 6. 28. 88도650). 이 사례에서 甲의 제1행위와 A의 사망 사이에 인과관계가 인정되어야 한다. 만약 인과관계가 부정된다면 인과과정의 착오를 논할 필요가 없다.

이 사례에서 사체은닉죄를 논외로 하면, 甲에게 살인기수죄를 인정할 수도 있고, 살인미수죄와 과실치사죄의 경합범을 인정할 수도 있다. 원래 개괄적 고의는 이러한 사례에서 甲에게 살인기수죄를 인정하기 위해 고안된 개념이지만, 현재에는 고의의 한 형태가 아니라 위와 같은 사례를 지칭하는 용어로 사용된다.

2. 형법적 효과

(1) 고의기수설

1) 단일행위설 단일행위설은 피고인의 살인행위에서 피해자의 사망에 이르기까지 전 과정에서 있었던 행위를 형법적으로 하나로 볼 수 있다고 한다. 이렇게 되면 고의살인 행위에 의해 사망의 결과가 발생하였으므로 피고인에게 살인기수의 죄책을 인정할 수 있다. 그러나 이에 대해서는 제1행위와 제2행위를 합하여 하나의 행위로 보는 것은 무리라는 비판이 가해진다.

2) 개괄적고의 인정설 이 견해는 제1행위와 제2행위 두 개의 행위로 보되, 제1행위 시에 존재했던 살인의 고의가 제2행위에도 효력이 있고, 이러한 형태의 고의를 개괄적 고의라고 한다. 이에 의하면 사망의 결과를 발생시킨 제2행위도 고의살인 행위라고 할 수 있으므로 피고인에게 살인기수의 죄책을 인정할 수 있다. 그러나 이에 대해서는 고의는 행위시에 존재해야 하고, 제2행위를 기준으로 하면 제1행위시에 존재했던 살인의 고의는 (고의로서 효력이 인정되지 않는) 사전고의에 불과하다는 비판이 가해진다.

3) 판 례 판례는 "…전과정을 개괄적으로 보면 피해자의 살해라는 처음에 예견된 사실이 결국은 실현된 것으로"이라고 하면서 살인죄를 인정하였다(대판 1988. 6. 28. 88도650). 이것은 ① 첫 번째 행위와 두 번째 행위를 분리하지 않고 하나의 살인행위로 파악한다는 의미일 수도 있고,[1] ② 행위는 두 개이지만 개괄

1) 이와 유사하게 대판 1994. 11. 4. 94도2361은 "피고인의 구타행위로 상해를 입은 피해자가 정신을 잃고 빈사상태에 빠지자 사망한 것으로 오인하고, 자신의 행위를 은폐하고 피해자가 자살한 것처럼 가장하기 위하여 피해자를 베란다 아래의 바닥으로 떨어뜨려 사망케 하였다면, 피고인의 행위는 포괄하여 단일의 상해치사죄에 해당한다"고 한다. 이 역시 구타행

적 고의를 인정하여 첫 번째 행위시에 존재했던 고의가 두 번째 행위에도 효력을 미치는 것으로 볼 수 있다는 의미일 수도 있다.

그러나 판례에 대해서는 앞의 단일행위설과 개괄적 고의 인정설에 대한 비판과 동일한 비판을 가할 수 있다. 두 견해는 초창기 독일에서 주장되었지만, 현재에는 지지자가 없다.

4) 인과과정의 착오의 문제로 해결하는 입장 행위자가 인식한 인과과정과 실제 발생한 인과과정에 차이가 있지만, 이 차이는 본질적이거나 중요하지 않기 때문에 형법적으로 무시할 수 있고, 따라서 살인기수죄를 인정할 수 있다고 한다. 즉, 양자의 차이가 일반적 생활경험법칙상 예견가능하고 기타 정당화사정이 없으므로 고의를 조각할 수 없다는 것이다. 우리나라의 다수설과 독일의 다수설 및 판례가 취하는 입장이다.

이 견해에 대해서는, 인과과정의 착오 중 어떤 착오가 중요한지에 대한 명백한 기준을 제시하지 않고, 행위자를 무겁게 벌하려는 의도를 '생활경험법칙상 예견가능하다'는 모호한 용어로 희석시키고 있다는 비판이 제기된다.

5) 객관적 귀속으로 해결하려는 입장 이 견해는 개괄적 고의 사례를 고의의 문제가 아니라 객관적 귀속의 문제로 접근한다. 그리하여 개괄적 고의 사례에서는 원칙적으로 고의기수죄가 성립하는데, 이 경우 두 번째 행위는 첫 번째 행위와 최종결과 사이의 인과적 연쇄과정에서 하나의 중간고리에 불과하기 때문이라고 한다.

이에 대해서는 두 번째 행위는 첫 번째 행위와 결과 사이의 중간고리에 불과한 것이 아니라 독자적인 행위이므로 사망의 결과는 두 번째 행위에 객관적으로 귀속시켜야 한다는 비판 및 설사 사망을 첫 번째 행위에 귀속시킬 수 있다고 하여도 그 결과에 대해 고의를 인정할 수는 없다는 비판이 제기된다.

(2) 미수범과 과실범의 경합범설

이 견해는 고의기수설은 살인의 고의로 행위하였고 살인의 결과까지 발생시킨 행위자를 미수범으로 처벌할 수 없다는 감정적 요소 때문에 형법의 기본원칙을 무시한 것이라고 비판한다. 따라서 행위시에 고의가 존재해야 한다는 원칙에 따라 제1행위에 의한 살인미수죄와 제2행위에 의한 과실치사죄의 경합범을 인정

위와 추락시킨 행위를 두 개가 아닌 하나의 행위로 파악하는 것으로 보인다. 그러나 이 판례가 개괄적 과실 혹은 개괄적 고의를 인정하는 것으로 해석할 여지도 있다.

해야 한다고 한다.

(3) 결 어

이러한 사례에서 가장 중요한 것은 제2행위를 제1행위의 연장으로서 살인행위의 일부로 볼 것인가이다.

통설인 실행의 착수에 관한 주관적 객관설에 의하면 '행위자의 범행계획을 고려하여 법익침해의 직접적 행위가 개시된 시점'에서 실행의 착수를 인정할 수 있다. 그렇다면 실행의 종료시점도 '행위자의 범행계획을 고려하여 법익침해의 직접적 행위가 종료된 시점'이라고 해야 한다.

이에 의하면 행위자가 처음부터 사체를 은닉할 계획을 가졌다면 살인행위의 종료시점은 두 번째 행위시까지로 늦춰질 수 있고 이에 따라 두 번째 행위시에도 살인의 고의가 있으므로 살인기수죄를 인정할 수도 있다. 이 때의 인과과정의 착오는 본질적이거나 중요하다고 할 수 없기 때문이다.

그러나 두 번째 행위시에 비로소 사체은닉의 고의가 생겨났다면 첫 번째 행위의 종료시에 살인행위도 종료하였다고 할 수 있고 이에 따라 살인미수죄와 과실치사죄의 경합범이 성립한다고 해야 한다. 사망의 결과를 발생시킨 두 번째 행위시에는 살인의 고의가 존재하지 않았기 때문이다.

이와 같이 실행의 종료시점이 달라질 수 있지만, 일반적으로는 첫 번째 행위 종료시에 살인행위도 종료했다고 해야 할 것이다.

Ⅳ. 조기결과발생 사례

1. 개 념

조기결과발생 사례란 행위자가 두 번째 행위에 의해 결과를 발생시킬 것을 의도하고 두 번째 행위까지 하였으나 사실은 첫 번째 행위에 의해 결과가 발생한 경우를 말한다. 예를 들어 甲이 A를 폭행하여 실신시킨 뒤 달려오는 기차에 던져 살해하려는 의도로 A를 폭행하여 실신시킨 뒤 기차에 던졌으나 A는 이미 甲의 폭행에 의해 사망한 경우를 말한다.

2. 형법적 효과

이 사례에서 甲에게 살인기수죄를 인정할 수도 있고, 폭행(상해)치사죄와 살인죄 불능미수의 경합범을 인정할 수도 있을 것이다.

살인기수죄설은 제1행위시에 이미 살인행위가 시작되었고 살인의 고의도 인정되고, 제1행위에 의해 결과도 발생하였으므로 단순히 인과과정의 착오만이 문제되는데 이 경우의 착오는 일반적 생활경험법칙상 예견가능한 범위에 속한다는 것을 근거로 든다.

후자의 견해는 제1행위시에는 폭행(상해)의 고의만이 있었으나 이 행위에 의해 A가 사망하였기 때문에 폭행(상해)치사죄가 성립하고 살인고의가 있던 제2행위시에는 이미 A가 사망하였으므로 살인기수죄가 성립할 수 없고 살인죄의 불능미수죄만이 성립할 수 있다는 것을 근거로 든다.

이 문제 역시 살인죄의 실행의 착수시점을 언제로 볼 것인가 따라 결론이 달라질 수 있다. 행위자가 처음부터 실신시킨 뒤 기차에 던져 살해할 것을 계획한 경우 주관적 객관설에 의하면 살인죄의 실행의 착수시기는 제1행위시까지 앞당겨질 수 있다. 이 경우 살인의 고의가 있는 행위에 의해 사망의 결과가 발생하였고, 인과과정의 착오는 본질적 혹은 중요하다고 할 수 없으므로 살인기수죄를 인정할 수 있다.

그러나 피해자를 실신시킨 뒤 (피해자가 사망한 것을 모르고) 비로소 살인의 고의가 생긴 경우라면 주관적 객관설에 따라 살인행위는 제2행위시에 시작되었다고 할 수 있다. 따라서 폭행(상해)치사죄와 살인죄의 불능미수(혹은 불능범)의 경합범이 성립한다고 해야 한다.

§16

제 9 절 부작위범

제18조(부작위범) 위험의 발생을 방지할 의무가 있거나 자기의 행위로 인하여 위험발생의 원인을 야기한 자가 그 위험발생을 방지하지 아니한 때에는 그 발생된 결과에 의하여 처벌한다.

Ⅰ. 부작위범의 의의

1. 부작위범의 개념

부작위범이란 해야 할 작위를 하지 않는 부작위에 의해 범죄를 실현하는 것을 말한다. 일반적으로 범죄는 신체거동이 수반된 작위를 통해 이루어진다. 그러나 부작위를 통해 범죄를 수행할 수도 있다. 예를 들어 주인의 퇴거요구에 응하지 않는 경우 그 부작위로 인해 퇴거불응죄(제319조 제2항)가 성립할 수 있다. 수상안전요원이 익사하는 사람을 보고도 구조하지 않는 부작위에 의해 살인죄나 과실치사죄가 성립할 수도 있다.

작위범이 '하지 말아야 할 작위를 함으로써' 금지규범에 위반하는 범죄라고 한다면, 부작위범은 '해야 할 작위를 하지 않음으로써' 금지규범을 위반하는 범죄라고 할 수 있다. 이 때문에 부작위범은 '단순한 무위'(無爲)가 아니라 '해야 할 행위를 하지 않는 것'이라고 한다. 즉 신체거동을 전혀 하지 않는 경우뿐만 아니라 신체거동을 하더라도 그것이 해야 할 신체거동이 아닌 경우도 포함된다.

형법 제18조의 '자기의 행위로 인하여 위험발생의 원인을 야기한 자'란 '위험의 발생을 방지할 의무가 있는 자'의 한 예에 불과하므로, 제18조는 "위험발생을 방지할 의무있는 자가 그 위험발생을 방지하지 아니한 때에는 그 발생된 결과에 의해 처벌한다"로 줄일 수 있다. 이와 같이 부작위범이란 어떤 행위를 해야 할 사람(작위의무자)이 해야 할 행위를 하지 않을 때(부작위)에 성립하는 범죄이다.

2. 작위와 부작위의 구별

(1) 문제의 제기

대부분의 경우 작위와 부작위의 구별은 용이하지만, 작위와 부작위의 구별이 어려운 경우도 있다.

① 예를 들어 무의미한 연명치료를 중단해달라는 보호자의 요구에 따라 의사가 인공심폐장치를 제거하여 환자가 사망한 경우 '연명치료의 중단'이라는 부작위에 의한 살인죄가 문제될 수도 있고, '인공심폐장치의 제거'라는 작위에 의한 살인죄가 문제될 수도 있다. 후자의 경우 살인죄를 인정하는 데에 별 의문이 없지만, 전자의 경우 예컨대 보호자가 반대함에도 불구하고 의사에게 연명치료를 하여야 할 작위의무가 있는지 논란이 있을 수 있다.

② 다른 예로 甲이 깊은 우물 옆을 지나가다 우연히 A가 그곳에 빠진 것을 발견하고 A를 구해주려고 밧줄로 끌어올리다가 중간에서 A가 원수임을 알게 되자 밧줄을 놓아 A가 떨어지면서 부상을 당했는데 이후 A가 우물에서 빠져나오지 못해 사망한 경우, 밧줄을 놓아버린 작위와 A를 구해주지 않은 부작위 중 어느

것을 문제삼아야 하는지도 문제될 수 있다.

(2) 자연적 관찰방법 및 결과중심에 의한 구별

작위와 부작위의 구별은 원칙적으로 법률 이전의 자연적인 관찰방법에 의해야 한다. 연명치료를 중단한 예에서 치료의 중단이라는 부작위보다는 인공심폐장치의 제거라는 작위를 문제삼아야 한다. 판례도 같은 입장이다.

[대판 2004. 6. 24. 2002도995] 어떠한 범죄가 적극적 작위에 의하여 이루어질 수 있음은 물론 결과의 발생을 방지하지 아니하는 소극적 부작위에 의하여도 실현될 수 있는 경우에, 행위자가 자신의 신체적 활동이나 물리적·화학적 작용을 통하여 적극적으로 타인의 법익 상황을 악화시킴으로써 결국 그 타인의 법익을 침해하기에 이르렀다면, 이는 작위에 의한 범죄로 봄이 원칙이고, 작위에 의하여 악화된 법익 상황을 다시 되돌이키지 아니한 점에 주목하여 이를 부작위범으로 볼 것은 아니며, 나아가 악화되기 이전의 법익 상황이, 그 행위자가 과거에 행한 또 다른 작위의 결과에 의하여 유지되고 있었다 하여 이와 달리 볼 이유가 없다.

그러나 보충적으로 규범의 요구와 관련하여서도 파악해야 한다. 예를 들어 퇴거요구를 받은 甲이 퇴거를 하지 않기 위해 집 안에서 뛰어다닌 경우 자연적인 관찰방법으로는 甲이 작위를 하고 있지만, 퇴거를 하지 않았다는 규범의 요구와 관련하여 보면 甲에게 중요한 것은 부작위이다.

②와 같은 사례에서는 각 문제되는 범죄별로 작위범 혹은 부작위범을 검토해야 한다. 여기에서는 A의 부상에 대한 범죄와 A의 사망에 대한 범죄를 나누어 검토해야 한다. 전자에 대해서는 밧줄을 놓았다는 작위가 문제되고 甲에게 상해죄를 인정할 수 있을 것이다. 그러나 A가 사망한 것에 대해서는 구해주지 않았다는 부작위가 문제되고, 이 경우 甲에게 구조의무를 인정할 수 없기 때문에 부작위살인죄를 인정하기 어려울 것이다.

(3) 작위범과 부작위범의 검토순서

논리필연적인 것은 아니지만 검토의 편의를 위해서 먼저 작위범의 성립을 검토하고 작위범이 성립하지 않는 경우 부작위범의 성립을 검토하는 것이 바람직하다. 다음의 판례를 예로 들어본다.

[대판 1992. 2. 11. 91도2951] 피고인이 조카인 피해자(10세)를 살해할 것을 마음먹고 저수지로 데리고 가서 미끄러지기 쉬운 제방 쪽으로 유인하여 함께 걷다가

피해자가 물에 빠지자 그를 구호하지 아니하여 피해자를 익사하게 한 것이라면 피해자가 스스로 미끄러져서 물에 빠진 것이고, 그 당시는 피고인이 살인죄의 예비단계에 있었을 뿐 아직 실행의 착수에는 이르지 아니하였다고 하더라도, 피해자의 숙부로서 익사의 위험에 대처할 보호능력이 없는 나이 어린 피해자를 익사의 위험이 있는 저수지로 데리고 갔던 피고인으로서는 피해자가 물에 빠져 익사할 위험을 방지하고 피해자가 물에 빠지는 경우 그를 구호하여 주어야 할 법적인 작위의무가 있다고 보아야 할 것이고, 피해자가 물에 빠진 후에 피고인이 살해의 범의를 가지고 그를 구호하지 아니한 채 그가 익사하는 것을 용인하고 방관한 행위(부작위)는 피고인이 그를 직접 물에 빠뜨려 익사시키는 행위와 다름없다고 형법상 평가될 만한 살인의 실행행위라고 보는 것이 상당하다.

여기에서 대법원은 먼저 피고인의 작위에 의한 살인죄를 검토한다. 미끄러지기 쉬운 제방으로 유인하여 함께 걷는 행위를 작위에 의한 살인행위라고 할 수도 있지만, 이에 대해 논란이 있을 수도 있기 때문에 조카를 구해주지 않는 부작위에 의한 살인죄의 성립을 검토한다. 부작위범에서는 작위의무, 보증인적 상황, 동가치성 등 여러 요건을 검토해야 하기 때문에 작위범에 비해 검토가 복잡하다. 즉, 부작위범에 비해 작위범의 검토가 간단하기 때문에, 편의상 먼저 작위범의 성립 여부를 검토하고 이것이 부정되면 부작위범의 성립 여부를 검토하는 것이다.

이와 같이 어떤 범죄에 대해 고의작위범 → 과실작위범 → 고의부작위범 → 과실부작위범의 순서로(논리적 순서가 아닌 편의상의 순서이다) 그 성립 여부를 검토하면 된다. 예를 들어 변사체가 발견되었을 때, 작위에 의한 살인죄 → 작위에 의한 과실치사죄 → 부작위에 의한 살인죄 → 부작위에 의한 과실치사죄의 순서로 검토하는 것이다. 이 중 어디에도 해당되지 않으면 그것은 범죄가 아닌 사고에 불과하다.

다만, 어느 하나의 행위에 대한 형법적 평가의 결과 부작위범으로서의 구성요건과 작위범으로서의 구성요건을 모두 충족할 수 있는 가능성은 있다. 대법원도 "하나의 행위가 부작위범인 직무유기죄와 작위범인 허위공문서작성·행사죄의 구성요건을 동시에 충족하는 경우, 공소제기권자는 재량에 의하여 작위범인 허위공문서작성·행사죄로 공소를 제기하지 않고 부작위범인 직무유기죄로만 공소를 제기할 수 있다."라고 판시하고 있다(대판 2008. 2. 14. 2005도4202). 퇴거를 요구하는 주인의 얼굴을 주먹으로 때려 폭행한 경우 부작위범인 퇴거불응죄와 작위범인 폭행죄의 구성요건이 동시에 충족된다.

Ⅱ. 부작위범의 종류

통설은 형법에 규정되어 있는 형식에 따라 진정부작위범과 부진정부작위범으로 나눈다. 판례도 같은 입장이다.

진정부작위범은 구성요건 자체가 부작위의 형식으로 규정되어 있는 범죄로서, 퇴거불응죄(제319조 제2항), 다중불해산죄(제116조), 전시공수계약불이행죄(제117조) 등과 같이 구성요건적 행위가 불응, 불해산, 불이행 등과 같이 부작위로 규정되어 있다.

부진정부작위범이란 구성요건 자체는 작위범의 형태로 되어 있으나 이를 부작위에 의해 실현하는 범죄이다. 의사가 고의·과실로 응급환자를 치료하지 않아 사망케 하거나, 일정한 고지의무 있는 자가 상대방이 착오에 빠져 있음을 알면서도 그 사실을 고지하지 아니하거나, 상점 경비원이 도둑이 물건 훔쳐가는 것을 고의로 방치하는 것과 같은 경우이다. 따라서 부진정부작위범을 '부작위에 의한 작위범'이라고 하기도 한다.

[대판 1994. 4. 26. 93도1731] 일정한 기간 내에 잘못된 상태를 바로잡으라는 행정청의 지시를 이행하지 않았다는 것을 구성요건으로 하는 범죄는 이른바 진정부작위범이다.
[대판 2006. 2. 23. 2005도8645] 사기죄의 요건으로서의 기망은 널리 재산상의 거래관계에 있어 서로 지켜야 할 신의와 성실의 의무를 저버리는 모든 적극적 또는 소극적 행위를 말하는 것이고, 그 중 소극적 행위로서의 부작위에 의한 기망은 법률상 고지의무 있는 자가 일정한 사실에 관하여 상대방이 착오에 빠져 있음을 알면서도 그 사실을 고지하지 아니함을 말하는 것으로서, 일반거래의 경험칙상 상대방이 그 사실을 알았더라면 당해 법률행위를 하지 않았을 것이 명백한 경우에는 신의칙에 비추어 그 사실을 고지할 법률상 의무가 인정된다.

다만, 구성요건이 작위 혹은 부작위의 형식으로 규정되었다고 하는 통설의 입장은 문제가 있다. 입법자가 살인죄를 규정할 때 부작위로 사람을 살해하는 것을 예상하지 못했다고 할 수는 없으므로, 살인죄가 작위범의 형식으로만 규정되었다고 할 수는 없기 때문이다. 마찬가지로 불응, 불이행, 불해산 등에도 부작위 뿐만 아니라 작위도 당연히 포함되어 있으므로, 이를 부작위범의 형식으로만 규정되었다고 할 수도 없다. 따라서 부작위에 의한 작위범이나 작위에 의한 부작위범이라는 용어는 적절한 용어가 아니다.

오히려 모든 행위가 작위와 부작위에 의해 이루어질 수 있으므로 작위와 부작위를 동격으로 놓고 판단해야 한다. 부작위의 형태로 이루어지는 범죄는 모두 작위의무가 전제된다. 부진정부작위범에서는 물론이고 진정부작위범에서도 작위의무를 가진 자만이 진정부작위범의 주체가 된다. 보증인적 상황이 필요하다는 점에서도 같다. 진정부작위범에서는 작위의무자나 행위태양이 분명한 데에 비해 부진정작위범에서는 그것들이 분명하지 않다는 데에서 차이가 있다.

Ⅲ. 부작위범의 성립요건

1. 부작위범의 특수성

인간이 동시에 할 수 있는 작위는 그리 많지 않지만 동시에 할 수 있는 부작위는 무수히 많다. 서울에서 운전을 하는 사람이 동시에 부산에서도 운전을 할 수는 없다. 그러나 서울에서 영화를 보지 않는 사람은 동시에 부산에서도 영화를 보지 않을 수도 있다. 따라서 작위범에서는 평가의 대상인 작위가 분명히 나타나지만, 부작위범에서는 수많은 부작위가 있으므로 그것들 중 평가의 대상이 되는 부작위가 무엇인가를 먼저 특정해야 한다.

이러한 특수성은 진정부작위범과 부진정부작위범 모두에 존재하지만 부진정부작위범에서 더 두드러진다. 왜냐하면 진정부작위범에서는 행위의 주체, 태양 등이 명문으로 규정되어 있으나 부진정부작위범에서는 그렇지 않기 때문이다. 예를 들어 진정부작위범인 퇴거불응죄의 주체는 퇴거요구를 받은 자로 분명히 규정되어 있기 때문에 여러 사람이 주거 안에 있는 경우에도 행위의 주체가 분명하다. 그러나 어떤 아이가 강물에 빠져 죽어가는데 강가에 있던 많은 사람들이 그 아이를 구조하지 않고 쳐다보고만 있었다고 할 경우 그 중 누가 부작위에 의한 살인죄의 주체가 되는지 분명하지 않다.

2. 부작위범의 구성요건해당성

부작위범의 구성요건해당성이 있기 위해서는 객관적 구성요건요소와 주관적 구성요건요소를 모두 충족해야 한다. 판례는 이것 이외에 작위와의 동가치성을 요구한다.

[대판 2008. 2. 28. 2007도9354; 대판 2002. 1. 22. 2001도2254] 형법상 부작위범이 인정되기 위하여는 형법이 금지하고 있는 법익침해의 결과발생을 방지할 법적인 작위의무를 지고 있는 자가 그 의무를 이행함으로써 결과발생을 쉽게 방지할 수 있었음에도 불구하고 그 결과의 발생을 용인하고 이를 방관한 채 그 의무를 이행하지 아니한 경우에, 그 부작위가 작위에 의한 법익침해와 동등한 형법적 가치가 있는 것이어서 그 범죄의 실행행위로 평가될 만한 것이라면, 작위에 의한 실행행위와 동일하게 부작위범으로 처벌할 수 있고, 여기서 작위의무는 법령, 법률행위, 선행행위로 인한 경우는 물론, 기타 신의성실의 원칙이나 사회상규 혹은 조리상 작위의무가 기대되는 경우에도 인정된다 할 것이다.

즉, 통설인 보증인설에 의하면, 부작위범의 객관적 구성요건해당성이 있기 위해서는 ① 작위의무자가, ② 결과발생을 방지할 가능성이 있고, ③ 자신만이 결과발생을 방지할 수 있는 상황에서, ④ 부작위를 하고, ⑤ 그 부작위가 작위에 의한 법익침해와 동가치성이 있어서 그 범죄의 실행행위로 평가되어야 하는 등 작위범에 비해 추가적인 요건들의 검토가 필요하다.

(1) 행위의 주체

1) 작위의무자 형법 제18조에 의하면 부작위범의 주체는 "위험의 발생을 방지할 의무가 있거나 자기의 행위로 인하여 위험발생의 원인을 야기한 자"이다. 위험발생의 원인을 야기한 자는 위험발생방지의무자(작위의무자)의 한 예시에 불과하다. 따라서 부작위범의 행위의 주체는 작위의무자라고 할 수 있다. 작위의무를 반드시 신분이라고 할 수는 없으므로 부작위범을 진정신분범이라고 할 수는 없지만 유사한 성격을 지녔다고 할 수 있다.

진정부작위범과 부진정부작위범 모두에서 작위의무자만이 행위의 주체가 될 수 있지만, 진정부작위범에서는 작위의무자가 분명하게 나타난다.

2) 작위의무에 대한 형식설과 실질설 통설·판례는 작위의무의 발생근거에 관심을 두고 있다. 이를 형식설이라고 한다. 그러나 작위의무의 발생근거만으로는 작위의무를 지는 실질적 이유, 작위의무의 내용 및 한계 등을 명확히 하기 어려우므로, 작위의무의 실질적 내용과 한계를 구명하기 위한 노력이 행해지고 있다. 이를 실질설이라고 한다.

형식설과 실질설은 대립적이 아닌 보완적 입장이다. 예를 들어 아내가 함께 사는 법률상 남편의 자살을 방치한 경우 형식설이나 실질설 모두 아내의 작위의무를 인정한다. 그런데 이들이 법률상 부부이지만 수십년간 실질적인 부부로 살지 않다가 우연히 만났을 경우에도 아내의 작위의무를 인정해야 하는지 여부는 형식설과 함께 실질설도 고려해서 결정해야 한다.

3) 작위의무의 발생근거 통설·판례는 작위의무의 발생근거로 법령, 계약, 선행행위 등 뿐만 아니라 관습, 신의성실, 사회상규, 조리 등도 들고 있다.

[대판 1996. 9. 6. 95도2551] 작위의무는 법적 의무이어야 하므로 단순한 도덕상 또는 종교상의 의무는 포함되지 않으나 작위의무가 법적인 의무인 한 성문법이건 불문법이건 상관이 없고, 또 공법이건 사법이건 불문하므로, 법령, 법률행위, 선행행위(先行行爲)로 인한 경우는 물론이고 기타 신의성실의 원칙이나 사회상규 혹은 조리상 작위의무가 기대되는 경우에도 법적인 작위의무는 있다.

가. 법 령 작위의무가 법령에 규정되어 있는 경우가 있다. 법령에는 형벌법령뿐만 아니라 사법 혹은 공법상의 법령도 포함된다.

민법상 부부간의 부양의무(제826조), 친권자나 후견인의 보호의무(제913조, 제928조), 친족간의 부양의무(제974조) 등은 사법에 규정된 작위의무에 속한다. 공법상 규정된 작위의무의 대표적 예로 교통사고운전자의 피해자구호의무(도로교통법 제54조 제1항), 경찰관의 요보호자에 대한 보호조치의무(경찰관직무집행법 제4조), 의사의 진료와 응급조치의무(의료법 제15조) 등을 들 수 있다.

[대판 2002. 5. 24. 2000도1731] 도로교통법 제50조(주: 현행 도로교통법 제54조) 제1항, 제2항이 규정한 교통사고발생시의 구호조치의무 및 신고의무는 차의 교통으로 인하여 사람을 사상하거나 물건을 손괴한 때에 운전자 등으로 하여금 교통사고로 인한 사상자를 구호하는 등 필요한 조치를 신속히 취하게 하고, 또 속히 경찰관에게 교통사고의 발생을 알려서 피해자의 구호, 교통질서의 회복 등에 관하여 적절한 조치를 취하게 하기 위한 방법으로 부과된 것이므로 교통사고의 결과가 피해자의 구호 및 교통질서의 회복을 위한 조치가 필요한 상황인 이상 그 의무는 교통사고를 발생시킨 당해 차량의 운전자에게 그 사고발생에 있어서 고의·과실 혹은 유책·위법의 유무에 관계없이 부과된 의무라고 해석함이 상당할 것이므로, 당해 사고에 있어 귀책사유가 없는 경우에도 위 의무가 없다 할 수 없다.

그러나 위에 제시한 교통사고운전자, 경찰관, 의료인 등의 의무와 달리 민사법이나 대부분의 공법이 형법상 요구되는 작위의무를 직접 규정하지는 않으므로, 이러한 법령에 근거를 둔 작위의무가 부작위범에서 요구되는 작위의무에 해당되는지는 앞에서 본 것과 같이 실질설의 입장에서 보완해야 한다. 예를 들어 민법상 부부의 부양의무는 기본적으로 경제적인 의무이므로 부부 사이에 어떤 경우에 부작위범에서 요구되는 생명·신체에 대한 위험발생을 방지할 의무가 발생하는지는 실질적 관점에서 정해야 한다.

나. 계약 등 법률행위 계약에 의해 보호·감독의무를 지고 있는 사람은 계약과 관련한 사항에 대해 보호의무가 있다. 그러나 계약의 범위 밖에 있는 사항에 대해서는 작위의무가 없다. 예를 들어 보모계약을 한 사람은 아기의 생명·신체에 대한 위험발생을 방지할 의무는 있지만, 재산에 대한 위험발생을 방지할 의무는 없다.

> [대판 1997. 3. 14. 96도1639] 백화점에서 바이어를 보조하여 특정매장에 관한 상품관리 및 고객들의 불만사항 확인 등의 업무를 담당하는 직원은 자신이 관리하는 특정매장의 점포에 가짜 상표가 새겨진 상품이 진열·판매되고 있는 사실을 발견하였다면 즉시 그 시정을 요구하고 바이어 등 상급자에게 보고하여 이를 시정하도록 할 근로계약상·조리상의 의무가 있다.[1)]

다. 선행행위(先行行爲)

A. 형법 제18조 및 판례 형법 제18조는 '자기의 행위로 인하여 위험발생의 원인을 야기한 자'의 작위의무 즉, 선행행위(앞의 행위)로 인한 작위의무를 규정하고 있다. 통설, 판례도 선행행위로 인한 작위의무를 인정하고 있다.

> [대판 1978. 9. 26. 78도1996] 폭약을 호송하던 중 화차 내에서 금지된 촛불을 켜놓은 채 잠자다가 폭약상자에 불이 붙는 순간 잠에서 깨어나 이를 발견하였다면 진화할 의무가 있다.[2)]

B. 선행행위에 의한 작위의무의 범위 선행행위에 의한 작위의무를 너무

---

1) 기타 계약상의 작위의무를 인정한 판례로서, 대판 2008. 2. 28. 2007도9354; 대판 2005. 7. 22. 2005도3034; 대판 1984. 11. 27. 84도1906 등.

2) 기타 선행행위에 의한 작위의무를 인정한 판례로, 대판 1992. 2. 11. 91도2951; 대판 1982. 11. 23. 82도2024 등.

넓게 인정하면 지나치게 형사책임이 확대되는 문제점이 있기 때문에 이를 제한할 필요가 있다. 선행행위에 의한 작위의무가 인정되기 위해서는 다음과 같은 요건이 갖추어져야 한다.

첫째, 선행행위로 인해 직접적으로 위험이 발생되어야 한다. 선행행위와 위험발생과의 관계는 인과관계보다는 좀더 밀접한 관계라고 할 수 있다. 예를 들어 포장된 칼을 판매한 사람은 매수인이 그 칼의 포장을 풀다가 칼에 손을 베일 위험을 방지해야 할 의무는 있지만, 매수인이 언젠가 그 칼로 사람을 살상하려는 것까지 방지해야 할 의무는 없다.

둘째, 선행행위에 포함된 위험을 초과하는 위험이 발생하여야 한다. 예를 들어 강도나 강간치상행위는 그 자체로 신체를 침해할 것을 전제하고 있기 때문에 강간치상범에게 실신한 피해자를 구호해야 할 작위의무는 없다(대판 1980. 6. 24. 80도726). 그러나 그 행위에 포함된 위험을 현저히 초과하는 위험이 발생한 경우에는 작위의무가 인정된다. 예를 들어 강간치상범이 실신한 피해자가 사망할 위험이 있음에도 불구하고 그대로 방치하였다면 강간살인죄(강간 및 부작위에 의한 살인죄의 결합범)가 성립할 수 있다.

셋째, 통설은 선행행위는 위법해야 한다고 하지만, 선행행위가 적법하더라도 작위의무가 인정될 수 있을 것이다. 예를 들어 도로교통법은 교통사고운전자의 사상자 구호의무를 규정하고 있는데(제54조 제1항), 이는 선행행위에 의한 작위의무를 법률에 명문화한 것이라고 할 수 있다. 여기에서 교통사고운전자란 위법행위를 하지 않은 교통사고운전자도 포함된다. 다른 예로 초등학생 A에게 심부름을 시켰는데 A가 심부름을 다녀오다 넘어져 구조를 요하는 상태가 되었을 경우 선행행위가 위법하지 않지만 작위의무를 인정해야 할 것이다.

형법 제18조가 자기의 '위법행위'로 인하여가 아니라 자기의 '행위'로 인하여라고 규정하고 있으므로 제18조를 굳이 축소해석할 필요는 없을 것이다.

라. 신의칙 및 조리 통설·판례는 신의칙 및 조리에 의한 작위의무를 인정하고 있다.

[대판 2007. 4. 12. 2007도1033] 부작위에 의한 기망은 법률상 고지의무 있는 자가 일정한 사실에 관하여 상대방이 착오에 빠져 있음을 알면서도 그 사실을 고지하지 아니함을 말하는 것으로서, 일반거래의 경험칙상 상대방이 그 사실을 알았

더라면 당해 법률행위를 하지 않았을 것이 명백한 경우에는 신의칙에 비추어 그 사실을 고지할 법률상 의무가 인정된다.[1)]

[대판 2006. 4. 28. 2003도4128] 인터넷 포털 사이트 내 오락채널 총괄팀장과 위 오락채널 내 만화사업의 운영 직원은 콘텐츠제공업체들이 게재하는 음란만화의 삭제를 요구할 조리상의 의무가 있다.

그러나 신의칙이나 조리에 의한 작위의무를 인정하는 것은 부작위범의 성립범위를 지나치게 넓히는 문제점이 있다. 통설은 수영선수가 물에 빠진 사람을 쉽게 구조할 수 있음에도 불구하고 구하지 않은 경우 부작위범을 인정하지 않는다. 그러나 조리상의 작위의무를 인정한다면 이 경우 당연히 부작위범의 성립을 인정해야 할 것이다.

조리상의 작위의무를 인정하는 것은 긴급구조의무를 인정하지 않는 통설, 판례의 입장과도 조화되지 않는다. 예를 들어 판례는 일정한 거리를 동행한 사실만으로는 유기죄의 주체가 될 수 없다고 한다.[2)] 그런데 이 사례에서 피고인이 피해자가 사망해도 할 수 없다고 생각하여 부작위에 의한 살인죄가 문제된다면, 조리에 의한 작위의무가 인정될 것이다. 이와 같이 유기치사죄가 성립하기 위해서는 계약상·법률상의 구호의무가 있어야 하는데, 그것보다 무거운 살인죄가 성립하기 위해서는 조리에 의한 구호의무만 있으면 된다고 하는 것은 조리에 맞지 않는다.

따라서 법령, 계약, 선행행위로 인한 작위의무에 포함시킬 수 없을 때에는 조리나 사회상규에 의한 작위의무는 인정하지 말아야 할 것이다. 판례가 신의칙이나 조리에 의한 작위의무를 인정하는 위의 사례에서는 모두 법령, 계약, 선행행위에 의한 작위의무도 인정할 수 있다. 이는 판례가 '근로계약상의 작위의무'라고 하면 족할 것을 '근로계약상·조리상의 작위의무'라고 표현한 것

1) 기타 고지의무를 이행하지 않음으로 인해 사기죄를 인정한 판례로, 대판 2000. 1. 28. 99도2884; 대판 1998. 12. 8. 98도3263; 대판 1980. 7. 8. 79도2734; 대판 1993. 7. 13. 93도14; 대판 1981. 8. 20. 81도1638 등. 이에 비해 대판 2008. 5. 8. 2008도1652; 대판 1983. 9. 13. 83도823; 대판 1998. 4. 14. 98도231 등.

2) 대판 1977. 1. 11. 76도3419: 피고인과 피해자는 함께 술을 마신 후 집으로 가던 중 술에 취한 탓에 도로 위에서 실족하여 2미터 아래 개울로 미끄러 떨어져 약 5시간가량 잠을 자다가 술과 잠에서 깨어났다. 피고인과 피해자는 도로 위로 올라가려 하였으나 야간이므로 도로로 올라가는 길을 발견치 못하여 개울 아래위로 헤매던 중 피해자는 후두부 타박상을 입어서 정상적으로 움직이기가 어렵게 되었고 피고인은 도로로 나오는 길을 발견하여 혼자 도로 위로 올라왔으며 당시는 영하 15도의 추운 날씨이고 40미터 떨어진 곳에 민가가 있었으나 피고인이 피해자에 대한 구호조치를 취하지 않고 방치하였는데 4, 5시간 후 피해자가 사망한 사건이다.

에서도 알 수 있다.[1)]

4) 작위의무의 내용 법령, 계약, 선행행위, 신의칙 등에 의한 작위의무를 인정한다 하더라도 그 이유를 설명하기 위해서는 실질적 근거를 제시해야 하고, 실질적 근거를 제시할 수 없을 때에는 법령, 계약, 선행행위, 신의칙 등에 의한 작위의무를 인정하지 말아야 한다.

가. 일정한 법익에 대한 특별한 보호의무

A. 가족관계에 의한 보호의무 부부, 직계친족, 형제, 자매, 약혼자 등 민법상의 친족관계나 법적으로 인정된 긴밀한 결합관계를 가진 사람들 사이에서는 상대방의 생명·신체·자유에 대한 위험발생을 방지할 의무가 있다. 이 경우 보호의무의 범위는 개개 구체적 사건마다 달라질 수 있다. 따라서 사실상 혼인관계가 유지되지 않는 부부 사이에서는 이러한 의무가 인정되지 않을 수도 있다.

B. 긴밀한 신뢰관계에 의한 보호의무 설립목적상 생명·신체 등에 대한 위험을 공동으로 대처하기로 신뢰관계가 형성되어 있는 공동체, 예를 들어 혼인과 유사한 생활공동체, 등산, 세계일주, 해저탐험, 모험 등의 모임에서는 그로부터 전형적으로 발생할 수 있는 위험에 대해 구성원 상호간 도움을 주고 보호해야 할 의무가 있다. 그러나 일시적으로 함께 등산을 하는 경우와 같이 우연히 형성된 공동체인 구성원 상호간에서는 이러한 의무가 인정되지 않는다.[2)]

C. 자발적으로 인수한 책임에 의한 보호의무 의사, 요양기관, 보모, 등산안내인 등과 같이 자발적으로 타인을 보호·원조할 의무를 인수한 사람은 이를 이행할 작위의무를 진다. 보호원조의무의 인수는 반드시 계약에 의해 이루어질 필요가 없고, 계약의 사법상 효력이 없다 하더라도 현실적인 업무담당자에게 작위의무가 인정된다.

D. 공무원이나 법인의 기관 등 특별한 지위에 의한 보호의무 공무원은 그의 직무영역 및 담당업무에 따라 개인 또는 사회의 법익을 보호할 의무를 진다. 예를 들어 경찰공무원은 자신의 장소적·사항적 관할범위 내에서 범죄행위가 발생하는 것을 예방해야 할 작위의무가 있다. 그러나 직무범위 이외에 속하는 사항

---

1) 대판 1997. 3. 14. 96도1639은 "백화점에서 바이어를 보조하여 … 직원은 … 근로계약상·조리상의 의무가 있다고 할 것임에도"라고 하는데, '조리상의 의무'는 사족이라고 할 수 있다.

2) 독일에서는 기숙사에서 함께 생활하였다는 것만으로는 보호의무가 생기지 않는다고 하는데, 이는 보호의무가 무한정 확대되는 것을 막기 위한 것이라고 한다.

에 대해서까지 작위의무를 지지는 않는다.

나. 위험원에 대한 책임으로 인한 위험발생방지의무

A. 주택이나 시설 등의 소유자 및 사업자의 위험발생방지의무 주택, 토지, 물건, 시설, 자동차나 위험한 영업의 소유자나 점유자 등은 자신의 책임영역 안에 있는 위험원(危險源, 위험을 발생시키는 원천)으로부터 통행의 안전을 확보하고 위험의 발생을 방지해야 할 작위의무가 있다. 예를 들어 인터넷사업자는 자신의 인터넷을 통해 음란물이나 음란정보가 전파되는 것을 막아야 할 작위의무가 인정될 수 있다(대판 2006. 4. 28. 2003도4128; 대판 2006. 4. 28. 2003도80).

B. 다른 사람에 대한 감독책임으로 인한 위험발생방지의무 다른 사람을 감독할 책임이 있는 사람은 그 사람으로부터 발생할 수 있는 위험을 방지할 의무가 있다. 예를 들어 정신병원의 의사는 자신의 입원환자가 다른 입원환자를 해치는 것을 방지해야 할 의무가 있다.

C. 선행행위에 의한 위험발생방지의무 자신의 행위로 인해 다른 사람의 법익이 침해될 위험을 발생시킨 사람은 법익침해의 결과를 방지할 의무가 있다. 예를 들어 사격연습을 하다 오발을 하여 옆 사람을 다치게 한 사람은 그 사람의 생명이 침해되는 결과를 방지할 의무가 있다.

D. 상품의 생산·유통자에 의한 위험발생방지의무 상품의 생산·유통자는 그 상품을 올바르게 사용해도 사용자의 생명·신체에 대해 위험이 발생할 수 있는 경우 그 위험을 방지해야 할 작위의무가 있다.

다. 실질설의 문제점 모든 실질적 개념이 그렇지만, 실질설에 따르더라도 작위의무의 내용과 범위가 명확해지는 것은 아니다. 이 때문에 실질설과 형식설을 종합하여 작위의무의 내용과 범위를 파악할 수밖에 없다.

5) 작위의무의 체계적 지위 이 문제는 보증인지위와 보증인의무의 체계적 지위와 관련하여 논의된다. 보증인지위란 작위의무자가 작위가능하고 자신만이 위험발생을 방지할 수 있는 상황에 있는 것을 말한다. 보증인의무란 보증인지위에 있는 사람이 이행하여야 할 작위의무를 말한다.

통설은 보증인지위는 구성요건요소, 보증인의무는 위법성요소라고 하는 이원설을 취한다. 통설에 의하면, 예를 들어 강가에 있던 甲이 아이가 물에 빠져 허우적 거리는 것을 발견하였으나 익사해도 할 수 없다고 생각하고 그대로 방치하였는데, ① 그 아이가 양자임에도 불구하고 다른 집 아이라고 오해한 경우, ②

양자가 허우적 거리는 것을 장난치는 것이라고 오해한 경우, ③ 양자가 익사하는 것을 알았으나 구조가 불가능하다고 오해한 경우, ④ 양자가 익사하는 것을 알았지만 다른 사람이 구해줄 것이라고 오해한 경우, ⑤ 양자가 익사하는 것을 알았으나 양부인 자신이 구해줄 의무는 없다고 오해한 경우 등이 있을 수 있다. 여기에서 ①, ②, ③, ④는 보증인지위에 대한 착오이고, 이 경우는 사실의 착오 내지 구성요건착오로서 고의가 조각되고 과실범이 성립할 수 있을 뿐이다. 이에 비해 ⑤는 보증인의무에 대한 착오이고 이는 법률의 착오로서, 통설에 의하면 고의를 조각하지 못하고 착오에 정당한 이유가 있는 경우에 한하여 책임이 조각된다(제16조).

이에 대해 소수설은 보증인지위와 보증인의무 모두 구성요건요소인데 보증인의무에 대한 착오는 규범적 구성요건요소에 대한 착오로서 법률의 착오로 해결하면 된다고 한다.

(2) 행위의 객체

작위범과 마찬가지로 부작위범에서도 각 범죄의 행위의 객체는 각칙상의 개별 구성요건에 정해져 있다.

(3) 행위의 방법 혹은 태양

부작위범의 행위방법 내지 행위태양은 부작위이다. 부작위란 해야 할 작위를 하지 않는 것을 말한다.

(4) 보증인적 상황

부작위범에서는 특별한 구성요건적 상황이 필요하다. 이는 부작위범에서 부작위는 '해야 할 행위를 하지 않는 것'이므로 일정한 상황에서만 작위의무가 현실화되기 때문이다. 이와 같이 특정한 상황에서 현실화된 작위의무를 보증인적 작위의무 혹은 보증인의무라고 한다. 이러한 보증인의무가 발생하기 위해서는 첫째, 작위의 가능성이 있어야 하고, 둘째, 작위의무자에 의해서만 위험발생이 방지될 수 있어야 한다.

1) 작위가능성 작위의무의 이행이 현실적으로 요구되기 위해서는 작위가능성이 있어야 한다. 예를 들어 소방대원이 화재가 난 집에 사람이 있는 것을 알았으나 불길이 너무 강해 구조할 수 없었을 때에는 구조할 작위의무는 존재하지만 구조할 작위가능성이 없기 때문에 부작위범의 구성요건해당성이 없다.

[대판 2015. 11. 12. 2015도6809 전합] 자연적 의미에서의 부작위는 거동성이 있는 작위와 본질적으로 구별되는 무(無)에 지나지 아니하지만, 위 규정에서 말하는 부작위는 법적 기대라는 규범적 가치판단 요소에 의하여 사회적 중요성을 가지는 사람의 행태가 되어 법적 의미에서 작위와 함께 행위의 기본 형태를 이루게 되므로, 특정한 행위를 하지 아니하는 부작위가 형법적으로 부작위로서의 의미를 가지기 위해서는, 보호법익의 주체에게 해당 구성요건적 결과 발생의 위험이 있는 상황에서 행위자가 구성요건의 실현을 회피하기 위하여 요구되는 행위를 현실적·물리적으로 행할 수 있었음에도 하지 아니하였다고 평가될 수 있어야 한다.
[대판 2010. 1. 14. 2009도12109] 모텔 방에 투숙하여 담배를 피운 후 재떨이에 담배를 끄게 되었으나 담뱃불이 완전히 꺼졌는지 여부를 확인하지 않은 채 불이 붙기 쉬운 휴지를 재떨이에 버리고 잠을 잔 과실로 담뱃불이 휴지와 침대시트에 옮겨 붙게 함으로써 화재가 발생한 사안에서, 위 화재가 중대한 과실 있는 선행행위로 발생한 이상 화재를 소화할 법률상 의무는 있다 할 것이나, 화재 발생 사실을 안 상태에서 모텔을 빠져나오면서도 모텔 주인이나 다른 투숙객들에게 이를 알리지 아니하였다는 사정만으로는 화재를 용이하게 소화할 수 있었다고 보기 어렵다.

2) 유일한 위험발생방지 상황 부작위범이 성립하기 위해서는 작위의무자의 작위에 의해서만 위험발생이 방지될 수 있어야 한다. 예를 들어 수상구조원 甲이 물에 빠진 A를 보았으나 다른 구조원 乙이 A를 구조하기 때문에 구조하지 않았을 경우 甲은 부작위범의 죄책을 지지 않는다.

(5) 작위범과의 동가치성

1) 동가치성에 대한 견해대립 부작위범이 성립하기 위해서는 그 부작위가 작위에 의한 구성요건실현과 동등하다고 평가될 수 있어야 한다. 일반적으로 보증인적 지위와 보증인적 의무가 인정되는 상황에서의 부작위는 작위와 동가치성을 갖는 것이라고 할 수 있다(제1차적 동가치성). 그러나 보증인적 지위에서의 부작위 이외에 부작위와 작위의 동가치성이 논의되고 있는데 이는 제2차적 동가치성이라고 할 수 있다.[1]

다수설은 부작위에 의한 구성요건적 결과가 구성요건에서 요구하는 수단과

1) 독일형법 제13조 제1항은 부작위의 동가치성을 명시하고 있다. 우리 형법은 이를 규정하고 있지 않으나, 통설·판례는 동가치성이 필요하다고 한다. 대판 1992. 2. 11. 91도2951 외 다수판결. 이러한 태도는 부작위범에 대한 형사처벌을 제한하는 기능을 수행하는 것이라고도 평가할 수 있다.

방법에 의해 행해질 것을 요하는 것을 의미한다고 한다. 살인죄, 상해죄, 방화죄와 같이 결과발생만을 요하는 범죄에서는 동가치성이 특별한 의미를 갖지 않지만, 사기죄, 특수폭행죄, 특수강도죄 등과 같이 일정한 행위방법이나 수단을 요하는 범죄에서는 동가치성이 의미를 갖는다는 것이다.

그러나 판례는 살인죄 등 모든 범죄에서 동가치성을 요한다는 입장에 있다.

[대판 1992. 2. 11. 91도2951] 그 부작위가 작위에 의한 법익침해와 동등한 형법적 가치가 있는 것이어서 그 범죄의 실행행위로 평가될 만한 것이라면, 작위에 의한 실행행위와 동일하게 부작위범으로 처벌할 수 있다고 할 것이다. … 피해자가 물에 빠진 후에 피고인이 살해의 범의를 가지고 그를 구호하지 아니한 채 그가 익사하는 것을 용인하고 방관한 행위(부작위)는 피고인이 그를 직접 물에 빠뜨려 익사시키는 행위와 다름없다고 형법상 평가될 만한 살인의 실행행위라고 보는 것이 상당하다.

[대판 2017. 12. 22. 2017도13211] 업무방해죄와 같이 작위를 내용으로 하는 범죄를 부작위에 의하여 범하는 부진정 부작위범이 성립하기 위해서는 부작위를 실행행위로서의 작위와 동일시할 수 있어야 한다. 피고인이 갑과 토지 지상에 창고를 신축하는 데 필요한 형틀공사 계약을 체결한 후 그 공사를 완료하였는데, 갑이 공사대금을 주지 않는다는 이유로 위 토지에 쌓아 둔 건축자재를 치우지 않고 공사현장을 막는 방법으로 위력으로써 갑의 창고 신축 공사 업무를 방해하였다는 내용으로 기소된 사안에서, 피고인이 일부러 건축자재를 갑의 토지 위에 쌓아 두어 공사현장을 막은 것이 아니라 당초 자신의 공사를 위해 쌓아 두었던 건축자재를 공사 완료 후 치우지 않은 것에 불과하므로, 비록 공사대금을 받을 목적으로 건축자재를 치우지 않았더라도, 피고인이 자신의 공사를 위하여 쌓아 두었던 건축자재를 공사 완료 후에 단순히 치우지 않은 행위가 위력으로써 갑의 추가 공사 업무를 방해하는 업무방해죄의 실행행위로서 갑의 업무에 대하여 하는 적극적인 방해행위와 동등한 형법적 가치를 가진다고 볼 수 없다.

2) 결 어 판례의 입장이 타당하다. 일반적으로 부작위는 작위에 비해 행위성이 약하기 때문이다. 예를 들어 목졸라 살해하는 작위와 죽어가는 사람을 구호하지 않은 부작위 중에서는 작위가 행위성이 더 강하다고 할 수 있다. 독일형법이 부작위범에 대해 형의 임의적 감경을 규정한 것은 바로 이 때문이라고 할 수 있다(독일형법 제13조 제2항).

따라서 부작위가 작위와 같은 정도의 행위성을 갖추어야 작위와의 동가치성이 인정될 수 있다. 다수설이 동가치성을 인정하기 위해서는 일정한 행위방법에 의해 수행되어야 한다고 하는 것도 같은 의미이다.

예를 들어 경비원 甲이 A, B 두 사람이 합동하여 재물을 절취하는 행위를 방지하지 않아 합동절도죄(제331조 제2항)의 결과가 발생하였을 때, 경비원 甲의 부작위가 합동절도죄의 정범, 합동절도죄의 방조범, 단순절도죄의 정범, 단순절도죄의 방조범 중 어느 것과 동가치성이 있는지 문제된다.

(6) 인과관계(및 객관적 귀속)

통설은 부작위범의 인과관계도 작위범의 인과관계와 동일하다고 한다. 예를 들어 조건설을 취하는 경우에는 부작위가 없었다면 결과가 발생하지 않았을 것이라고 인정되면 부작위와 결과 사이에 인과관계를 인정하고, 상당인과관계설을 취하는 입장에서는 일정한 부작위가 있는 경우 일정한 결과가 발생하는 것이 사회경험칙상 상당하다고 판단되는 경우에는 인과관계를 인정한다.[1)]

인과관계 이외에 객관적 귀속이 필요하다는 견해 역시 작위범과 동일하게 객관적 귀속 여부를 따진다.

(7) 주관적 구성요건

고의의 부작위범이 성립하기 위해서는 부작위범의 객관적 구성요건요소에 대한 의욕이나 인용이 필요하고, 이러한 내심상태가 없는 경우에는 과실부작위범의 성립이 문제된다. 부작위범에서도 목적범의 목적이나 일정한 동기 등 초과주관적 구성요건요소를 요하는 범죄에서는 초과주관적 구성요건요소가 필요하다.

[대판 2015. 11. 12. 2015도6809 전합] 부진정 부작위범의 고의는 반드시 구성요건적 결과발생에 대한 목적이나 계획적인 범행 의도가 있어야 하는 것은 아니고 법익침해의 결과발생을 방지할 법적 작위의무를 가지고 있는 사람이 의무를 이행함으로써 결과발생을 쉽게 방지할 수 있었음을 예견하고도 결과발생을 용인하고 이를 방관한 채 의무를 이행하지 아니한다는 인식을 하면 족하며, 이러한 작위의무자의 예견 또는 인식 등은 확정적인 경우는 물론 불확정적인 경우이더라도 미필적 고의로 인정될 수 있다. 이때 작위의무자에게 이러한 고의가 있었는지는 작

---

1) 판례 중에는 "작위의무를 이행하였다면 결과가 발생하지 않았을 것이라는 관계가 인정될 경우에는 작위를 하지 않은 부작위와 사망의 결과 사이에 인과관계가 있다"고 한 것(대판 2015. 11. 12. 2015도6809 전합)이 있다. 이것은 조건설에 따른 것으로 오해될 수 있다. 판례가 따르는 상당인과관계설에 의한다면 "피고인의 부작위가 결과를 발생시킬 개연성(상당성)이 있으므로 양자 사이에 상당인과관계가 인정된다"로 표현하는 것이 정확할 것이다.

위의무자의 진술에만 의존할 것이 아니라, 작위의무의 발생근거, 법익침해의 태양과 위험성, 작위의무자의 법익침해에 대한 사태지배의 정도, 요구되는 작위의무의 내용과 이행의 용이성, 부작위에 이르게 된 동기와 경위, 부작위의 형태와 결과발생 사이의 상관관계 등을 종합적으로 고려하여 작위의무자의 심리상태를 추인하여야 한다.

3. 부작위범의 위법성 및 책임

부작위범의 위법성과 책임문제도 작위범과 동일하다. 따라서 부작위범의 구성요건에 해당하는 행위도 정당행위, 정당방위, 긴급피난, 자구행위, 피해자의 승낙에 의한 행위로 위법성이 조각될 수 있다. 또한 부작위범에서도 부작위자의 책임이 인정되기 위해서는 책임능력, 위법성의 인식, 기대가능성 등의 요건을 갖추어야 한다.

4. 부작위범의 공범

부진정부작위범은 작위의무자만이 범할 수 있어 진정신분범과 유사하지만, 작위의무자를 신분자라고 할 수는 없다. 이는 퇴거요구를 받은 자, 해산명령을 받은 자 등을 신분자라고 할 수 없어서 진정부작위범을 진정신분범이라고 하지 않는 것과 마찬가지이다.

만약 부진정부작위범을 진정신분범이라고 한다면 제33조가 적용되어 공동정범, 교사범, 방조범이 모두 성립할 수 있다. 그러나 부진정부작위범을 진정신분범이 아니라고 한다면 제33조는 적용될 수 없고, 공범의 성립여부는 별개로 논해야 한다.

다수설은, 형법상 교사는 작위에 의해서만 인정될 수 있다고 보고 있다(이 견해는 문제가 있다. 자세한 것은 교사범 부분 참조). 한편, 형법상 방조는 작위에 의하여 정범의 실행을 용이하게 하는 경우는 물론, 직무상의 의무가 있는 자가 정범의 범죄행위를 인식하면서도 그것을 방지하여야 할 제반 조치를 취하지 아니하는 부작위로 인하여 정범의 실행행위를 용이하게 하는 경우에도 성립된다(대판 1996. 9. 6. 95도2551).

작위의무없는 자도 부작위범의 교사범이나 방조범이 될 수는 있다. 다시 말해 교사범이나 방조범의 경우 작위의무가 없더라도 교사 내지 방조범은 성립가능하다. 한편, 작위의무없는 자가 부작위범의 공동정범이 될 수 있는가에 대해 견해의 대립이 있으나 부정해야 할 것이다. 판례는 진정부작위범의 경우 작위의무자만이 공동정범이 될 수 있다고 하는데, 이러한 원리는 부진정부작위범에서도 마찬가지라고 해야 한다.

[대판 2008. 3. 27. 2008도89] 부작위범 사이의 공동정범은 다수의 부작위범에게 공통된 의무가 부여되어 있고 그 의무를 공통으로 이행할 수 있을 때에만 성립한다.

Ⅳ. 관련문제

부작위범에서도 사실의 착오나 법률의 착오가 문제될 수 있고, 결과적가중범도 성립할 수 있다. 부작위범의 미수나 죄수(罪數)도 작위범과 다르지 않다.

부작위범의 실행의 착수시기가 문제되는데, 판례는 업무상배임죄와 관련하여 "구성요건적 결과 발생의 위험이 구체화한 상황에서 부작위가 이루어져야 한다"라고 판시하였다(대판 2021. 5. 27. 2020도15529).

[대판 2021. 5. 27. 2020도15529] 업무상배임죄는 타인과의 신뢰관계에서 일정한 임무에 따라 사무를 처리할 법적 의무가 있는 자가 그 상황에서 당연히 할 것이 법적으로 요구되는 행위를 하지 않는 부작위에 의해서도 성립할 수 있다. 그러한 부작위를 실행의 착수로 볼 수 있기 위해서는 작위의무가 이행되지 않으면 사무처리의 임무를 부여한 사람이 재산권을 행사할 수 없으리라고 객관적으로 예견되는 등으로 구성요건적 결과 발생의 위험이 구체화한 상황에서 부작위가 이루어져야 한다. 그리고 행위자는 부작위 당시 자신에게 주어진 임무를 위반한다는 점과 그 부작위로 인해 손해가 발생할 위험이 있다는 점을 인식하였어야 한다.

부작위범에 대한 처벌조건, 소추조건도 작위범과 동일하다. 예를 들어 친족간에 행한 부작위에 의한 절도는 친고죄(제346조, 제328조)에 해당하고, 부작위에 의한 모욕죄는 친고죄(제312조)가 된다.

현행형법은 부작위범에 대한 임의적 감경을 규정하지 않고 있지만, 1992년 형법개정법률안과 2011년 형법총칙개정법률안 제15조는 임의적 감경을 규정하였다. 독일형법도 임의적 감경을 규정하고 있다(제13조 제2항).

제 3 장 위법성론

제 1 절 위법성의 일반이론 §17

Ⅰ. 위법성의 의의

1. 위법성의 개념

위법성이란 구성요건에 해당하는 행위가 법(法)에 어긋난다는(違, 어긋날 위) 판단이다. 법에 어긋난다는 것은 우리 사회의 전체 법질서가 그 행위를 허용하지 않는다는 것을 의미한다. 따라서 위법성이란 구성요건에 해당하는 행위에 대한 우리 사회의 법질서 전체적 관점에서의 부정적 평가를 말한다.

부정적 평가는 비난 내지 비난가능성을 말하므로 결국 위법성은 '행위에 대한 비난'이라고 할 수 있다. 책임이 '행위자에 대한 비난'임에 비해 위법성은 '행위에 대한 비난'이라고 할 수 있다.

다수설은 위법성과 불법을 구분하여 전자는 관계개념, 후자는 실체개념이라고 한다.[1]

---

1) 그 내용 및 문제점에 대해서는 앞의 제2장 제1절 Ⅳ. 2.를 참고할 것. 그러나 우리 형법에서 불법이라는 학문적 용어를 사용한다 하더라도 다른 개념과의 구별에서 중요한 것은 불법과 위법의 구별이 아니라 부당과 위법의 구별이다. 독일형법에서는 '위법한'(rechtswidrig) 침해에 대해 정당방위 등을 허용하고 있지만, 우리 형법에서는 '부당한' 침해에 대해 정당방위 등을 허용하고 있기 때문이다. 위법성의 인식이 있기 위해서는 자신의 행위가 부당하다는 인식만으로는 부족하고 위법하다는 인식이 있어야 하는데, 여기에서 어디까지가 부당하다는 인식이고 어디까지가 위법하다는 인식인지의 구별이 필요하다. 행정법의 영역에서는 행정행위가 '위법'한가 '부당'한가에 따라 법적 효과에 차이가 있다.

2. 구성요건해당성과 위법성의 관계

(1) 통설(인식근거설)

범죄성립 3원론을 취하는 통설은 구성요건해당성이 없는 행위와 구성요건해당성은 있지만 위법하지 않은 행위는 근본적으로 차이가 있다고 한다.

통설에 의하면, 구성요건에 해당하는 행위는 원칙적으로 위법하고 위법성조각사유가 있는 경우에만 예외적으로 위법하지 않다. 따라서 구성요건해당성이 있는 행위는 위법성이 있는 것으로 사실상 추정되므로, 구성요건해당성은 위법성의 인식근거라고 한다. 이에 따라 구성요건에 해당하는 행위를 한 사람은 자신의 행위가 위법하지 않다는 것에 대해 입증책임까지는 아니지만, 입증의 부담은 지게 된다는 것이다.

(2) 소극적 구성요건요소이론(존재근거설)

소극적 구성요건요소이론은 통설의 구성요건과 위법성을 합친 총체적 불법구성요건이라는 개념을 사용하여 범죄성립조건을 불법과 책임으로 나누는 범죄성립 2원론을 취한다. 그리고 총체적 불법구성요건해당성이 있기 위한 적극적 요소로서 통설이 말하는 구성요건해당성의 존재와 소극적 요소로서 위법성 조각사유의 부존재를 필요로 한다고 한다.

이에 의하면 위법성조각사유가 존재하면 위법성만이 조각되는 것이 아니라 총체적 불법구성요건해당성이 조각된다고 한다. 이에 의하면 총체적 불법구성요건에 해당하는 행위는 항상 위법하므로, 구성요건해당성은 위법성의 존재근거이다.

3. 위법성과 책임과의 관계

(1) 위법성과 책임의 구별실익

위법성과 책임을 엄격히 구분하는 대표적 실익은 '위법은 연대, 책임은 개별화'라고 하는 공범의 일반이론에서 나타난다.[1)]

예를 들어 甲은 위험한 물건을 휴대하였지만 乙은 휴대하지 않고 甲과 乙이 공동으로 甲의 아버지 A를 폭행하였다고 할 경우, 흉기로 폭행하였다는 것은 위법성에, 甲과 A가 직계존비속관계라는 것은 책임에 관련된 것이다. 이 경우 甲은

1) 그러나 후술하는 공범과 신분에 관한 제33조의 해석에서 보듯이 우리 형법이 과연 '위법은 연대, 책임은 개별화'라는 원리를 예외없이 채용하였는가에 대해서는 의문이 있다.

특수존속폭행죄로 처벌된다. 乙의 처벌과 관련하여 위법은 연대하므로 흉기를 사용하지 않은 乙도 특수폭행의 죄책을 진다. 그러나 책임은 개별화되므로 A와 직계존비속관계가 없는 乙은 (특수존속폭행의 죄책을 지더라도) 특수존속폭행죄가 아닌 특수폭행죄로 처벌된다(제261조에 의해 특수존속폭행죄와 특수폭행죄의 법정형은 같지만 선고형에서는 차이가 있을 수 있다).

(2) 위법성과 책임의 관계

구성요건에 해당하는 행위는 위법한 것으로 사실상 추정되듯이, 위법한 행위를 한 사람은 책임이 있는 것으로 사실상 추정되므로 책임조각사유를 입증할 부담을 지게 된다. 즉, 위법성은 책임의 인식근거라고 할 수 있다.

Ⅱ. 위법성의 본질과 평가방법

1. 형식적 위법성론과 실질적 위법성론

위법성평가의 근거와 관련하여 형식적 위법성론과 실질적 위법성론이 대립한다. 양자의 대립은 악법에 위반한 행위에서 가장 극명하게 나타난다. 형식적 위법성론은 악법에 위반한 행위도 위법하다고 하지만, 실질적 위법성론은 위법하지 않다고 한다.

(1) 형식적 위법성론

형식적 위법성론은 위법성의 본질을 규범위반이라고 하여, 어떤 행위가 위법한 이유는 그 행위를 금지하는 실정법규에 위반되었기 때문이라고 한다.

형식적 위법성론은 법의 해석·적용에는 편리한 이론이지만 입법에는 적용될 수 없는 이론이다. 왜냐하면 어떤 행위를 금지하거나 허용할 경우에는 그에 대한 명확한 근거가 있어야 하는데 형식적 위법성론에서는 이에 대한 아무런 대답을 하지 않기 때문이다. 즉, 형식적 위법론은 법에 위반되므로 위법하다고 하는 동어반복에 불과하다.

(2) 실질적 위법성론

실질적 위법성론에서는 위법성의 본질을 구체적으로 밝히려고 하기 때문에 많은 견해가 나타났는데, 그 중 대표적인 것이 포이에르바하(Feuerbach)의 권리침해설과 리스트(Liszt)의 법익침해설이다.

1) **권리침해설** 위법성의 본질을 권리침해라고 하여 권리에까지 이르지 않은 단순한 이익의 침해는 위법하지 않다고 한다. 이에 의하면, 예를 들어 甲이 성매매여성 A를 기망하여 성관계를 맺은 후 대가를 지급하지 않더라도 사기죄는 성립하지 않는다. 성매매계약은 무효이므로 A에게 성매매대가청구권이 없어서 甲이 A의 권리를 침해하지 않았기 때문이다.

2) **법익침해설** 오늘날의 지배적 견해는 법익침해설이다. 이에 의하면 법적 권리가 아닌 사실상의 이익을 침해해도 위법하게 된다. 위의 예에서 甲의 행위는 사기죄에 해당하고 위법하다. 판례도 같은 입장이다.

> [대판 2001. 10. 23. 2001도2991] 사기죄의 객체가 되는 재산상의 이익이 반드시 사법(私法)상 보호되는 경제적 이익만을 의미하지 아니하고, 부녀가 금품 등을 받을 것을 전제로 성행위를 하는 경우 그 행위의 대가는 사기죄의 객체인 경제적 이익에 해당하므로, 부녀를 기망하여 성행위 대가의 지급을 면하는 경우 사기죄가 성립한다.

그러나 법익침해설에 의해도 법익, 즉 '법적으로 보호하는 이익'이란 결국 법에 의해서 결정되기 때문에 어떤 이익을 법적으로 보호해야 하는가 하는 의문은 여전히 남는다. 위의 예에서 A가 甲으로부터 받아야 할 성매매 대가가 법적으로 보호해야 하는 이익인지 여부 및 그 근거는 여전히 문제된다.

3) **가벌적 위법성론** 통설에 의하면 위법성은 법질서 전체적 관점에서의 평가이므로 민법상 위법, 형법상 위법, 행정법상 위법은 구분되지 않는다. 이에 대해 가벌적 위법성론이란 위법성의 통일적 개념을 포기하고 형법상의 위법성과 민법 등 다른 법률상의 위법성을 구분한다. 그리고 형법상의 위법성이 있기 위해서는 행위가 단순히 전체 법질서에 반한다는 것으로는 부족하고 그 행위를 형벌에 처할 필요가 있을 정도의 실체를 가져야 한다고 한다. 실질적 위법성론에 속한다고 할 수 있고, 일본의 판례가 이 입장을 취하고 있다.

예를 들어 경미한 절도행위는 민법적으로는 위법하여 불법행위가 될 수 있지만, 형벌에 처할 만큼의 위법성, 즉 가벌적 위법성은 없을 수 있다는 것이다.

통설은 가벌적 위법성론을 받아들이지 않는다. 우리 형법에서는 위법하지 않은 행위는 가벌적 위법성이 없어서가 아니라 형법 제20조에 따라 사회상규에 위배되지 않기 때문이라고 하면 되기 때문이다.

(3) 형법의 태도

형법 제20조는 위법성조각사유의 일반원리로서 사회상규를 규정하여 입법적으로 해결하였다. 이에 의하면 구성요건에 해당하는 행위라도 사회상규에 위배되지 않으면 위법성이 없다.[1)]

[대판 2000. 4. 25. 98도2389] 형법 제20조 소정의 '사회상규에 위배되지 아니하는 행위'라 함은 법질서 전체의 정신이나 그 배후에 놓여 있는 사회윤리 내지 사회통념에 비추어 용인될 수 있는 행위를 말한다.

이와 같이 형법이 위법성판단의 기준을 사회상규라고 하고 있기 때문에 법규범에 위반하면 위법하다고 하는 형식적 위법성론은 우리 형법규정과 조화되기 어렵다.

결국 실질적 위법성론을 따라야 하는데 사법이나 공법상 위법한 행위라고 하더라도 형법상 사회상규에 위배되지 않는 행위라고 해석할 수 있는지의 문제는 여전히 남아있다.

2. 주관적 위법성론과 객관적 위법성론

이는 위법성의 평가방법, 즉 위법성을 평가할 때에 행위자의 주관적 능력을 고려할 것인가에 관한 견해의 대립이다. 현재 주관적 위법성론을 취하는 학자는 없다.

(1) 주관적 위법성론

주관적 위법성론은 행위자의 주관적 능력을 고려하여 위법성을 판단해야 한다고 한다. 법규범의 의사결정규범으로서의 성격을 중요시하는 이론이다. 이에 의하면 위법성을 이해할 수 있는 능력을 지닌 사람들의 행위만이 위법하고 그렇지 못한 사람들의 행위는 위법하지 않다.

이 견해는 책임무능력자의 행위는 책임이 조각되는 것이 아니라 아예 위법성이 조각된다고 한다.

---

1) 사회상규는 독일의 벨첼(Welzel)이 주장한 사회상당성(社會相當性)과는 구별해야 한다. 벨첼의 사회상당성이론에 의하면 사회적으로 상당한 행위는 위법성이 조각되는 것이 아니라 구성요건해당성이 없다고 한다. 이에 비해 우리 형법상 사회상규에 위반되지 않는 행위란 구성요건해당성이 있음을 전제로 하고 있다.

(2) 객관적 위법성론

객관적 위법성론은 위법성판단은 법질서 전체적 관점에서 객관적으로 해야 하고 개개 행위자의 능력이나 사정을 위법성판단에서 고려해서는 안 된다고 한다. 법규범의 평가규범으로서의 성격을 중요시하는 이론이다.

이에 의하면 행위의 객관적 측면과 주관적 측면을 모두 고려하여 객관적으로 위법성판단을 해야 하고 개개 행위자의 주관적 능력이나 사정 등은 책임단계에서 고려해야 한다. 객관적 위법성론에 의하면 책임무능력자의 행위도 위법할 수 있다.

(3) 판 례

판례는 객관적 위법성론에 따라 행위자의 주관적 능력을 위법성판단에서 고려하지 않는다.

[대판 2000. 4. 25. 98도2389; 대판 1983. 3. 8. 82도3248] 어떠한 행위가 사회상규에 위배되지 아니하는 정당한 행위로서 위법성이 조각되는 것인지는 구체적인 사정 아래서 합목적적·합리적으로 고찰하여 개별적으로 판단되어야 할 것인바, 이와 같은 정당행위를 인정하려면 첫째 그 행위의 동기나 목적의 정당성, 둘째 행위의 수단이나 방법의 상당성, 셋째 보호이익과 침해이익과의 법익균형성, 넷째 긴급성, 다섯째 그 행위 외에 다른 수단이나 방법이 없다는 보충성 등의 요건을 갖추어야 한다.

Ⅲ. 위법성조각사유의 일반이론

1. 위법성조각사유의 의의

(1) 위법성조각사유의 개념 및 종류

통설에 의하면 구성요건에 해당하는 행위는 원칙적으로 위법하고, 예외적으로 위법성조각사유가 있는 경우에는 위법하지 않다. 위법성조각사유에 해당하는 행위는 위법하지 않고 정당하므로 위법성조각사유를 정당화사유라고도 한다. 위법성조각사유에서 조각이란 존재하던 위법성을 사후에 제거하는 것이 아니라 처음부터 위법성이 존재하지 않게 한다는 의미이다. 위법성이 조각된다는 것은 그 행위가 적극적으로 용인, 권장된다는 의미가 아니라 단지 특정한 상황하에서 그 행위가 범죄행위로서 처벌대상이 될 정도의 위법성을 갖추지 못하였다는 것을 의미한다(대판 2021. 12. 30. 2021도9680).

형법 제20조 이하에 규정되어 있는 정당행위(제20조), 정당방위(제21조), 긴급피난(제22조), 자구행위(제23조), 피해자의 승낙(제24조) 등이 그것이다. 그리고 각칙인 제310조는 명예훼손죄에만 적용되는 특별한 위법성조각사유를 규정하고 있다.

(2) 위법성조각사유의 구조

형법에 규정되어 있는 위법성조각사유 중 제20조의 '사회상규에 위배되지 않는 행위'가 위법성조각사유에 관한 일반규정이고, 제20조의 나머지 규정과 제21조에서 제24조는 특별한 위법성조각사유를 규정한 것이라고 할 수 있다.

'사회상규에 위배되지 않는 행위'라고 하는 위법성조각사유와 다른 위법성조각사유의 관계는 일반법 대 특별법의 관계에 있다고 할 수 있다.[1] 그러므로 위법성조각 여부를 검토할 때에는 먼저 특별한 위법성조각사유에 해당하는지를 검토하고 최종적으로 사회상규에 위배되는지의 여부를 검토하는 것이 바람직하다.

명예훼손죄의 경우에는 각칙상 특별한 위법성조각사유인 제310조에의 해당 여부, 총칙상의 특별한 위법성조각사유에의 해당 여부, 사회상규에 위배되지 않는 행위 여부의 순으로 검토하면 된다.

(3) 불확정개념으로서의 사회상규

사회상규의 내용, 범위, 요건 등은 전혀 법률에 규정되어 있지 않고 해석에 의해 확정되는 불확정개념이다. 불확정개념을 사용하는 이유는 현실에서 발생하는 수많은 사건들을 일일이 법률에 규정하는 것은 불가능한 일이고, 설사 규정했다 하더라도 오히려 규정의 경직성으로 인해 구체적 타당성 있는 해결이 불가능하기 때문이다.

이것은 형법이 법관의 인격과 능력을 전적으로 신뢰하고 법관에게 구체적 적용을 위임한 것이다. 구체적 타당성 있는 해결을 하기 위해 법적 안정성의 요구를 양보시킨 것이다. 이런 이유로 법관에게 고도의 법률지식과 교양 및 인격을 요구하는 것이다.

---

1) 다만 통설, 판례에 의하면 승낙에 의한 행위는 사회상규에 위배되지 않아야 하므로, 이 경우 사회상규에 위배되지 않는 행위와 승낙에 의한 행위는 일반법 대 특별법의 관계가 아니라 전자가 후자의 전제조건이 된다.

2. 위법성조각의 근거

(1) 일원설과 다원설

위법성조각의 근거에 대해서는 일원설과 다원설이 대립하였다. 일원설은 모든 위법성조각사유에 공통되는 정당화원리가 있다고 하고 다원설은 위법성조각의 근거는 개개 위법성조각사유마다 달라진다고 한다. 현재 일원설을 주장하는 학자는 없다. 판례도 다원설을 따른다(앞의 대판 2000. 4. 25. 98도2389).

1) **일 원 설** 모든 위법성조각사유에 공통되는 근거가 있다는 입장으로 목적설과 이익교량설이 있다.

첫째, 목적설은 구성요건해당 행위가 국가공동생활에 있어서 정당한 목적을 달성하기 위한 상당한 수단인 경우에는 위법하지 않다고 한다. 목적설에 의하면 원칙적으로 행위자에게 주관적 정당화요소가 있어야 위법성이 조각될 수 있다. 그러나 목적설은 정당한 목적, 상당한 수단이라는 모호한 개념을 사용하므로 결국 "위법하지 않은 행위는 위법성이 조각된다"고 하는 동어반복에 불과하다는 비판을 받게 되었다.

둘째, 이익교량설은 좀더 큰 이익을 보호하기 위해 좀더 작은 이익을 침해하는 것은 정당하다고 한다. "대(大)를 위해 소(小)를 희생한다"는 원리와 같다. 이익교량설에 의하면 정당행위에 의해 보호하려는 이익이 정당행위에 의해 침해받는 이익보다 커야 한다. 그러나 이익교량설에 대해서는 이익교량이 불가능한 경우(예를 들어 한 사람의 생명과 열 사람의 생명의 비교)가 있고, 정당방위 등에서는 보호되는 이익이 침해되는 이익보다 작을 수도 있다는 비판이 제기되었다.

2) **다 원 설** 모든 위법성조각사유에 공통되는 위법성조각원리는 없고, 개별 위법성조각사유마다 위법성조각의 근거가 달라질 수 있다는 입장이다.

이 견해는 각각의 위법성조각사유에 따라 피해자의 승낙에 의한 행위는 보호할 법익이 없기 때문에, 정당방위는 긴급성에 의해, 긴급피난, 자구행위는 긴급성과 우월한 법익보호에 의해, 법령에 의한 행위와 업무로 인한 행위는 그 근거법령에 의해, 사회상규(법질서 전체의 정신이나 그 배후에 놓여있는 사회윤리 내지 사회통념)에 위배되지 않는 행위는 사회상규에 의해 위법성이 조각된다고 설명한다. 혹은 정당행위, 정당방위, 승낙에 의한 행위는 목적설에 따라 행위불법(반가치)이 없으므로 위법성이 조각되고, 긴급피난, 자구행위는 이익교량의 원칙에 따라 결과불법(반가치)이 없으므로 위법성이 조각된다고 한다.

(2) 형법의 규정

위의 학설은 우리 형법 제20조와 같은 규정이 없는 독일에서 주장된 것들이다. 그러나 우리 형법은 이 문제를 입법적으로 해결하여 위법성조각의 근거를 사회상규라고 규정하였으므로, 위와 같은 학설의 대립은 우리나라에서는 필요하지 않다. 오히려 사회상규의 개념을 탐구해야 하고, 설사 목적설, 이익교량설에 의해 설명하더라도 이것이 사회상규와 어떤 관련이 있는지를 규명해야 한다.

사회상규란 법질서 전체의 정신이나 그 배후에 놓여있는 사회윤리 내지 사회통념을 의미하므로 선량한 풍속, 신의칙, 조리 등을 포함하는 개념이라고 할 수 있다. 결국 사회상규 위배 여부는 첫째 행위의 동기나 목적의 정당성, 둘째 행위의 수단이나 방법의 상당성, 셋째 보호이익과 침해이익과의 법익균형성, 넷째 긴급성, 다섯째 그 행위 외에 다른 수단이나 방법이 없다는 보충성 등의 요건 등을 종합하여 결정될 것이다.

Ⅳ. 주관적 정당화(위법성조각)요소

1. 주관적 정당화요소의 개념

주관적 정당화요소란 구성요건에 해당하는 행위를 하는 사람이 자신이 정당한 행위, 즉 위법성이 조각되는 행위를 하고 있다는 것을 인식 내지 인용하는 내심상태를 말하는 것으로서 위법성조각사유의 주관적 성립요소라고 할 수 있다. 위법성조각을 정당화라고 할 수 있기 때문에 주관적 정당화요소라는 용어가 많이 사용된다.

구성요건요소에 객관적 구성요건요소와 주관적 구성요건요소가 있듯이, 위법성조각사유의 요소에도 현재의 부당한 침해와 같은 객관적 요소와 방위의사, 피난의사와 같은 주관적 요소가 있는데 후자를 주관적 정당화요소라고 한다.

甲이 살인의 고의로 A를 살해하였는데 그 순간 A도 甲을 살해하려고 하였다는 것이 판명된 경우(우연방위), 甲이 A를 살해한 순간 A도 甲을 살해하려고 하였으므로 정당방위의 객관적 요건은 충족되었다. 그러나 甲이 자신의 생명을 지키겠다는 방위의사가 아니라 A를 살해하겠다는 범죄의사로 A를 살해하여 甲의 행

위에는 주관적 정당화요소가 존재하지 않는다.[1)]

이 경우 행위자의 범죄의사라는 측면, 즉 주관적 정당화요소인 방위의사가 없다는 측면을 강조하여 정당방위가 되지 않는다고 할 수도 있고, 자신에 대한 A의 공격을 방어하였다는 객관적 측면을 강조하여 정당방위가 된다고 할 수도 있을 것이다.

2. 주관적 정당화요소의 필요여부

(1) 필 요 설

주관적 정당화요소 필요설에서는 다음과 같은 논거를 제시하고 있다.

첫째, 형법 제21조, 제22조, 제23조가 각각 '방위하기 위한 행위', '피난하기 위한 행위', '실행곤란을 피하기 위한 행위'라고 규정한 것은 주관적 정당화요소가 필요하다는 의미이다.

둘째, 행위불법(반가치)을 강조하는 입장에 의하면, 위법성의 본질은 행위불법에 있는데, 주관적 정당화요소가 있어야 행위불법(반가치)이 없어질 수 있다.

셋째, 위법성이 완전히 부정되기 위해서는 결과불법뿐만 아니라 행위불법도 없어야 한다는 견해에 의하면, 방위의사가 없는 우연방위 등에서 결과불법이 없다고 하더라도 행위불법이 없어지기 위해서는 범죄의사가 주관적 정당화요소에 의해 상쇄되어야 된다.

판례는 긍정설을 따른다(대판 2000. 4. 25. 98도2389).

[대판 1997. 4. 17. 96도3376 전합] 정당행위가 성립하기 위하여는 건전한 사회통념에 비추어 그 행위의 동기나 목적이 정당하여야 하고, 정당방위·과잉방위나 긴급피난·과잉피난이 성립하기 위하여는 방위의사 또는 피난의사가 있어야 한다고 할 것이다.

(2) 불필요설

결과불법(반가치)만으로 위법성을 판단하는 입장에서는 주관적 정당화요소가 없어 행위불법이 있더라도 결과불법이 없으면 위법성조각사유가 성립할 수 있다고 한다.

1) 후술하는 오상방위에서는 우연방위와 반대로 주관적 정당화요소(정당방위의사)는 있지만, 정당방위의 객관적 요건이 갖춰지지 않은 경우이다.

(3) 결 어

위법성이 인정되기 위해서는 결과불법과 행위불법 모두 있어야 하지만, 우연방위와 같은 경우에도 행위불법이 있음은 물론이지만 반드시 결과불법이 없다고 할 수 없다. 즉, 주관적 정당화요소가 없는 경우에는 형법 제27조 불능미수의 위험성에 준하는 결과불법이 있다고 할 수 있다. 따라서 주관적 정당화요소가 없으면 행위불법이 있을 뿐만 아니라 결과불법도 없어지지 않는다고 해야 할 것이다.

3. 주관적 정당화요소의 내용

(1) 학설의 대립

주관적 정당화요소가 존재하기 위해서는 ① 위법성조각사유의 객관적 요건이 충족되는 사정(이를 정당화상황이라고도 한다)을 인식하면 족하다는 견해와, 나아가 의사적 요소로서 ② 정당행위등을 인용까지는 해야 한다는 견해, ③ 정당행위등을 할 의욕 내지 목적까지 필요하다는 견해, ④ 개개 위법성조각사유별로 달리 판단해야 한다는 견해 등이 대립한다. ④의 견해는 피해자의 승낙에 의한 행위에서는 의사적 요소가 필요없고, 다른 위법성조각사유에서는 의사적 요소가 필요하다고 한다. 또한 추정적 승낙이나 제310조의 위법성조각사유 등에서는 위법성조각사유의 객관적 요건에 대한 신중한 검토(양심적 심사 혹은 의무합치적 심사[1])도 주관적 정당화요소라고 하기도 한다.

판례는 정당행위를 인정하기 위해서는 행위의 동기나 목적의 정당성도 고려해야 한다고 하는데 이는 의사나 목적이 필요하다는 ③의 견해에 가장 가깝다.

(2) 결 어

우연방위의 경우 정당방위의 객관적 요건이 충족되어 있지만, 행위자에게 정당방위의 주관적 요건인 정당방위를 하려는 의사나 목적이 없었다고 할 수 있다. 이 경우에도 행위불법은 물론 불능미수의 위험성과 유사한 결과불법이 여전히 존재한다고 할 수 있다. 따라서 주관적 정당화요소는 정당화상황에 대한 인식 및 정당한 행위를 할 목적까지 필요하다고 하는 다수설의 입장이 타당하다.

다만 주관적 정당화의사가 있으면 부수적으로 다른 동기나 목적이 개입되었

---

1) 양심적 심사, 의무합치적 심사라는 말은 독일어를 번역한 것인데 신중한 검토 정도로 번역하는 것이 자연스럽다고 생각된다.

더라도 위법성이 조각된다는 점에서는 학설이 일치하고 있다.

4. 주관적 정당화요소가 없는 경우의 효과

우연방위와 같이 정당화사유의 객관적 요건이 충족되었으나 주관적 정당화요소가 결여된 경우의 효과에 대해 견해가 대립한다.

(1) 무 죄 설

이 견해는 이 경우 결과불법이 없으므로 위법성이 조각된다고 한다. 무죄설에 대해서는 주관적 정당화요소가 있는 경우와 없는 경우를 동일하게 취급한다는 비판이 제기된다.

(2) 불능미수설

다수설은 이 경우 위법성조각사유의 객관적 요건이 존재하여 행위자가 위법한 행위를 할 수 없음에도 불구하고 할 수 있다고 착오한 것이므로 불능미수와 유사하다고 한다. 따라서 불능미수의 규정을 유추적용하자고 한다. 불능미수설에 대해서는 미수범 처벌규정이 없는 경우 처벌의 공백이 발생한다는 비판이 제기된다.

(3) 기 수 설

이 견해는 불능미수설에 대해 ① 구성요건적 결과가 발생하였음에도 불구하고 미수에 불과하다는 것은 부당하고, ② 위법성조각사유의 모든 객관적 요건과 주관적 요건이 충족되는 경우에만 위법성이 조각되므로 우연방위 등에서는 결과반가치가 없어지지 않으며, ③ 침해행위가 과실이나 미수에 그친 경우에는 과실범의 미수 또는 미수범의 미수가 되어 처벌할 수 없는 문제점이 있다고 비판하며, 기수로 처벌해야 한다고 한다. 기수설에 대해서는 위법성조각사유의 객관적 요건이 충족되어 있는 사정이 행위자에게 유리하게 작용하지 못한다는 비판이 제기된다.

(4) 결 어

결과불법은 법익침해뿐만 아니라 법익의 위태화도 포함하기 때문에 우연방위 등에서 결과불법이 없음을 이유로 한 무죄설은 타당하지 않다.

① 기수설은 위법성조각사유의 객관적 요건이 충족된 경우와 충족되지 않은 경우의 결과불법이 다르다는 것을 무시하고, ② 불능미수와 우연방위 등은 그 형법적 구조가 유사하므로 후자에 전자를 유추적용하는 것은 피고인에게

유리한 유추해석이고, ③ 미수범의 경우에는 장애미수가 아닌 불능미수를 인정하면 되고 과실범의 경우에는 불능미수 규정을 유추적용하여 처벌하지 않아도 무방할 것이다. 이러한 의미에서 유추적용설이 타당하다.

5. 과실범에서 주관적 정당화요소

예를 들어 정당방위의 객관적 상황이 갖추어졌으나 이를 인식하지 못하고 과실로 상대방에게 상해를 입힌 경우, 과실범에서 주관적 정당화요소의 필요 유무 문제나 주관적 정당화요소를 결한 경우의 효과 문제는 고의범과 마찬가지로 해결하면 될 것이다. 즉, 위의 경우 정당방위의사없이 과실치상죄에 해당하는 행위를 하였으므로 위법성이 조각될 수는 없다. 그러나 정당방위의 객관적 요건이 충족된 상황이므로 과실치상죄의 불능미수가 되어 처벌되지 않을 것이다.

쉬어가기

사격선수인 甲은 자신과 라이벌인 A를 살해하기로 결심하였다. 甲은 A의 옆집으로 이사가 A의 집안을 관찰하며 호시탐탐 기회가 오기를 노렸다. 그런데 어느 날 甲은 A가 그의 친구 B에게 총을 겨누고 있는 것을 발견하게 되었다. 甲은 A가 B를 살해하려는 것 같기도 하고 장난하는 것 같기도 하였지만, 좋은 기회라고 생각하고 A를 향해 총을 쏘아 살해하였다. 그런데 A가 총을 맞던 순간 B를 살해하려고 하였다는 것이 판명되었다. 甲의 죄책은?

【설문의 해결】 甲이 A를 쏜 순간 A도 B를 쏘려고 하였으므로 객관적으로는 甲의 행위가 B의 생명에 대한 현재의 부당한 침해를 방위하기 위한 행위이고 상당성도 인정된다. 그러나 사례에서 甲이 정당화상황을 인식하였지만, 정당방위를 인용하거나 정당방위의 목적은 없었다.

정당방위의사 불필요설에 의하면 甲의 행위는 정당방위가 된다. 정당방위의사 필요설 중 정당화상황에 대한 인식이 있으면 족하다는 견해에 의하면 甲의 행위는 정당방위가 된다. 그러나 정당방위에 대한 인용(위 사례에서 정당방위가 아니어도 할 수 없다고 생각하였으므로 정당방위에 대한 인용이 인정되지 않는다)이나 의욕 또는 목적까지 필요하다는 견해에 의하면 甲의 행위는 정당방위 의사가 없는 우연방위가 된다.

우연방위의 경우에도 무죄설에 의하면 甲은 무죄이고, 기수설에 의하면 甲은 살인기수의 죄책을 진다. 불능미수유추적용설에 의하면 甲은 살인죄의 불능미수의 죄책을 진다.

§18

제 2 절 정당방위

제21조(정당방위) ① 현재의 부당한 침해로부터 자기 또는 타인의 법익(法益)을 방위하기 위하여 한 행위는 상당한 이유가 있는 경우에는 벌하지 아니한다.
② 방위행위가 그 정도를 초과한 경우에는 정황(情況)에 따라 그 형을 감경하거나 면제할 수 있다.
③ 제2항의 경우에 야간이나 그 밖의 불안한 상태에서 공포를 느끼거나 경악(驚愕)하거나 흥분하거나 당황하였기 때문에 그 행위를 하였을 때에는 벌하지 아니한다.

Ⅰ. 정당방위의 의의

1. 정당방위의 개념

(1) 형법 제21조

정당방위란 현재의 부당한 침해로부터 자기 또는 타인의 법익(法益)을 방위하기 위하여 한 행위로서 상당한 이유가 있는 행위이다(제21조 제1항).

(2) 긴급피난과의 비교

정당방위와 긴급피난은 현재의 침해 또는 위난, 자기 또는 타인의 법익을 보호하기 위한 것, 법익보호의 긴급성, 상당한 이유가 있어야 하는 것 등에서는 공통점을 가지고 있다. 그러나 정당방위는 부당한 침해에 대한 정당한 방위이므로 피해자 대 가해자가 부정(不正) 대 정(正)의 관계에 있다는 점에서 피해자 대 가해자가 정(正) 대 정(正)의 관계에 있는 긴급피난과 구별된다. 이에 따라 긴급피난에서는 다른 수단이 없다는 보충성과 보호되는 법익과 침해되는 법익 사이에 균형성이 요구되지만, 정당방위에서는 긴급피난처럼 보충성이나 엄격한 법익균형성이 요구되지 않는다.

(3) 자구행위와의 비교

정당방위는 부정 대 정의 관계,[1] 법익보호의 긴급성 및 상당한 이유를 요한

1) 통설은 정당방위와 자구행위가 부정 대 정의 관계라고 하는 점에서도 공통점이 있다고 하지만, 후술하는 바와 같이 자구행위를 이렇게 제한적으로 해석할 필요는 없다.

다는 점에서는 자구행위와 공통점을 지니고 있다. 그러나 타인의 법익을 위한 정당방위가 가능하고 법익에도 제한이 없지만 자구행위는 자기의 청구권에 대해서만 인정된다는 점에서 차이가 있다.

2. 정당방위의 근거

정당방위는 "정의는 불법에 양보할 필요가 없다"고 하는 초법규적·초국가적 근원을 가지고 있다고 한다. 이는 정당방위가 침해받는 법익을 보호하기 위해서 뿐만 아니라 법질서의 수호·확증을 위해서도 허용될 수 있음을 의미한다.

(1) 자기보호의 원리

정당방위의 일차적 목표는 침해받는 자신의 법익을 보호하기 위한 것이다. 개인이 법익침해를 받는 경우에는 원칙적으로 자력구제를 해서는 안 되고, 국가기관에 침해의 배제를 요청하여야 한다. 그러나 그러한 방법을 사용하기에는 상황이 긴급한 경우에 예외적으로 자신의 법익을 스스로 보호하는 자력구제를 허용하는 것이 정당방위이다. 개인적 차원의 자연권으로서의 정당방위의 성격이 강조된 것이다.

(2) 법질서수호 내지 확증의 원리

타인의 법익을 보호하기 위한 정당방위도 가능한데, 이러한 정당방위는 공익적 성격을 지니고 있다. 정당방위는 타인간의 관계에 개입함으로써 정의와 불법을 확증하고 정당한 법질서를 수호하는 기능을 한다. 사회적 차원의 자연권으로서의 정당방위의 성격이 강조된 것이다.

Ⅱ. 정당방위의 성립요건

정당방위가 성립하기 위해서는 객관적 요건과 주관적 요건이 갖추어져야 한다. 객관적 요건이란 자기 또는 타인의 법익에 대한 현재의 부당한 침해가 있어야 하고 침해로부터 법익을 보호하기 위해 상당한 이유가 있는 방위행위가 있어야 한다는 것이다. 주관적 요건이란 행위자에게 방위의사, 즉 주관적 정당화요소가 있어야 한다는 것이다.

1. 객관적 요건: (자기 또는 타인의 법익에 대한) 현재의 부당한 침해

(1) '침해'가 있을 것

1) 인간의 행위(작위·부작위)에 의한 침해 법익에 대한 침해란 법익을 박탈하거나 법익의 전부 또는 일부를 향유하지 못하게 하는 것을 말한다. 침해는 인간의 행위에 의한 것이어야 한다. 인간의 행위에 의하지 않은 자연현상은 정당·부당의 판단대상이 아니기 때문이다. 행위는 작위, 부작위를 불문한다.

2) 동물이나 물건에 의한 침해 동물에 의한 침해는 그것이 자연현상인지 인간의 행위로 볼 수 있는지에 따라 정당방위 여부가 결정된다.

첫째, 주인없는 동물이 공격해 오기 때문에 동물을 살해한 경우에는 손괴죄의 구성요건해당성조차 없다. 그러나 만약 그 행위가 행정형법상의 구성요건해당성이 있는 경우에는 정당방위가 아니라 긴급피난의 문제로 해결해야 한다.

둘째, 주인있는 동물이 주인의 고의의 사주 또는 과실로 인한 관리소홀로 인해 공격해 오기 때문에 동물을 살해한 경우에는 손괴죄의 구성요건에 해당되지만 정당방위가 된다.

셋째, 주인있는 동물이 주인의 고의·과실없이 공격해 오기 때문에 동물을 살해한 경우에는 긴급피난이 된다.

물건 등에 의한 침해도 마찬가지 원리에 의해 해결해야 한다.

(2) '부당'한 침해가 있을 것

1) 부당의 개념 정당한 침해에 대해서는 정당방위를 할 수 없고, 부당한 침해에 대해서만 정당방위를 할 수 있다. 다수설은 부당이란 위법을 의미한다고 하지만,[1] 문언의 의미상 부당은 위법보다 넓은 개념이고 부당을 위법으로 축소해석하는 것은 피고인에게 유리한 규정을 축소해석하는 것으로서 허용되지 않는 해석이다.

예를 들어 행정법에서 위법한 행정행위와 부당한 행정행위를 구별하고 있는데 부당을 위법이라고 한다면 부당한 행정행위에 대해서는 정당방위가 허용되지 않는다는 의미가 될 수 있기 때문이다.

---

1) 그러나 다수설도 객관적으로 법질서를 침해하는 모든 행위는 위법하고, 고의·과실없는 단순한 결과불법도 위법에 포함된다고 하는데, 이는 위법을 부당이라는 의미로 사용하는 것이라고 할 수 있다.

인간의 행위에 의한 침해이면 무과실행위라도 부당한 경우에는 정당방위가 허용된다. 그러나 위법성이 조각되는 행위는 원칙적으로 '정당한' 행위이고 부당한 행위가 아니므로 정당행위, 정당방위, 긴급피난 행위 등에 대해서는 정당방위를 할 수 없다.[1)]

부당한 행위인지의 여부는 객관적으로 판단하게 되므로 책임무능력자의 행위, 강요된 행위 등 위법하지만 책임이 조각되는 행위에 대해서도 정당방위가 가능하다.

2) 싸움과 부당한 침해 판례에 의하면, 싸움에서는 원칙적으로 정당방위가 인정되지 않는다.[2)] 다만 예외적으로 싸움에서 예상할 수 있는 정도를 초과한 공격,[3)] 외관상 싸움을 하는 것처럼 보이지만 상대방은 방어행위만 하는데 일방적으로 하는 공격,[4)] 싸움이 중지된 이후의 새로운 공격[5)]은 부당한 침해이기 때문에 정당방위가 허용된다.

[대판 1984. 1. 24. 83도1873] 피해자가 칼을 들고 피고인을 찌르자 그 칼을 뺏어 그 칼로 반격을 가한 결과 피해자에게 상해를 입게 하였다 하더라도 그와 같은 사실만으로는 피고인에 대한 현재의 부당한 침해를 방위하기 위한 행위로서 상당한 이유가 있는 경우에 해당한다고 할 수 없다.

3) 도발한 침해행위 상대방의 침해행위를 도발한 경우 도발자의 정당방위가 인정되는지 문제된다.

첫째, 공격목적에 의한 도발이다. 이는 자신의 정당방위를 이용하여 상대방

---

1) 대판 1962. 8. 23. 62도93: 채권자가 가옥명도강제집행에 의하여 적법하게 점유를 이전받아 점유하고 있는 방실에 채무자가 무단히 침입한 때에는 주거침입죄가 성립하고 적법한 강제집행에 대한 정당방위나 자구행위는 인정될 수 없다.

2) 대판 2004. 6. 25. 2003도4934; 대판 1955. 6. 21. 4288형상98: 서로 공격할 의사로 싸우다가 먼저 공격을 받고 이에 대항하여 가해하게 된 것이라고 봄이 상당한 경우, 그 가해행위는 방어행위인 동시에 공격행위의 성격을 가지므로 정당방위 또는 과잉방위행위라고 볼 수 없다.

3) 대판 1968. 5. 7. 68도370.

4) 대판 2010. 2. 11. 2009도12958; 대판 1983. 2. 8. 82도2098: 겉으로는 서로 싸움을 하는 것처럼 보이더라도 실제로는 한쪽 당사자가 일방적으로 위법한 공격을 가하고 상대방은 이러한 공격으로부터 자신을 보호하고 이를 벗어나기 위한 저항수단으로서 유형력을 행사한 경우에는, 그 행위가 새로운 적극적 공격이라고 평가되지 아니하는 한, 이는 사회관념상 허용될 수 있는 상당성이 있는 것으로서 위법성이 조각된다.

5) 대판 1957. 3. 8. 4290형상18.

을 공격하려는 목적에서 상대방의 침해행위를 도발한 경우를 말한다. 통설은 정당방위가 불가능하다고 하는 데에 결론을 같이 한다. 그러나 그 근거에 대해서는 상대방의 침해행위는 부당한 침해라고 할 수 없다는 견해, 도발자의 행위는 원인에 있어서 위법한 행위(actio illiciata in causa)라는 견해, 도발자의 행위는 법질서방위를 위해서 필요한 행위가 아니라는 견해, 도발자의 행위는 권리의 남용이라는 견해 등이 대립한다. 생각건대, 甲의 행위는 자기보호나 법질서수호라는 정당방위의 원리가 적용될 수 없기 때문에 정당방위가 될 수 없다고 해야 할 것이다.

둘째, 고의·과실 등으로 도발한 경우이다. 이 중 예컨대 강제집행을 하는 공무원이 집행당하는 사람이 공격해 올 가능성을 인식하면서도 강제집행을 하는 경우와 같이 도발행위가 적법한 경우에는 도발자의 정당방위가 가능하다. 그러나 도발행위가 위법하거나 부당한 경우에는 그에 대한 상대방의 정당방위가 가능하므로 이에 대해서는 도발자의 정당방위가 허용되지 않는다고 해야 한다. 판례도 같은 입장이다.[1)]

셋째, 도발자에게 고의·과실이 없는 경우에는 도발행위가 위법 또는 부당한지 여부에 따라 도발자의 정당방위 인정여부가 결정될 것이다.

4) 경찰관의 체포에 대한 정당방위

[대판 2011. 5. 26. 2011도3682] 현행범인으로서의 요건을 갖추고 있었다고 인정되지 않는 상황에서 경찰관들이 동행을 거부하는 자를 체포하거나 강제로 연행하려고 하였다면, 이는 적법한 공무집행이라고 볼 수 없고, 그 체포를 면하려고 반항하는 과정에서 경찰관에게 상해를 가한 것은 불법체포로 인한 신체에 대한 현재의 부당한 침해에서 벗어나기 위한 행위로서 정당방위에 해당하여 위법성이 조각된다.

[대판 2006. 9. 8. 2006도148] 검사나 사법경찰관이 수사기관에 자진출석한 사람을 긴급체포의 요건을 갖추지 못하였음에도 실력으로 체포하려고 하였다면 적법한 공무집행이라고 할 수 없고, 체포를 제지하는 과정에서 위 검사에게 상해를 가한 것은 이러한 불법 체포로 인한 신체에 대한 현재의 부당한 침해에서 벗어나기 위한 행위로서 정당방위에 해당하여 위법성이 조각된다고 봄이 상당하다.

(3) '현재'의 침해가 있을 것

1) 현재의 침해의 개념 및 범위　　현재의 침해란 법익에 대한 침해가 발

---

1) 대판 1968. 11. 12. 68도912; 대판 1983. 9. 13. 83도1467 등.

생하기 직전이거나 발생 이후 종료까지 및 종료직후를 모두 포함하는 개념이다. 예를 들어 절도범이 물건에 접근하는 경우 절도죄의 실행의 착수가 없지만 정당방위가 가능하다. 절도범이 절도행위의 실행 중인 경우뿐만 아니라 실행 직후 그를 추적하여 체포하는 행위도 정당방위가 될 수 있다.

[대판 2023. 4. 27. 2020도6874][1] 형법 제21조 제1항은 "현재의 부당한 침해로부터 자기 또는 타인의 법익을 방위하기 위하여 한 행위는 상당한 이유가 있는 경우에는 벌하지 아니한다."라고 규정하여 정당방위를 위법성조각사유로 인정하고 있다. 이때 '침해의 현재성'이란 침해행위가 형식적으로 기수에 이르렀는지에 따라 결정되는 것이 아니라 자기 또는 타인의 법익에 대한 침해상황이 종료되기 전까지를 의미하는 것이므로, 일련의 연속되는 행위로 인해 침해상황이 중단되지 아니하거나 일시 중단되더라도 추가 침해가 곧바로 발생할 객관적인 사유가 있는 경우에는 그중 일부 행위가 범죄의 기수에 이르렀더라도 전체적으로 침해상황이 종료되지 않은 것으로 볼 수 있다.

2) 과거에 침해가 있었고 미래의 침해반복이 예상되는 경우 이 경우 현재의 침해를 인정할 것인지에 대해, 판례는 긍정하는 입장이다.

[대판 1992. 12. 22. 92도2540] 피고인이 약 12살 때부터 의붓아버지인 피해자의 강간행위에 의하여 정조를 유린당한 후 계속적으로 이 사건 범행무렵까지 피해자와의 성관계를 강요받아왔고, 그 밖에 피해자로부터 행동의 자유를 간섭받아 왔으며, 또한 그러한 침해행위가 그 후에도 반복하여 계속될 염려가 있었다면, 피고인들의 이 사건 범행(잠자고 있는 피해자의 목을 눌러 살해할) 당시 피고인의 신체나 자유 등에 대한 현재의 부당한 침해상태가 있었다고 볼 여지가 없는 것은 아니다.

그러나 과거에서 미래까지 법익침해가 계속될 것이라는 것만으로는 법익침

1) 포장부서에서 근무하던 근로자들을 영업부로 강제 전환하는 회사조치에 따라 노사갈등이 고조되었고, 사용자가 위 전환조치에 항의하는 근로자 중 1명의 어깨를 손으로 미는 과정에서 뒤엉켜 넘어져 근로자를 깔고 앉게 되었는데, 위 근로자들 중 1명인 피고인이 근로자를 깔고 있는 사용자의 어깨 쪽 옷을 잡고, 사용자가 일으켜 세워진 이후에도 그 옷을 잡고 흔들었다는 이유로 기소(폭행)된 사안이다. 위 사안의 쟁점은 피고인이 어깨 쪽 옷을 잡고 흔들 당시에는 사용자의 가해행위(어깨를 밀어 넘어뜨린 것)는 이미 끝난 상황이므로 '현재'의 부당한 침해가 인정될 수 있는지였다.

해 직전이라고 할 수 없기 때문에 침해의 현재성을 인정하기 어렵다.

3) 과거 및 미래의 침해에 대한 정당방위 정당방위는 현재의 침해에 대해서만 가능하므로 과거의 침해에 대해서는 정당방위가 인정되지 않는다.

[대판 1996. 4. 9. 96도241] 피해자의 침해행위에 대하여 자기의 권리를 방위하기 위한 부득이한 행위가 아니고, 그 침해행위에서 벗어난 후 분을 풀려는 목적에서 나온 공격행위는 정당방위에 해당한다고 할 수 없다.

미래의 침해에 대해서도 정당방위는 불가능하다. 그러나 미래의 침해에 대비하기 위한 현재의 방위조치는 현재로서는 정당방위가 아니지만, 침해행위가 일어난 시점에서는 현재의 침해에 대한 정당방위라고 할 수 있다. 예를 들어 절도방지를 위해 철조망을 쳐놓는 행위는 정당방위라고 할 수 없으나 절도범이 침입하다가 철조망에 상해를 입은 경우 그 순간에는 현재의 침해가 있다고 할 수 있으므로 정당방위가 된다. 그러나 정당하게 출입하는 사람에게 상처를 입힌 경우에는 정당방위가 될 수 없다.

2. 자기 또는 타인의 법익(을 방위하기 위하여 한 행위)

(1) 자기 또는 타인의 법익

자기의 법익뿐만 아니라 타인의 법익에 대한 침해에도 정당방위가 허용된다.

[대판 1986. 10. 14. 86도1091] 차량통행문제를 둘러싸고 피고인의 부(父)와 다툼이 있던 피해자가 그 소유의 차량에 올라타 문안으로 운전해 들어가려 하자 피고인의 부가 양팔을 벌리고 이를 제지하였으나 위 피해자가 이에 불응하고 그대로 그 차를 피고인의 부 앞쪽으로 약 3미터 가량 전진시키자 위 차의 운전석 부근 옆에 서 있던 피고인이 부가 위 차에 다치겠으므로 이에 당황하여 위 차를 정지시키기 위하여 운전석 옆 창문을 통하여 피해자의 머리털을 잡아당겨 그의 흉부가 위 차의 창문틀에 부딪혀 약간의 상처를 입게 한 행위는 부의 생명, 신체에 대한 현재의 부당한 침해를 방위하기 위한 행위로서 정당방위에 해당한다(피고인이 자신의 아버지의 법익을 위해 방위행위를 한 사안임).

법익이란 생명·신체·자유·명예·프라이버시·업무·재산 등 법에 의해 보호되는 모든 이익을 포함하는 개념이다. 권리에 국한되지 않으므로 사법상의 권리가 없다고 하더라도 사실상 향유하는 이익에 대해서 정당방위가 가능하다(대판 1974. 5. 14. 73도2401).

예를 들어 임대차기간이 만료되었지만 임차인이 가옥을 명도하지 않고 있는 중이더라도 임대인이 강제로 침입하는 경우에는 임차인의 정당방위가 가능하다.

(2) 국가·사회적 법익 보호를 위한 정당방위

국가·사회적 법익 중 국가·사회가 개인과 동등한 법적 지위에서 향유하는 법익이나 국가·사회적 법익이 개인의 법익과 관련된 경우에는 그것을 보호하기 위해서 정당방위를 할 수 있다는 점에는 견해가 일치한다. 예를 들어 관공서 또는 관공서 안에 있는 사람의 생명을 보호하기 위해 관공서에 불을 지르려는 사람을 제지한 행위는 정당방위가 될 수 있다.

순수한 국가·사회적 법익을 위한 정당방위가 허용되는가에 대해서는 부정설과 예외적 허용설이 대립하고 있다. 예외적 허용설에 의하면 예컨대 선량한 성풍속을 보호하기 위해 극장에서 음란영화를 상영하지 못하도록 하는 것은 정당방위가 될 수 없지만, 국가기밀문서를 반출하려는 사람으로부터 기밀문서를 탈취한 경우 국가적 법익을 보호하기 위한 정당방위가 된다고 한다.[1)]

그러나 부정설과 예외적 긍정설은 결론에서는 차이가 없고 이론구성에서 차이가 있을 뿐이다. 부정설에서는 국가기밀문서를 반출하는 사람을 체포하는 행위는 정당방위는 아니지만 정당행위라고 할 것이기 때문이다. 따라서 부정설처럼 국가·사회적 법익을 위한 정당방위는 허용되지 않는다고 하고 예외적인 경우는 정당행위의 문제로 해결하는 것이 간명하다.

3. 방위하기 '위하여 한' 행위일 것(방위의사)

방위행위란 그 침해가 계속되지 못하게 하거나 침해를 배제하는 모든 행위를 포함한다. 순수한 수비적 방어행위뿐만 아니라 침해자에 대한 적극적 반격을 포함하는 반격방어행위도 방위행위라고 할 수 있다(대판 1992. 12. 22. 92도2540).

방위행위가 되기 위해서는 행위자에게 주관적 정당화요소로서 방위의사가 필요하다. 원한, 증오, 복수심 등이 수반되더라도 정당방위가 될 수 있다.

---

1) 즉 원칙적으로는 부정되나, 국가가 스스로 방위수단을 취할 수 없는 예외적인 경우에는 허용된다는 입장이다.

[대판 1955. 8. 5. 4288형상124] 방위의사는 행위자의 주관을 표준으로 하는 동시에 객관적으로 사회통념상 방위의사를 추정할 수 있는 경우이어야 하며, 또 방위행위는 사회통념에 비추어 침해를 방위하기에 필요한 행위라고 용인할 만한 정도이어야 할 것이다.

정당방위상황이 존재하더라도 방위의사가 없는 경우에는 우연방위의 문제가 된다.[1]

4. 상당한 이유가 있을 것

(1) 상당한 이유의 개념

정당방위가 성립하기 위해서는 방위행위에 상당한 이유가 있어야 한다. 상당한 이유란 '그럴 만하다' 또는 '그럴 만한 이유가 있다'는 의미이다. 판례는 "방위행위가 사회적으로 상당한 것인지 여부는 침해행위에 의해 침해되는 법익의 종류, 정도, 침해의 방법, 침해행위의 완급과 방위행위에 의해 침해될 법익의 종류, 정도 등 일체의 구체적 사정들을 참작하여 판단하여야 한다"고 한다(대판 2003. 11. 13. 2003도3606).

(2) 방위행위의 필요성

방위행위가 상당성을 갖기 위해서는 방위행위의 필요성이 인정되어야 한다. 필요성의 내용에 보충성, 법익균형성 등을 포함시키는 견해가 있다. 그러나 이는 상당성을 규정하고 있지 않은 독일형법에서는[2] 타당할 수 있어도, 상당성을 규정하고 있는 우리나라에서는 정당방위의 필요성이란 특별한 의미를 가진 것도 아니고 언급할 필요도 없다고 생각된다.

(3) 방위행위의 보충성

보충성이란 최후수단성과 최소침해성을 의미한다. 정당방위에서는 원칙적으로 보충성이 요구되지 않는다. 방위행위를 최후수단이 아니라 최우선수단으로 사용할 수 있고, 방위행위도 '필요한 최소한도의 범위'가 아니라 '필요한 범위' 내에서 할 수 있다. 정당방위는 부정(不正) 대 정(正)의 관계이므로 정이 부정에 양보할

---

1) 이에 대해서는 앞의 주관적 정당화요소 부분 참조.

2) 독일형법은 "자기 또는 타인의 법익에 대한 현재의 위법한 침해를 방위하기 위한 행위는 벌하지 아니한다"는 내용으로 규정되어 있기 때문에 방위행위의 상당성이라는 요건은 필요하지 않고 방위행위의 필요성만 인정되면 된다.

필요가 없기 때문이다.

판례도 정당방위에 있어서는 긴급피난의 경우와 같이 불법한 침해에 대해서 달리 피난방법이 없었다는 것을 반드시 필요로 하는 것이 아니고(대판 1966. 3. 5. 66도63), 방어행위에는 순수한 수비적 방어뿐 아니라 적극적 반격을 포함하는 반격방어의 형태도 포함된다고 한다(대판 1992. 12. 22. 92도2540).

(4) 법익균형성

정당방위에서는 긴급피난과 달리 엄격한 법익균형성이 요구되지 않지만, 법익균형성은 방위행위의 상당성을 판단하는 데에 있어서 중요한 기능을 한다. 정당방위에 의해 보호하려는 법익에 비해 침해받는 법익이 현저히 큰 경우에는 상당성이 인정되기 어렵기 때문이다. 판례도 침해행위와 방위행위에 의하여 침해되는 법익의 종류, 정도를 고려해야 한다고 한다.

판례에 의하면, 정조와 신체를 보호하기 위해 혀절단상을 입힌 것은 상당성이 있으나(대판 1989. 8. 8. 89도358), 정조를 보호하기 위해 자고 있는 의붓아버지를 살해한 것은 상당성이 없다(대판 1992. 12. 22. 92도2540). 이 판단에서 법익의 형량이 상당성판단에 중요한 역할을 하였다고 할 수 있다.[1)]

(5) 행위균형성 및 방위상황

방위행위의 상당성을 판단하기 위해서는 침해행위와 방위행위의 균형도 고려해야 한다. 정당방위에서 방위행위가 침해행위보다 방법이 평온하고 정도가 약해야 하는 것은 아니지만, 방위행위가 침해행위에 비해 현저하게 공격적이거나 위험한 방법을 사용하는 경우에는 상당성이 인정되지 않는다. 즉 방위행위의 상당성을 판단하기 위해서는 침해행위의 방법과 완급, 방위행위의 방법, 침해행위자와 방위행위자, 침해행위와 방위행위 당시의 상황도 고려해야 한다.

예를 들어 판례에 의하면, 검문 중이던 경찰관들이 자전거를 이용한 날치기 사건 범인과 흡사한 인상착의의 피고인에게 검문에 응하라고 하였으나 피고인이 경찰관들의 멱살을 잡아 밀치거나 욕설을 한 경우에는 상당한 이유가 인정되지 않는다(대판 2012. 9. 13. 2010도6203).

1) 기타 대판 1999. 6. 11. 99도943; 대판 1989. 3. 14. 87도3674; 대판 1977. 5. 24. 76도3460; 대판 1984. 6. 12. 84도683; 대판 1984. 9. 25. 84도1611; 대판 1968. 12. 24. 68도1229 등 참조.

5. 정당방위의 사회윤리적 제한

(1) 의 의

독일에서는 정당방위의 역사는 사회윤리적 근거에 의한 정당방위 제한의 역사라고 할 수 있을 정도로 정당방위 제한에 중요한 의미를 두는데, 다수설은 이러한 논의를 우리나라에도 도입하여 정당방위의 성립요건으로서 정당방위의 사회윤리적 제한을 제시하고 있다.

정당방위의 사회윤리적 제한의 근거로는 권리남용금지의 원칙, 상당성원칙(과잉금지에서 유래하는 비례성 및 상당성), 기대가능성이론, 정당방위의 이념으로서 자기보호원리와 법질서수호 등이 제시되고 있다.

(2) 사회윤리적 제한의 내용

정당방위의 사회윤리적 제한 원리가 적용되는 영역으로 앞에서 언급한 도발목적에 의한 침해와 다음의 사항들이 제시되고 있다.

첫째, 심신장애인 등에 의한 침해의 경우이다. 부당한 침해에 대해 정당방위를 할 수 있으므로 침해행위가 유책할 것을 요하지 않는다. 그러나 어린이, 정신병자, 만취자 등 책임능력이 없거나 현저하게 감소되어 있는 사람의 침해에 대해서는 다른 방법으로 법익을 방어할 수 있을 경우에는 가급적 정당방위를 회피해야 하고(회피의 원칙), 정당방위를 하더라도 공격적 행위가 아닌 보호적 행위에 그쳐야 한다(보호방위의 원칙)는 등의 제한이 가해진다.

둘째, 부부·친족 등 긴밀한 관계에서의 침해의 경우이다. 이 경우에도 가급적 정당방위를 회피해야 하고, 정당방위를 할 경우에도 수비적 방위에 그쳐야 하고, 공격적 방위에서는 엄격한 법익균형성이 요구된다.

셋째, 경미한 침해의 경우이다. 일정 정도의 경미한 침해행위는 구성요건해당성이 있더라도 위법성이 조각되므로 이에 대한 정당방위는 허용되지 않는다. 그러나 이러한 정도를 넘어서기는 하지만 역시 경미한 침해행위에 대해서도 정당방위의 보충성, 보호방위의 원리, 이익균형의 원리가 좀더 엄격하게 적용된다.

(3) 체계적 지위

사회윤리적 제한의 체계적 지위에 대해 상당성과는 구별되는 또 하나의 요건이라고 하는 견해와 상당성의 내용에 포함된다고 하는 견해(다수설)가 대립된다.

전자에 의하면 사회윤리적 제한을 넘어서는 방위행위는 과잉방위도 되지 않는다. 이에 비해 후자의 견해에 의하면 사회윤리적 제한을 넘어서는 방위행위는 상당한 이유가 없는 방위행위로서 과잉방위가 될 수 있다.

(4) 비 판

정당방위에 상당한 이유를 요하는 우리나라에서는 정당방위의 사회윤리적 제한이란 전혀 타당성이 없고, 실익도 없는 논의라고 할 수 있다.

우리 형법의 상당성요건에는 정당방위의 사회윤리적 제한이 당연히 포함된다. 우리 판례가 제시하는 상당성판단의 기준에는 사회윤리적 제한에서 제시하는 기준보다 더욱 상세한 기준이 제시되고 있다. 따라서 사회윤리적 제한은 개념상의 혼란만 초래한다.

더구나 사회윤리적 제한이 상당성과는 별개의 요건이라고 해석하는 것은 피고인에게 유리한 개념인 정당방위의 성립범위를 명문규정보다 축소하는 것으로서 죄형법정주의에 반한다.

쉬어가기

甲은 1997. 7. 10. 21:25경 자신의 약혼자인 乙을 甲 소유의 승용차에 태우고 운전하여 가고 있었는데, 술에 취하여 인도에서 택시를 기다리고 있던 A가 甲 운전의 차를 자신의 회사직원이 타고 가는 차로 오인하고 차도로 나와 위 승용차를 세우고 차에 타려고 하였다. 이에 甲이 항의하자, A는 甲의 허리춤을 잡아 끌어당겨 甲의 바지가 찢어지게 하였고, 甲을 끌고 가다가 甲과 함께 땅바닥에 넘어졌다. 甲은 乙의 신고로 출동한 경찰관이 현장에 도착할 때까지 약 3분 가량 A의 양 손목을 잡아 누르고 있었다. 甲에게 폭행죄가 성립하는지 여부?

【**설문의 해결**】 甲의 행위는 A에 대항하여 폭행을 가한 것이라기 보다는 그의 계속되는 부당한 공격으로부터 벗어나거나 이를 방어하기 위하여 한 것으로 보는 것이 상당하고, 그 행위에 이르게 된 경위, 목적, 수단, 의사 등과 甲의 방어행위로 인하여 입은 A의 피해가 극히 미미하다는 점 등의 제반 사정에 비추어 볼 때, 甲의 행위는 사회통념상 허용될 만한 정도의 상당성이 있는 것으로서 위법성이 결여된 행위라고 보아야 할 것이다(대판 1999. 6. 11. 99도943).

Ⅲ. 정당방위의 효과

정당방위는 '벌하지 아니한다'(제21조 제1항). 이는 위법성이 조각된다는 의미이다. '벌하지 않는다'는 '형을 면제한다'는 것과는 다른 의미이다. 형법은 범죄의 성립요건이 충족되지 않았을 때에는 '벌하지 아니한다'라는 표현을, 범죄의 성립요건이 충족되었으나 다른 이유로 형벌을 과하지 않을 경우에는 '형을 면제한다'(제26조, 제90조, 제101조 등)는 표현을 쓰고 있다. 따라서 정당방위를 한 피고인에 대해서는 형면제판결이 아니라 무죄판결을 해야 한다.

Ⅳ. 과잉방위

1. 과잉방위의 개념

과잉방위란 현재의 부당한 침해로부터 자기 또는 타인의 법익을 방위하기 위하여 한 행위이지만 그 정도를 초과하여 상당한 이유가 없는 방위행위를 말한다. 과잉방위가 성립하기 위해서는 상당한 이유 이외의 다른 정당방위요건은 다 갖춰야 한다. 과거의 침해, 정당한 침해 등에 대한 방위행위나 방위의사가 없는 방위행위는 정당방위는 물론 과잉방위도 될 수 없다.[1)]

[대판 2001. 5. 15. 2001도1089] 이혼소송중인 남편이 찾아와 가위로 폭행하고 변태적 성행위를 강요하는 데에 격분하여 처가 칼로 남편의 복부를 찔러 사망에 이르게 한 경우, 그 행위는 방위행위로서의 한도를 넘어선 것으로 사회통념상 용인될 수 없다는 이유로 정당방위나 과잉방위에 해당하지 않는다고 본 사례.

2. 과잉방위의 종류

과잉방위를 일반적 의미의 과잉방위인 질적 과잉방위와 정당방위를 하여 침해가 종료되었음에도 계속 방위행위를 하는 양적 과잉방위로 나누는 견해가 있으나 의미가 없는 구분이다. 양적 과잉방위는 오상방위 또는 오상과잉방위의 문제로 다루면 된다.

고의에 의한 과잉방위, 과실에 의한 과잉방위로 나누는 것 역시 실익이 없는 구분이다. 후자의 예로 나무 방망이로 방위행위를 한다고 생각하였는데 쇠방망이로 방위행위를 하여 과잉방위가 된 경우를 든다. 그러나 과잉방위에서도 행위자

1) 대판 2001. 5. 15. 2001도1089; 대판 2000. 3. 28. 2000도228; 대판 1992. 12. 22. 92도2540; 대판 1989. 12. 12. 89도2049 등 참조.

에게 방위의사는 있어야 하고 과잉방위인지 여부는 객관적으로 결정되기 때문이다.

3. 과잉방위의 효과

과잉방위에 대해서는 정황(情況)에 따라 형을 감경 또는 면제할 수 있다(임의적 감면; 제21조 제2항). 그 이유에 대해서는 불법(위법성) 감소·소멸설, 불법 및 책임 감소·소멸설, 책임감소·소멸설, 불법 및 책임감소와 예방적 처벌의 필요성 등이 제기되고 있다. 그러나 이 경우 불법(위법성)이나 책임은 소멸되지 않는다고 해야 한다. 형의 면제란 범죄의 성립을 전제하는 개념이기 때문이다. 따라서 과잉방위에 대해 형을 감경하는 것은 불법과 책임이 감경되기 때문이고, 형을 면제하는 것은 여기에 형사정책적 이유가 추가되기 때문이라고 할 수 있다.

야간이나 그 밖의 불안한 상태에서 공포를 느끼거나 경악(驚愕)하거나 흥분하거나 당황하였기 때문에 과잉방위를 하였을 때에는 벌하지 아니한다(제21조 제3항).[1] 이는 위법성이 감소됨은 물론 적법행위에 대한 기대가능성이 없어 책임이 조각되기 때문이다.

[대판 1991. 5. 28. 91도80] 피고인이 피해자로부터 갑작스럽게 뺨을 맞는 등 폭행을 당하여 서로 멱살을 잡고 다투자 주위 사람들이 싸움을 제지하였으나 피해자에게 대항하기 위하여 깨어진 병으로 피해자를 찌를 듯이 겨누어 협박한 경우, 피고인의 행위는 자기의 법익에 대한 현재의 부당한 침해를 방어하기 위한 것이라고 볼 수 있으나, 맨손으로 공격하는 상대방에 대하여 위험한 물건인 깨어진 병을 가지고 대항한다는 것은 사회통념상 그 정도를 초과한 방어행위로서 상당성이 결여된 것이고, 또 주위사람들이 싸움을 제지하였다는 상황에 비추어 야간의 공포나 당황으로 인한 것이었다고 보기도 어렵다.

V. 오상방위

1. 오상방위의 개념

오상방위란 다음의 두 가지를 생각할 수 있다.

첫째, 정당방위의 요건 그 자체에 대한 착오, 즉 정당방위의 법적 성립요건

1) 제21조 제3항이 적용된다고 한 판례로, 대판 1986. 11. 11. 86도1862; 대판 1974. 2. 26. 73도2380; 적용되지 않는다고 한 판례로, 대판 1991. 5. 28. 91도80 등 참조.

에 대해 착오하여 방위행위를 한 경우를 말한다. 예컨대, 과거의 침해에 대해서도 정당방위가 가능하다고 착오하고 방위행위를 한 경우이다.

둘째, 정당방위의 요건(전제)사실의 착오,[1] 즉 정당방위의 법적 성립요건은 알고 있지만 정당방위의 객관적 요건을 충족하는 사실이 없음에도 불구하고 요건이 충족되는 사실이 있다고 착오하여 방위행위를 한 경우를 말한다. 예컨대 가게 주인이 손님을 절도범으로 오인하고 폭행하여 내쫓은 경우이다.

전자에서는 정당방위의 요건에 대한 법적 평가에 대한 착오 및 자신의 행위에 대한 법적 평가의 착오, 즉 이중의 법적 평가의 착오가 있다. 이에 비해, 후자에서는 (구성요건이 아닌) 정당방위의 요건을 충족하는 사실관계에 대한 착오와 자신의 행위에 대한 법적 평가의 착오가 있다는 점에서 구별된다. 전자는 통상의 법률의 착오의 문제로 해결되므로, 일반적으로 오상방위란 후자를 가리킨다.

2. 오상방위의 효과

후자의 오상방위에서는 사실판단에 대한 착오를 중시해 고의를 조각하는 효과를 인정할 것인가 아니면 법적 평가에 대한 착오를 중시해 일반적 법률의 착오로 다룰 것인가에 대해 견해가 대립하는데 이에 대해서는 후술하는 위법성조각사유의 요건(전제)사실의 착오에서 다루기로 한다.

3. 오상과잉방위

오상방위가 그 정도를 초과하여 상당한 이유가 없는 경우를 오상과잉방위라고 한다. 오상과잉방위를 오상방위로 다룰 것인가 아니면 과잉방위로 다룰 것인가에 대해서도 견해가 대립한다.

과잉방위는 물론 오상방위나 오상과잉방위 모두에서 위법성은 인정되므로, 행위자에게 어떤 책임을 물을 것인지 문제된다. 따라서 책임론에서 다루기로 한다.

---

1) 정당방위의 전제사실의 착오라는 용어가 많이 사용되고 있는데, 이것은 독일어의 Voraus-setzung을 전제로 직역하였기 때문이다. 여기에서 Voraussetzung은 요건이라고 번역해야 한다. 구성'요건사실의 착오'라고 하지 구성'전제사실의 착오'라고 하지 않는다. 정당방위의 성립'요건'이라고 하지 성립'전제'라고 하지 않는다. 정당방위의 요건을 충족하는 사실이 없음에도 불구하고 있다고 착오한 경우라면 정당방위의 전제사실의 착오가 아니라 정당방위의 요건사실의 착오라고 하는 것이 올바른 용어이다.

제 3 절 긴급피난

§19

제22조(긴급피난) ① 자기 또는 타인의 법익에 대한 현재의 위난을 피하기 위한 행위는 상당한 이유가 있는 때에는 벌하지 아니한다.
② 위난을 피하지 못할 책임이 있는 자에 대하여는 전항의 규정을 적용하지 아니한다.
③ 전조 제2항과 제3항의 규정은 본조에 준용한다.

Ⅰ. 긴급피난의 의의

긴급피난이란 자기 또는 타인의 법익에 대한 현재의 위난을 피하기 위한 것으로서 상당한 이유가 있는 행위를 말한다(제22조 제1항).

긴급피난은 긴급성과 상당성을 요한다는 점에서는 정당방위와 공통점을 지녔다. 그러나 정당방위에서는 피해자와 방위자가 부정(不正) 대 정(正)의 관계인 데 비해, 긴급피난에서는 피난행위에 의해 법익침해를 받는 사람에게 아무 잘못이 없으므로 피해자와 피난자가 정(正) 대 정(正)의 관계라는 점에 차이가 있다. 이 때문에 긴급피난에서는 보충성과 엄격한 법익균형성이 요구된다. 즉 긴급피난은 다른 방법으로 위난을 피할 수 없는 때에 최후수단으로 사용해야 하고, 긴급피난에 의해 보호하려는 법익은 긴급피난에 의해 침해하는 법익보다 우월해야 하고, 긴급피난에 의한 법익침해도 최소화해야 한다. 긴급피난에서는 위난을 피하지 못할 책임이 있는 자에 대한 규정(제22조 제2항)이 있지만, 정당방위에서는 이러한 규정이 없다.

긴급피난은 긴급성과 상당성을 요한다는 점에서 자구행위와 공통점이 있다. 그러나 긴급피난에서는 보충성, 법익균형성이 요구되지만, 자구행위에서는 긴급피난에서만큼 엄격하게 요구되지 않는다. 긴급피난에 의해 보호하려는 법익에는 제한이 없지만 자구행위에 의해 보호하려는 법익은 청구권에 한정된다.

Ⅱ. 긴급피난의 법적 성질

1. 견해의 대립

(1) 위법성조각사유설

다수설은 우리 형법이 제22조에서 긴급피난을 정당방위, 자구행위 등과 함께 위법성조각사유의 하나로 규정하고 있으므로, 긴급피난은 이익형량에 의해 큰 이익을 보호하기 위해 작은 이익을 희생시키는 것을 정당화하는 것으로서 위법성조각사유라고 한다.

이 견해에 대해서는 자기에게 닥친 위난을 타인에게 전가시키는 것은 사회윤리규범에 반하고, 생명·신체 등과 같이 이익교량이 어려운 법익이 충돌하는 경우에는 이익교량이 어려운 경우가 많다는 비판이 가해진다.

(2) 책임조각사유설

이 견해는 긴급피난은 위난에 대해 아무런 잘못이 없는 사람의 법익을 침해하는 것이므로 정당한 행위라고 할 수 없어서 위법성이 조각되지 않는다고 한다. 다만 긴급피난행위를 한 사람에게 그 위난을 피하지 말라고 기대할 수 없기 때문에 벌하지 않는 것으로서 기대불가능성에 의한 책임조각사유라고 한다.

이 견해에 대해서는 생명·신체 등과 같이 이익교량이 어려운 경우에는 타당하지만, 이익교량이 가능한 경우에도 단순히 책임조각만 인정하는 데에 문제가 있고, 무엇보다 형법 제22조의 규정에 정면으로 반하는 해석이라는 비판이 가해진다.

(3) 위법성조각사유 및 책임조각사유설

이 견해에는 사물에 대한 긴급피난은 위법성조각사유이고 생명과 신체 등에 대한 긴급피난은 책임조각사유라는 견해와, 우월한 이익을 보호하기 위한 긴급피난은 위법성조각사유, 낮은 이익이나 동가치의 이익을 보호하기 위한 긴급피난은 책임조각사유라는 견해가 있다.

이 견해에 대해서는 형법의 명문규정에 정면으로 반하고, 면책적 긴급피난을 제22조에서 규정하고 있다고 해석하게 되면, 제22조의 상당한 이유가 기대불가능성과 같은 개념이 된다는 비판이 가해진다.

(4) 결 어

긴급피난의 본질론과 긴급피난의 해석론은 구별되어야 한다. 긴급피난의 본질에 대해서는 여러 가지 의견이 있을 수 있다. 그러나 형법해석학에서 논의되는 긴급피난의 법적 성격은 형법에 규정되어 있는 긴급피난을 중심으로 논의해야 한다. 형법 이전에 존재하는 긴급피난의 본질을 언급하는 것은 논의의 차원을 오해한 것이다.

이러한 의미에서 형법 제22조에 규정되어 있는 긴급피난의 성격을 관찰한다면 위법성조각사유의 일종으로 규정되어 있다는 것을 분명하게 알 수 있다. 제2항과 제3항의 과잉피난 등은 책임에 관련된 규정이지만, 정당방위에도 동일한 규정이 있다고 하여 정당방위를 책임조각사유로서의 성격도 지니고 있다고 할 수는 없다. 따라서 우리 형법에서 긴급피난은 위법성조각사유라고 해야 한다.

이 경우 위법성이 조각되지 않지만 긴급피난과 유사한 사례가 있을 수 있고, 이 경우 행위자의 책임이 감경되거나 조각될 수도 있다. 책임이 조각되는 경우 면책적 긴급피난이라고 한다. 그러나 이것은 긴급피난에서만 문제되는 것이 아니다. 위법성이 조각되지는 않지만 정당방위나 자구행위 또는 승낙에 의한 행위와 유사한 사례에서도 행위자의 책임이 조각되거나 감경될 수 있기 때문이다. 따라서 '면책적 정당방위', '면책적 자구행위', '면책적 승낙에 의한 행위'라는 용어를 사용할 수도 있을 것이다.

그러나 이러한 용어들은 별 특별한 의미가 있는 것은 아니고 모두 초법규적 책임조각·감경사유에 속하는 것이라고 할 수 있다.

2. 긴급피난의 위법성조각의 근거

긴급피난이 위법성이 조각되는 실질적 근거가 무엇인가에 대해, 큰 이익을 위해 작은 이익을 희생하기 때문이라는 이익교량설과 정당한 목적을 위한 상당한 수단이기 때문이라는 목적설이 제시된다. 그러나 이익교량설에 대해서는 긴급피난이 되기 위해서는 이익교량 외에 다른 많은 요소들을 고려해야 하고, 목적설에 대해서는 정당한 목적을 위한 상당한 수단이라고 하는 것은 결국 정당한 행위는 정당하다는 동어반복에 불과하다는 비판이 제기된다.

따라서 위법성조각사유의 근거에 관한 다원설에 따라 긴급피난의 위법성조각의 근거를 찾아야 할 것이다. 판례도 같은 입장이다.

[대판 2006. 4. 13. 2005도9396] 긴급피난에서 '상당한 이유 있는 행위'에 해당하려면, 첫째 피난행위는 위난에 처한 법익을 보호하기 위한 유일한 수단이어야 하고, 둘째 피해자에게 가장 경미한 손해를 주는 방법을 택하여야 하며, 셋째 피난행위에 의하여 보전되는 이익은 이로 인하여 침해되는 이익보다 우월해야 하고, 넷째 피난행위는 그 자체가 사회윤리나 법질서 전체의 정신에 비추어 적합한 수단일 것을 요하는 등의 요건을 갖추어야 한다.[1]

Ⅲ. 긴급피난의 성립요건

1. 자기 또는 타인의 법익에 대한 현재의 위난

(1) 자기 또는 타인의 법익

1) 개인적 법익 　긴급피난으로 보호되는 개인적 법익에는 제한이 없다. 생명·신체·자유·명예·프라이버시·주거·재산 등을 보호하기 위한 긴급피난이 허용된다. 정당방위에서와 같이 법익 개념은 권리뿐만 아니라 일체의 사실상의 이익을 포함하는 개념이다.

2) 국가·사회적 법익 　다수설은 정당방위에서와는 달리 자기 또는 타인의 법익에는 개인적 법익뿐만 아니라 국가·사회적 법익도 포함된다고 한다.

그러나 국가·사회적 법익을 보호하기 위한 정당방위를 인정하지 않으면 국가·사회적 법익에 대한 긴급피난도 인정하지 말아야 할 것이다. 따라서 국가·사회적 법익의 보호가 개인적 법익의 보호와 연결될 때에는 긴급피난이 허용되지만 순수하게 국가·사회적 법익을 보호하기 위한 긴급피난은 인정하지 말아야 할 것이다. 국가·사회적 법익의 보호는 국가나 사회가 스스로 해야 할 일이지 개인의 힘을 빌릴 일이 아니기 때문이다. 다만 국가·사회적 법익에 대한 위난을 피하기 위한 행위는 정당행위로서 위법성이 조각될 수는 있을 것이다.

(2) 현재의 위난

1) 위난의 개념 　'위난'이란 법익침해가 발생할 위험성이 있는 상태를 말한다. 위난은 구체적 위험범에서 요구되는 정도의 높은 수준의 위험이 아니라 극히 낮은 정도의 위험이어도 족하다는 견해가 있다. 그러나 긴급피난의 성격으

1) 여기에서는 언급하고 있지 않지만 목적이나 동기의 정당성도 당연히 필요하다는 취지이다.

로 볼 때 추상적 위험이나 극히 낮은 정도의 위험성의 존재로는 부족하고 어느 정도 높은 법익침해 가능성이 존재해야 위난의 존재를 인정할 수 있을 것이다.

위난의 원인은 사람의 행위일 수도 있지만 자연현상일 수도 있다. 위난은 적법, 위법을 불문한다. 위법한 위난에 대해서는 정당방위와 긴급피난 모두 가능하다.

2) '현재'의 위난 위난은 현재의 위난이어야 한다. 과거의 위난에 대해서는 긴급피난이 허용되지 않는다. 위난이란 예측적 개념이므로, 가까운 장래에 법익침해의 가능성이 있는 경우 현재의 위난이라고 할 수 있다. 그러나 이를 넘어서는 장래의 위난에 대한 예방적 조치는 긴급피난이 될 수 없고, 정당행위 혹은 초법규적 책임조각사유로 고려될 수 있을 뿐이다.

'현재의 위난'이 존재하는 시기는 법익침해가 시작되기 직전부터 법익침해가 종료된 시점까지를 말한다. 긴급피난에서 위난의 현재성은 정당방위에서 침해의 현재성보다는 좀더 넓은 개념이라고 하는 견해도 있다.[1] 그러나 정당방위보다는 긴급피난의 요건을 좀더 엄격하게 해석해야 할 것이기 때문에 적어도 긴급피난에서 위난의 현재성을 정당방위에서의 침해의 현재성보다 넓게 파악해서는 안 될 것이다.

3) 자초위난 첫째, 긴급피난으로 타인의 법익을 침해할 목적으로 위난을 자초한 경우에는 그에 대한 긴급피난은 인정되지 않는다.

둘째, 통설, 판례는 피난자에게 위난의 발생에 대한 책임이 있는 경우에도 원칙적으로 긴급피난이 인정될 수 있다고 한다.

> **[대판 1987. 1. 20. 85도221]** 미리 선박을 이동시켜 놓아야 할 책임을 다하지 아니함으로써 위와 같은 긴급한 위난을 당하였다는 점만으로는 긴급피난을 인정하는 데 아무런 방해가 되지 아니한다.
> **[대판 1995. 1. 12. 94도2781]** 피고인이 스스로 야기한 강간범행의 와중에서 피해자가 피고인의 손가락을 깨물며 반항하자 물린 손가락을 비틀며 잡아 뽑다가 피해자에게 치아결손의 상해를 입힌 소위를 가리켜 법에 의하여 용인되는 피난행위라 할 수 없다.[2]

---

1) 예를 들어 '의붓아버지 살해사건'(대판 1999. 12. 22. 92도2540)에서 정당방위에서의 침해의 현재성은 부인해야 하지만 긴급피난에서의 위난의 현재성은 인정해야 한다는 견해가 있지만, 침해의 현재성을 부인한다면 위난의 현재성도 부인해야 할 것이다.

2) 대판 1966. 11. 22. 66도1150; 대판 1960. 9. 7. 4293형상411도 참조.

2. 피난의사

긴급피난이 성립하기 위해서는 피난행위가 있어야 하고 피난자에게 주관적 정당화요소로서 피난의사가 있어야 한다. 피난행위인지의 여부는 외부적 상황과 행위자의 내심상태 등을 고려하여 객관적으로 결정한다. 긴급피난의 객관적 요건이 갖추어져 있지만 피난의사가 없는 경우를 우연피난이라고 한다. 이의 형법적 효과는 우연방위에서와 같다.

3. 상당한 이유

긴급피난은 정(正) 대 정(正)의 관계로서 위난에 대해 책임이 없는 사람의 법익을 침해하는 것이므로 피난행위의 상당성은 방위행위의 상당성보다는 엄격한 개념이다(앞의 대판 2006. 4. 13. 2005도9396).[1)]

(1) 보충성원칙

보충성이란 긴급피난을 최후수단으로 사용해야 하고(최후수단성) 피난으로 침해되는 법익을 최소화해야 한다는 것(최소침해성)을 말한다.

(2) 이익형량의 원칙

긴급피난에서는 피난행위로 보호되는 이익이 피난행위로 침해되는 이익보다 우월해야 한다. 보호되는 이익이 침해되는 이익보다 같거나 낮은 경우에는 긴급피난이 성립할 수 없고 경우에 따라 초법규적 책임조각·감경사유가 될 수 있을 뿐이다.

1) 이익형량의 방법　　이익형량은 긴급피난에 의해 보호되는 법익과 침해되는 법익의 종류, 침해의 정도, 보호의 필요성 등을 종합적으로 고려하여 객관적으로 이루어져야 한다. 이익형량은 다음과 같이 해야 한다.

첫째, 금전적으로 환산되는 이익들간의 우열은 그 가액에 의해 결정된다.

둘째, 금전적으로 환산되지 않는 이익들 중 ① 같은 종류의 이익 사이의 우열은 이익의 양에 의해서 결정되고, ② 다른 종류의 이익 사이의 우열은 다양한 기준을 종합적으로 고려하여 사회통념에 의해 결정할 수밖에 없을 것이다.

셋째, 금전적으로 환산되는 이익과 환산되지 않는 이익간의 순위는 금전적으

---

1) 기타 긴급피난에 대한 판례로, 대판 2015. 11. 12. 2015도6809 전합; 대판 2013. 6. 13. 2010도13609; 대판 2011. 3. 17. 2006도8839 전합; 대판 2002. 11. 26. 2002도649; 대판 1990. 8. 14. 90도870; 대판 1969. 6. 10. 69도690 등 참조.

로 환산되지 않는 이익상호간의 우열비교와 같은 요령으로 해야 한다.

2) 침해 및 보호의 급박성 질적으로 차이가 나는 이익 사이에서는 언제나 질적으로 우월한 이익만이 우선되는 것은 아니다. 비록 질적으로는 우월한 이익이 아니어도 위난으로부터 보호해야 할 급박성의 정도가 큰 경우에는 질적으로 우월한 이익을 침해하는 것도 긴급피난에 해당될 수 있다. 예를 들어 고액의 재산적 가치를 보호하기 위해 경미한 상해를 입히거나 자유를 침해하는 것도 긴급피난이 될 수 있다.

(3) 수단의 상당성

긴급피난이 성립하기 위해서는 피난행위가 피난목적에 적합하고 사회상규에 위배되지 않는 수단에 의해 이루어져야 한다. 예컨대 신장질환으로 사망할 위기에 처해 있는 환자를 구하기 위해 동의없이 다른 사람의 신장을 적출하여 이식하는 행위는 보충성의 원칙 및 우월이익의 원칙을 충족하였더라도 사회적으로 상당한 수단이 아니기 때문에 긴급피난으로 위법성이 조각되지 않는다.

피난행위를 공격적 피난행위와 방어적 피난행위로 나누기도 한다. 전자는 위난발생에 대한 책임이 없는 제3자에 대한 긴급피난, 후자는 위난발생에 대한 책임이 있는 사람에 대한 피난행위를 말한다. 방어적 긴급피난의 경우 공격적 긴급피난에서 보다 수단의 상당성이 더 넓게 인정될 것이다.

[대판 2013. 6. 13. 2010도13609] 甲 정당 당직자인 피고인들 등이 국회 외교통상 상임위원회 회의장 앞 복도에서 출입이 봉쇄된 회의장 출입구를 뚫을 목적으로 회의장 출입문 및 그 안쪽에 쌓여있던 책상, 탁자 등 집기를 손상하거나, 국회의 심의를 방해할 목적으로 소방호스를 이용하여 회의장 내에 물을 분사한 사안에서, 피고인들의 위와 같은 행위는 공용물건손상죄 및 국회회의장소동죄의 구성요건에 해당하고, 국민의 대의기관인 국회에서 서로의 의견을 경청하고 진지한 토론과 양보를 통하여 더욱 바람직한 결론을 도출하는 합법적 절차를 외면한 채 곧바로 폭력적 행동으로 나아가 방법이나 수단에 있어서도 상당성의 요건을 갖추지 못하여 이를 위법성이 조각되는 정당행위나 긴급피난의 요건을 갖춘 행위로 평가하기 어렵다.

[대판 2006. 4. 13. 2005도9396] 아파트 입주자대표회의 회장이 다수 입주민들의 민원을 접수한 후 위성방송 수신을 방해하는 케이블TV방송에 시험방송 송출을 중단해달라는 요청도 해 보지 아니한 채 시험방송이 송출된 지 약 1시간 30여분

만에 곧바로 케이블TV방송의 방송안테나를 절단하도록 지시한 행위는 긴급피난 내지는 정당행위에 해당한다고 볼 수 없다.

Ⅳ. 긴급피난의 효과

긴급피난은 벌하지 아니한다(제22조 제1항). 이는 위법성이 조각된다는 의미이다. 긴급피난을 책임조각사유로도 이해하는 입장에서는 책임조각도 포함된다고 하지만, 앞에서 언급한 것과 같이 제22조 제1항은 위법성조각만을 규정하고 있다고 보아야 할 것이다.

형법 제22조 제2항은 "위난을 피하지 못할 책임이 있는 자에 대하여는 전항의 규정을 적용하지 아니한다"라고 규정하고 있다. 여기에서 '위난을 피하지 못할 책임이 있는 자'는 위난에 대비할 것이 예정되어 있는 직업이나 업무에 종사하는 자를 의미한다. 예를 들어 군인, 경찰관, 의사나 간호사, 119구조대원 등과 같은 사람들을 말한다. 이들의 피난행위는 원칙적으로 긴급피난으로 위법성이 조각되지 않는다. 다만 사회상규에 위배되지 않는 행위로 위법성이 조각되거나 기대불가능성으로 책임이 조각될 수는 있다. 그러나 이들의 경우에도 직업이나 업무상 예정되어 있는 위난을 넘어선 위난을 피하기 위해 한 행위는 긴급피난이 될 수 있다.

Ⅴ. 과잉피난, 오상피난, 오상과잉피난

과잉피난이란 자기 또는 타인의 법익에 대한 현재의 위난을 피하기 위한 행위이지만 그 정도를 초과하여 상당한 이유가 없는 피난행위를 말한다.

오상피난도 오상방위와 같이 ① 긴급피난의 법적 요건에 대한 착오를 일으켜 피난행위를 한 경우와, ② 긴급피난의 법적 성립요건은 알고 있지만 긴급피난의 객관적 요건을 충족하는 상황이 아님에도 불구하고 요건이 충족되는 상황이라고 착오를 일으켜 피난행위를 한 경우가 있을 수 있다. 이 중 전자는 순수한 법률의 착오의 문제로 해결되므로 일반적으로 오상피난이라고 할 때에는 후자를 의미한다.

과잉피난(제22조 제2항의 과잉피난 포함), 오상피난, 오상과잉피난의 요건이나 효과는 과잉방위, 오상방위, 오상과잉방위에서와 같다.

[대판 2016. 1. 28. 2014도2477] 피고인이 피해견으로부터 직접적인 공격은 받지 아니하여 피고인으로서는 진돗개의 목줄을 풀어 다른 곳으로 피하거나 주위에 있는 몽둥이나 기계톱 등을 휘둘러 피해견을 쫓아버릴 수도 있었음에도 불구하고 그 자체로 매우 위험한 물건인 기계톱의 엑셀을 잡아당겨 작동시킨 후 이를 이용하여 피해견의 척추를 포함한 등 부분에서부터 배 부분까지 절단함으로써 내장이 밖으로 다 튀어나올 정도로 죽인 사실 … 피난행위의 상당성을 넘은 행위로서 형법 제22조 제1항에서 정한 긴급피난의 요건을 갖춘 행위로 보기 어려울 뿐 아니라, 그 당시 피해견이 피고인을 공격하지도 않았고 피해견이 평소 공격적인 성향을 가지고 있었다고 볼 자료도 없는 이상 형법 제22조 제3항에서 정한 책임조각적 과잉피난에도 해당하지 아니한다.

Ⅵ. 의무의 충돌

1. 의무충돌의 의의

(1) 의무충돌의 개념

의무의 충돌이란 두 개 이상의 의무가 존재하지만 그 중에서 일부밖에 이행할 수 없는 상황에서 일부의 의무만을 이행함으로써 다른 의무를 이행하지 못했고 그 의무불이행이 구성요건에 해당하는 경우를 말한다.

예컨대 A, B 두 사람이 강물에 빠져 익사할 위험에 처해 있으나 한 사람만 구할 수 있는 상황이므로 수상안전요원 甲이 B만을 구하고 A는 방치함으로써 A가 익사한 경우이다. 이 경우 甲이 A를 구조할 수 있는 상황에서 방치하였으므로 甲의 행위는 부작위에 의한 살인죄의 구성요건에 해당한다. 하지만 甲이 단순히 부작위를 한 것이 아니라 B를 구조했으므로 그 부작위의 위법성이 조각되느냐의 여부가 문제될 수 있다.

(2) 의무의 경합과의 구별

의무의 충돌은 의무의 경합과 구별된다. 의무의 경합은 수개의 작위 혹은 부작위의무가 존재하지만 ① 수개의 의무 사이에는 이행의 우선순위가 있어서 선순위의무를 이행해야 하고 다른 의무를 이행하면 안 되는 경우와 ② 수개의 의무 중 모든 의무를 다 이행할 수 있는 경우가 있다.

①의 예로 전염병환자를 진료한 의사의 환자에 대한 업무상비밀유지의무(형법 제317조)와 전염병신고의무(감염병예방법 제11조)이다. 두 의무가 충돌되는 것으로 보이지만 실제로는 전염병신고의무의 이행이 우선되기 때문에 업무상비밀유지의무를 이행하지 않아도 무방한 경우이다.

②의 예로 위 甲이 익사위험에 처한 A, B 두 사람을 모두 구조할 수 있는 가능성이 있는 경우를 들 수 있다. 이 경우에는 A와 B를 구할 의무가 충돌되지 않고 경합하는 것이다.

2. 의무충돌의 형태

(1) 범죄행위의 형태에 따른 구별

수개의 부작위의무를 동시에 이행하는 것이 가능하기 때문에 작위범과 작위범 사이에서는 의무의 충돌이 문제될 여지가 없다. 따라서 의무의 충돌의 진형적인 형태는 부작위범과 부작위범 사이의 문제라고 할 수 있다.

문제는 작위범과 부작위범 사이의 의무충돌이 있을 수 있느냐이다.

다수설은 의무의 충돌은 부작위범 사이에서만 문제되는 개념이라고 한다. 그러나 작위범과 부작위범 사이에서도 의무의 충돌이 있을 수 있다. 예를 들어 乙과 그의 아들 C, 그리고 서로 모르는 D가 등산 중 고립되었는데, C가 굶어죽을 상태에 이르자 乙이 D의 음식을 빼앗아 C에게 주어 D가 굶어죽은 경우이다. 이 경우 乙의 행위는 C에 대한 작위의무를 이행하기 위해 D에 대한 부작위의무를 이행하지 않은 것이라고 할 수 있다.

이는 전형적인 정당화적 긴급피난의 문제로 다루면 되고 특별히 의무의 충돌로 다룰 필요가 없다는 견해가 있다.

그러나 이 경우와 긴급피난과는 구조가 다르다. 만약 C가 乙의 아들이 아니라면 乙이 C를 구할 의무가 존재하지 않기 때문에 긴급피난으로 다루면 된다. 그리고 乙의 행위는 동가치의 법익을 보호하기 위한 피난행위이므로 긴급피난이 될 수 없다.

하지만 C가 乙의 아들이므로 乙에게는 작위의무가 있고 피난행위를 하지 않는 경우에는 부작위범의 문제가 생길 수 있다. 따라서 乙의 행위가 의무의 충돌로 위법성이 조각될 수 있는지의 문제는 남게 된다.

또한 乙의 행위가 긴급피난과 의무의 충돌로 위법성이 조각되지 않는다 하더라도 기대불가능에 의한 책임조각이 문제될 수 있다. 이 때에도 피난행위로서의 성격만 있는 경우와 피난행위임과 동시에 작위의무의 이행이라는 성격도 가지고 있는 경우는 기대가능성 유무판단에 영향을 미친다.

(2) 이익형량이 가능한 충돌과 불가능한 충돌

전자는 생명을 구할 의무와 재산을 구할 의무 사이의 충돌과 같이 이익형량이 가능한 경우를, 후자는 생명을 구할 의무 사이의 충돌과 같이 이익형량이 불가능한 경우를 말한다. 해결할 수 있는 충돌과 해결할 수 없는 충돌이라고도 한다.

전자에서는 높은 가치의 법익을 보호한 경우에는 위법성이 조각되고, 낮은 가치의 의무를 이행한 경우에는 위법성이 조각되지 않는다.

후자에서는 위법성이 조각될 수 있는가 문제될 수 있다. 이 경우 긴급피난으로는 위법성이 조각될 수 없지만, 의무의 충돌로 위법성조각을 인정할 수도 있다는 점에 차이가 있다. 긴급피난에서는 피난의무가 없지만, 의무의 충돌에서는 어떤 의무든 이행해야 하기 때문이다.

3. 의무충돌의 법적 성격

다수설은 의무의 충돌로 인한 행위는 그 구체적 내용에 따라 위법성이 조각되거나 책임이 조각된다고 한다.

의무의 충돌로 위법성이 조각될 경우 그 근거로 긴급피난이라는 견해, 초법규적 위법성조각사유라는 견해 및 사회상규에 위배되지 않는 행위라는 견해가 대립한다. 의무의 충돌과 긴급피난은 그 구조가 다르고, 우리 형법에서 초법규적 위법성조각사유는 인정할 필요가 없으므로 사회상규에 위반되지 않는 행위라는 견해가 타당하다고 생각된다.

4. 의무충돌의 요건

(1) 두 개 이상의 법적 의무의 충돌

의무의 충돌이 되기 위해서는 두 개 이상의 법적 의무의 충돌이 있어야 한다. 단순히 윤리·도덕적 의무이어서는 안 되고 법적 의무여야 한다. 윤리·도덕적 의무와 법적 의무가 충돌한 경우 법적 의무를 이행한 경우에는 아무런 형법적 문제가 발생하지 않는다. 윤리·도덕적 의무를 이행한 경우에는 의무의 충돌이 문제되지 않고 법적 의무를 이행하지 않은 경우에만 문제된다.

(2) 의무 중 일부만의 이행

상위나 동등한 가치의 의무를 이행한 경우에만 의무의 충돌을 인정하는 견해가 있으나, 하위가치의 의무를 이행하는 경우에도 의무의 충돌에 포함시켜야 할 것이다. 상위나 동등한 가치의 의무를 이행한 경우에는 위법성이, 하위가치의무의 이행은 책임이 문제된다.

(3) 행위자의 귀책사유에 의한 의무충돌

행위자의 귀책사유로 의무충돌이 발생한 경우도 의무의 충돌에 포함되는지 문제된다. 이 경우에는 자초위난에서의 긴급피난 인정여부와 같은 문제로 해결해야 할 것이다.

5. 의무충돌의 효과

첫째, 상위의 가치를 보호하는 의무를 이행한 경우에는 위법성이 조각된다.

둘째, 동등의 가치를 보호하는 의무를 이행한 경우에도 위법성이 조각된다. 왜냐하면 긴급피난에서는 피난의무가 없지만 의무의 충돌에서는 하나 이상의 의무이행이 강제되기 때문이다. 이 경우 사회상규에 위배되지 않는 행위라고 할 수 있다.

셋째, 하위의 가치를 보호하는 의무를 이행한 경우에는 위법성이 조각되지 않고, 책임조각이나 감경사유가 될 수 있을 뿐이다.

넷째, 이익형량이 불가능한 의무충돌에서 어느 하나의 의무를 이행한 경우에는 사회상규에 위배되지 않는 행위로서 위법성이 조각되거나 기대불가능성을 이유로 책임이 조각될 수 있다.

§20 제 4 절 자구행위

제23조(자구행위) ① 법률에서 정한 절차에 따라서는 청구권을 보전(保全)할 수 없는 경우에 그 청구권의 실행이 불가능해지거나 현저히 곤란해지는 상황을 피하기 위하여 한 행위는 상당한 이유가 있는 때에는 벌하지 아니한다.
② 제1항의 행위가 그 정도를 초과한 경우에는 정황에 따라 그 형을 감경하거나 면제할 수 있다.

Ⅰ. 자구행위의 의의

1. 자구행위의 개념

자구행위란 법률에서 정한 절차에 따라서는 청구권을 보전(保全)할 수 없는 경우에 그 청구권의 실행이 불가능해지거나 현저히 곤란해지는 상황을 피하기 위하여 한 행위로서 상당한 이유가 있는 행위를 말한다(제23조). 채무를 변제하지 않고 있는 채무자가 자신의 창고에 있는 상품을 몰래 빼돌리는 것을 막기 위해 채무자를 폭행한 행위는 정당방위는 될 수 없더라도 자구행위는 될 수 있다.

위 사례에서 채권자는 채무자에게 변제할 것을 청구하고 이에 응하지 않는 경우 소송을 제기하고 승소판결을 받은 뒤 창고의 상품에 대해 강제집행을 할 수 있다. 그러나 이러한 절차를 거칠 수 없는 긴급한 상황에서 청구권을 보전하기 위한 긴급행위가 자구행위이다. 자구행위는 국가가 개인의 청구권을 보호해 주는 것이 불가능하거나 곤란한 상황에서 개인이 국가를 대신하여 권리를 보호하는 행위라고 할 수 있다.

2. 정당방위, 긴급피난과의 비교

(1) 정당방위와의 비교

통설에 의하면 자구행위는 부당한 법익침해에 대한 정당한 보호행위라고 하는 점에서 부정(不正) 대 정(正)의 관계이고 긴급성 및 상당한 이유를 요한다는 점에서 정당방위와 공통점을 지닌다. 정당방위에서는 법익에 대한 현재의 침해라는 긴급상황에서, 자구행위에서는 청구권의 실행불능 또는 현저한 실행곤란이라는 긴급상황에서의 행위라는 점에서 공통점이 있다.

그러나 정당방위에서는 보호대상 법익이 제한되어 않지 않고 타인의 법익에 대한 정당방위도 인정되지만, 자구행위에서는 보호대상법익이 청구권 그 중에서도 자기의 청구권에 한정되어 있다는 점에서 차이가 있다.

(2) 긴급피난과의 비교

자구행위는 긴급성과 상당한 이유 및 보충성을 요한다는 점에서 긴급피난과 공통점을 지니고 있다.

그러나 긴급피난에서는 보호대상 법익에 제한이 없고 나아가 타인의 법익에 대한 긴급피난도 인정되지만, 자구행위의 보호대상법익은 청구권 그 중에서도 자기의 청구권에 대해서만 인정된다는 점에서 차이가 있다. 그리고 긴급피난에서는 엄격한 이익형량원칙이 적용되지만 자구행위에는 그렇지 않다는 점에서 차이가 있다.

(3) 부정 대 정의 관계(?)

통설은 자구행위는 정당방위와 마찬가지로 부정(不正) 대 정(正)의 관계라고 한다. 그러나 이는 부당하고, 이에 대해서는 후술한다.

〈정당방위, 긴급피난, 자구행위의 비교〉

	정당방위	긴급피난	자구행위
행 위	현재의 부당한 침해로부터 자기 또는 타인의 법익(法益)을 방위하기 위하여 한 행위	자기 또는 타인의 법익에 대한 현재의 위난을 피하기 위한 행위	법률에서 정한 절차에 따라서는 청구권을 보전(保全)할 수 없는 경우에 그 청구권의 실행이 불가능해지거나 현저히 곤란해지는 상황을 피하기 위하여 한 행위
위법성 조각근거	자기보호원리 법수호원리	이익교량원칙, 목적설	자기보호원리
성 격	不正 대 正의 관계	正 대 正의 관계	不正 대 正의 관계(多)
	사전적 긴급행위	사전적 긴급행위	사후적 긴급행위 (多)
보호대상	자기 또는 타인의 법익	자기 또는 타인의 법익	자기의 청구권
	개인적 법익에 한정(多)	국가·사회적 법익도 포함(多)	
침해원인	사람의 행위	제한없음	사람의 행위(多)
현재성	필 요	필 요	불 요(多)
보충성	불 요	필 요	제한적 필요
예외규정 (특칙)	과잉방위(§21②)	과잉피난(§22③)	과잉자구행위(§23②)
	불가벌적 과잉방위 (§21③)	불가벌적 과잉피난 (§22③)	규정없음
		위난을 피하지 못할 책임있는 자 규정(§22②)	
공통점	(1) 긴급상황에서 행해지는 행위 (2) 상당한 이유 있는 행위 (3) 주관적 정당화요소 필요		

Ⅱ. 자구행위의 법적 성격

1. 통설의 입장

통설에 의하면 자구행위는 부정(不正) 대 정(正)의 관계이고 과거의 부당한 청구권침해에 대한 사후적 긴급행위라는 점에서 현재의 부당한 침해나 위난에 대한 사전적 긴급행위로서의 정당방위나 긴급피난과는 본질적으로 다른 법적 성격을 가지고 있다. 따라서 청구권에 대한 부당한 침해가 없는 경우에는 자구행위를 할 수 없고, 긴급피난만이 가능하다.

예를 들어 반환청구의 대상이 된 재물을 야생동물이 훼손하려고 하자 야생동물을 내쫓기 위해 채권자가 채무자의 주거에 들어간 경우 청구권에 대한 부당한 침해를 인정할 수는 없다. 따라서 통설에 의하면 채권자의 주거침입행위는 자구행위는 될 수 없고, 긴급피난이 될 수 있을 뿐이다.

2. 비 판

통설의 입장은 다음과 같은 문제점이 있다.

첫째, 죄형법정주의 위반이 문제된다. 자구행위에 관한 명문규정을 두지 않고 자구행위를 초법규적 위법성조각사유로 해석하는 독일이나 일본에서는 '예외는 엄격하게'라는 해석원칙에 따라 자구행위의 인정범위를 제한하는 것이 해석의 원칙에 맞는다. 그러나 자구행위에 대해 명문의 규정을 두고 있는 우리 형법에서는 달리 보아야 한다.

우리 형법 제23조 제1항은 "법률에서 정한 절차에 따라서는 청구권을 보전할 수 없는 경우"라고만 규정하고 있다. 그런데 이 규정을 "'청구권에 대한 부당한 침해로 인해' 법률에서 정한 절차에 따라서는 청구권을 보전할 수 없는 경우"라고 해석하는 것은 피고인에게 유리한 규정을 축소해석하는 것으로서 해석의 타당성 이전에 허용되지 않는 해석이다(대판 1997. 3. 20. 96도1167 전합).

따라서 청구권에 대한 부당한 침해행위가 없더라도 자구행위가 성립할 수 있다고 해야 할 것이다. 이렇게 해석하면 자구행위는 정당방위와 긴급피난의 성격을 모두 지닌 긴급행위라고 할 수 있다.

둘째, 정당방위나 긴급피난을 사전적 긴급행위라고 한다면 자구행위도 사후적 긴급행위가 아니라 사전적 긴급행위이다. 자구행위에서 청구권을 보전할 수 없는 경우란 청구권이라는 법익에 대한 현재의 침해나 위난이라고 할 수 있다. '곤란해지는 상황을 피하기 위하여 한 행위'라는 문언에서도 사전적 긴급행위라는 것이 좀더 분명히 나타난다. 따라서 자구행위도 정당방위나 긴급피난과 같이 사전적 긴급행위라고 할 수 있다.

우리 형법은 정당방위나 긴급피난을 모두 사회상규에 위배되지 않는 행위의 문제로 해결할 수 있음에도 불구하고, 정당방위나 긴급피난의 규정을 두고 있다. 이는 행위에 대한 구체적 검토를 통해 법관의 자의(恣意)를 방지하고 법적안정성을 확립하기 위한 것이다. 마찬가지로 청구권에 대한 침해나 위난에 대해서는 정당방위나 긴급피난의 문제로 해결할 수도 있지만, 자구행위라는 좀더 구체적 규정을 두고 있다고 해야 할 것이다.

Ⅲ. 자구행위의 성립요건

1. 법률에서 정한 절차에 의한 청구권보전의 불능

(1) 청 구 권

1) 청구권의 개념 청구권은 사법상의 청구권으로서 상대방에 대해 일정한 행위를 요구할 수 있는 권리를 말한다. 채권뿐만 아니라 물권적 청구권도 포함된다. 청구권의 발생원인은 중요하지 않다. 그러나 청구권이 존재하지 않는 경우에는 자구행위가 인정되지 않는다(대판 1962. 8. 23. 62도93).

2) 가족법상의 청구권 인지청구권, 동거청구권 등과 같은 가족법적 청구권도 포함되느냐에 대해서는 긍정설(다수설)과 부정설이 있다. 부정설은 과거에 권리가 침해되어 발생한 청구권으로서 소구하여 직접 강제할 수 있는 청구권만이 자구행위의 대상이 된다는 점을 근거로 든다.

청구권의 실행불능이나 실행곤란을 피하기 위한 행위라 함은 논리적으로 '실행가능한' 청구권의 실행불능·곤란을 피한다는 의미이다. 그런데 가족법상의 청구권과 같이 직접강제할 수 없는 청구권은 처음부터 실행가능한 청구권이 아니기 때문에 이의 실행불능·곤란을 피한다는 것은 무의미하다. 따라서 이러한 청구권에 대해서는 자구행위가 인정되지 않는다고 해야 할 것이다.

그러나 이 경우에도 상대방이 의무를 이행하지 않음으로써 재산상의 청구권이 발생한다면 그 청구권의 실행불능·곤란을 피하기 위한 자구행위가 허용됨은 물론이다.

(2) 자기의 청구권

법규정에는 단순히 청구권으로 되어 있지만 학설은 일치하여 자기의 청구권이라고 한다. 청구권의 행사 여부는 본인에게 달려 있는 것이므로 타인의 청구권에 대한 자구행위는 허용되지 않는다고 해야 한다. 자구행위의 '자구'(自救)란 "자기 스스로 구제한다"는 의미가 있는 점을 고려해도 그렇다.

다만 청구권자로부터 위임을 받은 사람은 자구행위를 할 수 있다. 예를 들어 채권자로부터 채권추심을 의뢰받은 사람이 창고의 상품을 빼돌리는 채무자를 제지하는 경우에도 자구행위가 될 수 있다.

(3) 청구권에 대한 침해행위

통설에 의하면, 자구행위는 부정 대 정의 관계이기 때문에 청구권의 실행불능 또는 실행곤란이 청구권에 대한 침해행위에 의한 것이어야 자구행위가 성립할 수 있다고 한다.

그러나 위법·부당한 침해행위가 있는 경우는 물론이고 위법·부당한 침해가 없더라도 자구행위가 허용된다고 해야 할 것이다. 따라서 위법성조각이 문제되는 사례에서 긴급피난이 성립하지 않는다면 자구행위로서 위법성이 조각되는지도 검토해야 할 것이다.

(4) 법률에서 정한 절차에 의한 청구권보전의 불가능

자구행위는 법률에서 정한 절차에 따라서는 청구권을 보전(保全)할 수 없는 경우에만 허용되고 법률에 정한 절차에 따라 청구권을 보전할 수 있는 경우에는 허용되지 않는다. 이런 점에서 자구행위는 보충성을 지닌다.

1) 법률에 정한 절차　법률에 정한 절차란 청구권을 실현하기 위해 법규에 정해진 절차로서 민법상의 강제집행절차, 가처분, 가압류 등을 모두 포함하는 개념이다. 법정절차는 재판절차에 한정되지 않고 행정공무원이나 경찰공무원에 의한 청구권보전절차도 포함하는 개념이다.

2) 청구권보전의 불가능　법률에 정한 절차에 따라 청구권을 보전할 수 없는 경우란 시간적·장소적 기타 사정상 재판절차나 기타 공무원 등에 의한 구제수단을 강구할 수 없는 긴급한 경우를 말한다. 따라서 청구권에 대한 충분한 인적·물적 담보가 설정되어 있는 경우에는 청구권을 보전할 수 없는 경우가 아니므로 자구행위를 할 수 없다.

가옥명도청구권, 점유배제청구권, 토지반환청구권 등은 대부분 법정절차에 의해 청구권을 실현할 수 있는 경우가 많으므로 직접적으로 가옥을 명도받기 위해 그 가옥에 들어가거나 불법한 점유자를 배제하기 위해 유형력을 행사하는 행위는 자구행위가 될 수 없는 경우가 많다(대판 1985. 7. 9. 85도707; 대판 1970. 7. 21. 70도996).

그러나 이러한 청구권을 보전하기 위한 자구행위가 완전히 금지되는 것은 아니다. 예를 들어 자신의 가옥명도청구권의 존재를 증명할 수 있는 유일한 증거가 멸실되는 것을 그대로 방치하게 되면 가옥명도청구권을 보전할 수 없는 경우에는 자구행위가 허용된다고 할 수 있다.

2. 청구권의 실행불능 또는 현저한 실행곤란 상황을 피하기 위한 행위

(1) 자구행위의 범위

자구행위는 청구권의 실행이 불가능해지거나 현저히 곤란해지는 상황을 피하기 위한 행위이다. 실행이 불가능해지거나 현저히 곤란해지는 상황을 피하기 위한 행위에 국한되므로 청구권을 실행까지 하는 행위는 원칙적으로 자구행위로 허용될 수 없다. 예를 들어 반환청구권자가 채무자의 재물처분행위를 제지하는 것은 자구행위가 될 수 있지만, 그 재물을 가져오는 행위는 자구행위가 될 수 없다.

[대판 2006. 3. 24. 2005도8081] 피고인들에 대한 채무자인 피해자가 부도를 낸 후 도피하였고 다른 채권자들이 채권확보를 위하여 피해자의 물건들을 취거해 갈 수도 있다는 사정만으로는 피고인들이 법정절차에 의하여 자신들의 피해자에 대한 청구권을 보전하는 것이 불가능한 경우에 해당한다고 볼 수 없을 뿐만 아니라, 또한 피해자 소유의 가구점에 관리종업원이 있음에도 불구하고 위 가구점의 시정장치를 쇠톱으로 절단하고 들어가 가구들을 무단으로 취거한 행위가 피고인들의 피해자에 대한 청구권의 실행불능이나 현저한 실행곤란을 피하기 위한 상당한 이유가 있는 행위라고도 할 수 없다.

단순히 입증의 불능 또는 곤란을 피하기 위한 행위도 자구행위로서 허용되지 않는다. 그러나 입증의 불능·곤란이 곧 실행의 불능·현저한 곤란을 의미하는 경우에는 자구행위가 허용된다고 해야 할 것이다.

(2) 자구의사

자구행위가 성립하기 위해서는 주관적 정당화요소로서 자구의사가 필요하다. 자구의사없이 행위하였으나 자구행위의 객관적 요건을 충족하는 경우에는 우연자구행위로서 우연방위, 우연피난의 예에 따라 해결해야 한다. 자구의사는 있었으나 자구의 객관적 요건이 충족되지 않은 경우에는 오상자구행위가 된다.

3. 상당한 이유

자구행위가 되기 위해서는 상당한 이유가 있어야 한다. 상당한 이유 유무의 판단방법은 ① 긴급성, ② 보호이익과 침해이익과의 법익균형성, ③ 그 행위의 동기나 목적의 정당성, ④ 행위의 수단이나 방법의 상당성, ⑤ 그 행위 외에 다른 수단이나 방법이 없다는 보충성 등을 종합적으로 고려해야 한다.[1] 이 중 ①과 ③의 요건은 이미 자구행위의 다른 요건에서 검토되었으므로 상당한 이유 유무의 판단에서는 보충성의 원칙, 이익형량의 원칙, 수단의 적합성의 원칙 등이 문제된다.

(1) 보충성의 원칙

자구행위의 보충성원칙이란 두 가지 의미를 지니고 있다. 하나는 법률에서 정한 절차에 따라서는 청구권을 보전할 수 없는 경우에만 자구행위가 허용된다는 점이고, 다른 하나는 청구권을 보전하는 행위, 즉 청구권의 실행이 불가능해지거나 현저히 곤란해지는 상황을 피하기 위한 행위에 국한된다고 하는 점이다.

(2) 이익형량의 원칙

자구행위는 청구권을 보전하기 위한 행위이므로 정당방위에 비해서는 보다 엄격한 이익형량의 원칙이 적용된다. 청구권을 보전하기 위한 행위로서 사람의 명예·자유·재산 등을 침해하는 것은 허용될 수 있지만, 생명침해, 신체상해, 과도한 폭행행위 등은 허용되지 않는다. 감금 등과 같이 지나치게 자유를 억압하는 행위도 자구행위의 범주에 들어가기 어렵다.

그러나 부정한 침해행위에 대해 자구행위가 이루어지는 경우에는 보호이익이 침해이익보다 반드시 우월해야 하는 것은 아니다. 청구권에 대한 부당한 침해행위가 없는 경우에도 자구행위가 인정된다고 한다면, 이 경우의 이익형량의 원칙은 부정 대 정의 관계에서의 자구행위에서보다 엄격하게 적용된다.

---

1) 자구행위를 인정하지 않은 판례로, 대판 2007. 5. 11. 2006도4328(유사사례, 대판 2007. 3. 15. 2006도9418; 대판 1970. 7. 21. 70도996); 대판 2006. 3. 24. 2005도8081(유사사례, 대판 1966. 7. 26. 66도469); 대판 1985. 7. 9. 85도707(유사사례, 대판 1966. 7. 26. 66도469); 대판 1984. 12. 26. 84도2582; 대판 1976. 10. 29. 76도2828; 대판 1975. 5. 27. 74도3559; 대판 1970. 7. 21. 70도996; 대판 1969. 12. 30. 69도2138; 대판 1966. 7. 26. 66도469. 반면 자구행위를 인정한 대법원판례는 찾기 어렵다.

이 경우에는 침해되는 이익이 자구행위에 의해 보호되는 이익보다 우월해서는 안 된다.

(3) 수단의 적합성

자구행위는 적합한 수단과 방법에 의해 이루어져야 한다. 예를 들어 해외로 도피하는 채무자를 출국하지 못하도록 하기 위해 채무자가 탄 비행기에 시한폭탄 장치가 되어 있다고 거짓 신고하는 행위 등은 허용되지 않는다.

Ⅳ. 자구행위의 효과

자구행위는 벌하지 않는다(제23조 제1항). '벌하지 않는다'는 것은 위법성이 조각되므로 벌하지 않는다는 의미이다.

Ⅴ. 과잉자구행위, 오상자구행위 및 오상과잉자구행위

1. 과잉자구행위

과잉자구행위란 자구행위의 다른 요건은 다 갖추었지만 그 정도를 초과하여 상당한 이유가 없는 행위를 말한다. 상당성 이외에 다른 요건이 갖추어지지 않은 경우에는 과잉자구행위도 성립하지 않는다.

과잉자구행위에 대해서는 정황(情況)에 따라 형을 감경 또는 면제할 수 있다(제23조 제2항). 그러나 자구행위에 대해서는 과잉방위나 과잉피난에서와 같이 급박한 사정(야간이나 그 밖의 불안한 상태에서 공포를 느끼거나 경악하거나 흥분하거나 당황한 사정) 하에서의 기대불가능으로 인한 책임조각사유(제21조 제3항, 제22조 제3항)가 규정되어 있지 않다. 그러나 이 경우에도 초법규적 책임조각사유로 책임이 조각될 수는 있다.

2. 오상자구행위, 오상과잉자구행위

오상자구행위란 자구행위의 법적 요건을 착오하고 자구의사로 행위한 경우와 자구행위의 요건이 충족되어 있지 않음에도 불구하고 충족되어 있다고 오인하고 행위한 경우를 말한다. 전자는 순수한 법률의 착오의 문제로 해결되므로 일반적으로 오상자구행위란 후자를 의미한다. 오상과잉자구행위란 행위자가 자구행위의사로 행위하였으나 자구행위의 객관적 요건이 충족되지 않았고 상당한 이유도 없는 경우를 말한다.

오상자구행위의 효과는 오상방위나 오상피난, 오상과잉자구행위는 오상과잉방위나 오상과잉피난과 같은 방식으로 해결된다.

제 5 절 피해자의 승낙에 의한 행위 §21

> 第24條(피해자의 승낙) 처분할 수 있는 자의 승낙에 의하여 그 법익을 훼손한 행위는 법률에 특별한 규정이 없는 한 벌하지 아니한다.

Ⅰ. 승낙에 의한 행위의 의의

1. 승낙에 의한 행위의 개념

승낙에 의한 행위에서 승낙이란 피해자의 승낙을 말한다. 형법 제24조는 "처분할 수 있는 자의 승낙에 의하여 그 법익을 훼손한 행위는 법률에 특별한 규정이 없는 한 벌하지 아니한다"고 규정하고 있다. 여기에서 승낙에 의한 행위를 벌하지 않는 이유는 위법성이 조각되기 때문이라는 것이 통설·판례의 입장이다.[1]

처분권자의 승낙에 의해 타인의 법익을 훼손한 행위는 구성요건해당성이 없다고 할 수도 있다. 자신이 처분할 수 있는 법익을 포기하거나 양도하는 행위는 헌법상 보장된 자유권의 행사라고 할 수 있고 이에 협조하는 행위는 적법하다고 할 수 있기 때문이다.

그럼에도 불구하고 제24조가 피해자의 승낙에 의한 행위를 규정한 것은 인간사회에서 비록 개인이 처분할 수 있는 법익이라도 어느 정도 사회적 의미를 가지고 있으며 이를 완전히 무시할 수는 없다는 것을 반영한 것이라고 할 수 있다. 이런 점에서 처분권자의 승낙은 그 자체만으로는 위법성을 조각시키지 못하고 승낙에 의한 행위가 사회상규에 위배되지 않는 경우에만 위법성이 조각된다고 할

1) 승낙이 구성요건해당성을 조각한다는 견해가 있으나, 승낙이 구성요건해당성을 조각하는지 여부는 개개의 구성요건해석에서 결정되고, 우리 형법의 체계상 제24조는 위법성을 조각하는 승낙을 규정한 것으로 보아야 할 것이다.

수 있다.[1)]

2. 승낙에 의한 행위의 위법성조각의 근거

(1) 상당성설

피해자의 승낙에 의한 행위는 사회적 상당성이 있기 때문에 위법성이 조각된다고 하는 입장이다. 이에 대해서는 동어반복 내지 순환논법이라는 비판이 제기된다.

(2) 이익흠결설

처분권자가 자신의 법익을 포기하였으므로 국가법질서에 의해 그 법익을 보호할 필요가 없으므로 그 법익을 침해하더라도 위법하지 않다고 한다. 이 견해는 자율성의 원리를 강조하고 있지만, 생명이나 신체 등은 자신이 포기하였다고 하여도 국가법질서에 의해 보호된다고 하는 점을 간과하였다는 비판이 제기된다.

(3) 법률정책설

다수설은 법익보호 여부에 대한 개인의 자기결정권과 법익을 보호하려는 사회적 이익이 충돌되는 경우 전자를 우선하는 것이 합리적이라는 법률정책적 판단에 의해 승낙에 의한 행위의 위법성조각을 인정하는 것이라고 한다.

이에 대해서는 피해자의 승낙이라는 규정 자체가 법률정책의 표현이므로 승낙에 의한 행위의 위법성조각의 실질적 이유를 제시해 주지 못하고 역시 동어반복에 불과하다는 비판을 제기할 수 있다.

(4) 결 어

사회적 상당성설과 법률정책설은 위법성조각의 실질적 근거를 제시하지 못하고 동어반복의 문제점이 있기 때문에 이익흠결설이 그 중 나은 이론이라고 할 수 있다. 그러나 이익흠결설도 개인이 법익보호를 포기하면 바로 사회도 포기한다는 것을 전제하므로 문제가 있다.

개인이 향유하는 법익은 사회적 의미도 가지고 있다. 따라서 법익 중에는 ① 개인이 처분할 수 없는 법익(예: 국가·사회적 법익), ② 개인이 보호를 포기하더라도 국가는 보호하려고 하는 법익(예: 생명·신체의 생리적 기능·신체의 온전성), ③ 개인이 보호를 포기하면 국가도 보호를 포기하는 법익(예: 재산적 법익)이 있다고 할 수 있다.

---

1) 피해자의 승낙이 있으면 무조건 위법성이 조각된다고 하는 견해도 있다. 그러나 사회상규는 위법성조각의 근거와 한계를 동시에 규정한 것이기 때문에 승낙에 의한 행위라도 사회상규에 위배되면 위법성이 조각되지 않는다고 해야 할 것이다.

①의 법익에 대해서는 피해자의 승낙이 위법성을 조각하지 못하고, ③의 법익에 대해서는 피해자의 승낙이 위법성만이 아니라 구성요건해당성을 조각한다고 할 수도 있다. 결국 피해자의 승낙이 위법성을 조각하는 경우는 ②의 법익의 경우인데, 개인이 이러한 법익을 포기하고 국가도 개인의 포기의사를 존중하는 것이 합리적이라고 판단되는 예외적인 경우에 피해자의 승낙이 위법성을 조각한다고 할 수 있을 것이다.

Ⅱ. 승낙의 형법적 효과

1. 구성요건조각적 승낙(양해)과 위법성조각적 승낙

(1) 학설의 대립

1) 구 별 설 다수설은 위법성을 조각하는 승낙과 구성요건해당성을 조각하는 승낙을 구별하여 전자는 승낙, 후자는 양해[1)]라고 한다.

처분권의 침해와 법익침해는 구별해야 하고, 승낙이 있어도 법익침해라는 결과불법은 존재하며, 승낙과 양해의 구별이 반드시 모호한 것만은 아니라는 것을 근거로 든다. 또한 개인적 법익도 사회적 의미를 가지고 있으므로 처분권자의 승낙이 있다고 하여 모두 위법성이 조각될 수는 없다는 것이다.

2) 불구별설 승낙은 모두 구성요건해당성배제사유이므로 승낙과 양해를 구별할 필요가 없다고 하는 견해와 모두 위법성조각사유로 이해하는 견해가 있다.

전자는 처분권의 침해가 없으면 법익침해도 없고, 피해자의 승낙으로 인해 결과불법(반가치)이 존재하지 않고, 승낙과 양해의 구별이 모호하다는 것을 근거로 든다. 후자는 '양해'의 개념은 해석학적으로 타당치 못하며 인정할 현실적 필요성도 없다는 것을 근거로 든다.

3) 결 어 승낙을 구성요건해당성배제사유로 이해하는 소수설은 우

1) 이와 같이 승낙과 양해를 구별하는 것은 맞지만 양해라는 용어는 적절한 용어가 아니다. 양해라는 용어는 독일어의 Einverständnis를 번역한 것이지만, 아주 잘못된 번역이다. 양해는 구성요건해당성을 조각하고, 승낙은 위법성을 조각하므로 양해의 효력이 승낙의 효력보다 강하다. 그런데 우리말의 의미로 보면 피해자의 처분의사는 양해보다는 승낙에서 더 강하다. 동의나 승낙이 기꺼운 동의나 승낙을 포함하는 개념일 수 있지만, 양해는 기꺼운 동의나 승낙보다는 반대하지 않겠다는 의미가 강하기 때문이다. Einverständnis는 양해라는 말보다는 차라리 허락이라고 번역하는 것이 더 정확하다고 생각된다. 하지만 양해가 이미 굳어진 용어가 되었으므로 이 책에서도 양해라는 용어를 사용하기로 한다.

리 형법상 승낙에 관한 규정의 체계를 무시한 것이라고 할 수 있다. 제24조는 독자적으로 위법성조각사유를 규정한 것으로 보아야 하고 이를 단순한 확인 규정으로만 파악할 수는 없기 때문이다.

제24조의 규정의 존재의의를 인정하면서도 이를 양해와 구별하는 것은 개별구성요건의 해석의 결과라고 할 수 있다. 살인·상해·폭행·감금·유기 등의 구성요건적 행위들 모두가 피해자의 의사에 반하는 행위라고 할 수는 없다. 피해자의 의사에 따른 살인·상해·폭행·감금·유기 등이 얼마든지 있을 수 있기 때문이다. 이에 대해 강간죄, 주거침입죄, 절도죄, 강도죄, 횡령죄 등에서 강간, 침입, 절취, 강취, 횡령 등의 행위는 이미 개념상 피해자의 의사에 반할 것이 예정되어 있다.

따라서 전자의 범죄에서 피해자의 승낙에 의한 행위라도 일단 구성요건적 행위에 속하고 승낙이 있음으로 인해 그 행위가 위법성이 조각될 수 있다. 그러나 후자의 범죄에서는 피해자의 승낙이 있는 경우에는 구성요건적 행위가 존재하지 않는다고 할 수 있고, 따라서 구성요건해당성 자체가 없다고 할 수 있다. 이런 의미에서 양자를 구별하는 다수설이 타당하다고 생각된다.

(2) 판 례

판례는 폭행죄와 업무방해죄에서 승낙은 구성요건해당성을 조각하지 않고 위법성을 조각한다는 취지로 판시하고 있다. 반면 사문서위조·변조죄에서는 승낙이 구성요건해당성을 조각한다는 입장을 취하고 있다.

[대판 1989. 11. 28. 89도201] 위와 같은 상황에서 이루어진 폭행이 장난권투로 피해자의 승낙에 의한 사회상규에 어긋나지 않는 것이라고도 볼 수 없을 것이다.
[대판 1983. 2. 8. 82도2486] 피고인의 소위는 이른바 위 피해자의 승낙이 있었던 것으로서 위법성이 조각되어 업무방해죄가 성립되지 않는다.
[대판 2008. 4. 10. 2007도9987; 대판 1993. 3. 9. 92도3101] 사문서를 작성·수정함에 있어 그 명의자의 명시적이거나 묵시적인 승낙이 있었다면 사문서의 위·변조죄에 해당하지 않는다.[1]

---

1) 사문서위조죄 등은 사회적 법익에 관한 죄이므로 제24조의 승낙의 대상이 되지 않는다. 따라서 여기에서의 승낙은 명의사용에 대한 승낙이다. 승낙없이 명의사용을 한 경우에는 위조 등이 되지만, 승낙을 받고 사용한 경우에는 위조행위 자체가 존재하지 않아 위조죄 등의 구성요건해당성이 인정되지 않는다.

2. 기타의 승낙

구성요건해당성을 조각하는 승낙과 위법성을 조각하는 승낙 이외에 다른 형법적 효력을 지니는 승낙도 존재한다. 승낙살인죄(제252조 제1항)나 동의낙태죄(제269조 제2항)에서의 승낙은 구성요건해당성이나 위법성을 조각시키지는 못하고 위법성(혹은 불법)을 감소시킴으로써 형벌을 감경하는 효력만을 지닌다.

13세 미만의 미성년자에 대한 간음·추행죄(제305조 제1항), 피구금자간음죄(제303조 제2항), 아동혹사죄(제274조)에서의 승낙은 범죄성립 여부에 아무런 영향을 미치지 못한다.[1] 13세 미만의 미성년자(대판 1975. 5. 13. 75도855), 피구금자, 아동 등의 승낙은 일반적으로 유효한 승낙이 지녀야 할 요소들을 지니지 못하기 때문에 일률적으로 승낙의 효력을 인정할 수 없는 것으로 규정한 것이라고 볼 수 있다. 13세 이상 16세 미만 미성년자 간음·추행죄(제305조 제2항)에서 19세 미만의 사람에 대한 미성년자의 승낙은 구성요건해당성을 조각하고 19세 이상의 사람에 대한 미성년자의 승낙은 범죄성립에 영향을 미치지 못한다.

Ⅲ. 승낙에 의한 행위의 성립요건

승낙에 의한 행위가 제24조에 의해 위법성이 조각되기 위한 요건은 ① 처분권자의 승낙이 있을 것, ② 처분할 수 있는 법익에 대한 승낙일 것, ③ 행위자가 승낙사실을 알고 있을 것, ④ 법익침해행위를 처벌하는 특별한 규정이 없을 것 등이다. 이것 이외에 제24조에는 명시되어 있지 않지만, ⑤ 승낙에 의한 행위가 사회상규에 위배되지 않을 것을 요건으로 한다는 것이 통설·판례의 입장이다.

1. 처분권자의 승낙

(1) 승낙능력

승낙이란 자신의 법익에 대한 침해를 허용하는 의사를 말한다. 자신의 법익에 대한 침해를 허용하는 것은 예외적인 일이므로 승낙을 하는 자는 승낙의 의미, 내용 및 효과를 잘 알 수 있는 능력을 지니고 있어야 한다. 이를 승낙능력이

1) 판례는 "형법 제305조 소정의 미성년자에 대한 간음죄는 13세 미만의 부녀자라는 사실을 알고 간음을 하면 성립되는 것이고 간음을 함에 있어서 피해자에게 폭행·협박을 가하거나 피해자의 의사에 반하여야 하는 것은 아니다"라고 한다(대판 1975. 5. 13. 75도855).

라고 한다. 승낙능력은 민법상의 법률행위능력과는 구별되는 것으로서 형법의 독자적 입장에서 결정되어야 한다.

승낙능력이 있기 위해서는 사리를 판단할 수 있는 능력이 있어야 하고 자신의 의사를 결정할 수 있는 의사결정능력이 있어야 한다. 또한 법익의 침해를 허용하는 것이므로 법익침해의 의미를 판단할 수 있는 판단능력을 요한다.

구체적 사정하에서 승낙능력의 유무는 행위자의 연령, 지적 능력, 처분하는 법익, 법익침해행위의 성격 등을 종합적으로 고려하여 결정해야 한다.

(2) 자유로운 의사에 의한 승낙

승낙은 자유롭고 진실한 의사에 기초해야 한다. 폭행·협박·강요·기망·위계·유혹 등에 의한 승낙은 승낙으로서의 효력이 인정되지 않는다.[1] 농담, 장난, 흥분, 분노의 표시로 승낙을 하였어도 승낙으로서의 효력이 인정되지 않는다.

자유롭고 진실한 의사에 의한 승낙을 하기 위해서 일정한 전문지식을 필요로 하는 경우가 있을 수 있다. 의사의 수술행위에 대한 승낙이 그 대표적인 예이다.

의사의 수술행위가 승낙에 의한 행위로서 위법성이 조각되기 위해서는 의사가 환자에게 수술에 관해 자세하게 설명해 주고 이에 기초해서 승낙을 받아야 한다. 이를 의사의 설명의무라고 한다. 의사의 설명의무는 ① 진단결과와 질병의 유무 및 질병의 내용, ② 현재 환자의 건강상태와 질병의 예후, ③ 다른 치료방법과 수술방법의 비교, ④ 수술의 내용, 범위 및 치료과정, ⑤ 수술의 효과와 부작용 등을 그 내용으로 한다. 설명방법에 있어서도 환자가 자유롭게 결정할 수 있도록 자신의 치료방법의 효과를 과대평가하거나 다른 치료방법을 과소평가해서는 안되고 중립적 입장에서 설명해 주어야 한다.

[대판 1993. 7. 27. 92도2345] 의사가 … 의학에 대한 전문지식이 없는 피해자에게 자궁적출술의 불가피성만을 강조하였을 뿐 위와 같은 진단상의 과오가 없었으면 당연히 설명받았을 자궁외임신에 관한 내용을 설명받지 못한 피해자로부터 수술승낙을 받았다면 위 승낙은 부정확 또는 불충분한 설명을 근거로 이루어진 것으로서 수술의 위법성을 조각할 유효한 승낙이라고 볼 수 없다.

---

1) 대판 1976. 9. 14. 76도2072. 다만 판례는 타인의 현금카드를 절·강취하여 현금자동지급기에서 현금을 인출한 경우에는 절도죄의 성립을 인정하지만(대판 2008. 6. 12. 2008도2440), 신용카드(현금카드)를 편취하여 현금을 인출한 경우 절도죄 등의 성립을 인정하지 않는다(대판 2005. 9. 30. 2005도5869).

(3) 승낙의 표시

통설은 승낙이 외부적으로 표시되어야 한다고 한다.[1] 명시적 뿐만 아니라 묵시적 승낙도 가능하지만,[2] 외부적으로 표시되지 않은 승낙은 행위자가 알 수 없으므로 표시되지 않은 승낙에 의한 행위는 주관적 정당화요소를 결하게 된다.

승낙은 사전에 표시되어야 하고 행위시까지 존재해야 한다. 사후(事後)에 표시된 승낙은 승낙으로서의 효력이 없다. 사전에 표시된 승낙은 언제든지 철회할 수 있고 그 방법에도 제한이 없다(대판 2011. 5. 13. 2010도9962). 따라서 사전에 승낙이 있더라도 행위시에는 승낙이 철회된 상태인 경우에는 승낙으로서의 효력이 없다.

2. 처분할 수 있는 법익에 대한 승낙

피해자의 승낙은 처분할 수 있는 법익에 대한 것이어야 한다. 무엇이 처분할 수 있는 법익인가에 대해서는 견해의 대립이 있을 수 있다.

국가적·사회적 법익은 개인이 처분할 수 있는 법익이 아니므로 승낙의 대상이 될 수 없다. 사회적 법익과 개인적 법익을 동시에 보호하는 성격의 범죄에 대해서 피해자의 승낙이 있는 경우에는 개인적 법익에 관한 부분은 위법성이 조각되거나 구성요건해당성이 조각된다. 예를 들어 타인의 일반물건방화죄에 대해 피해자의 승낙이 있는 경우에는 타인소유의 일반물건방화죄(제167조 제1항)가 아닌 자기소유의 일반물건방화죄(제167조 제2항)가 성립한다.

개인적 법익 중에서 어떤 것이 처분할 수 있는 법익이고 어떤 것이 처분할 수 없는 법익인가는 불분명하므로 개별적 범죄규정에 따라 달리 해석할 수밖에 없다.

일반적으로 재산적 법익은 처분할 수 있는 법익이라고 할 수 있다.[3] 생명이 처분할 수 있는 법익이 아니라는 점도 분명하다. 신체는 처분할 수 있는 법익이지만 그 처분에는 일정한 제한이 따른다고 할 수 있다. 즉 신체침해행위는 피해자의 승낙이 있다고 하더라도 바로 위법성이 조각되지 않고, 사회상규에 위배되

---

1) 통설은 민법의 법률행위와 같은 의사표시를 요구하는 것은 아니고 어떤 방법으로든 외부에서 인식할 수 있도록 표시되면 족하다고 한다.

2) 대판 1983. 2. 8. 82도2486.

3) 그러나 재산적 법익의 처분에 대한 승낙은 위법성을 조각한다기 보다는 구성요건해당성을 조각하는 양해로서의 의미를 갖는다.

지 않는다는 요건을 충족해야 위법성이 조각된다.[1]

3. 행위자가 승낙사실을 알고 있을 것

피해자의 승낙이 있다는 인식은 승낙에 의한 행위의 주관적 정당화요소이다. 피해자가 승낙의 의사표시를 하였으나 행위자가 승낙사실을 알지 못한 경우에는 우연승낙에 의한 행위라고 할 수 있다. 이는 우연방위, 우연피난, 우연자구행위와 같은 형법적 효과를 지닌다. 무죄설, 기수설이 있으나 불능미수규정을 유추적용함이 타당하다.

4. 법률에 특별한 처벌규정이 없을 것

법률에 특별한 규정(각칙상의 처벌규정)이 있을 때에는 그 규정이 제24조에 우선한다. 예를 들어 승낙살인죄(제252조)나 동의낙태죄(제269조 제2항)의 경우 위법성(불법)이 조각되지 않고 감경될 뿐이다.

13세 미만 미성년자간음죄(제305조 제1항) 등은 특별한 처벌규정이라고 해석하는 견해도 있으나, 여기에서의 승낙은 유효한 승낙이라고 할 수 없다. 즉, 승낙살인죄나 동의낙태죄는 유효한 승낙이 있음에도 불구하고 처벌하는 특별규정인데 비해, 13세 미만 미성년자간음죄 등의 범죄에서는 유효한 승낙을 인정할 수 없기 때문에 처벌하는 것이라고 할 수 있다. 다만, 13세 이상 16세 미만 미성년자 간음·추행죄(제305조 제2항)는 특별한 처벌규정이라고 할 수 있다.

5. 승낙에 의한 행위가 사회상규에 위배되지 않을 것

승낙에 의한 상해죄를 처벌하는 특별규정이 없으므로 승낙에 의해 상해를 할 경우에는 무조건 위법성이 조각된다고 해석하는 견해도 있으나 통설·판례는 승낙에 의한 행위라도 사회상규에 위배되지 않아야 위법성이 조각된다고 한다.[2] 따라서 채무자의 승낙을 받고 채무자의 신체 일부를 도려내거나 구타하여 중상을 입히는 행위 등은 사회상규에 위배된 행위로서 위법성이 조각되지 않는다(대판

---

1) 독일형법은 피해자의 승낙에 의한 상해행위는 선량한 풍속에 위배되지 않는 경우에만 위법성이 조각된다고 하는데(제228조), 이는 신체라는 법익이 일정 범위에서만 처분할 수 있는 법익이라는 것을 의미한다.

2) 독일형법 제228조는 상해죄에 대해 이러한 규정을 두고 있는데 이를 우리 해석론에도 그대로 적용하여 상해죄에 대하여만 사회상규에 의한 제한이 적용된다는 입장도 있다.

2008. 12. 11. 2008도9606; 대판 1985. 12. 10. 85도1892).

> [대판 1985. 12. 10. 85도1892] 형법 제24조의 규정에 의하여 위법성이 조각되는 피해자의 승낙은 개인적 법익을 훼손하는 경우에 법률상 이를 처분할 수 있는 사람의 승낙을 말할 뿐만 아니라 그 승낙이 윤리적·도덕적으로 사회상규에 반하는 것이 아니어야 한다.

Ⅳ. 승낙에 의한 행위의 효과

앞에서 본 것과 같이 승낙에 의한 행위의 효과는 다양하지만, 제24조의 승낙에 의한 행위는 구성요건에 해당하지만 위법성이 조각되어 처벌되지 않는다.

피해자의 승낙은 고의범만 아니라 과실범에도 인정된다. 예를 들어 권투경기를 하는 선수는 상대방의 고의상해행위뿐만 아니라 과실에 의한 상해도 승낙한 것이 되므로 운동경기중 상대방에게 과실로 상해를 입혔다고 하더라도 과실치상죄가 성립하지 않는다.

Ⅴ. 양　　해

1. 양해의 성립요건

구성요건해당성을 조각하는 승낙, 즉 양해(허락)의 유효요건이 승낙의 유효요건과 같은지에 대해 견해가 대립한다.

(1) 구 별 설

양해는 승낙과 달라서 순수한 사실적 성격을 가진 것이므로 ① 행위자의 내심에 존재하면 되고 반드시 외부에 표시될 필요는 없으며, ② 상대방이 양해가 있다는 사실을 인식할 필요가 없고, ③ 사회상규에 위배된다 하더라도 양해의 효력은 있고, ④ 착오나 위계, 기망 등에 의한 양해도 유효하고, ⑤ 양해자가 사실상의 의사능력만을 가지면 되고 법익이나 양해의 의미에 대한 인식능력까지 필요로 하지 않는다는 견해이다. 이에 의하면 주거권자를 기망하여 승낙을 받고 주거에 들어간 경우 주거침입죄가 성립하지 않는다.

(2) 불구별설

양해나 승낙은 구성요건해당성을 조각하는가 아니면 위법성을 조각하는가의 차이가 있지만 그 성립요건은 양자에서 차이가 없다고 한다. 양해는 구성요건해당성조각사유이기 때문에 승낙에서처럼 사회상규에 위배되지 않을 것을 요건으로 하지 않지만, 나머지 요건들에 있어서는 승낙과 동일하다는 것이다. 즉 양해가 외부에 표시되고, 피해자가 양해의 의미내용을 이해하는 판단능력을 갖추어야 하고, 착오, 기망, 위계 등에 의한 양해는 효력이 없다고 한다.

(3) 절 충 설

다수설은 양해가 단순한 사실적 성격만을 지닌 경우도 있고 행위능력 내지 판단능력까지 요하는 의사표시로서의 성격을 지닌 경우도 있으므로, 그 성격에 따라 달리 취급해야 한다고 한다.[1)]

(4) 결 어

양해나 승낙이나 피해자가 법익을 포기 내지 처분한다는 점에서는 마찬가지므로 양자의 성립요건을 달리 인정할 필요가 없다고 생각된다. 다만, 양해는 구성요건해당성조각사유이므로 위법성조각요건인 사회상규에 위배되지 않아야 할 필요는 없다. 다만, 사회상규에 위배되는 양해는 양해로서의 효력이 인정되지 않을 수 있다.

2. 양해의 효과

양해가 있는 경우 구성요건해당성이 조각된다. 양해가 없음에도 불구하고 있다고 생각하고 행위한 경우에는 과실범의 성립여부가 문제되고, 양해가 있음에도 불구하고 없다고 생각하고 행위한 경우에는 불능미수가 성립할 수 있다.

Ⅵ. 추정적 승낙

1. 추정적 승낙의 개념

추정적 승낙은 명시적·묵시적 승낙 등 현실적 승낙이 존재하지 않지만 행위 당시의 모든 객관적 사정에 비추어 볼 때 만일 피해자가 행위의 내용을 알았더라면 당연히 승낙할 것으로 예견되는 경우를 말한다(대판 2006. 3. 24. 2005도8081). 예를

1) 우리나라에서는 양해를 승낙과는 다른 사실적 성격을 인정하되, 다만 이를 일률적으로 고려하지 않고 개별 구성요건의 문제로 보아야 한다는 견해가 유력하다.

들어 실신해 있는 응급환자를 발견한 의사가 환자의 승낙을 받지 않고 수술을 한 경우 의사의 수술행위는 환자의 추정적 승낙에 의한 행위라고 할 수 있다. 통설에 의하면 추정적 승낙은 일정한 요건하에서 구성요건해당성 또는 위법성이 조각된다.

[대판 2003. 5. 30. 2002도235] 사문서의 위·변조죄는 작성권한 없는 자가 타인 명의를 모용하여 문서를 작성하는 것을 말하는 것이므로 사문서를 작성·수정함에 있어 그 명의자의 명시적이거나 묵시적인 승낙이 있었다면 사문서의 위·변조죄에 해당하지 않고, 한편 행위 당시 명의자의 현실적인 승낙은 없었지만 행위 당시의 모든 객관적 사정을 종합하여 명의자가 행위 당시 그 사실을 알았다면 당연히 승낙했을 것이라고 추정되는 경우 역시 사문서의 위·변조죄가 성립하지 않는다.
[대판 1989. 9. 12. 89도889] 건물의 소유자라고 주장하는 피고인과 그것을 점유관리하고 있는 피해자 사이에 건물의 소유권에 대한 분쟁이 계속되고 있는 상황이라면 피고인이 그 건물에 침입하는 것에 대한 피해자의 추정적 승낙이 있었다거나 피고인의 이 사건 범행이 사회상규에 위배되지 않는다고 볼 수 없다.

2. 추정적 승낙의 유형

추정적 승낙에 의한 행위는 상대방의 이익을 위한 것과 자신이나 제3자의 이익을 위한 것 두 가지로 나눌 수 있다.

(1) 추정적 승낙자의 이익을 위한 행위

상대방의 이익을 위한 행위 중에는 상대방의 보다 큰 이익을 위해 작은 이익을 희생시키는 경우와 상대방의 작은 이익을 위해 보다 큰 이익을 희생시키는 경우 두 가지로 나눌 수 있다. 통설에 의하면 전자의 경우는 위법성이 조각된다고 한다. 그러나 후자의 경우는 추정적 승낙이 인정되지 않고, 경우에 따라 사회상규에 위배되지 않는 행위로 위법성 또는 행위자의 책임이 조각될 수 있을 뿐이다.

(2) 행위자나 제3자의 이익을 위한 행위

자신이나 제3자의 이익을 위해 추정적 승낙자의 이익을 침해하는 경우 중 그 이익이 중대한 경우에는 추정적 승낙이 인정되지 않고 사회상규에 위배되지 않는 행위가 될 수 있을 뿐이다. 그러나 그 이익이 경미한 경우에는 추정적 승낙을 인정할 수 있다. 이 경우에는 추정적 승낙자나 행위자 및 제3자의 신뢰관계 등으로 추정적 승낙자가 그 이익을 포기할 것으로 추정될 수 있기 때문이다.

3. 추정적 승낙의 법적 성격

(1) 피해자의 승낙의 일종이라는 견해

추정적 승낙을 현실적 승낙으로 보고 승낙에 의한 행위의 법리에 의해 해결하려는 입장이다.

그러나 추정적 승낙을 현실적 승낙이라고 보는 것은 논리적으로 맞지 않다. 또한 추정적 승낙에서는 현실적 승낙에서와는 다른 법리가 적용될 수 있다. 예를 들어 자기나 제3자의 이익을 위해 상대방의 중대한 이익을 침해하는 행위는 현실적 승낙에서는 가능하지만, 추정적 승낙에서는 불가능하다.

(2) 독자적 위법성조각사유라는 견해

다수설은 추정적 승낙은 긴급피난이나 피해자의 승낙에 의한 행위와는 다른 독특한 구조를 가진 독자적 위법성조각사유라고 한다.

이는 추정적 승낙을 사회상규에 위배되지 않는 정당행위로 파악하는 것이라고 할 수 있다.

(3) 결 어

추정적 승낙은 현실적 승낙과는 다른 원리에 의해 위법성이 조각되므로 사회상규에 위배되지 않는 행위에 속한다고 하는 통설의 입장이 타당하다.

주거침입죄에서 추정적 승낙의 존재여부를 정당행위, 즉 위법성조각의 여부로 보고 있는 판례가 있다(대판 2010. 3. 11. 2009도5008). 다른 한편 판례는 절도죄(대판 2006. 3. 24. 2005도8081)나 문서위·변조죄(대판 2015. 11. 26. 2014도781; 대판 2011. 9. 29. 2011도6223; 대판 2008. 4. 10. 2007도9987 등) 등에서 추정적 승낙이 있는 경우 범죄가 성립하지 않는다고 하는데, 이것은 위법성이 조각된다는 의미가 아니라 후술하는 것과 같이 절도죄나 문서위조죄 등의 구성요건해당성을 조각한다는 의미라고 할 수 있다.

[대판 2011. 9. 29. 2011도6223] 피고인이 자신의 부(父) A에게서 A 소유 부동산의 매매에 관한 권한 일체를 위임받아 이를 매도하였는데, 그 후 A가 갑자기 사망하자 부동산 소유권 이전에 사용할 목적으로 A가 자신에게 인감증명서 발급을 위임한다는 취지의 인감증명 위임장을 작성한 후 주민센터 담당직원에게 이를 제출한 사안에서, A의 사망으로 포괄적인 명의사용의 근거가 되는 위임관계 내지 포괄적인 대리관계는 종료된 것으로 보아야 하므로 특별한 사정이 없는 한 피고

인은 더 이상 위임받은 사무처리와 관련하여 A의 명의를 사용하는 것이 허용된다고 볼 수 없고, 피고인이 사망한 A의 명의를 모용한 인감증명 위임장을 작성하여 인감증명서를 발급받아야 할 급박한 사정이 있었다고 볼 만한 사정도 없으며, 피고인이 명의자 A가 승낙하였을 것이라고 기대하거나 예측한 것만으로는 사망한 A의 승낙이 추정된다고 단정할 수 없다.

4. 추정적 승낙의 성립요건

추정적 승낙도 현실적 승낙과 같은 성립요건이 필요하다. 그러나 추정적 승낙은 현실적 승낙과 차이가 있으므로 그 한도 내에서 현실적 승낙에 필요하지 않은 요건들이 필요하다.

추정적 승낙에 의한 행위가 위법성이 조각되기 위해서는 ① 처분할 수 있는 법익에 대한 추정적 승낙이어야 하고, ② 승낙에 의한 행위를 처벌하는 특별한 규정이 없어야 하고, ③ 추정적 승낙에 의한 행위가 사회상규에 위배되지 않아야 한다. 이는 현실적 승낙의 경우와 마찬가지이다. 그러나 추정적 승낙의 특징상 ④ 피해자의 명시적 반대의사가 없어야 하고, ⑤ 현실적 승낙을 받는 것이 불가능하고(추정적 승낙의 보충성), ⑥ 승낙의 추정은 객관적으로 이루어져야 한다는 요건이 필요하다.

(1) 피해자의 명시적 반대의사가 없을 것

피해자가 명시적으로 승낙을 거부했을 경우에는 추정적 승낙에 의한 행위가 성립할 여지가 없다. 반대의사의 표시는 구두로 뿐만 아니라 서면 기타 방법에 의해 가능하다. 예컨대 환자가 명시적으로 수술을 거부하였음에도 불구하고 의사가 수술을 한 경우 추정적 승낙에 의한 행위라고 할 수 없다. 다만, 이 경우 사회상규에 위배되지 않는 행위가 될 수는 있다.

(2) 현실적 승낙을 받는 것이 불가능할 것

피해자의 현실적 승낙을 받을 수 있는 경우에는 추정적 승낙이 인정되지 않고(대판 1997. 11. 28. 97도1741) 피해자의 현실적 승낙을 받을 수 없는 경우에만 추정적 승낙을 인정할 수 있다. 이와 같이 추정적 승낙에는 보충성원칙이 적용된다.

현실적 승낙을 받을 수 없다는 것은 다른 불가피한 사정에 의해 승낙을 받을 수 없는 것을 말한다. 구두로 뿐만 아니라 전화나 통신 기타 다른 수단에 의해서도 승낙을 받을 수 없는 경우여야 한다. 피해자의 거부의사는 승낙을 받을 수 없는 경우에 포함되지 않음은 물론이다.

(3) 객관적으로 승낙이 추정될 것

추정적 승낙의 존재 여부는 행위 당시의 모든 사정을 종합적으로 고려하여 객관적으로 결정해야 한다.[1] 이러한 객관적 사정이 존재하지 않음에도 불구하고 행위자만이 승낙이 추정된다고 생각한 경우에는 위법성이 조각될 수 없다.

(4) 추정적 승낙에 대한 인식

추정적 승낙에 대한 인식은 주관적 정당화요소이다. 객관적으로 승낙이 추정되지 않음에도 불구하고 주관적으로 승낙이 있다고 추정한 경우에는 위법성조각사유의 요건사실의 착오가 되든지 아니면 법률의 착오가 되어 위법성이 조각되지 않고 책임조각만이 문제된다.

객관적으로 추정적 승낙이 있음에도 불구하고 행위자가 추정적 승낙이 없다고 생각한 경우에는 우연추정적 승낙에 의한 행위로서 우연방위 등과 같은 문제로 다루어진다.

(5) 신중한 검토의무의 문제

다수설은 추정적 승낙이 성립하기 위해서는 행위자가 추정적 승낙이 있는지를 신중하게 검토[2]해야 하고 신중한 검토는 주관적 정당화요소라고 한다. 그리하여 신중한 검토를 행한 경우에는 사후에 승낙이 없음이 판명되더라도 위법성이 조각되고, 신중한 검토를 하지 않은 경우에는 사후에 승낙이 있음이 판명되더라도 위법성이 조각되지 않는다고 한다.

이에 대해 소수설은 추정적 승낙에서 신중한 검토의무는 필요없고, 신중한 검토의무를 이행하지 않은 경우에도 추정적 승낙의 착오문제로 해결하면 된다고 한다.

---

1) 대판 1993. 7. 27. 92도2160: 피고인이 위 각 2중 봉급명세서의 작성 당시 비록 명의자들의 승낙을 얻지 못하였으나 명의자들이 행위의 내용을 알았더라면 그들 명의로 위 봉급명세서를 작성하는 것을 승낙하였으리라는 사정이 객관적으로 보아 분명하다고 할 수는 없고, 이러한 경우라면 이 사건 범행에 대하여 위 봉급명세서 명의자들의 추정적 승낙이 있었던 때에 해당한다고는 할 수 없다.

2) 양심적 심사라는 용어는 독일어의 gewissenhafte Prüfung을 번역한 것이다. 이를 성실한 검토라고 번역하기도 한다. 그러나 양심적 심사라는 말은 윤리, 도덕적 판단이 개입된 것으로서 적절한 번역이 아니고 신중한 검토 혹은 성실한 검토 정도로 번역하는 것이 옳다고 생각된다.

행위자에게 추정적 승낙이 인정된다는 인식 이외에 신중한 검토의무까지 요한다고 할 필요는 없다. 이것은 명시적 승낙이나 묵시적 승낙에서 승낙에 대한 인식이 있으면 족하지 신중한 검토의무까지 요한다고 할 필요가 없는 것과 마찬가지다. 이러한 의미에서 소수설이 타당하다.

5. 추정적 양해(허락)

(1) 인정여부

현실적 승낙을 승낙과 양해로 구분한다면, 추정적 승낙에서도 추정적 승낙과 추정적 양해를 구분해야 하고, 추정적 양해는 위법성조각사유가 아니라 구성요건해당성조각사유라고 해야 할 것이다. 양해는 반드시 현실적으로 존재해야 한다는 견해도 있으나, 추정적 승낙이 존재할 수 있다면 추정적 양해도 존재할 수 있다고 보아야 할 것이다.

추정적 양해의 성립요건은 추정적 승낙에서와 같다.

(2) 효 과

추정적 양해에 의한 행위는 구성요건해당성이 조각된다. 예를 들어 피해자의 양해가 추정되는 상황에서 타인의 재물을 가져간 경우에는 사후에 양해가 없음이 밝혀졌다고 하더라도 '피해자의 의사에 반하는 취거' 즉 절취에 대한 고의를 인정할 수 없기 때문이다.

객관적으로 양해가 추정되지 않음에도 불구하고 행위자가 추정적 양해가 있는 것으로 오인한 경우에는 구성요건요소에 대한 인식이 없으므로 과실범이 성립할 수 있을 뿐이다. 판례는 추정적 승낙(양해)이 있는 경우 문서위조죄가 성립하지 않는다고 하는데(대판 2015. 11. 26. 2014도781), 이것은 문서위조죄의 구성요건해당성이 없다는 의미라고 해야 한다. 다만, 판례는 추정적 승낙이 인정되지 않는 경우 과실 문서위조로서 무죄가 아니라 문서위조죄를 인정하는데(대판 2011. 9. 29. 2011도6223; 대판 2010. 3. 11. 2009도14525), 이것은 추정적 승낙(양해)이 없음에도 불구하고 있다고 착오한 경우를 법률의 착오로 다루는 것이라고 할 수 있다.

객관적으로 양해가 추정됨에도 불구하고 행위자가 추정적 양해가 없는 것으로 인식한 경우에는 불능미수의 성립이 문제된다. 이 점에서 추정적 승낙과 추정적 양해는 차이가 있다.

§22

제 6 절 정당행위

> 제20조(정당행위) 법령에 의한 행위 또는 업무로 인한 행위 기타 사회상규에 위배되지 아니하는 행위는 벌하지 아니한다.

Ⅰ. 정당행위의 개념

1. 형법 제20조

형법 제20조는 "법령에 의한 행위 또는 업무로 인한 행위 기타 사회상규에 위배되지 아니하는 행위는 벌하지 아니한다"라고 하여 위법성조각사유를 포괄적으로 규정하고 있다. 법령에 의한 행위 및 업무에 의한 행위도 사회상규에 위배되지 않는 행위의 예라고 한다면 제20조를 최대한 축소하여 "사회상규에 위배되지 않는 행위는 벌하지 아니한다"라고 표현할 수도 있다. 이와 같이 형법은 사회상규를 위법성유무를 판단하는 일반적 기준으로 삼고 있다.

나아가 정당방위, 긴급피난, 자구행위도 사회상규에 위반되지 않는 행위의 한 예라고 할 수도 있다. 상당한 이유 유무는 사회상규에 위배되는가의 여부에 좌우될 것이기 때문이다. 승낙에 의한 행위도 사회상규에 위반되지 않는 범위에서만 위법성이 조각된다고 하는 것도 우리 형법의 위법성조각사유의 체계를 고려하였기 때문이다.

이와 같이 사회상규는 위법성조각의 근거임과 동시에 위법성조각의 한계로서의 성격을 지니고 있다고 할 수 있다.

2. 사회상규의 개념

판례는 사회상규를 "그 입법정신에 비추어 국가질서의 존중성의 인식을 기초로 한 국민일반의 건전한 도의감"(대판 1956. 4. 6. 4289형상42) 또는 "법질서 전체의 정신이나 그 배후에 놓여 있는 사회윤리 내지 사회통념"이라고 한다(대판 2004. 8. 20. 2003도4732).

독일이나 일본 등에서는 초법규적 위법성조각사유를 인정하는 데에 비해 우리 형법에서는 이를 인정할 필요가 없다. 왜냐하면 우리 형법은 정당방위, 긴급피난 등 개별적 위법성조각사유에 해당하지 않지만 위법성이 조각되는 행위를 모두 형법 제20조에 규정하고 있기 때문이다.

Ⅱ. 법령에 의한 행위

형법, 행정법 등 많은 법령에는 타인의 법익을 침해하는 것을 내용으로 하는 규정들이 있다. 이러한 법령에 따른 행위는 위법성이 조각된다. 법령에 의한 행위의 예로 다음의 경우들을 들 수 있다.

1. 공무원의 직무집행행위

(1) 적법한 공무집행행위

법령에 의한 공무원의 직무집행행위는 위법성이 조각된다. 법무부장관의 사형집행명령(형소법 제463조)과 교도관의 사형집행(형법 제66조)은 각각 살인교사죄, 살인죄의 구성요건에 해당하지만 법령에 의한 행위로 위법성이 조각된다. 수사기관이나 법원의 강제처분(형소법 제68조)도 체포·감금죄, 주거침입죄 등의 구성요건에 해당할 수 있지만, 법령에 의한 행위로 위법성이 조각된다.

공무원의 직무집행행위가 법령에 의한 행위로서 위법성이 조각되기 위해서는 객관적으로 그 직무의 사항적·시간적·장소적 관할범위 내에서 이루어져야 하고, 법령에 정해진 형식과 절차에 의해서 행해져야 하며, 비례성의 원칙에 맞는 범위 내에서 이루어져야 한다. 또한 주관적으로는 직무집행의 의사가 있어야 한다.

위법한 직무행위를 하면서 위법하지 않다고 오인한 경우 판례는 법률의 착오의 문제로 다루고 있다.

[대판 1986. 10. 28. 86도1406] 당번병으로서 당연히 해야 할 일로 생각하고 그 지점까지 나가 동인을 마중하여 그 다음 날 01:00경 귀가하였다면 위와 같은 당번병의 관사이탈행위는 중대장의 직접적인 허가를 받지 아니하였다 하더라도 당번병으로서의 그 임무범위 내에 속하는 일로 오인하고 한 행위로서 그 오인에 정당한 이유가 있어 위법성이 없다.[1)]

[대판 2024. 7. 25. 2023도16951] 공무집행방해죄에서 공무집행의 적법성에 관한

---

1) 이 판례는 '위법성이 없다'고 하지만 '책임이 없다'는 의미로 이해해야 할 것이다.

피고인의 잘못된 법적 평가로 인하여 자신의 행위가 금지되지 않는다고 오인한 경우에는 그 오인에 정당한 이유가 있는지를 살펴보아야 한다.

(2) 상관의 명령에 따른 행위

1) 상관의 명령이 적법한 경우 공무원은 상관의 명령에 복종해야 할 의무가 있으므로(국가공무원법 제57조), 상관의 적법한 직무명령에 따른 행위는 법령에 의한 행위라고 할 수 있다. 상관의 명령이 부당하더라도 그 명령은 부하에 대해 구속력을 가지므로 부하가 그 명령에 따른 경우 법령에 의한 행위라고 할 수 있다.

2) 상관의 명령이 위법한 경우 상관의 위법한 명령에 따른 행위는 법령에 의한 행위가 될 수 없다는 점에는 견해가 일치한다. 이 경우 위법성이 조각된다는 견해가 있지만, 통설은 위법성은 조각되지 못하고 책임조각이 문제될 수 있다고 한다.

3) 위법한 상관의 명령을 적법한 것으로 오인한 경우 이는 단순한 법률의 착오가 아니라 후술하는 위법성조각사유의 요건(전제)사실의 착오라고 할 수 있다.[1)]

2. 사인(私人)의 법령에 의한 행위

(1) 현행범·준현행범의 체포

현행범 또는 준현행범은 누구든지 영장없이 체포할 수 있다(형소법 제211조, 제212조). 따라서 사인의 현행범체포행위는 체포죄(형법 제276조)의 구성요건에 해당하지만 법령에 의한 행위로 위법성이 조각된다.

[대판 1999. 1. 26. 98도3029] 사인의 현행범인 체포는 법령에 의한 행위로서 위법성이 조각된다고 할 것인데, 현행범인 체포의 요건으로서는 행위의 가벌성, 범죄의 현행성·시간적 접착성, 범인·범죄의 명백성 외에 체포의 필요성, 즉 도망 또는 증거인멸의 염려가 있을 것을 요한다.

(2) 모자보건법상의 임신중절행위

자낙태죄(제269조 제1항) 및 의사의 업무상동의낙태죄(제270조 제1항)를 처벌하는 규정이 있었던 때에는 모자보건법상의 요건을 갖춘 경우 위의 행위들의 위법성이

1) 후술하는 위법성조각사유의 요건사실의 착오부분 참조.

조각될 수 있었다. 그러나 2020. 12. 31.까지 개선입법을 하라는 헌법재판소의 결정(헌재 2019. 4. 11. 2017헌바12)에도 불구하고 위 규정들이 개정되지 않아 현재에는 위의 행위들은 모두 위법성이 아니라 구성요건해당성이 없는 행위가 되었다.

(3) 「장기 등 이식에 관한 법률」에 의한 장기적출행위

「장기 등 이식에 관한 법률」은 일정한 요건이 갖춰진 경우 살아있는 사람 내지 사망한 사람 및 뇌사자로부터의 장기적출을 규정하고 있다(동법 제11조 이하). 동법에 의한 장기적출행위는 사체손괴죄, 상해죄 내지 중상해죄 또는 살인죄의 구성요건에 해당하지만 법령에 의한 행위로 위법성이 조각된다.[1]

그러나 뇌사자의 장기적출행위가 법령에 의한 행위가 되기 위해서는 동법상의 모든 실체적·절차적 요건을 갖추어야 한다. 이러한 요건을 갖추지 못한 경우에는 법령에 의한 행위가 아닌 다른 위법성조각사유에 해당될 수 있을 뿐이다.

(4) 징계행위

1) 부모, 학교장, 교사의 체벌행위 과거 부모의 체벌행위의 위법성 조각여부가 쟁점이 되었고, 통설 및 판례는 징계권의 범위에 속하는 일정한 행위의 경우 위법성의 조각을 인정하였다. 그러나 2021년 민법개정으로 부모의 징계권에 관한 민법 제915조가 삭제되었으므로 부모의 체벌행위도 법령에 의한 행위로 위법성이 조각될 수는 없고, 사회상규에 위배되지 않을 때에만 위법성이 조각될 수 있다.

한편, 과거 학교장 내지 교사의 체벌행위의 위법성 조각여부도 문제되었는데, 학생인권에 대한 인식이 발전했고, 또 「초·중등교육법」 시행령 제40조의3[2]도 "학교의 장과 교원은 법 제20조의2에 따라 다음 각 호의 어느 하나에 해당하는 분야와 관련하여 조언, 상담, 주의, 훈육·훈계 등의 방법으로 학생을 지도할 수 있다. 이 경우 도구, 신체 등을 이용하여 학생의 신체에 고통을 가하는 방법을 사용해서는 안 된다."고 명시하고 있기 때문에, 학교장 내지 교사의 체벌행위 역시

1) 동법은 뇌사자를 사망한 자로 보지 않기 때문에(동법 제21조) 뇌사자로부터 장기를 적출하는 행위는 사체손괴죄가 아니라 상해죄나 중상해죄 혹은 살인죄의 구성요건에 해당하지만 법령에 의한 행위로서 위법성이 조각된다고 해야 할 것이다. 동법이 제정되기 이전에는 이러한 행위를 사회상규에 위배되지 않는 행위라고 보았으나 동법이 제정됨으로써 법령에 의한 행위가 된다.

2) 2011년 시행령 개정으로 제31조 제8항에 "학교의 장은 법 제18조제1항 본문에 따라 지도를 할 때에는 학칙으로 정하는 바에 따라 훈육·훈계 등의 방법으로 하되, 도구, 신체 등을 이용하여 학생의 신체에 고통을 가하는 방법을 사용해서는 아니된다."는 규정이 신설되었고, 2023년 동 시행령이 다시 개정되어 제40조의3이 마련되었다.

'법령'에 따른 행위로 볼 여지가 없다. 다만, 사회상규에 위배되지 않는 행위로 위법성이 조각될 수는 있다.

2) 군인의 체벌행위 군대에서 상관의 하관에 대한 체벌이 허용되는가도 문제될 수 있다. 「군인의 지위 및 복무에 관한 기본법」 제26조는 '사적 제재 및 직권남용의 금지'라는 제목하에, "군인은 어떠한 경우에도 구타, 폭언, 가혹행위 및 집단 따돌림 등 사적 제재를 하거나 직권을 남용하여서는 아니 된다."고 규정하고 있다.

이와 같이 법령에 의해 체벌이 금지되므로 상관의 체벌은 법령에 의한 행위로서 위법성이 조각되지 않는다. 따라서 판례는 구타, 상해, 얼차려를 시키는 행위 등은 위법성이 조각되지 않는다고 한다.[1] 경미한 폭행은 위법성이 조각된다고 한 판례가 있지만(대판 1978. 4. 11. 77도3149), 이는 폭행이 경미하여 사회상규에 위배되지 않는 행위로서 위법성이 조각된다는 의미이다.

(5) 노동쟁의행위

헌법과 노동조합법 등의 노동관계법률에는 노동쟁의를 할 수 있도록 하였으므로, 노동관계법률에 따른 노동쟁의는 업무방해죄(형법 제314조)의 구성요건에 해당하는 행위이지만 법령에 의한 행위로 위법성이 조각된다.

판례는 업무방해죄의 구성요건에 해당하는 노동쟁의의 위법성이 조각되기 위해서는 노동관계법률에 정한 실체법적·절차법적 요건을 모두 충족해야 한다고 하여, 매우 제한된 범위에서만 위법성조각을 인정하였다.

[대판 2022. 10. 27. 2019도10516; 대판 2008. 1. 18. 2007도1557; 대판 1990. 5. 15. 90도357] 근로자의 쟁의행위가 형법상 정당행위가 되기 위하여는 첫째 그 주체가 단체교섭의 주체로 될 수 있는 자이어야 하고, 둘째 그 목적이 근로조건의 향상을 위한 노사간의 자치적 교섭을 조성하는 데에 있어야 하며, 셋째 사용자가 근로자의 근로조건개선에 관한 구체적인 요구에 대하여 단체교섭을 거부하였을 때 개시하되 특별한 사정이 없는 한 조합원의 찬성결정 및 노동쟁의 발생신고 등 절차를 거쳐야 하는 한편, 넷째 그 수단과 방법이 사용자의 재산권과 조화를 이루어야 함은 물론 폭력의 행사에 해당되지 아니하여야 한다는 여러 조건을 모두 구비하여야 한다.[2]

1) 대판 1984. 6. 12. 84도799; 대판 1984. 6. 26. 84도603; 대판 2006. 4. 27. 2003도4151 등.
2) 대판 2007. 5. 11. 2006도9478; 대판 1992. 1. 21. 91누5204 등도 참조.

그러나 근래에 이르러서는 쟁의행위에 대해 좀더 완화된 입장으로 변화하고 있다. 예를 들어 판례는 쟁의행위로서 단순파업은 업무방해죄의 구성요건에 해당하지 않을 수 있다고 한다.

[대판 2011. 3. 17. 2007도482 전합] 쟁의행위로서 파업이 언제나 업무방해죄에 해당하는 것으로 볼 것은 아니고, 전후 사정과 경위 등에 비추어 사용자가 예측할 수 없는 시기에 전격적으로 이루어져 사용자의 사업운영에 심대한 혼란 내지 막대한 손해를 초래하는 등으로 사용자의 사업계속에 관한 자유의사가 제압·혼란될 수 있다고 평가할 수 있는 경우에 비로소 집단적 노무제공의 거부가 위력에 해당하여 업무방해죄가 성립한다.

또한 쟁의행위가 추구하는 목적이 여러 가지로서 그 중 일부가 정당하지 못한 경우에는 주된 목적 내지 진정한 목적을 기준으로 쟁의행위 목적의 정당성 여부를 판단하여야 한다고 한다(대판 2002. 2. 26. 99도5380; 대판 2014. 11. 13. 2011도393).

그리고 노동자의 쟁의행위에 대한 사용자의 방어행위인 직장폐쇄도 방어적이 아니라 공격적인 성격인 경우 정당성이 없다고 한다.

[대판 2017. 7. 11. 2013도7896] 근로자의 쟁의행위 등 구체적인 사정에 비추어 직장폐쇄의 개시 자체는 정당하다고 할 수 있지만, 어느 시점 이후에 근로자가 쟁의행위를 중단하고 진정으로 업무에 복귀할 의사를 표시하였음에도 사용자가 직장폐쇄를 계속 유지하면서 근로자의 쟁의행위에 대한 방어적인 목적에서 벗어나 적극적으로 노동조합의 조직력을 약화시키기 위한 목적 등을 갖는 공격적 직장폐쇄의 성격으로 변질되었다고 볼 수 있는 경우에는, 그 이후의 직장폐쇄는 정당성을 상실한 것으로 보아야 한다.

(6) 점유자의 자력구제

민법 제209조 제1항과 제2항은 각각 "점유자는 그 점유를 부정히 침탈 또는 방해하는 행위에 대하여 자력으로써 이를 방위할 수 있다," "점유물이 침탈되었을 경우에 부동산일 때에는 점유자는 침탈 후 즉시 가해자를 배제하여 이를 탈환할 수 있고 동산일 때에는 점유자는 현장에서 또는 추적하여 가해자로부터 이를 탈환할 수 있다"고 규정하고 있다. 이 규정상의 점유자의 행위는 형법상의 정당방위에 해당하는 것이다. 그러나 민법에 특별히 규정을 두었으므로 형법상의 정당방위 해당 여부를 검토함이 없이 민법 제209조의 요건이 충족되는 경우에는 법령에 의한 행위로 위법성이 조각된다.

(7) 기타 법령에 의한 행위

대부분의 법령에는 일정범위에서 개인이나 국가, 사회적 법익을 침해하는 행위를 할 수 있도록 하고 있으므로, 법령에 의한 행위는 수없이 많다. 정신질환자에 대한 정신병원 강제입원조치는 체포·감금죄(제276조), 주택복권·올림픽복권, 승마투표권 등 각종 복권이나 복표발행행위는 형법상의 복표발매죄(제248조), 카지노개장은 형법상의 도박개장죄(제247조)나 도박방조죄의 구성요건에 해당할 수 있지만 모두 관계법령에 의한 행위로 위법성이 조각된다.

[대판 2021. 10. 14. 2017도10634] 민사소송법 제335조에 따른 법원의 감정인 지정결정 또는 같은 법 제341조 제1항에 따른 법원의 감정촉탁을 받은 경우에는 감정평가업자가 아닌 사람이더라도 그 감정사항에 포함된 토지 등의 감정평가를 할 수 있고, 이러한 행위는 법령에 근거한 법원의 적법한 결정이나 촉탁에 따른 것으로 형법 제20조의 정당행위에 해당하여 위법성이 조각된다고 보아야 한다.

한편, '정당한 사유'가 있을 때 벌하지 아니하는 형태로 규정되어 있는 벌칙규정에서 그 정당한 사유의 범죄체계론적 의미가 문제되는 경우가 있는데, 대법원은 병역법 제88조(정당한 사유없이 병역을 거부한 경우 처벌하는 규정)의 '정당한 사유'는 위법성조각사유나 책임조각사유가 아니라 '구성요건해당성 조각사유'라고 판시하였다(대판 2018. 11. 1. 2016도10912 전합). 그러나 이 판례가 '정당한 사유'가 항상 구성요건요소가 된다는 입장이라고 할 수는 없다.

Ⅲ. 업무로 인한 행위

형법에서 업무라 함은 "직업 또는 사회생활상의 지위에 기하여 계속적으로 종사하는 사무 또는 사업"을 말한다. 여기에서 말하는 사무 또는 사업은 그것이 사회생활상의 지위에 기한 것이면 족하고 경제적인 것이어야 할 필요는 없으며, 또 그 행위 자체는 1회성을 갖는 것이라고 하더라도 계속성을 갖는 본래의 업무수행의 일환으로서 행하여지는 것이면 족하다(대판 1995. 10. 12. 95도1589). 또한 그 사무나 사업이 반드시 적법할 필요는 없으므로, 무면허, 무허가인 경우에도 업무에 해당하지만, 적어도 사회적으로 용인된 것이어야 한다. 예를 들어 성매매업은 계속성은 있지만 사회적으로 용인된 것이 아니기 때문에 업무에 속하지 않는다.

업무로 인한 행위의 위법성이 조각되는 이유는 사회적으로 용인된 사무나 사업의 직업윤리나 직업상의 의무를 따른 행위는 사회상규에 위배되지 않기 때문이다.

1. 의사의 치료행위

(1) 위법성조각설

다수설 및 판례는 의료행위는 상해죄의 구성요건에 해당하지만 위법성이 조각된다고 한다. 다만 업무로 인한 행위로 위법성이 조각되는지 아니면 승낙에 의한 행위로 위법성이 조각되는지에 대해서는 견해가 대립한다. 이전의 판례 중에는 전자의 입장을 따른 것도 있으나(대판 1974. 4. 23. 74도714), 근래에는 후자의 입장을 따른다.

[대판 1993. 7. 27. 92도2345] 의사가 … 진단상의 과오가 없었으면 당연히 설명받았을 자궁외임신에 관한 내용을 설명받지 못한 피해자로부터 수술승낙을 받았다면 위 승낙은 부정확 또는 불충분한 설명을 근거로 이루어진 것으로서 수술의 위법성을 조각할 유효한 승낙이라고 볼 수 없다.

(2) 구성요건해당성조각설

이 견해는 의사의 수술행위는 건강을 증진시키기 위한 행위이므로 환자의 승낙을 받고 의술의 법칙에 따라 행한 수술은 상해죄의 구성요건에조차 해당하지 않는다고 한다. 따라서 의사가 치료목적으로 수술을 하였지만 오진을 하여 수술하거나 수술방법을 잘못하여 환자에게 상처를 입힌 경우에는 고의상해죄가 아니라 업무상과실치상죄가 성립한다고 한다.

(3) 결 어

1) 수술행위의 형법적 성격 의사의 수술행위가 상해죄의 구성요건에 해당되지 않는다면 잘못된 수술은 업무상과실치사상죄에 해당된다. 그러나 이 견해는 수술하는 의사로 하여금 상해죄의 구성요건에 해당하는 행위를 하고 있으니 신중하라고 하는 경고적 기능을 수행하기에는 적합하지 않다. 위법성조각설은 반대의 장단점이 있다.

의사의 치료·수술행위가 건강의 유지·회복을 목적으로 한다 하더라도 그 과정에서 건강침해나 생리적 기능을 훼손하는 일이 있고 이에 대한 의사의 의욕 및 인용이 있는 것은 사실이다. 이러한 의미에서 상해의 고의를 인정할 수 있다. 따라서 위법성조각설이 타당하다고 생각된다.

2) **수술행위의 정당화(위법성조각)근거** 의사의 수술이 업무로 인한 행위로 위법성이 조각된다고 하는 경우에는 의사가 의술의 법칙에 따라 치료행위를 하였으면 위법성이 조각된다.[1] 그러나 의술의 법칙에 따랐느냐가 재판에서 문제될 경우 일반인이나 법관은 잘 알 수 없고 결국 다른 의사의 감정을 받게 된다. 이 경우 문제된 의사와 동일한 처지가 될 수도 있는 감정의사는 팔이 안으로 굽는 감정을 할 가능성이 있다.

따라서 오늘날에는 의술의 법칙에 따른 치료행위여야 함은 물론이고 환자의 유효한 승낙이 있는 경우에만 위법성이 조각된다고 하는 방향으로 나아가고 있다. 환자의 유효한 승낙이 있기 위해서는 의사가 환자의 질환과 수술의 내용, 수술 후의 경과 등에 대한 자세한 설명을 해 주어야 한다. 이를 의사의 설명의무라고 한다.

의사가 설명의무를 다하지 않은 경우 의사는 고의·과실책임을 져야 하는데, 설명의무를 다했는지의 여부는 다른 의사가 판정하는 것이 아니라 일반인이 판정할 수 있다. 따라서 의사로 하여금 신중한 의료행위를 할 수 있도록 하는 효과를 달성할 수 있다.

2. 성직자·변호사의 직무행위

(1) 성직자의 직무행위

성직자가 고해성사 등 직무상으로 알게 된 타인의 범죄사실을 알고서도 고발하지 않거나 묵비하는 경우에도 위법성이 조각된다. 예를 들어 고해성사를 받은 신부가 국가보안법 제10조 불고지죄의 구성요건에 해당하는 행위를 하였다고 하더라도 업무로 인한 행위로 위법성이 조각된다. 그러나 성직자의 업무범위를 초과하는 행위는 위법성이 조각될 수 없다.

[대판 1983. 3. 8. 82도3248] 사제가 죄지은 자를 능동적으로 고발하지 않는 것에 그치지 아니하고 은신처 마련, 도피자금제공 등 범인을 적극적으로 은닉·도피케 하는 행위는 사제의 정당한 직무에 속하는 것이라고 할 수 없다.

---

1) 업무로 인한 행위로 위법성이 조각된다고 하는 것은 환자를 치료행위의 단순한 객체로 전락시킬 소지가 있으며, 환자의 의사가 무시되고 의사의 특권을 인정하는 결과가 되어 부당하다는 주장이 있다.

(2) 변호사의 직무행위

변호사는 피의자·피고인의 보호의무가 있으므로 변호사가 피의자·피고인의 범죄사실을 알고도 이를 고발하지 않거나 묵비하는 것은 업무로 인한 행위(혹은 법령에 의한 행위)로 위법성이 조각되고, 오히려 직무상 알게 된 타인의 비밀을 누설한 때에는 업무상비밀누설죄가 된다(형법 제317조). 그러나 변호사가 적극적으로 위증을 교사하거나 증거를 은닉한 경우에는 위법성이 조각되지 않는다.

변호사가 법정에서 피고인을 보호하기 위해 타인의 명예를 훼손할 만한 사실을 적시한 경우에도 업무로 인한 행위로 위법성이 조각된다. 법정 이외에서 한 행위라도 업무범위에 속한 경우에는 위법성이 조각될 수 있다. 그러나 변호사업무와 무관하게 사실을 적시한 경우에는 위법성이 조각되지 않는다.

3. 운동경기행위

권투나 레슬링과 같이 상대방에게 유형력을 행사하는 경기나 기타 고의·과실로 타인의 신체를 상해하거나 사망케 할 가능성을 수반하는 운동경기에서 경기규칙에 따라 경기한 운동선수가 상대방 선수를 사망케 하거나 상해한 경우에도 업무로 인한 행위로 위법성이 조각된다.

운동경기는 사회상당성이 있는 행위로서 구성요건해당성이 없다고 하는 견해도 있으나, 생명이나 신체를 침해할 위험성이 있으므로 위법성조각사유라고 보아야 할 것이다.

4. 기타 업무로 인한 행위

판례에 의하면 다양한 행위들이 업무로 인한 행위로 위법성이 조각될 수 있다.[1)]

Ⅳ. 사회상규에 위배되지 않는 행위

1. 의　　의

판례는 다음과 같이 사회상규에 위배되지 않는 행위를 정의한다.

1) 위법성조각을 인정하는 판례로, 대판 1998. 2. 13. 97도2877; 대판 1990. 4. 27. 89도1467. 위법성조각을 인정하지 않은 판례로, 대판 2002. 1. 25. 2000도1696; 대판 1989. 12. 12. 89도875; 대판 1982. 12. 14. 82도2357 등 참조.

[대판 1985. 6. 11. 84도1958] 사회상규에 반하지 아니하는 행위라 함은 행위가 법규정의 문언상 일응 범죄구성요건에 해당된다고 보이는 경우에도 그것이 극히 정상적인 생활형태의 하나로서 역사적으로 생성된 사회생활질서의 범위 안에 있는 것이라고 생각되는 경우에 한하여 그 위법성이 조각되어 처벌할 수 없게 되는 것으로서, 어떤 법규정이 처벌대상으로 하는 행위가 사회발전에 따라 전혀 위법하지 않다고 인식되고 그 처벌이 무가치할 뿐 아니라 사회정의에 위반된다고 생각될 정도에 이를 경우나, 국가법질서가 추구하는 사회의 목적 가치에 비추어 이를 실현하기 위하여서 사회적 상당성이 있는 수단으로 행하여졌다는 평가가 가능한 경우에 한하여 이를 사회상규에 위배되지 아니한다고 할 것이다.
[대판 1971. 6. 22. 71도827] 사회상규에 위배되지 아니하는 행위는 초법규적인 법익형량의 원칙이나 목적과 수단의 정당성에 관한 원칙 또는 사회적 상당성의 원리 등에 의하여 도출된 개념이다.

어떠한 행위가 사회상규에 위배되지 않는 행위로서 위법성이 조각되는가는 다음과 같은 사항들을 고려해서 결정해야 한다.

[대판 2004. 8. 20. 2003도4732] '사회상규에 위배되지 아니하는 행위'라 함은, 법질서 전체의 정신이나 그 배후에 놓여 있는 사회윤리 내지 사회통념에 비추어 용인될 수 있는 행위를 말하므로, 어떤 행위가 그 행위의 동기나 목적의 정당성, 행위의 수단이나 방법의 상당성, 보호법익과 침해법익과의 법익균형성, 긴급성, 그 행위 외에 다른 수단이나 방법이 없다는 보충성 등의 요건을 갖춘 경우에는 정당행위에 해당한다.[1]
[대판 2023. 5. 18. 2017도2760] 형법 제20조는 '사회상규에 위배되지 아니하는 행위'를 정당행위로서 위법성이 조각되는 사유로 규정하고 있다. 위 규정에 따라 사회상규에 의한 정당행위를 인정하려면, 첫째 그 행위의 동기나 목적의 정당성, 둘째 행위의 수단이나 방법의 상당성, 셋째 보호이익과 침해이익과의 법익균형성, 넷째 긴급성, 다섯째로 그 행위 외에 다른 수단이나 방법이 없다는 보충성 등의 요건을 갖추어야 하는데, 위 '목적·동기', '수단', '법익균형', '긴급성', '보충성'은 불가분적으로 연관되어 하나의 행위를 이루는 요소들로 종합적으로 평가되어야 한다.
[대판 2022. 8. 25. 2020도16897] 어떤 글이 모욕적 표현을 담고 있는 경우에도 그 글이 객관적으로 타당성이 있는 사실을 전제로 하여 그 사실관계나 이를 둘러

1) 음란성에 관한 논의의 특수한 성격 때문에, 그에 관한 논의의 형성·발전을 위해 문학적·예술적·사상적·과학적·의학적·교육적 표현 등과 결합되는 경우 음란 표현의 해악이 해소될 수 있는 정도라는 등의 특별한 사정이 있다면 사회상규에 위배되지 아니하는 행위에 해당된다(대판 2017. 10. 26. 2012도13352).

싼 문제에 관한 자신의 판단과 피해자의 태도 등이 합당한가에 대한 의견을 밝히고, 자신의 판단과 의견이 타당함을 강조하는 과정에서 부분적으로 다소 모욕적인 표현이 사용된 것에 불과하다면 사회상규에 위배되지 않는 행위로서 형법 제20조에 의하여 위법성이 조각될 수 있다. 이때 사회상규에 위배되는지 여부는 피고인과 피해자의 지위와 관계, 표현행위를 하게 된 동기, 경위나 배경, 표현의 전체적인 취지와 구체적인 표현방법, 모욕적인 표현의 맥락 그리고 전체적인 내용과의 연관성 등을 종합적으로 고려하여 판단해야 한다.

대법원은 최근 사회상규에 위배되지 않는 행위의 각 요건의 자세한 의미에 대해 판시하고 있다.[1] 대법원에 의하면 첫째, 목적의 정당성, 수단이나 방법의 상당성 요건은 '행위'측면에서 사회상규 판단의 기준이 된다. 그 행위의 동기와 목적을 고려하여 법질서 정신이나 사회윤리에 비추어 허용되는가, 수단의 상당성·적합성이 있는가를 판단하는 것이다. 둘째, 법익균형 요건은 '결과'측면에서 사회상규 판단의 기준이 된다. 셋째, 긴급성과 보충성 요건은 수단이나 방법의 상당성을 판단할 때 고려요소의 하나일 뿐 이를 넘어 독립적인 요건으로 요구하는 것은 아니다. 보충성 역시 다른 실효성 있는 적법한 수단이 없는 경우를 의미하고 '일체의 법률적인 적법한 수단이 존재하지 않을 것'을 의미하는 것은 아니라고 보아야 한다(대판 2023. 5. 18. 2017도2760).

다만, 어떤 행위가 사회상규에 위배되지 아니하는 행위라는 이유로 위법성이 조각된다고 하더라도 이는 그 행위가 적극적으로 용인, 권장된다는 의미가 아니라 단지 특정한 상황하에서 그 행위가 범죄행위로서 처벌대상이 될 정도의 위법성을 갖추지 못하였다는 것을 의미할 뿐이라고 해야 할 것이다(대판 2021. 12. 30. 2021도9680).

[대판 2011. 5. 26. 2011도2412] 사채업자인 피고인은 피해자에게, 채무를 변제하지 않으면 피해자가 숨기고 싶어하는 과거의 행적과 사채를 쓴 사실 등을 남편과 시댁에 알리겠다는 등의 문자메시지를 발송하였다는 것인바, 이는 피해자에게 공포심을 일으키기에 충분하다고 보아야 할 것이고, 그 밖에 피고인이 고지한 해악

1) 부정입학과 관련한 금품수수 문제로 구속되었던 사립대학교 전 이사장이 총장으로 복귀하면서 해당 대학교 총학생회와 갈등이 불거진 후 총학생회가 위 총장과의 면담을 요구하고 이를 막아서는 대학 교직원들과 실랑이를 벌이다가 위력에 의한 업무방해죄를 이유로 기소된 사안이다.

의 구체적인 내용과 표현방법, 피고인이 피해자에게 위와 같은 해악을 고지하게 된 경위와 동기 등 제반 사정 등을 종합하면, 피고인에게 협박의 고의가 있었음을 충분히 인정할 수 있으며, 피고인이 정당한 절차와 방법을 통해 그 권리를 행사하지 아니하고 피해자에게 위와 같이 해악을 고지한 것이 사회의 관습이나 윤리관념 등 사회통념에 비추어 용인할 수 있는 정도의 것이라고 볼 수는 없다.

2. 안 락 사

(1) 안락사의 개념

안락사[1]는 그 종류에 따라 진정안락사와 부진정안락사, 적극적 안락사와 소극적 안락사, 직접적 안락사와 간접적 안락사로 나뉜다.

진정안락사란 생명을 단축하지 않고 고통없이 죽음을 맞도록 하는 것이므로 형법적으로 아무 문제가 없으나, 생명의 단축을 수반하는 부진정안락사는 형법적으로 문제가 된다.

부진정안락사 중에는 적극적 안락사와 소극적 안락사가 있다. 소극적 안락사란 생명을 연장하기 위한 조치(연명조치)를 취하지 않는 것을 말하고 적극적 안락사란 생명을 단축시키는 안락사를 말한다.

적극적 안락사에는 생명을 연장하기 위한 조치를 취하다가 성공하지 못하여 생명이 단축되는 간접적 안락사와 직접적으로 생명의 단축을 목적으로 하는 조치를 취하는 직접적 안락사가 있다.

이 중 소극적 안락사는 존엄사의 문제로 다루어지고, 통설은 소극적 안락사에 대해서는 위법성이 조각된다고 한다. 이에 따라 2016년 소극적 안락사에 속하는 연명의료중단를 규정한 연명의료결정법[2]이 제정되었다. 따라서 이 법에 따른 연명의료중단은 법령에 의한 행위로 위법성이 조각된다.

일반적으로 안락사라고 할 때에는 생명단축을 위한 적극적 조치를 취하는 부진정·적극적·직접적 안락사를 지칭한다.

---

1) 안락사를 의사의 업무로 인한 행위로 보기는 어렵다. 따라서 안락사가 위법성이 조각된다 하더라도 업무로 인한 행위이기 때문이 아니라 사회상규에 위배되지 않는 행위이기 때문이다.

2) 「호스피스·완화의료 및 임종과정에 있는 환자의 연명의료결정에 관한 법률」(2016. 2. 3. 제정, 2017. 8. 4. 시행).

(2) 적극적·직접적 안락사의 형법적 효과

다수설은 절대적 생명보호의 원칙과 안락사 남용의 위험성을 근거로 위법성이 조각되지 않는다고 한다.

이에 대해 소수설은 ① 환자가 불치의 병으로 사기(死期)에 임박하였고, ② 환자의 육체적 고통이 극심하고, ③ 현대의학으로는 환자의 질환을 치료하거나 고통을 완화할 수 없고, ④ 원칙적으로 환자의 촉탁 또는 승낙이 있고, ⑤ 원칙적으로 의사가 시행하고 윤리적으로 타당한 방법을 사용할 것 등을 요건으로 하여 위법성이 조각된다고 한다.

절대적 생명보호의 원칙은 이론상 인정될 수 있을 뿐이고 현실적으로는 예외(예를 들어 정당방위에 의한 생명침해)가 인정되므로 생명도 절대적 보호의 대상이라고 볼 수 없다. 이러한 의미에서 무의미한 생명의 연장보다는 환자의 고통을 덜어주는 것이 더 인도적일 수 있다. 안락사의 남용위험성은 그에 맞는 대책으로 해결해야지 남용위험성 때문에 모든 것을 금지할 수는 없다. 안락사의 당부에 대한 종교적·도덕적 논쟁은 남아있다 하더라도 형법의 보충성원칙상 안락사의 위법성이 조각된다고 해야 할 것이다.

3. 사회·경제적 사유에 의한 낙태행위

형법 제269조 제1항과 제270조 제1항의 의사 부분은 효력이 없어졌으나, 제269조 제2항은 여전히 효력이 있다. 따라서 예를 들어 모자보건법 제14조에 규정된 사유나 '원하지 않는 임신'을 한 것과 같이 사회·경제적 사유로 의사 등이 아닌 사람이 임부의 동의를 받아 낙태하게 한 경우 그 처벌이 문제될 수 있다. 이 경우 과거 임부는 제269조 제1항에 의해 처벌될 수 있었으나 현재에는 처벌규정이 없어 처벌되지 않는다. 의사 등이 아닌 사람의 동의낙태행위(제269조 제2항)는 모자보건법에 의해 위법성이 조각될 수는 없지만, 사회상규에 위배되지 않는 행위로 위법성이 조각될 가능성은 있다.

4. 경미한 법익침해행위

옆집 공사장에서 주인의 허락없이 작은 나사못 한 두 개를 가져오거나 수퍼마켓에서 주인의 허락없이 땅콩 하나를 집어먹는 행위 등과 같이 경미한 법익침해행위는 절도죄의 구성요건해당성이 없다는 견해도 있다. 그러나 통설은 절도죄의 구성요건해당성은 있지만 사회상규에 위반되지 않는 행위로서 위법성이 조각된다고 한다.

[대판 1978. 4. 11. 77도3149] 군대 내의 질서를 지키려는 목적에서 지휘관이 부하에게 가한 경미한 폭행은 지키려는 법익이 피해법익에 비하여 월등 크다고 할 것이므로 그 위법성을 결여한다.

제4장 책 임 론

제1절 책임이론 §23

Ⅰ. 책임의 개념

1. 행위자에 대한 비난(가능성)으로서의 책임

범죄성립의 세 번째 요건은 책임이다. 어느 행위가 구성요건에 해당하고 위법하다고 하여 바로 범죄가 성립하는 것은 아니고 행위자에게 책임이 인정되어야 범죄가 성립한다.

책임의 개념에 대해서는 여러 가지 학설이 있지만, 현재의 통설은 책임을 "구성요건에 해당하고 위법한 행위를 한 행위자에 대한 비난(가능성)"이라고 한다. 위법성이 구성요건에 해당하는 '행위'에 대한 비난(가능성)이라고 한다면, 책임은 '행위자'에 대한 비난(가능성)이다. 비난(가능성)이란 '나쁘다'는 판단이다. 구성요건에 해당하고 위법한 행위가 있더라도 그 행위자를 나쁘다고 할 수 없으면 범죄는 성립하지 않는다.

이러한 책임개념은 도의적 책임론, 규범적 책임론, 행위책임론의 입장을 따른 것이다. 이 책임론들은 각각 사회적 책임론, 심리적 책임론, 행위자책임론과 대비되는 입장들이다.

2. 형사책임과 윤리적 책임

행위자에 대한 비난(가능성)으로서의 형사책임은 어디까지나 법적 책임이므로, 윤리적 책임이나 종교적 책임과는 구별된다. 예를 들어 길에서 죽어가는 사람을 보았으나 그냥 지나간 사람의 경우 윤리적 비난은 가할 수 있지만, 형사적 비난 혹은 형사책임은 인정되지 않는다. 반대로 실정형법이 악법이어서 그것을 지키지 않은 사람(양심범)의 경우 윤리적 비난은 받지 않을 수 있지만, 형법적 비난은 받을 수 있다.

3. 형사책임과 민사책임

형사책임은 민사책임과도 구별된다. 양자 모두 법적 책임이지만 그 목적, 요건, 내용 등에서 차이가 난다. 즉 민사책임의 원리는 재산상 손해에 대한 공평한 분담이지만, 형사책임은 행위자를 벌하는 데에 그 목적이 있다.

이 때문에 민사책임에서는 고의·과실책임뿐만 아니라 무과실책임도 인정하고 그 효과도 별 차이가 없다. 그러나 형사책임에서는 무과실책임을 인정하지 않고, 원칙적으로 고의범만을 벌하고 과실범은 예외적으로 벌하고, 형벌도 고의범에 비해 훨씬 가볍다.

민사책임의 궁극적 대상은 행위자의 재산이지만, 형사책임의 궁극적 대상은 원칙적으로 행위자의 신체이다. 따라서 민사책임을 추궁하는 형태는 재산의 강제집행이고, 형사책임을 추궁하는 형태는 생명이나 신체의 자유를 박탈·제한하는 것이다. 벌금과 같은 재산형도 노역장유치(제70조)와 같이 자유를 박탈하는 형태로 나타날 수 있는데, 이것이 민사책임과 구별되는 점이다.

Ⅱ. 책임과 자유의사

행위자의 책임을 인정하는 근거로서 자유의사와 관련하여 도의적 책임론과 사회적 책임론이 대립한다.

1. 도의적 책임론

도의적 책임론은 인간에게는 자유의사가 있고(비결정론), 죄를 범한 자는 자유의사를 오용 또는 남용하였기 때문에 도의적 비난을 받는 것이라고 한다. 도의적 책임론은 이러한 비난가능한 의사결정에 따른 개별 행위에 대한 '행위'책임을 강조한다.

자유의사란 자신의 행위의 의미와 그 결과를 알고 그에 따라 자신의 행위를 결정할 수 있는 능력을 말한다. 도의적 책임론에 의하면 자유의사를 가진 사람만이 죄를 범할 수 있고, 심신상실자와 같이 자유의사를 갖지 못한 사람의 행위는 범죄가 될 수 없다.

따라서 책임능력이란 범죄능력, 즉 죄를 범할 수 있는 능력이나 자격을 의미한다. 책임무능력자는 죄를 범할 수 있는 능력이나 자격이 없는 사람이다. 또한 형벌과 보안처분은 그 본질과 기능이 다르다고 하는 이원론적 입장을 취한다.

2. 사회적 책임론

사회적 책임론은 인간의 자유의사를 부인하고(결정론), 책임은 행위자에 대한 비난이 아니라 행위자의 반사회적인 성격, 즉 사회적 위험성 혹은 재범위험성이라고 한다. 사회적 책임론은 반사회적 성격을 가진 행위자로부터 사회를 방위한다는 취지에서 '행위자'책임을 강조한다.

사회적 책임론은 인간이 환경과 소질에 의해 결정된다고 하는 근대학파의 결정론적 사고에 입각하고 있다. 따라서 자유의사를 지닌 자 뿐만 아니라 자유의사를 지니지 않은 심신상실자 등도 사회적 위험성이 인정되면 형벌(사회적 책임론에서 말하는 형벌이란 도의적 책임론에서 말하는 형벌과는 달리 반드시 해악이나 고통을 내용으로 할 필요는 없는 보안처분의 의미이다. 형벌능력도 보안처분능력이란 의미이고, 능력도 필요성이란 의미이다. 따라서 사회적 책임론에서 말하는 형벌능력이란 보안처분의 필요성을 의미한다)을 과할 수 있다. 반대로 죄를 범하였더라도 사회적 위험성이 인정되지 않으면 형벌을 과할 수 없다고 한다. 이러한 의미에서 책임능력은 형벌능력(보안처분의 필요성)이라고 한다.

사회적 책임론은 형벌이나 보안처분 모두 재범위험성을 방지하기 위한 목적과 내용을 갖는 것이기 때문에 양자는 그 본질과 기능이 동일하다고 하는 일원론을 택한다.

3. 형법의 규정

형법 제10조는 책임능력의 판단기준으로 사물변별능력과 의사결정능력을 규정하고 있다. 사물변별능력과 의사결정능력이 모두 있다는 것은 결국 자유의사가 있다는 의미로 해석할 수 있으므로 형법 제10조는 도의적 책임론에 입각해 있다고 할 수 있다.

그러나 인간의 행위는 순수하게 자유의사에 의해서만 결정되는 것이 아니라 행위자의 환경과 소질에 의해 영향을 받는다고 할 수 있다. 이 때문에 책임무능력자도 범죄행위를 할 수 있고, 이들에게 형벌을 과할 수는 없지만 이들의 재범위험성으로부터 사회를 보호할 필요성이 있다는 것이 일반적으로 인정되고 있다.

치료감호법은 사회적 위험성(재범위험성)이 있는 자들에 대한 치료감호, 보호관찰 등 보안처분을 규정하고 있다. 이는 사회적 책임론에 입각하여 자유의사가 상실되었거나 제한되어 있는 범죄인들에 대해서도 보안처분이라는 형사제재를 과하는 것이다. 이와 같이 현행 형사제재 중 형벌은 도의적 책임론, 보안처분은 사회적 책임론에 입각하고 있다고 할 수 있다.

Ⅲ. 책임의 개념: 심리적 책임론과 규범적 책임론

책임론에서 책임의 의미가 무엇인가에 대해서는 심리적 책임론과 규범적 책임론이 대립하였다.

1. 심리적 책임론

심리적 책임론은 책임을 행위 당시 행위자가 지니고 있었던 '고의 또는 과실'이라는 심리상태라고 한다. 책임을 행위자의 내심상태에 대한 사실판단으로 파악하고 책임의 형태(책임형식)에는 고의책임과 과실책임이 있다고 한다.

심리적 책임론은 구성요건해당성은 객관적 사실판단, 위법성은 객관적 가치판단, 책임은 주관적 사실판단이라고 보았던 인과적 범죄체계(즉, 범죄성립의 모든 객관적 요소는 구성요건과 위법성단계에, 주관적 요소는 책임단계에 배치)에서 주장하였다.

2. 규범적 책임론

규범적 책임론은 책임을 사실판단이 아니라 규범적 판단, 즉 평가의 문제로 파악한다. 그리하여 책임을 구성요건에 해당하고 위법한 행위를 한 행위자에 대한 비난(가능성)이라고 한다.

이에 의하면 행위자에게 고의·과실이 있다고 하여 바로 책임을 인정할 수 없고, 고의 또는 과실로 위법한 행위를 한 사람을 비난할 수 있어야 책임을 인정할 수 있다.

3. 형법의 태도

심리적 책임론에 대해서는 형사미성년자(제9조)나 강요된 행위(제12조)의 경우 책임을 인정할 수밖에 없다는 비판이 가해진다. 이 경우 행위자에게 고의나 과실이라는 내심상태가 인정되기 때문이다.

그러나 규범적 책임론에 의하면 형사미성년자는 비난이나 처벌이 아니라 교육과 보호의 대상이라는 정책적 이유에서 비난을 받지 않고, 강요된 행위에서는 비난대상이 고의가 있는 피강요자가 아니라 강요자가 된다.

심리적 책임론에 대해서는 예를 들어 친구를 만나러 차를 타고 가다가 인식 없는 과실로 사람을 치어 상해를 입힌 경우 상해의 결과와 친구를 만나러 간다는 행위자의 심리상태 사이에 아무런 연관성이 없기 때문에 책임을 인정할 수 없다는 비판도 가해진다.

현재 우리나라에서 순수한 심리적 책임론을 지지하는 학자는 없다. 다만 규범적 책임론을 취하면서 고의·과실의 이중적 기능을 인정하는 견해를 취하면 심리적 책임론의 주장 중 일부분은 수용하고 있다고 할 수 있다. 순수한 규범적 책임론에서는 고의·과실의 이중적 기능을 부인하기 때문이다.

Ⅳ. 책임판단의 대상 : 행위책임론과 행위자책임론

1. 개 념

행위책임론은 행위자의 '행위, 결과(객관적 행위요소) 및 행위 당시의 내심상태[1]'와 같은 행위요소를 근거로 책임의 인정 여부 및 정도를 결정해야 한다고 한다. 이에 대해 행위자책임론은 행위자가 행한 행위 및 그 결과가 아니라 행위자의 '인격형성'을 근거로 책임의 인정 여부 및 정도를 결정한다. 인격적 책임론, 행상(行狀)책임론 등은 행위자책임론에 속하는 책임론들이다.

1) '주관적'이라는 용어가 '인적·행위자적'이라는 의미를 갖는 경우도 있다. 그러나 고의·과실이 주관적 요소라고 할 때에는 객관적 요소라는 말과 대비되는 말이므로 여기에서 주관적 요소란 '행위자'요소라는 의미가 아니라 주관적·내심적 '행위'요소라는 의미이다.

2. 두 학설의 차이

행위책임론과 행위자책임론의 차이는 누범(제35조) 및 상습범(제264조 등)의 처벌에서 잘 나타난다.[1)]

예를 들어 교도소에서 출소한 지 5일 되는 甲과 상해의 습벽이 있는 乙 및 상해의 습벽이 없는 丙이 공동으로 상해죄(제257조)를 범했고 이들이 한 행위내용은 똑같고 이들을 모두 징역형에 처할 경우 甲은 누범으로 14년 이하의 징역(제35조 제2항), 乙은 상습범으로 10년 6개월 이하의 징역(제264조), 丙은 7년 이하의 징역에 처해진다.

위의 경우 행위책임론의 입장에서는 세 사람의 책임이 같고 따라서 형벌도 같아야 한다. 그러나 위와 같은 형벌의 차이를 두는 것은 甲은 교도소에서 출소한 지 5일밖에 안 된 사람, 乙은 상해의 상습성이 있는 사람, 丙은 초범이라는 행위자요소가 고려된 것으로서 행위자책임론에 따른 것이다.

3. 형법의 태도

통설은 형벌에 관해서는 행위책임론을 따르지만, 형법은 행위책임론을 따르면서도 누범가중과 상습범가중을 규정하여 행위자책임론도 받아들이고 있다. 따라서 통설은 상습범 가중처벌 규정은 위헌적 규정으로서 폐지되어야 한다고 주장한다. 누범가중에 대해서는 행위책임이 가중되었기 때문이라는 견해는 합리적이라고 하고, 행위자책임에 의해 형벌이 가중되는 것으로 이해하는 입장에서는 위헌이라고 한다.

다만, 통설도 보안처분을 과할 때에는 행위자요소를 고려하므로 행위자책임론을 따른다.

4. 예방적(기능적) 책임론

최근에 소위 예방적 책임론(기능적 책임론이라고도 함)도 소개되고 있다.

예방적 책임론이란 행위자에 대한 비난가능성만으로 책임을 결정하는 것이 아니라 일반예방이나 특별예방 목적도 아울러 고려하여 책임을 결정해야 한다는

---

1) 누범에 대해서는 행위자책임이 아니라 행위책임으로 인해 형벌을 가중한다는 견해도 있으나, 이는 궁색한 논리이고 누범도 행위자책임이 반영된 것이라고 해야 한다. 누범가중의 근거가 행위책임에 의해 객관화된 행위자책임이라는 견해도 있다.

입장이다. 이 경우 예방목적으로 인해 형벌이 과도해지는 것을 피하기 위해 책임이 형벌의 상한을 결정한다고 한다(책임은 예방의 필요성을 한계로 하고 예방의 필요성도 책임형벌을 제한하는 이른바 책임과 예방의 상호제한적 기능을 강조함). 따라서 일반예방이나 특별예방의 필요가 없는 경우 책임이 인정되더라도 형벌을 과해서는 안 된다고 한다.

예방적 책임론은 규범적 책임론, 도의적 책임론, 행위책임론을 따르면서 여기에 사회적 책임론과 행위자책임론의 요소를 가미하는 입장이라고 할 수 있다. 일반예방목적을 고려하여 책임을 정하는 것은 개인책임에서 나아가 사회적 책임을 인정하는 것이고, 특별예방목적을 고려하여 책임을 정하는 것은 행위자책임을 고려하는 것이기 때문이다.

예방적 책임론에 대해서는 ① 예방목적을 고려하여 책임을 결정하게 되면 책임판단과 양형판단이 구별되지 않고, ② 일반예방이나 특별예방의 필요성이 없는 경우 책임을 부정하여 무죄판결을 할 것이 아니라, 선고유예·집행유예판결 등을 활용하면 된다는 비판이 가해진다.

예방적 책임론은 사회적 책임론과 행위자책임론을 부분적으로 수용하고 있기 때문에 이들 책임론에 가해지는 비판이 예방적 책임론에도 가해질 수 있다. 또한 형벌목적을 고려하여 책임을 결정한다면, 구성요건해당성이나 위법성판단에도 형벌목적을 고려해야 하지 않는가 하는 의문도 제기할 수 있다. 예방적 책임론은 독일의 일부 학자들이 주장한 것이지만 독일에서도 별 지지를 얻지 못하고 있고, 우리나라에서도 이를 지지하는 학자는 거의 없다.

Ⅴ. 책임요소

현재 책임능력, 위법성인식(가능성) 및 적법행위의 기대가능성이 책임요소라는 점에는 별 이견이 없다. 그러나 고의·과실이 책임요소인가 하는 점, 즉 고의·과실이 행위자에 대한 비난 여부나 정도를 결정하는 기능을 하는가에 대해서는 견해가 대립한다.

1. 순수한 규범적 책임개념

초기의 규범적 책임론은 고의·과실 이외에 기대가능성을 책임요소로 파악하는 복합적 책임개념을 주장하였다. 그러나 이후 고의·과실을 구성요건요소로 파악하는 목적적 행위론의 입장을 순수하게 고수하려는 입장에서는 고의·과실이 책임요소가 될 수 없다고 하였다. 이를 순수한 규범적 책임개념이라고 한다.

이 입장에서는 고의·과실이라는 심리적 사실은 가치판단 혹은 평가의 대상이지 가치판단이나 평가 그 자체가 될 수 없으므로 책임요소가 될 수 없다고 한다. 이에 의하면 책임요소는 책임능력, 위법성의 인식, 기대가능성으로 이루어져 있다.

2. 고의·과실의 이중적 기능설

고의·과실의 이중적 기능을 인정하는 입장에서는 고의·과실이 구성요건요소만이 아니라 책임요소도 된다고 한다. 이 입장은 책임이 규범적 판단이라는 것은 인정한다. 다만 고의·과실도 책임판단의 대상이 되고, 따라서 책임요소가 된다는 것이다.[1)]

고의·과실의 이중적 기능을 인정하는 책임개념에서는 고의·과실이라는 심리상태가 존재한다는 사실판단과 비난가능성이라는 규범적 판단이 모두 책임개념에 존재한다고 한다. 이에 의하면 책임능력, 위법성의 인식, 기대가능성 이외에 고의·과실도 책임요소가 된다. 최근의 다수설이다.

3. 결 어

고의·과실의 이중적 기능을 인정하는 것이 옳다고 생각된다. 고의·과실은 구성요건단계에서는 행위의 성격을 결정하는 기능을 한다. 그러나 여기에서 더 나아가 고의·과실은 행위자의 비난가능성의 유무나 정도를 결정하는 기능도 한다는 것을 부인할 수 없다. 왜냐하면 고의범의 비난가능성이 과실범의 비난가능성보다 높다는 것은 당연하기 때문이다. 그러나 예컨대 특수폭행에서 위험한 물건의 휴대는 구성요건요소이지만 책임판단의 대상이 되므로, 고의·과실의 이중적 기능이란 큰 의미가 있는 것은 아니다.

다만 책임이 사실판단과 가치판단의 종합적 판단이라고 하는 주장은 수긍하기 어렵다. 책임판단에 사실판단이 포함되어 있다고 하여 사실판단 그 자체가 책임판단이라고 할 수는 없고 여전히 책임판단은 규범적 판단 내지 가치판단이라고 해야 한다. 즉 고의·과실이 존재한다는 판단 그 자체가 아니라 고의·과실의 존재로 어떤 비난을 받아야 하는가 하는 판단이 책임판단이라고 해야 할 것이다. 이것은 위법성인식에 대해서도 마찬가지이다. 책임판단을 위

1) 이를 합일태적(合一態的) 책임개념이라고 명명하는 견해도 있지만, 절충적 혹은 종합적 책임개념이라고 하면 될 것이다.

해 행위자가 위법성을 인식하였느냐라는 사실판단이 필요하지만, 이러한 사실판단이 아니라 위법성을 인식하였으므로 비난가능하다는 가치판단이 책임판단이라고 해야 한다. 이러한 의미에서 종합적 책임개념도 타당하다고 할 수는 없다.

순수한 규범적 책임개념과 종합적 책임개념은 후술하는 '위법성조각사유의 요건(전제)사실의 착오'의 효과에 대해 의견의 차이를 나타낸다.

Ⅵ. 위법성과 책임과의 관계

통설에 의하면, 구성요건해당성이 있으면 위법성이 사실상 추정된다(구성요건해당성은 위법성의 인식근거). 따라서 위법성론에 관한 논의는 구성요건에 해당하는 행위가 어떤 경우에 위법한가 하는 것이 아니라, 어떤 경우에 위법하지 않은가 하는 문제, 즉 위법성조각사유의 존재여부를 중심으로 전개된다.

이것은 책임론에서도 그대로 타당하다. 구성요건에 해당하고 위법한 행위가 있는 경우 행위자는 책임이 있는 것으로 사실상 추정된다. 따라서 책임론에서는 어떤 경우에 책임이 인정되는가 하는 것보다는 어떤 경우에 책임이 조각되거나 책임이 감경되는가를 중심으로 논의가 전개된다.

책임요소로서 책임능력, 위법성의 인식, 고의·과실, 기대가능성 등을 다룬다. 그런데 책임론은 어떤 경우에 이러한 요소들이 존재하느냐가 아니라 어떤 경우에 이런 요소들이 존재하지 않느냐 하는 소극적 방식으로 전개된다.

형법도 제9조 내지 제12조 및 제16조에서 책임이 조각되거나 책임이 감경되는 사유를 규정하고 있다.

제 2 절 책임능력 §24

Ⅰ. 책임능력의 개념과 판단방법

1. 책임능력의 개념

형법은 제9조에서 제11조까지에서 책임능력에 관한 규정을 두고 있다. 이 중 형법 제10조가 책임능력에 관한 기본규정이라고 할 수 있다. 형법 제10조는 책임능력으로서 사물변별능력과 의사결정능력을 요구한다. 이를 자유의사라고 할 수 있다.

(1) 도의적 책임론

책임을 범죄인에 대한 비난(가능성)이라고 이해한다면, 행위자에게 책임능력이 있어야 비난을 가할 수 있다. 이는 도의적 책임론에 입각한 것이라고 할 수 있다. 사물변별능력이나 의사결정능력 중 어느 하나라도 갖추지 못한 자의 행위로 인해 법익침해나 위태화의 결과가 발생하였다고 하더라도 그것은 하나의 사건이나 사고에 불과하고 범죄가 될 수는 없다는 것이다. 이런 의미에서 책임능력은 범죄를 저지를 수 있는 능력이나 자격, 즉 범죄능력을 의미한다. 책임능력없이 위법한 행위를 한 사람은 죄를 범한 것이 아니므로 형벌의 대상이 될 수 없고, 보안처분의 대상이 될 수 있을 뿐이다.

(2) 사회적 책임론

책임을 행위자의 사회적 위험성이라고 보는 사회적 책임론에서는 사회적 위험성이 있는 사람에 대해서는 일정한 형사제재나 보안처분을 과하여야 한다. 그러나 위법행위를 한 사람에게 사회적 위험성(재범위험성)이 없으면 형사제재나 보안처분의 대상이 될 수 없다고 한다. 따라서 책임능력은 형벌능력, 즉 형사제재나 보안처분을 과할 필요성을 의미한다고 한다.

우리 형법은 형벌에 관해서는 도의적 책임론, 보안처분에 관해서는 사회적 책임론에 입각해 있다. 따라서 책임무능력자가 위법행위를 한 경우 형벌의 대상이 될 수 없고, 다만 그 사람에게 재범위험성이 있는 경우에 보안처분의 대상이 될 수 있다.

2. 책임능력의 판단방법

(1) 생물학적 방법

생물학적 방법은 정신병과 같은 일정한 생물학적(신체적·정신적) 상태에 있는 자를 모두 책임무능력자·한정책임능력자라고 하는 방법이다. 형법 제9조의 형사미성년자 규정이나 형법 제11조 청각 및 언어 장애인의 형감경규정은 이 방법을 따른 것이라고 할 수 있다.

이 방법에 대해서는 생물학적 비정상상태에 있는 사람이라고 하더라도 항상 사물변별능력이나 의사결정능력이 없는 것은 아니라는 비판이 가해진다.

(2) 심리적 또는 규범적 방법

행위자에게 생물학적 비정상상태가 있는지는 문제삼지 않고, 사물변별능력이나 의사결정능력의 결여 혹은 미약만으로 책임능력을 판단하는 방법이다.

이 방법에 대해서는 생물학적 비정상상태의 존재 여부 및 그 존재가 사물변별능력이나 의사결정능력에 미칠 수 있는 영향을 고려하지 않고 책임능력의 판단을 법관에게만 전적으로 맡김으로써 법적 안정성을 해할 수 있다는 비판이 가해진다.

(3) 혼합적 방법

행위자의 생물학적 비정상상태를 기초자료로 하여 사물변별·의사결정능력이라는 심리적 요소를 판단하여 책임능력을 결정하는 방법이다. 독일형법, 스위스형법, 미국 모범형법전 등이 이 방법을 채용하고 있다. 우리 형법 제10조도 이 방법을 따르고 있다. 제10조에서 심신장애는 생물학적 요소, 사물변별·의사결정능력은 심리적 요소라고 할 수 있다.

혼합적 방법과 심리적 방법의 차이는 일정한 정신적, 신체적 장애를 심신장애로 판단하는 과정을 거치는지의 여부에 차이가 있다. 심리학적 요소로서의 사물변별능력이나 의사결정능력 유무의 판단은 법률적 판단이지만, 생물학적 요소로서의 심신장애는 정신의학적 판단이라고 할 수 있다. 따라서 혼합적 방법에 의할 때에는 생물학적 요소인 심신장애 유무에 대해 전문가의 감정을 거쳐야 한다.

(4) 판 례

판례는 "형법 제10조에 규정된 심신장애는 생물학적 요소로서 정신병, 정신박약 또는 비정상적 정신상태와 같은 정신적 장애가 있는 외에 심리학적 요소로서 이와 같은 정신적 장애로 말미암아 사물에 대한 변별능력과 그에 따른 행위통제능력이 결여되거나 감소되었음을 요하므로, 정신적 장애가 있는 자라고 하여도 범행 당시 정상적인 사물판별능력이나 행위통제능력이 있었다면 심신장애로 볼 수 없다"[1]고 하여, 혼합적 방법을 따르는 것을 분명히 하고 있다.

한편 판례는 형법 제10조에 규정된 심신장애의 유무 및 정도의 판단은 법률적 판단으로서 반드시 전문가의 감정을 거치거나 전문감정인의 의견에 기속되어야 하는 것은 아니라고 한다.[2] 그러나 다른 한편 최근의 다수 판례는 심신장애

---

1) 대판 1992. 8. 18. 92도1425; 대판 2013. 1. 24. 2012도12689.

2) 대판 2007. 6. 14. 2007도2360; 대판 1994. 5. 13. 94도581; 대판 1996. 5. 10. 96도638; 대판 1987. 10. 13. 87도1240. 그러나 이 때의 심신장애라는 것은 생물학적 요소로서의 심신장애가 아니라 심신장애로 인하여 사물변별능력 또는 의사결정능력이 없거나 미약하다는 것을 의미한다. 즉, 판례가 심신장애 또는 심신장애자라고 할 때에는 생물학적 요소만을 의미하기도 하고, 생물학적 요소와 심리학적 요소를 모두 갖춘 경우를 의미하기도 한다.

여부가 불분명한 사건에서 전문가의 의견을 묻지 않고 심신장애 여부를 판단하는 것은 심리미진이라고 한다.[1] 이것은 법률적 판단에 앞서 정신의학 전문가의 사실판단을 신중하게 고려하기 위한 것이라고 할 수 있다.

Ⅱ. 책임무능력자 및 한정책임능력자

책임무능력자에는 형사미성년자(제9조)와 심신상실자(제10조 제1항)가 있고, 한정책임능력자에는 심신미약자(제10조 제2항)와 청각 및 언어 장애인(제11조)이 있다. 심신상실자와 심신미약자를 합쳐서 심신장애인이라고 한다.

1. 형사미성년자

제9조(형사미성년자) 14세되지 아니한 자의 행위는 벌하지 아니한다.

"14세가 되지 아니한 자의 행위는 벌하지 않는다"(제9조). 이것은 형사미성년자 중 현실적으로는 사물변별·의사결정능력이 있는 자가 있다 하더라도 사물변별·의사결정능력이 없는 것으로 간주하는 것으로서 책임능력을 생물학적으로만 판단하는 규정이라고 할 수 있다. 이는 14세 미만자에 대해서는 국가가 형법적 비난이나 처벌의 대상이 아니라 '교육 내지 보호의 대상'으로 하겠다는 형사정책적 고려가 반영된 것이라고 할 수 있다.

따라서 14세 미만자에 대해서는 형벌을 과할 수 없다. 그러나 10세 이상 14세 미만의 소년에 대해서는 소년법상의 보호처분을 과할 수는 있다. 소년법상의 보호처분은 소년의 건전육성을 위한 것이기 때문이다(소년법 제1조, 제32조).

14세 이상 19세 미만의 소년은 책임무능력자가 아니므로 형벌이나 보안처분을 과할 수 있다. 다만 소년법 제59조 이하에서는 소년에 대한 형벌을 성인에 비해 완화하고 있다.

법무부는 2022년 형사미성년자 범죄의 흉포화 등을 이유로 형사미성년자 연령 기준을 14세에서 13세로 하향하고, 소년법상 13세 이상의 소년에게 사회봉사명령 처분을 가능하도록 하는 개정안을 입법예고하였다. 그러나 13세 소년에 대해 비난가능성을 전제로 한 형벌을 부과하는 것이 타당한지에 대한

1) 대판 2006. 10. 13. 2006도5360; 대판 1999. 4. 27. 99도693 외 다수판결.

심층적 연구는 부족한 실정이다. UN아동권리위원회 역시 2019년 제5·6차 국가보고서에서 현행 형사미성년자 연령 기준을 유지할 것을 권고하기도 했다.

2. 심신장애인(심신상실자, 심신미약자)

> 제10조(심신장애인) ① 심신장애로 인하여 사물을 변별할 능력이 없거나 의사를 결정할 능력이 없는 자의 행위는 벌하지 아니한다.
> ② 심신장애로 인하여 전항의 능력이 미약한 자의 행위는 형을 감경할 수 있다.

(1) 심신장애인의 개념

심신장애인이란 '심신(心神)장애로 인하여 사물을 변별할 능력이 없거나 의사를 결정할 능력이 없거나 미약한 자'를 말한다(형법 제10조 제1, 2항).

(2) 심신장애인의 요건

1) 생물학적 요소(심신장애) 심신장애(心神障碍)는 계속적인 것이든 일시적인 것이든 불문하지만 행위시에 심신장애가 있어야 한다. 책임능력판단에 대한 혼합적 방법에 의하면 생물학적 요소로서의 심신장애의 판단은 규범적 판단이 아니라 정신의학적 판단이다.

통설·판례(대판 1992. 8. 18. 92도1425)에 의하면 심신장애란 정신병, 정신박약 또는 비정상적인 정신상태와 같은 정신적 장애를 의미한다. 신체적 장애는 심신장애에 포함되지 않는다. 심신(心神)장애이지 심신(心身)장애가 아니기 때문이다.

정신병에는 조현병(정신분열증),[1] 노인성치매, 조울증,[2] 간질,[3] 뇌손상[4] 등 다

---

1) 판례에 의하면, 미분화형 정신분열증등 각종 정신분열증(대판 1999. 1. 26. 98도3812; 대판 1998. 4. 10. 98도549; 대판 1994. 5. 13. 94도581; 대판 1980. 5. 27. 80도656; 대판 1992. 8. 18. 92도1425; 대판 1990. 11. 27. 90도2210; 대판 1991. 5. 28. 91도636; 대판 1985. 6. 25. 85도696) 및 정신분열증세와 방화에 대한 억제하기 어려운 충동이 있는 경우(대판 1984. 2. 28. 83도3007) 등은 심신장애에 해당된다.

2) 판례에 의하면, 정신병과 결합된 우울증(대판 1999. 4. 27. 99도693), 우울증과 편집 및 알콜중독증(대판 1989. 3. 14. 89도94) 등은 심신장애에 속한다.

3) 판례에 의하면, 좌측뇌이상 및 간질증상(대판 1988. 12. 13. 88도1792; 대판 1983. 10. 11. 83도1897; 대판 1983. 7. 26. 83도1239; 대판 1983. 7. 12. 83도1262), 간질로 인한 편집성 정신병(대판 1984. 8. 21. 84도1510) 및 측두열성전간(대판 1969. 8. 26. 69도1121), 심한 열등의식·충동적 행동경향과 사회 및 일반인에 대한 적개심과 자기비하정신(自己卑下精神)을 가지고 있는 경우(대판 1984. 2. 14. 83도2785) 등은 심신장애에 속한다.

4) 판례에 의하면, 결핵성뇌막염의 후유증인 정신신경증(대판 1986. 12. 9. 86도2030), 해리신경증(대판 1985. 5. 28. 85도361) 등은 심신장애에 속한다.

양하지만, 그 개념은 의학의 발달에 따라 달라진다. 정신박약 혹은 정신지체란 유전적 원인, 질병 또는 뇌장애로 인하여 청년기 전에 야기된 정신발달의 저지 또는 지체 상태를 말한다.[1)] 비정상적인 정신상태란 실신, 마취, 혼수상태, 깊은 최면상태, 만취,[2)] 극심한 피로, 충격 등에 의한 심한 의식장애를 말한다.

예를 들어 도박벽, 생리기간중의 도벽 등과 같이 감정, 의지, 성격 등의 장애가 심신장애에 속하는가가 문제될 수 있다. 판례는 원칙적으로 충동조절장애와 같은 성격적 결함은 형의 감면사유인 심신장애에 해당하지 아니하지만 그것이 매우 심각하여 원래의 의미의 정신병을 가진 사람과 동등하다고 평가할 수 있는 경우에는 심신장애가 될 수 있다고 한다.[3)] 그러나 반사회적 인격장애만으로 형의 감면사유인 심신장애에 해당되지 않는다고 한다.[4)]

[대판 2007. 2. 8. 2006도7900] 특단의 사정이 없는 한 성격적 결함을 가진 자에 대하여 자신의 충동을 억제하고 법을 준수하도록 요구하는 것이 기대할 수 없는 행위를 요구하는 것이라고는 할 수 없으므로, 사춘기 이전의 소아들을 상대로 한 성행위를 중심으로 성적 흥분을 강하게 일으키는 공상, 성적 충동, 성적 행동이 반복되어 나타나는 소아기호증은 성적인 측면에서의 성격적 결함으로 인하여 나타나는 것으로서, 소아기호증과 같은 질환이 있다는 사정은 그 자체만으로는 형의 감면사유인 심신장애에 해당하지 아니한다고 봄이 상당하고, 다만 그 증상이 매우 심각하여 원래의 의미의 정신병이 있는 사람과 동등하다고 평가할 수 있거나, 다른 심신장애사유와 경합된 경우 등에는 심신장애를 인정할 여지가 있으며, 이 경우 심신장애의 인정 여부는 소아기호증의 정도, 범행의 동기 및 원인, 범행의 경위 및 수단과 태양, 범행 전후의 피고인의 행동, 증거인멸 공작의 유무, 범행 및 그 전후의 상황에 관한 기억의 유무 및 정도, 반성의 빛의 유무, 수사 및 공판정에서의 방어 및 변소의 방법과 태도, 소아기호증 발병 전의 피고인의 성격

1) 판례에 의하면, 종합지능지수 71로서 경계선 정도의 정신박약증(대판 1986. 7. 8. 86도765)은 심신장애에 속한다.

2) 대판 1990. 2. 13. 89도2364; 대판 2004. 7. 9. 2004도2116.

3) 대판 1987. 10. 13. 87도1240; 대판 1990. 11. 27. 90도2210; 대판 1991. 9. 13. 91도1473; 대판 1984. 3. 13. 84도76; 대판 1995. 2. 24. 94도3163; 대판 1999. 4. 27. 99도693; 대판 2002. 5. 24. 2002도1541; 대판 2007. 2. 8. 2006도7900; 대판 2011. 2. 10. 2010도14512.

4) 판례에 의하면, 무생물인 옷 등을 성적 각성과 희열의 자극제로 믿고 성적 흥분을 고취시키는 데 쓰는 성주물성애증(대판 2013. 1. 24. 2012도12689), 소아기호증(대판 2007. 2. 8. 2006도7900), 충동조절장애(대판 2006. 10. 13. 2006도5360), 고도의 흥분상태(대판 1997. 7. 25. 97도1142), 충동조절장애로 인한 병적 도벽(대판 1995. 2. 24. 94도3163), 우울성 인격장애(대판 1984. 3. 13. 84도76) 등도 심신장애에 해당하지 않는다.

과 그 범죄와의 관련성 유무 및 정도 등을 종합하여 법원이 독자적으로 판단할 수 있다.

[대판 2006. 10. 13. 2006도5360] 자신의 충동을 억제하지 못하여 범죄를 저지르게 되는 현상은 정상인에게서도 얼마든지 찾아볼 수 있는 일로서, 특단의 사정이 없는 한 위와 같은 성격적 결함을 가진 사람에 대하여 자신의 충동을 억제하고 법을 준수하도록 요구하는 것이 기대할 수 없는 행위를 요구하는 것이라고는 할 수 없으므로, 원칙적으로 충동조절장애와 같은 성격적 결함은 형의 감면사유인 심신장애에 해당하지 아니한다고 봄이 상당하지만, 충동조절장애와 같은 성격적 결함이라 할지라도 그것이 매우 심각하여 원래의 의미의 정신병을 가진 사람과 동등하다고 평가할 수 있는 경우에는 그로 인한 범행은 심신장애로 인한 범행으로 보아야 한다.

2) 심리적 요소(사물변별능력, 의사결정능력의 결여 또는 미약) 심신장애가 있는 것만으로 심신상실자나 심신미약자가 될 수 없고 위법행위시에 사물변별능력이나 의사결정능력이 결여되었거나 미약해야 한다.

[대판 2007. 2. 8. 2006도7900] 형법 제10조에 규정된 심신장애는 생물학적 요소로서 정신병 또는 비정상적 정신상태와 같은 정신적 장애가 있는 외에 심리학적 요소로서 이와 같은 정신적 장애로 말미암아 사물에 대한 변별능력과 그에 따른 행위통제능력이 결여되거나 감소되었음을 요하므로, 정신적 장애가 있는 자라고 하여도 범행 당시 정상적인 사물변별능력이나 행위통제능력이 있었다면 심신장애로 볼 수 없다.

가. 사물변별능력 이는 '자기 행위의 의미내용 및 그 결과를 이해할 수 있는 지적 능력' 혹은 '사물의 선악과 시비를 합리적으로 판단하여 구별할 수 있는 능력'을 의미한다. 독일형법은 '행위의 불법을 통찰할 수 있는 능력'이라는 표현을 쓰고, 미국의 M'Naghten Rule[1]에서는 '자신의 행위의 성격과 의미를 알고

---

1) 이 규칙은 M'Naghten 사건에서 확립된 것이다. 이 사건에서 피고인은 당시 영국 수상의 개인비서를 사살하였다. 피고인은 수상이 자신을 죽이려고 공모하였다고 믿고 비서를 수상인 줄 알고 살해하였다. 이 사건에서 "정신장애로 인해 행위시에 자신의 행위의 성격과 의미를 알지 못하였거나 자신의 행위가 나쁘다는 것을 알지 못할 정도로 이성이 훼손되었다고 증명된 경우가 아니면 피고인은 정상상태"라는 원칙이 확립되었다(The defendant should be presumed to be sane unless he proves that, at the time he acted, he was "laboring under such a defect of reason, from disease of the mind, as not to know the nature

자신의 행위의 시비를 가릴 수 있는 능력'이라는 표현을 사용한다.

우리나라의 사물변별능력, 미국의 시비분별능력, 독일의 불법통찰능력은 모두 같은 개념이라고 할 수 있다. 그러나 문언상으로는 미국의 시비분별능력은 독일의 불법통찰능력보다는 좀더 넓은 개념이라고 할 수 있고, 우리나라의 사물변별능력이란 독일의 불법통찰능력이라는 개념보다는 미국의 시비분별능력에 더 가까운 것이라고 할 수 있다. 실제에서는 별 차이가 없겠지만 문언상으로는 우리나라나 미국의 기준이 독일의 기준보다 합리적이라고 생각된다.[1]

나. 의사결정능력 이는 '사물을 변별한 바에 따라 의사결정을 하여 자기의 행위를 통제할 수 있는 능력이다. 독일에서는 '불법에 대한 통찰에 따라 행동할 수 있는 능력'이라고 한다. 미국에서는 M'Naghten Rule이 지적 능력에 치우쳤다는 비판이 제기됨에 따라 '저항할 수 없는 충동'(irresistible impulse) 등의 경우에도 심신장애를 인정하기 위해 '자신의 행동을 통제할 수 있는 능력'(capacity to control his conduct)이라는 개념을 도입하였다. 미국의 모범형법전(Model Penal Code) §4.01(1)은 시비분별능력 이외에 '자신의 행동을 법의 요구에 따르도록 하는 능력'(capacity to conform his conduct to the requirement of the law)을 추가하였다. 이것은 제10조의 의사결정능력과 유사한 개념이라고 할 수 있다.

다. 판 례 판례는 사물변별능력이나 의사결정능력은 판단능력 또는 의지능력과 관련된 것으로서 사실의 인식능력이나 기억능력과는 반드시 일치하는 것이 아니라고 한다(대판 1990. 8. 14. 90도1328). 또한 사물변별능력, 의사결정능력의 유무 및 미약과 심리적 요소의 존재 여부는 심신장애의 종류 및 정도, 범행의 동기 및 원인, 범행의 경위 및 수단과 태양, 범행 전후의 피고인의 행동, 증거인멸 공작의 유무, 범행 및 그 전후의 상황에 관한 기억의 유무 및 정도, 반성의 빛 유무, 수사 및 공판정에서의 방어 및 변소의 방법과 태도, 정신병 발병 전의 피고인의 성격과 그 범죄와의 관련성 유무 및 정도 등을 종합하여 법원이 독자적으로 판단한다고 한다(대판 1994. 5. 13. 94도581). 다만, 심신장애의 의심이 있음에도 불구하고 감정을 거치지 않고 심신장애를 인정하는 것은 위법하다고 한다(대판 2006.

---

and quality of the act he was doing; or, if he did know it, that he did not know he was doing what was wrong").

1) 사람을 죽이는 것은 법적으로 금지되어 있는 줄 알지만 신의 명령이므로 도덕적으로 나쁘지 않다고 생각한 사람은 독일법상의 불법통찰능력은 가지고 있다. 그러나 시비분별능력은 가지고 있지 못하다고 할 수도 있다. 따라서 양국의 기준은 차이가 있을 수도 있다.

10. 13. 2006도5360; 대판 2011. 6. 24. 2011도4398 등).

그리고 단순히 범행을 기억하고 있지 않다는 사실만으로 바로 범행당시 심신상실 상태에 있었다고 단정할 수는 없고(대판 1985. 5. 28. 85도361), 정신분열증으로 심신장애의 상태에 있었던 피고인이 피해자를 살해한다는 명확한 의식이 있었고 범행의 경위를 소상하게 기억하고 있었다고 하더라도 단순히 사물의 변별능력이나 의사결정능력이 미약한 상태에 있었다고 단정할 수 없고, 경우에 따라서 그 능력이 결여된 상태에 있었다고 볼 여지가 있다고 한다(대판 1990. 8. 14. 90도1328).

(3) 심신장애인의 행위의 효과

심신상실자는 책임무능력으로 처벌받지 않고, 심신미약자는 한정책임능력자로 형벌이 감경될 수 있다(형법 제10조 제1, 2항). 다만 이들에게 재범위험성이 있는 경우에는 치료감호법상의 치료감호처분을 할 수 있다(치료감호법 제2조).

3. 청각 및 언어 장애인

> 제11조(청각 및 언어 장애인) 듣거나 말하는 데 모두 장애가 있는 사람의 행위에 대해서는 형을 감경한다.

청각 및 언어 장애인이란 듣거나 말하는 데에 모두 장애가 있는 사람을 말한다. 청각 또는 언어 중 어느 하나만 장애가 있는 사람은 포함되지 않는다. 제11조는 생물학적 요소만으로 책임능력을 규정한 것으로서 청각과 언어 장애는 신체장애이므로 제10조의 심신장애에 해당되지는 않는다. 제10조의 심신(心神)은 심신(心身)이 아니기 때문이다.

그러나 이 규정은 청각 및 언어 장애인을 비장애인보다 열등한 사람으로 오해시킬 염려가 있으므로 삭제해야 한다.

Ⅲ. 원인에 있어서 자유로운 행위(원인행위책임범)

> 제10조(심신장애인) ③ 위험의 발생을 예견하고 자의로 심신장애를 야기한 자의 행위에는 전2항의 규정을 적용하지 아니한다.

1. 원인에 있어서 자유로운 행위의 의의

(1) 원인에 있어서 자유로운 행위의 개념

원인에 있어서 자유로운 행위(이하 '원인행위책임범'이라 한다[1])는 'actio libera in causa'라는 용어에서 유래한 것이다. 원인행위책임범이란 ① 책임능력 있는 상태에서 위험의 발생을 예견하고 자의(自意)로 심신장애(책임무능력 혹은 한정책임능력)를 야기하고(원인행위), ② 이 심신장애(책임무능력상태 혹은 한정책임능력) 상태를 이용하여 범죄를 실행하는(결과실현행위) 형태의 범죄를 말한다.

원인행위책임범은 책임능력이 존재하던 시점에서 이루어지는 원인행위와 책임능력이 없거나 미약해진 시점에 이루어지는 결과실현행위 두 가지로 이루어진다. 원인행위책임범이란 용어는 결과실현행위시에는 행위자가 심신장애상태에 있었으므로 사물변별이나 의사결정의 자유가 상실·제한되어 있지만, 원인행위시에는 사물변별이나 의사결정의 자유가 있었다는 데에서 유래한 것이라고 할 수 있다. 원인에 있어서 자유로운 행위라는 용어를 뒤집어서 말한다면 '결과실현에 있어서 부자유한 행위'라고 할 수 있다.

원인행위	→	결과실현행위
위험발생을 예견하고 자의로 심신장애를 야기하는 행위	→	고의·과실에 의한 범죄의 실행행위 (위법행위)
(자유로운 상태; 책임능력상태)		(부자유한 상태; 심신상실·미약상태)

원인행위책임범은 처벌해야 할 범죄이다. 그렇지 않으면 누구든 심신장애상태를 초래하여 죄를 범할 것이므로 제대로 처벌할 수 있는 범죄는 거의 없게 된다. 형법 제10조 제3항도 이러한 취지를 규정하고 있다.[2]

---

1) 원인행위책임범이란 용어는 원인에 있어서 자유로운 행위라는 용어가 너무 길기 때문에 필자가 만든 용어이다. 심신장애상태에서 결과실현행위를 하였음에도 불구하고 책임조각·감경을 인정하지 않는 이유 즉, 책임을 인정하는 이유를 원인행위에서 찾을 수 있다는 의미를 가진 용어이다.

2) '원인에 있어서 자유로운 행위'란 '결과실현에 있어서 부자유한 행위'라고 할 수 있는데, 전자는 처벌에 중점을 둔 용어이다. 만약 이러한 형태의 범죄를 처벌하지 않으려고 하였다면 후자의 용어를 사용하였을 것이다.

(2) 원인행위책임범의 특징

원인행위책임범은 원인행위와 결과실현행위가 원인과 결과로 결합되어 있는 범죄형태이다. 따라서 심신장애를 야기하는 행위와 결과실현행위가 아무런 연관성없이 우연히 이루어지는 경우에는 원인행위책임범이 되지 않는다.

예를 들어 술에 만취한 사람이 걸어가다가 시동이 켜있는 자동차를 발견하고 갑자기 그 차를 운전하고 싶은 충동이 들어 그 차를 몰고 가다가 사고를 내어 사람에게 상처를 입힌 경우에는 원인행위책임범이 문제되지 않는다. 이 사례에서 사고를 내는 결과실현행위시, 즉 업무상과실치상행위시 행위자는 책임무능력상태에 있었다. 그러나 원인행위가 없었기 때문에 원인행위책임범이 될 수 없고, 행위자는 심신상실상태에서의 행위임을 이유로 책임이 조각되어 처벌받지 않는다.

2. 원인행위책임범의 실행의 착수시기

원인행위책임범의 처벌근거가 무엇인지의 문제에 앞서 원인행위책임범의 실행의 착수시기를 살펴봐야 한다. 왜냐하면 원인행위시설에 의하면 행위와 책임의 동시존재원칙이 충족되지만, 결과실현행위시설에 의하면 행위와 책임의 동시존재원칙이 충족되지 않는데 그럼에도 불구하고 처벌하는 근거를 제시해야 하기 때문이다.

(1) 원인행위시설

범죄행위와 책임능력의 동시존재원칙에 충실하려는 견해는 실행의 착수시기[1]를 원인행위시로 파악한다. 과거의 다수설이었다. 이 견해에 의하면 원인행위만을 하고 결과실현행위를 하지 않은 경우에도 실행의 착수가 있어 미수범이 성립한다.

그러나 이 견해에 대해서는 음주행위나 약을 먹는 행위 등을 범죄행위라고 함으로써 구성요건행위의 사회적 정형성을 무시하는 치명적인 문제점을 가지고 있다는 비판이 제기된다. 따라서 최근 우리나라에서는 원인행위시설을 취하는 학자는 찾아보기 힘들다.

(2) 결과실현행위시설

이 견해는 심신장애상태에서의 결과실현행위시를 실행의 착수시기로 파악한다. 원인행위는 책임의 근거는 될 수 있어도 그 자체를 범죄행위라고 보기 어렵

1) 실행의 착수시기에 대해서는 후술 참조.

기 때문이라고 한다. 과거에는 소수설이었으나 현재의 다수설이라고 할 수 있다.[1] 이 견해에 의하면 원인행위만을 하고 결과실현행위는 하지 않았을 경우에는 실행의 착수가 없어 미수범이 성립할 수 없고 예비죄만이 성립할 수 있다.

(3) 결 어

결과실현행위시설이 타당하다. 그 근거는 다음과 같다.

첫째, 형법 제10조 제3항에서 원인행위책임범의 주체는 '위험발생을 예견하고 자의로 심신장애를 야기한 자'이고, 행위의 태양은 '행위'라고 할 수 있는데 여기에서의 '행위'란 실행행위를 의미하고 이것은 곧 결과실현행위라고 할 수 있다. 원인행위는 행위의 주체가 되기 위한 요건에 불과하고 이를 바로 실행행위라고 할 수는 없다. 원인행위는 기껏해야 예비행위가 될 수 있을 뿐이다.

둘째, 원인행위책임범은 결과실현행위시 행위자가 심신미약 상태에서도 성립할 수 있다. 이 경우에는 실행의 착수시기가 결과실현행위시임에 의문이 없다. 원인행위책임범의 실행의 착수시기를 통일적으로 파악하기 위해서는 결과실현행위시에 행위자가 심신상실상태일 경우에도 실행의 착수시기는 결과실현행위시라고 해야 한다.

3. 원인행위책임범의 가벌성 근거

(1) 문제의 소재

원인행위책임범의 실행의 착수시기를 원인행위시라고 하게 되면 행위와 책임의 동시존재원칙을 만족시키는 데에 별 문제가 없다. 그러나 결과실현행위시설을 택하게 되면 원인행위책임범을 벌할 수 있는 근거가 무엇이냐가 중요한 문제가 된다.[2]

---

1) 한편 "책임능력흠결 상태에 빠진 행위자가 실행행위를 향해 진행을 결정적으로 개시한 바로 그 시점"이라는 견해와 원인행위책임범에 대해 특별히 실행의 착수시기를 논할 필요없이 실행의 착수에 관한 주관적 객관설에 의해 해결하면 된다는 견해가 있다. 이 견해들에 의해도 원인행위시에 실행의 착수를 인정하기는 어려울 것이다.

2) 독일형법은 '행위와 책임의 동시존재원칙'을 규정하고 있지만(제20조), 원인행위책임범에 관한 명문규정은 없다. 그리하여 원인행위책임범을 벌하는 이유를 규명해야 한다. 독일에서도 가벌성의 근거를 원인행위에 두는 견해(소위 구성요건모델, Tatbestandmodell)와 결과실현행위에 두는 견해(소위 예외모델, Außnahmemodell)로 대립되어 있다. 후자의 견해는 원인행위책임범은 행위와 책임의 동시존재원칙의 예외를 관습법적으로 인정하는 것이라고 한다. 이 견해에 대해서는 독일헌법 제103조의 죄형법정주의원칙에 위배되고 나아가 책임주의원칙에 위배된다는 비판이 제기된다. 그리하여 독일의 통설·판례는 전자의 입장을 따른다고 한다.

(2) 원인행위와 결과실현행위의 연관성

통설은 원인행위책임범의 처벌근거를 원인행위와 결과실현행위가 원인과 결과로 밀접불가분하게 연결되어 있다는 점에서 찾는다. 행위와 책임의 동시존재원칙도 합리적 근거가 있으면 예외를 인정해야 하는데, 바로 원인행위와 결과실현행위가 인과관계에서 원인과 결과처럼 연관성이 있다는 것이 합리적 근거가 된다는 것이다. 그리고 형법 제10조 제3항은 이를 명문화한 것이라고 할 수 있다는 것이다.[1)]

4. 원인행위책임범의 성립요건

원인행위책임범이 성립하기 위해서는 위험의 발생을 예견하고 자의로 심신장애를 야기하는 행위(원인행위)가 있어야 하고, 심신장애상태에서의 범죄행위(결과실현행위)가 있어야 하고, 원인행위와 결과실현행위 사이에 인과관계가 있어야 한다.

(1) 원인행위

1) 위험발생의 예견 '위험발생의 예견'에서 '위험발생'이란 '개연성있는 결과실현행위와 그로 인한 결과발생의 모든 경우'라고 할 수 있다. 예컨대, 甲이 원인행위시 A를 칼로 찔러 상해할 것을 예견하였으나 실제로는 심신장애상태에서 B를 몽둥이로 때려 상해한 경우, 결과발생은 B를 몽둥이로 때려 상해한 것이다. 甲은 이러한 '결과발생'을 예견하지는 못하였지만, '위험발생'은 예견하였다고 할 수 있다.

따라서 원인행위시 행위자가 예견하였던 위험발생에 속하지 않는 결과가 발생한 경우에는 원인행위책임범이 성립할 수 없다. 예컨대, 甲이 A를 칼로 찔러 상해할 것을 예견하였으나 실제로는 심신장애상태에서 재물을 절취한 경우, 재물절취는 A의 상해를 의도하였을 때에 발생할 수 있는 개연성있는 결과가 아니다. 따라서 원인행위시 결과실현행위를 예견한 경우가 아니므로 원인행위책임범이 성립하지 않고 甲의 절도행위에 대한 책임이 조각되거나 감경된다.

원인행위시에 위험발생을 예견하면 족하고 위험발생을 인용하거나 의욕할 필요까지는 없다. 예컨대 평소 술을 먹으면 폭행을 하는 습벽이 있는 사람이 음주를 하면서 폭행을 할 수도 있다고 예견하였지만 오늘은 절대 폭행을 하지 않겠

1) 따라서 우리 형법에서는 결과실현행위시설이 형법 제10조 제3항에 충실한 해석이기 때문에 구성요건모델이고, 원인행위시설은 제10조 제3항의 문언에 반하기 때문에 예외모델이라고 해야 한다.

다고 결심하였거나 폭행을 하지는 않을 것이라고 생각한 경우, 위험발생에 대한 의욕이나 인용은 없지만 위험발생의 예견은 있다고 할 수 있다. 후술하는 것과 같이 판례는 예견하지 못했지만 예견가능성이 있는 경우도 포함된다고 하지만, 이것은 피고인에게 불리한 유추해석이다.

2) 자의에 의한 심신장애의 야기　'자의(自意)로'의 의미에 대해서는 ① '고의로'라고 해석하는 견해, ② '고의 또는 과실로'라고 해석하는 견해 및 ③ 고의·과실과는 상관없는 '스스로', 즉 '외부적 강요에 의하지 않고 자기 의사에 의해'라고 해석하는 견해[1]가 대립한다.

생각건대 '자의로'는 피고인에게 불리한 개념이므로 엄격하게 해석해야 한다. 그런데 '자의로'를 '고의·과실로' 혹은 '스스로'라고 해석하는 것은 '자의로'라는 문언의 가능한 의미를 넘어서는 해석이라고 할 수 있다. 예를 들어 환각제를 소화제로 알고 먹어 심신장애상태에 빠졌을 때에 과실로 심신장애를 야기했다고 할 수 있어도 자의로 심신장애를 야기했다고 하지는 않는다. 따라서 '자의로'는 아무리 넓게 해석해도 '고의로'보다 넓은 개념이 될 수는 없을 것이다.[2]

(2) 결과실현행위

심신장애상태하에서 범죄행위를 하는 결과실현행위가 있어야 한다. 결과실현행위는 일반적 범죄행위와 마찬가지로 고의·과실·작위·부작위행위가 모두 포함된다.

결과실현행위가 부작위인 경우에는 실행의 착수시기가 원인행위시라는 견해가 있으나 이 경우에도 실행의 착수시기에 관한 주관적 객관설에 따라 실행의 착수시기를 정해야 할 것이다. 예컨대 환자를 수술해야 할 의사가 환자를 살해할 의도로 수술 한 시간 전에 술을 먹고 잠이 들었다고 하더라도 실행의 착수시기는 술을 먹는 시점이 아니라 수술을 하지 않음으로써 환자의 생명침해에 대한 직접

---

1) 이 견해는 '고의로'는 범죄행위에 대해서만 사용하고 심신장애야기 자체는 범죄행위가 아니므로 '자의로'는 '고의로'와는 차원이 다른 개념이라고 한다. 그러나 예를 들어 '고의로 거짓말을 했다'와 같이 범죄행위 이외에 대해서도 '고의로'라는 말이 사용된다.

2) '자의로'라는 개념은 형법 제26조에서도 사용되고 있는데, 이는 피고인에게 유리한 개념이다. 그런데 통설·판례는 동규정의 '자의로'를 '고의로'보다도 좁게 해석한다. 예를 들어 판례는 피해자가 시장에 간 남편이 곧 돌아온다고 하면서 임신중이라고 말하자 강간을 중지한 경우 자의에 의한 중지를 인정하지 않는다(대판 1992. 7. 28. 92도917). 즉, 피고인이 '고의로' 강간행위를 중지하였을지 모르지만, '자의로' 중지한 것이 아니라고 한다. 그렇다면 피고인에게 불리한 개념인 제10조 제3항의 '자의로'를 '과실로'나 '스스로'로 해석할 수는 없다.

적 위험이 발생한 시점이라고 해야 할 것이다.

(3) 인과관계

원인행위와 결과실현행위 사이에는 인과관계가 있어야 한다. 인과관계가 없는 경우에는 원인행위에 대해서만 미수범(원인행위시설) 혹은 예비죄(결과실현행위시설)로 처벌할 수 있다. 결과실현행위는 결과범일 수도 있고 거동범일 수도 있는데, 결과범인 경우에는 결과실현행위와 발생된 결과 사이에도 인과관계가 있어야 함은 물론이다.

5. 원인행위책임범의 유형

(1) 다수설 및 판례의 입장

다수설·판례는 제10조 제3항을 다음과 같이 해석하고 있다.

첫째, '위험발생을 예견하고'라는 규정의 의미가 위험발생을 현실적으로 예견한 경우뿐만 아니라 위험발생의 예견가능성이 있는 경우, 즉 과실로 인하여 위험발생을 예견하지 못한 경우도 포함된다고 한다. 판례는 "형법 제10조 제3항의 규정은 고의에 의한 원인에 있어서의 자유로운 행위만이 아니라 과실에 의한 원인에 있어서의 자유로운 행위까지도 포함하는 것으로서 위험의 발생을 예견할 수 있었는데도 자의로 심신장애를 야기한 경우도 그 적용 대상이 된다고 할 것이어서"라고 한다.[1] 둘째, '자의로'에 '과실로'라는 의미도 포함된다고 한다(다수설).

이러한 해석을 기초로 다수설·판례는 원인행위책임범에는 고의에 의한 원인행위책임범과 과실에 의한 원인행위책임범이 있다고 한다.

[대판 1992. 7. 28. 92도999] 형법 제10조 제3항은 "위험의 발생을 예견하고 자의로 심신장애를 야기한 자의 행위에는 전2항의 규정을 적용하지 아니한다"고 규정하고 있는 바, 이 규정은 고의에 의한 원인에 있어서의 자유로운 행위만이 아니라 과실에 의한 원인에 있어서의 자유로운 행위까지도 포함하는 것으로서 위험의 발생을 예견할 수 있었는데도 자의로 심신장애를 야기한 경우도 그 적용 대상이 된다고 할 것이어서, 피고인이 음주운전을 할 의사를 가지고 음주만취한 후 운전을 결행하여 교통사고를 일으켰다면 피고인은 음주시에 교통사고를 일으킬 위험성을 예견하였는데도 자의로 심신장애를 야기한 경우에 해당하므로 위 법조항에 의하여 심신장애로 인한 감경 등을 할 수 없다.

---

1) 대판 1992. 7. 28. 92도999; 대판 1995. 6. 13. 95도826; 대판 1994. 2. 8. 93도2400; 대판 2007. 7. 27. 2007도4484 등.

(2) 과실 원인행위책임범

결론적으로 말하면 과실 원인행위책임범은 논할 필요도 없는 개념이지만, 다수설 및 판례가 과실 원인행위책임범을 인정하고 있으므로 그것이 무엇을 의미하고 그 효과는 무엇인지 검토해 볼 필요가 있다.

학설·판례를 종합하여 원인행위책임범의 유형을 정리하여 본다면 다음의 표와 같이 12가지로 나눌 수 있다. 즉 원인행위책임범의 요건은 위험발생에 대한 예견, 자의에 의한 심신장애의 야기, 결과실현행위의 세 가지가 있다. 이 중 위험발생의 예견에는 ① 예견 및 인용이나 의욕까지 있는 경우, ② 예견은 있지만 의욕은 물론 인용도 하지 않은 경우, ③ 예견가능성만이 있는 경우 등 세 가지를 생각할 수 있다. 자의로 심신장애를 야기한 경우에는 ① 고의로 심신장애를 야기한 경우와 ② 과실로 심신장애를 야기한 경우를 생각할 수 있고, 결과실현행위가 ① 고의범인 경우와 ② 과실범인 경우를 생각할 수 있다. 각각의 요건을 결합한 경우의 수는 3×2×2=12 즉, 모두 12가지이다.

〈원인행위책임범의 유형; 심신상실을 야기한 경우〉

	원인행위		결과 실현행위	유 형	효 과
	위험발생 예견	심신상실야기			
1	예견 및 인용·의욕	고 의	고 의	고의 원인행위책임범	고의범
2	예견 및 인용·의욕	고 의	과 실	과실 원인행위책임범	과실범
3	예견 및 인용·의욕	과 실	고 의	과실 원인행위책임범	?
4	예견 및 인용·의욕	과 실	과 실	과실 원인행위책임범	과실범
5	예견(인용·의욕없음)	고 의	고 의	고의 원인행위책임범	고의범
6	예견(인용·의욕없음)	고 의	과 실	과실 원인행위책임범	과실범
7	예견(인용·의욕없음)	과 실	고 의	과실 원인행위책임범	?
8	예견(인용·의욕없음)	과 실	과 실	과실 원인행위책임범	과실범
9	예견가능성	고 의	고 의	과실 원인행위책임범	고의범
10	예견가능성	고 의	과 실	과실 원인행위책임범	과실범
11	예견가능성	과 실	고 의	과실 원인행위책임범	?
12	예견가능성	과 실	과 실	과실 원인행위책임범	과실범

* 음영이 있는 부분만 허용되는 해석이다.

* 심신미약을 야기한 경우에는 결과실현행위가 고의범이면 고의범의 책임을 지고, 결과실현행위가 과실범이면 과실범의 책임을 진다.

위 12가지 유형 중 1번과 5번 유형이 고의에 의한 원인행위책임범이라는 데에는 다툼이 없다. 그러나 과실에 의한 원인행위책임범의 개념은 입장에 따라 조금씩 차이가 있다.

판례는 위험발생을 예견하지 못하였지만 '예견가능성'이 있음에도 불구하고 자의로 심신장애를 야기하여 고의 혹은 과실의 결과실현행위를 한 행위를 의미한다고 한다. 따라서 9번, 10번 유형을 과실에 의한 원인행위책임범이라고 인정하고 있음은 분명하나,[1] 6–8번, 11번, 12번 유형도 과실에 의한 원인행위책임범이라고 할 것인지는 아직 불분명하다.

학설 중에는 자의로 심신장애상태를 야기하고 결과실현행위가 과실범인 경우만을 의미한다는 견해, 고의 또는 과실로 심신장애를 야기하고 결과실현행위가 과실범인 경우 및 과실로 심신장애를 야기하고 결과실현행위가 고의범인 경우를 의미한다는 견해, 위험발생에 대한 예견가능성이 있고 고의·과실로 심신장애를 야기하고 고의나 과실의 결과실현행위를 한 경우라는 등의 견해가 있다.

(3) 결 어

첫째, 9, 10, 11, 12번째 유형이 제10조 제3항의 적용대상이 된다고 하는 것은 위험발생을 '예견하고'에 '예견하지는 못하였지만 예견가능성이 있는 경우'를 포함시키는 것으로서 피고인에게 불리한 유추해석금지원칙에 반한다.

둘째, 3, 4, 7, 8번째 유형이 제10조 제3항의 적용대상이 된다고 하는 것은 '자의로'라는 개념에 '과실로'라는 의미까지 포함시키는 것으로서 피고인에게 불리한 유추해석이다.

따라서 제10조 제3항에 포함될 수 있는 원인행위책임범은 1, 2, 5, 6번째 유형인데, 1번이 고의 원인행위책임범이고, 2번, 6번이 과실 원인행위책임범이라는 데에는 별 의문이 없다. 5번의 경우 위험발생에 대한 인용이나 의욕이 없고 예견만이 있다는 의미에서 인식있는 과실 원인행위책임범이라고 할 수도 있겠지만, 제10조 제3항에 의하면 고의범의 효과가 인정된다는 점에서 고의 원인행위책임범이라고 할 수도 있을 것이다.

결국 죄형법정주의에 위반되지 않고 인정될 수 있는 원인행위책임범은 1, 2, 5, 6번 유형이고 이 중 1번, 5번 유형을 고의 원인행위책임범, 2, 6번 유형을 과실 원인행위책임범이라고 할 수 있다. 결국 결과실현행위가 과실범인 경

---

1) 일찍이 대판 1968. 4. 30. 68도400은 위험발생에 대한 예견가능성이 있으면 제10조 제3항이 적용될 가능성을 인정하였다. 이후 대판 1992. 7. 28. 92도999에서 이 경우를 과실에 의한 원인에 있어서 자유로운 행위라고 분명하게 표현하고 있다.

우에만 과실 원인행위책임범이라고 할 수 있는데, 이는 당연한 것이다.

따라서 판례나 다수설이 인정하는 과실 원인행위책임범이라는 개념은 별도로 인정할 필요가 없는 개념이다. 판례가 제시한 과실 원인행위책임범이라는 용어는 전혀 불필요하고 오히려 혼란만을 초래하는 부당한 개념이다. 판례나 다수설이 이러한 부당한 개념을 사용하지 않는다면 과실원인행위책임범의 유형도 논할 필요가 없다.

6. 원인행위책임범의 효과

(1) 원인행위시 책임능력이 있는 경우

1) 제10조 제3항의 의미 원인행위책임범에는 "전2항의 규정을 적용하지 아니한다"(제10조 제3항). 이것은 심신장애에 의한 책임조각이나 책임감경을 인정하지 않는다는 의미이다. 따라서 결과실현행위시 행위자가 심신상실 상태였든 심신미약 상태였든 결과실현행위가 고의범이면 고의범, 과실범이면 과실범의 책임이 조각 또는 감경되지 않는다. 고의, 과실은 주관적 구성요건요소로서 책임요소인 사물변별능력 및 의사결정능력과는 구별되기 때문에 고의범인지 과실범인지는 이미 구성요건 단계에서 결정되기 때문이다. 예를 들어 만취한 사람이 고의로 사람을 때려 상해를 입힌 경우에는 고의상해죄, 비틀거리다가 실수로 다른 사람에게 상처를 입힌 경우에는 과실치상죄에 해당되고, 다만 행위자가 만취상태이므로 책임 조각이나 감경이 문제될 뿐이다. 앞의 1, 2, 5, 6번 유형에는 제10조 제3항이 적용되므로 책임 조각이나 감경이 인정되지 않고 결과실현행위가 고의범이면 고의책임, 과실범이면 과실책임을 진다는 것은 분명하다.

[대판 1996. 6. 11. 96도857] 피고인들은 상습적으로 대마초를 흡연하는 자들로서 이 사건 각 살인범행 당시에도 대마초를 흡연하여 그로 인하여 심신이 다소 미약한 상태에 있었음은 인정되나, 이는 위 피고인들이 피해자들을 살해할 의사를 가지고 범행을 공모한 후에 대마초를 흡연하고, 위 각 범행에 이른 것으로 대마초 흡연시에 이미 범행을 예견하고도 자의로 위와 같은 심신장애를 야기한 경우에 해당하므로, 형법 제10조 제3항에 의하여 심신장애로 인한 감경 등을 할 수 없다.

2) 과실 원인행위책임범 위의 1, 2, 5, 6번 유형 이외에 과실 원인행위책임범을 인정하면서 제10조 제3항을 적용하는 것은 부당하다. 그러나 만약 나머지 유형에 대해 과실 원인행위책임범을 인정하고 제10조 제3항을 적용한다고 하

더라도, 결과실현행위가 과실행위이면 과실책임이 인정되는 것은 분명하다.

문제는 과실 원인행위책임범을 인정하면서 결과실현행위가 고의행위인 경우 고의책임을 인정할 것인지 과실책임을 인정할지이다.

첫째, 판례는 9번 유형을 과실 원인행위책임범이라고 하면서도 결과실현행위가 고의이므로 고의범의 책임을 인정한다. 그러나 이것 이외에 다른 유형의 과실 원인행위책임범을 인정하는지, 인정한다면 어떤 효과를 인정하는지에 대해서는 명확하게 언급하지 않고 있다.

둘째, 학설 중에는 과실 원인행위책임범을 인정하면서 결과실현행위가 고의범이라고 하더라도 과실범을 인정해야 한다는 견해가 있다. 그러나 이에 대해서는 ① 고의, 과실은 책임능력 문제 이전에 정해지는 것이므로 심신상실 상태에서 고의의 결과실현행위를 했음에도 과실책임을 인정하는 것은 부당하고, ② 고의 결과실현행위를 했음에도 심신상실 상태에서 한 경우에는 과실범, 심신미약 상태에서 한 경우에는 고의범의 책임을 인정하는 것은 균형에 맞지 않는다는 비판이 가능하다.

3) 원인행위를 근거로 한 책임 그러나 1, 2, 5, 6번 유형 이외에서 제10조 제3항을 적용하는 것은 부당하지만, 이 경우에도 원인행위에 과실이 있으므로 이것을 근거로 발생된 결과에 대한 과실책임을 물을 수는 있을 것이다. 예를 들어 과실로 심신상실을 야기하고 그 상태에서 고의로 사람을 상해한 경우 제10조 제3항을 적용할 수 없으므로 결과실현행위인 고의상해죄의 책임은 조각된다고 해야 한다. 그러나 과실 심신상실 야기행위(과실 원인행위)와 상해 사이에 인과관계를 인정할 수 있으므로 과실치상죄를 인정할 수는 있을 것이다.

다시 말해 제10조 제3항이 적용되지 않는 과실 원인행위책임범에서는 다음과 같이 해결해야 할 것이다.

첫째, 결과실현행위시 심신미약인 상태인 경우에는 그대로 고의범이나 과실범을 인정하되 제10조 제2항에 따라 그 책임을 감경할 수 있다. 다만 이 경우에도 원인행위시에 존재했던 과실과 발생된 결과 사이에 인과관계(및 객관적 귀속) 등을 인정할 수 있을 때에는 과실범이 인정되고, 여기에 대해서는 제10조 제2항이 적용되지 않는다. 이 경우 결과실현행위에 따른 죄책과 원인행위에 따른 죄책은 법조경합이라고 해야 할 것이다.

예를 들어 평소 술에 취하면 가정폭력을 하는 버릇이 있는 甲이 취할 생각없이 술을 마셨으나 술에 취해 심신미약상태가 되어 집에 가서 가족을 고의 또는 과실로 상해한 경우 제10조 제2항이 적용되어 고의상해죄나 과실치상죄의 책임이 감경될 수 있다. 또한 술에 취할 생각없이 술에 취한 것은 원인행위시에 주의의무 위반이 인정되므로 과실치상죄도 인정될 수 있다. 이 경우 술에 취한 상태에서 행한 고의상해죄만이 성립한다고 해야 한다.

둘째, 결과실현행위시 심신상실 상태인 경우 제10조 제1항이 적용되어 고의범이나 과실범의 책임까지 조각된다. 그러나 원인행위시 존재했던 과실과 고의·과실의 결과실현행위로 발생한 결과 사이에 인과관계(및 객관적 귀속)가 인정되는 경우에는 원인행위에 따른 과실범을 인정할 수 있다. 원인행위시 책임능력이 있었으므로 제10조 제1항은 적용되지 않기 때문이다.

위의 사례에서 甲이 심신상실 상태에서 고의 또는 과실로 가족을 상해한 행위에 대해서는 제10조 제3항이 아니라 제10조 제1항이 적용되어 책임이 조각되지만, 술에 취할 생각없이 술에 취한 행위는 주의의무위반에 해당되고 이에 대해서는 제10조 제1항이 적용되지 않기 때문에 가족을 상해한 결과에 대해서는 과실치상죄가 성립한다고 해야 한다.

(2) 원인행위시 한정책임능력인 경우

심신미약자가 위험발생을 예견하고 자의로 심신상실상태를 야기하여 범죄행위를 한 경우에 형을 감경하지 않고 보통의 형벌을 과할 것인지 아니면 심신미약자의 행위로서 형을 감경(임의적 감경)할 것인지 문제될 수 있지만, 후자가 타당하다고 생각된다.

쉬어가기

다음 설문들에서 甲, 乙의 죄책은?(음주운전죄는 불문함)

【설문 1】 甲은 평소 원한이 있는 A와 B를 살해하기로 결심하였으나 형벌에 처해질 것이 두려워 망설이고 있다가 술에 만취해 A와 B를 살해하기로 계획하였다. 다음 날 저녁 甲은 칼을 준비하고 A의 집 근처에 있는 술집에서 소주 5병을 마시고 A의 집으로 가 A를 살해하였다. A의 집을 나온 甲은 B를 살해하기 위해 B의 집으로 향하였다. 그러나 甲은 너무 취해서 B의 집 앞에 쓰러져 잠들고 말았다. 甲의 죄책과 처벌은?

【설문 2】 애주가인 乙은 평소 습관대로 만취상태가 될 때까지 술을 마셨으나 차를 몰고 집으로 가기로 하였다. 乙은 음주단속에 걸릴지 모르겠다고 생각하였으나 혹시 사고가

난다면 자신이 도주할 것이라는 것까지는 전혀 생각하지 않았다. 乙은 음주단속을 피해 큰 길을 피해 골목길로 운전하고 가다가 행인 C를 치어 부상을 입히고 말았다. 음주운전이 발각될 것을 두려워 한 乙은 C를 구호하지 않고 도주하였다. 乙의 죄책과 처벌은?

【설문 1의 해결】 甲은 A와 B를 살해할 것(위험발생)을 예견하였고 만취한다는 고의도 있었으므로 자의로 심신장애를 야기하였다고 할 수 있다. 甲이 심신상실상태에서 A를 살해하였지만 제10조 제3항이 적용되어 책임이 조각되지 않고 살인죄의 죄책을 진다.

甲이 B를 살해하지 못하였는데, 실행의 착수에 관한 원인행위시설에 의하면 음주시에 실행에 착수하였으나 행위를 종료하지 못하고 미수에 그친 것이므로 甲은 살인죄의 장애미수의 죄책을 진다(형법 제250조 제1항, 제254조, 제25조). 그러나 결과실현행위시설에 의하면 살인죄의 실행에 착수하지 못하고 예비에 그친 것이 된다. 따라서 甲은 B에 대한 살인예비죄의 죄책을 진다(형법 제250조 제1항, 제255조).

결국 원인행위시설에 의하면 甲은 A에 대한 살인죄, B에 대한 살인미수죄의 실체적 경합범의 죄책을 지고, 결과실현행위시설에 의하면 甲은 A에 대한 살인죄, B에 대한 살인예비죄의 실체적 경합범의 죄책을 진다.

【설문 2의 해결】 乙이 평소 습관대로 술을 먹고 만취상태가 되었으므로 자의로 심신상실상태를 야기하였다는 점에는 의문이 없다. 또 음주시에 자신이 음주운전을 할 수 있음과 사고가 발생할 수도 있다는 것도 예견하였다고 할 수 있다. 그러나 사고 후 도주할 것이라는 것까지 예견하였다고는 볼 수는 없다. 그러나 사고 후 도주에 대한 예견가능성은 인정된다.

판례는 사고 후 도주에 대한 예견가능성이 있으므로 과실에 의한 원인행위책임범이지만 도주행위가 고의행위이므로 교통사고 후 운전자도주죄(특가법 제5조의3)의 죄책을 인정한다. 다수설이 업무상과실치상죄를 인정하는 것은 분명하지만 운전자도주죄에 대해서 고의범과 과실범 중 어느 것을 인정할지는 분명하지 않다. 만약 후자라면 과실 운전자도주죄를 처벌하는 규정이 없으므로 이 부분은 무죄이다.

이 사례에서 제10조 제3항을 적용할 수 있는 것은 업무상과실치상죄까지이고, 특가법위반죄부분은 甲이 음주시 이를 예견하지 못하였고 예견가능성만이 있는 경우이므로 제10조 제3항이 적용될 수 없다고 해야 한다. 따라서 甲은 책임무능력상태에서 특가법위반죄를 범하였으므로 이 부분은 책임이 조각되어 무죄라고 해야 한다.

§25

제 3 절 기대가능성

Ⅰ. 기대가능성의 의의

1. 기대가능성의 개념

기대가능성이란 위법행위를 한 사람에 대한 적법행위의 기대가능성을 말한다. 행위 당시의 여러 사정을 종합하여 볼 때 구성요건에 해당하고 위법한 행위를 한 사람이 위법행위를 하지 않고 적법행위를 할 수도 있었을 것이라고 인정될 때에 기대가능성이 있다고 한다.

규범적 책임론에 의하면 책임은 비난가능성인데, 행위 당시 행위자가 위법행위 이외에 다른 행위를 할 수 없었다고 한다면, 즉 적법행위의 기대가능성이 없는 경우에는 행위자를 비난할 수 없고 행위자의 책임이 조각된다. 또한 적법행위의 기대가능성이 있다고 하더라도 그것이 매우 낮다면 책임이 감경된다.

기대가능성이론은 1897년 독일의 제국법원(Reichsgericht, 당시 독일의 대법원)의 Leinenfänger 판결에서 비롯되었다고 한다.

이 사건은 마부인 피고인이 자기의 말이 사람들을 차는 습관이 있음을 알고 있음에도 불구하고 그 말을 몰고 가다가 말이 통행인을 발로 차 상처를 입힌 사건이다. 제국법원은 피고인이 말의 나쁜 습관을 알고 있었지만 말을 몰고 가라는 주인의 명령에 따르지 않았다면 해고될 위험성이 있으므로 피고인이 말을 몰고 가지 않을 것을 기대할 수 없었다고 판시하였다.

이 판결을 계기로 책임판단에서 고의·과실만이 아니라, 행위 당시의 모든 다른 사정도 고려해야 한다는 것이 인정되었으며, 나아가 책임은 비난가능성이라고 하는 규범적 책임론이 정립되기에 이르렀다.

2. 형법규정

우리 형법과 통설·판례도 규범적 책임론과 기대가능성이론을 받아들이고 있다. 총칙상의 강요된 행위(제12조), 과잉방위(제21조 제2, 3항), 과잉피난(제22조 제3항), 과잉자구행위(제23조 제2항) 규정과 각칙상의 친족간의 범인은닉(제151조 제2항), 친족간의 증거인멸(제155조 제4항), 도주원조죄에 비해 도주죄의 형벌이 가벼운 것(제145

조-제147조), 위조통화취득후 지정행사죄(제210조)가 위조통화행사죄(제207조)보다 형벌이 가벼운 것 등의 규정은 기대가능성이 없거나 낮음으로 인해 책임이 조각·감경되는 경우라고 할 수 있다.[1)]

Ⅱ. 기대가능성의 체계적 지위

기대가능성이 적극적 책임요소인가 소극적 책임요소인가에 대해 학설의 대립이 있다.

1. 적극적 책임요소설

기대가능성은 책임능력, 위법성의 인식 등의 책임요소와 동등한 위치를 차지하는 책임요소라는 견해이다. 기대가능성이 비난가능성의 본질적 요소라는 점을 강조하는 견해라고 할 수 있다. 이 견해에 의하면 행위자의 책임을 인정하기 위해서는 책임능력, 위법성인식 등과 마찬가지로 기대가능성의 존재도 확인하여야 한다.

2. 소극적 책임요소설

기대가능성은 책임능력, 위법성의 인식과 동등한 위치에 있지 않고, 책임능력과 위법성인식 등의 책임조건이 구비되면 원칙적으로 책임이 인정되고, 기대가능성은 오로지 책임조각과 책임감경 여부에 관한 사유로서 고려되면 된다고 한다. 다수설의 입장이다.

3. 결 어

위법행위를 한 사람에 대해서는 책임이 사실상 추정되기 때문에 책임능력이나 위법성의 인식(가능성) 등의 책임요소도 피고인에게 입증의 부담이 있다. 이것은 기대가능성도 마찬가지이다. 그리고 책임능력, 위법성인식(가능성), 기대가능성의 존재 모두 검사에게 입증책임이 있으므로 이러한 요소들이 존재하는지 불분명한 경우에는 당연히 'in dubio pro reo'의 원칙이 적용되어 피고인에게 유리하게 판결해야 한다.

---

1) 이것 이외에도 책임능력이나 법률의 착오 등도 어느 정도 기대가능성의 사고가 반영된 것이라고 할 수 있다. 예를 들어 형사미성년자나 심신상실자가 적법행위를 하리라는 기대가능성이 없고, 정당한 이유가 있는 법률의 착오에 빠진 사람이 적법행위를 하리라고 기대할 수 없기 때문에 이들의 책임이 조각된다고 할 수도 있기 때문이다.

소극적 책임요소설에 의하면 기대가능성 유무가 불분명할 때에는 피고인에게 입증책임을 인정할 가능성이 있다. 그러나 기대가능성을 책임능력이나 위법성인식(가능성) 등 책임요소와 달리 다룰 아무런 이유가 없으므로 적극적 책임요소설이 타당하다고 생각된다.

Ⅲ. 기대가능성의 판단기준

기대가능성의 판단기준에 대해서는 국가표준설, 평균인표준설, 행위자표준설 등이 있다.

1. 국가표준설

국가표준설은 국가의 법질서 내지 국가이념에 따라 기대가능성을 판단해야 한다고 한다.

이에 대해서는 국가는 항상 국민에게 적법행위를 요구하므로, 국가표준설에 의하면 기대가능성이 없음을 이유로 책임이 조각되는 경우는 거의 없게 된다는 비판이 제기된다. 또한 국가표준설과 평균인표준설 및 행위자표준설은 서로 기준이 일치하지 않는다. 평균인표준설과 행위자표준설은 일정한 상황에서 평균인 혹은 행위자라면 어떻게 행위하였지를 판단하는 것인데, 국가표준설은 그 상황에서 국가가 어떤 행위를 하였을지가 아니라 그 상황에서 국가가 어떤 행위를 '요구'할 것인가를 기준으로 하는 것이다.

2. 행위자표준설

행위 당시의 행위자의 구체적 능력을 기준으로 하여 기대가능성 여부를 판단하자는 견해이다. 책임은 비난가능성인데 당위(Sollen)는 가능(Können)을 전제로 하고 행위자 개개인에게 불가능한 것을 이유로 비난을 가할 수 없으므로, 행위자의 구체적 능력을 고려하지 않고 기대가능성을 판단하는 것은 무의미하다는 논거를 제시한다.

행위자표준설에 대해서는 행위자의 사정과 능력을 기준으로 하면 기대가능성을 인정할 수 있는 경우가 거의 없게 되고, 특히 확신범의 경우 기대가능성을 인정할 수 없어서 모두 불가벌이 된다는 비판이 제기된다.

3. 평균인표준설

다수설은 일반인 혹은 평균인이 행위자와 동일한 사정하에 있을 때 어떻게 행위하였을지를 기준으로 기대가능성을 판단해야 한다고 한다. 즉 행위자가 처했던 상황에서 평균인도 위법행위를 하였으리라고 판단되면 기대가능성이 없고, 평균인이라면 그러한 사정하에서 적법행위를 하였으리라고 판단되면 기대가능성이 있다고 하는 견해이다. 판례도 평균인표준설을 취하고 있다.

[대판 2008. 10. 23. 2005도10101] 피고인에게 적법행위를 기대할 가능성이 있는지 여부를 판단하기 위하여는 행위 당시의 구체적인 상황하에 행위자 대신에 사회적 평균인을 두고 이 평균인의 관점에서 그 기대가능성 유무를 판단하여야 한다.

평균인표준설에 대해서는 평균인의 개념이 모호하고, 평균인을 기준으로 하면 기대가능성이 책임판단의 문제가 아니라 구성요건이나 위법성판단이 될 수 있다는 비판이 제기된다.

4. 결 어

국가표준설과 행위자표준설은 앞에서 언급한 문제점이 있으므로 현실적으로는 평균인표준설을 따를 수밖에 없다. 또한 형법이 인간관계를 규율하는 규범이라고 한다면 행위자의 비난 여부를 오로지 행위자의 능력과 사정에 따라서만 판단하여서는 안 되고 사회일반인의 관점에서 판단해야 할 것이다. 이런 의미에서 평균인표준설이 타당하다.

그러나 평균인표준설은 현실세계에서의 평균인이 아닌 극히 우수한 사람을 기준으로 한다. 따라서 평균인이 아니라 우수자 혹은 모범자표준설이고 이는 현실세계에서는 거의 보기 힘든 사람라고 할 수 있다. 그러나 이러한 표준을 통해 형법은 모든 국민들로 하여금 자신의 행위와 그 평가에 대해 세심하게 고려할 것을 요구하는 것이다.

Ⅳ. 기대가능성의 착오

기대가능성의 착오란 자신의 행위가 위법하다는 점은 인식하였지만, 자신에게 적법행위의 기대가능성이 있음에도 불구하고 없다고 오인한 경우를 말한다. 여기에는 두 가지 형태가 있을 수 있다.

첫째, 기대가능성의 존재와 한계에 관한 착오이다. 예를 들어 위법한 상사의 명령에 따르면 기대가능성이 없다고 착오한 경우이다. 통설에 의하면 이러한 착오는 범죄성립에 영향을 미치지 못한다.

둘째, 기대가능성의 기초가 되는 상황 혹은 사실관계에 대한 착오이다. 예를 들어 자신의 생명·신체에 대한 폭행·협박이 없음에도 불구하고 폭행·협박이 있다고 오인하고 그러한 상황에서의 행위는 기대가능성이 없다고 판단하고 행위한 경우이다. 이에 대해서는 상당한 이유가 있으면 책임이 조각되고 상당한 이유가 없으면 책임이 조각되지 않는다는 견해, 위법성의 착오를 유추하여 정당한 이유 유무에 따라 책임조각 여부를 결정해야 한다는 견해가 있다. 그러나 이러한 견해에 따른다면 책임능력에 관한 사실의 착오의 경우(예를 들어 14세 된 자가 자신이 13세라고 오인한 경우)도 동일하게 취급해야 할 것이다. 결국 이런 착오들은 모두 양형에서나 고려될 수 있는 사정들이라고 해야 한다.

V. 기대불가능성으로 인한 책임조각·감경사유

1. 강요된 행위

제12조(강요된 행위) 저항할 수 없는 폭력이나 자기 또는 친족의 생명, 신체에 대한 위해를 방어할 방법이 없는 협박에 의하여 강요된 행위는 벌하지 아니한다.

(1) 강요된 행위의 개념 및 법적 성질

강요된 행위란 '저항할 수 없는 폭력이나 자기 또는 친족의 생명·신체에 대한 위해(危害)를 방어할 방법이 없는 협박에 의하여 강요된 행위'를 말한다(형법 제12조).

강요된 행위에서 비난받을 사람은 강요자이지 위법한 행위를 한 피강요자가 아니다. 강요된 행위는 기대불가능성으로 인해 피강요자의 책임이 조각되는 경우이다.[1)]

1) 강요된 행위와 면책적 긴급피난을 비교하는 견해가 있다. 그러나 이는 특별한 의미가 있는 것은 아니다. 강요된 행위와 면책적 긴급피난은 기대불가능성으로 인해 책임이 조각된다는

(2) 강요된 행위의 성립요건

1) 객관적 요건 저항할 수 없는 폭력 또는 자기 또는 친족의 생명·신체에 대한 위해를 방어할 방법이 없는 협박에 의해 강요되어야 한다.[1)]

가. 저항할 수 없는 폭력

A. 폭 력 통설은 폭력을 절대적 폭력과 강제적 폭력으로 나누고, 제12조의 폭력은 강제적 폭력에 한정된다고 한다.[2)] 예를 들어 힘이 센 甲이 힘이 약한 A의 손을 잡아 억지로 허위문서에 서명하게 한 경우와 같이 甲이 절대적 폭력을 행사하였을 때 A의 서명행위는 아예 A의 행위로 볼 수 없기 때문에 강요된 행위의 문제가 생기지 않는다.

강제적 폭력이란 심리적 의미의 폭력으로서, 피강요자의 의사결정의 자유를 박탈하는 폭력을 말한다. 예를 들어 甲이 의사인 A에게 전기고문을 하면서 환자 B를 치료하다 알게 된 비밀을 말하라고 하자 A가 고문을 견디지 못하고 B의 비밀을 누설한 경우이다.

[대판 2007. 6. 29. 2007도3306; 대판 1983. 12. 13. 83도2276] 저항할 수 없는 폭력은 심리적 의미에 있어서 육체적으로 어떤 행위를 절대적으로 하지 아니할 수 없게 하는 경우와 윤리적 의미에 있어서 강압된 경우를 말한다.

B. 저항할 수 없는 폭력 폭력은 저항할 수 없는 폭력이어야 한다. 저항할 수 있는가 없는가는 강요자, 피강요자, 행위상황 등 여러 가지 사정들을 종합적으로 고려하여 판단하여야 한다.[3)] 예를 들어 같은 정도의 폭력을 행사하였더라도 대학생에게는 저항할 수 있는 폭력이 되어도, 초등학생에게는 저항할 수 없는

점에서는 공통점이 있지만, 그 요건은 매우 다르다. 강요된 행위를 면책적 긴급피난의 일종이라고 할 수도 없다. 강요된 행위는 법규적 책임조각사유이지만, 면책적 긴급피난은 초법규적 책임조각사유이다.

1) 따라서 성장교육과정을 통하여 형성된 내재적인 관념 내지 확신으로 인하여 행위자의 의사결정이 사실상 강제되는 경우에는 강요된 행위가 될 수 없다(대판 1990. 3. 27. 89도1670).

2) 폭력은 인간에 의한 폭력의 행사인 폭력행위, 즉 폭행을 의미한다고 할 수 있다. 이런 의미에서 폭행죄, 강요죄, 강도죄 등에서 폭행이라는 용어를 사용하면서 제12조에서만 폭력이라는 용어를 사용한 것은 바람직하지 않다고 생각된다. 강요자의 행위는 대부분 강요자(제324조)에 해당할텐데, 그렇다면 굳이 폭력과 폭행이라는 용어로 구별할 필요가 없을 것이다.

3) 대판 1972. 5. 9. 71도1178: 18세 소년이 취직할 수 있다는 감언에 속아 도일하여 조총련 간부들의 감시 내지 감금하에 강요에 못이겨 공산주의자가 되어 북한에 갈 것을 서약한 행위를 한 경우 저항할 수 없는 폭력(혹은 협박)에 의해 강요된 행위이다.

폭력이 될 수도 있다.

물리적으로 저항이 가능하더라도 심리적으로 저항이 불가능한 경우에도 저항불가능의 폭력이 될 수 있다. 강요된 행위의 폭력은 피강요자의 의사결정의 자유를 박탈하는 성격을 가진 것이기 때문이다. 저항이 불가능한 정도에 이르지 못하는 폭력행사는 교사·방조행위에 불과하므로, 피강요자의 책임이 조각되지 않는다.

나. 자기 또는 친족의 생명·신체에 대한 위해를 방어할 방법이 없는 협박

A. 협 박 협박이란 상대방에게 공포심을 일으킬 수 있는 해악을 고지하는 행위를 말한다. 유형력이 아닌 무형력(언어의 내용)을 수단으로 한다는 점에서 폭력과 구별된다. 명시적 뿐만 아니라 묵시적 협박 즉, 공포심을 일으키는 거동이나 주변의 사정 등이 있는 경우에도 협박이 될 수 있다(대판 1969. 3. 25. 69도94; 대판 1969. 1. 28. 68도1815).

B. 자기 또는 친족의 생명·신체에 대한 위해의 협박 협박은 '자기 또는 친족'의 '생명·신체'에 대한 위해를 가하는 것을 내용으로 해야 한다. 위해는 '자기 또는 친족'의 생명·신체에 대한 것이어야 하므로 친구, 동료, 이웃, 애인 등의 생명·신체에 대한 위해를 내용으로 하는 경우에는 초법규적 책임조각사유가 될 수 있을 뿐이다. 통설은 법률상의 친족뿐만 아니라 사실상의 친족도 포함된다고 한다.

생명·신체에 대한 위해를 요건으로 하므로 재산, 명예, 프라이버시, 경제적·사회적 지위 등에 대한 위해를 내용으로 하는 협박의 경우 제12조에 해당할 수 없고 역시 기대불가능성으로 인한 초법규적 책임조각사유로 문제될 수 있을 뿐이다.

C. 방어할 방법이 없는 협박 방어할 방법이 없다는 것은 피강요자가 강요된 행위 이외에는 다른 행위를 할 수 없을 정도로 의사결정의 자유가 침해되는 것을 말한다. 방어할 방법이 없느냐의 여부 역시 강요자, 피강요자, 강요되는 상황 등을 종합적으로 고려하여 판단해야 한다.

다. 강요된 행위 피강요자의 강요된 행위가 있어야 한다. 강요된 행위는 구성요건에 해당하고 위법한 행위를 의미한다. 강요행위와 강요된 행위 사이에는 인과관계가 있어야 한다.

라. 예견하거나 자초한 강요상태 판례는 행위자가 강요상태를 전혀 예기치 못한 것이라야 하고 만일 강요된 자가 강요된 상태를 자초하였거나 예기하였다면 강요된 행위라고 할 수 없다고 한다.[1] 다수설도 같은 입장이다.

2) 주관적 요건 피강요자가 강요된 행위를 할 당시에 강요상태를 인식하여야 한다. 강요상태가 있음에도 불구하고 이를 인식하지 못하고 한 행위는 강요된 행위가 될 수 없다.

강요상태가 없음에도 있다고 오인하거나 항거불가능이 아님에도 항거불가능하다고 오인한 경우, 과실책임설, 형법 제16조 유추적용설 등이 있으나 단순히 양형상 고려사유라고 해야 할 것이다.

(3) 강요된 행위의 효과

1) 피강요자의 죄책 강요된 행위는 벌하지 않는다. 이것은 기대불가능성으로 피강요자의 책임이 조각된다는 의미이다.

2) 강요자의 죄책

가. 견해의 대립 강요자는 강요된 행위의 교사범의 죄책을 진다는 견해와 간접정범의 죄책을 진다는 견해(다수설)가 있다.

교사범설은 강요된 행위에서 피강요자는 의사결정의 자유만 박탈되어 있고, 자기 행위의 의미와 내용 및 결과를 잘 알고 있어서 생명있는 도구라고 보기 어렵다는 것을 근거로 든다. 간접정범설은 강요자가 피강요자의 의사를 지배하여 강요된 행위를 지배하였다는 것(의사지배를 통한 범행지배)을 근거로 든다. 양자 모두 간접정범에서 우월한 의사지배를 통한 범행지배가 필요하다고 하지만, 교사범설에서는 범행지배를 부정하고 간접정범설은 범행지배를 긍정하는 차이가 있다.

범행지배라는 측면에서는 교사범설이 더 타당하다고 생각된다. 그러나 형법 제34조 제1항은 간접정범을 '어느 행위로 인하여 처벌되지 아니하는 자를 교사 또는 방조하여'라고 하여 우월한 의사지배를 통한 범행지배가 인정되지 않아도 간접정범이 성립할 수 있는 것으로 규정하고 있다. 이를 문리해석하면 강요자는 간접정범의 죄책을 진다고 해야 한다.

나. 실행의 착수시기 다수설은 강요자가 간접정범의 죄책을 진다고 할 경우 그 실행의 착수시기는 강요행위시가 된다고 한다. 그러나 이는 구성요건의 사회적 정형성이라는 요구에 잘 맞지 않는다. 따라서 단순히 강요행위시라고 할 것이 아니라 실행의 착수에 관한 주관적 객관설에 따라 해결해야 할 것이다.

강요자는 강요죄(제324조)의 죄책도 진다. 강요죄의 실행의 착수시기는 폭력이나 협박을 개시한 시점이라고 할 수 있다.

---

1) 대판 1973. 9. 12. 73도1684; 대판 1973. 1. 30. 72도2585; 대판 1971. 2. 23. 70도2629.

다. 죄 수 강요죄(제324조)와 강요된 행위의 교사범 혹은 간접정범과의 죄수가 문제될 수 있다. 이 경우 실체적 경합이라고 할 수도 있으나 상상적 경합(제40조)이라고 보아야 할 것이다. 왜냐하면 강요행위가 동시에 강요된 행위의 교사행위 혹은 이용행위라고 할 수 있기 때문이다.

2. 초법규적 책임조각·감경사유

(1) 초법규적 책임조각·감경사유의 인정여부

불안한 상황에서의 과잉방위(제21조 제3항)나 과잉피난(제22조 제3항) 등처럼 형법에는 기대가능성이 없거나 낮음으로 인해 책임이 조각·감경되는 사례들이 규정되어 있다. 이것들 이외에도 통설은 명문으로 규정되어 있지 않은, 즉 초법규적인 책임조각·감경사유도 인정한다. 책임조각에 대해서는 위법성조각에 대한 제20조와 같은 포괄적 규정이 없으므로, 초법규적 책임조각·감경사유를 인정하는 것이다.

초법규적 책임조각사유로 면책적 긴급피난, 상관의 위법한 명령에 복종한 행위, 낮은 가치의 의무를 이행한 의무의 충돌, 준강요된 행위 등이 제시되고 있다.

(2) 면책적 긴급피난

면책적 긴급피난이란 긴급피난의 요건을 완전히 충족하지는 못하여 위법성이 조각되지 않지만 행위자에게 기대가능성이 없어서 책임이 조각·감경되는 경우이다. 예를 들어 긴급피난의 의사로 행위를 하였으나 보충성의 요건을 충족하지 못한 경우나 동등한 이익 혹은 비교형량이 곤란한 이익을 침해한 경우 위법성은 조각되지 않으나 책임이 조각·감경될 수 있을 것이다.

(3) 위법한 상관의 명령에 따른 행위

부하는 상관의 적법한 명령에는 복종하여야 하지만 위법한 명령에는 복종할 의무가 없고, 또한 복종해서는 안 된다. 그러나 현실적으로는 군대, 경찰 등 특수조직에서는 상관의 명령이 절대적 구속력을 갖는 경우가 있는데 이러한 경우 상관의 위법한 명령에 따른 부하의 책임이 조각·감경될 수 있는가 문제된다. 다수설은 이를 긍정하지만, 판례는 책임조각을 거의 인정하지 않는다.[1)]

1) 대판 1988. 2. 23. 87도2358: 설령 대공수사단 직원은 상관의 명령에 절대복종하여야 한다는 것이 불문율로 되어 있다 할지라도 국민의 기본권인 신체의 자유를 침해하는 고문행위 등이 금지되어 있는 우리의 국법질서에 비추어 볼 때 그와 같은 불문율이 있다는 것만으로는 고문치사와 같이 중대하고도 명백한 위법명령에 따른 행위가 정당한 행위에 해당하거나 강

(4) 낮은 가치의 의무를 이행한 의무의 충돌

의무의 충돌에서 낮은 가치의 의무를 이행하면 위법성이 조각되지 않지만 책임이 조각·감경되는 경우가 있다. 예를 들어 보호의무자가 사망할 위험에 빠진 아이를 구하지 않고 중상해의 위험에 빠진 자신의 아들을 구하였을 경우 위법성은 조각될 수 없으나 책임이 조각·감경될 수는 있을 것이다.

(5) 준강요된 행위

자기 또는 친족이 아닌 친구나 애인의 생명·신체에 대한 위해로 인해 강요된 행위나 자신의 생명·신체가 아닌 재산·명예 등에 대한 위해로 인해 강요된 행위 등은 제12조의 강요된 행위가 될 수 없으나 기대가능성이 없거나 낮음으로 인해 책임이 조각·감경되는 경우가 있을 수 있다.

Ⅵ. 기대가능성에 대한 판례

[대판 1987. 1. 20. 86도874] 수학여행을 온 대학교 3학년생 34명이 지도교수의 인솔하에 피고인 경영의 나이트클럽에 찾아와 단체입장을 원하므로 그들 중 일부만의 학생증을 제시받아 확인하여 본즉 그들이 모두 같은 대학교 같은 학과 소속의 3학년 학생들로서 성년자임이 틀림없어 나머지 학생들의 연령을 개별적, 기계적으로 일일이 증명서로 확인하지 아니하고 그들의 단체입장을 허용함으로써 그들 중에 섞여 있던 미성년자(19세 4개월 남짓된 여학생) 1인을 위 업소에 출입시킨 결과가 되었다면 피고인이 단체입장하는 위 학생들이 모두 성년자일 것으로 믿은데에는 정당한 이유가 있었다고 할 것이고, 따라서 위와 같은 상황아래서 피고인에게 위 학생들 중에 미성년자가 섞여 있을지도 모른다는 것을 예상하여 그들의 증명서를 일일이 확인할 것을 요구하는 것은 사회통념상 기대가능성이 없다.[1)]

[대판 2008. 10. 23. 2005도10101] 이미 유죄의 확정판결을 받은 피고인은 공범의 형사사건에서 그 범행에 대한 증언을 거부할 수 없을 뿐만 아니라 나아가 사실대

요된 행위로서 적법행위에 대한 기대가능성이 없는 경우에 해당하게 되는 것이라고는 볼 수 없다. 대판 2015. 10. 29. 2015도9010도 같은 취지.

1) 기타 기대가능성이 없다는 판례로, 무장공비의 탈출시간으로 추정되는 1978. 12. 4. 24:00경까지 만 4일 6시간 동안 불과 3시간 또는 5시간의 수면을 취한 상태에서 2시간씩 교대로 수면을 취한 행위(대판 1980. 3. 11. 80도141), 북괴에 납북된 피고인들이 앞으로 대한민국으로 돌아갈 수 있을 것인지조차 명백히 알 수 없는 상태에서 그들 요구대로 강연을 하는 등 북괴의 활동을 찬양 고무하고 정보를 제공한 행위(대판 1971. 12. 14. 71도1657), 우연한 기회에 미리 출제될 시험문제를 알게 된 경우(대판 1966. 3. 22. 65도1164) 등.

로 증언하여야 하고, 설사 피고인이 자신의 형사사건에서 시종일관 그 범행을 부인하였다 하더라도 이러한 사정은 위증죄에 관한 양형참작사유로 볼 수 있음은 별론으로 하고 이를 이유로 피고인에게 사실대로 진술할 것을 기대할 가능성이 없다고 볼 수는 없다.

[대판 1986. 5. 27. 86도614] 직장의 상사가 범법행위를 하는데 가담한 부하에게 직무상 지휘복종관계에 있다하여 범법행위에 가담하지 않을 기대가능성이 없다고 할 수 없다.

[대판 2024. 11. 28. 2022도10272] 형법 제151조 제2항의 적용에 따른 처벌·불처벌의 결과는 오롯이 '친족 또는 동거가족 여부'에 따라 결정되어야 하고, 본인과 행위자 사이의 구체적·개별적 관계나 상황을 따져 적법행위에 대한 기대불가능성 유무에 따라 형법 제151조 제2항을 유추적용하는 것은 허용될 수 없다고 보아야 한다. … 그러므로 생부가 인지하지 않아 법률상 친자관계가 발생하지 않은 경우에는 비록 생부와 혼인외 출생자 사이의 자연적 혈연관계로 말미암아 도피시키지 않을 것을 기대하기 어려운 경우가 있다고 하더라도 형법 제151조 제2항을 유추적용할 수는 없다.

§26 제 4 절 위법성의 인식과 법률의 착오

Ⅰ. 형법 제16조

자신의 행위가 위법하다는 것을 알고 위법행위를 한 사람과 자신의 행위가 위법한지를 모르고 위법행위를 한 사람 중 전자가 비난가능성이 더 크고, 후자는 비난가능성이 낮거나 없을 수 있다.[1] 후자와 같이 위법성인식없이 위법행위를 한 경우를 법률의 착오라고 한다. 위법성의 착오, 금지착오[2]라고도 한다.

통설에 의하면 사실의 착오 혹은 구성요건착오는 그 이유를 불문하고 원칙적으로 고의가 조각되고, 착오에 과실이 있는 경우에는 과실범으로 처벌될 수 있다. 그러나 법률의 착오는 원칙적으로 고의를 조각하지 못하고 정당한 이유가 있는 경우에 한하여 책임이 조각된다(형법 제16조).

---

1) 나쁜 행위를 '안 되는 줄 알면서' 한 사람과 '안 되는 줄 모르고' 한 사람 중 전자가 비난가능성이 크다.

2) 이것은 독일형법 제17조의 Verbotsirrtum(금지착오)을 직역한 것이다. 그러나 우리 형법 제16조는 법률의 착오라는 용어를 쓰고 있으므로 이것을 사용해야 할 것이다.

형법 제16조의 의미를 알기 위해서는 먼저 위법성인식의 의미를 파악해야 한다. 위법성인식의 개념을 넓게 파악하면 법률의 착오의 범위는 줄어들고, 위법성인식의 개념을 좁게 파악하면 법률의 착오의 범위는 늘어나게 되기 때문이다.

Ⅱ. 위법성의 인식

1. 위법성인식의 개념

위법성인식이란 위법한 행위를 하는 자가 자신의 행위가 위법하다는 것, 즉 자신의 행위가 법질서 전체적인 관점에서 허용되지 않는다는 것을 인식하고 있는 행위자의 내심상태를 말한다.

위법성의 인식은 자신의 행위가 법질서에 어긋난다는 인식이다. 따라서 단순히 윤리·도덕이나 관습에 위반된다는 인식은 위법성인식이 될 수 없다.

법질서에 위반된다는 인식이 있으면 족하므로, 법질서의 타당성에 의문을 품는 경우에도 위법성의 인식이 있다고 할 수 있다. 따라서 확신범 혹은 양심범의 경우 위법성의 인식은 인정된다.[1)]

2. 위법성인식의 요건

위법성인식이 있다고 하기 위해, 구체적인 금지규정까지 인식할 필요는 없다는 것, 비전문가의 소박한 판단으로 족하다는 것, 수죄의 경우에는 각 죄에 대해 위법성의 인식이 있어야 한다는 것 및 현실적 인식뿐만 아니라 잠재적 혹은 미필적 인식으로 족하다는 것 등에는 견해가 일치되어 있다. 그러나 위법성인식의 구체적 내용에 대해서는 견해가 대립한다.

(1) 판 례

판례는 위법성인식을 가장 넓게 파악하여, 자신의 행위가 사회정의와 조리에 어긋난다는 것을 인식하면 족하다고 한다(대판 1987. 3. 24. 86도2673).

---

1) 확신범 혹은 양심범이란 자신의 행위가 현행법질서에 위반된다는 것은 알지만 좀더 높은 가치의 실현을 위해서 현행법질서를 위반하는 경우를 말한다. 이 경우에는 위법성의 인식이 있다. 종교적 이유로 자녀의 치료에 필요한 수혈을 거부하는 여호와의 증인 신도들이나 과거 군사독재정권 타도를 위해 반정부데모를 한(당시의 집회 및 시위에 관한 법률 위반행위) 대학생들을 예로 들 수 있다. 이 경우에는 자신들의 행위가 실정법에 반한다는 인식이 있으므로 위법성의 인식이 있다.

(2) 학 설

위법성인식을 가장 좁게 인정하는 소수설은 형법적 평가에 반한다는 인식, 즉 '형법위반의 인식'이 있어야 위법성의 인식이 있다고 한다.

다수설은 단순한 윤리규범에 위반된다는 인식으로는 충분하지 않지만 형법위반의 인식까지는 필요하지 않다고 한다. 즉 그 행위가 현행 법질서에 어긋난다는 인식이면 족하므로 민법이나 행정법 등에 위반된다는 인식이 있어도 위법성의 인식이 있다고 한다.

(3) 결 어

판례의 입장은 위법성의 인식이라는 문자적 개념과 너무 동떨어지고, 위법성의 인식과 반윤리·도덕성의 인식을 동일하게 취급하여 지나치게 가벌성의 범위를 넓힐 우려가 있다. 이는 특히 판례가 후술하는 바와 같이 '법률의 부지'가 법률의 착오에 해당하지 않는다고 하는 것과도 무관하지 않다. 소수설에 의하면 위법성인식의 범위를 지나치게 좁혀 법률전문가만이 위법성을 인식할 수 있게 되는 위험성이 있다. 따라서 다수설이 타당하다.

예를 들어 유부남 甲이 성매매가 범죄는 아니지만 성매매를 하다 부인에게 들키면 이혼당한다고 생각한 경우, 판례에 의하면 성매매에 대한 위법성의 인식이 있고, 소수설에 의하면 위법성인식이 없다. 다수설에 의하면 형법위반이라는 인식은 없지만, 단순히 윤리·도덕위반이 아니라 법위반이라는 인식은 있으므로 위법성인식이 인정된다.

3. 위법성인식의 체계적 지위

범죄성립에 위법성의 인식이 필요하고, 위법성인식이 구성요건이나 위법성 요소가 아니라 책임요소라는 점에는 의견이 일치하고 있다. 그러나 책임의 구조와 책임요소 중에서도 위법성인식이 차지하는 위치에 대해서는 견해가 대립하고 있다.

이러한 견해의 대립은 고의를 책임요소로 파악하고 고의성립에 위법성인식이 필요하다고 할 것인가 아니면 고의를 구성요건요소로 파악하고 위법성인식은 고의와는 무관한 독자적 책임요소로 볼 것인가를 중심으로 이루어진다.

(1) 고 의 설

고의설은 위법성의 인식을 고의의 한 구성요소라고 하는 데에서 붙여진 이름이다. 고의설은 고의를 책임요소로 보았던 인과적 범죄체계에서 주장되는 이론이다. 이에 의하면, 고의는 책임요소이고 구성요건적 사실의 인식과 함께 위법성의 인식은 고의의 한 구성부분이므로 위법성의 인식이 없는 경우 고의책임이 조각된다. 다만 위법성의 인식은 없으나 위법성의 인식가능성은 있는 경우에 과실책임과 고의책임 중 어느 것을 인정할 것인가에 따라 엄격고의설과 제한고의설로 나누어진다.

1) 엄격고의설 엄격고의설은 고의설의 입장을 엄격하게 유지하고 예외를 인정하지 않는다. 이에 의하면 위법성의 인식은 고의의 한 구성요소이므로, ① 위법성의 현실적 인식이 있는 경우에만 고의책임을 인정하고, ② 과실로 인해 위법성을 인식하지 못했을 경우에는(위법성의 인식가능성이 있는 경우) 고의책임은 조각되나 과실책임은 인정되고, ③ 위법성의 인식가능성도 없을 경우에는 고의책임 및 과실책임 모두 조각되므로 범죄가 성립하지 않는다고 한다.

엄격고의설에 의하면 구성요건적 사실에 대한 인식이나 위법성의 인식 모두가 고의의 구성요소이므로 구성요건사실에 대한 인식이 없거나 위법성의 인식이 없는 경우 모두 과실범이 성립할 수 있을 뿐이다.

그러나 엄격고의설에 대해서는 과실범처벌규정이 없거나(예를 들어 뇌물로 받은 물건은 훔쳐도 죄가 안 된다고 생각하고 절취한 경우), 과실범의 형벌이 고의범에 비해 현저히 가벼운 경우(예를 들어 살인자를 살해해도 죄가 안 된다고 오인한 경우 엄격고의설에 의하면 과실치사책임을 지게 되는데 이의 형벌은 2년 이하의 금고로서 고의살인죄의 형벌인 사형, 무기, 5년 이상의 징역보다 현저하게 가볍다) 처벌의 공백이 생긴다는 비판이 제기된다.

2) 제한고의설 제한고의설은 고의설의 입장을 엄격하게 유지하지 않고 일정한 예외를 허용한다는 데에서 붙여진 이름이다. 고의의 성립요건을 완화하였다는 의미에서 완화된 고의설이라고 하는 것이 더 정확하다. 제한고의설은 위법성인식의 가능성만 있는 경우(과실로 위법성을 인식하지 못한 경우)에도 고의를 인정한다.[1)]

판례는 "피고인이 부동산중개업협회의 자문을 통하여 인원수의 제한 없이 중개보조원을 채용하는 것이 허용되는 것으로 믿고서 이 사건 위반행위에 이르게 되었다고 하더라도 그러한 사정만으로 자신의 행위가 법령에 저촉되지 않는 것으로 오인함에 정당한 이유가 있는 경우에 해당한다거나 피고인에게 범의가 없었다고 볼 수는 없다"(대판 2000. 8. 18. 2000도2943), "막연하게나마 자기의 행위에 대한 위법의 인식이 있었다고 보지 못할 바 아니므로 위 채권자의 미필적 고의는 인정할

1) 위법성인식가능성설이나 법과실준고의설도 마찬가지의 입장이다.

수 있다"(대판 1988. 12. 13. 88도184)고 한다. 이와 같이 위법성의 인식을 범의, 즉 고의와 연결시키는 것은 제한고의설에 가깝다고 할 수 있다.[1)]

제한고의설에 의하면 엄격고의설과 같은 처벌의 공백은 피할 수 있다. 그러나 제한고의설에 대해서는 '구성요건적 사실의 인식과 위법성의 인식을 모두 고의의 성립요소로 보면서 과실로 구성요건적 사실을 인식하지 못한 경우에는 과실범을 인정하고 과실로 위법성을 인식하지 못한 경우에는 고의범을 인정하는 것은 논리일관성이 없다'는 비판이 가해진다.

(2) 책 임 설

책임설은 고의를 책임요소가 아닌 주관적 구성요건요소라고 하고, 위법성의 인식가능성은 고의와는 무관한 독자적인 책임요소로 본다. 따라서 위법성의 인식(및 인식가능성)이 없는 경우에도 (구성요건적) 고의는 인정되고, 다만 책임을 조각하거나 삼경할 수 있을 뿐이라고 한다.

이에 의하면 ① 위법성의 현실적(확정적·미필적) 인식이 있는 경우에는 책임이 인정되고, ② 과실로 인해 위법성을 인식하지 못한 경우(위법성의 인식가능성이 있는 경우)에는 책임이 감경되고, ③ 위법성의 인식가능성조차 없는 경우에는 책임이 조각된다.

책임설은 고의·과실의 이중적 기능의 인정 여부 또는 '위법성조각사유의 요건(전제)사실의 착오'의 형법적 효과와 관련하여 엄격책임설과 제한책임설로 나뉜다.

1) 엄격책임설 엄격책임설은 책임설의 입장을 엄격하게 유지하고 예외를 인정하지 않는다는 데에서 붙여진 이름이다. 엄격책임설은 고의·과실은 구성요건요소일 뿐이고 책임영역에서는 완전히 배제되어야 한다는 입장이다. 이 견해에 의하면 위법성조각사유의 요건(전제)사실의 착오는 구성요건에 관련된 사실에 대한 착오가 아니라 위법성에 관련된 사실의 착오이기 때문에 모두 법률의 착오로 다루어야 한다.

2) 제한책임설 제한책임설은 책임설의 입장을 엄격하게 유지하지 않고 고의·과실이 구성요건요소일 뿐만 아니라 책임요소로서도 작용한다는 고의·과실

1) 판례가 고의설에서 책임설로 이행하고 있는 것 같다는 견해도 있다. 그러나 판례는 제한고의설에 가까운 표현을 하고 있다. 같은 취지의 판례로, 대판 1989. 2. 14. 87도1860; 대판 1987. 4. 14. 87도160; 대판 1983. 9. 13. 83도1927 등.

의 이중적 기능을 인정하기도 한다. 이 견해는 위법성의 인식이 책임에만 영향을 미치는 것이 아니라 책임요소로서의 고의·과실에도 영향을 미친다고 한다. 제한적 책임설은 위법성조각사유의 요건(전제)사실의 착오에 대해 다음과 같은 입장을 취한다.

가. 사실의 착오 유추적용설 위법성조각사유의 요건(전제)사실의 착오에 대해 구성요건적 사실의 착오를 유추적용하여 (구성요건적) 고의가 조각된다고 하는 입장이다.

나. 법효과제한책임설 과실이 있는 위법성조각사유의 요건사실의 착오에 대해 (구성요건적) 고의가 조각되지는 않지만 형법적 효과만은 고의책임이 아닌 과실책임을 인정하고자 하는 입장이다.

이 견해는 고의는 구성요건단계에서는 행위의 성격을 결정하는 기능을 하고 책임단계에서는 행위자의 비난가능성을 결정하는 이중의 기능을 한다는 것을 전제로 한다. 그런데 위법성조각사유의 요건(전제)사실의 착오에서 그 행위가 (구성요건적) 고의가 있는 행위라고는 할 수 있지만 행위자에게 법적대적(法敵對的) 의사로서의 책임고의는 탈락된다고 한다. 최근의 다수설의 입장이다.

(3) 소극적 구성요건요소이론

이 견해는 위법성을 구성요건해당성의 소극적 측면으로 파악하여 위법성이 있어야 구성요건해당성이 있다고 하여 총체적 불법구성요건을 주장하고, 범죄성립조건을 불법(총체적 불법구성요건해당성)과 책임의 2단계로 파악한다.[1] 이 견해는 총체적 불법구성요건의 적극적 측면 및 소극적 측면을 모두 인식함으로써 성립하는 불법고의 개념을 인정한다.

이 견해에 의하면 총체적 불법구성요건의 적극적 측면에 대한 착오인 사실의 착오(과실범)와 총체적 불법구성요건의 소극적 측면에 대한 착오인 법률의 착오는 모두 불법고의를 조각하게 된다.

소극적 구성요건요소이론에 의하면 사실의 착오, 법률의 착오, 위법성조각사유의 요건(전제)사실의 착오를 일관되게 설명할 수 있는 장점이 있다. 그러나 이 견해에 대해서는 법률의 착오에서 처벌의 공백이 크다는 엄격고의설에 대한 비판과 동일한 비판이 제기된다. 또한 법률의 착오문제와 관계없이 소극적 구성요건이론에 대해서는 구성요건과 위법성의 기능상의 차이를 무시한다는 근본적 비판

1) 소극적 구성요건요소이론에 대해서는 앞의 구성요건이론 참조.

이 제기된다.

(4) 결 어

오늘날 고의가 주관적 구성요건요소라는 데에 견해가 일치되어 있고, 소극적 구성요건요소이론 역시 이론상의 근본적 문제 때문에 지지자가 거의 없다. 따라서 엄격책임설과 제한책임설 그 중에서도 어느 입장이 타당한지에 대해 견해가 대립한다. 결론적으로 엄격책임설이 타당하지만, 이에 대해서는 후술하는 위법성조각사유의 요건(전제)사실의 착오에서 언급하기로 한다.

Ⅲ. 법률의 착오

제16조(법률의 착오) 자기의 행위가 법령에 의하여 죄가 되지 아니하는 것으로 오인한 행위는 그 오인에 정당한 이유가 있는 때에 한하여 벌하지 아니한다.

1. 법률의 착오의 의의

(1) 법률의 착오의 개념

법률의 착오란 위법한 행위를 하는 사람이 자신의 행위의 위법성을 인식하지 못하는 경우, 즉 위법성의 인식없이 위법한 행위를 하는 경우를 말한다. 자신의 행위에 대한 주관적 평가와 객관적 평가가 일치하지 않는 경우이다.

법률의 착오와 과실범은 행위자의 인식에 의하면 범죄가 되지 않고 객관적으로는 범죄가 된다는 공통점을 지니고 있다. 다만 과실범은 구성요건적 고의가 인정되지 않기 때문에 원칙적으로 처벌되지 않고 예외적으로 처벌규정이 있는 경우에만 처벌된다(형법 제13조 및 제14조). 이에 비해 통설에 의하면 법률의 착오는 원칙적으로 고의범으로 처벌되고 정당한 이유가 있는 경우에만 책임이 조각되어 처벌되지 않는다는 점에서 차이가 있다.

(2) 법률의 착오의 문제영역

1) 행정형법과 법률의 착오 법률의 착오는 일반형법에서도 문제되지만, 행정형법에서 특히 많이 문제될 수 있다. 우리나라에는 행정법규위반행위들에 대해 형벌을 과하는 규정을 둔 행정법률들이 다수 존재한다. 이러한 법률들은 기술적·전문적 성격을 가졌기 때문에 많은 사람들이 위법성의 인식없이 위반행위를

하게 되는데, 이 경우 대부분 법률의 착오가 문제될 것이다.[1]

2) 외국인범죄와 법률의 착오 일반형법범과 관련하여서는 외국인범죄에서 법률의 착오가 많이 문제될 수 있다. 나라마다 형법의 내용이 세부적인 면에서 차이가 있어서 한 나라에서 허용되는 행위가 다른 나라에서는 허용되지 않는 경우가 있다. 오늘날과 같이 국제간의 교류가 활발한 상황에서는 우리나라에 온 외국인이 자신의 나라에서는 범죄가 아닌 행위를 하였지만 그 행위가 우리나라에서는 범죄인 경우가 있을 수 있다. 이 경우 역시 외국인에게 위법성의 인식이 없어서 법률의 착오가 문제될 수 있다. 성매매행위 혹은 경미한 마약사용행위를 처벌하지 않는 국가의 국민이 우리나라에 와서 성매매, 마약사용행위를 한 경우를 예로 들 수 있다.

3) 제16조와 법률의 착오의 문제영역 형법 제16조는 법률의 착오에 정당한 이유가 있는 경우에 한하여 벌하지 않는다고 하고 있으므로 법률의 착오와 관련하여 다음의 문제들이 중요하게 다루어진다.

첫째, 행위자가 자신이 위반하는 형벌법규를 전혀 알지 못한 경우인 소위 '법률의 부지'를 법률의 착오의 한 유형으로 볼 것인가의 문제이다.

둘째, 정당한 이유 유무를 어떻게 결정할 것이며, 정당한 이유가 있는 경우 벌하지 않는 이론적 근거는 무엇인가의 문제이다.

셋째, 형법 제16조를 반대해석하면 정당한 이유가 없는 경우에는 벌한다는 취지인데 이 경우 어떻게 처벌해야 하는가의 문제이다.

넷째, 위법성조각사유의 요건(전제)사실의 착오에 대해 어떤 효과를 인정할 것인가의 문제이다.

2. 법률의 착오의 유형과 법률의 부지

(1) 법률의 착오의 유형

1) 직접적 법률의 착오 직접적 법률의 착오란 행위자가 자신의 행위를 금지하는 규범을 잘못 이해하여 위법성을 인식하지 못한 경우를 말한다. 학설은 법률의 부지, 포섭의 착오, 효력의 착오 등이 모두 이에 포함된다고 한다.

---

1) 이는 법률의 착오에 관한 판례를 찾아보면 쉽게 발견할 수 있다. 법률의 착오에 관한 판례에서 문제되는 법률들을 보면 「상표법」, 「약사법」, 「건축법」, 「부동산소유권이전등기등에관한 특별조치법」 등과 같이 대부분 기술적인 내용들로 이루어져 있지만 일정한 위반행위에 대해 형벌을 과하는 규정들을 가진 법률들이다.

그러나 판례는 법률의 부지는 위법성의 인식이 있는 경우로서 법률의 착오에 속하지 않는다고 한다. 법률의 부지는 따로 다루기로 한다.

가. 포섭의 착오 혹은 해석의 착오 포섭의 착오란 행위자가 금지규정의 존재는 알았지만 그 규정을 잘못 해석, 적용하여 자신의 행위는 그 금지규정에 해당하지 않는다고 생각한 경우이다.[1)] 예를 들어 공무원 甲이 뇌물을 받으면 처벌된다는 것을 알았으나 업자들로부터 정기적으로 상납되는 금품은 뇌물이 아니라고 생각하고 그 금품을 받은 경우이다.

나. 효력의 착오 효력의 착오란 유효한 금지규정을 무효라고 생각하고 그 금지규정을 위반하는 행위를 하는 경우를 말한다. 예를 들어 성매매죄폐지가 논의만 되고 성매매죄가 폐지되지 않았음에도 불구하고 성매매죄가 폐지된 것으로 오인하고 성매매한 경우이다.

2) **간접적 법률의 착오** 간접적 법률의 착오란 금지규범 그 자체가 아니라 위법성조각사유와 관련한 판단을 잘못하여 자신의 행위가 위법함에도 불구하고 그 위법성을 인식하지 못한 경우이다.

이에는 두 가지 형태가 있다. 하나는 위법성조각사유의 법적 의미에 대해 착오한 경우이고 다른 하나는 위법성조각사유의 성립요건을 충족하는 사실의 존재에 대해 착오한 경우이다. 전자는 사실관계에 대한 착오는 없이 오로지 법적 평가에 대한 착오이고, 후자는 사실관계의 착오로 인해 법적 평가에 착오를 일으킨 것이다.

가. 위법성조각사유의 요건 그 자체에 대한 착오 이는 위법성조각사유의 법적요건이나 의미, 한계 등을 잘못 앎으로써, 즉 잘못된 법률지식으로 인해 자신의 행위가 위법하다는 것을 인식하지 못한 경우이다.

과거의 침해에 대해서도 정당방위가 허용된다고 오해하고 방위행위를 하거나, 자신의 생명을 구하기 위해 다른 사람의 생명을 침해하는 것도 긴급피난이 된다고 오해하고 피난행위를 한 경우 등을 예로 들 수 있다.

나. 위법성조각사유의 요건(전제)사실에 대한 착오 이는 위법성조각사유의 법적 요건이나 의미, 한계 등은 제대로 알았지만, 그러한 요건을 충족하는 사실이 없음에도 불구하고 있다고 오인한 경우이다. 이 경우 위법행위를 하였지만 행위자에게 위법성의 인식이 없다. 여기에서 '요건사실'이란 '요건을 충족하는 사실'이

1) 이를 해석의 착오 혹은 적용의 착오라고 하는 것이 더 자연스럽다.

라는 의미이다.

예로서 가게의 주인이 가게로 들어오는 손님을 도둑으로 오인하고 정당방위 의사로 폭행하여 내쫓은 경우, 개가 쫓아와 자신을 물려고 한다고 생각하고 피난 의사로 타인의 주거로 들어갔으나 쫓아온 동물은 개가 아닌 토끼였던 경우 등을 들 수 있다.

이 사례에서 행위자는 사실관계에 대한 착오(손님을 도둑으로, 토끼를 개로 착오)로 인해 자신의 행위(폭행·주거침입행위)에 대한 법적 평가에 대해서도 착오하였다. 위법성조각사유의 요건 그 자체에 대한 착오나 위법성조각사유의 요건사실에 대한 착오 모두에서 이중의 착오가 있다고 할 수 있다. 그러나 전자에서는 이중의 법적 평가의 착오가 있었던 반면, 후자에서는 사실관계에 대한 착오와 법적 평가에 대한 착오가 있었다는 점에서 서로 구별된다.

(2) 법률의 부지

1) 법률의 부지의 개념 법률의 부지란 일정한 행위를 처벌하는 법규를 전혀 알지 못하고 그 법규에 위반하는 행위를 하는 경우를 말한다. 효력의 착오나 해석의 착오에서는 행위자가 처벌법규의 존재 자체는 알고 있음에 비해, 법률의 부지에서는 처벌법규의 존재 자체도 모르고 있다는 점에서 차이가 있다.

통설은 법률의 부지를 직접적 법률의 착오의 한 유형으로 보고 있지만, 판례는 법률의 부지는 법률의 착오에 속하지 않는다는 입장을 고수하고 있다. 판례에 의하면 법률의 부지에는 제16조가 적용되지 않고, 따라서 행위자는 정당한 이유 유무에 대한 심사조차 받을 수 없다.

2) 법률의 부지에 대한 판례의 태도 판례는 형법 제16조의 법률의 착오를 "단순한 법률의 부지의 경우를 말하는 것이 아니고 일반적으로 범죄가 되는 행위이지만 자기의 특수한 경우에는 법령에 의하여 허용된 행위로서 죄가 되지 아니한다고 그릇 인식한" 것이라고 한다.[1)]

[대판 2001. 6. 29. 99도5026] 이 사건에서 피고인이 학교교육도 제대로 받지 못한 가정주부로서 보험회사의 지점장이나 영업소장이 규정에 어긋난 행동을 할 줄은 꿈에도 몰랐다든가, 특정경제범죄가중처벌등에관한법률 제9조 제1항이 헌법재판소에서 비록 합헌결정이 났으나 5인의 헌법재판관이 위헌의견을 내었다는 등

---

1) 대판 2021. 2. 10. 2019도18700; 대판 2018. 9. 28. 2018도9828; 대판 2015. 2. 12. 2014도11501; 대판 2015. 1. 15. 2014도9691; 대판 2013. 11. 14. 2013도9769 외 다수판결.

상고이유로 내세우는 사유만으로는 피고인이 자신의 행위가 특히 법령에 의하여 허용된 행위로서 죄가 되지 않는다고 그릇 인식한 경우라고 할 수 없고, 단순한 법률의 부지에 해당하는 경우라고 할 것이[다].

이러한 판례의 태도는 일본의 판례와 학설에 영향을 받은 것으로 보인다. 즉 '법률의 부지는 용서받지 못한다'는 로마법 이래의 전통이 독일형법에도 이어졌고, 독일형법을 본받은 일본형법 제38조는 법률의 부지가 고의에 영향을 미치지 않는다는 명문의 규정을 두었다. 따라서 1935년 조선고등법원은 "…형법 제38조 제3항에 소위 법률을 알지 못하는 것에 해당함으로써 죄를 범할 의사가 없다고 할 수 없다"[1]라고 판시한 바 있다. 이러한 판례의 태도는 우리 형법이 제정된 이후에도 그대로 이어졌으며, 오늘날에 이르기까지 대법원의 확고한 입장이 되고 있다.

3) 판례에 대한 비판 판례가 법률의 부지라는 개념을 인정하는 것은 다음과 같은 문제점이 있다.

첫째, 우리 형법에는 법률의 부지에 관한 명문의 규정이 없다. 따라서 명문 규정이 있는 일본판례에서 유래한 해석론이 우리 형법에도 그대로 타당할 수는 없게 되었다.

둘째, 법률의 부지가 범죄성립에 영향을 미치지 않는다는 판례의 태도는 이미 형법이론적으로는 극복되었다고 할 수 있다.

셋째, 판례에서 법률의 부지이론으로 해결하고 있는 사례들 대부분은 식품위생법, 건축법, 상표법 등과 같은 행정형법위반행위이다. 역사적으로 볼 때 법률의 부지이론은 자연범에나 타당한 이론이다. 살인, 상해, 강도 등과 같은 자연범을 범하고 그것을 금지하는 법률이 있음을 몰랐다고 하는 변명을 받아들이기는 곤란할 것이기 때문이다.[2] 그러나 행정범에까지 법률의 부지 이론을 적용하는 것은 문제이다.

넷째, 판례에 의하면 법규정을 몰라 자신의 행위가 위법하다는 것을 아예 생각조차 하지 않은 경우에는 법률의 착오가 되지 않는다. 그러나 이 경우 행위자가 위법성을 인식하였다고까지 하는 것은 사실을 왜곡하는 것이라고 할

1) 朝高判 1935. 6. 6. 판례총람 16-3. 이 판결 이외에 朝高判 1941. 12. 26. 판례총람 16-5 참조. 다만 조선고등법원은 민사법규의 부지는 범의를 조각한다고 한다. 朝高判 1918. 11. 14. 판례총람 16-1.

2) 자연범과 법정범을 구별하는 확실한 기준은 없지만, 자연범의 성격이 분명한 범죄에 대해서는 법률의 부지이론이 설득력이 있다.

수 있다.

다섯째, 법률의 부지를 인정한 판례들 중에는 법률의 부지이기 때문에 법률의 착오에 해당하지 않는다고 한 판례들도 있지만, 나아가 법률의 부지이기 때문에 정당한 이유가 없다고 한 판례들도 많이 있다.[1] 이는 판례도 법률의 부지가 법률의 착오의 한 예에 불과하다는 것을 부지불식간에 인정하고 있음을 보여주는 것이라고 할 수 있다.

여섯째, '법률의 부지'란 용어는 정확하게 말하면 '법률의 부지에서 야기된 법률의 착오'라고 할 수 있다. 그런데 형법 제16조에서 법률의 부지를 제외하는 것은 피고인에게 유리한 규정을 축소해석하는 것으로서 허용되지 않는 해석이다.

일곱째, 일본형법은 법률의 부지를 인정하면서도 형을 감경할 수 있도록 하고 있다. 그러나 우리 판례는 법률의 부지에 대해 임의적 감경도 허용하고 있지 않다.

3. 법률의 착오와 정당한 이유

(1) '정당한 이유'와 '과실'

형법 제16조는 정당한 이유가 있는 경우에만 법률의 착오가 처벌되지 않는다고 한다. 여기에서 정당한 이유가 있다는 것이 무엇을 의미하는가가 문제된다. 대부분의 학설은 독일형법의 해석론을 차용하여 착오의 회피가능성 유무로 정당한 이유 유무를 판단하고, 회피가능성 유무는 곧 법률의 착오에서의 과실의 유무라고 한다.[2]

판례도 정당한 이유 유무를 착오에 대한 과실 유무로 판단한다.[3] 그리고 다음과 같이 과실 유무를 판단하는 기준을 제시하고 있다.

[대판 2008. 2. 28. 2007도5987; 대판 2006. 9. 28. 2006도4666] 정당한 이유가 있는지 여부는 행위자에게 자기 행위의 위법의 가능성에 대해 심사숙고하거나 조회할 수 있는 계기가 있어 자신의 지적능력을 다하여 이를 회피하기 위한 진지한 노력을 다하였더라면 스스로의 행위에 대하여 위법성을 인식할 수 있는 가능성이 있었음에도 이를 다하지 못한 결과 자기 행위의 위법성을 인식하지 못한 것인지

1) 대판 1997. 6. 27. 95도1964 판결; 대판 2007. 11. 15. 2007도6775 등.

2) 다만 그 주의정도가 과실범에서의 주의정도보다 높은가에 대해서만 견해가 대립되어 있다.

3) 대판 1983. 2. 22. 81도2763은 "…또 그렇게 오인함에 어떤 과실이 있음을 가려낼 수 없어 정당한 이유가 있는 경우에 해당한다"라고 한다.

여부에 따라 판단하여야 할 것이며, 이러한 위법성의 인식에 필요한 노력의 정도는 구체적인 행위정황과 행위자 개인의 인식능력 그리고 행위자가 속한 사회집단에 따라 달리 평가되어야 한다.

그러나 '정당한 이유가 있는 때'라는 표현과 '회피 불가능한 때' 혹은 '과실이 없는 때'라고 하는 표현은 도저히 같은 의미를 가진 것이라고 할 수 없다. 독일형법에는 '착오가 회피불가능한 때' 혹은 '착오가 회피가능한 때'라는 명문규정(제17조)[1]이 있으므로, 독일에서 법률의 착오를 회피가능성을 중심으로 다루는 것은 당연하다. 하지만 우리 형법에는 '그 오인에 정당한 이유가 있는 때'라고 규정되어 있으므로 이를 바로 과실 유무로 판단하는 것은 문제가 있다.

이러한 관점에서 보면, 법률의 착오에 과실이 인정된다고 하더라도 정당한 이유가 있다고 할 수 있는 경우도 있을 수 있을 것이다. 독일과 달리 우리나라에서 법률의 착오가 문제되는 사례의 대부분은 행정형법범이므로, 형법 제16조가 법률의 착오의 면책범위를 좀더 넓게 인정하고 있다고 해석하는 것이 우리 현실에도 맞다고 할 수 있다.

(2) 정당한 이유 유무에 대한 판례

우리 판례는 법률의 착오에 관한 상당수의 사건들을 법률의 부지이론으로 해결하고, 또한 법률의 착오를 인정하는 경우에도 담당공무원이 잘못 알려준 것을 믿은 경우[2] 등과 같이 극히 제한된 경우에서만 정당한 이유를 인정하고 있다.[3]

[대판 1995. 8. 25. 95도717] 가감삼십전대보초와 한약 가지 수에만 차이가 있는 십전대보초를 제조하고 그 효능에 관하여 광고를 한 사실에 대하여 이전에 검찰의 혐의없음 결정을 받은 적이 있다면, 피고인이 비록 한의사 약사 한약업사 면허나 의약품판매업 허가가 없이 의약품인 가감삼십전대보초를 판매하였다고 하더라도 자기의 행위가 법령에 의하여 죄가 되지 않는 것으로 믿을 수밖에 없었고,

---

1) 독일형법 제17조에는 "범행시 위법성의 인식이 없는 자는 그 착오가 회피불가능한 때에는 책임이 조각된다. 그 착오가 회피가능한 때에는 제49조 제1항에 따라 형벌을 감경한다"라고 규정되어 있다.

2) 정당한 이유를 인정한 판례로, 대판 2015. 1. 15. 2013도15027; 대판 2009. 10. 29. 2009도5945; 대판 2005. 8. 19. 2005도1697; 대판 2005. 6. 10. 2005도835; 대판 2002. 5. 17. 2001도4077; 대판 1982. 1. 19. 81도646; 대판 1983. 2. 22. 81도2763; 대판 1992. 5. 22. 91도2525; 대판 1995. 7. 11. 94도1814; 대판 1993. 10. 12. 93도1888; 대판 1995. 8. 25. 95도717 등.

3) 심지어 판례는 변호사의 자문을 받았다고 하더라도 정당한 이유를 인정할 수 없다고도 한다(대판 2021. 2. 10. 2019도18700).

또 그렇게 오인함에 있어서 정당한 이유가 있는 경우에 해당한다.
[대판 2006. 3. 24. 2005도3717] 변호사 자격을 갖춘 국회의원인 피고인이 그 보좌관을 통하여 관할 선거관리위원회 직원에게 구두로 문의하여 이 사건 의정보고서에 앞서 본 바와 같은 내용을 게재하는 것이 허용된다는 답변을 들은 것만으로는, 자신의 지적 능력을 다하여 이를 회피하기 위한 진지한 노력을 다 하였다고 볼 수 없고, 그 결과 자신의 행위의 위법성을 인식하지 못한 것이라고 할 것이므로 그에 대해 정당한 이유가 있다고 하기 어렵다.
[대판 2021. 11. 25. 2021도10903] 법률위반 행위 중간에 일시적으로 판례에 따라 그 행위가 처벌대상이 되지 않는 것으로 해석되었던 적이 있었다고 하더라도 그것만으로 자신의 행위가 처벌되지 않는 것으로 믿은 데에 정당한 이유가 있다고 할 수 없다.

그러나 정당한 이유를 제한된 범위에서만 인정하고 있는 판례의 태도는 바람직하다고 할 수 없다. 정당한 이유 유무에 대한 판례에서 문제된 범죄들을 보면 형법전이나 형사특별법에 규정되어 있는 범죄는 거의 없고, 거의 전부가 행정법적 성격을 가진 법률의 벌칙규정에서 범죄로 되어 있는 것들이기 때문이다.

4. 법률의 착오의 효과

정당한 이유가 있는 법률의 착오는 행위자의 책임이 조각되므로 벌하지 않는다(제16조).

정당한 이유가 없는 법률의 착오 즉 행위자에게 법률의 착오에 대한 과실이 있는 경우[1]의 효과에 대해서는 다음과 같이 견해가 대립한다.

첫째, 고의설 중 엄격고의설에 의하면 행위자에게 위법성의 현실적 인식은 없어서 (책임요소로서의) 고의가 인정되지 않으므로 행위자는 과실범의 책임을 진다. 그러나 제한고의설에 의하면 위법성의 인식가능성이 있으므로 행위자는 고의범의 책임을 진다.

둘째, 책임설에 의하면 구성요건적 고의가 인정되고 책임이 조각되지 않으므로 행위자는 고의범의 책임을 진다. 다만, 책임이 감경되므로 형벌이 감경될 수 있다.

셋째, 소극적 구성요건요소이론에 의하면 불법고의가 인정되지 않으므로 행

1) 앞에서 언급한 것처럼 정당한 이유 유무와 과실 유무는 같다고 할 수 없다는 문제점만 제시하고, 이하에서는 정당한 이유 유무를 과실의 유무로 보는 입장에 따라서 논의하기로 한다.

위자는 과실범의 책임을 진다.

5. 위법성조각사유의 요건(전제)사실의 착오

(1) 개 념

위법성조각사유의 요건사실의 착오란 위법성조각사유의 객관적 성립요건을 충족하는 사실이 없음에도 불구하고 행위자가 그러한 사실이 있다고 오인하고 방위행위, 피난행위 등을 하는 경우를 말한다.[1)]

가게주인 甲이 손님을 도둑이라 생각하고 정당방위의사로써 손님을 폭행하여 내쫓거나(오상방위), 개가 자신을 문다고 생각하고 긴급피난의사로써 타인의 주거로 들어갔지만 개가 아니라 토끼였다는 것이 판명된 경우(오상피난) 등을 예로 들 수 있다.

이 사례들에서 甲·乙 모두 위법한 폭행, 주거침입행위를 하였지만 각자 자신들의 행위가 정당방위 혹은 긴급피난이라고 생각하여 위법성의 인식이 없었다. 甲·乙은 정당방위나 긴급피난의 법적 요건 그 자체를 오인하지는 않았고, 정당방위나 긴급피난의 요건을 충족하는 사실(요건사실)이 없음에도 불구하고 있다고 오인하였다. 이러한 착오는 법적 평가에 대한 착오가 아니라 사실관계에 대한 착오이다. 다만 구성요건적 사실관계에 대한 착오가 아니라 위법성조각사유의 요건적 사실관계의 착오이다. 그리고 甲, 乙은 자신의 행위가 위법행위임에도 불구하고 위법하지 않다고 오인하였는데, 이는 법적 평가의 착오이다. 위의 사례에서 甲, 乙에게는 사실관계에 대한 착오와 법적 평가에 대한 착오라는 이중의 착오가 있었다고 할 수 있다.

(2) 효 과

위법성조각사유의 요건사실의 착오에 행위자의 과실이 없는 경우 행위자의 책임이 조각된다는 데에는 견해가 일치한다. 그러나 과실이 있는 경우 행위자가 어떤 책임을 지는가에 대해서는 다음과 같이 견해가 대립한다.

1) 위법성조각사유의 요건사실의 착오를 허용구성요건의 착오라고도 하지만 별로 바람직한 용어는 아니다. 또한 위법성조각사유의 전제사실의 착오라는 용어도 적절한 용어가 아니다. 대법원(대판 2023. 11. 2. 2023도10768)이나 하급심판례에서도 이 용어를 사용하고 있다. 그러나 '전제'는 독일어의 Voraussetzung을 직역한 것인데 이 경우에는 '요건'이라고 번역해야 한다. 왜냐하면 정당방위의 성립'요건'이라고 하지 정당방위의 성립'전제'라고 하지 않기 때문이다. 즉, 사실의 착오가 구성'요건사실'의 착오를 의미하는 것과 같이 정당화 '요건사실'의 착오 내지 위법성조각사유의 '요건사실'의 착오라고 하는 것이 더 명확하다.

1) 고 의 설 엄격고의설에 의하면 행위자에게 위법성의 현실적 인식이 없어서 고의가 조각되므로 행위자는 과실범의 책임을 진다. 제한고의설에 의하면 위법성인식가능성이 있으므로 고의가 인정되고 따라서 행위자는 고의범의 책임을 진다.

2) 책 임 설

가. 엄격책임설 이 견해는 위법성에 관련된 모든 착오를 예외없이 법률의 착오로 파악한다. 이 사례에서 (구성요건적) 고의가 인정되고, 위법성의 인식가능성이 있어서 책임이 조각되지 않으므로 행위자는 고의범의 책임을 진다. 행위자에게 위법성의 인식가능성이 있으면(즉 착오에 대해 과실이 있으면) 책임이 감경되고, 위법성의 인식가능성이 없으면(착오에 대해 과실이 없으면) 책임이 조각된다고 한다.

나. 제한책임설 이 견해는 위법성조각사유의 요건사실의 착오를 일반적인 법률의 착오와 달리 취급한다. 전자에서는 비록 구성요건 관련 사실의 착오가 아니고 위법성조각사유요건 관련 사실의 착오이기는 하지만 사실관계의 착오가 있고, 후자에서는 순수한 법적 평가의 착오만 있기 때문이라는 것이다. 따라서 전자의 경우 과실범의 책임을 인정하려고 한다.

A. 사실의 착오 유추적용설 이 견해는 위법성조각사유의 요건사실의 착오는 구성요건사실의 착오는 아니지만 사실관계에 대한 착오라는 점에서 유사하므로 위법성조각사유의 요건사실의 착오에 사실의 착오를 유추적용하자고 한다. 따라서 위법성조각사유의 요건사실의 착오는 과실범의 구성요건에 해당되므로 행위자에게 과실범의 책임을 인정한다.

B. 법효과제한책임설 이 견해는 사실의 착오 유추적용설과 달리 위법성조각사유의 요건사실의 착오는 고의범의 구성요건해당성 및 위법성은 있다고 한다. 그러나 행위자에게 법적대적 의사[1]인 책임고의가 없으므로 고의범의 책임이 아니라 과실범의 책임만을 인정한다. 다수설의 입장이다.

3) 소극적 구성요건요소이론 이 견해에 의하면 위법성조각사유의 요건사실의 착오에서 불법고의가 인정되지 않으므로 행위자의 행위는 과실범의 구성요건에 해당되고, 행위자는 과실범의 책임을 진다.

4) 판 례 판례는 당번병이 중대장의 배우자로부터 비가 오니 우산

1) 법적대적(法敵對的) 의사란 법을 적대시하는 의사 즉, 자신의 행위가 위법하다는 사실을 알면서도 위법행위를 한다는 의사를 말한다.

을 들고 마중 나오라는 연락을 받고 당번병으로서 당연히 해야 하는 임무범위 내의 일이라고 오인하고 중대장의 직접적인 허가를 받지 않은 채 관사이탈을 한 행위와 관련하여, 오인에 정당한 이유가 있어 '위법성이 없다'고 하였다(대판 1986. 10. 28. 86도1406).[1)]

또한 판례는 형법 제310조와 관련하여 허위사실을 진실한 사실로 오인하고 공공의 이익을 위해 적시한 경우 허위의 사실을 진실한 사실로 믿을 만한 상당한 이유가 있는 경우에는 명예훼손행위의 위법성이 조각된다고 한다.[2)] 이에 대해 학설들은 이 경우는 제310조의 위법성조각사유의 요건사실의 착오로 다루어야 한다고 한다.

5) 결 어 현재 고의설이나 소극적 구성요건요소이론을 지지하는 학자는 거의 없다. 그리고 대법원판례는 정식으로 위법성조각사유의 요건사실의 착오를 인정하거나 그에 대한 효과를 언급하지는 않고 이를 법률의 착오로 다루고 있다고 할 수 있다. 따라서 현재로서는 엄격책임설과 제한책임설 중 어느 입장이 더 타당한지 문제된다.

사실의 착오 유추적용설은 위법성조각사유의 요건사실의 착오를 고의범이 아니라 과실범의 구성요건해당성과 위법성이 있는 것으로 보게 되는데, 이것은 지나치다고 할 수 있다.

다수설인 법효과제한책임설은 고의범의 구성요건해당성 및 위법성을 인정하면서도 과실범으로서의 책임만을 인정한다. 그런데 이 경우 고의책임을 인정하는 것이 원칙이고 과실책임을 인정하는 것은 원칙에 대한 중대한 예외를 인정하는 것이다. 그리고 이러한 중대한 예외를 인정하기 위해서는 충분한 합리적 근거가 제시되어야 하고, 예외를 인정할 충분한 근거가 제시되지 않을 경우에는 원칙에 따라야 한다.

법효과제한책임설은 책임고의의 탈락을 중대한 예외의 근거로 제시하지만, 여기에는 다음과 같은 문제점이 있다.

첫째, 법적대적 의사로서의 책임고의라는 개념이 불분명하고, 이와 같은 불분명한 개념은 중대한 예외를 인정할 충분한 근거가 될 수 없다.

둘째, 일반적인 법률의 착오에서도 행위자에게 법적대적 의사는 없으므로 책임고의가 탈락하고 따라서 과실범의 효과만을 인정해야 한다고 해야 한다.

이러한 의미에서 고의책임을 인정하되 책임이 감경될 수 있다고 하는 엄격

1) 그러나 이 경우는 책임이 조각된다고 하는 것이 맞을 것이다.
2) 대판 2007. 12. 14. 2006도2074; 대판 1993. 6. 22. 92도3160.

책임설이 가장 타당하다고 생각된다.

쉬어가기

【설문】 甲은 하산하다가 야생 멧돼지에게 쫓겨 급히 도망치며 달리던 중 마침 乙의 전원주택을 발견하고 그 집으로 뛰어들어가 몸을 숨겨 위기를 모면하였다. 집주인 乙은 甲을 도둑으로 오인하여, 그를 쫓아내려는 의도로 "도둑이야!"라고 외쳤다. 甲이 자초지종을 설명하려고 다가가자 乙은 자신을 공격하려는 것으로 오인하여 그의 가슴을 힘껏 밀어 넘어뜨렸다. 이 사안에서 乙이 오인한 점에 대하여 과실이 인정된다고 볼 때, 甲과 乙의 형사책임은?(견해대립이 있을 경우 각 견해에 따른 결론을 제시할 것)

【설문의 해결】 1. 甲이 乙의 집에 뛰어든 행위는 주거침입죄의 구성요건에 해당하나 긴급피난에 해당하여 위법성이 조각된다.

2. 乙의 행위는 폭행죄의 구성요건에 해당하나 위법성조각사유의 요건사실에 대한 착오가 문제된다. (1) 사실의 착오 유추적용설에 의하면 폭행의 구성요건적 고의가 배제되고 과실폭행죄는 처벌규정이 없어 결국 무죄이다. (2) 법효과 제한책임설에 의하면 폭행의 구성요건적 고의는 인정되지만 책임고의가 조각되어 과실범이 문제되나 과실폭행죄는 처벌규정이 없어 무죄이다. (3) 엄격책임설에 의하면 착오에 과실이 인정되므로(위법성의 인식가능성이 있으므로) 폭행죄가 성립한다. (4) 소극적 구성요건요소이론에 의하면 폭행의 불법고의는 인정되지 않고 과실범이 문제될 뿐이나 과실폭행죄는 처벌규정이 없어 결국 무죄이다.

6. 오상과잉방위

(1) 개　　념

오상과잉방위란 오상방위와 과잉방위가 결합되어 있는 경우로서 행위자가 이중의 착오를 일으킨 경우이다. 여기에도 정당방위의 법적 요건 그 자체를 착오하고 과잉방위를 하는 경우와 정당방위의 요건사실의 착오를 하고 과잉방위를 하는 두 가지 경우가 있을 수 있다. 그러나 전자는 일반적인 법률의 착오의 문제로 다루면 되므로, 일반적으로는 오상과잉방위라고 할 때에는 후자를 의미한다.

예를 들어, 가게주인이 손님을 도둑으로 오인하고 이 경우 살해해도 정당방위가 된다고 생각하고 도둑을 살해한 경우이다.

오상과잉방위의 법리는 오상과잉피난, 오상과잉자구행위에도 그대로 적용될 수 있다.

(2) 효 과

1) 견해의 대립 첫째, 오상과잉방위도 정당방위상황에 대한 착오라는 사실관계의 착오를 수반한 것이므로 오상방위의 예에 따라 엄격책임설 혹은 제한책임설에 의해 해결하자는 견해이다(다수설).

둘째, 오상과잉방위는 과잉방위로 처리해야 한다는 입장이다. 사실관계의 착오가 없는 단순한 과잉방위는 고의범으로 처벌되는 데에 비해 사실관계의 착오를 수반한 오상과잉방위를 오상방위로 다루어 과실범으로도 처벌하는 것은 균형이 맞지 않는다는 것이다.

셋째, 행위자가 과잉성을 인식한 경우에는 과잉방위로 처벌하고, 행위자가 과잉성에 대한 인식없이 정당방위로 생각하였으나 그 정도를 초과한 경우에는 오상방위로 처리하자는 견해이다.

2) 결 어 행위자가 과잉성을 인식한 경우에는 과잉방위도 되지 않기 때문에 세 번째 견해는 타당하다고 할 수 없다.

오상방위설과 과잉방위설의 대립은 제한책임설을 취할 때에만 의미가 있다. 제한책임설에 의하면 오상방위는 과실범, 과잉방위는 고의범으로 처벌해야 하기 때문이다. 제한책임설을 따른다면 오상방위설이 더 타당하다고 생각된다.

결국 이 문제도 엄격책임설에 의해 해결해야 한다. 엄격책임설에 의하면 오상방위와 과잉방위 모두 고의범으로 처벌되므로 오상과잉방위 역시 고의범으로 처벌된다. 그리고 오상과잉방위에는 제21조 제2항과 제3항을 적용할 수 없으므로, 초법규적 책임조각·감경을 인정해야 할 것이다.

이와 같이 오상과잉방위를 이론상 간명하고, 구체적 타당성있게 해결할 수 있다는 점도 제한책임설에 비해 엄격책임설이 가진 장점이다.

제 5 장 미 수 론

제 1 절 미수의 일반이론 §27

Ⅰ. 범죄의 실현단계

고의범의 범죄실현단계를 분석하여 보면 ① 범죄의 결심, ② 범죄의사의 표시, ③ 범죄의 음모·예비, ④ 실행의 착수, ⑤ 미수, ⑥ 기수, ⑦ 범죄의 종료, ⑧ 범죄의 완료 등으로 나눌 수 있다.

모든 고의범이 이러한 단계를 모두 거치는 것은 아니다. 범죄의사의 표시, 예비·음모 등의 단계는 없는 경우도 많다. 과실범에서는 범죄의 결심이나 예비·음모 등이 있을 수 없고, 미수는 있을 수 있으나 과실범의 미수를 처벌하지 않으므로 논의할 실익이 없다. 형법상의 범죄는 원칙적으로 기수에 달해야 처벌되지만, 예외적으로 그 이전 단계에서 처벌되는 범죄도 다수 존재한다. 형법은 미수범이라는 제목하에 제25조에서 제29조까지의 규정을 두어 각 단계별 처벌 여부를 규정하고 있다.

1. 범죄의 결심

범죄를 결심하더라도 그것이 외부적 행위로 나타나지 않는 한 도덕이나 종교의 규율대상은 될 수 있어도, 형법의 규율 대상은 아니다(생각은 지옥으로부터는 자유롭지 못하나 세금으로부터는 자유롭다!).

2. 범죄의사의 표시

범죄의사를 외부에 표시하였다 하더라도 이는 처벌의 대상이 아니다. 예를 들어 甲이 乙에게 A를 살해하겠다는 의사를 표시하였다 하더라도 이는 처벌의 대상이 아니다.

경우에 따라 범죄의사의 표시행위 그 자체가 독립적으로 범죄를 구성할 수 있다. 甲이 乙이 아니라 A에게 살해의사를 표시했다면 A에 대한 협박죄가 될 수 있다. 그러나 甲이 처벌되는 이유는 A에게 살해의사를 표시한 행위가 A에 대한 협박행위가 되기 때문이다.

3. 음모·예비

음모·예비는 범죄를 위한 무형적·유형적 준비행위이다. 음모는 2인 이상이 범죄실현을 위해 의사소통을 하는 것이고, 예비는 범죄실현을 위한 유형적·외부적 준비행위이다. 음모·예비는 범죄의 시작을 의미하는 실행의 착수에 이르기 이전 단계이다.

음모·예비는 법률에 특별한 규정이 있을 때에만 예외적으로 처벌한다(제28조). 법익침해의 위험성이 구체화되지 않았음에도 처벌하는 것이므로 중대한 범죄의 음모·예비만을 벌한다.[1)]

4. 실행의 착수

실행의 착수란 구성요건실현행위(실행)의 개시·시작을 말한다. 범죄는 이 때부터 시작되고, 실행의 착수를 기준으로 음모·예비와 미수가 구별된다.

실행의 착수가 있게 되면 범죄는 범죄행위의 종료 여부나 결과발생 여부와 상관없이 적어도 미수단계에 이르게 된다. 실행의 착수시기에 대해, 통설은 주관적 객관설을 따른다.

1) 예컨대 개인적 법익에 관한 죄 중에서 음모·예비를 벌하는 죄는 살인죄(제255조), 약취·유인등죄(제296조), 강간등죄(제305조의3), 강도죄(제343조)뿐이다. 그리고 살인죄의 경우, 보통살인죄(제250조 제1항), 존속살해죄(제250조 제2항), 위계에 의한 촉탁살인죄(제253조)의 음모·예비는 벌하지만, 촉탁살인죄(제252조)의 음모·예비는 벌하지 않는다(제255조).

5. 미 수

미수란 범죄의 실행에 착수하여 범죄행위를 종료하지 못하였거나 범죄행위는 종료하였지만 결과가 발생하지 않은 경우를 말한다(제25조). 전자를 착수미수, 후자를 실행미수라고 한다. 또한 형법은 장애미수(제25조), 중지미수(제26조), 불능미수(제27조) 등 세 가지 형태의 미수를 규정하고 있다. 따라서 미수에는 모두 6가지 형태가 있을 수 있다.

이 중 중지미수에서는 착수미수와 실행미수에 따라 그 성립요건이 달라진다.

형법은 원칙적으로 기수범을 처벌하고 미수범은 각칙에 미수범처벌규정이 있는 경우에 예외적으로 벌한다(제29조). 미수범을 처벌할 경우에도 그 형태에 따라 형벌이 달라진다(제25조-제27조).[1)]

[대판 2008. 2. 14. 2007도8767] 피고인이 절취한 신용카드로 대금을 결제하기 위하여 신용카드를 제시하고 카드회사의 승인까지 받았으나 나아가 매출전표에 서명을 한 사실을 인정할 증거는 없고, 카드가 없어진 사실을 알게 된 피해자에 의해 거래가 취소되어 최종적으로 매출취소로 거래가 종결된 사실이 인정된다 …, 피고인의 행위는 신용카드 부정사용의 미수행위에 불과하다 할 것인데 여신전문금융업법에서 위와 같은 미수행위를 처벌하는 규정을 두고 있지 아니한 이상 피고인을 위 법률위반죄로 처벌할 수 없다.

6. 기 수

기수란 범죄행위를 종료하였거나 결과를 발생시킨 경우이다. 기수가 형법의 원칙적 처벌대상이다.

거동범에서는 행위의 종료만으로 기수가 되지만, 결과범에서는 행위의 종료만으로는 기수가 되지 못하고 결과가 발생하고 행위와 결과 사이에 인과관계(및 객관적 귀속)가 인정되어야 기수가 된다.

목적범에서는 목적을 달성하지 못해도 기수가 될 수 있다.

---

1) 음모·예비나 모두 처벌규정이 있어야 처벌할 수 있다는 점에서는 같지만, 음모·예비에 비해 미수범 처벌규정은 훨씬 많다. 또한 미수범은 처벌은 기수범의 법정형을 기준으로 하지만, 음모·예비의 처벌은 개별적인 법정형에 따른다는 점에서 차이가 있다.

[대판 1993. 7. 27. 93도901] 형법 제324조 소정의 폭력에 의한 권리행사방해죄는 폭행 또는 협박에 의하여 권리행사가 현실적으로 방해되어야 할 것인바, 피해자의 해외도피를 방지하기 위하여 피해자를 협박하고 이에 피해자가 겁을 먹고 있는 상태를 이용하여 동인 소유의 여권을 교부하게 하여 피해자가 그의 여권을 강제 회수당하였다면 피해자가 해외여행을 할 권리는 사실상 침해되었다고 볼 것이므로 권리행사방해죄의 기수로 보아야 한다.
[대판 2005. 1. 28. 2004도4663] 위조사문서의 행사는 상대방으로 하여금 위조된 문서를 인식할 수 있는 상태에 둠으로써 기수가 되고 상대방이 실제로 그 내용을 인식하여야 하는 것은 아니므로, 위조된 문서를 우송한 경우에는 그 문서가 상대방에게 도달한 때에 기수가 되고 상대방이 실제로 그 문서를 보아야 하는 것은 아니다.

7. 범죄의 종료

상태범에서는 기수와 동시에[1)] 범죄도 종료한다. 그러나 계속범에서는 범죄가 기수가 된 이후에도 범죄행위가 계속될 수 있다. 예를 들어 감금죄의 기수시기는 피해자를 감금시킨 때이지만, 기수 이후에도 감금행위는 계속되고 피해자가 감금상태에서 벗어난 때에 감금죄가 종료한다.

범죄의 종료를 인정하는 실익은 ① 기수와 종료 사이에는 공범의 성립이 가능하고, ② 공소시효는 범죄의 기수시가 아니라 종료시부터 진행하고(형소법 제252조 제1항), ③ 기수 이후에도 종료 이전에는 형을 가중하는 사유가 실현될 수 있다(예컨대 제277조의 중감금죄는 감금죄의 종료 이전에 가혹행위를 해도 성립할 수 있다)는 데에 있다.

8. 범죄의 완료

범죄의 완료는 범죄의 종료보다 더 늦은 시점까지를 포괄하는 개념으로서 범죄종료 후 평온상태가 회복된 시점을 말한다.

결합범에서는 앞의 범죄가 완료되기 이전에 뒤의 범죄가 행해져야 한다. 예를 들어 강도상해죄(제337조)나 강도살인죄(제338조)는 강도범죄의 완료 이전에 상해나 살인행위가 행해져야 한다. 완료 이후에 상해나 살인행위가 행해진 경우에

1) 여기에서 동시라는 것은 계속범과 비교되는 개념이지 반드시 시간적 동일성을 의미하는 것은 아니다. 예를 들어 상해죄는 상태범이지만 칼로 세 번을 찔러 상해를 입힌 경우 첫 번째 상해시에 기수가 되고, 세 번째 상해시에 상해죄가 종료될 수도 있다.

는 강도죄와 상해죄 혹은 강도죄와 살인죄의 경합범이 될 수 있을 뿐이다.

[대판 1984. 9. 11. 84도1398] 야간주거침입절도의 실행에 착수한 후 피해자에게 발각되어 계속 추격당하거나 재물을 면탈하고자 피해자에게 폭행을 가하였다면 그 장소가 범행현장으로부터 200미터 떨어진 곳이라고 하여도 절도의 기회 계속 중에(완료 전에) 폭행을 가한 것이다(준강도죄성립).

[대판 1999. 2. 26. 98도3321] 피해자의 집에서 절도범행을 마친 지 10분 가량 지나 피해자의 집에서 200m 가량 떨어진 버스정류장이 있는 곳에서 피고인을 절도범인이라고 의심하고 뒤쫓아 온 피해자에게 붙잡혀 피해자의 집으로 돌아왔을 때 비로소 피해자를 폭행한 경우, 그 폭행은 사회통념상 절도범행이 이미 완료된 이후에 행하여진 것이므로 준강도죄가 성립하지 않는다.

쉬어가기

【설문 1】 甲과 乙은 이웃집에 침입하여 물건을 훔칠 계획을 세우고 범행에 필요한 밧줄, 망치, 드라이버 등을 구입하여 놓았다.

1. 甲·乙의 죄책은?
2. 甲·乙이 강도를 하기 위해 위의 물건들을 구입했다면 甲·乙의 죄책은?
3. 甲·乙이 절도를 하기 위해 이웃집에 침입하였으나 훔칠 만한 물건이 없다는 것을 발견하게 되었다. 화가 난 甲은 고물 TV라도 깨버려야 되겠다고 생각하고 TV를 향해 망치를 던졌으나 TV는 깨지지 않았다. TV에 대한 甲의 죄책은?

【설문 2】 丙은 부인 A 및 3세 아들 B와 함께 살아가던 중 사업이 망해 끼니를 잇기도 어렵게 되었다. 이에 丙과 부인 A는 가족 모두 죽어버리자고 하였다. A는 丙에게 B를 죽인 뒤 자신도 죽이고 난 후 자살하라고 하였다. 丙은 A의 생각이 좋겠다고 생각하고 인터넷에서 청산가리를 구입해 냉장고에 넣어 두었다. 丙의 죄책은?

【설문 1의 해결】 1. 甲과 乙이 이웃집에 침입하여 물건을 훔칠 목적으로 밧줄 등을 구입한 행위는 특수절도죄(제331조 제2항)의 예비행위라고 할 수 있다. 그러나 이를 처벌하는 규정이 각칙 제38장 제329조 이하에 규정된 바 없으므로 甲·乙은 무죄이다.

2. 甲·乙이 강도의 목적으로 물건을 구입하였다면 이는 특수강도죄(제334조 제2항)의 예비행위가 된다. 제343조는 강도할 목적으로 예비·음모한 자를 7년 이하의 징역에 처하도록 규정하고 있다. 따라서 甲·乙은 강도예비죄로 7년 이하의 징역에 처해진다.

3. 甲이 TV를 향해 망치를 던진 것은 특수손괴죄(제369조)의 실행의 착수에 해당하지만, TV를 손괴하지 못하였으므로 특수손괴미수가 된다. 제371조는 제369조의 미수범을 처벌하도록 규정하고 있으므로 甲은 특수손괴미수죄로 처벌된다. 이 경우 甲의 미수행위는

제25조의 장애미수에 해당하므로 甲은 특수손괴죄의 형벌인 5년 이하의 징역 또는 1천만 원 이하의 벌금에 처해지나, 제25조 제2항에 의해 형벌이 감경될 수 있다.

【설문 2의 해결】 丙이 청산가리를 구해 냉장고에 넣어 둔 행위는 아들 B에 대한 살인죄(제250조 제1항)와 부인 A에 대한 촉탁·승낙살인죄(제252조 제1항)의 예비행위에 해당한다. 그런데 살인예비죄의 처벌규정은 있지만, 촉탁·승낙살인 예비죄의 처벌규정은 없다(제255조). 따라서 丙은 아들 B에 대한 살인예비죄로 10년 이하의 징역으로 처벌된다.

Ⅱ. 미수범의 처벌근거

형법은 원칙적으로 기수범을 처벌하고 예외적으로 미수범을 벌하고 있는데, 그 근거에 대해서는 객관설과 주관설 및 절충설이 대립하고 있다. 통설은 절충설을 따른다.

1. 객 관 설

객관설은 미수범을 처벌하는 이유는 미수에 의해 발생한 객관적인 법익침해의 위험성 때문이라고 한다.

미수범은 기수범에 비해 법익침해나 위험발생은 작지만, 반면에 실행의 착수가 있었다는 점에서 예비죄에 비해서는 객관적 위험성이 크고 바로 이러한 객관적 위험성이 미수범의 처벌근거라는 것이다. 다시 말해 예비죄, 미수죄, 기수죄에서 모두 기수의 고의를 필요로 하기 때문에 주관적 위험성, 즉 행위자의 반사회적 위험성은 동일함에도 불구하고 형벌의 차이가 나는 것은 결국 각 행위가 갖는 객관적 위험성의 차이 때문이라는 것이다.

객관설에 의하면 형벌은 범죄행위의 객관적 위험성에 비례해야 하므로 장애미수와 중지미수의 형벌은 필요적 감경을, 결과발생과 법익침해의 가능성이 없는 불능미수는 처벌대상에서 제외해야 한다.

2. 주 관 설

주관설은 미수범의 처벌근거를 실행행위를 통해 나타난 행위자의 반사회적 위험성이라고 한다. 행위자가 실행에 착수한 경우 행위자의 반사회적 위험성이 표현된 것이고 행위를 종료하였다거나 결과가 발생하지 않았다는 것은 행위자의 반사회적 성격과 무관한 요소라고 한다.

주관설에 의하면 미수범과 기수범에서 행위자의 반사회적 위험성은 차이가 없으므로 형벌도 동일하게 해야 하고, 중지미수는 행위자의 반사회적 위험성이 사라졌으므로 원칙적으로 벌하지 말아야 하고, 불능미수는 행위자의 반사회적 위험성이 있으므로 처벌해야 한다.

3. 절충설 혹은 인상설

통설은 우리 형법이 주관주의요소와 객관주의요소를 모두 받아들였기 때문에 미수범의 처벌근거를 파악할 때에도 두 가지 입장을 모두 고려해야 한다고 한다.

절충설 중 인상설에 의하면 미수범의 처벌근거는 기본적으로 행위자의 범죄의사라고 하는 주관적 요소이지만, 미수행위로 인해 일반인에게 범죄적 인상을 주었다고 하는 객관적 요소도 미수범처벌의 근거가 된다. 즉 행위자의 범죄의사에 의해 초래되는 행위불법(반가치)과 일반인이 느끼게 되는 법질서나 법적 평온상태의 교란이라는 결과불법(반가치)을 동시에 고려해서 미수범의 처벌 여부를 결정해야 한다고 한다. 주관설에 가까운 절충설이라고 할 수 있다.

4. 결 어

우리 형법의 해석론으로는 절충설이 타당함은 물론이다. 절충설 중에서 객관설을 위주로 하는 절충설과 주관설을 위주로 하는 절충설이 있을 수 있다. 다수설이 따르는 인상설은 주관설을 위주로 한 절충설이라고 할 수 있다.

그 이유는 주관주의 경향이 강한 독일형법의 미수범규정과 달리 우리 형법은 객관주의를 기본으로 하고 주관주의를 가미하는 방식을 취했기 때문이다.

예컨대 중지미수의 처벌에 대해 우리 형법은 필요적 감면, 독일형법은 필요적 면제를 규정하고 있어 독일형법이 우리 형법보다 주관설에 더 가깝다. 불능미수의 성립요건에 대해 우리 형법은 결과발생의 불가능과 위험성을 요건으로 하지만 독일형법은 결과발생의 불가능만을 요건으로 규정하고 있다. 이와 같이 불능미수의 성립범위는 우리 형법보다 독일형법이 넓다. 주관설이 객관설보다 불능미수의 성립범위를 넓게 인정하므로 독일형법이 우리 형법보다 주관설에 더 가깝다.

따라서 우리 형법은 실행의 착수에 의해 발생하는 객관적 법익침해의 위험성을 미수범의 주된 처벌근거로 하고, 여기에 다음과 같이 행위자의 주관적 위험성을 가미하고 있다고 할 수 있다.

첫째, 객관설에 의하면 장애미수의 처벌은 필요적 감경이지만 행위자의 주관적 위험성을 고려하여 임의적 감경으로 처벌을 강화하였다.

둘째, 객관설에 의하면 중지미수의 형벌도 필요적 감경이지만 행위자의 주관적 위험성이 없어진 점을 고려하여 중지미수의 형벌을 면제까지 할 수 있도록 하였다.

셋째, 객관설에 의하면 불능미수는 원칙적으로 벌하지 말아야 하지만, 행위자의 주관적 위험성을 고려하여 임의적 감면으로 하였다.

Ⅲ. 실행의 착수

사 례

소매치기 甲은 지하철에서 소매치기를 하기 위해 ① 지하철에 올라타, ② 승객들 중 누가 돈이 많을 것인가를 살펴보다가, ③ 문 옆에 서 있는 A가 돈이 많아 보이므로 그의 지갑을 소매치기하기로 결정한 후, ④ A에게 접근하여, ⑤ 그의 어깨를 살짝 쳐 주의를 산만케 하고, ⑥ 그의 안주머니를 향해 손을 뻗어, ⑦ 안주머니에 있는 지갑을 잡고, ⑧ 그 지갑을 꺼내어, ⑨ 자기의 주머니에 넣고, ⑩ 지하철에서 내렸다.

1. 실행의 착수의 개념

실행의 착수란 구성요건실현행위(실행)의 개시 또는 시작(착수)이다. 실행의 착수시부터 비로소 범죄행위가 시작된다고 할 수 있다. 실행의 착수는 형식적으로는 예비·음모와 미수를 구별하는 기준이 되고, 실질적으로는 불능미수와 불능범을 구별하는 기준이 된다.

실행의 착수가 있게 되면 범죄행위는 예비·음모단계를 지나 적어도 미수에 이르게 된다. 예비·음모를 처벌하는 범죄에 비해 미수를 처벌하는 범죄는 훨씬 많으므로 실행의 착수가 있게 되면 그만큼 처벌의 가능성이 높아진다고 할 수 있다. 예를 들어 절도죄의 예비·음모는 처벌규정이 없으므로 처벌되지 않지만, 절도미수는 처벌규정이 있으므로(제342조) 절도죄의 실행의 착수가 인정되면 행위자의 처벌가능성이 높아진다.

한편 불능범에 있어서는 외형적으로는 실행의 착수가 있는 것으로 보여도 실질적으로는 실행의 착수를 인정할 수 없다. 예를 들어 고혈압환자가 설탕을 먹으면 사망한다고 생각하고 몰래 고혈압환자의 음료수에 설탕을 타놓은 경우 살인죄의 불능미수가 아니라 불능범이 된다. 이 경우 형식적으로 보면 살인죄의 실행의 착수가 있다고 할 수 있다. 그러나 불능범은 범죄가 아니므로 실질적으로 보면 설탕을 타놓은 행위를 살인죄의 실행에 착수한 것이라고 할 수 없다.

2. 실행의 착수시기

(1) 객 관 설

객관설은 행위자의 내심적 의사라는 주관적 요소를 고려하지 않고 객관적 행위만으로 실행의 착수시기를 정하려는 입장이다.

1) 형식적 객관설 형식적 객관설은 구성요건에 규정되어 있는 행위형식에의 해당 여부를 중시하여 어떤 행위가 엄격한 의미의 구성요건적 행위의 일부라고 할 수 있는 경우에만 실행의 착수를 인정한다.

이에 의하면 사례에서 ⑥이나 ⑦의 단계에서 실행의 착수를 인정하게 된다. 왜냐하면 ①-⑤ 단계의 행위는 객관적으로 절도행위라고 할 수 없고, ⑥이나 ⑦의 단계의 행위라야 객관적으로 절도행위라고 할 수 있기 때문이다.

형식적 객관설에 대해서는 실행의 착수시기를 너무 늦게 잡음으로써 처벌의 공백이 생길 수 있고, 행위자의 주관을 고려하지 않고 행위의 의미를 파악하는 것은 부당하다는 비판이 제기된다.

2) 실질적 객관설 실질적 객관설은 형식적 객관설을 완화하여 형식적으로는 구성요건에 해당하는 행위가 아니더라도 실질적으로 실행행위로서의 위험성을 가지고 있으면 실행의 착수를 인정하는 견해이다. '구성요건행위의 직접 전단계의 행위', '보호법익에 대한 직접적 위험을 초래하는 행위', '법익침해에 밀접한 행위'(사례 1에서 ④나 ⑤의 단계) 등과 같이 형식적으로는 구성요건적 행위라고 할 수 없지만 실질적으로는 구성요건적 행위라고 할 수 있으므로 이 때에 실행의 착수를 인정하자는 것이다.

실질적 객관설에 대해서는, 실행행위의 전단계의 행위, 밀접행위 등을 실행행위로 보는 것은 이미 논리적으로 모순이고, 행위자의 내심상태를 고려함이 없이 행위의 의미를 파악하는 것은 부당하다는 비판이 제기된다.

(2) 주 관 설

주관설은 객관적인 행위보다는 행위자의 의사를 기준으로 하여 실행의 착수시기를 정한다. 주관설에서도 의사만으로 처벌할 수는 없으므로 행위가 필요하다고 하지만 행위의 사회적·객관적 의미는 중요하지 않고 그 행위에서 나타나는 행위자의 의사를 중시한다.

'범죄의사가 행위를 통해 확정적으로 나타날 때', '범의의 비약적 표동(飛躍的 表動)이 있을 때'('범죄의사가 현저하게 겉으로 드러날 때') 실행의 착수가 있다고 한다. 이에 의하면 사례에서 ①의 단계에서도 범죄의사가 비약적으로 표동하였다고 할 수 있어서 절도죄의 실행의 착수를 인정할 수 있다.

주관설에 대해서는 행위자의 의사만으로 행위의 의미를 파악하는 것은 부당하고, 구성요건행위의 사회적 정형성을 무시하고, 실행의 착수시기를 너무 앞당김으로써 처벌범위가 너무 넓어진다는 비판이 제기된다.

(3) 주관적 객관설

주관적 객관설은 행위자의 범행계획에 따르면 법익침해행위가 직접적으로 개시되었을 때에 실행의 착수가 있다고 한다. 독일형법 제22조는 주관적 객관설에 따라 실행의 착수시기를 명문으로 규정하고 있는데, 우리나라의 통설도 이를 따르고 있다. 이에 의하면 행위자의 범행계획 여하에 따라 외형상으로는 동일한 행위라도 의미가 달라질 수 있고 이것은 실행의 착수에도 그대로 타당하다.

이에 의하면 사례에서 甲이 A의 옆에 서 있다가 소매치기를 할 마음이 생겼다면 ⑤나 ⑥의 단계에서 절도죄의 실행의 착수를 인정할 수 있지만, 사례에서와 같이 처음부터 소매치기를 할 생각이 있었다면 ④의 단계에서도 실행의 착수를 인정할 수도 있다.

(4) 결 어

주관적 객관설과 실질적 객관설은 크게 차이가 나지 않는다. 그러나 행위의 의미를 알기 위해서는 행위의 객관적 측면과 주관적 측면을 함께 고려해야 한다는 점에서 주관적 객관설이 더 타당하다고 할 수 있다. 그러나 여기의 주관적 객관설은 독일과 달리 객관설을 기본으로 하고 주관설을 보완한다는 의미의 절충설이어야 한다.

3. 판 례

판례는 범죄에 따라 실행의 착수시기에 대한 기준을 달리 적용한다.

판례는 절도죄에서는 밀접행위 혹은 물색행위가 있을 때에 실행의 착수를 인정하는데,[1] 이는 실질적 객관설을 따른 것이라고 할 수 있다. 그러나 간첩죄나 관세포탈죄 등에 대해서는 주관설을 따르기도 하고,[2] 주거침입죄 등에 대해서는 주관적 객관설을 따르는 듯한 입장을 취하기도 한다.[3]

[대판 2009. 9. 24. 2009도5595] 야간에 손전등과 박스 포장용 노끈을 이용하여 도로에 주차된 차량의 문을 열고 현금 등을 훔치기로 마음먹고, 차량의 문이 잠겨 있는지 확인하기 위해 양손으로 운전석 문의 손잡이를 잡고 열려고 하던 중 경찰관에게 발각된 사안에서, 절도죄의 실행에 착수한 것으로 보아야 한다.
[대판 1985. 4. 23. 85도464] 노상에 세워 놓은 자동차 안에 있는 물건을 훔칠 생각으로 자동차의 유리창을 통하여 그 내부를 손전등으로 비추어 본 것에 불과하다면 비록 유리창을 따기 위해 면장갑을 끼고 있었고 칼을 소지하고 있었다 하더라도 절도의 예비행위로 볼 수는 있겠으나 타인의 재물에 대한 지배를 침해하는데 밀접한 행위를 한 것이라고는 볼 수 없어 절취행위의 착수에 이른 것이었다고 볼 수 없다.

개별 범죄의 실행의 착수시기가 문제되는 경우의 예를 들어본다.

1) 판례는 "절도죄의 실행의 착수시기는 재물에 대한 타인의 사실상의 지배를 침해하는 데에 밀접한 행위를 개시한 때라고 보아야 하므로, 주간에 절도의 목적으로 타인의 주거에 침입하였다고 하여도 아직 절취할 물건의 물색행위를 시작하기 전이라면 절도죄의 실행에 착수한 것으로 볼 수 없다"고 한다(대판 1992. 9. 8. 92도1650; 기타 대판 2010. 4. 29. 2009도14554; 대판 2003. 6. 24. 2003도1985; 대판 1999. 11. 26. 99도2461; 대판 1984. 12. 11. 84도2524).

2) 대판 1984. 9. 11. 84도1381; 대판 1958. 10. 10. 4291형상294: 간첩의 목적으로 외국 또는 북한에서 국내에 침투 또는 월남하는 경우에는 기밀탐지가 가능한 국내에 침투 상륙함으로써 간첩죄의 실행의 착수가 있다. 대판 1984. 7. 24. 84도832: 관세를 포탈할 범의를 가지고 선박을 이용하여 물품을 영해 내에 반입한 때에는 관세포탈죄의 실행의 착수가 있었다고 할 것이고, 선박에 적재한 화물을 양육하는 행위 또는 그에 밀접한 행위가 있음을 요하지 아니한다.

3) 판례는 "주거침입죄의 실행의 착수는 … 주거침입의 범의로 예컨대, 주거로 들어가는 문의 시정장치를 부수거나 문을 여는 등 침입을 위한 구체적 행위를 시작함으로써 범죄구성요건의 실현에 이르는 현실적 위험성을 포함하는 행위를 개시할 것을 요한다"(대판 2008. 3. 27. 2008도917), "탈출죄의 착수가 있었다고 하기 위하여는 북괴지역으로 탈출할 목적 아래 일반인의 출입이 통제되어 있는 지역까지 들어가 휴전선을 향하여 북상하는 정도에 이르러야 탈출죄의 실행에 착수하였다고 볼 것이다"(대판 1987. 5. 25. 87도712)라고 한다. 이는 실질적 객관설이나 주관적 객관설에 따른 것이라고 할 수 있다.

[대판 2009. 9. 24. 2009도4998] 공전자기록등불실기재죄에 있어서의 실행의 착수시기는 공무원에 대하여 허위의 신고를 하는 때라고 보아야 할 것인바, 이 사건 피고인이 위장결혼의 당사자 및 중국 측 브로커와의 공모 하에 허위로 결혼사진을 찍고, 혼인신고에 필요한 서류를 준비하여 위장결혼의 당사자에게 건네준 것만으로는 아직 공전자기록등불실기재죄에 있어서 실행에 착수한 것으로 보기 어렵다.

[대판 2003. 3. 25. 2002도7134] 부동산의 이중양도에 있어서 매도인이 제2차 매수인으로부터 계약금만을 지급받고 중도금을 수령한 바 없다면 배임죄의 실행의 착수가 있었다고 볼 수 없다.

[대판 2002. 3. 26. 2001도6641] 매개물을 통한 점화에 의하여 건조물을 소훼함을 내용으로 하는 형태의 방화죄의 경우에, 범인이 그 매개물에 불을 켜서 붙였거나 또는 범인의 행위로 인하여 매개물에 불이 붙게 됨으로써 연소작용이 계속될 수 있는 상태에 이르렀다면, 그것이 곧바로 진화되는 등의 사정으로 인하여 목적물인 건조물 자체에는 불이 옮겨 붙지 못하였다고 하더라도, 방화죄의 실행의 착수가 있었다고 보아야 할 것이고, 구체적인 사건에 있어서 이러한 실행의 착수가 있었는지 여부는 범행 당시 피고인의 의사 내지 인식, 범행의 방법과 태양, 범행현장 및 주변의 상황, 매개물의 종류와 성질 등의 제반 사정을 종합적으로 고려하여 판단하여야 한다.

4. 특별한 범죄유형에서 실행의 착수시기

첫째, 결합범의 실행의 착수시기는 최초의 행위가 시작된 때이다. 예를 들어 재물강도죄의 실행의 착수시기는 폭행·협박을 개시한 때이고, 재물강취 시점이 아니다.

둘째, 통설은 부작위범의 실행의 착수시기는 규범적 판단에 의할 수밖에 없기 때문에 구조행위를 지체함으로써 보호법익에 대한 직접적 위험을 야기하거나 증대시킨 시점에서 실행의 착수가 있다고 한다.[1]

셋째, 원인에 있어서 자유로운 행위(원인행위책임범)의 실행의 착수시기에 대해서는 원인행위시설과 결과실현행위시설이 대립되고 있는데, 근래에는 결과실현행위시설이 지배적인 의견이 되었다.[2]

---

1) 예를 들어 환자를 치료해야 하는 의사가 환자를 살해할 고의로 치료를 하지 않은 경우 실행의 착수시기는 치료를 하지 않은 최초의 시점이 아니라 환자의 생명이 침해될 수 있는 위험이 발생하는 최초의 시점이라고 할 수 있다.

2) 이에 대해서는 앞의 원인에 있어서 자유로운 행위 참조.

넷째, 공동정범의 실행의 착수시기는 전체적으로 판단하여야 한다. 공범 중의 1인이 공모한 대로 범죄행위의 실행에 착수하는 시기에 전체 공모자가 실행에 착수한 것이라고 할 수 있다.

다섯째, 간접정범의 실행의 착수시기에 대해서는 이용행위시설과 피이용행위시설이 대립하고 있다.[1]

여섯째, 실행행위와 결과발생 사이에 시간적·장소적 간격이 있는 격리범[2]의 경우 실행의 착수시기는 결과발생시가 아니라 행위시이다.

Ⅳ. 미수범의 공통적 성립요건

1. 미수범의 종류와 공통적 성립요건

형법에는 장애미수(제25조), 중지미수(제26조), 불능미수(제27조) 등 세 가지 형태의 미수범이 규정되어 있다. 이 세 가지 미수에 모두 공통되는 객관적 성립요건은 ① 실행의 착수가 있을 것, ② 행위를 종료하지 못하였거나 결과가 발생하지 않았을 것이고, 주관적 성립요건은 기수의 고의와 기타 초과주관적 구성요건요소가 필요한 범죄에서는 그것이 있을 것 등이다.

2. 객관적 성립요건

(1) 실행의 착수가 있을 것

미수범이 성립하기 위해서는 실행의 착수가 있어야 한다. 실행의 착수가 없는 경우에는 예비·음모죄는 성립할 수 있어도 미수범이 성립할 수 없다.

(2) 행위의 미종료 또는 결과의 불발생

1) 착수미수와 실행미수 실행에 착수하여 행위를 종료하지 못한 경우를 착수미수, 행위를 종료하였으나 결과가 발생되지 않은 경우를 실행미수라고 한다. 장애미수나 불능미수에서는 양자를 구별할 실익이 없으나 중지미수에서는 실익이 있다(제26조). 착수미수의 경우 실행을 중지하기만 하면 중지미수가 성립할 수 있으나, 실행미수의 경우에는 결과발생방지를 위한 적극적인 노력이 있어야

1) 간접정범에 대해서는 후술 참조.

2) 격리범에는 행위장소와 결과발생장소가 다른 격지범과 행위시와 결과발생 사이에 시간적 간격이 있는 격시범이 있다.

중지미수가 성립할 수 있기 때문이다.

2) 거동범의 미수 거동범 혹은 형식범에서는 행위가 종료하면 기수가 되므로 실행미수는 있을 수 없고 착수미수는 있을 수 있다.

거동범의 미수를 부인하는 견해가 있으나, 거동범의 경우에도 실행의 착수와 실행의 종료는 있으므로 실행에 착수하였으나 실행을 종료하지 못한 경우에는 미수범이 성립할 수 있다. 주거침입죄는 거동범이지만 형법은 주거침입죄의 미수를 벌한다(제322조).

3) 결과범의 미수 결과범에서는 착수미수와 실행미수가 모두 있을 수 있다. 결과가 발생한 경우에는 행위를 종료하지 못한 경우에도 기수가 된다.

결과범에서 결과가 발생하였더라도 실행행위와 결과 사이에 인과관계(내지 객관적 귀속)가 인정되지 않는 경우에는 미수범이 성립한다.

과실범은 모두 결과범이지만 과실범의 미수는 처벌되지 않는다.

3. 주관적 성립요건

미수범이 성립하기 위해 필요한 주관적 요소들은 기수범과 동일하다. 고의 이외에 목적, 동기, 불법영득의사 등 초과주관적 구성요건요소가 필요한 범죄에서는 미수범에서도 이러한 요소들이 모두 갖춰져야 한다. 기수의 고의가 있어야 미수범이 성립할 수 있고, 미수의 고의만이 있는 경우에는 기수범은 물론 미수범도 성립할 수 없다.[1)]

미수의 고의는 함정수사를 한 수사기관의 책임과 관련하여 문제가 된다.

4. 관련문제

(1) 부작위범의 미수

부작위범에서도 실행의 착수와 실행의 종료를 인정할 수 있으므로 작위범과 동일하게 착수미수와 실행미수가 있을 수 있다. 다만 결과범에서 결과가 발생되

---

1) 대판 1995. 9. 15. 94도2561에서는 피고인이 피해자의 방에 들어갈 의사없이 피해자의 창문 안으로 머리를 들이민 경우의 죄책이 문제되었다. 전부침입설에 의하면 만약 피고인에게 피해자의 방에 들어갈 의사가 있었다면 기수의 고의가 있었고, 따라서 주거침입죄의 미수범으로 처벌할 수 있다. 그러나 이 사례에서 피고인의 고의는 미수의 고의에 불과하기 때문에 피고인을 주거침입죄의 미수범으로도 처벌할 수 없었다. 그러나 피고인을 처벌할 필요성이 있다고 판단한 재판부는 일부침입설을 취하여 피고인을 주거침입죄의 기수로 처벌하였다.

지 않은 경우 착수미수와 실행미수 중 어느 것을 인정할지가 중지미수와 관련하여 문제될 수 있다. 부작위범의 미수가 성립하기 위한 주관적 요건도 작위범의 미수와 동일하다.

(2) 결과적가중범의 미수

1995년 개정형법은 인질상해·치상죄(제324조의3)와 인질살해·치사(제324조의4) 및 강도상해·치상죄(제337조)와 강도살인·치사죄(제338조)의 미수범처벌규정(제324조의5 및 제342조)을 두었다. 따라서 결과적가중범의 미수를 논의할 이론상, 실제상의 필요가 생기게 되었다.

기본범죄에 대한 고의범과 중한 결과에 대한 고의범이 결합된 형태의 부진정결과적가중범의 미수를 인정한다는 데에는 견해가 일치하지만 기본범죄에 대한 고의범과 중한 결과에 대한 과실범이 결합된 형태의 부진정결과적가중범과 진정결과적가중범의 미수의 인정 여부에 대해서는 견해가 대립한다. 판례는 진정결과적가중범의 미수를 부정한다(대판 2025. 3. 20. 2023도10405 전합).[1)]

제 2 절 장애미수 §28

제25조(미수범) ① 범죄의 실행에 착수하여 행위를 종료하지 못하였거나 결과가 발생하지 아니한 때에는 미수범으로 처벌한다.
② 미수범의 형은 기수범보다 감경할 수 있다.

Ⅰ. 장애미수의 개념

형법 제25조는 미수범에 관한 일반적 규정이기도 하면서, 강학상으로는 장애미수에 대한 규정이기도 하다.

중지미수(제26조)와 불능미수(제27조)를 고려하여 장애미수를 정의하면 '결과의 발생이 가능한 범죄의 실행에 착수하여 비자의적으로(혹은 내·외부적 장애에 의해) 행위를 종료하지 못하였거나 결과가 발생하지 않은 형태의 미수'라고 할 수 있다.

장애미수는 실행의 착수가 있다는 점에서 예비·음모와 비교되고, 행위를

1) 이에 대한 자세한 설명은 앞의 제2편 제2장 제6절 Ⅳ. 및 Ⅵ. 4.

종료하지 못했거나 결과가 발생하지 않았다는 점에서 기수와 구별된다. 장애미수는 행위의 미종료나 결과의 불발생이 행위자의 자의에 의한 것이 아니고 내·외부적 장애에 의한 것이라는 점에서 중지미수와 구별된다. 장애미수는 결과의 발생이 가능하였다는 점에서 처음부터 결과의 발생이 불가능한 불능미수와도 구별된다.

Ⅱ. 장애미수의 성립요건

앞의 미수범의 일반적 성립요건 이외에 장애미수가 성립하기 위해 필요한 객관적 요건은 결과발생이 가능하였지만 행위를 종료하지 못하였거나 결과가 발생하지 않았다는 것, 주관적 요건은 행위자에게 자의성이 없었다는 것이다.

1. 객관적 요건

(1) 실행의 착수가 있을 것

이에 대해서는 앞에서 살펴본 것과 같다.

(2) 행위의 종료 및 결과발생의 가능

장애미수가 되기 위해서는 행위의 종료와 결과발생이 가능하지만 장애에 의해 행위를 종료하지 못하거나 결과가 발생하지 않아야 한다. 처음부터 행위의 종료나 결과발생이 불가능한 경우에는 장애미수가 아닌 불능미수가 문제된다.

(3) 행위의 미종료 또는 결과의 불발생

행위를 종료하지 못하였거나 결과가 발생하지 않아야 한다.

2. 주관적 요건

(1) 고의 및 초과주관적 구성요건요소

기수범에서와 같이 주관적 구성요건요소를 갖추어야 한다. 미수의 고의가 아닌 기수의 고의가 있어야 함(통설은 행위의사도 확정적 구성요건실현의사여야 한다고 보지만, 만약 행위의사가 확정적이라면 그 실행이 일정한 조건의 발생에 좌우되는 경우라도 고의는 인정된다고 보고 있다)은 물론이고, 목적, 동기, 불법영득의사 등 초과주관적 구성요건요소를 필요로 하는 범죄에서는 이러한 요소들도 모두 갖추어야 한다.

(2) 자의성의 부존재

행위자에게 자의로 행위를 중지하거나 결과발생을 방지한다는 내심상태가 없어야 한다. 자의성이 있는 경우에는 중지미수가 성립하기 때문이다.

Ⅲ. 장애미수의 효과

미수범의 형은 기수범보다 감경할 수 있다(임의적 감경; 제25조 제2항).

이는 주관주의와 객관주의를 절충한 것이다. 순수한 주관주의에 의하면 장애미수에서 행위자의 의사와 위험성은 기수범과 다르지 않으므로 장애미수의 형을 기수범과 동일하게 규정해야 한다. 순수한 객관주의 입장에서는 미수범은 실행에 착수하였지만 기수범에 비해 행위나 결과가 적기 때문에 필요적 감경으로 규정해야 한다.

형법은 임의적 감경으로 하여, 감경을 하면 객관주의, 감경을 하지 않으면 주관주의와 결론을 같이 하게 하여 양자를 절충하고 있다.

제 3 절 중지미수 §29

제26조(중지범) 범인이 실행에 착수한 행위를 자의(自意)로 중지하거나 그 행위로 인한 결과의 발생을 자의로 방지한 경우에는 형을 감경하거나 면제한다.

Ⅰ. 중지미수의 의의

1. 중지미수의 개념

중지미수란 행위자가 범죄실행에 착수한 이후 자의(自意)로 실행행위를 중지하거나, 실행행위를 종료하였지만 그 행위로 인한 결과발생을 방지함으로써 성립하는 미수범이다(제26조).

중지미수는 실행의 착수가 있다는 점에서 실행의 착수가 없는 예비·음모 및 예비의 중지와 구별된다. 중지미수는 행위가 종료하지 않았거나 결과가 발생하지 않았다는 점에서 기수와 구별된다. 중지미수는 행위의 미종료나 결과의 불발생이 행위자의 자의에 의한 것이었다는 점에서 장애미수와 구별된다. 중지미수는 결과발생이 불가능한 경우뿐만 아니라 결과발생이 가능한 경우에도 성립할 수 있다는 점에서 결과발생이 불가능한 불능미수와 구별된다. 장애미수와 중지미수, 장애미수와 불능미수는 모순개념이다. 그러나 불능미수에도 중지미수가 성립할 수 있으므로(통설), 중지미수와 불능미수는 서로 중첩되는 부분이 있다.[1)]

2. 중지미수의 처벌근거

중지미수의 처벌은 형의 필요적 감면으로서 형의 임의적 감경인 장애미수, 임의적 감면인 불능미수에 비해 가볍다. 이와 같이 중지미수를 특별히 취급하는 이유에 대해 다음과 같은 견해가 대립한다.

(1) 정 책 설

정책설은 형법이론적으로는 중지미수의 형벌을 면제까지로 할 수 없으므로 면제까지 인정하는 것은 정책적 이유에서라고 한다.

1) 형사정책설 이 견해는 법률상으로 보면 실행의 착수가 있고 이에 따른 위험이 발생하였을 것이므로 형벌을 면제할 수 없지만, 보다 큰 정책적 목표를 달성하기 위해 중지미수를 가볍게 벌하는 것이라고 한다. 여기에서 정책적 목표란 범죄행위에 착수한 사람으로 하여금 범죄행위를 더 이상 계속하지 않도록 하는 것이다. 즉 미수단계에 도달한 사람으로 하여금 지금이라도 중지하면 처벌받지 않는다는 희망을 주고 이로써 범죄행위의 계속을 막는다는 것이다. '황금의 다리이론'(the golden bridge theory)[2)]이라고도 한다.

형사정책설에 대해서는 ① 대부분 범죄인들은 중지미수의 형벌감면을 알지 못하고, 범죄행위시 자신이 적발되지 않을 것이라고 생각하므로 정책적 효과를 달성할 수 없고, ② 중지미수의 형벌이 필요적 면제가 아니라 필요적 감면이므로 행위자가 처벌되지 않는다는 보장이 없기 때문에 정책적 효과를 기하기 어렵고, ③ 형사정책적 이유라면 어느 때에 감경하고 어느 때에 면제할 것인가에 관한 기준이 없다는 비판이 제기된다.

---

1) 중지미수의 성립요건이나 처벌은 나라마다 다르다. 우리 형법은 중지미수의 형을 필요적 감면으로 하고 있지만 독일 및 오스트리아 형법은 중지미수의 형을 필요적 면제로 규정하고 있다.

2) 제26조가 형의 면제가 아니라 감면으로 규정하고 있어서 처벌가능성이 완전히 없어지는 것은 아니므로 황금의 다리가 아니라 '은의 다리'(銀橋)라고 하기도 한다.

2) 은 사 설 다수설은, 행위자가 범행을 중지하거나 결과발생을 방지해 합법의 세계로 돌아옴으로써 일반인으로 하여금 자신이 저지른 법질서침해에 대한 부정적 인식을 회복시킨 공적을 인정하여 형벌을 감면하는 것이라고 한다. 행위자의 공적을 양형의 기초자료로 사용하는 것은 중지미수를 특별취급하는 합리적 이유가 될 수 있다고 한다.[1])

은사설에 대해서는 행위자의 공적을 인정하는 것은 형법의 영역에서 일반예방, 특별예방 등 형벌목적의 관점에서 다루어질 수 있으므로 형법영역 이외의 정책의 문제로 다루어질 것이 아니라는 비판이 제기된다.

(2) 법 률 설

중지미수의 형벌감면을 형법이론적으로 설명하는 견해이다.

1) 위법성감소·소멸설 이 견해는 행위자의 행위중지나 결과발생방지가 위법성을 감소·소멸시키는 주관적 요소가 된다고 한다. 행위자의 고의가 주관적 불법요소인 것처럼 중지의사는 위법성감소나 소멸을 위한 주관적 요소라는 것이다.

이 견해에 대해서는 ① 행위자의 중지의사로 인해 주관적·객관적으로 불법 내지 위법성이 감소되는 것은 사실이지만 소멸될 수는 없고, ② 한번 발생한 위법한 결과가 감소·소멸되는 일은 없고, ③ 위법성이 소멸된다면 범죄가 성립하지 않으므로 '벌하지 않는다'고 규정해야 하는데, 형법은 '형을 감면한다'고 규정하고 있고, ④ 중지에 의해 위법성이 감소·소멸된다고 하면 위법연대의 원칙에 따라 중지하지 않은 공범에 대해서도 중지미수의 규정을 적용해야 하는데 이는 부당하다는 등의 비판이 제기된다.

2) 책임감소·소멸설 이 견해는 실행중지 또는 결과발생의 방지로 인해 행위자에 대한 비난가능성 즉, 책임이 감소·소멸되었기 때문에 중지미수를 특별취급하는 것이라고 한다.

이에 대해서는 ① 중지로 인해 책임이 감소되는 일은 있어도 소멸되는 일은 없고, ② 한번 발생한 비난가능성이 감소·소멸되는 일은 없고, ③ 책임이 소멸된다면 '벌하지 않는다'고 규정해야 하는데 형법은 형을 감면한다고 규정하고 있다는 등의 비판이 제기된다.

---

1) 행위자는 자신이 초래한 행위 및 결과에 대해 원상회복의무를 지는데 행위자가 원상회복의무를 이행하였기 때문에 형벌을 감면한다는 책임이행설도 같은 입장으로 분류할 수 있다.

3) **형벌목적설** 이 견해는 일반예방, 특별예방이라는 형벌목적에 비추어 볼 때 중지미수의 형벌을 감면한다는 것이다. 자의로 범행을 중지한 사람은 더 이상 사회적 위험성이나 재범위험성이 없으므로 특별예방적 관점에서는 형벌을 과할 필요가 없고, 일반예방적 관점에서도 범죄인의 처벌을 통한 일반인에 대한 위하가 필요없다고 한다.

이에 대해서는 ① 응보도 형벌의 목적인데 응보적 관점에서는 형벌을 면제해서는 안 되고, ② 일반예방적 관점에서도 행위자에게 자신이 발생시킨 결과에 대해서는 책임을 묻는 것이 더 바람직하고, ③ 특별예방적 관점에서 예를 들어 다음 기회를 모색하기 위해 자의로 범행을 중지한 경우 행위자의 반사회적 위험성은 여전히 존재하고, ④ 형벌을 과할 필요가 없을 때에만 중지미수를 인정하면 중지미수의 인정범위를 너무 좁힌다는 비판이 제기된다.

(3) 결 합 설

중지미수의 형벌감면 이유는 정책설이나 법률설 어느 하나가 아니라 양자의 결합에 의해서만 설명할 수 있다는 입장이다. 즉 중지미수에 대한 형의 감경은 법률설에 의해 설명할 수 있지만, 형면제에 대해서는 형사정책설로 설명이 가능하다고 한다.

위법성감소·소멸설과 형사정책설의 결합설, 책임감소·소멸설과 형사정책설의 결합설 및 위법성감소·소멸설과 책임감소·소멸설 및 형사정책설의 결합설이 있는데, 이 중에서는 책임감소·소멸설과 형사정책설의 결합설이 우세하다.

결합설에 대해서는 ① 형감경의 경우에는 법률설에 의해, 형면제의 경우에는 형사정책설로 설명하는 것은 일관성이 결여되어 있고, ② 형면제와 형감경의 기준이 불분명하다는 비판이 제기된다.

(4) 결 어

1) **형감면근거에 대한 논의의 실익** 중지미수의 필요적 형벌감면의 근거에 관한 논의는 그 자체로는 실익이 없는 논쟁이고 중지미수의 요건 특히 자의성의 해석에 영향을 미칠 수 있다는 점에 의미가 있다.

2) **학설의 검토** 중지미수의 형감경의 근거는 법률설만으로 설명할 수 있지만 형면제의 근거는 정책적 판단에 기초한 것이라고 할 수 있다.

그러나 실행에 착수하여 중지하였다는 것을 공적이라고 할 수는 없고 중지자의 공적을 인정한다 하여도 그 공적은 중지자가 발생시킨 불법을 소멸시키지 못한다. 따라서 중지미수의 처벌은 공적을 보상한다기보다는 특혜제공의 의미가 강하다. 결국 중지미수의 필요적 형감면은 위법성감소설과 책임감소설 및 형사정책설을 결합해야 설명이 가능하다.

중지미수는 행위가 종료되지 않았거나 결과가 발생하지 않았으므로 기수범에 비해 위법성(불법)이 감소되므로, 장애미수와 같이 임의적 감경까지는 허용된다. 나아가 중지미수는 자의성으로 인해 행위자의 책임 또한 감소된다. 위법성이 감소된 중지미수를 책임감소를 이유로 한번 더 감경한다면 임의적 감경에서 필요적 감경으로 할 수 있을 것이다.

그러나 중지미수에서도 위법성이나 책임이 소멸된다고 할 수는 없다. 따라서 형면제는 법률설만으로는 불충분하고 형사정책설에 의해서만 설명이 가능하다. 형면제를 정책적으로 허용하여 범인에게 특혜를 주는 것이다.

그 이유는 범인에게 특혜를 주면서라도 보호해야 할 '더 큰 이익'이 있기 때문이다. '더 큰 이익'이란 '범행이 기수에 달함으로써 침해될 피해자의 법익'이라고 할 수 있다. 즉 중지미수에 대한 형면제는 범인에게 이익을 주어서라도 그의 범행계속으로부터 생겨날 일반인 또는 피해자의 법익침해를 예방하는 것이다.

이러한 정책을 일반인이나 범죄인이 알 경우에는 그 효과가 높을 수 있다. 그러나 일반인이나 범죄인이 잘 알지 못한다고 하여도 국가는 그 정책을 사용할 수 있고 대부분의 국가정책은 일반인들이 잘 알지 못한다.

Ⅱ. 중지미수의 성립요건

중지미수의 주관적 성립요건은 '자의로' 실행행위를 중지하거나 결과발생을 방지하는 것이다. 객관적 성립요건은 ① 실행의 착수가 있을 것, ② 실행행위의 종료 전 실행행위를 중지하거나 실행행위 종료 후 결과의 발생을 방지하는 행위가 있을 것, ③ 결과가 발생하지 않았을 것 등이다.

1. 주관적 성립요건

중지미수의 주관적 성립요건은 자의성이다. 자의성은 중지미수와 장애미수뿐만 아니라 중지미수와 불능미수의 구별기준도 된다. 자의성에 대해서는 다음과 같이 견해가 대립한다.

(1) 주 관 설

주관설은 자의성의 개념을 가장 좁게 파악한다. 후회, 동정, 연민, 죄책감 등

윤리적 동기가 있는 경우에만 자의성을 인정한다.[1)]

주관설에 대해서는 자의성을 윤리성과 동일시함으로써 자의성의 범위를 지나치게 좁게 파악한다는 비판이 제기된다.

(2) 객 관 설

객관설은 자의성의 개념을 가장 넓게 파악한다. 즉 외부적 사정(外部的 事情)에 의한 중지의 경우에는 자의성이 없지만 그 이외에는 모두 자의성이 있다고 한다. 따라서 윤리적 동기에 의한 중지뿐만 아니라 범행의 편의성, 성공가능성, 처벌에 대한 두려움 등을 고려하여 중지한 경우에도 자의성이 인정된다고 한다.

객관설에 대해서는 외부적 사정에 의한 중지와 그렇지 않은 경우(예를 들어 내부적 동기에 의한)의 중지를 구별할 기준이 명확하지 않다는 비판이 제기된다. 예를 들어 방화범이 자기가 생각한 것보다 더 빨리 불이 붙자 두려움에 방화를 중지한 경우 두려움을 기준으로 한다면 내부적 동기이지만, 빨리 불이 붙었다는 것은 외부적 장애라고 할 수 있다는 것이다.

(3) 프랑크공식

'범행을 계속할 수 있었지만 하지 않은' 경우에는 자의성이 있지만, '범행을 계속하기를 원했지만 할 수가 없어서' 중지한 경우에 자의성이 없다고 한다. 쉬운 말로 '안했으면' 자의성이 있고, '못했으면' 자의성이 없다는 것이다.

프랑크공식에 대해서도 '하기를 원치 않은 것'과 '할 수 없는 것'과의 구별이 불분명하다는 비판이 제기된다. 생리중인 여자를 강간하면 재수가 없다고 생각하고 중지한 경우, 강간행위의 계속을 '안한 것'일 수도 있고 '하고 싶지만 못한 것'일 수도 있다. 또한 아버지를 살해하려다가 차마 계속하지 못하여 중지한 경우 윤리적으로 보면 '못한 것'이고, 물리적으로 보면 '안한 것'이라고 할 수 있다.

(4) 규 범 설

심리적 방법과 규범적 방법을 절충하여 자의성을 판단하는 입장이다. 행위자의 내심상태라는 심리적 요소를 중지미수에 대한 처벌이라는 규범적 관점에서 평가하여 자의성을 결정하자는 견해이다. 이 견해에 의하면 비이성적 중지, 합법성으로의 회귀 등이라고 평가할 수 있을 때에는 자의성이 인정되지만, 기타의 경우에는 자의성이 인정되지 않는다고 한다.

---

1) 주관설이란 명칭보다는 자의성을 좁게 파악한다는 점에서 협의설 혹은 윤리성설이라고 하는 것이 더 적절한 표현이다.

이 견해에 대해서는 자의성이 규범적 개념이라고 하는 것은 너무나 당연한 것이어서 동어반복에 지나지 않고, 자의성의 개념을 지나치게 좁게 파악한다는 비판이 제기된다.

(5) 절 충 설

통설은 사회통념상 범죄실행에 대한 장애라고 여겨지는 경우에는 자의성이 없지만 그 이외의 경우에는 자의성이 있다고 한다.

절충설에 대해서는 '사회통념상 범죄실행에 대한 장애'라는 개념이 불분명하고 이 때문에 "사회통념상 자의성이 있으면 자의성이 인정된다"라고 하는 동어반복에 불과하다는 비판이 제기될 수 있다.

(6) 판 례

[대판 1993. 10. 12. 93도1851] 피해자를 강간하려다가 피해자의 다음 번에 만나 친해지면 응해 주겠다는 취지의 간곡한 부탁으로 인하여 그 목적을 이루지 못한 후 피해자를 자신의 차에 태워 집에까지 데려다 주었다면 피고인은 자의로 피해자에 대한 강간행위를 중지한 것이다.

판례는 일반사회통념상 장애에 의한 미수라고 보이는 경우를 제외한 것을 중지미수라고 하는데(대판 1985. 11. 12. 85도2002) 이는 절충설에 가깝다고 할 수 있다. 그러나 "가책을 느낀 나머지 스스로 결의를 바꾸어"(대판 1986. 3. 11. 85도2831), "피해자를 불쌍히 여겨서가 아니라"(대판 1992. 7. 28. 92도917)라는 표현을 쓰는데, 이는 주관설에 가깝다고 할 수 있다.

그리하여 판례는 대부분의 경우 자의성을 인정하지 않고,[1] 불길이 치솟는 것을 보고 겁이 나서 물을 부어 불을 끈 경우(대판 1997. 9. 13. 97도957), 가슴부위를 칼로 수회 찔렀으나 피해자의 가슴 부위에서 많은 피가 흘러나오자 겁을 먹고 그만 둔 경우(대판 1999. 4. 13. 99도640) 등에서도 자의성을 인정하지 않는다.

이상을 종합해 보면 판례는 절충설을 취하는 것으로 표명하고 있지만, 실제로는 '주관설에 가까운 절충설'을 취하고 있다고 생각된다.

(7) 결 어

1) 자의성 해석의 기본원칙 앞에서 소개한 학설들은 대부분 독일에서

1) 자의성을 인정하지 않은 판례로, 대판 1985. 11. 12. 85도2002; 대판 1986. 1. 22. 85도2339; 대판 1992. 7. 28. 92도917; 대판 1993. 4. 13. 93도347; 대판 1993. 4. 13. 93도347 등.

주장된 것들이다. 그런데 자의성을 해석할 때에는 ① 중지미수에 대한 필요적 형감면의 취지, 즉 범행계속으로부터 피해자의 법익보호라는 취지와, ② 위와 같은 학설이 주장된 독일의 경우 중지미수의 효과가 필요적 면제인 데에 비해 우리나라에서는 필요적 감면이라는 사실을 고려해야 한다.

2) **중지미수에 대한 필요적 형감면과 자의성의 해석** 피해자의 법익보호를 위해서는 행위자가 어떤 동기에서든 범행을 중지하면 되는 것이므로 자의성의 개념을 엄격하게 해석할 필요가 없다. 독일의 경우 필요적 면제이고 실행에 착수한 사람의 형벌을 면제한다는 것은 예외적인 것으므로 자의성의 개념을 엄격하게 해석해야 할 필요가 있다. 그러나 우리 형법에서는 형을 감경만 해도 되므로 독일에 비해 자의성을 넓게 해석해도 무방하다.

이렇게 본다면 자의성을 좁게 인정하는 주관설이나 규범설은 독일형법의 해석으로는 타당할지 몰라도, 우리 형법의 해석으로는 자의성을 넓게 인정하는 객관설이나 절충설이 더 타당하다.

3) **판례 및 통설에 대한 비판** 앞에서 본 바와 같이 판례는 절충설을 선언하지만 사실은 주관설에 가깝다. 절충설의 특징은 자의성을 적극적으로 정의하지 않고, 사회통념상 외부적 장애인 경우가 아니면 자의성을 인정하는 것이다. 이는 자의성을 넓게 인정하는 것이라고 할 수 있다.

절충설을 따른다면 살인에 사용하는 칼이 부러져서 중지했다거나 장롱에 불을 붙이려고 하였지만 잘 붙지 않아서 중지하였다고 할 경우에는 사회통념상 분명히 장애에 의한 중지라고 할 수 있다. 그러나 살인을 하는 경우에 피해자에게서 피가 나거나, 방화를 하는 경우에 불이 붙는 것은 사회통념상 범행의 외부적 장애가 될 수 없고, 오히려 범행이 순조롭게 되어간다는 것을 의미한다. 피가 나거나 불이 붙는 것을 보고 겁을 먹고 중지한 것은 외부적 장애에 의한 것이 아니라 행위자의 내부적 사정에 의한 것이므로 이러한 경우 자의성을 인정해야 할 것이다.

시장에 간 남편이 곧 돌아온다거나 배가 아프다는 피해자의 말을 믿고 중지한 경우에도 자의성을 인정해야 할 것이다. 왜냐하면 강간할 부위 자체에 문제가 있다거나 실제로 시장에 간 남편이 돌아와서 중단을 하였다면 외부적 장애에 의한 것이라고 할 수 있다. 그러나 실제 그런 사정이 있는 것이 아니라 그런 사정이 있다는 피해자의 말은 사회통념상 외부적 장애라고 볼 수는 없다. 따라서 절충설에 의한다면 이러한 경우들에서도 자의에 의한 중지를 인정해야 할 것이다.

다수설 역시 절충설을 취하면서도 판례의 결론에는 찬성하는 것으로 보인다. 그러나 절충설을 객관설에 가까운 쪽으로 적용하여 자의성의 개념을 좀더 넓게 인정하는 것이 바람직한 태도라고 생각된다.

2. 객관적 성립요건

(1) 실행의 착수가 있을 것

실행의 착수에 대해서는 앞에서 언급하였다.

(2) (자의로) 행위를 중지하거나 결과발생을 (자의로) 방지할 것

중지미수가 성립하기 위해서 착수미수에서는 행위의 중지, 실행미수에서는 결과발생의 방지가 필요하므로, 어떤 행위를 착수미수와 실행미수 중 어느 것으로 보느냐에 따라 중지미수의 성립 여부가 달라진다.

1) 착수미수와 실행미수의 구별 착수미수와 실행미수는 실행행위를 종료했는가의 여부에 의해 결정된다. 실행의 종료시기에 대해서도 견해가 대립한다.

가. 주 관 설 실행의 착수시 행위자의 의사에 의해 실행의 종료시기를 결정하자는 입장이다. 이 견해에 의하면 객관적으로 보아 실행행위가 종료하였더라도 실행의 착수시에 행위자가 계획했던 행위를 모두 종료해야 실행이 종료된다고 한다.

주관설에 대해서는 객관적 요소를 고려하지 않고 주관적 요소만으로 행위의 의미를 파악하려고 하는 것은 부당하고, 계획적 범행의 경우 실행의 종료시기가 늦어져 중지미수가 성립할 가능성이 커지고 우발적 범행의 경우에는 중지미수가 성립할 가능성이 작아진다는 비판이 가해진다.

나. 객 관 설 행위의 종료 여부를 객관적 요소만으로 결정하자는 입장으로서 객관적으로 보아 결과를 발생시킬 수 있는 행위가 종료된 경우에는 행위자가 그 행위만으로 결과발생이 될 수 있다는 것을 알았는지에 상관없이 실행의 종료를 인정하자는 것이다.

객관설에 대해서도 행위자의 주관적 요소를 고려하지 않고 객관적 요소만으로 행위, 나아가 실행의 의미를 파악하는 것은 부당하고, 중지미수와 관련하여서는 자의성이라는 주관적 요소를 요건으로 하는 취지와 너무 동떨어진다는 비판을 가할 수 있다.

다. 절 충 설 이 견해는 행위자의 의사와 객관적인 상황을 모두 고려하여 결과를 발생시킬 수 있는 행위가 종료되었으면 실행이 종료되었다고 한다. 행위자가 실행할 행위가 더 있는 경우 이미 실행한 행위와 아직 실행하지 못한 행위가 하나인 경우에는 착수미수, 이미 실행한 행위와 아직 실행하지 못한 행위가 다른 행위인 때에는 실행미수라고 한다.

절충설에 대해서는 실행의 종료를 죄수론으로 결정하는 것은 부당하다는 비판이 가해진다. 또한 이미 실행한 행위와 아직 실행하지 않은 행위가 하나인지 아니면 다른 행위인지를 구별할 기준이 모호하다는 비판도 제기할 수 있다.

라. 결 어 실행의 종료시기를 결정함에도 주관적 요소와 객관적 요소를 모두 고려해야 하므로 절충설이 타당하다고 할 수 있다. 그러나 절충설의 의미가 불분명하므로 좀더 이를 구체화시켜야 할 필요가 있다. 실행의 종료시기를 결정하는 방법은 실행의 착수시기를 결정하는 방법과 같아야 논리일관성이 있다. 실행의 착수시기를 주관적 객관설에 의해 결정한다면 실행의 종료시기도 주관적 객관설에 의해 결정해야 한다. 즉 '행위자의 범행계획을 고려하여 법익침해의 직접적 행위가 종료되었을 때' 실행이 종료된다고 해야 한다.

주관적 객관설에 대해서도 치밀한 범행계획을 가진 사람이 중지미수와 관련하여 유리한 취급을 받는다는 비판이 있을 수 있다. 그러나 전체적으로 보면 이것이 반드시 부당하다고만 할 수는 없다. 치밀한 범행계획을 가진 사람은 실행의 종료시기와 관련하여서는 유리하지만, 실행의 착수와 관련하여서는 불리하기 때문이다.

2) 착수미수의 중지미수 착수미수의 경우 중지미수가 성립하기 위해서는 자의로 실행행위의 계속을 중지하고 결과가 발생하지 않아야 한다.

가. 자의로 실행을 중지할 것

A. 불능행위의 중지 행위자가 행위를 계속하는 것이 가능하다고 생각하였다면 설사 외부적 장애나 기타 사정에 의해 그 행위를 계속하는 것이 불가능한 경우라도 중지미수가 성립할 수 있다. 예를 들어 절도의 실행에 착수한 사람이 재물을 꺼내는 것을 자의적으로 중지한 경우 이미 주인이 재물을 옮겨놓았기 때문에 그 재물을 꺼내는 것이 불가능하더라도 중지미수가 성립할 수 있다.

B. 실행의 종국적 포기 범행을 종국적으로 포기한 것이 아니라 더 좋은 기회로 미루거나, 좀 더 좋은 방법을 택하기 위해 실행을 중지한 경우 독일형법에서는 중지미수가 인정되지 않는다고 해석한다.

독일형법의 중지미수는 Rücktritt라는 제목하에 실행을 포기(aufgeben)한 자라고 규정되어 있고 중지미수의 효과는 필요적 면제이므로 포기를 종국적 포기라고 해석할 수 있다. 그러나 중지를 종국적 포기라고 해석하는 것은 피고인에게 불리한 축소해석으로서 우리 형법에서는 허용되지 않는 해석이라고 해야 한다. 또한 우리 형법에서 중지미수의 효과는 필요적 감면이므로 중지미수라 하여 당연히 형벌이 면제되는 것은 아니므로 중지미수의 요건을 지나치게 엄격하게 해석할 필요가 없다. 또한 피해자보호를 위해서는 어떻든 실행의 계속이 중지되는 것이 바람직할 것이므로 역시 중지라는 개념을 엄격하게 해석할 필요가 없다. 따라서 범행을 종국적으로 포기한 경우가 아니라 할지라도 중지미수가 될 수 있다(다수설).

나. 결과의 불발생 범죄결과가 발생하지 않고 결과가 발생하더라도 실행행위와 인과관계(또는 객관적 귀속)가 인정되지 않아야 한다. 실행행위를 중지하였으나 결과가 발생하고 실행행위와 결과 사이에 인과관계(및 객관적 귀속)가 인정되는 경우에는 기수가 되므로 중지미수가 될 수 없다. 이 경우 중지했다는 것은 양형참작사유에 불과하다.

3) 실행미수의 중지미수 실행미수의 중지미수가 성립하기 위해서는 행위자가 결과발생을 자의로 방지해야 하고, 결과가 발생하지도 않아야 한다.

가. 결과발생을 자의로 방지 범인이 결과발생의 방지를 위한 행위를 해야 한다. 통설은 범인이 결과발생방지를 위해 진지한 노력을 해야 하므로 부작위에 의한 결과발생방지는 불가능하다고 한다. 또한 원칙적으로 범인 스스로 결과발생방지행위를 해야 하지만 타인의 도움을 받거나 타인을 시켜서 방지행위를 해도 상관없다고 한다. 다만, 후자의 경우 타인에 의한 결과방지가 범인 자신이 결과발생을 방지한 것과 동일시할 수 있을 정도의 진지한 노력을 요한다고 한다.

그러나 진지한 노력을 명문으로 규정하고 있는 독일형법에서는 몰라도 우리 형법에서는 이렇게 엄격하게 해석할 필요가 없다고 생각된다. 우리 형법은 단순히 '결과발생을 방지한 때'라고 하고 있으므로 결과발생방지를 위한 진지한 노력까지 요한다고 해석할 필요가 없다. 예를 들어 타인에게 결과발생방지를 부탁하고 자신은 도주한 경우와 같이 범인이 진지한 노력을 하지 않더라도 결과발생이 방지되면 족하다고 해야 한다.

또한 모든 행위는 작위와 부작위를 포함하므로 결과발생의 방지행위에서 부작위를 배제할 이유가 없다. 예를 들어 자신이 계획했던 모든 실행행위를 다하였으나 결과가 발생하지 않은 상황에서 행위자가 새로운 범행을 계속하여 결과를 발생시킬 수 있는 충분한 가능성이 있음에도 불구하고 자의로 새로운 범행을 계속하지 않은 경우에는 중지미수가 성립할 수 있다고 해야 할

것이다.[1)]

나. 결과가 발생하지 않을 것 행위자가 결과발생의 방지를 위한 노력을 했다 하더라도 결과가 발생하고 실행행위와 결과 사이에 인과관계(및 객관적 귀속)가 인정되는 경우에는 중지미수가 성립하지 않고 기수범이 성립한다. 이 때 행위자가 결과방지의 노력은 양형참작사유에 불과하다.

그러나 실행행위와 결과발생간에 인과관계(내지 객관적 귀속)가 인정되지 않는 경우에는 결과가 발생하였어도 중지미수가 성립한다. 예를 들어 甲이 A를 살해하기 위해 칼로 찌른 후 자의로 A를 병원으로 옮겨 A가 생명을 구했으나 그날 밤 병원에 화재가 나서 A가 사망한 경우에는 甲의 살해행위와 A의 사망 사이에 인과관계(내지 객관적 귀속)가 부정되므로 중지미수가 인정될 수 있다.

다. 방지행위와 결과불발생 사이의 인과관계

A. 불능미수의 중지미수성립 여부 결과발생이 불가능한 경우에는 방지행위와 결과불발생 사이에 인과관계가 없으므로 불능미수의 중지미수는 인정될 수 없다는 견해도 있지만,[2)] 통설은 불능미수의 중지미수를 긍정한다. 불능미수의 중지미수를 인정하지 않는 경우 발생이 가능한 결과를 방지하면 중지미수가 되는데 비해 발생이 불가능한 결과를 방지하려고 노력하였으면 중지미수가 되지 않는다. 전자의 행위가 후자의 행위보다 위험성이 큼에도 불구하고 전자에서는 중지미수를 인정하고 후자에서는 중지미수를 인정하지 않는 것은 부당하다는 것이다.

중지미수의 형벌감면의 이유가 자의에 의한 중지라는 것을 감안한다면 불능미수의 중지미수도 인정하는 것이 타당하다고 생각된다.

B. 행위자 이외의 원인에 의해 결과가 방지된 경우 행위자가 결과발생방지를 위한 노력을 하였으나 다른 원인에 의해 결과가 방지된 경우, 예컨대 甲이 A를 살해하기 위해 중상을 입힌 후 자의로 A의 사망을 방지하기 위한 노력을 하였

---

1) 결과발생방지를 위한 적극적 노력이 필요하다고 할 경우 총을 쏘아 피해자에게 중상을 입힌 경우에는 결과발생방지를 위한 적극적 노력을 하여 중지미수가 될 가능성이 있다. 그러나 총을 쏘아 빗나간 경우에는 결과발생방지를 위한 적극적 노력을 할 기회가 없어서 중지미수가 될 수 없는 문제점이 있다.

2) 판례는 "장애미수 또는 중지미수는 범죄의 실행에 착수할 당시 실행행위를 놓고 판단하였을 때 행위자가 의도한 범죄의 기수가 성립할 가능성이 있었으므로 처음부터 기수가 될 가능성이 객관적으로 배제되는 불능미수와 구별된다"(대판 2019. 3. 28. 2018도16002 전합)고 한다. 이것은 불능미수의 중지미수는 인정되지 않는다는 취지로 해석될 수도 있다.

으나 그 행위로는 결과가 방지될 수 없고, 마침 지나가던 의사가 응급조치를 잘 해서 피해자가 사망하지 않은 경우에도 중지미수를 인정할 것인가가 문제된다.

다수설은 인과관계가 없으므로 중지미수를 인정할 수 없다고 하고 한다. 소수설은 독일형법은 필요적 면제를 규정하고 있고 우리 형법은 필요적 감면을 규정하고 있음에 비추어 중지미수가 인정될 수 있다고 한다.

우리 형법은 결과발생을 방지할 것만 규정하고 그 원인이 무엇인가를 규정하고 있지 않으므로 긍정설이 타당하다.

쉬어가기

甲은 A를 살해하고자 커피에 독약을 타서 A에게 주었고 이를 마신 A는 복통을 호소하며 쓰러졌다. 이를 본 甲은 불쌍하다는 생각이 들어 A를 살리기 위해 응급실로 데려갔고, A는 가벼운 위 손상만을 입었다. 그런데 甲은 커피에 독약을 탈 당시 치사량을 넣으려고 했으나 다른 생각을 하다가 치사량에 현저히 미달하는 양을 넣었다는 점이 밝혀졌다. 甲의 죄책은?

【설문의 해결】 甲의 살인미수죄의 성부와 관련하여 우선 불능미수의 위험성 여부가 문제된다. 이에 관하여 대법원은 '피고인'이 행위 당시 인식한 사정을 놓고 일반인의 관점에서 객관적으로 위험성 유무를 판단하는 입장(추상적 위험설)이다. 甲은 치사량의 독약을 탄 커피라고 인식했으므로, 이러한 사정을 놓고 일반인의 관점에서 평가하면 위험성은 인정될 수 있다. 한편, 甲은 A를 응급실로 데려갔는데 이 경우 불능미수의 중지미수를 인정하는 통설에 의하면 중지미수의 요건 중 자의성 유무를 살펴보아야 한다. 자의성을 가장 좁게 새기는 주관설에 의하더라도 '불쌍하다'는 생각에 범행을 중지한 것이므로, 위 사안에서는 자의성이 인정될 수 있다고 볼 것이다. 결국 甲은 살인죄의 불능미수의 중지미수로서 형의 필요적 감면이 인정되어야 할 것이다. 다만 상해는 기수에 이르렀으므로 형의 면제는 불가능하다고 해야 할 것이다.

Ⅲ. 중지미수의 효과

1. 형의 필요적 감면

중지미수에 대해서는 형을 감면한다. 범죄가 성립하지 않는 경우 형법은 "벌하지 아니한다"라는 표현을 쓰고 있다. 형을 면제한다는 것은 미수범 자체는 성립하지만 정책적 이유에서 중지자에게 특혜를 주어 형벌을 과하지 않는다는 것을 의미한다.

따라서 중지미수에 대한 형벌감경·면제는 인적처벌감경·조각사유라고 할 수 있고, 이는 중지자에게만 적용되고 다른 공범에게는 적용되지 않는다. 예를 들어 甲과 乙이 공동으로 A를 살해하려고 칼로 찔렀으나 A가 상처만 입고 죽지 않자 乙은 그대로 가버리고 甲만이 A를 살리려고 노력하였고 A가 사망하지 않은 경우 甲에게만 중지미수에 의한 형의 감면이 허용되고, 乙은 장애미수로 처벌된다. 다만, 이러한 결론에 이르기 위해서는 위 사례에서 다른 공범자에 의해 A의 사망이라는 결과가 일어나지 않아야 한다(대판 1969. 2. 25. 68도1676; 대판 2005. 2. 25. 2004도8259).

[대판 2005. 2. 25. 2004도8259] 다른 공범의 범행을 중지하게 하지 아니한 이상 자기만의 범의를 철회, 포기하여도 중지미수로는 인정될 수 없는 것인바, … [공범자가] 피고인과의 공모하에 강간행위에 나아간 이상 비록 피고인이 강간행위에 나아가지 않았다 하더라도 중지미수에 해당하지는 않는다고 할 것이다.

2. 기수범포함 중지미수

1) 미수범 처벌규정이 있는 경우 예를 들어 살인의 고의로 피해자에게 상해를 입힌 뒤 자의로 범행을 중지한 경우와 같이 무거운 범죄의 중지미수에 가벼운 범죄의 기수범이 포함되는 경우 경한 범죄의 기수범을 따로 처벌할 것인가가 문제될 수 있다.[1)]

중지미수의 형이 필요적 면제로 되어 있는 독일형법에서는 기수범적 중지미수의 처벌 여부가 문제된다. 위의 예에서 살인죄는 중지미수로서 형벌을 면제해야 하지만, 상해죄가 기수이기 때문에 이것만은 처벌해야 한다는 의견이 있을 수 있기 때문이다.

중지미수의 형을 필요적 감면으로 하고 있는 우리 형법에서는 이 경우 형의 감경으로 해결할 수도 있기 때문에 기수범적 중지미수의 처벌 여부를 논할 필요성이 거의 없다. 살인죄의 장애미수에서 상해기수죄를 별도로 논하지 않는다면,

1) 이러한 경우를 가중적 미수라고 하는데, 이는 마치 미수범을 가중하는 듯한 인상을 주는 용어로서 적절하지 않다고 생각된다. 이러한 형태의 범죄는 미수범에 기수범이 포함되는 형태이므로 기수범이 포함되어 있는 미수범이란 의미에서 기수범포함 중지미수라는 용어가 더 적절할 것이다.

살인죄의 중지미수에서도 상해기수죄를 별도로 논하지 않는 것이 논리적이라는 것이다.

2) 미수범 처벌규정이 없는 경우 그런데 무거운 범죄에 가벼운 범죄가 포함되어 있고, 무거운 범죄의 중지미수가 되었지만 무거운 범죄의 미수범처벌규정은 없는 반면 가벼운 범죄가 기수 혹은 미수(가벼운 범죄의 미수범을 처벌하는 경우)에 이른 경우 가벼운 범죄의 기수 혹은 미수를 독립적으로 처벌해야 하는지 문제된다. 예컨대 무고죄(제156조)를 범하려다 중지하였지만 명예훼손죄나 모욕죄는 기수에 이른 경우 무고죄의 미수는 벌하지 않으므로, 명예훼손죄나 모욕죄로 처벌하는 것은 가능할 것이다.

3. 상상적 경합의 경우

상상적 경합관계에 있는 두 개의 범죄 중 하나의 범죄에 대해서만 중지미수가 된 경우에는 하나의 범죄의 중지미수범과 다른 범죄의 기수범은 상상적 경합관계에 있다.

그런데 중지미수가 된 A범죄의 기수범의 법정형이 기수가 된 B범죄의 법정형보다 높지만 A범죄의 중지미수의 형벌은 B범죄의 형벌보다 낮은 경우가 있다. 예컨대 공무집행방해죄의 의사로 공무원을 상해하려다가 중지하였으나 공무집행방해죄는 기수가 된 경우 상해기수죄의 법정형은 7년 이하의 징역이므로, 중지미수의 형벌은 3년 6개월 이하의 징역 또는 면제이다(제257조, 제26조), 이에 비해 공무집행방해기수죄의 형벌은 5년 이하의 징역이다(제136조).

따라서 상해죄기수범의 법정형을 기준으로 무거운 범죄를 정할 경우 피고인은 상해죄의 중지미수로 3년 6개월 이하의 징역에 처해진다(제55조 제1항 제3호). 반면 상해죄의 중지미수범의 형벌을 기준으로 무거운 범죄를 정하게 되면 공무집행방해죄가 더 무거운 범죄이므로 피고인은 5년 이하의 징역에 처해지게 된다.

이 경우 공무집행방해죄로 처벌해야 한다는 견해가 있다(다수설). 그러나 상상적 경합의 경우 법정형이 무거운 범죄를 선택한 후 형법 제26조에 의해 감경을 해야 하므로 불합리한 점이 있더라도 상해죄를 먼저 선택하고 이어 중지미수에 의한 감면을 해야 할 것이다.

Ⅳ. 공범과 중지미수

1. 공동정범과 중지미수

통설은 공동정범의 중지미수가 성립하기 위해서는 자신이 범행을 중지해야 할 뿐 아니라 다른 공범의 행위도 중지시키거나 결과발생을 방지해야 한다고 한다. 따라서 공동정범 중 일부가 자의로 실행행위를 중지하였으나 다른 공동정범이 결과를 발생시킨 경우에는 자의로 중지한 공동정범도 중지미수가 되지 않는다고 한다.

공동정범은 의사연락하에 상호협조하여 범행을 하는 것이므로 '부분실행 전체책임'의 원칙이 적용되기 때문에 자신뿐만 아니라 다른 공범의 행위를 중지시키거나 결과발생을 방지해야 중지미수가 될 수 있기 때문이라는 것이다. 판례도 같은 입장이다.[1)]

> 그러나 우리 형법에 공범의 범행을 중지시킬 것을 요구하는 명문의 규정이 없고, 중지미수를 엄격하게 해석하는 독일형법에서도 이러한 해석 역시 공범의 중지에서 '기수에 이르지 못하게 할 것'을 명문으로 규정하고 있기 때문에 가능한 것이다. '기수에 이르지 못하게 할 것'과 '행위를 중지할 것'은 분명 그 의미가 다르고 전자가 후자보다 엄격한 개념이다. 우리 형법의 규정은 엄격하게 되어 있지 않음에도 불구하고 피고인에게 유리한 개념을 엄격하게 해석하는 것은 허용되지 않는 해석이다. 따라서 이 경우에도 중지미수를 인정해야 한다. 공범 중 일부가 자의로 중지한 경우에는 공동정범 사이의 의사연락도 더 이상 존재하지 않는다고 할 수 있기 때문이다.

2. 교사범 및 방조범과 중지미수

정범이 자의로 중지한 경우에는 정범만이 중지미수가 되고 교사범·방조범은 교사·방조의 장애미수범이 된다. 중지미수는 인적 처벌조각·감경사유이므로 중지자에게만 적용되기 때문이다. 교사범·방조범이 자의로 정범의 행위를 중지시켰거나 결과발생을 방지한 경우에도 교사범·방조범만이 교사·방조의 중지미수의 죄책을 지고, 정범은 장애미수의 죄책을 진다.

---

1) 대판 1969. 2. 25. 68도1676; 대판 2005. 2. 25. 2004도8259.

Ⅴ. 예비의 중지(실행의 착수의 포기)

1. 예비의 중지의 개념

예비의 중지란 예비죄를 범한 사람이 자의로 실행의 착수를 포기하는 것을 말한다. 예비행위를 하다가 자의로 중지한 경우에는 예비죄 자체가 성립하지 않으므로 범죄가 되지 않는다. 이런 의미에서 예비의 중지라는 용어보다는 실행의 착수의 포기라는 용어가 더 적절하다.

예비의 중지는 실행의 착수 이전에 실행의 착수를 포기한 것이므로 실행행위 자체가 없다. 따라서 실행행위가 있는 것을 전제로 하는 중지미수의 규정이 직접 적용될 수는 없고 유추적용할 것인지 여부 및 유추적용을 한다면 어떤 방법으로 할 것인지 문제된다.[1)]

2. 유추적용부정설

예비의 중지는 실행행위가 없는 경우이므로 실행행위의 존재를 전제로 하는 중지미수의 규정을 유추적용할 수 없다는 입장이다. 판례도 같은 입장이다.[2)]

이에 대해서는, 실행의 착수 후 중지한 사람은 형벌을 면제받을 가능성이 있지만 실행의 착수조차 하지 않은 사람은 형벌을 면제받을 가능성이 없다는 비판이 제기된다. 즉 예비행위를 한 사람이 형벌을 면제받기 위해서는 실행에 착수한 후 중지해야 한다는 부당한 결론이 된다는 것이다.

이러한 부당한 결론을 시정하기 위하여 ① 중지미수 대신에 자수의 필요적 감면규정(제90조, 제101조 등)을 유추적용하자는 견해와, ② 예비를 처벌하는 범죄에 대해서는 중지미수에서 면제를 인정하지 말자는 견해 등이 있다.

그러나 ①설에 대해서는 예컨대 살인죄, 강도죄 등과 같이 자수의 필요적 감면규정을 두지 않은 범죄에 대해서는 유추적용할 규정이 없고, 총칙상의 자수감

1) 준용이라는 용어를 쓰기도 하는데 이는 잘못된 것이다. 준용이란 동일한 사항을 두 번 규정하지 않기 위해서 입법기술상 사용하는 용어이다. 준용규정이 있으면 그 규정이 직접 적용된다는 의미이다. 이에 비해 유추적용이란 직접 적용할 수 있는 규정이 없고 그와 유사한 규정을 적용한다는 의미이다.

2) 대판 1999. 4. 9. 99도424: 중지범은 범죄의 실행에 착수한 후 자의로 그 행위를 중지한 때를 말하는 것이고 실행의 착수가 있기 전인 예비·음모의 행위를 처벌하는 경우에 있어서 중지범의 관념은 이를 인정할 수 없다(기타 대판 1991. 6. 25. 91도436; 대판 1966. 4. 12. 66도152 전합).

면은 임의적 감면(제52조 제1항)이므로 이를 유추적용하는 경우에도 형벌의 불균형을 피할 수 없다는 비판이 제기된다. ②설에 대해서는 예비죄를 처벌하는 경우 중지미수의 형감면을 배제해야 할 아무런 실정법적 근거가 없고, 피고인에게 유리한 규정을 축소해석하는 것이라는 비판이 제기된다.

3. 유추적용긍정설

통설은 예비의 중지에 대해 제26조를 유추적용해야 한다는 입장이지만 그 방법에 대해서는 견해가 일치하지 않고 있다.

(1) 제한적 유추적용설

다수설은 예비의 중지에 대해 제26조를 유추적용하는 것은 예외적인 것이므로 유추적용의 범위를 최소화하려고 한다. 그리하여 예비의 형이 중지미수의 형보다 무거운 경우에만 중지미수규정을 유추적용하고, 예비의 형이 중지미수의 형보다 가벼운 경우에는 제26조를 유추적용하지 말아야 한다고 한다. 그 근거로서 ① 예비의 미수는 논리상 있을 수 없고, ② 예비죄가 완성된 경우 예비의 형을 감경 또는 면제할 수는 없고, ③ 예비의 중지는 실행착수의 포기를 의미하므로 예비의 형이 중지미수의 형보다 무거울 때에만 적용하는 것이 논리적이라는 것이다.

예를 들어 강도죄의 법정형은 3년 이상(30년 이하)의 징역이므로(제333조) 강도중지미수의 형은 1년 6개월 이상 15년 이하의 징역(제55조 제3호) 또는 면제이고, 강도예비죄의 형은(1개월 이상) 7년 이하의 징역이다. 이와 같이 중지미수죄의 형이 예비죄의 형보다 높으므로, 예비의 중지에 대해 제26조를 유추적용하지 않고 그대로 예비죄의 형인 7년 이하의 징역을 적용한다. 그러나 면제의 경우는 언제나 중지미수의 형이 예비죄의 형보다 높으므로 유추적용해야 한다. 결국 강도예비의 중지의 형벌은 7년 이하의 징역 또는 면제이다.

그러나 예를 들어 일반이적죄의 법정형은 무기 또는 3년 이상의 징역인데(제99조), 3년 이상의 징역형을 선택할 경우 중지미수의 형은 '1년 6개월 이상 15년 이하의 징역 또는 면제'가 된다. 이에 비해 일반이적 예비죄는 '2년 이상 30년 이하의 징역'(제101조)으로 중지미수의 형보다 높다. 이와 같이 예비죄의 형이 중지미수의 형보다 무거운 경우에는 중지미수의 형을 유추적용하므로 일반이적예비죄의 중지의 형은 '1년 6개월 이상 15년 이하의 징역 또는 면제'가 된다. 한편 무기징역을 선택할 경우 일반이적 중지미수의 형벌은 '10년 이상 50년 이하의 징역(제

55조 1항 2호) 또는 면제'가 되어 징역형을 과할 때에는 일반이적예비죄의 형벌에 비해 높지만 형을 면제할 때에는 일반이적예비죄의 형벌에 비해 낮다. 따라서 징역형에 대해서는 중지미수 규정을 유추적용하지 않고 일반이적예비죄의 형벌인 2년 이상 30년 이하의 징역으로 처벌하고, 형면제의 경우는 중지미수 규정을 유추적용한다. 따라서 일반이적예비의 중지의 형벌은 '2년 이상 30년 이하의 징역 또는 면제'가 된다. 이와 같이 일반이적예비의 중지의 형벌은 '1년 6개월 이상 15년 이하의 징역 또는 면제'이거나 '2년 이상 30년 이하의 징역 또는 면제'가 될 것이다.

(2) 전면적 유추적용설

이 견해는 제26조의 유추적용범위를 넓게 인정하여 예비죄의 법정형에 그대로 제26조를 유추적용하자고 한다. 따라서 예비죄의 형 그 자체를 필요적으로 감면하는 것이다. 따라서 강도예비의 중지에 대한 형은 1개월 이상 3년 6개월 이하의 징역 또는 면제, 일반이적예비의 중지는 1년 이상 15년 이하의 징역 또는 면제로 하게 된다.

(3) 결 어

제한적 유추적용설은 면제의 경우에는 항상 유추적용하면서 감경의 경우에는 제한적으로 유추적용해야 하는 이유를 설명하기가 곤란하다. 따라서 다음과 같은 이유에서 전면적 유추적용설이 타당하다고 생각된다.

첫째, 예비죄의 처벌은 예외적인 것이기 때문에 예외에 대한 예외를 넓게 인정해도 무방하다.

둘째, 실행의 착수 후 중지나 실행의 착수 전 중지나 하나의 과정에서 다음 과정으로의 범행계속을 중지한다는 점에서는 공통되므로, 예비단계에서 자의로 중지한 경우에도 제26조를 유추적용하는 것이 간명하다.

쉬어가기

甲은 자신이 빌려준 돈을 달라고 하자 오히려 폭행을 한 A를 살해하기로 하고, 칼 2개를 준비하였다. 甲은 먼저 왼손의 칼로 A의 목을 찌르고, 이어 오른손의 칼로 A의 심장을 찌르기로 계획하였다. 甲이 계획대로 A의 목을 찌른 순간 A의 목에서 선혈이 뿜어져 나오자 甲은 갑자기 죄책감이 들어서 오른손으로 심장을 찌르는 것을 포기하고 도주하였다. 甲의 죄책은?

【설문의 해결】 甲이 죄책감이 들어 범행을 중지한 것은 어떤 학설에 의하든 자의성이 인정되므로 중지미수의 주관적 요건은 충족된다(제26조). 중지미수가 성립하기 위해서는

착수미수의 경우는 범행을 중지하면 되지만, 실행미수의 경우에는 결과방지를 위한 행위가 있어야 한다. 설문에서 甲은 계획했던 범행을 중지하였지만, 결과방지를 위한 행위는 하지 않았다. 따라서 설문에서 문제가 되는 것은 甲의 행위가 착수미수인가 실행미수인가, 즉 甲의 살인행위가 종료하였는가이다.

실행의 종료에 대해서는 주관설, 객관설, 절충설, 주관적 객관설이 있다. 주관설에 의하면 甲의 범행계획에 따른 행위를 모두 종료하지 않았으므로 착수미수가 된다. 객관설에 의하면 甲이 칼로 A의 목을 찌른 행위는 그 자체가 사람의 사망결과를 발생시킬 수 있는 행위이고 이 행위가 종료되었으므로 실행미수가 된다. 절충설에 의하면 한 사람을 살해하기 위해 칼로 그의 목을 찌르는 행위와 심장을 찌르는 행위는 사회통념상 하나의 행위라고 보아야 할 것이므로 착수미수가 된다. 주관적 객관설에 의할 경우에도 행위자의 범행계획을 고려할 때 결과발생에 필요한 행위가 종료되었다고 할 수 없으므로 착수미수가 된다.

결국 실행의 종료에 관한 주관설, 절충설, 주관적 객관설에 의하면 甲은 살인죄의 중지미수의 죄책을 지고, 객관설에 의하면 甲은 살인죄의 장애미수의 죄책을 진다.

---

§30

제4절 불능미수

> 제27조(불능범) 실행의 수단 또는 대상의 착오로 인하여 결과의 발생이 불가능하더라도 위험성이 있는 때에는 처벌한다. 단, 형을 감경 또는 면제할 수 있다.

Ⅰ. 불능미수의 의의

1. 불능미수의 개념과 용어

불능미수[1]란 실행의 수단 또는 대상의 착오로 인하여 결과의 발생이 불가능하더라도 위험성이 있는 형태의 미수범을 말한다(제27조).

---

1) 제27조의 규정대로 하자면 불능범이란 결과발생이 불가능하지만 위험성이 있는 범죄를 말한다. 그러나 통설은 제27조의 불능범은 불능미수를 의미하는 것이고, 불능범은 처벌되지 않는 행위를 말한다고 한다. 그런데 형법의 해석자들이 형법의 불능범이라는 용어를 불능미수라고 바꾸는 것은 결코 바람직하지 않다. 불능미수라는 용어는 독일형법의 Untaugliche Versuch를 번역한 것인데 굳이 이 표현을 사용하는 것은 국적없는 형법해석학이라고 할 수 있다. 하지만 불능미수라는 용어가 너무나 굳어져 있기 때문에 이 책에서도 불능미수라는 용어를 그대로 사용하기로 한다.

불능미수는 비록 결과를 발생시킬 수 없지만 외형상 실행의 착수가 있다는 점에서 실행의 착수가 없는 예비·음모와 구별된다. 불능미수는 원시적으로 결과발생이 불가능하다는 점에서 원시적으로는 결과발생이 가능한 장애미수와 구별된다.

불능미수가 성립하기 위해서는 결과발생의 불가능이라는 요건 이외에 위험성이 있어야 한다. 결과발생이 불가능하다는 점에서는 처벌되는 불능미수나 처벌되지 않는 불능범 사이에 차이가 없다. 불능미수와 불능범을 구별하는 기준은 위험성의 유무이다. 위험성은 규범적 개념이므로 그 해석이 달라질 수 있고 그에 따라 불능미수의 성립범위도 달라질 수 있다. 이러한 의미에서 위험성는 불능미수의 핵심적 개념이라 할 수 있다.

2. 불능미수의 처벌

순수한 객관주의에 의하면 결과의 발생이 불가능하므로 불능미수를 처벌하지 말아야 한다. 순수한 주관주의에 의하면 결과발생이 불가능하더라도 행위자에게 기수범과 동일한 범죄의사가 있고, 사회적 위험성도 있으므로 불능미수를 기수범과 동일하게 벌해야 한다.

형법은 절충적 입장에서 형의 임의적 감면을 규정한다. 이는 감경이나 면제를 하지 않은 경우에는 순수한 주관주의, 면제를 하는 경우에는 순수한 객관주의의 입장을 모두 받아들인 것이다.

3. 구성요건흠결이론

우리나라에서 주장하는 학자가 없어서 소개의 가치가 별로 없지만 불능미수를 이해하는 데에 도움이 되는 범위에서만 소개하기로 한다.

과거 독일에서는 구성요건요소, 즉 행위의 주체, 객체, 태양이 흠결된 경우에는 불능범, 인과관계가 흠결된 경우에는 불능미수가 된다는 입장이 있었다. 이를 구성요건흠결이론이라고 한다.

이에 의하면 예를 들어 비공무원이 뇌물을 받은 경우(주체의 흠결), 자기의 재물을 타인의 재물로 알고 절취한 경우(객체의 흠결), 치사량 미달의 독약으로 살인을 하려고 한 경우(행위의 방법 혹은 수단의 흠결), 전시가 아님에도 불구하고 전시라고 생각하고 군수계약을 이행하지 않은 경우(행위상황의 흠결)에는 불능범이 된다고 한다. 반면에 살인하려고 칼로 찔렀으나 중상해를 입은 피해자가 불구를 비관하여 자살한 경우에는 다른 구성요건요소는 모두 갖춰져 있으나 인과관계만이 흠결된 경우이므로 불능미수라고 한다.

그러나 우리 형법에서는 수단의 흠결이나 대상의 흠결로 인해 결과발생이 불가능하더라도 바로 불능범이 되는 것이 아니라 위험성이 없어야 불능범이 되고 위험성이 있으면 불능미수가 된다. 따라서 구성요건흠결이론은 우리 형법에서는 맞지 않는 이론이다.

Ⅱ. 불능미수의 성립요건

불능미수가 성립하기 위해서는 ① 실행의 착수가 있어야 하고, ② 실행의 수단 또는 대상의 착오로 인해 결과발생이 불가능하여야 하고,[1] ③ 위험성이 있어야 하고, ④ 기수의 고의가 있어야 한다.

1. 실행의 착수가 있을 것

불능미수가 성립하기 위해서는 실행의 착수가 있어야 한다. 이 점에서 예비·음모와 구별된다. 예비·음모를 처벌할 경우에도 불능예비·음모는 처벌되지 않지만, 불능미수는 처벌되므로 실행의 착수 유무는 불능미수에서는 더욱 의미가 있다.

불능미수에서는 외형상으로 뿐만 아니라 실질적으로 실행의 착수가 있다. 그러나 불능범에서는 외형상으로는 실행의 착수가 있지만 실질적으로는 실행의 착수가 있다고 볼 수 없다. 왜냐하면 불능범은 범죄가 아니므로 실행행위도 있을 수 없기 때문이다.

불능미수 및 불능범은 존재하는 구성요건상의 범죄행위를 하려고 하는 것이므로 존재하지 않는 구성요건상의 범죄행위를 하려고 함으로써 실질상은 물론 외형상의 실행의 착수도 인정할 수 없는 환각범[2]과 구별된다.

2. 실행의 수단 또는 대상의 착오로 인한 결과발생 불가능

(1) 실행의 수단에 대한 착오

실행의 수단에 대한 착오란 결과를 발생시킬 수 없는 수단을 결과를 발생시킬 수 있는 수단으로 오인한 경우를 말한다. 총알이 있다고 오인하고 총알이 없는 총으로 사람을 살해하려고 한 경우를 예로 들 수 있다.[3] 사람의 다리를 세게

1) 불능미수는 행위자가 실제로 존재하지 않는 사실을 존재한다고 오인했다는 점에서 존재하는 사실을 인식하지 못한 사실의 착오와 구별된다고 할 수 있다.

2) 흡연이 범죄라고 생각하면서 담배를 피운 경우 흡연을 처벌하는 구성요건이 없다.

3) 결과발생의 원인이 될 수 없는 수단을 결과발생의 원인이 될 수 있다고 착오한 점에서 수

때리면 살해할 수 있다고 생각한 경우와 같이 행위 자체가 실행의 수단일 수도 있다.

그러나 예컨대 아침마다 정화수를 떠놓고 원수가 죽으라고 기도하는 것과 같이 실행의 수단이 비과학적 방법인 때에는 불능범의 일종인 미신범이 된다.

미신범에서는 행위자가 실현하려는 범죄구성요건이 존재하지만, 환각범에서는 행위자가 실현하려는 범죄구성요건이 존재하지 않는다는 점에서 차이가 있다. 즉, 기도하는 행위 자체가 범죄라고 생각한 경우에는 환각범, 기도를 통해 사람을 살해할 수 있다고 생각한 경우에는 미신범이 된다.

(2) 대상의 착오

대상의 착오란 그 대상에 대해서는 결과발생이 불가능함에도 불구하고 결과발생이 가능한 것으로 오인한 경우를 말한다. 예를 들어 자기의 재물을 타인의 재물로 착오하고 절취행위를 하거나 사체를 산 사람으로 오인하고 살해행위를 한 경우 등이다.[1)]

(3) 결과발생의 불가능

처음부터 결과발생이 불가능해야 한다. 결과발생이 불가능하다는 의미는 결과범에서의 결과발생이 불가능하다는 의미뿐만 아니라 거동범에서의 행위가 불가능하다는 의미도 포함한다. 예를 들어 마네킹을 사람으로 오인하고 모욕을 한 경우에도 결과발생이 불가능한 것에 포함된다.

결과발생이 불가능했느냐의 여부는 자연과학적·사실적 법칙에 의해 결정해야 한다. 따라서 일반인의 판단과 전문가의 판단이 모순될 때에는 전문가의 판단을 우선해야 한다. 예를 들어 일반인들은 사람이 쥐약을 먹으면 사망할 수도 있다고 생각하지만 과학적으로는 쥐약을 먹어도 사람이 죽는 일은 없다고 한다면,

---

단과 결과 사이의 인과관계를 착오한 경우라고 할 수 있다. 인과과정의 착오를 인과관계의 착오라고 부르기도 하지만 이는 정확한 용어가 아니다. 인과관계의 착오는 오히려 실행의 수단에 대한 착오에서 가장 명확하게 나타난다.

1) 대판 2019. 3. 28. 2018도16002 전합: 피해자가 심신상실 또는 항거불능의 상태에 있다고 인식하고 그러한 상태를 이용하여 간음할 의사로 피해자를 간음하였으나 피해자가 실제로는 심신상실 또는 항거불능의 상태에 있지 않은 경우에는, 실행의 수단 또는 대상의 착오로 인하여 준강간죄에서 규정하고 있는 구성요건적 결과의 발생이 처음부터 불가능하였고 실제로 그러한 결과가 발생하였다고 할 수 없다. … 피고인이 행위 당시에 인식한 사정을 놓고 일반인이 객관적으로 판단하여 보았을 때 준강간의 결과가 발생할 위험성이 있었으므로 준강간죄의 불능미수가 성립한다.

사람을 살해하기 위해 쥐약을 먹인 사람의 행위는 장애미수가 아니라 불능미수의 문제가 된다. 이러한 의미에서 결과발생 가능성 여부의 판단은 규범적 판단인 위험성판단과 구별된다. 판례도 같은 입장이다.

[대판 1984. 2. 14. 83도2967] 피고인이 피해자를 독살하려 하였으나 동인이 토함으로써 그 목적을 이루지 못한 경우에는 피고인이 사용한 독의 양이 치사량 미달이어서 결과발생이 불가능한 경우도 있을 것이고, 한편 형법은 장애미수와 불능미수를 구별하여 처벌하고 있으므로 원심으로서는 이 사건 독약의 치사량을 좀더 심리하여 피고인의 소위가 위 미수 중 어느 경우에 해당하는지 가렸어야 할 것이다.[1)]

(4) 주체의 착오 문제

주체의 착오란 자신이 결과를 발생시킬 수 없는 신분임에도 결과를 발생시킬 수 있는 신분인 것으로 오인한 경우를 말한다. 예를 들어 공무원 아닌 사람이 자신이 공무원이라고 생각하고 뇌물을 받거나 작위의무 없는 사람이 작위의무가 있다고 생각하면서 부작위를 한 경우이다.

소수설은 주체의 착오에 대해서도 불능미수가 성립할 수 있다고 하지만, 다수설은 이것은 제27조의 적용범위를 부당하게 확대하는 것으로서 허용되지 않는 해석이라고 한다.

객관주의에 의하면 불능미수는 처벌하지 말아야 하므로 제27조는 형벌확장규정이므로 엄격하게 해석해야 한다. 따라서 예컨대 직계비속이 아닌 사람이 직계비속이라고 생각하고 직계존속을 살해하려 한 경우와 같이 주체의 착오가 객체의 착오가 되는 경우가 아니라면 주체의 착오로 결과발생이 불가능한 경우를 제27조에 포함시킬 수는 없다.

3. 위험성이 있을 것

통설에 의하면 제27조의 제목은 불능범이지만 강학상 불능미수에 관한 규정

1) 유사판례로, 대판 1984. 2. 28. 83도3331. 한편 판례는 "피고인의 위 행위는 어느 것이나 사망의 결과발생에 대한 위험성을 배제할 수 없다 할 것이므로 각 살인미수죄를 구성한다" (대판 1990. 7. 24. 90도1149; 기타 대판 1985. 3. 26. 85도206)라고 하여 결과발생의 위험성이라는 용어를 사용하고 있다. 그러나 위 판례들은 장애미수를 인정하므로 결과발생 '가능성'이라고 하는 것이 바람직하다. 결과발생 가능성이라는 용어를 사용하는 판례로, 대판 2007. 7. 26. 2007도3687.

이므로 위험성이 있어야 불능미수로 처벌될 수 있고, 위험성이 없으면 강학상 불능범이 되어 처벌되지 않는다.

위험성은 규범적 개념이므로, 그에 대해서는 여러 가지 견해가 대립하고 있다. 아래의 학설은 주관주의 → 객관주의 성격이 강한 순서이다.

(1) 주 관 설

제27조의 위험성은 행위에서 객관적으로 보여지는 위험성이 아니라 행위자의 주관적 위험성이라고 한다. 이에 의하면 행위자의 범죄의사나 사회적 위험성은 기수범과 다를 것이 없으므로 원칙적으로 불능범은 인정되지 않고 모두 불능미수가 된다. 다만 미신범의 경우에는 실행행위를 인정할 수 없기 때문에 불능미수가 아니라고 한다.[1)]

이에 대해서는 단순히 행위자의 주관적 위험성만 가지고 처벌하게 되면 형법의 적용범위가 너무 넓어진다는 비판이 제기된다.

(2) 추상적 위험설

1) 학설, 판례의 내용 추상적 위험설은 주관설에 객관적 요소를 가미한 학설이다. 이 견해는 행위자가 인식한 사실을 기초로 하여 일반인의 관점에서 결과발생의 가능성을 판단하여 결과발생이 가능하면 위험성이 있는 불능미수, 결과발생이 불가능하면 위험성이 없는 불능범이라고 한다. 행위자의 주관적 인식사실을 기초로 한다는 점에서 주관설, 일반인의 관점에서 결과발생가능성을 판단한다는 점에서 객관설적 요소를 지니고 있다.[2)]

객관적으로는 전혀 결과발생 가능성이 없지만 행위자가 인식한 사실을 기초로 하여 위험성을 인정하는 것이기 때문에 일반인들이 구체적으로 위험을 느끼지 못해도 행위자만이 갖는 추상적 위험성은 존재한다는 의미에서 추상적 위험설이라고 한다. 판례도 추상적 위험설을 따르고 있다.

---

1) 주관설은 실제상으로는 추상적 위험설과 유사한 결론을 가져온다는 견해도 있다. 그러나 주관설은 원칙적으로 불능범을 부인한다는 점에서 추상적 위험설과 많은 차이가 있다.

2) 따라서 이를 주관적 객관설이라고도 하지만 잘못된 용어이다. 오히려 객관적 주관설이라고 해야 한다. 추상적 위험설을 행위자위험설이라고도 하는데, 행위자위험설은 오히려 주관설에 적당한 용어이다. 추상적 위험설은 일반인의 관점에서 위험성을 평가하지만(객관적) 일반인이 아닌 행위자가 인식한 사실을 기초로 하기 때문이다(주관설).

[대판 1978. 3. 28. 77도4049; 대판 2019. 3. 28. 2018도16002 전합] 불능범의 판단 기준으로서 위험성 판단은 피고인이 행위 당시에 인식한 사정을 놓고 이것이 객관적으로 일반인의 판단으로 보아 결과발생의 가능성이 있느냐를 따져야 한다.

[대판 2005. 12. 8. 2005도8105] 불능범의 판단 기준으로서 위험성 판단은 피고인이 행위 당시에 인식한 사정을 놓고 이것이 객관적으로 일반인의 판단으로 보아 결과 발생의 가능성이 있느냐를 따져야 하고, 한편 민사소송법상 소송비용의 청구는 소송비용액 확정절차에 의하도록 규정하고 있으므로, 위 절차에 의하지 아니하고 손해배상금 청구의 소 등으로 소송비용의 지급을 구하는 것은 소의 이익이 없는 부적법한 소로서 허용될 수 없다고 할 것이다. 따라서 소송비용을 편취할 의사로 소송비용의 지급을 구하는 손해배상청구의 소를 제기하였다고 하더라도 이는 객관적으로 소송비용의 청구방법에 관한 법률적 지식을 가진 일반인의 판단으로 보아 결과 발생의 가능성이 없어 위험성이 인정되지 않는다고 할 것이다(즉 불능범에 해당하여 무죄).

2) 학설의 적용례　　甲이 A를 살해하기 위해 청산가리 1g을 먹였으나 그것이 사실은 설탕인 경우, 행위자가 인식한 사실은 "A에게 청산가리 1g을 먹인다"는 것이다. 이것을 기초로 일반인의 관점에서 판단하면 A가 사망할 가능성이 인정되고(청산가리의 치사량은 0.15g이라고 한다) 따라서 위험성도 인정되어 살인죄의 불능미수가 된다. 그러나 甲이 유황을 먹으면 사람이 죽는다고 생각하고 A에게 유황오리를 먹인 경우, 甲이 인식한 사실은 "A에게 유황오리를 먹인다"는 것이다. 이를 기초로 일반인의 관점에서 판단하면 유황오리를 먹고 A가 사망할 가능성은 없다(유황오리만 사망한다). 따라서 위험성이 인정되지 않아 甲은 불능범이 되어 처벌받지 않는다.

3) 문 제 점　　추상적 위험설에 대해서는 행위자가 소금으로 사람을 살해할 수 있다고 착오하는 경우와 같이 매우 중대한 착오가 있는 예외적인 경우에만 위험성이 없다고 하여 위험성을 너무 넓게 인정하고, 객관적으로 결과발생가능성이 없는 행위를 하는 행위자의 내심상태를 기초로 위험성 여부를 판단함으로써 심정형법화의 우려가 있다는 비판이 제기된다.

(3) 인 상 설

행위자의 법적대적(法敵對的) 의사의 실행이 법질서의 효력에 대한 사회의 신뢰를 동요시키고 법적 평온을 교란시키는 인상을 줄 때 위험성이 인정된다는 견해이다.

독일의 다수설이지만 우리 형법의 미수 및 불능미수규정과 전혀 다른 내용을 가진 독일형법의 해석론으로서 우리 형법의 위험성개념의 해석으로는 맞지 않는 이론이다. 또한 위험성유무 혹은 법적 평온교란 여부의 판단방법은 제시하지 않음으로써 위험성을 설명하는 데 그치고 위험성의 유무를 판단하는 기준은 제시하지 못하고 있다는 비판도 제기된다.

(4) 구체적 위험설(신객관설)

1) 학설의 내용 및 종류 구체적 위험설은 주관적 요소와 객관적 요소를 모두 고려하지만 객관적 요소를 기본으로 하고 주관적 요소를 가미하여 위험성판단을 하는 입장을 취한다.

가. 다수설의 입장 다수설이 취하는 구체적 위험설은 행위 당시 일반인이 인식할 수 있었던 사정뿐만 아니라 행위자가 특별히 인식했던 사정을 모두 기초로 하여 일반인의 입장에서 판단하여 결과발생의 가능성이 있으면 불능미수, 결과발생의 가능성이 없으면 불능범이라고 한다.

그러나 이는 구체적 위험설이라고 보기 어렵다. 구체적 위험은 추상적 위험보다는 좁은 개념이므로 구체적 위험설에 의하면 추상적 위험설에 비해 위험성이 좁아야 한다. 그런데 다수설과 같은 구체적 위험설에 의하게 되면 구체적 위험설이 추상적 위험설보다 위험성을 넓게 인정하게 된다. 왜냐하면 행위자가 특히 인식한 사정을 기초로 하여 위험성을 판단하면 추상적 위험설과 위험성이 같게 되고, 여기에 행위자는 인식하지 못했지만 일반인이 인식할 수 있었던 사정을 기초로 한 위험성이 추가되기 때문이다. 또한 행위자가 인식한 사정과 일반인이 인식할 수 있었던 사정이 일치하지 않는 경우 무엇을 기준으로 위험성을 판단할 것인가 하는 결정적 비판이 제기된다.

나. 올바른 구체적 위험설 구체적 위험설에 충실하기 위해서는 행위 당시 일반인이 인식할 수 있었던 사정만을 기초로 하여 일반인의 입장에서 결과발생의 가능성 유무를 판단하여 위험성 유무를 결정해야 할 것이다. 행위 당시 일반인이 알 수 있었던 사정을 기초로 한다는 점에서 행위자가 인식한 사정을 기초로 하는 추상적 위험설보다 객관주의 입장에 가깝기 때문에 신객관설이라고 할 수 있다. 일반인들이 객관적으로 느낄 수 있는 구체적 위험이 있어야 위험성을 인정하기 위해서는 행위자가 인식한 사정이 아니라 일반인이 인식할 수 있었던 사정을 기초로 해야 하기 때문이다.

2) 학설의 적용례 권총가게의 점원 甲은 강도에 대비하기 위해 진열장에 진열된 수십 개의 권총 중 하나에 실탄을 몰래 넣어 놓았다. 어느 날 甲은 손님 A와 말다툼을 하다가 격분하여 그 권총을 진열장에서 꺼내 A를 향해 발사하였다. 그러나 진열장의 권총을 살펴보던 주인 乙이 권총에 실탄이 들어 있는 것을 발견하고 실탄을 빼어 놓았기 때문에 총알이 발사되지 않았다.

이 사례에서 추상적 위험설에 의하면 위험성이 인정된다. 다수설의 구체적 위험설에 의하면 권총에 총알이 들어있다는 사정은 甲이 특별히 인식한 사정이라고 하고 이를 기초로 판단하여 위험성이 인정될 것이다. 그러나 이 경우에도 일반인들은 총알이 들어있지 않았을 것이라고 인식했을 것이므로 甲이 인식한 사정과 일반인이 인식할 수 있었던 사정이 일치하지 않는데 후자의 사정을 기초로 하면 위험성이 인정되지 않는다.

그러나 올바른 구체적 위험설에 의할 경우 일반인이 인식할 수 있었던 사정은 실탄이 들어있지 않은 권총을 A에게 쏜다는 것이고 이 사정만을 기초로 일반인의 입장에서 판단하면 손님을 살해하는 결과발생 가능성이 없으므로 위험성이 인정되지 않는다.

(5) 객 관 설

1) 구객관설(절대적 불능·상대적 불능 구별설) 이 견해는 행위자의 의사를 고려하지 않고 객관적 기준에 의해 위험성을 판단하여, 결과발생이 절대적으로 불가능한 경우에는 위험성이 없어 불능범이 되고, 상대적으로 불가능한 경우에는 위험성이 있어 불능미수가 된다고 한다.

절대적 불능이란 마네킹을 사람으로 생각하고 살해하거나 비타민 C를 먹여 사람을 상해하려는 경우와 같이 결과발생이 개념적으로 불가능한 경우를 말한다. 상대적 불능이란 치사량 미달의 독약으로 사람을 살해하려 하거나, 고장난 총으로 상해를 가하려고 하는 경우와 같이, 결과발생이 개념적으로 불가능하지는 않고 구체적이고 특수한 상황에서만 결과발생이 불가능한 경우라고 한다.

판례 중에는 이 견해를 취하는 듯한 표현을 하는 것들이 있었고,[1] 이 판결들

---

1) 대판 1973. 4. 30. 73도354(혼입한 농약의 분량으로 보아 사람을 치사에 이르게 할 정도는 아니라고 하더라도 위 농약의 혼입으로 살인의 결과가 발생할 위험성이 절대로 없다고 단정할 수는 없다; 대판 1985. 3. 26. 85도206). 그리하여 최근의 판례는 결과발생 가능성이라는 표현을 쓴다(대판 2007. 7. 26. 2007도3687).

을 근거로 판례가 기본적으로 구객관설의 입장에 있다고 해석하는 견해도 있다. 그러나 이들 판례들은 모두 불능미수가 아닌 장애미수를 인정하고 있으므로, "결과가 발생할 위험성"이라는 표현은 "결과발생 가능성"의 의미이다. 따라서 이 판례들이 구객관설을 취하였다고 할 수는 없다. 후술하는 바와 같이 판례는 구객관설이 아니라 추상적 위험설을 따르고 있다.

구객관설에 대해서는 절대적 불능과 상대적 불능의 구별은 상대적이지 절대적일 수 없다는 비판이 제기된다. 예를 들어 치사량 미달의 독약으로 사람을 살해하려 한 경우 결과발생의 절대적 불능인지 아니면 상대적 불능인지를 절대적으로 구분할 수 없기 때문이다.

2) 법률적 불능설·사실적 불능 구별설 결과발생의 불능을 법률적 불능과 사실적 불능으로 나누어 전자는 불능범, 후자를 불능미수라고 하는데, 법률적 불능과 사실적 불능의 개념이 모호하고 뚜렷한 구별기준도 없다는 비판이 제기된다.

(6) 결 어

1) 위험성의 요소 불능미수에서는 결과발생의 '가능성'이 없으므로, 제27조의 위험성은 결과발생의 가능성으로서의 위험성이 아닌 다른 의미의 위험성으로서, 행위자의 위험성이나 행위 당시 일반인들이 느끼는 위험성이라고 할 수 있다. 그런데 우리 형법의 미수범체계는 객관주의를 기본으로 하므로 제27조의 위험성은 주관적 위험성이라기보다는 객관적 위험성이라고 해야 할 것이다.

위험성은 규범적·평가적 개념이기 때문에 같은 상황에서도 위험성에 대한 판단은 다를 수 있다. 예를 들어 자녀가 밤에 외출하는 것에 대해 부모는 위험하다고 느끼고 자녀는 위험하지 않다고 느낀다. 또 결과발생의 가능성이 있어도 위험성을 느끼지 않을 수도 있고, 결과발생의 가능성이 없어도 위험성을 느낄 수도 있다. 지하철이 역내로 들어올 때 어떤 사람이 노란선 안에 서 있다면 지하철에 부딪칠 가능성이 없다는 것을 알면서도 일반인들은 위험하다고 느낀다. 이 때문에 지하철이 역으로 들어올 때 노란선 밖으로 나가라고 하는 것이다.

2) 위험성판단과 결과발생 가능성판단의 선후관계 현실의 범죄행위에서는 객관적인 위험성판단이 먼저 이루어진다. 행위자의 주관적 위험성만이 있을 때에는 일반인이 위험성을 느낄 수 없으므로 범죄성립 여부를 문제삼지 않는다. 범죄행위로서의 사회적 정형성을 가진 행위이고, 이러한 객관적 위험

성을 지닌 행위가 있을 때에 비로소 행위자의 고의·과실 등 주관적 요소의 유무를 살펴보기 때문이다.

행위자에게 주관적 요소도 존재한다는 것이 확인되면 미수범에서는 왜 결과가 발생하지 않았는가를 살펴보게 된다. 대부분의 경우에는 결과발생 가능성이 있기 때문에 결과가 발생하지 않은 원인을 찾아내고 장애미수나 중지미수로 평가할 것이다. 그런데 특수한 경우에는 결과발생 가능성 자체가 문제될 수 있다. 독약을 먹이기는 했는데 치사량에 현저히 미달하였든지, 총을 쏘기는 했는데 총알이 장전되어 있지 않은 경우와 같이 결과발생 가능성이 없다고 판단될 경우에는 불능미수가 문제될 것이다.

예를 들어 행위자는 사체를 산 사람이라고 오인하고 칼로 찔렀지만 일반인들은 사체라고 인식한 경우 일반인들은 사체손괴의 위험성은 느껴도 살인의 위험성은 느끼지 않을 것이기 때문에 살인죄는 불능범이 될 것이다. 그러나 일반인들도 산 사람이라고 인식한 경우라면 일반인들도 살인의 위험성을 느끼게 되는데, 이후 사체라는 사실이 밝혀지면 살인의 결과발생이 불가능하므로 불능미수로 판단하게 된다.

3) 구체적 위험으로서의 위험성 이러한 의미에서 불능미수의 위험성은 일반인들이 느끼는 객관적 위험성이라고 할 수 있으므로 추상적 위험설보다는 구체적 위험설이 타당하다. 그러나 여기에서의 구체적 위험설은 다수설이 말하는 구체적 위험설이 아니라 일반인이 인식할 수 있었던 사정만을 기초로 위험성을 판단하는 구체적 위험설을 말한다.

4. 고의 및 초과주관적구성요건요소

불능미수가 성립하기 위해서는 행위자에게 기수의 고의가 있어야 하고, 목적이나 동기 기타 초과주관적 구성요건요소를 요하는 범죄에서는 이러한 요소들도 있어야 한다.

만약, 행위자가 결과발생이 불가능함을 알면서 실행에 착수하였다면 기수의 고의가 인정되지 않으므로 불능미수는 성립할 수 없다.

결과발생이 불가능함에도 행위자가 가능하다고 착오했다는 점에서 통설은 불능미수를 '반전된 사실의 착오'라고도 한다.[1)]

---

1) 다만 '반전된'이라는 말도 너무 억지로 만든 말이므로 역(逆)사실의 착오 또는 역(逆)과실범이라고 하는 것이 바람직할 것이다. 과실범이 결과발생 가능성을 인식하지 못하고 결과를 발생시킨 것임에 비해 불능미수는 결과발생의 불가능성을 인식하지 못하여 결과를 발생시키지 못한 경우이기 때문이다. 그러나 별 실익이 없는 용어이다.

Ⅲ. 불능미수의 효과

불능미수의 효과는 형의 임의적 감면이다(제27조).

예컨대 치사량에 현저히 미달한 독약을 주어 피해자에게 상해를 입힌 경우 살인죄는 불능범이 되지만, 상해의 결과는 발생한 경우가 있을 수 있다. 이와 같이 무거운 범죄는 불능범이 되지만 그에 포함되는 가벼운 범죄는 기수에 이른 경우(기수범포함 불능범)에는 가벼운 범죄의 기수범으로 처벌할 수는 있을 것이다.

쉬어가기

甲은 평소 원한이 있던 동업자 B를 청산가리를 먹여 살해하기로 하고 K커피숍에서 사용하는 일회용 설탕봉지를 몇 개 집으로 가져와 그 중 하나에서 설탕을 빼고 청산가리를 넣었다. 다음 날 甲은 청산가리를 넣은 설탕봉지를 가지고 B를 K커피숍에서 만나 B에게 자신이 가져온 설탕봉지에 든 설탕을 커피잔에 타주었다. 그러나 커피를 마신 B는 죽지 않았다. 甲이 집에서 청산가리가 든 설탕봉지가 아니라 다른 설탕봉지를 가지고 왔기 때문이었다. 甲의 죄책은?

【**설문의 해결**】 甲이 B를 살해하려고 하였으나 실행의 수단의 착오로 B에 대한 살인죄의 결과발생은 불가능하다. 따라서 위험성 유무에 따라 불능미수 또는 불능범이 성립한다.

1. 주관설에 의하면 甲이 살해의사로써 행위하였으므로 위험성이 인정된다.

2. 추상적 위험설에 의하면 甲이 인식한 사정은 청산가리를 먹이는 것이었고 이를 기초로 객관적으로 판단하면 사망의 결과발생 가능성이 있으므로 위험성이 인정된다.

3. 인상설에 의하면 甲이 살해의사로 행위하여 법적 평온을 교란시키는 인상을 주었을 것이므로 위험성이 인정된다.

4. 구체적 위험설에 의하면 일반인들은 甲이 설탕을 준다고 인식하였을 것이고, 이러한 사정을 기초로 일반인의 관점에서 판단하면 살인의 결과발생 가능성이 없어 위험성이 인정되지 않는다. 그러나 다수설의 구체적 위험설에 의하면 甲은 자신이 청산가리를 준다고 인식하였고 이러한 사정을 기초로 일반인의 관점에서 판단하면 결과발생 가능성이 인정되고 따라서 위험성도 인정된다(그러나 이 점은 불분명하다).

5. 객관설에 의하면 설탕으로 사람을 살해하는 것은 절대적 불능이고 법률적 불능이기 때문에 위험성이 인정되지 않는다.

6. 구성요건흠결이론에 의하면 甲의 행위는 살인행위가 될 수 없어 행위태양이 흠결되었기 때문에 위험성이 인정되지 않는다.

§31
제5절 예비·음모죄

> 제28조(음모, 예비) 범죄의 음모 또는 예비행위가 실행의 착수에 이르지 아니한 때에는 법률에 특별한 규정이 없는 한 벌하지 아니한다.

Ⅰ. 예비·음모죄의 의의

1. 예비·음모죄의 개념

예비죄란 강도를 하기 위해 흉기를 구입하는 행위, 살인을 하기 위해 독약을 음료수에 타 놓는 행위와 같이 실행에 착수하기 이전에 이루어지는 범죄의 준비행위를 총칭하는 말이다. 예비는 범죄의사가 외부적 행위로 표현되었다는 점에서 범죄의 결심과 구별되고, 실행의 착수 이전단계의 행위라는 점에서 미수와 구별된다.

음모란 실행의 착수 이전에 2인 이상의 자 사이에 성립한 범죄실행의 합의를 말한다. 음모는 언어 등을 통한 무형적 준비행위라고 한다면, 예비는 유형적 준비행위라는 점에서 구별된다.

형법이 예비와 음모를 동일하게 다루므로 양자를 구별할 실익이 없다는 견해도 있다. 그러나 특별법 중에는 음모는 벌하지 않고 예비만 벌하는 규정도 있었으므로(구 밀항단속법 제3조 제3항) 예비와 음모를 구별해야 할 현실적 필요성이 있다. 판례도 이 경우 예비와 음모를 구별하고 있다.[1)]

2. 예비·음모죄의 처벌규정

예비·음모는 처벌규정이 있을 때에만 처벌된다(제28조). 특별한 규정이 있어야 처벌된다는 점에서는 미수와 같지만, 미수범은 예비·음모에 비에 처벌하는 규정이 훨씬 많다. 형법은 대체로 중대한 법익을 침해하는 범죄의 예비행위를 처벌하는 규정을 두고 있다. 예컨대, 국가, 사회적 법익에 관한 죄 중 중대한 범죄의

1) 대판 1986. 6. 24. 86도437: 일화 100만엔을 주기로 약속한 바 있었으나 그 후 이 밀항을 포기하였다면 이는 밀항의 음모에 지나지 않는 것으로 밀항의 예비 정도에는 이르지 아니한 것이다. 현행 밀항단속법은 예비·음모를 같이 처벌한다.

예비·음모를 처벌하고, 개인적 법익에 관한 죄 중에서는 살인죄, 약취와 유인 등의 죄, 강간 등의 죄, 강도죄 등의 예비·음모만을 처벌한다. 살인의 죄 중에서도 보통살인, 존속살해, 위계에 의한 촉탁·승낙살인죄 등의 예비·음모는 처벌하지만, 촉탁·승낙살인죄의 예비·음모는 벌하지 않는다(제255조).

예비·음모를 벌하는 규정은 본범죄보다는 가벼운 형벌을 규정하고 있다. 미수범은 각칙에 구체적인 법정형을 규정하지 않아도 그 종류에 따라 기수범의 법정형을 기준으로 처벌된다. 이와 달리 예비·음모의 형벌을 규정하지 않고 단순히 예비·음모를 처벌한다는 규정만이 있는 경우에는 예비·음모를 처벌할 수 없다.[1]

Ⅱ. 예비·음모죄의 법적 성격

1. 예비·음모죄와 본범죄와의 관계

(1) 발현형태설

다수설과 판례[2]는 예비·음모행위는 본범죄의 실행행위와 독립된 형태의 행위가 아니라 본범죄 실행행위의 전단계의 행위, 즉 발현행위(發現行爲)에 불과하다고 한다. 따라서 예비·음모죄도 독립된 범죄가 아니라 본범죄의 수정적 구성요건이라고 한다.

(2) 독립범죄설

소수설은 예비·음모죄를 본범죄와는 별개의 범죄로 파악한다. 미수범처벌규정은 "…죄의 미수범은 처벌한다"는 형식으로 되어 있어 구성요건을 구체화하지 않지만, 예비·음모죄처벌규정은 "…의 죄를 목적으로 예비·음모한 자"라는 형식으로 규정되어 있어 예비·음모행위 자체를 독립된 범죄로 규정하고 있고, 가벌성의 명확한 한계설정을 위해서도 독립된 범죄로 파악하는 것이 옳다고 한다.

(3) 결 어

미수범과 달리 예비·음모행위는 그 범위가 무한하게 확대될 가능성이 있으

---

1) 대판 1977. 6. 28. 77도251: 예비·음모의 형에 관하여 특별한 규정이 없는 이상 이를 본범이나 미수범에 준하여 처벌한다고 해석함은 피고인의 불이익으로 돌아가는 것이므로 이는 죄형법정주의의 원칙상 허용할 수 없다 할 것이다.

2) 대판 1976. 5. 25. 75도1549: 강도예비죄가 형법상 독립된 구성요건에 해당하는 범죄라는 상고논지는 수긍할 수 없는 독자적인 견해라 할 것이다.

므로 예비·음모행위를 엄격하게 제한해야 한다. 예비·음모죄를 독립범죄라고 하면 구성요건의 내용이 너무 넓어서 명확성원칙에 반할 수 있다. 발현형태설에 의해 예비·음모행위를 기본범죄의 실행행위와 밀접한 관련이 있는 행위에 국한시켜야 이러한 문제점을 피할 수 있다. 예비·음모죄의 처벌규정이 "…의 목적으로 예비·음모한 자"라고 되어 있는 것도 예비·음모죄를 독립범죄라기보다는 오히려 발현형태라고 보아야 할 근거가 된다고 할 수 있다.

2. 예비·음모행위의 실행행위성

예비·음모죄를 독립범죄로 보면 예비·음모행위는 당연히 실행행위가 된다. 그러나 발현형태설에서는 실행행위성의 긍정설과 부정설이 대립한다. 실행행위성의 인정여부에 따라 예비·음모죄의 공범의 성립범위가 달라지게 된다.

(1) 긍 정 설

다수설은 본범죄에 대해서만 실행행위성을 인정하는 것은 실행행위의 상대적·기능적 성격을 무시한 것이고, 예비·음모죄의 처벌규정이 있는 이상 당연히 처벌규정상의 실행행위성을 인정할 수 있다고 한다.

(2) 부 정 설

소수설은 실행행위는 정범의 실행행위에 한정되고, 예비·음모행위는 무정형·무형식이고, 실행행위의 전단계의 행위로서 태아에 비유되는 성격의 행위이므로 실행행위성을 인정할 수 없다고 한다.

(3) 판 례

판례는 "정범이 실행의 착수에 이르지 아니하고 예비단계에 그친 경우에는, 이에 가공한다 하더라도 예비의 공동정범이 되는 때를 제외하고는 종범으로 처벌할 수 없다"라고 하는데,[1] 이는 절충적 입장이라고 할 수 있다. 실행행위성을 인정하지 않으면 공동정범이 아니라 독립행위의 경합(동시범)을 인정해야 하고, 실행행위성을 인정하면 교사범이나 방조범도 인정해야 하기 때문이다.[2]

---

1) 대판 1979. 11. 27. 79도2201; 대판 1979. 5. 22. 79도552.

2) 판례는 "음모는 실행의 착수 이전에 2인 이상의 자 사이에 성립한 범죄실행의 합의로서, 합의 자체는 행위로 표출되지 않은 합의 당사자들 사이의 의사표시에 불과한 만큼 실행행위로서의 정형이 없고"라고 한다(대판 2015. 1. 22. 2014도10978 전합). 여기에서 '실행행위로서의 정형이 없다'는 것은 실행행위성을 부정하는 것일 수도 있고, 실행행위성은 인정하지만 그 형태가 뚜렷하지 않다는 의미일 수도 있다.

(4) 결 어

발현형태설을 취하면서 예비·음모행위의 실행행위성을 인정하는 것은 논리적으로 모순이라고 생각된다. 발현형태설의 기본취지는 예비·음모죄의 실행행위성을 인정하지 않으려고 하는 것이다. 예비·음모행위는 그 내용이 모호하기 때문에 실행행위와 동일한 법적 효과를 인정할 수 있을 정도로 독립적인 성격을 갖지는 못하기 때문이다.

긍정설에서는 실행행위를 긍정해야 예비·음모행위의 범위를 제한할 수 있다고 하는데, 예비·음모행위의 범위를 제한하는 데에 효과적인 것은 오히려 부정설이라고 할 수 있다. 예비·음모행위의 실행행위성을 인정하는 견해도 예비·음모행위의 방조범이나 미수 등을 부인하는데, 이는 논리적으로 일관성이 없다. 이런 의미에서 부정설이 타당하다.

Ⅲ. 예비·음모죄의 성립요건

1. 객관적 성립요건

(1) 예비·음모행위의 사회적 정형성

예비·음모행위의 수단, 방법에는 제한이 없으므로 자칫 잘못하면 예비·음모행위의 범위가 무한히 확대될 수 있다. 따라서 예비·음모행위도 실행행위의 필요불가결한 준비행위라는 사회적 정형성을 갖추어야 한다. 예를 들어 사람을 살해하기 위해 칼을 사는 행위는 살인예비·음모행위라고 할 수 있지만, 칼을 사기 위해 은행에서 돈을 찾는 행위나 살인을 하기 위해 체력을 기르는 행위 등은 실행행위에 필요불가결한 행위라고 할 수 없어 예비·음모행위라고 할 수 없다.

[대판 1973. 6. 26. 73도548] 피고인이 일방적으로 조총련 간부에게 집 살 돈을 송금해 달라는 내용의 편지를 써서 재일교포 A에게 전달을 부탁하였으나 A가 김포공항에서 출국하려다가 검거됨으로써 그 연락의 목적을 이루지 못한 때에는 금품을 제공할 자의 의사가 불확실할 뿐 아니라 그 의사에 관계없이 일방적으로 요구한 단계에 있었으므로 금품수수의 예비죄가 되지 아니한다.

[대판 1999. 11. 12. 99도3801] 음모죄가 성립하는 경우의 음모란 2인 이상의 자 사이에 성립한 범죄실행의 합의를 말하는 것으로, 범죄실행의 합의가 있다고 하기 위하여는 단순히 범죄결심을 외부에 표시·전달하는 것만으로는 부족하고, 객

관적으로 보아 특정한 범죄의 실행을 위한 준비행위라는 것이 명백히 인식되고, 그 합의에 실질적인 위험성이 인정될 때에 비로소 음모죄가 성립한다.[1)]

(2) 예비·음모의 미수

예비·음모의 미수는 인정되지 않는다. 따라서 예비·음모행위를 시작하였으나 장애로 예비·음모행위를 완성하지 못하였거나 자의로 중지행위를 한 경우, 불능예비 등은 모두 불가벌이다.

(3) 물적 예비와 인적 예비

소수설은 예비행위는 물적 준비행위에 국한되어야 한다고 하나, 다수설은 물적 예비뿐만 아니라 인적 예비도 긍정한다. 본범죄를 실현하기 위한 준비행위이면 인적·물적인 것을 구별할 필요가 없다고 할 수 있으므로 다수설이 타당하다. 범행을 하기 위해 건물의 구조를 잘 알고 있는 사람으로부터 정보를 수집하는 행위나 가장 효과적인 범행방법에 대해 조언을 받는 행위 등도 예비행위가 될 수 있기 때문이다.

(4) 자기예비와 타인예비

자기예비란 자신이 실행행위를 할 목적으로 스스로 혹은 타인과 공동으로 하는 예비행위를 말하고, 타인예비란 타인이 실행행위를 할 죄의 예비행위를 단독으로 혹은 공동으로 하는 것을 말한다. 자기예비가 예비행위가 될 수 있다는 것에는 의문이 없으나, 타인예비가 예비행위가 될 수 있는가에 대해서는 견해의 대립이 있다.

1) 긍 정 설 소수설은 타인예비도 예비행위가 될 수 있다고 한다. 이 견해는 ① 타인예비도 법익침해의 실질적 위험성을 지니고 있고, ② '…죄를 범할 목적'에는 누가 실행행위를 하는가는 불문하고, ③ 교사의 미수(효과없는 교사와 실패한 교사)는 타인예비의 성격을 지닌 행위인데 이를 예비죄로 벌하는 것(제31조 제2, 3항)은 타인예비도 벌해야 한다는 취지라는 것을 근거로 든다.

2) 부 정 설 통설은 타인예비는 예비행위가 될 수 없다고 한다. 이 견해는 ① 타인예비의 법익침해 위험성을 자기예비와 같이 취급할 수 없고, ② '…

1) 대판 2015. 1. 22. 2014도10978: 내란음모가 성립하였다고 하기 위해서는 개별 범죄행위에 관한 세부적인 합의가 있을 필요는 없으나, 공격의 대상과 목표가 설정되어 있고, 그 밖의 실행계획에 있어서 주요 사항의 윤곽을 공통적으로 인식할 정도의 합의가 있어야 한다.

죄를 범할 목적'에는 예비자 스스로가 실행행위를 하는 것이라고 해석해야 하고, ③ 타인예비를 인정하게 되면 타인예비자는 예비죄의 정범이 되고 이후 타인이 실행에 착수한 때에는 타인예비자가 본범죄의 공범(교사범 혹은 방조범)이 되게 되는데 동일한 행위를 한 사람이 정범이었다가 공범이 된다는 것은 부당하다는 등의 근거를 제시한다.

3) 판　　례　　판례는 예비죄의 공동정범은 인정하고 예비죄의 방조범은 인정하지 않는다.[1] 예비죄의 공동정범을 인정하는 것은 타인예비를 인정할 수 있는 것이고 예비죄의 방조범을 부인하는 것은 타인예비를 인정하지 않는 것이라고 할 수 있으므로 중간적 입장이라고 할 수 있다.

4) 결　　어　　법익을 직접적으로 침해하는 실행의 착수 전단계의 행위임에도 불구하고 예비행위를 처벌하는 것은 형법의 보충성원칙에 비추어 바람직한 일은 아니므로, 예비죄는 될 수 있는 한 엄격하게 해석해야 한다. 예비죄를 독립범죄가 아닌 기본범죄의 발현형태로 보고 예비행위의 실행행위성을 부인하는 것도 이 때문이다. 마찬가지로 처벌대상을 자기예비로 한정하여 타인예비는 벌하지 않고, 예비죄의 교사범·방조범 등은 인정하지 않고, 자기예비의 공동정범만을 인정하는 것이 바람직하다고 생각된다.

쉬어가기

甲은 乙에게 A를 살해할 계획을 설명하면서 칼을 구해달라고 부탁하였고, 이에 乙은 甲이 살해에 사용할 칼을 구해 주었다. 甲은 그 칼을 들고 3일간 매일 밤 10시경에 A의 집 주변에서 기다렸으나 A를 만나지 못하였다. 甲, 乙의 죄책은?

【**설문의 해결**】 타인예비도 자기예비와 같이 간접적인 법익침해가 있다는 점에서 동일하므로 타인예비도 예비개념에 포함된다는 긍정설, 타인예비를 예비개념에 포함시키면 예비죄의 처벌범위가 지나치게 넓어진다는 점을 들어 타인예비는 예비의 개념에 포함되지 않는다는 부정설이 대립한다. 예비죄는 가급적 엄격하게 해석해야 한다는 점에서 타인예비는 허용될 수 없고, 예비죄의 교사범·방조범 등은 인정하지 않고, 자기예비의 공동정범만을 인정하는 것이 타당하다. 위 사안에서도 乙은 타인예비일 뿐이므로 살인예비가 인정될

---

1) 대판 1976. 5. 25. 75도1549. "형법 32조 1항 소정 타인의 범죄란 정범이 범죄의 실현에 착수한 경우를 말하는 것이므로 종범이 처벌되기 위하여는 정범의 실행의 착수가 있는 경우에만 가능하고 형법 전체의 정신에 비추어 정범이 실행의 착수에 이르지 아니한 예비의 단계에 그친 경우에는 이에 가공하는 행위가 예비의 공동정범이 되는 경우를 제외하고는 종범의 성립을 부정하고 있다고 보는 것이 타당하다."

수 없고, 甲의 살인예비에 관한 방조도 성립할 수 없다고 보아야 한다. 다만, 甲이 살인죄의 실행에 착수하였다면 乙이 살인방조죄의 죄책을 질 수 있다.

---

2. 주관적 성립요건

(1) 고 의

예비·음모죄도 범죄구성요건이므로 고의가 필요함은 당연하다. 그러나 무엇에 대한 고의인가를 놓고 학설이 대립되어 왔다.

1) 본범죄의 구성요건에 대한 고의를 의미한다는 견해 이 견해는 예비·음모죄는 본범죄의 발현형태에 불과하고, 준비행위 자체만으로는 범죄행위가 될 수 없으므로 그에 대한 고의도 인정할 수 없다는 점 등을 근거로 제시한다.

2) 예비·음모행위(준비행위)에 대한 고의를 의미한다는 견해 예비·음모죄는 목적범의 구조를 취하고 있으므로 고의는 당연히 예비·음모행위에 대한 고의로 보아야 하고, 예비·음모행위와 본범죄 사이에는 질적인 차이가 있으며 예비·음모 자체에 대한 고의가 있어야 예비·음모행위에 그친 자의 책임을 물을 수 있다는 점 등을 그 근거로 든다.

3) 판 례 판례의 태도는 분명하지는 않으나 "살인의 준비에 관한 고의"라고 판시하고 있는 점에 비추어 위에서 본 예비·음모행위에 대한 고의를 의미한다는 견해에 가까운 것으로 보인다.

[대판 2009. 10. 29. 2009도7150] 형법 제255조, 제250조의 살인예비죄가 성립하기 위하여는 형법 제255조에서 명문으로 요구하는 살인죄를 범할 목적 외에도 살인의 준비에 관한 고의가 있어야 하며, 나아가 실행의 착수까지에는 이르지 아니하는 살인죄의 실현을 위한 준비행위가 있어야 한다.

4) 결 어 현행법규정을 볼 때 '…의 죄를 범할 목적'이라고 규정하고 있으므로 예비·음모죄는 목적범이라고 해야 한다. 따라서 목적은 본범죄의 실행, 즉 구성요건의 실현을 의욕하는 것이고, 고의는 예비·음모행위에 대한 고의를 의미한다고 보아야 할 것이다.

한편 예비·음모죄를 독립범죄로 보거나 실행행위성을 긍정하여야만 예비·음모행위에 대한 고의를 요한다는 입장이 가능한 것은 아니다. 예비·음모죄가 범죄로 규정되어 있는 이상 발현형태설과 실행행위부정설을 따라도 예비·

음모죄의 고의를 예비·음모행위에 대한 고의를 의미한다고 보는 것이 가능하다.

예비·음모행위 자체만으로는 범죄가 될 수 없으므로 이에 대한 고의를 인정할 수 없다는 주장도 있지만, 예비죄를 처벌할 경우에만 고의가 문제되므로 예비행위에 대한 인식과 인용 또는 의욕을 고의라고 할 수 있다.

(2) 목 적

본범죄를 범할 목적이 있어야 한다[1]는 점에는 견해가 일치하지만 그 인식의 정도에 대하여는 다툼이 있다.

1) 미필적 인식으로 족하다는 입장 고의의 일반원리에 따라 확정적 인식은 물론 미필적 인식으로도 족하다는 입장이다. 판례도 같은 입장이다.[2] 한편 목적범을 '단절된 결과범'(별도행위불요범)과 '단축된 2행위범'(별도행위필요범)[3]으로 나누어 예비·음모죄는 후자에 속하므로 미필적 인식으로도 족하다는 입장도 있다.

2) 확정적 인식을 요한다는 입장 처벌범위가 확장되는 것을 막기 위하여 목적에 대한 인식은 확정적 인식이어야 한다는 입장이다. 예비·음모죄를 단축된 2행위범으로 분류하는 입장에서도 예비·음모죄가 예외적으로 처벌되는 범죄유형인 점을 감안하여 확정적 인식을 요한다는 견해가 있다.

3) 결 어 목적과 인식 모두 내심적 상태이므로 목적에 대한 인식이라는 개념 자체가 불분명하다. 또한 목적범에서의 목적은 고의보다는 훨씬 의지적 요소가 강한 개념이므로 미필적 인식만으로 목적을 인정할 수 있다는 것은 논리모순이라고 할 수 있다. 따라서 예비·음모죄에서의 목적은 본범죄에 대한 의욕을 의미한다고 해야 할 것이다.

---

1) 대법원은 "강도예비·음모죄가 성립하기 위해서는 예비·음모 행위자에게 미필적으로라도 '강도'를 할 목적이 있음이 인정되어야 하고 그에 이르지 않고 단순히 '준강도'할 목적이 있음에 그치는 경우에는 강도예비·음모죄로 처벌할 수 없다."고 본다(대판 2006. 9. 14. 2004도6432).

2) 대판 2004. 3. 26. 2003도7112: 목적에 대한 인식의 정도는 적극적 의욕이나 확정적 인식임을 요하지 아니하고 미필적 인식이 있으면 족하다.

3) 단절된 결과범은 무고죄, 국기·국장모독죄 등과 같이 실행행위만 있으면 목적달성을 위한 별도의 행위를 요하지 않는 범죄를, 단축된 2행위범은 각종 위조죄와 같이 목적달성을 위해서는 실행행위 이외에 별도의 행위를 요하는 범죄를 말한다고 한다. 전자에서는 확정적 목적이 있어야 하지만, 후자에서는 미필적 목적이 있어도 무방하다고 한다.

Ⅳ. 예비·음모죄의 공범

2인 이상이 공동으로 예비·음모행위를 한 경우 예비·음모죄의 공동정범을 인정할 것인가 및 예비·음모죄에 대한 교사·방조범을 인정할 것인가에 견해가 대립한다.

1. 예비·음모죄의 공동정범

예비·음모죄의 공동정범이란 두 가지를 의미할 수 있다.

첫째, 2인 이상이 공동으로 범죄를 실행할 것을 목적으로 공동으로 예비·음모행위를 하는 경우이다. 이 경우에도 각자를 예비·음모죄의 단독범과 공동정범 중 어느 것을 인정할 것인가에 대해 대립이 있을 수 있다. 판례는 예비죄의 공동정범을 인정한다.

둘째, 甲만이 실행할 범죄를 목적으로 甲과 乙이 공동으로 예비·음모행위를 하는 경우이다. 이 경우 예비·음모죄의 공동정범을 인정한다면 乙은 예비·음모죄의 공동정범으로 처벌된다. 그러나 예비·음모죄의 공동정범을 인정하지 않는다면 乙은 예비죄의 공동정범이 될 수 없고 甲이 실행에 나아간 경우 甲의 범죄에 대한 방조범이 성립할 수 있을 뿐이다.

통설은 예비·음모죄의 공동정범을 인정하지만, 소수설은 예비·음모죄의 공동정범을 인정하지 않는다. 甲의 예비·음모행위의 실행행위성과 타인예비·음모를 부정해야 하므로 乙의 행위는 예비·음모죄의 공동정범이라고 할 수 없다.

2. 예비·음모죄의 교사범

예비·음모죄의 교사범은 두 가지 형태가 있을 수 있다.

첫째, 본범죄에 대한 고의없이 예비·음모죄만을 교사하는 경우이다. 예를 들어 甲이 乙, 丙에게 범행에 필요한 흉기를 준비하라거나 범행계획을 잘 세우라고 교사하는 것이다. 통설은 이 경우 예비·음모죄의 교사범을 인정하지 않는다.

둘째, 본범죄에 대한 고의를 가지고 교사하였으나 피교사자가 예비·음모행위만을 한 경우이다. 예를 들어 甲이 乙, 丙에게 강도를 하라고 교사하였으나 乙, 丙이 이를 승낙하고 예비·음모행위만을 하고 실행에는 착수하지 않은 경우이다. 이 경우는 '효과없는 교사'(제31조 제2항)이므로 甲, 乙, 丙 모두 예비·음모에 준하여 처벌된다.

3. 예비·음모죄의 종범

乙, 丙이 강도예비·음모를 하는데 甲이 방조하였고 乙, 丙이 강도의 실행에 착수한 경우에는 甲은 강도예비·음모가 아니라 (특수)강도죄의 방조범이 된다. 그러나 乙, 丙이 실행행위를 하지 않은 경우 甲이 강도예비·음모죄의 방조범이 되는가에 대해 견해가 대립한다.

(1) 긍 정 설

긍정설에서는 ① 공범종속성설에 의하면 정범의 예비·음모죄를 방조한 자는 당연히 예비·음모죄의 방조범의 죄책을 져야 하고, ② 예비·음모행위도 실행행위성을 지니고 있으므로 예비·음모죄의 방조범을 인정하는 것 역시 당연하다고 한다.

(2) 부 정 설

통설·판례[1]는 ① 예비·음모행위는 실행행위라고 볼 수 없고 정범의 실행행위가 없으면 방조범이 성립하지 않으므로 예비·음모죄의 방조범도 인정되지 않고, ② 예비·음모죄의 처벌은 예외적이고, 또한 방조범의 처벌도 필요적 감경인데 이 두 가지를 종합하면 예비·음모죄의 방조범은 처벌하지 않는 것이 바람직하고, ③ 예비·음모행위의 실행행위성을 인정한다고 하더라도 반드시 그 방조범도 처벌해야 하는 것은 아니고, ④ 범죄로서의 사회적 정형성을 갖고 있지 못한 예비·음모죄의 방조범까지 인정하게 되면 처벌이 지나치게 확대되어 형법의 보충성원칙에 반하고, ⑤ 예비·음모죄의 방조범을 벌하게 되면, 형법이 실패한 교사나 효과없는 교사는 벌하지만, 실패한 방조나 효과없는 방조는 벌하지 않는 취지와 조화되지 않는다고 한다.

> 단, 정범의 범죄를 방조하려는 자가 예비단계에서의 방조에 그친 경우라고 하더라도 정범이 실행에 착수했다면 방조범이 성립할 수 있다. 대법원도 "종범은 정범의 실행행위 중에 이를 방조하는 경우는 물론이고 실행의 착수 전에 장래의 실행행위를 예상하고 이를 용이하게 하는 행위를 하여 방조한 경우에도 정범이 그 실행행위에 나아갔다면 성립한다."고 판시한다(대판 1997. 4.

---

1) 대판 1976. 5. 25. 75도1549: 종범이 처벌되기 위하여는 정범의 실행의 착수가 있는 경우에만 가능하고 정범이 실행의 착수에 이르지 아니한 예비의 단계에 그친 경우에는 이에 가공하는 행위가 예비의 공동정범이 되는 경우를 제외하고는 이를 종범으로 처벌할 수 없다.

17. 96도3377 전합).

(3) 결 어

예비·음모행위의 실행행위성을 긍정하면서도 예비·음모죄의 방조범을 반드시 처벌할 필요는 없다고 하는 견해는 설득력이 약하다. 예비·음모행위의 실행행위성을 인정하지 않고 예비·음모죄의 방조범도 인정하지 않는 것이 논리적이다.

Ⅴ. 예비의 중지(실행의 착수의 포기)

이에 대해서는 앞의 중지미수 중 예비의 중지를 참조할 것.

제 6 장 공 범 론

제 1 절 공범론의 기본개념 §32

Ⅰ. 공범의 개념

1. 다수인의 범죄가담

(1) 범죄에의 관여형태

범죄는 한 사람이 저지르는 단독범도 있지만 다수의 사람이 범죄를 저지르는 데에 가담하는 경우가 있다. 후자를 공범이라고 한다.

공범이란 말은 다수의 사람이 가담하여 저지르는 범죄라는 의미와 죄를 범한 사람이라는 두 가지 의미로 사용된다. 동시범(제19조) 혹은 독립행위의 경합에서도 범죄에 여러 사람이 관여하지만 이는 단독범행이 우연히 동시에 이루어진 것이므로 공범이라고 하지 않는다.

다수인이 범죄에 가담하는 공범의 형태는 크게 세 가지로 나눌 수 있다.

첫째, 필요적 공범이나 공동정범(제30조)의 경우에서와 같이 다수인이 실행행위를 분담하여 행하는 경우이다. 예를 들어 다수인이 내란죄를 범하거나, 다수인이 공동으로 사기죄를 범하는 경우이다.

둘째, 교사범으로서 자신은 실행행위를 하지 않고 다른 사람으로 하여금 범죄를 결의하고 실행행위를 하도록 하는 경우이다(제31조).

셋째, 방조범 혹은 종범으로서 자신은 실행행위를 하지 않고 타인의 실행행위를 유형·무형으로 도와주는 경우이다(제32조).

(2) 공범에 관한 입법례

정범과 공범을 구별하지 않고 범죄에 가담하는 모든 사람을 정범으로 파악하는 단일정범개념에 입각한 입법례도 있다. 이러한 입법례에서는 정범과 공범의 형을 따로 정하지 않고 각자의 책임에 따라 처벌한다. 오스트리아형법이 이러한 방식을 취하고 있다(제12조, 제13조).

이에 대해 우리나라를 비롯한 다수의 국가는 정범과 공범을 법률에서 구별하고 그에 대한 형벌도 법률에서 따로 규정하는 방식, 즉 정범과 공범의 이원적 체계를 취한다. 이원적 체계가 구성요건의 세분화·명확화라는 죄형법정주의의 요구에 더 충실할 수 있기 때문이다.

2. 공범의 개념

형법에서 공범은 그 문맥(context)에 따라 여러 가지 의미로 쓰인다.

(1) 최광의의 공범

가장 넓은 의미의 공범은 범죄에 가담한 모든 사람을 의미한다. 이는 필요적 공범과 임의적 공범을 모두 포함하는 개념이다. 필요적 공범이란 내란죄(제87조)나 소요죄(제115조) 등과 같이 그 개념상 단독으로는 범할 수 없고 다수인이 죄를 범하는 형태의 범죄를 말한다. 임의적 공범이란 단독으로 범할 수 있는 범죄에 여러 사람이 가담하는 형태로서 공동정범, 교사범, 종범을 모두 포함한다.

(2) 광의의 공범

광의의 공범은 최광의의 공범에서 필요적 공범을 제외한 임의적 공범, 즉 공동정범, 교사범 및 종범을 말한다.

형법총칙 제2장 제3절은 공범이라는 제목으로 되어 있는데 이 절에는 공동정범, 교사범, 종범 등 광의의 공범 이외에 간접정범이 포함되어 있다.

통설은 간접정범을 '타인을 생명있는 도구로 이용하는 범죄'라고 한다. 간접정범에서도 이용자와 피이용자 등 다수인이 범죄에 관여하기 때문에 공범의 절에서 규정한 것이다. 그러나 간접정범에서는 피이용자가 범죄의 주체가 아니라 수단이 된다는 점에서 임의적 공범과 구별된다는 것이다. 여러 사람이 이용자인 경우인 간접정범의 공동정범도 인정되지만, 간접정범은 행위자의 수가 아니라 행위의 태양을 기준으로 한 개념이므로 임의적 공범이라고 할 수 없다.

(3) 협의의 공범

협의의 공범이란 광의의 공범에서 공동정범을 제외한 교사범과 종범(방조범)을 말한다.

협의의 공범은 정범과 대비되는 개념이다. 정범이 실행행위를 분담하거나 범행을 지배하는 데에 비해 교사범과 종범은 실행행위를 분담하거나 범행을 지배하지 않는다는 의미에서 공범이라고 한다.

'정범과 공범의 구별', '공범의 종속성' 내지 '공범의 종속형식'이라는 용어에서의 공범은 협의의 공범, 즉 교사범과 종범을 의미한다. '정범과 공범의 구별'에서는 단독정범, 공동정범, 간접정범 등 정범과 공범인 교사범 및 방조범의 구별기준이 문제된다. '공범의 종속성' 내지 '종속형식'이란 용어에서는 공범(교사범 및 종범)이 정범의 성립·처벌에 종속한다는 것과 종속의 정도 등이 문제된다.

Ⅱ. 정범과 공범(교사·방조범)의 구별

사 례 1

甲과 乙은 甲의 아버지 A의 약값을 구하기 위해 B의 가게 앞에 진열된 물건을 훔치기로 하였다. 甲은 친한 친구 乙이 도둑질을 하는 것을 원하지 않았기 때문에 주변에서 누가 오는지 망을 보라고 하고 자신이 물건을 훔쳐왔다. 甲·乙의 죄책은?

사 례 2

丙은 중학생인 A(만 13세)가 컴퓨터게임을 좋아하는 것을 알고 A의 어머니 B의 지갑을 훔쳐와 같이 PC방에 가지고 유혹하였다. A는 B의 지갑을 몰래 가지고 나오려고 결심하였다가 나쁜 짓이라고 생각하고 범행을 포기하였다. 丙의 죄책은?

1. 정범과 공범(교사 . 방조범)의 구별의 의의

(1) 실 익

'정범과 공범의 구별'이라는 말에서 공범은 협의의 공범, 즉 교사범 및 종범을 말한다. 정범과 공범의 구별실익은 공범종속성원칙에서 유래된다.

형법은 공범의 종속성을 인정하여 원칙적으로 정범을 벌하고 공범은 정범의 처벌이나 성립에 종속되도록 하고 있다. 따라서 정범인가 공범인가는 행위자의 죄책과 처벌에 중대한 영향을 미칠 수 있다.

〈사례 1〉에서 甲이 절도죄의 정범이라는 데에 의문이 없으나 乙이 정범인지 종범인지 문제된다. 만약 乙을 정범이라고 한다면 甲과 乙은 두 사람이 함께 현장에서 절도를 하였으므로 합동절도범이 되어 1년 이상 10년 이하의 징역에 처해진다(제331조 제2항). 만약 乙이 종범이라고 한다면 甲은 절도죄의 단독정범이 되어 6년 이하의 징역이나 1천만원 이하의 벌금에 처해지고(제329조), 乙은 형벌이 감경되므로(제32조 제2항) 3년 이하의 징역이나 5백만원 이하의 벌금에 처해진다(제55조 제1항 제3호).

〈사례 2〉에서 丙을 간접정범이라고 하고 이용행위시에 실행의 착수가 있다는 입장을 따르면 丙은 절도죄의 실행에 착수한 것이므로 절도죄의 장애미수로 처벌된다. 그러나 丙을 교사범이라고 한다면 A가 실행을 승낙하고 착수하지 않았기 때문에 丙은 처벌되지 않는다(제31조 제2항).

(2) 구별의 원칙

통설은 정범과 공범을 구별할 때에 '정범개념의 우위성'원칙에 따라 정범개념을 먼저 확정짓고 이어 공범의 개념을 확정해야 한다고 한다.

> 일반적으로는 이것이 맞는다고 할 수 있지만, 우리 형법 제34조와 관련하여서는 의문이 있다.
>
> 독일형법은 제25조에서 직접정범, 간접정범, 공동정범, 제26조에서 교사범, 제27조에서 방조범의 순으로 규정하고 있기 때문에 자연스럽게 정범의 개념이 확정되고 이어 공범인 교사범, 방조범의 개념이 확정되어야 한다. 그러나 우리 형법은 제30조 이하에서 공동정범, 교사범, 종범, 간접정범의 순으로 규정하고 있다. 간접정범도 독일형법과 같이 '다른 사람을 이용해(durch einen anderen) 범죄행위를 하는 자'라고 규정하지 않고, '교사·방조하여 범죄행위의 결과를 발생하게 한 자'라고 규정하고 있다.
>
> 따라서 우리 형법의 조문의 순서나 내용을 그대로 보게 되면 교사·방조범의 개념이 먼저 확정되어야 간접정범을 정의할 수 있는 체제로 되어 있다. 따라서 간접정범을 공범이 아닌 정범으로 본다면, 공범인 교사·방조의 개념이 확정되어야 정범인 간접정범의 개념이 확정되게 된다. 즉 여기에서는 오히려 '공범개념의 우위성'원칙이 타당하다고 할 수도 있다.

이러한 두 나라의 차이에도 불구하고 정범과 공범의 구별 및 간접정범에 관한 독일형법의 해석론이 그대로 우리의 학계를 지배하고 있다.

2. 정범의 개념

정범 개념을 어떻게 파악할지에 대하여 강학상 크게 2가지의 논의가 있어왔다. 우선, 제한적 정범개념이론은 구성요건에 해당하는 행위를 스스로 행한 자만이 정범이고 구성요건 외의 행위에 의하여 결과에 조건을 준 자는 정범이 아니라고 본다. 이 견해에 의하면 형법총칙의 교사범이나 방조범 규정은 정범의 처벌범위를 확장하는 기능을 한다. 후술하듯이 정범과 공범의 구별에 관한 객관설과 결합하게 된다.

한편, 확장적 정범개념이론은 결과에 대한 모든 조건의 동가치성을 인정하는 조건설에 기초하여, 구성요건적 결과의 발생에 조건을 설정한 경우 그것이 구성요건에 해당하는 행위인지 여부를 묻지 않고 모두 정범이라고 본다. 이 견해에 의하면 형법총칙의 교사범이나 방조범 규정은 정범의 처벌범위를 제한하는 기능을 한다고 본다. 후술하듯이 정범과 공범의 구별에 관한 주관설과 결합하게 된다.

3. 정범과 공범(교사 · 방조범)의 구별기준

(1) 객 관 설

이 견해는 객관적인 행위를 기준으로 정범과 공범을 구별하려고 한다. 객관설에는 다음과 같은 학설들이 있다.

1) 형식적 객관설 형식적 객관설은 스스로 실행행위의 전부 또는 일부를 수행하는 자가 정범이고, 실행행위 이외의 행위로써 구성요건실현에 기여하는 자를 공범이라고 한다. 정범이 되기 위해서는 좁은 의미의 구성요건적 행위의 전부 또는 일부를 수행해야만 한다고 하는 점에서 제한적 정범개념에 입각하여 있다. 따라서 공범규정은 실행행위를 하지 않은 사람을 처벌하는 것이므로 형벌확장사유가 된다.

형식적 객관설에 대해서는 ① 주관적 의사를 고려하지 않고 정범과 공범을 구별하려 하는 방법론상의 문제가 있고, ② 예컨대 망보는 행위가 없이는 절도범행이 불가능한 상황에서 망을 본 사람에 대해서도 정범을 인정하지 않아 정범의 개념을 너무 좁게 인정하고, ③ 간접정범의 경우에도 좁은 의미의 실행행위를 하는 사람은 피이용자이므로 간접정범을 정범으로 파악할 수 없다는 등의 비판이 제기된다.

2) **실질적 객관설** 인과관계에 관한 원인설처럼 원인과 조건을 구별하여, 결과발생의 원인행위를 한 사람은 정범, 결과발생에 필요한 조건행위만을 한 사람은 공범이라고 한다. 이 경우 여러 조건들 중 최종조건, 최유력조건, 필연조건을 원인이라고 보는 것은 인과관계에서와 같다.

시간적 관련성을 중시하여 구성요건적 행위시에 관여한 사람은 정범, 그 이전이나 이후에 관여한 사람은 공범이라고 하는 동시설, 범죄관여자의 법익침해행위가 협동적 혹은 동가치적이면 정범, 종속적이었으면 공범이라고 하는 우위설 등도 실질적 객관설에 속하는 이론이다.

이러한 견해들에 의하면 좁은 의미의 실행행위를 하지 않은 사람도 정범이 될 수 있다. 그러나 실질적 객관설에 대해서는 인과관계의 원인설에 대한 비판이 그대로 타당하다. 동시설에 대해서는 간접정범의 정범성을 인정하기 곤란하고 실행행위시에 방조한 사람도 정범이라고 하는 문제점이 있으며, 우위설에 대해서는 그 구별기준이 모호하다는 등의 비판이 제기된다.

(2) 주 관 설

행위의 객관적 의미를 고려하지 않고 행위자의 주관적 의사를 기준으로 정범과 공범을 구별하는 견해이다. 정범, 공범 모두 범죄의사가 있다는 점에서 모두 정범이라고 하는 확장적 정범개념에 입각하여 있다. 따라서 공범처벌규정은 정범을 공범으로 처벌하는 것으로서 형벌축소사유가 된다고 한다.

1) **의 사 설** 자기의 범죄를 행할 의사, 즉 정범의사를 가진 사람은 정범, 타인의 범죄를 행할 의사, 즉 공범의사를 가진 사람은 공범이라고 하는 견해이다. 공범의사를 가진 사람은 실행행위를 한 경우에도 공범이 된다고 하는 점에서 행위의 객관적 의미는 고려하지 않는다.

의사설에 대해서는 정범과 공범의 개념이 동어반복에 불과하고, 예컨대 전문킬러와 같이 타인의 범죄를 범할 의사를 가진 사람을 공범이라고 해야 한다는 등의 비판이 제기된다.

2) **목적설 혹은 이익설** 자기 자신의 이익을 위해 범죄행위를 한 사람은 정범, 타인의 이익을 위해 범죄행위를 한 사람은 공범이라고 하는 견해이다.

이 견해에 대해서는 인간의 거의 모든 행위는 이기적이므로 공범이란 사실상 있을 수 없고, 예를 들어 촉탁·승낙살인을 한 사람은 타인의 이익을 위한 행위를 한 것이므로 공범이 되고, 강도죄(제333조), 사기죄 등에서 제3자로 하여금 이익을 취득하게 하는 경우에는 공범이 된다는 비판이 제기된다.

(3) 범행지배설 혹은 행위지배설

통설이 따르고 있는 이 견해는 객관적 요소와 주관적 요소를 모두 고려하여 정범과 공범을 구별하려고 한다.[1] 행위의 의미를 파악하기 위해서는 객관적 요소와 주관적 요소를 모두 고려해야 하고, 정범과 공범도 마찬가지라는 것이다. 이 견해는 범인의 주관적 의사와 객관적 행위를 모두 고려하여 범행을 지배(장악)하였다고 평가되는 사람은 정범, 범행을 지배(장악)하지 못하고 단순히 가담하였을 뿐이라고 평가되는 사람은 공범이라고 한다. 판례 역시 이 견해를 따르고 있다.[2]

우리나라에서 받아들이는 범행지배설은 주로 독일의 록신(Roxin) 교수의 이론이다. 그는 실행행위를 한 사람만을 정범으로 보는 제한적 정범개념에서 출발하되 주관적 요소를 고려하여 실행행위[3]의 개념을 넓힘으로써 정범개념을 넓혀간다.

즉 단독정범에서는 실행지배를 통한 범행지배, 간접정범에서는 피이용자의 의사지배를 통한 범행지배, 공동정범에서는 실행행위를 분담하는 기능적 범행지배를 통해 범죄를 실현한다고 한다.

[대판 2003. 3. 28. 2002도7477] 형법 제30조의 공동정범은 2인 이상이 공동하여 죄를 범하는 것으로서, 공동정범이 성립하기 위하여는 주관적 요건으로서 공동가공의 의사와 객관적 요건으로서 공동의사에 기한 기능적 행위지배를 통한 범죄의 실행사실이 필요하고, 공동가공의 의사는 타인의 범행을 인식하면서도 이를 제지하지 아니하고 용인하는 것만으로는 부족하고 공동의 의사로 특정한 범죄행위를 하기 위하여 일체가 되어 서로 다른 사람의 행위를 이용하여 자기의 의사를 실행

---

1) 범행지배설 혹은 행위지배설은 독일어 Tatherrschaft란 말을 번역한 것이다. Tat란 구성요건 이전단계의 개념인 Handlung(행위)과 달리 범죄행위라는 의미가 강한 말이다. 자연적 의미의 행위가 아닌 형법적 평가를 거친 행위라는 의미에서 범죄행위, 줄여서 범행이라고 번역하는 것이 더 정확하다. 따라서 Tatherrschaft는 행위지배보다는 범행지배라고 하는 것이 바람직하다고 생각된다.

2) 대판 1989. 4. 11. 88도1247: 공동정범의 본질은 분업적 역할분담에 의한 기능적 행위지배에 있으므로 공동정범은 공동의사에 의한 기능적 행위지배가 있음에 반하여 종범은 그 행위지배가 없는 점에서 양자가 구별된다; 기타 대판 2013. 11. 14. 2013도7494; 대판 2003. 3. 28. 2002도7477 등 다수 판결.

3) 실행행위는 '객관적·주관적 의미통일체'라고 하는데 이 말은 실행행위의 개념을 확정함에는 객관적 요소와 주관적 요소를 모두 고려한다는 의미 이외에 아무것도 아니다.

에 옮기는 것을 내용으로 하는 것이어야 한다. 피해자 일행을 한 사람씩 나누어 강간하자는 피고인 일행의 제의에 아무런 대답도 하지 않고 따라 다니다가 자신의 강간 상대방으로 남겨진 공소외인에게 일체의 신체적 접촉도 시도하지 않은 채 다른 일행이 인근 숲 속에서 강간을 마칠 때까지 공소외인과 함께 이야기만 나눈 경우, 피고인에게 다른 일행의 강간 범행에 공동으로 가공할 의사가 있었다고 볼 수 없다.

(4) 결 어

주관과 객관을 모두 고려하는 범행지배설이 타당하고, 범행지배설이 정범의 개념을 확대할 수 있는 합리적 근거를 제시한 것도 높이 평가할 수 있다.

그러나 범행지배설에도 다음과 같은 문제점이 있다.

첫째, 모든 정범을 범행지배설로만 설명할 수는 없다. 왜냐하면 자수범(自手犯)이나 진정신분범 또는 특별한 의무를 지닌 사람들만이 범할 수 있는 범죄에서는 범행지배만으로 부족하고 자수성(自手性)이나 신분 또는 의무가 있어야 하기 때문이다. 이런 의미에서 범행지배는 정범의 충분조건이 아니라 필요조건이라는 지적이 타당하다.

둘째, 절충설이 그렇듯 범행지배설도 구체적 사건에서 범행을 지배하였는가에 대한 명확한 기준을 제시하지는 못하고 있다. 예컨대 망보는 사람이 범행을 지배하였는지 여부는 범행지배설에 의해도 확실한 것이 아니다.

셋째, 범행지배설은 범행지배라는 기준을 통해 정범 개념을 확대하는데, 이는 형벌권을 확대하는 위험성을 지니고 있다.

넷째, 범행지배설의 가장 큰 난점은 형법 제34조에서 나타난다. 제34조는 간접정범을 "어느 행위로 처벌되지 않는 자 또는 과실범으로 처벌되는 자를 교사·방조하여"라고 하고 있다. 이 규정을 문리해석하게 되면 범행지배를 하는 사람은 피교사자이고 간접정범이 아니므로 간접정범을 정범이라 할 수 없다. 또한 방조형태의 간접정범에서는 우월한 의사지배에 의한 범행지배를 인정할 수 없다.

(5) 범행지배 여부에 대한 판례

[대판 2013. 6. 27. 2013도3246] 구성요건행위를 직접 분담하여 실행하지 아니한 공모자가 공모공동정범으로 인정되기 위하여는 전체 범죄에서 그가 차지하는 지위·역할이나 범죄경과에 대한 지배 내지 장악력 등을 종합하여 그가 단순한 공모자에 그치지 아니하고 범죄에 대하여 본질적인 기여를 함으로써 기능적 행위지배가 존재하는 것으로 인정되어야 한다.

[대판 2013. 1. 10. 2012도12732] 공동정범의 본질은 분업적 역할분담에 의한 기능적 행위지배에 있다고 할 것이므로 공동정범은 공동의사에 의한 기능적 행위지배가 있음에 반하여 종범은 그 행위지배가 없는 점에서 양자가 구별된다.

제 2 절 공동정범 §33

제30조(공동정범) 2인 이상이 공동하여 죄를 범한 때에는 각자를 그 죄의 정범으로 처벌한다.

Ⅰ. 공동정범의 개념과 특징

1. 공동정범의 개념

공동정범이란 2인 이상이 공동하여 죄를 범하는 것이다(형법 제30조). 공동정범은 협의의 공범(교사범·방조범)과 함께 광의의 공범 혹은 임의적 공범에 속한다.

공동정범은 2인 이상이 죄를 범한다는 점에서 단독정범과 구별된다. 공동정범은 2인 이상이 죄를 범한다는 점에서 필요적 공범과 공통점을 가지나, 후자는 구성요건의 개념상 2인 이상이 필요한 데에 비해 전자는 1인이 행할 수 있는 범죄를 2인 이상이 범한다는 점에서 구별된다.

공동정범은 2인 이상이 범행을 지배한다는 점에서 동시범과 공통점이 있지만, 공동정범에서는 범인들 사이에 상호 의사연락이 있지만 동시범에서는 단독범행이 우연히 함께 이루어진 경우이기 때문에 범인들 사이에 의사연락이 없다는 점에서 구별된다.

공동정범은 타인의 범죄행위를 이용한다는 점에서 협의의 공범(교사·방조범)과 공통점이 있지만, 공동정범에서는 각 범인이 분업적으로 범행을 지배함으로써 기능적 범행지배가 인정되는 데 반해, 협의의 공범에게는 기능적 범행지배가 인정되지 않는다는 점에서 구별된다.

공동정범은 타인의 범행을 이용한다는 점에서 간접정범과 공통점이 있다. 그러나 공동정범에서는 범인들 상호간에 이용행위가 있는 데 비해 간접정범에서는 이용자만이 피이용자의 행위를 이용한다는 점에서 구별된다. 그러나 간접정범과 공동정범은 대립되는 개념은 아니다. 간접정범 형태의 공동정범이 있을 수 있기 때문이다. 예를 들어 의사 甲과 乙이 환자 A를 살해하기로 공모하고 사정을 모르는 간호사 丙에게 독주사를 영양주사라고 속이고 환자에게 주사하게 한 경우 甲과 乙은 간접정범의 공동정범이다.

2. 공동정범의 특징

단독으로 범할 수 있는 죄를 2인 이상이 공동으로 범하는 이유는 분업의 원리에 따라 범행을 분담함으로써 1인이 행할 수 있는 것을 산술적으로 합쳐놓은 것보다 더 많은 범죄효과를 거둘 수도 있고(시너지효과), 2인 이상이 범행을 함으로써 서로간의 범죄의사를 강화할 수 있기 때문이다.

이 때문에 공동정범에서는 각 범인이 범행의 일부분을 담당하지만 범인 모두가 범죄전체에 대해 책임을 지는 '부분실행 전체책임'의 원리가 적용된다. 즉 공동정범에서는 다른 공범의 행위에 대해서도 책임을 진다는 특징이 있다.

Ⅱ. 공동정범의 성립범위

2인 이상이 실행행위를 하였을 경우 공동정범이 될 수도 있고, 동시범(독립행위의 경합)이 될 수도 있다. 이와 같이 양자는 택일관계이므로 공동정범을 인정하는 범위가 넓어지면 동시범을 인정하는 범위가 줄어들고, 반대로 공동정범을 인정하는 범위가 줄어들면 동시범을 인정하는 범위가 넓어진다. 공동정범에서는 '부분실행 전체책임'의 원리가 적용되고(제30조), 동시범에서는 '자기 행위에 대한 책임'의 원리가 적용되므로(제19조), 2인 이상이 실행행위를 한 경우 공동정범을 인정하는 것이 동시범을 인정하는 것보다 피고인에게 훨씬 불리하다.

사 례 1

회사원 甲, 乙은 회사상사인 A에 대해 불만을 가지고 있었다. A가 甲, 乙을 야단치자 격분한 甲은 상해의 고의로, 乙은 살인의 고의로 함께 A를 폭행하였고 A는 사망하였다. 그런데 A가 甲, 乙 중 누구의 폭행에 의해 사망하였는지는 판명되지 않았다. 甲, 乙의 죄책은?

사 례 2

사냥꾼인 丙과 丁은 산에서 사냥을 하고 있던 중, 숲속에서 움직이는 물체가 있는 것을 보고 멧돼지라 생각하고 총을 쏘았는데, 그 중 한 발이 명중되었다. 그러나 총을 맞아 사망한 것은 나물을 캐러 나온 처녀 B였다.

1. 丙의 총알은 빗나가고 丁의 총알이 명중하였다면 丙, 丁의 죄책은?
2. 丙과 丁 중 누구의 총알이 명중되었는지 판명되지 않을 경우 丙, 丁의 죄책은?

1. 범죄공동설과 행위공동설

(1) 범죄공동설

이 견해는 '특정한 범죄'를 공동으로 해야 하고 '행위'만을 공동으로 해서는 공동정범이 성립할 수 없다고 한다. 특정한 범죄를 공동으로 하기 위해서는 그 범죄에 대한 고의와 실행행위를 공동으로 해야 한다. 따라서 과실범의 공동정범, 고의범과 과실범의 공동정범, 범죄의 종류가 서로 다른 고의범의 공동정범을 인정하지 않으므로 이러한 경우에는 동시범이 된다고 한다.

이에 의하면 〈사례 1〉에서 甲, 乙이 A를 '폭행하는 행위'는 공동으로 하였으나, 서로 고의가 달라 '특정한 범죄'를 공동으로 하지는 않았으므로 공동정범이 아니라 동시범의 문제로 해결한다. 따라서 甲은 제263조 상해죄의 동시범의 특례에 따라 상해기수죄의 단독정범,[1] 乙은 제19조에 따라 살인미수죄의 단독정범의 죄책을 진다.

〈사례 2〉에서 丙과 丁이 '총을 쏘는 행위'는 공동으로 하였으나 이는 범죄가 아니어서 '특정한 범죄'를 공동으로 하려는 의사는 없었으므로 업무상과실치사죄의 공동정범이 아니라 동시범이 된다. 따라서 1.의 경우 丙의 총알은 빗나갔으므로 丙은 무죄, 丁의 총알이 명중하였으므로 丁은 (업무상)과실치사죄의 책임을 진다. 2.의 경우 원인된 행위가 판명되지 않았으므로 제19조가 적용되어 丙, 丁은 각각 미수범으로 처벌되는데, 과실범의 미수는 벌하지 않으므로 무죄가 된다. 다만 민사상의 공동손해배상책임은 질 수 있다.

1) 제263조가 적용되어도 범죄공동설은 과실범의 공동정범을 인정하지 않으므로 상해치사죄의 공동정범으로 처벌할 수는 없다.

(2) 행위공동설

이 견해는 공동정범이 성립하기 위해 '특정한 행위'를 공동으로 하면 되고, '특정한 범죄'까지 공동으로 할 필요는 없다고 한다. 이에 의하면 행위만을 공동으로 하면 되고 고의를 공동으로 할 필요가 없으므로 과실범의 공동정범, 고의범과 과실범의 공동정범 및 서로 종류가 다른 고의범간의 공동정범도 인정한다.

이에 의하면 〈사례 1〉에서 甲·乙은 고의를 공동으로 하지 않았으나 A를 '폭행하는 행위'를 공동으로 하였으므로 공동정범이 되어 甲은 상해치사죄의 공동정범, 乙은 살인기수죄의 공동정범이 된다. 〈사례 2〉에서 丙과 丁은 '범죄'를 공동으로 할 의사는 없었지만, '총을 쏘는 행위'는 공동으로 하였기 때문에 공동정범이 되고 부분실행 전체책임의 원칙에 따라 1., 2. 모두에서 (업무상)과실치사죄의 책임을 진다.

2. 수 정 설

(1) 부분적 범죄공동설

이 견해는 범죄공동설에 수정을 가하여 살인죄, 상해죄, 폭행죄와 같이 고의가 중첩되는 범죄에서는 부분적 공동정범이 성립할 수 있다고 한다.

이에 의하면 〈사례 1〉 甲, 乙에게 상해의 고의는 인정되므로 상해죄 부분에 대해서는 공동정범, 살인죄 부분에는 동시범을 인정한다. 따라서 甲은 상해기수죄의 공동정범,[1] 乙은 살인죄의 동시범으로 살인미수의 죄책을 진다.

(2) 구성요건적 행위공동설

이 견해는 전법률적 행위를 공동으로 해서는 공동정범이 성립하지 않지만 구성요건적 행위를 공동으로 하면 공동정범이 성립할 수 있다고 한다. 그리고 구성요건적 행위는 고의행위뿐만 아니라 과실행위도 포함하므로 과실범의 공동정범도 인정된다고 한다. 이 견해는 〈사례 2〉 丙, 丁의 행위는 과실행위로서 (업무상)과실치사죄의 구성요건적 행위라고 할 수 있고, 따라서 공동정범이 성립한다고 한다.

(3) 기능적 범행지배설

이 견해는 공동정범이 성립하기 위해서는 단순히 범죄나 행위를 공동으로 하였다는 것보다는 범인들이 기능적으로 범행을 지배하여야 한다고 한다. 범행지

---

1) 부분적 범죄공동설에서도 범죄공동설과 마찬가지로 과실범의 공동정범은 인정하지 않는다.

배를 강조한다는 점에서 범죄공동설이나 행위공동설과 다르지만, 기본적으로는 범죄공동설에 입각하여 행위공동설의 입장을 가미한 것이라고 할 수 있다.

기능적 범행지배설에서는 과실범의 공동정범을 긍정하는 입장도 있고 부정하는 입장도 있다. 긍정설은 과실범에서도 기능적 범행지배가 인정되는 경우에는 공동정범이 성립할 수 있다고 하고, 부정설은 범행지배란 특정한 범죄행위를 하기 위하여 일체가 되어 다른 사람의 행위를 이용하여 자기의 의사를 실행에 옮기는 것이기 때문에 고의범에서만 기능적 범행지배를 인정할 수 있고, 과실범에서는 기능적 범행지배를 인정할 수 없다고 한다.

3. 공동의사주체설과 공동행위주체설

(1) 공동의사주체설

이 견해는 공모공동정범 즉, 범인들이 공모를 한 후 그 중 일부가 실행행위를 하였을 경우 실행행위를 하지 않은 사람도 공동정범이 될 수 있다는 이론의 근거로 제시된 것이다. 이에 의하면 특정한 범죄를 공모하게 되면 공동의사주체가 형성되고 각 공모자는 공동의사주체의 일부로서 일심동체가 된다. 따라서 공동의사주체의 구성원 중 일부가 실행행위를 한 경우에는 실행행위를 하지 않은 다른 공모자도 공동정범의 책임을 진다는 것이다. 예컨대 甲, 乙이 공동으로 A를 살해하기로 공모하였는데, 乙만이 A를 살해한 경우 甲이 살인행위를 하지 않고 살인범행을 지배하지 않았어도 살인죄의 공모공동정범이 된다고 한다.

그러나 이 견해는 공모공동정범은 공모가 있어야 성립한다고 하므로 고의범의 공모공동정범만을 인정한다.

(2) 공동행위주체설

이 견해는 범인들간에 의사연락이 있고 실행행위를 분담하는 경우 공동행위주체가 형성되고, 각 범인들은 공동행위주체의 한 부분이 된다고 한다. 따라서 범인 모두 전체결과에 대해서 책임을 져야 한다고 한다.

공모만으로는 공동주체가 형성될 수 없고, 공모와 실행행위가 있어야만 공동행위주체가 형성된다고 하는 점에서 공동의사주체설과 구별된다. 이 견해에 의하면 공동행위주체의 행위는 고의행위뿐만 아니라 과실행위도 포함되므로 과실범의 공동정범이나 고의범 및 과실범, 다른 종류의 고의범간의 공동정범도 인정된다.

4. 판 례

판례는 과실범의 공동정범[1)]과 결과적가중범의 공동정범[2)]을 인정하는데, 이는 행위공동설을 따르는 것이라고 할 수 있다.

그런데 판례는 기능적 범행지배설을 따르는 표현을 하기도 한다.[3)] 또한 판례는 공동의사주체설에 따른 공모공동정범을 인정하기도 하고[4)] 기능적 범행지배설을 따라 공모공동정범을 인정하기도 한다.[5)] 최근에는 공모공동정범에서도 범행지배가 있어야 한다는 판례가 주류이지만, 판례가 공동의사주체설에 따른 공모공동정범을 부정하는 것인지는 아직 분명하지 않다.

그런데 행위공동설이나 기능적 범행지배설에 의하면 공동의사주체설에 따른 공모공동정범을 인정하지 말아야 하고, 공동의사주체설에 의하면 과실범의 공동정범을 인정하지 말아야 한다.

이와 같이 판례는 일관성 없이 또 매우 넓게 공동정범을 인정한다. 이는 입증의 편의를 도모하여 법원의 부담을 덜고, 공범론보다는 양형에 의해 구체적 타당성있는 해결을 하면 족하다는 사고에 기초한 것이라고 할 수 있다. 그러나 일관성없는 태도는 그 자체가 문제일 뿐만 아니라, 피고인에게 지나치게 불리하다

1) 대판 1994. 5. 24. 94도660: 2인 이상이 서로의 의사연락 아래 과실행위를 하여 범죄되는 결과를 발생하게 하면 과실범의 공동정범이 성립하는 것이다. 기타 대판 1962. 3. 29. 61도598; 대판 1997. 11. 28. 97도1740.

2) 대판 2000. 5. 12. 2000도745: 결과적 가중범인 상해치사죄의 공동정범은 폭행 기타의 신체침해행위를 공동으로 할 의사가 있으면 성립되고 결과를 공동으로 할 의사는 필요없으며, 여러 사람이 상해의 범의로 범행중 한 사람이 피해자를 사망에 이르게 한 경우 나머지 사람들은 사망의 결과를 예견할 수 없는 때가 아닌 한 상해치사의 죄책을 면할 수 없다.

3) 대판 2013. 1. 10. 2012도12732; 대판 1989. 4. 11. 88도1247: 공동정범이 성립하기 위하여는 주관적 요건인 공동가공의 의사와 객관적 요건으로서 그 공동의사에 기한 기능적 행위지배를 통하여 범죄를 실행하였을 것이 필요하다.

4) 대판 1983. 3. 8. 82도3248: 실행행위를 분담하지 않아도 공모에 의하여 수인간에 공동의사주체가 형성되어 범죄의 실행행위가 있으면 실행행위를 분담하지 않았다고 하더라도 공동의사주체로서 정범의 죄책을 면할 수 없다. 기타 대판 2012. 1. 27. 2010도10739.

5) 대판 2012. 1. 27. 2011도626; 대판 1998. 5. 21. 98도321 전합: 공모자 중 구성요건 행위 일부를 직접 분담하여 실행하지 않은 자라도 경우에 따라 이른바 공모공동정범으로서의 죄책을 질 수도 있는 것이기는 하나, 이를 위해서는 전체 범죄에서 그가 차지하는 지위나 역할, 범죄 경과에 대한 지배 내지 장악력 등을 종합해 볼 때, 단순한 공모자에 그치는 것이 아니라 범죄에 대한 본질적 기여를 통한 기능적 행위지배가 존재하는 것으로 인정되는 경우여야 한다.

는 문제점이 있다.

5. 결 어

첫째, 행위공동설과 범죄공동설 중에서는 범죄공동설이 타당하다. 왜냐하면 ① 제30조의 '2인 이상이 공동으로 죄를 범한 때'의 의미는 공동으로 '행위를 한 때'라기보다는 '범죄를 한 때'라고 하는 것이 자연스럽고,[1] ② 행위공동설은 주관주의입장에서 주장하는 것이지만 우리 형법은 객관주의를 기본구조로 하고 있고, ③ 주관주의입장에서 보더라도 과실범의 경우는 행위자에게 범죄의사가 없어 반사회적 위험성이 크지 않으므로 과실범의 공동정범을 인정하여 처벌의 범위를 확대할 필요가 없고, ④ 성수대교붕괴사건 판례에서 보듯이 과실행위는 고의행위와 달리 그 범위가 넓으므로,[2] 과실범의 공동정범을 인정하게 되면 형사처벌의 범위가 지나치게 확대되고, ⑤ 구성요건적 행위공동설에 의해도 과실범의 공동정범은 인정할 수 있지만 고의범과 과실범, 서로 다른 범죄의 고의범과 고의범 사이의 공동정범을 인정하기가 곤란하고, ⑥ 과실범의 공동정범을 인정하는 실익은 원인행위가 판명되지 않은 경우에 있는데, 이러한 예외적인 경우는 과실범의 공동정범을 인정할 것이 아니라 민사상의 손해배상책임으로 해결하는 것이 형법의 보충성원칙에 맞기 때문이다.

둘째, 살인죄와 상해죄 및 폭행죄 등과 같이 고의가 중첩되는 범죄에 대해서는 공동정범을 인정하는 것이 바람직하므로 범죄공동설도 문제점이 있다.

셋째, 공모공동정범을 인정하는 공동의사주체설의 부당함은 한 눈에 알 수 있다. 공모를 하였다고 공동운명체가 된다는 것은 그야말로 엄청난 논리의 비약이기 때문이다.

넷째, 공동행위주체설은 실행행위를 하면 공동행위주체가 되는 합리적 이유를 설명할 수 없고, 과실범의 공동정범을 인정하는 것은 행위공동설과 같은 문제점이 있다.

결국 공동정범의 본질을 가장 잘 나타내주는 것은 기능적 범행지배설이라고 할 수 있다. 기능적 범행지배를 "공동의 의사로 특정한 범죄행위를 하기 위하여 일체가 되어 서로 다른 사람의 행위를 이용하여 자기의 의사를 실행

---

1) 행위공동설에서는 "공동으로 '행위를 하여' 죄를 범한 때"라고 해석할 수도 있다고 하지만, 이는 견강부회의 감이 짙다. 독일형법은 '공동으로 범죄행위(Straftat)를 한 때'라고 규정하고 있음에도 불구하고 독일의 통설이 범죄공동설을 따르고 있음은 우리 형법의 규정을 행위공동설로 해석하기 곤란하다는 간접적 근거가 될 수 있을 것이다.

2) 성수대교 붕괴사건에서 행위공동설에 의하더라도 공동정범을 인정하기 어려운 점이 있다. 관리자와 감독자의 공동정범은 몰라도 시공자는 관리자, 감독자와 어떤 행위를 공동으로 한 적이 없기 때문이다.

에 옮기는 것"이라고 한다면 과실범의 공동정범을 인정해서는 안 된다. 그러나 고의범 사이에서는 고의가 중첩되는 부분에서 기능적 범행지배를 인정할 수 있을 것이다.

Ⅲ. 공동정범의 성립요건

1. 주관적 요건

(1) 공동가공의 의사(의사연락)

공동정범이 성립하기 위해서는 범인들 사이에 공동으로 죄를 범한다는 공동가공의 의사, 즉 범인들 사이에 의사연락이 있어야 한다. 공동가공의 의사는 범행계획의 모의, 즉 공모에까지 이를 필요는 없다. 그러나 타인의 범행을 인식하면서도 이를 제지하지 아니하고 용인하는 것만으로 부족하고 특정한 범죄행위를 하기 위하여 일체가 되어 서로 다른 사람의 행위를 이용하여 자기의 범행의사를 실현하려는 의사이다.

이 점에서 공동정범은 의사연락이 없는 동시범과 구별된다. 의사연락은 '부분실행 전체책임'을 인정하는 근거가 된다. 이에 비해 동시범에서는 의사연락이 없기 때문에 자신의 행위에 대해서만 책임을 지는 개인책임의 원리가 인정된다.

예를 들어 甲, 乙이 A를 살해하자는 의사연락 하에 A를 향해 총을 쏜 경우 공동정범이 된다. 따라서 甲, 乙 중 어느 한 사람이 쏜 총알이 명중하여 A가 사망하였든, 누가 쏜 총알에 사망하였는지 판명되지 않았든 甲, 乙은 모두 살인기수의 죄책을 진다. 이에 비해 甲, 乙이 동시범이라면 A를 명중하여 사망케 한 사람은 살인기수, 다른 사람은 살인미수의 죄책을 진다. 누구의 총알이 명중하였는지 판명되지 않았을 때에는 모두 살인미수의 죄책을 진다(제19조).[1)]

(2) 의사연락의 방법과 시기

1) 의사연락의 방법　통설·판례[2)]에 의하면 의사연락은 법률상 어떤 정

1) 이 경우 두 사람 모두를 살인기수로 처벌할 수도 있고, 두 사람 모두를 살인미수로 처벌할 수도 있다. 전자의 방법에는 살인미수의 책임만을 져야 할 사람이 살인기수의 책임을 지는 문제점이 있다. 후자의 방법에는 살인기수의 책임을 져야 할 사람이 살인미수의 책임만을 지게 하는 문제점이 있다. 이와 같이 두 방법 모두에 문제가 있다면 '의심스러울 땐 피고인에게 유리하게'(in dubio pro reo)라는 원칙에 따라 두 사람 모두 살인미수의 죄책만을 지게 하는 것이 제19조의 취지이다.

2) 대판 1983. 3. 8. 82도2873. 판례는 주로 공모공동정범의 성립요건으로 이러한 설명을 하고

형을 요구하는 것이 아니고 2인 이상이 공동으로 범죄를 실현하려는 의사의 결합만 있으면 족하다. 따라서 전체적인 모의과정이 없었다고 하더라도 수인 사이에 순차적으로 또는 암묵적으로 상통하여 그 의사의 결합이 이루어져도 의사연락이 인정된다. 이를 순차적 공동정범이라 한다.

그러나 의사연락은 공범 상호간에 있어야 하고, 범인 중 일방에게만 공동가공의 의사가 있는 편면적 공동정범은 인정되지 않고,[1] 이 경우에는 동시범이나 편면적 종범이 될 수 있을 뿐이다.

> 예컨대 甲이 A를 폭행하고 있을 때 乙이 가담의 의사로 甲이 모르는 사이에 망을 보아주더라도, 이러한 乙의 편면적 가담의사만으로는 공동정범관계가 인정되지 않는다.

2) 의사연락의 시기 의사연락의 시기는 실행의 착수 전후를 묻지 않으나 실행행위가 종료되기 이전에는 존재해야 한다. 실행의 착수 이전에 의사연락이 있는 경우를 예모적 공동정범, 실행행위시에 의사연락이 있는 경우를 우연적 공동정범이라고 한다.

범인 중 일부가 실행에 착수하여 범행을 하던 중 나머지 범인이 의사연락 하에 이후의 범행에 가담한 경우 앞의 일부가 실행한 범행부분에 대해서도 공동정범을 인정할 것인가가 문제된다. 이를 승계적 공동정범이라고 하는데, 이에 대해서는 후술한다.

(3) 과실범의 공동정범

1) 문제의 소재 공사장인부 甲, 乙이 함께 통나무를 들어 던지다가 실수로 행인에게 상처를 입힌 경우나 甲과 乙이 함께 사냥을 하기 위해 총을 발사하여 실수로 사람을 사망케 하였고 한 발이 명중하였으나 누가 쏜 총알인지 판명되지 않은 경우 등에서 과실범의 공동정범을 인정할 것인가가 문제된다.

과실범의 공동정범을 인정하게 되면 甲, 乙이 전체결과에 대해 책임을 져야 하므로 전자에서는 (업무상)과실치상죄, 후자에서는 (업무상)과실치사죄의 공동정범이 된다.

그러나 과실범의 공동정범을 인정하지 않으면 甲, 乙은 동시범이 된다. 이 경우 전자에서는 甲, 乙 모두 (업무상)과실치상죄의 단독정범으로 처벌되어 과실범

있지만, 공모공동정범뿐만 아니라 일반적인 공동정범에도 적용되는 것이라고 할 수 있다.

1) 대판 1985. 5. 14. 84도2118.

의 공동정범을 인정할 때와 별 차이가 없다. 그러나 후자에서는 제19조에 의해 과실범의 미수가 되어 甲, 乙 모두 처벌되지 않는다.

2) 공동정범 긍정설 공동정범의 본질에 관한 행위공동설, 수정적 행위공동설, 공동행위주체설, 기능적 범행지배설 중 일부견해 등은 과실범의 공동정범을 인정한다. 각 학설의 내용과 문제점은 앞에서 본 것과 같다.

3) 공동정범 부정설 앞에서 본 것과 같이 공동정범의 본질에 관한 범죄공동설과 기능적 범행지배설 및 공동의사주체설에서는 과실범의 공동정범을 인정하지 않는다. 각 학설의 내용과 문제점은 앞에서 본 것과 같다.

4) 판 례 판례는 과실범의 공동정범을 인정한다.

> [대판 1962. 3. 29. 61도598; 대판 1979. 8. 21. 79도1249] 형법 제30조 소정의 '2인 이상이 공동하여 죄를 범한 때'의 '죄'에는 고의범뿐만 아니라 과실범도 불문하므로 두 사람 이상이 어떠한 과실행위를 서로의 의사연락 하에 이룩하여 범죄가 되는 결과를 발생케 한 것이라면 과실범의 공동정범이 성립된다.

5) 결 어 앞에서 본대로 과실범의 공동정범을 인정하는 실익이 있는 경우는 여러 사람이 공동으로 과실행위를 하였으나 결과발생의 원인행위가 판명되지 않은 경우이다. 과실범의 공동정범을 인정하면 모두 처벌되지만, 과실범의 공동정범을 부정하면 모두 무죄가 된다.

이러한 예외적인 경우까지 모든 행위자에게 책임을 물어야 할 실익이 별로 없고, 이 경우에는 민사상 공동불법행위의 문제로 다루는 것이 형법의 보충성 원칙에 합치할 것이다.

2. 객관적 요건

(1) 공동가담행위

1) 공동가담행위의 의의 공동가담행위란 각 범인들이 실행행위를 분담하여 기능적으로 범행을 지배하는 것을 말한다. 이러한 분업적 성격으로 인해 범인 개개인의 실행행위는 단지 개인적인 행위가 아니라 전체범죄의 수행이라는 의미를 갖게 되고, 부분실행 전체책임의 원칙이 인정될 수 있다.

2) 공동가담행위 여부의 판단기준 범행지배설에 의하면 어느 범인의 행위를 공동가담행위라고 할 것인가 아니면 단순한 교사·방조행위라고 할 것인가

는 기능적 범행지배가 있었느냐의 여부에 의해 결정된다.

가. 공동정범과 종범의 구별 예컨대 절도죄에서 망보는 행위의 경우 그 행위가 단순히 다른 범인의 절취행위를 용이하게 하는 정도라면 종범이라고 해야 할 것이다. 그러나 망보는 행위가 없으면 절도범행이 불가능하여 망보는 행위가 절도범행의 가부를 결정할 수 있을 정도의 상황이거나[1] 망보는 사람이 절도범행을 주도하는 등의 행위까지 하였다면 공동정범이라고 해야 할 것이다.[2]

나. 공동정범과 교사범의 구별 공동정범이 되기 위해서는 실행행위를 분담하여야 하지만, 자신이 형식적 의미의 실행행위에 가담하지 않고 범행을 지시하거나 범행방법을 알려주는 행위 등을 하는 경우에도 기능적 범행지배가 인정될 수 있는 경우에는 교사범이 아니라 공동정범이 된다.[3]

3) 공동가담행위와 현장성 공동정범에서 기능적 범행지배는 반드시 현장에서 이루어질 필요가 없다. 예를 들어 甲·乙이 공모하여 甲은 서울에서 부산에 있는 수퍼마켓의 주인 A에게 전화를 걸어 주위를 산만하게 하고 그 사이 乙이 수퍼마켓에서 물건을 절취한 경우에도 甲의 행위가 범행을 지배한 것이라고 평가될 경우에는 甲은 절도죄의 종범이 아니라 공동정범이 된다. 이 경우 甲이 현장에 있는 것은 아니기 때문에 甲·乙은 합동절도죄(제331조 제2항)의 책임을 지지 않고, 절도죄의 공동정범의 죄책을 진다.[4]

4) 부작위에 의한 공동가담 공동가담행위는 부작위에 의해 이루어질 수도 있다. 그러나 이 때에도 부작위는 특정한 범죄행위를 하기 위하여 일체가 되어 서로 다른 사람의 행위를 이용하여 자기의 의사를 실행에 옮기는 정도에 이르러야 한다(대판 2000. 4. 7. 2000도576).

---

1) 판례는 망보는 행위에 대해 대부분 공동정범을 인정한다(대판 1984. 1. 31. 83도2941; 대판 1986. 7. 8. 86도843). 그러나 이것이 망본 사람을 언제나 공동정범으로 인정하는 취지는 아니라고 해야 한다.

2) 대판 2011. 5. 13. 2011도2021은 절도범행을 주도적으로 계획한 범인이 망을 본 경우는 물론이고 망을 보지 않았더라도 정범을 인정한다.

3) 대판 1987. 10. 13. 87도1240: 부하들이 흉기를 들고 싸움을 하고 있는 도중에 폭력단체의 두목급 수괴의 지위에 있는 乙이 그 현장에 모습을 나타내고 … 전부 죽이라는 고함을 친 행위는 … 乙은 살인죄의 공동정범으로서의 죄책을 면할 수 없다.

4) 만약 乙, 丙 등 2인 이상이 현장에서 절도행위를 한 경우에도 통설은 甲은 절도죄의 정범이라고 하지만, 판례는 합동절도죄의 공동정범이라고 한다(대판 1998. 5. 21. 98도321 전합; 대판 2011. 5. 13. 2011도2021).

(2) 승계적 공동정범

1) 개　　념　　승계적 공동정범이란 공범 중 일부가 실행행위의 일부분을 행한 후 이를 알고 있는 다른 사람이 공동가담의 의사로 나머지 실행행위를 공동으로 한 경우, 나중에 실행행위에 참여한 사람이 자신이 실행한 부분만이 아니라 그 이전에 다른 공범들이 행했던 부분까지 책임을 지는 형태의 공동정범을 말한다.

예를 들어 乙이 강도의 고의로 피해자를 기절시켜 놓은 후 이를 알고 있는 甲이 절도의 고의로 함께 피해자의 현금을 절취한 경우 甲이 합동절도(제331조 제2항)의 죄책을 지는 것은 당연하다. 그런데 더 나아가 乙이 행한 폭행부분까지 승계하여 甲이 합동강도(제334조 제2항)의 죄책까지 진다고 할 경우 이를 승계적 공동정범이라고 한다.

승계적 공동정범에서는 선행자와 후행자가 함께 행한 뒤의 실행부분에 대한 공동정범을 인정할 것인가의 문제와 후행자에게 선행사의 실행부분에 대한 공동정범을 인정할 것인가의 문제가 있다. 전자는 공동정범의 성립범위, 후자가 승계적 공동정범에 관한 문제이다.

> 승계적 공동정범은 선행자가 '일부'만 실행한 상태에서의 후행자의 가담성립 여부 및 범위에 대한 논의이며, 만약 선행자가 범행을 '모두' 종료한 경우 후행자의 가담은 인정되지 않는다. 대법원도 "회사직원이 영업비밀을 경쟁업체에 유출하거나 스스로의 이익을 위하여 이용할 목적으로 무단으로 반출한 때 업무상배임죄의 기수에 이르렀다고 할 것이고, 그 이후에 위 직원과 접촉하여 영업비밀을 취득하려고 한 자는 업무상배임죄의 공동정범이 될 수 없다"고 판시하였다(대판 2003. 10. 30. 2003도4382).

2) 공동실행부분에 대한 공동정범의 성립 여부　　선행자와 후행자가 공동으로 행한 실행행위의 후행부분에 대한 공동정범이 성립하는지는 서로 다른 고의범간의 공동정범을 인정하느냐의 문제이다.

범죄공동설에서는 고의의 공동을 필요로 한다고 하므로 공동정범을 인정하지 않는다. 그러나 부분적 범죄공동설에서는 고의가 중첩되는 부분에 대한 공동정범을 인정한다.

행위공동설에서는 고의의 공동을 요건으로 하지 않으므로 공동정범을 인정한다. 구성요건적 행위공동설에 의하면 구성요건행위가 다르기 때문에 공동정범을 인정하지 않을 수도 있고, 구성요건행위가 중첩되는 부분에 대해서는 공동정범을 인정할 수 있다. 공동의사주체설이나 공동행위주체설에서는 공동정범을 인정한다. 범행지배설에서도 중첩되는 부분에 대한 공동정범을 인정할 수 있을 것이다.

이 경우에는 중첩되는 부분에 대한 공동정범을 인정하는 것이 타당하다고 생각된다.

3) 선행자 단독으로 행한 부분에 대한 후행자의 책임 후행자가 선행자의 실행부분을 승계하여 공동정범의 죄책을 지는 승계적 공동정범을 인정할 것인가에 대해서는 견해가 대립한다.

가. 긍 정 설 소수설은 후행자가 선행자가 행한 부분을 포함하여 전체 범죄에 대해 공동정범의 책임을 진다고 한다.

① 후행자가 선행자의 범행사실을 인식하고 뒤의 범행을 공동으로 하면 선행자의 행위에 대한 공동실행의 의사와 공동가담의 행위가 인정되고, ② 공동정범에서 의사연락의 시점은 실행의 착수 이전뿐만 아니라 실행의 도중이어도 무방하고, ③ 선행자의 범죄에 대해 후행자가 알았으므로 전체 범죄계획을 알고 후행자가 범행을 한 것이라고 할 수 있다는 점 등을 근거로 제시한다.

나. 부 정 설 다수설은 후행자에게 가담 이후의 범행에 대해서만 공동정범을 인정하고 선행자가 행한 부분에 대한 공동정범은 인정될 수 없다고 한다.

① 선행자의 행위에 대해 후행자가 가진 고의는 사후고의로서 고의의 효력이 없고, ② 선행자의 행위에 대해 후행자의 범행지배를 인정할 수 없고, ③ 형법에서 추인을 인정할 수 없으며, 후행자의 행위가 선행자의 행위의 원인이 될 수 없으며, 객관적 귀속은 행위 이후에 발생한 결과에 대해서만 가능하다는 것을 근거로 든다.

다. 판 례 판례는 부정설을 따른다.[1)]

---

1) 다만, 대판 1982. 12. 11. 82도2024는 교사 甲이 학생 A를 약취·유인하여 살해한 후 A의 부모에게 돈을 요구하는 행위를 乙이 방조한 사건에서, 공갈죄의 종범이 아닌 특가법상 약취강도죄(제5조의2 제2항 제1호)의 종범을 인정한다. 이 판례를 승계적 종범을 인정하는 것이라고 해석할 수도 있지만, 판례는 약취·유인죄가 계속범이므로 공갈행위에 가담한 것은 약취·유인죄에도 가담한 것으로 본 것이 아닌가 생각된다. 다만 이 경우에도 A가 사망하였으므로 약취·유인죄가 계속되고 있다고 볼 수 없다는 문제점이 있다. 그러나 이 판례가 대법원의 확립된 입장이라고 할 수는 없을 것이다.

[대판 1997. 6. 27. 97도163; 대판 1982. 6. 8. 82도884] 포괄일죄의 일부에 공동정범으로 가담한 자는 비록 그가 그 때에 이미 이루어진 종전의 범행을 알았다 하여도 그 가담 이후의 범행에 대해서만 공동정범으로서 책임을 진다.

라. 결 어 긍정설은 최근에는 지지하는 학자가 없기 때문에 연혁적 의미밖에 갖지 못하는 견해이다.

승계적 공동정범을 인정하는 것은 피고인에게 불리한 소급효를 인정하는 것과 같으므로, 일반원칙에 따라 후행자는 자신이 가담한 부분에 대해서만 공동정범의 죄책을 진다고 해야 할 것이다.

쉬어가기

甲은 丙의 딸 A(10세)를 놀이공원으로 유인한 다음 인질로 삼았다. 이후 甲은 乙에게 丙으로부터 돈을 뜯어내려는 범행계획을 이야기하면서 도움을 요청했다. 이를 받아들인 乙은 丙에게 전화하여 딸을 찾고 싶으면 현금 1억원을 마련하여 지하철 보관함에 넣어두라고 말하였다. 그러나 丙이 돈을 가져다 놓기 전에 甲, 乙은 체포되었다. 甲, 乙의 죄책은?

【설문의 해결】 1. 甲의 경우 약취·유인죄의 가중처벌 규정인 특정범죄가중법 위반죄(제5조의2 제2항 제1호)가 성립한다.

2. 乙의 경우 전체범죄의 공동정범이 성립하는지 문제된다. 판례는 기본적으로 승계적 공동정범을 부정하고 있으므로 乙이 가담하기 이전의 甲의 행위에 대해서는 乙에게 공동정범의 책임을 물을 수 없다. 그런데 약취죄는 계속범이므로 기수 이후 실력적 지배에 가담한 경우에는 본죄의 공범이 될 수 있다. 따라서 피고인에게 불리한 소급효를 인정하는 것과 같기 때문에 승계적 공동정범은 인정될 수 없다고 보아야 하지만, 약취행위가 계속되는 상태에서 乙이 가담한 것이므로 乙에게도 특정범죄가중법 위반죄(제5조의2 제2항 제1호)의 공동정범이 성립한다.

(3) 공모공동정범

1) 공모공동정범의 개념 원래 의미의 공모공동정범이란 공동의사주체설에 따른 것으로서 범행을 공모한 사람들은 다른 공모자가 실행행위를 한 경우 자신은 실행행위에 가담하지 않았더라도 공모한 범죄의 공동정범이 되는 것을 말한다. 공동의사주체설에 의하면 공모가 있으면 범인 사이에 일심동체인 공동의사주체가 형성되고 이들 중 일부의 범행은 모두 공동의사주체의 행위가 된다는 것이

다. 따라서 공모공동정범이론은 공동정범의 객관적 성립요건인 공동가담행위가 없더라도 공동정범을 인정하는 것이므로 공동정범의 성립범위를 넓히고 형벌권의 확장을 초래한다.

공동의사주체설에 따른 공모공동정범은 19세기 말 일본 대심원의 판례가 지능범에 대해 인정해 오다가 이후 이를 폭력범들에게까지 인정범위를 확대했는데 이후 일본 최고재판소 역시 공모공동정범을 인정하였다.

우리나라의 경우 일제시대에는 당연히 공모공동정범이 인정되었고, 해방 이후에도 대법원은 공모공동정범을 인정하였다. 그러나 공모공동정범이론에 대한 학계의 강력한 비판이 제기되자, 최근의 판례는 종전의 공동의사주체설에 의한 공모공동정범을 인정하기도 하고,[1] 범행지배가 인정되는 경우에만 공모공동정범을 인정하기도 한다.[2] 범행(행위)지배설에 따른 공모공동정범이란 공모자 중 구성요건행위를 직접 분담하여 실행하지 않았어도 범죄에 대한 본질적 기여를 통해 기능적 범행(행위)지배를 한 사람을 말한다.

2) 공모공동정범의 인정 여부

가. 긍 정 설 앞에서 언급한 것과 같이 판례는 공동의사주체설에 따라 공모공동정범을 인정한다는 입장을 확고하게 따르고 있었으나, 근래에는 기능적 범행지배가 인정되어야 공모공동정범이 성립할 수 있다는 입장을 취하기도 한다.

> **[대판 2013. 9. 12. 2013도6570]** 공모자 중 구성요건 행위 일부를 직접 분담하여 실행하지 아니한 사람이라도 경우에 따라 이른바 공모공동정범으로서의 죄책을 질 수도 있지만, 그러한 죄책을 지기 위하여는 전체 범죄에서 그가 차지하는 지위, 역할이나 범죄 경과에 대한 지배 내지 장악력 등을 종합해 볼 때 단순한 공모자에 그치는 것이 아니라 범죄에 대한 본질적 기여를 통한 기능적 행위지배가 존재하는 것으로 인정되어야 한다. 그리고 이때 범죄의 수단과 태양, 가담하는 인원과 그 성향, 범행 시간과 장소의 특성, 범행과정에서 타인과의 접촉 가능성과 예상되는 반응 등 제반 상황에 비추어, 공모자들이 그 공모한 범행을 수행하거나 목적 달성을 위하여 나아가는 도중에 부수적인 다른 범죄가 파생되리라고 예상하거나 충분히 예상할 수 있는데도 그러한 가능성을 외면한 채 이를 방지하기에 충분한 합리적인 조치를 취하지 아니하고 공모한 범행에 나아갔다가 결국 그와 같이 예상되던 범행들이 발생하였다면, 비록 그 파생적인 범행 하나하나에 대하여

---

1) 대판 2012. 1. 27. 2010도10739; 대판 2004. 12. 10. 2004도5652; 대판 1983. 3. 8. 82도3248.
2) 대판 2012. 1. 27. 2011도626; 대판 2007. 4. 26. 2007도235; 대판 1998. 5. 21. 98도321 전합.

개별적인 의사의 연락이 없었더라도 당초의 공모자들 사이에 그 범행 전부에 대하여 암묵적인 공모는 물론 그에 대한 기능적 행위지배가 존재한다고 보아야 할 것이다.

[대판 2009. 6. 23. 2009도2994] 전국노점상총연합회가 주관한 도로행진시위에 참가한 피고인이 다른 시위 참가자들과 함께 경찰관 등에 대한 특수공무집행방해행위를 하던 중 체포된 사안에서, 단순 가담자인 피고인에게 체포된 이후에 이루어진 다른 시위참가자들의 범행에 대하여는 본질적 기여를 통한 기능적 행위지배가 존재한다고 보기 어려워 공모공동정범의 죄책을 인정할 수 없다.

또한 판례는 합동범에 대해 현장성설을 취하다가 이를 부분적으로 포기하고 합동범의 공모공동정범도 인정하고 있다.[1]

판례는 폭력행위처벌법상 공동폭행과 같이 수인의 실행행위자를 요하는 범죄의 경우, 실행행위를 한 자가 1명이라면 나머지 공모자들에게 공모공동정범은 성립될 수 없다고 판시하였다.

[대판 2023. 8. 31. 2023도6355] 폭행 실행범과의 공모사실이 인정되더라도 그와 공동하여 범행에 가담하였거나 범행장소에 있었다고 인정되지 아니하는 경우에는 공동하여 죄를 범한 때에 해당하지 않고, 여러 사람이 공동하여 범행을 공모하였다면 그중 2인 이상이 범행장소에서 실제 범죄의 실행에 이르렀어야 나머지 공모자에게도 공모공동정범이 성립할 수 있을 뿐이다.[2]

나. 부 정 설 통설은 ① 실행행위를 분담하지 않은 공모자를 공동정범

---

1) 대판 1998. 5. 21. 98도321 전합. 이 판결은 공모공동정범이라는 표현을 명시적으로 쓰고 있지 않지만 합동범의 (공동의사주체설에 따른) 공모공동정범을 인정한 것이라고 할 수 있다. 다만 이후의 판결에서는 동 판결을 기능적 범행지배가 인정되어야 공모공동정범이 성립할 수 있다고 한 선례로 인용하고 있다(대판 2007. 4. 26. 2007도235, 대판 2010. 7. 15. 2010도3544 등).

2) 범행 전날 丙은 '싸워서라도 돈을 받아내라', 乙은 '무조건 고개를 낮추고 싸워', '영상으로 찍을 거니까 너가 이겨야 돼'라는 등의 말을 甲에게 하였고, 범행 당일 甲, 乙, 丙 모두 피해자와의 싸움 현장에 나가 甲이 직접 피해자를 폭행하자, 乙은 그 모습을 휴대전화기로 촬영하고, 丙은 이를 옆에서 지켜본 사안에 대한 것이다. 검사는 甲, 乙, 丙을 폭력행위처벌법상 공동폭행으로 기소하였으나, 대법원은 甲의 단독범행에 의한 폭행과 丙, 乙의 폭행교사 또는 방조로 인한 죄책 유무는 별론으로 하고, 피고인들에게 2명 이상이 공동하여 피해자를 폭행한 경우 성립하는 폭력행위처벌법위반(공동폭행)죄의 죄책을 물을 수는 없다고 보았다.

으로 처벌하는 것은 책임주의원칙에 위반되고, ② 공모공동정범은 범죄조직의 수괴를 처벌하기 위해 고안된 이론이라고 하지만 수괴에 대해서는 범죄단체조직죄(제114조) 등으로 처벌할 수 있고, ③ 수괴를 부하들이 실행한 범죄의 교사범이나 제34조 제2항의 특수교사·방조규정으로 벌하면 공모공동정범보다 같거나 더 무겁게 벌할 수도 있다는 것 등을 근거로 든다.

다. 절 충 설 이 견해는 ① 공모공동정범이론이 집단범죄의 실체를 정확히 파악하고 대처하기 위한 이론이라는 점에서 합리성이 인정되고, ② 집단범죄의 배후에서 범행을 지휘하거나 중요한 역할을 하고 있는 두목이나 간부는 정범으로 처벌할 수 없어서 집단범죄의 본질과 사회실정에 맞지 않고, ③ 판례가 확고하게 유지하고 포기할 가능성이 없는 공모공동정범을 정면으로 부인하기보다는 이를 인정하면서 공모의 개념을 제한함으로써 공모공동정범을 제한하는 것이 오히려 현실적이라는 이유에서 일정한 범위에서 공모공동정범을 인정한다.

이 견해는 단순히 공모에 참여하였다고 공동정범이 될 수 없지만 공범들을 지휘·통제·감독하거나 범죄실행자를 지정하여 실행하는 때와 같이 전체계획의 중요한 기능을 담당하였다고 인정되는 공모자는 공동정범이 될 수 있다고 한다.

라. 결 어 범행지배가 인정되는 경우 실행행위를 하지 않은 사람에 대해 공모공동정범을 인정하는 것은 별 문제가 없다고 할 수 있다. 그러나 공동의사주체설에 따른 공모공동정범(이하 공모공동정범은 이러한 의미의 공모공동정범을 말한다)은 다음과 같은 문제점이 있으므로 인정해서는 안 된다.

첫째, 이 개념은 예비·음모와 미수범, 공동정범과 교사범 및 종범을 엄격하게 분리하고 있는 입법자의 의도에 반한다. 공모공동정범은 예비·음모나 교사범으로 처벌되면 족한 행위자를 모두 공동정범으로 처벌함으로써 사실상 예비·음모나 교사범, 종범에 관한 규정들의 존재의의를 상실케 한다.

둘째, 근래의 공동정범에 대한 판례들을 보면 허위공문서작성죄, 사기죄, 횡령·배임죄, 시국사건 등이고 그 범죄규모도 집단범죄라고 할 수 있을 만큼 크지 않은 경우가 대부분이다. 따라서 공모공동정범이 집단범죄조직의 두목을 처벌하는 데에 효과적이라는 증거가 별로 없다. 판례가 공모공동정범을 인정하는 진정한 이유는 공모만을 입증하면 바로 공동실행사실을 입증하지 않아도 공동정범으로 처벌하고, 피고인의 처벌은 양형단계에서 조절함으로써 실무상의 편의를 위한 것이라고 할 수 있다.

셋째, 수괴를 정범으로 처벌하지 않고 교사범으로 처벌하는 것은 부당하다고 하지만 이는 공범은 정범에 비해 가벼운 형을 선고해야 한다는 오해에서 비롯된 것이라고 할 수 있다. 양형사유를 참작하여 교사범을 정범보다 무겁게 처벌하는 것도 얼마든지 가능하다.

3) 공모관계에서 이탈

가. 실행의 착수 이전의 공모관계 이탈 공모자 중 일부가 나머지 공모자들이 실행에 착수하기 이전에 공모관계에서 이탈하였고 나머지 공모자들이 범죄를 행한 경우 이탈자에게 나머지 공모자들이 행한 범죄에 대한 공동정범의 죄책을 인정할 수 있는가 하는 것이 문제된다.

A. 판 례 판례는 이 경우 이탈자에게 공동의사주체설에 따른 공모공동정범을 인정하지 않았으나,[1] 이후 범행지배설에 따른 공모공동정범에 대해서는 공모자가 담당한 기능지배를 해소하여야 공모관계의 이탈이 인정된다고 한다. 이탈의 표시는 반드시 명시적임을 요하지 않는다.

[대판 2010. 9. 9. 2010도6924; 대판 2008. 4. 10. 2008도1274] 공모자 중의 1인이 다른 공모자가 실행행위에 이르기 전에 그 공모관계에서 이탈한 때에는 그 이후의 다른 공모자의 행위에 관하여는 공동정범으로서의 책임은 지지 않는다 할 것이나, 공모관계에서의 이탈은 공모자가 공모에 의하여 담당한 기능적 행위지배를 해소하는 것이 필요하므로 공모자가 공모에 주도적으로 참여하여 다른 공모자의 실행에 영향을 미친 때에는 범행을 저지하기 위하여 적극적으로 노력하는 등 실행에 미친 영향력을 제거하지 아니하는 한 공모관계에서 이탈하였다고 할 수 없다.

이는 공동의사주체설에 따른 공모공동정범의 경우 단순한 이탈만으로 공모관계의 이탈이 인정되지만, 범행지배설에 따른 공모공동정범의 경우에는 범행지배를 해소까지 해야 공모관계의 이탈이 인정된다는 의미이다.

대법원은 甲이 乙과 공모하여 가출 청소년 A(여, 16세)에게 낙태수술비를 벌도록 해 주겠다고 유인하였고, 乙로 하여금 A의 성매매 홍보용 나체사진을 찍도록 하였으며, A가 중도에 약속을 어길 경우 민·형사상 책임을 진다는 각서를 작성하도록 한 후, 자신이 별건으로 체포되어 구치소에 수감 중인 동안 A가 乙의 관리 아래 12회에 걸쳐 불특정 다수 남성의 성매수 행위의 상대방이 된 대가로 받은 돈을 A, 乙 및 甲의 처 등이 나누어 사용한 사안에서, A의 성매매 기간 동안 甲이 수감되어 있었다 하더라도 공모관계 이탈은 인정될 수 없다는 취지로 판단했다(대판 2010. 9. 9. 2010도6924).

---

1) 대판 1972. 4. 20. 71도2277; 대판 1996. 1. 26. 94도2654 등.

B. 학 설 통설은 공모관계에서 이탈한 경우 (공동의사주체설에 따른) 공모공동정범을 인정하지 않는다. 한편 범행지배설에 따른 공모공동정범의 경우 공동정범을 인정할 수는 없으나 이탈 전의 행위기여가 정범의 범죄실행과 인과관계가 있는 경우에는 교사 내지 방조범이 성립할 수 있다는 견해 및 판례와 같은 입장을 따르는 견해도 있다.

C. 결 어 공모관계에서 이탈한 때부터는 이탈자에게 범행지배나 의사연락을 인정할 수 없으므로 공모공동정범이 성립할 수 없다고 해야 할 것이다. 그러나 교사·방조범이나 부작위범 등이 성립할 수는 있을 것이다.

쉬어가기

甲이 乙에게 "함께 A의 집에 들어가 A 소유의 도자기를 훔치자."라고 구체적인 범행계획을 제안했고 乙은 이를 승낙했다. 하지만 범행이 발각될 것이 두려웠던 甲은 乙에게 전화하여 범행 단념을 권유하였으나, 乙은 甲의 제안을 단호히 거절하였고, 그 다음날 10:00경 혼자 A의 집의 담을 넘어 들어가 A의 도자기를 훔친 후 도주하였다. 甲, 乙의 죄책은?

【설문의 해결】 1. 乙에게는 절도죄 및 주거침입죄가 성립한다.

2. 甲의 경우 공모관계 이탈이 인정되는지 문제되는데, 판례는 공모자가 공모에 주도적으로 참여한 경우에는 범행 저지를 위한 적극적 노력 등 영향력을 제거하는 것이 필요하다고 보고 단순가담자의 경우 이탈의 의사표시만으로 공모관계의 이탈을 긍정한다. 대법원의 태도에 의하면 위 사안에서 공모관계 이탈을 인정하기 어렵다. 따라서 절도와 주거침입의 공동정범이 인정된다.

나. 실행의 착수 이후의 공모관계이탈 판례는 "소위 공모공동정범에 있어서도 다른 공모자가 실행행위에 이르기 전에 그 공모관계에서 이탈한 때에는 공동정범의 책임을 지지 않는다"[1]고 하지만, "범죄의 실행을 공모하였다면 다른 공모자가 이미 실행행위에 착수한 이후에는 그 공모관계에서 이탈하였다고 하더라도 공동정범의 책임을 면할 수 없다"[2]고 하여 실행의 착수 이후에는 공모관계의 이탈을 인정하지 않는다.[3]

1) 대판 1996. 1. 26. 94도2654; 대판 1972. 4. 20. 71도2277 등.

2) 대판 2018. 1. 25. 2017도12537 외 다수판결.

3) 판례 중에는 "시세조종행위의 일부를 실행한 후 공범관계로부터 이탈하였으나 다른 공범들

Ⅳ. 공동정범의 처벌

공동정범은 각자를 그 죄의 정범으로 처벌한다(제30조). 공동정범은 각자가 실행의 일부를 분담하였어도 전체 결과에 대한 책임을 지는 '부분실행·전체책임'의 원리에 따른다. 각 행위자 개별적으로 인과관계나 책임을 논하는 동시범과 달리 공동정범에서는 인과관계나 책임을 전체적으로 파악한다. 그리하여 발생된 결과가 다른 공동정범의 행위에 의한 것이었음이 판명된 경우라도 그 결과에 대해서 책임을 진다. 또한 공동정범 중 누구의 행위에 의한 것인지 판명되지 않은 경우에도 공동정범의 행위에 의한 것이라는 점만 판명되면 공동정범 전원이 전체결과에 대해 책임을 진다.

각자를 정범으로 처벌한다는 것은 정범의 법정형으로 처벌한다는 것이므로 범행에서의 역할이나 기타 사항을 고려하여 공동정범 사이에 처단형이나 선고형이 달라질 수 있다.

Ⅴ. 관련문제

1. 공동정범의 착오

(1) 공동정범 모두의 착오

공동정범이 의사연락이 있는 범죄를 수행하다 범인 중 일부가 착오에 의해 다른 결과를 발생시킨 경우 사실의 착오이든 법률의 착오이든 단독정범에서의 착오와 같은 방식으로 해결하면 된다. 공동정범은 다른 사람의 행위를 자신의 행위로 이용하여 부분실행 전체책임의 원리에 따르기 때문이다.

예를 들어 甲, 乙이 A를 살해하기로 하고 같이 총을 발사하려고 겨누던 중 乙이 먼저 총을 발사하여 B를 사망케 한 경우 甲, 乙 모두 구체적 부합설에 의하

이 그 이후의 나머지 시세조종행위를 계속하였다면, 피고인이 다른 공범들의 범죄실행을 저지하지 않은 이상 그 이후 나머지 공범들이 행한 시세조종행위에 대하여도 공동정범으로서의 죄책을 부담한다"(대판 2011. 1. 13. 2010도9927)고 하여, 실행의 착수 이후에도 공모관계의 이탈을 인정한 듯한 판례도 있다. 그러나 이 판결은 포괄일죄에 대한 것이므로 포괄일죄 중 후행 행위 이전에 공모관계에서 이탈해야 후행 행위들에 대한 책임을 지지 않는다는 취지이므로 실행의 착수 이후 공모관계의 이탈을 인정한 것이라고 보기는 어렵다(대판 2002. 8. 27. 2001도513도 참조).

면 A에 대한 살인미수와 B에 대한 과실치사의 상상적 경합, 법정적 부합설이나 추상적 부합설에 의하면 B에 대한 살인기수의 죄책을 진다.

(2) 다른 공범이 의사연락과 다른 결과를 발생시킨 경우

공동정범의 착오에서 독특하게 문제되는 것은 공동정범의 일부가 의사연락의 내용과 다른 범죄결과를 발생시킨 경우 다른 공동정범들의 책임문제이다.

1) 질적 차이의 경우 甲, 乙이 살인을 공모하고 살인의 실행행위 중 乙이 재물을 절취한 경우와 같이 의사연락의 내용과 공동정범의 일부가 실행한 범죄 사이에 질적 차이가 있는 경우 나머지 공동정범들은 그에 대해 책임을 지지 않는다. 따라서 乙만이 절도죄 책임을 지고 甲은 절도죄에 대한 책임은 지지 않고 살인죄의 공동정범의 책임만 진다.

2) 양적 차이의 경우 양적 차이가 있는 경우에는 다른 공범이 의사연락내용보다 작은 결과를 초래한 경우와 의사연락내용보다 더 많은 결과를 초래한 경우로 나눌 수 있다. 그러나 통설에 의하면 어느 경우나 의사연락범죄와 다른 공범이 행한 범죄가 중첩되는 부분에 대해서는 다른 공범들이 책임을 진다. 다만, 가벼운 범죄의 공동정범은 의사연락이 있는 범죄에 흡수될 수 있을 것이다.

예컨대 甲, 乙이 A를 살해할 것을 공모한 후 甲은 A의 몸을 잡았는데, 乙이 A에게 상해행위만을 한 경우, 甲, 乙 모두 상해죄의 공동정범이 되지만 甲, 乙 모두 살인미수의 공동정범의 죄책을 지므로 전자는 후자에 흡수된다.

甲, 乙이 점유이탈물횡령죄를 공모하였는데 乙이 절도죄를 범한 경우에는 甲은 점유이탈물횡령죄의 공동정범, 乙은 절도죄의 단독정범의 죄책을 진다. 이 경우 乙은 점유이탈물횡령죄의 공동정범의 죄책도 질 수 있지만 이는 절도죄에 흡수된다고 해야 한다.

한편, 甲, 乙이 공무원의 직무에 속한 사항의 알선에 관하여 금품을 받기로 공모한 후 乙이 현저히 많은 금품을 받은 경우, 사전에 특정금액 이하로만 받기로 약정했다거나 공모과정에서 도저히 예상할 수 없는 현저한 고액이라고 하는 특별한 사정이 없는 한, 수수한 금품 전부에 대하여 공모공동정범이 성립한다(대판 2010. 10. 14. 2010도387).

2. 결과적가중범의 공동정범

결과적가중범의 공동정범이란 공범들이 기본범죄만을 모의하였는데 일부 공

범이 고의·과실로 중한 결과를 발생시킨 경우이다. 예를 들어 甲, 乙이 강도만을 공모하였는데 乙이 고의·과실로 피해자를 살해한 경우이다.

첫째, 乙이 고의로 살해한 경우 乙이 강도살인죄의 죄책을 지고 甲이 강도살인죄의 죄책을 지지 않는 것은 당연하다. 다만 甲에게 피해자의 사망에 대한 예견가능성이 있는 경우 甲이 강도치사죄의 단독정범의 죄책을 지는 것도 별 문제가 없다.

문제는 甲과 乙이 공동정범인가 동시범인가이다. 이는 고의범과 과실범의 공동정범의 인정 여부의 문제라고 할 수 있다. 행위공동설에서는 공동정범을 인정하지만, 범죄공동설에서는 공동정범을 인정하지 않고 각자 단독정범이라고 한다. 판례는 甲이 강도치사죄의 공동정범의 죄책을 진다는 입장에 있다.

[대판 1991. 11. 12. 91도2156] 수인이 합동하여 강도를 한 경우 그 중 1인이 사람을 살해하는 행위를 하였다면 그 범인은 강도살인죄의 기수 또는 미수의 죄책을 지는 것이고 다른 공범자도 살해행위에 관한 고의의 공동이 있었으면 그 또한 강도살인죄의 기수 또는 미수의 죄책을 지는 것이 당연하다 하겠으나, 고의의 공동이 없었으면 피해자가 사망한 경우에는 강도치사의, 강도살인이 미수에 그치고 피해자가 상해만 입은 경우에는 강도상해 또는 치상의, 피해자가 아무런 상해를 입지 아니한 경우에는 강도의 죄책만 진다고 보아야 할 것이다.

둘째, 乙이 과실로 피해자를 사망케 하고, 甲에게 예견가능성이 있는 경우 甲과 乙이 강도치사죄의 죄책을 지는 것은 분명하다. 문제는 이 경우 강도치사죄의 공동정범이라고 할 수 있는가이다. 이는 과실범의 공동정범을 인정하느냐의 문제라고 할 수 있다. 행위공동설, 구성요건적 행위공동설에서는 공동정범을 인정하지만, 범죄공동설이나 범행지배설에서는 과실범의 공동정범을 인정하지 않으므로 甲·乙은 동시범이 되어 각각 강도치사죄의 단독정범의 죄책을 진다.

대법원은 강도의 합동범 중의 1인인 乙이 상해를 가한 경우, 대문 밖에서 망을 본 공범인 甲이 구체적으로 상해를 가할 것까지 공모하지 않았다 하더라도 상해의 결과에 대해 공범으로서의 책임을 면할 수 없다고 한다(대판 1998. 4. 14. 98도356).

3. 부작위범의 공동정범

부진정부작위범에서도 공동정범이 성립할 수 있다. 구조의무를 지닌 수상안전 요원 2명이 묵시적 의사연락 하에 물에 빠진 사람을 구조하지 않는 경우를 예로 들 수 있다. 그러나 이 경우에도 공동정범이 성립하기 위해서는 모두가 보증인적 지위에 있어야 할 것이다. 따라서 작위의무자와 작위의무자가 아닌 사람, 보증인적 상황에 있는 작위의무자와 그렇지 않은 작위의무자 사이의 의사연락이 있더라도 작위의무자가 아닌 사람이나 보증인적 상황에 있지 않은 작위의무자는 부진정부작위범의 공동정범이 될 수 없다. 진정부작위범의 공동정범의 문제도 같은 원리에 의해 해결된다. 판례도 같은 입장이다.

[대판 2008. 3. 27. 2008도89] … 신고의무 위반으로 인한 공중위생관리법 위반죄는 구성요건이 부작위에 의하여서만 실현될 수 있는 진정부작위범에 해당한다고 할 것이고, 한편 부작위범 사이의 공동정범은 다수의 부작위범에게 공통된 의무가 부여되어 있고 그 의무를 공통으로 이행할 수 있을 때에만 성립한다.
[대판 2022. 1. 13. 2021도11110] 주권상장법인의 주식 등 변경 보고의무 위반으로 인한 자본시장법 위반죄는 구성요건이 부작위에 의해서만 실현될 수 있는 진정부작위범에 해당한다. 진정부작위범인 주식 등 변경 보고의무 위반으로 인한 자본시장법 위반죄의 공동정범은 그 의무가 수인에게 공통으로 부여되어 있는데도 수인이 공모하여 전원이 그 의무를 이행하지 않았을 때 성립할 수 있다.

4. 공동정범과 중지미수

이에 대해서는 앞의 제5장 제3절 Ⅳ. 공범의 중지미수를 참조할 것.

5. 예비·음모죄의 공동정범

이에 대해서는 앞의 제5장 제5절 IV. 1. 예비·음모죄의 공동정범 참고할 것.

6. 신분범의 공동정범

비신분자가 신분자와 공동으로 신분범을 범하였을 경우 비신분자의 죄책 및 처벌에 대한 자세한 사항은 후술하는 제5절 '공범과 신분'에 관한 설명을 참조할 것.

§34

제3절 협의의 공범(교사범 및 종범)

I. 협의의 공범의 일반이론

1. 공범의 종속성

(1) 공범독립성설과 공범종속성설

여기에서의 공범은 협의의 공범, 즉 교사범 및 종범을 말한다.

1) **공범독립성설** 이는 주관주의를 따른 것으로서, 협의의 공범인 교사범과 종범이 범죄의사로써 교사·방조행위를 한 경우에는 그의 반사회적 위험성이 표출된 것이므로 정범의 성립·처벌과 무관하게 공범이 성립하고 처벌되어야 한다는 견해이다. 공범이 정범으로부터 독립되었다고 하므로 사실상 정범과 공범의 구별을 부인하고, 따라서 교사범과 간접정범도 구별하지 않는다.

공범독립성설에 의하면 교사범이나 종범도 정범이므로 정범과 동일하게 처벌해야 하고 처벌의 내용은 행위의 내용이 아니라 행위자의 사회적 위험성에 의해 결정된다. 따라서 효과없는 교사와 실패한 교사(제31조 제2, 3항)에서 교사자 및 종범(제32조) 모두 정범과 같은 법정형으로 벌해야 한다.

2) **공범종속성설** 이는 객관주의에 입각한 견해로서 공범의 성립과 처벌은 정범의 성립과 처벌에 종속된다고 한다. 범행지배를 한 정범과 그렇지 않은 공범은 본질적으로 구별되고, 정범이 성립·처벌되어야 비로소 공범이 성립·처벌될 수 있다는 것이다.

공범종속성설에 의하면 교사범과 간접정범은 엄격히 구별되고, 교사범의 행위는 정범의 행위보다 법익침해의 정도가 낮은 것이므로 형벌을 감경해야 하고, 효과없는 교사나 실패한 교사는 정범이 실행에 착수하지 않았으므로 처벌하지 말아야 한다.

3) **형법의 규정** 형법은 종범에서는 공범종속성원칙에 따라 종범의 형을 감경한다(제32조). 그러나 교사범에서는 공범종속성설을 기본으로 하고 공범독립성설을 가미하는 절충적 입장을 따른다.

제31조는 '타인을 교사하여 죄를 범하게 한 자'와 '죄를 범한 자'를 구분하는데, 이는 공범종속성설의 입장이다. 그러나 교사자를 죄를 실행한 자와 동일한 형

으로 벌하도록 함으로써 공범독립성설의 요소도 가미하고 있다. 또한 효과없는 교사나 실패한 교사를 음모 또는 예비에 준하여 처벌하는데 이 역시 절충적 입장이다. 이 경우 공범종속성설에 의하면 정범이 성립하지 않았기 때문에 교사범도 성립할 수 없고, 공범독립성설에 의하면 교사자를 정범과 동일한 형으로 벌해야 한다. 따라서 교사자를 음모·예비로 벌하는 것은 양자를 절충한 입장이라고 할 수 있다.

4) 판 례 판례는 정범의 범죄행위가 있어야 교사범·방조범이 성립한다고 하여 공범의 종속성을 인정한다.

[대판 1998. 2. 24. 97도183] 정범의 성립은 교사범의 구성요건의 일부를 형성하고 교사범이 성립함에는 정범의 범죄행위가 인정되는 것이 그 전제요건이 된다.
[대판 1974. 5. 28. 74도509] 편면적 종범에서도 정범의 범죄행위 없이 방조범만이 성립될 수 없다.
[대판 2022. 9. 15. 2022도5827] 교사범이 성립하려면 교사자의 교사행위와 정범의 실행행위가 있어야 하므로, 정범의 성립은 교사범 구성요건의 일부이고 교사범이 성립하려면 정범의 범죄행위가 인정되어야 한다. 취거, 은닉 또는 손괴한 물건이 자기의 물건이 아니라면 권리행사방해죄가 성립할 수 없으므로, 물건의 소유자가 아닌 사람은 형법 제33조 본문에 따라 소유자의 권리행사방해 범행에 가담한 경우에 한하여 그의 공범이 될 수 있을 뿐이다.

(2) 공범의 종속형식

공범종속성을 인정하더라도 공범이 어느 정도 정범에 종속되느냐 하는 것은 또 다른 문제이다. 공범이 정범에 종속하는 정도에 따라 보통 네 가지 종속형식으로 나눈다. 종속성이 강한 정도(독립성이 약한 정도)에서 종속성이 약한 정도(독립성이 강한 정도)의 순서로 다음과 같은 네 가지 종속형식을 들 수 있다.

1) 초극단적 종속형식 정범이 범죄성립요건뿐만 아니라 처벌조건까지도 모두 갖추어야 공범이 성립할 수 있다는 입장이다. 확장적 종속형식[1]이라고도 한다.

---

1) “甲이 乙에게 극단적으로 종속된다”는 말과 “甲이 乙에게 종속되는 정도가 넓다”(확장적)라는 말 중에서는 전자에서 종속 정도가 더 높다고 해야 할 것이다. 이런 의미에서 극단적 종속형식보다 종속의 정도가 더 높은 경우를 확장적 종속형식이라고 하는 것은 부당하다. 극단은 모든 분류 중 양극단에 위치해야 한다. 따라서 확장적 종속형식보다는 초극단적 종속형식이라는 용어가 더 낫다.

甲이 乙을 교사하여 죄를 범하게 하였는데, 乙에게 인적 처벌조각사유가 있어 처벌되지 않는 경우 초극단적 종속형식에 의하면 甲은 공범이 될 수 없으므로 교사범이 될 수 없다. 그러나 이를 지지하는 학자는 없다.

2) 극단적 종속형식 극단적 종속형식은 정범의 행위가 구성요건해당성, 위법성, 책임 등 범죄성립조건을 갖추어 범죄로서 성립해야 공범도 성립할 수 있다는 입장이다. 정범이 처벌될 것까지 요구하지 않지만 범죄성립조건은 갖춰야 공범이 성립할 수 있다고 하는 점에서 초극단적 종속형식보다는 종속성을 약하게 인정하고, 후술하는 제한적 종속형식보다는 종속성을 강하게 인정한다.

이에 의하면 앞의 예에서 정범인 乙이 인적 처벌조각사유로 인해 처벌되지 않는다 하더라도 乙의 행위가 범죄성립조건을 모두 갖추었기 때문에 공범이 성립할 수 있고 甲은 교사범이 된다. 그러나 만약 乙이 형사미성년자여서 책임이 조각될 경우 공범이 성립할 수 없어 甲도 교사범이 될 수 없다. 그러나 甲을 처벌해야 할 필요는 있으므로 간접정범을 인정한다.

독일 구형법은 극단적 종속형식을 따랐다.

3) 제한적 종속형식 제한적 종속형식은 정범의 행위가 구성요건해당성 및 위법성이 있으면 책임이 없더라도 공범이 성립할 수 있다고 한다. 정범에게 범죄성립조건 중 책임이 없더라도 공범이 성립하고 처벌된다는 입장이다. 이와 같이 정범이 범죄로 성립하지 않아도 공범이 성립한다는 점에서 공범의 종속성의 정도가 제한적이라고 표현하는 것이다. 정범이 책임이 없어 범죄가 성립하지 않더라도 공범은 성립할 수 있으므로 책임개별화원칙에 충실할 수 있다.

제한적 종속형식에 의하면 甲이 형사미성년자 乙을 교사하여 절도죄를 범하게 한 경우 정범인 乙의 책임이 조각되어 범죄가 성립하지 않지만 乙의 행위에 구성요건해당성 및 위법성이 인정되므로 甲은 절도교사범이 된다.

현행 독일형법 제26조, 제27조는 제한적 종속형식을 명문으로 규정하고 있다.

4) 최소한 종속형식 정범의 행위가 구성요건해당성만 갖추고 있으면 공범이 성립할 수 있다는 견해이다. 그러나 위법하지 않은 행위를 교사·방조하더라도 교사·방조범이 성립할 수는 없기 때문에 이를 지지하는 학자는 없다.

쉬어가기

甲은 중학생 乙(12세)에게 乙의 아버지 A의 돈을 훔쳐오면 비트코인을 사서 돈을 벌어주겠다고 하였다. 乙은 이러한 행위가 범죄가 되는 줄 알면서도 돈을 벌 수 있는 절호의 기회라고 생각하고 A가 금고에 보관하고 있던 50만 원을 훔쳐 甲에게 건네주었다. 위 사실관계에서 공범의 종속형식에 따른 甲과 乙의 죄책을 논하시오.

【설문의 해결】 1. 乙의 행위는 절도죄의 구성요건에 해당하나 형사미성년자이므로 책임이 조각된다.

2. 甲의 경우, (1) 정범의 행위가 구성요건에 해당하고 위법하기만 하면 된다고 하는 제한적 종속형식에 의하면 절도교사범이 성립할 수 있다. (2) 정범의 행위가 구성요건해당성, 위법성 및 책임을 모두 갖추어야 한다고 하는 극단적 종속형식에 의하면 절도교사범은 성립할 수 없다. 그러나 이 경우 甲을 처벌할 필요는 있으므로 甲에게 절도죄의 간접정범을 인정한다.

---

(3) 형법의 입장

우리 형법이 어떤 종속형식을 따르는가에 대해서는 견해가 대립한다.

1) 제한적 종속형식설 다수설은 다음과 같은 근거에서 우리 형법이 제한적 종속형식을 취하고 있다고 한다. 즉, ① 효과없는 교사 및 실패한 교사의 경우 교사자를 처벌하는데(제31조 제2, 3항) 이는 극단적 종속형식과 일치하지 않고, ② 범죄라는 개념도 상대적인 이상 구성요건해당성과 위법성만 있어도 범죄라고 할 수 있고, 제31조의 '죄', 제32조의 '범죄'도 이러한 의미라고 할 수 있고, ③ 공범의 처벌근거는 정범의 책임에 가담하는 것이 아니라 정범의 불법을 야기·촉진하는 데에 있으므로 제한적 종속형식이 개인책임의 원리와 일치하고, ④ 제34조가 책임무능력자를 교사·방조한 경우 언제나 간접정범을 인정하는 의미는 아니므로 책임무능력자를 생명있는 도구로 이용한 때에는 간접정범이 성립하지만, 책임무능력자를 의사능력있는 피교사자로 이용할 때에는 교사범이 성립한다고 해야 한다는 것 등이다.

2) 극단적 종속형식설 소수설은 다음과 같은 근거에서 우리 형법이 극단적 종속형식을 취하고 있다고 한다.

즉, ① 제31조의 '죄'를 범하게 한 자, 제32조의 '범죄'를 방조한 자에서 '죄', '범죄'는 당연히 범죄성립조건 즉, 구성요건해당성, 위법성, 책임을 갖추어야 한다는 것을 의미한다. ② 책임무능력자를 교사·방조한 경우 간접정범이 아니라 교사·방조범이 성립한다고 해야 한다. 그런데 형법 제34조 제1항은 "어느 행위로 인하여 처벌되지 아니하는 자를 교사 또는 방조"한 경우 교사·방조범이 아니라 간접정범이 성립한다고 규정하고 있다. 이는 극단적 종속형식과 일치하는 규정이다.

3) 결 어 형법이 극단적 종속형식을 취하는가 제한적 종속형식을 취하는가는 관련 형법규정의 연혁, 내용, 체제 등을 종합적으로 고려하여 결정해야 한다. 다음과 같은 이유에서 우리 형법이 제한적 종속형식보다는 극단적 종속형식을 취하고 있다고 해야 한다.

가. 연혁적 근거 현행형법은 1931년(총칙)과 1940년(각칙)에 만들어진 일본의 개정형법가안을 대부분 받아들인 것이고, 동가안은 1930년대까지의 독일과 일본의 형법규정과 해석론을 기초로 한 것이다. 당시 독일형법은 극단적 종속형식을 취하고 있었고, 일본의 통설도 극단적 종속형식을 따르고 있었다.

나. 제31조 제2항과 제3항의 문제 제31조 제2항과 제3항의 효과없는 교사 및 실패한 교사에서 교사자를 음모·예비에 준하는 것으로 처벌하는 것은 극단적 종속형식과 일치하지 않는다고 하나, 이는 제한적 종속형식과도 일치하지 않는다. 동규정들은 공범독립성설을 가미한 규정이므로 어떤 종속형식과도 일치하지 않는다.

다. 신분(책임)개별화의 문제 제한적 종속형식이 신분(책임)개별화의 원리에 충실하다고 하지만, 신분(책임)개별화의 인정범위도 형법에 의해 정해지는 것이다.

독일형법 제28조 제2항을 우리 형법 제33조 단서의 규정과 유사한 용어로 번역을 하면 "신분 때문에 형의 경중이 달라지거나 형을 면제하는 경우 이는 신분자에게만 적용한다"라고 할 수 있다. 또한 독일형법 제29조 "공범은 다른 공범의 신분(책임)과 관계없이 자신의 신분(책임)에 따라 처벌된다"라고 하여 신분(책임)개별화원칙을 명백히 선언하고 있다.

그러나 우리 형법 제33조 단서는 "신분 때문에 형의 경중이 달라지는 경우에 신분이 없는 사람은 무거운 형으로 벌하지 아니한다"고 규정하고 있다. 이를 문리해석하면 비신분자의 형이 신분자의 형보다 가벼운 경우에는 신분(책임)개별화, 비신분자의 형이 신분자의 형보다 무거운 때에는 신분(책임)연대를 규정하고 있다. 즉, 우리 형법은 독일형법에 비해 신분(책임)개별화의 인정범위를 좁게 규정하고 있다.

따라서 책임연대를 인정하는 극단적 종속형식이 우리 형법의 규정과 모순되는 것은 아니다.

라. 제34조의 객관적·주관적 목적론적 해석 형법 제34조는 독일형법 제25조 제1항처럼 '타인을 통해(이용하여) 죄를 범한 자'라고 하지 않고, '교사·방조하여'라는 용어를 사용하고 있다. 우리 형법의 체계를 보아도 제31조에서

第33조까지의 교사·방조라는 개념과 제34조의 교사·방조라는 개념이 서로 다른 의미로 사용된 것이라고 보기는 어렵다. 오히려 같은 의미라고 하는 것이 훨씬 자연스럽다.[1] 따라서 책임무능력자를 도구로 이용한 경우는 물론이고 책임무능력자를 교사·방조한 경우에도 간접정범이 성립한다고 해야 한다.

마. 교사·방조범 규정의 한독비교 독일형법의 교사범과 방조범 규정은 각각 "타인을 교사하여 고의의 위법한 행위를 하게 한 자"(제26조), "타인의 고의의 위법행위를 방조한 자"(제27조 제1항)라고 규정되어 있다. 이 규정들이 제한적 종속형식을 따르고 있다는 것은 분명하다. 그러나 우리 형법은 각각 "타인을 교사하여 '죄'를 범하게 한 자"(제31조 제1항), "타인의 '범죄'를 방조한 자"(제32조)라고 규정되어 있으므로 극단적 종속형식을 취하고 있다고 하는 것이 솔직한 해석이다. 제한적 종속형식설에 의하면 제31조 제1항의 죄와 제32조 제1항의 범죄를 '고의의 위법한 행위'라고 바꾸는 것인데, 이는 해석의 한계를 넘어선 것이다.

바. 규정순서의 한독비교 독일형법은 직접정범과 간접정범(제25조 제1항), 공동정범(제25조 제2항), 교사범(제26조), 방조범(제27조)의 순서로 규정하고 있기 때문에 간접정범을 정의하는 데에 교사·방조라는 용어가 사용되지 않는다. 그러나 우리 형법은 공동정범, 교사범, 종범, 간접정범의 순서로 규정하고 간접정범을 정의하는 데에 교사·방조라는 용어를 사용하여 교사·방조의 개념이 확정되어야 간접정범의 개념이 확정되는 형식을 취하고 있다. 어느 행위로 인하여 처벌되지 않는 자 예를 들어 형사미성년자를 교사·방조한 사람의 경우 제한적 종속형식에 의하면 교사·방조범으로 처벌할 수 있으므로 제34조와 같은 규정을 둘 필요가 없다. 그러나 극단적 종속형식에 의하면 교사·방조범으로 처벌할 수 없으므로, 처벌의 공백을 메우기 위해 제34조와 같은 규정이 반드시 필요하다.

이와 같이 우리 형법의 규정들을 문리적으로 자연스럽게 해석하거나, 제한적 종속형식을 취하고 있는 독일형법의 규정과 비교하여 보면, 우리 형법이 극단적 종속형식을 취하고 있다는 것을 어렵지 않게 알 수 있다.

2. 공범의 처벌근거

(1) 문 제 점

공범독립성설에 의하면 교사·방조행위는 그 자체로서도 범죄 실행행위가 될 수 있다. 그러나 공범종속성설에 의하면 교사·방조행위는 범죄 실행행위는 아니

---

1) 통설은 제34조의 '교사·방조하여'를 '사주·이용하여'로 해석한다. 그러나 이는 해석의 한계를 벗어나 입법의 단계에까지 나아간 것이라고 할 수 있다.

다. 이와 같이 교사범 및 종범이 실행행위를 하지 않음에도 불구하고 처벌되는 근거를 어디에서 찾을 것인가에 대해서 다음과 같은 견해가 대립한다.

(2) 학설의 대립

1) 가 담 설 가담설은 공범의 처벌근거를 교사·방조행위 그 자체에서 찾을 수는 없다고 한다. 즉 공범의 근본적 처벌근거는 정범의 범죄이고 공범은 정범의 범죄에 가담하였기 때문에 정범에 종속되어 처벌된다는 것이다. 야기설에 비해 공범종속성을 강조하는 입장이다.

가. 책임가담설 공범의 처벌근거를 공범이 정범으로 하여금 유책한 범죄행위를 하도록 함으로써 정범의 책임에 가담하였다는 점에서 찾는 견해이다. 공범이 정범의 위법행위 뿐 아니라 책임에 가담하였다는 것을 강조하는 점에서 극단적 종속형식설과 가깝다. 이에 의하면 구성요건에 해당하고 위법하지만 책임이 없는 행위를 교사·방조한 경우에는 공범이 정범의 책임에 가담한 것이 없으므로 공범으로 처벌할 수 없고 간접정범으로 처벌할 수 있을 뿐이다.

이에 대해서는 제한적 종속형식을 취하고 있는 우리 형법의 해석으로는 맞지 않는다는 비판이 제기된다.[1] 그러나 책임가담설의 가장 큰 문제점은 효과없는 교사 및 실패한 교사(제31조 제2, 3항)를 설명할 수 없다는 것이다. 책임가담설에 의하면 정범이 실행에 착수하지 않은 경우 공범이 정범의 책임에 가담하지 않았으므로 처벌할 수 없기 때문이다.

나. 불법가담설 이 견해는 공범의 처벌근거를 정범으로 하여금 구성요건에 해당하고 위법한 행위를 하게 함으로써 정범의 위법행위에 가담하였다는 점에서 찾는다. 제한적 종속형식설에 가까운 것으로서 책임무능력자의 범죄행위를 교사·방조한 경우 정범의 행위가 위법하므로 공범이 정범의 책임에 가담하지는 않았지만 불법(위법)에는 가담하였으므로 공범이 성립한다고 한다.

이 견해 역시 효과없는 교사 및 실패한 교사(제31조 제2, 3항)를 음모·예비에 준하여 처벌하는 것을 설명할 수 없다. 왜냐하면 불법가담설에 의하면 정범이 실행에 착수하지 않은 경우 공범인 교사범이 정범의 불법에 가담하지 않았으므로 처벌할 수 없기 때문이다.

2) 야 기 설 야기설은 공범의 교사·방조행위 그 자체에서 공범의 처벌

1) 그러나 이 비판은 우리 형법이 제한적 종속형식을 취하고 있다는 잘못된 전제에서 출발한 것이다.

근거를 찾는 입장이다. 가담설에 비해 공범독립성을 강조하는 입장이다.

가. 순수야기설 공범의 처벌근거를 정범의 행위에서 찾지 않고 공범의 교사·방조행위 그 자체에서 찾는 견해이다. 공범은 정범을 통해 간접적으로 법익을 침해하는 것이 아니라 교사·방조행위를 통해 스스로가 법익을 침해하는 공범구성요건을 실현하였기 때문에 처벌되는 것이므로 정범이 실행행위를 하지 않더라도 공범을 처벌할 수 있다고 한다.

이 견해에 대해서는 공범종속성설을 취하고 있는 우리 형법의 해석으로는 맞지 않는다는 비판이 제기된다. 또한 정범이 실행행위를 해야 종범이 성립할 수 있다고 하는 통설·판례의 입장(대판 1996. 9. 6. 95도2551)과도 맞지 않는다.

나. 종속적 야기설 다수설은 공범이 정범의 위법행위를 야기했다는 점에서 공범의 처벌근거를 찾는다. 이 견해에 의하면 공범은 구성요건에 해당하는 행위를 하지 않았으며 이러한 공범의 행위는 정범의 실행행위와 관련되었을 때에만 처벌받으므로, 공범의 불법은 정범의 불법을 전제하지 않을 수 없다. 순수야기설을 공범종속성설의 관점에서 수정하였다는 점에서 수정된 야기설이라고도 한다. 불법가담설은 정범의 불법에서 공범의 처벌근거를 찾는 데에 비해 이 견해는 정범의 불법을 야기하는 공범의 행위에서 처벌근거를 찾는다는 점에서 차이가 있다.

종속적 야기설에 의하면 정범의 범죄행위가 없는 경우에는 공범을 처벌할 수 없다. 따라서 이 견해도 효과없는 교사 및 실패한 교사(제31조 제2, 3항)를 처벌하는 형법의 태도와 모순된다.

다. 혼합적 야기설 혼합적 야기설에는 두 가지 서로 다른 입장이 있다.

A. 종속적 법익침해설 이 견해는 공범의 처벌근거를 공범이 정범의 위법행위를 야기했다는 점과 교사·방조행위 그 자체로 인한 불법의 야기 모두에서 찾는다. 순수야기설과 종속적 야기설을 통합한 견해라고 할 수 있다. 공범자는 스스로 실행행위를 하지 않고 정범의 위법행위에 가담함으로써 비로소 처벌의 대상이 되지만, 정범의 위법행위를 통해 자신의 불법을 실현하였다는 점, 즉 종속적 법익침해에 처벌근거가 있다는 것이다.

그러나 형법 제31조 제2, 3항은 정범의 위법행위가 없더라도 공범을 처벌한다는 점에서 이 견해 역시 우리 형법과는 맞지 않다.

B. **행위불법**(반가치)·**결과불법**(반가치) **구별설** 이 견해는 공범의 불법 중

행위불법(반가치)은 공범 자신의 교사·방조행위에서 독립적으로 인정되고, 결과불법(반가치)은 정범에 종속한다고 한다. 즉 교사·방조행위는 정범의 범행을 야기·촉진한다는 점에서 그 자체가 반사회적이므로 행위불법(반가치)이 인정되고, 교사·방조행위만으로는 법익침해가 초래되지 않고 정범의 실행행위에 의해 비로소 법익침해가 되는 것이므로 공범의 결과불법(반가치)은 정범의 결과불법(반가치)에 종속된다고 한다.

그러나 형법 제31조 제2, 3항은 결과불법없이 공범의 행위불법만 가지고도 처벌한다는 점에서 이 견해도 우리 형법과는 맞지 않는다.

3) 결 어 공범의 처벌근거에 대한 논의에서 주의해야 할 점은 위의 학설들 대부분이 우리 형법과 다른 규정을 가지고 있는 독일 혹은 일본형법의 해석론이라는 것이다. 따라서 공범의 처벌근거를 찾기 위해서는 교사·방조범에 관한 규정(제31조, 제32조)뿐만 아니라 교사·방조라는 용어를 사용하는 간접정범에 관한 규정(제34조) 및 공범과 신분에 관한 규정(제33조)을 종합적으로 고찰하여야 할 것이다.

독일형법은 효과없는 교사나 실패한 교사를 처벌하는 규정을 두지 않아 우리 형법보다 공범독립성을 약하게 인정하는 한편, 제한적 종속형식을 규정하여 극단적 종속형식을 규정한 우리 형법보다는 공범종속성도 약하게 인정하고 있다. 이에 비해 우리 형법은 공범의 종속성을 강하게 인정하면서도 교사범에 대해서는 정책적으로 공범독립성도 인정하고 있다. 따라서 공범의 처벌근거도 일원적으로 파악하려고 할 것이 아니라 교사범과 방조범을 분리해서 보아야 할 것이다.

첫째, 방조범의 경우 우리 형법이 극단적 종속형식을 따른다고 할 경우에는 불법가담설보다는 책임가담설이 타당하다. 이는 방조범이 성립하기 위해서는 불법만이 아니라 책임에도 가담해야 한다는 것을 의미한다. 따라서 불법에만 가담한 경우에는 공범이 아닌 방조형태의 간접정범이 성립하고(제34조), 책임까지 가담해야 방조범이 성립한다고 하는 책임가담설이 타당하다.

둘째, 이것은 정범이 실행행위에 나아간 교사범의 경우에도 마찬가지이다.

셋째, 정범이 실행행위에 나아가지 않은 경우를 규정한 형법 제31조 제2, 3항은 오로지 교사행위만으로 공범을 처벌하는 것이므로 순수야기설에 의해서만 설명이 가능하다.

Ⅱ. 교 사 범

제31조(교사범) ① 타인을 교사하여 죄를 범하게 한 자는 죄를 실행한 자와 동일한 형으로 처벌한다.
② 교사를 받은 자가 범죄의 실행을 승낙하고 실행의 착수에 이르지 아니한 때에는 교사자와 피교사자를 음모 또는 예비에 준하여 처벌한다.
③ 교사를 받은 자가 범죄의 실행을 승낙하지 아니한 때에도 교사자에 대하여는 전항과 같다.

1. 교사범의 개념 및 종속성

(1) 교사범의 개념

교사범이란 타인으로 하여금 범죄를 결의하여 실행하도록 하는 죄를 말한다(제31조). 교사범의 경우 정범만이 범행을 지배하고 교사범은 범행을 지배하지 못한다는 점에서 범행을 지배하는 공동정범과 구별된다.

다수설인 제한적 종속형식설에 의하면 교사범은 타인을 의사능력자로 이용하는 범죄로서 타인을 생명있는 도구로 이용하는 간접정범과 구별된다.[1] 교사범은 범죄의사가 없는 자로 하여금 범죄를 결의하도록 하여 죄를 범하게 한다는 점에서 이미 범죄를 결의한 사람의 실행행위를 용이하게 하는 방조범 혹은 종범과 구별된다.

(2) 교사범의 종속성

형법은 공범종속성설을 따르기 때문에 공범인 교사범의 성립과 처벌은 원칙적으로 정범의 성립과 처벌에 종속된다.

형법은 '죄를 범하게 한 자'인 교사범과 '죄를 실행한 자'인 정범을 구별하여(제31조 제1항) 공범종속성을 인정하고 있다. 판례도 같은 입장이다.

[대판 2000. 2. 25. 99도1252; 대판 1998. 2. 24. 97도183] 교사범이 성립하기 위해서는 교사자의 교사행위와 정범의 실행행위가 있어야 하는 것이므로, 정범의 성

1) 그러나 극단적 종속형식설에 의하면, 교사범은 고의범으로 처벌되는 자로 하여금 범죄결의를 하여 범죄를 하게 하는 죄임에 비해, 간접정범은 처벌되지 않거나 과실범으로 처벌되는 자로 하여금 범죄를 결의하여 범죄를 하게 하는 죄라는 점에서 구별된다.

립은 교사범의 구성요건의 일부를 형성하고 교사범이 성립함에는 정범의 범죄행위가 인정되는 것이 그 전제요건이 된다.

다수설은 형법이 정범의 행위가 구성요건해당성과 위법성이 있으면 교사범이 성립할 수 있다고 하는 제한적 종속형식을 따르고 있다고 한다.[1)]

한편 형법은 효과없는 교사(제31조 제2항), 실패한 교사(제31조 제3항)에 대해서 음모·예비에 준하여 처벌함으로써 공범독립성설의 입장도 받아들이고 있다.

2. 교사범의 성립요건

교사범이 성립하기 위해서는 교사자가 교사행위의 객관적 및 주관적 요건을 갖춰야 하고, 피교사자(정범)가 실행행위의 객관적 및 주관적 요건을 갖추어야 한다. 또한 교사자의 교사행위와 피교사자의 실행행위 사이에 인과관계가 있어야 한다.

(1) 교사행위에 관한 요건

1) 객관적 요건

가. 교사행위의 개념 교사행위란 피교사자로 하여금 범죄를 결의하도록 하는 일체의 행위를 말한다. 교사행위의 수단에는 제한이 없다. 대가의 제공, 유혹, 명령, 지시, 부탁, 애원, 위력행사 등 피교사자로 하여금 범죄결의를 하도록 하는 행위이면 족하다.

다만 폭행·협박으로 사람을 강요하여 범죄를 실행하도록 한 경우에는 교사범이 성립한다는 견해가 있지만, 통설은 간접정범이 성립한다고 한다.[2)]

교사행위가 기망행위인 경우 교사범 또는 간접정범이 성립한다. 예컨대, 돈을 준다고 기망하여 죄를 범하게 한 경우에는 교사범이 성립한다. 그러나 기망행위가 피기망자를 생명있는 도구로 이용하는 형태인 경우에는 간접정범이 성립한다.

나. 피교사자 및 그가 행할 범죄의 특정 교사행위가 성립하기 위해서는 피교사자 및 피교사자가 행할 범죄가 특정되어야 한다.

막연히 일반인들에게 특정한 범죄를 하라고 한 경우에는 선동은 될 수 있어

---

1) 그러나 앞에서 본 것과 같이 형법은 극단적 종속형식을 따르고 있다고 보아야 한다.

2) 통설과 근거를 달리 하지만, 형법 제34조가 어느 행위로 인하여 처벌되지 않는 자를 교사한 경우를 간접정범으로 벌하고 있고 피강요자는 처벌되지 않는 자이므로 간접정범이 성립한다고 해야 할 것이다.

도 교사가 될 수 없다. 따라서 다수이건 소수이건 피교사자가 특정되어야 한다.

교사행위가 되기 위해서는 피교사자가 행할 범죄가 특정되어야 한다. 이 때의 특정이란 단순히 죄명만이 아니라 그 죄의 대상이 특정될 것을 의미한다. 따라서 공무원에게 "세상 정직하게 살지 말고 뇌물도 먹으면서 살라"고 하는 것은 대상이 특정되지 않았으므로 뇌물죄의 교사행위가 될 수 없다.

[대판 1984. 5. 15. 84도418] 피고인이 연소한 A에게 밥값을 구하여 오라고 말한 것이 절도범행을 교사한 것이라고 볼 수 없다.
[대판 1971. 2. 23. 71도45] 피고인이 그 자녀들로 하여금 조총련의 간부로 있는 피고인의 실형(實兄)에게 단순한 신년인사와 안부의 편지를 하도록 하였다는 것 만으로서는 반국가단체의 구성원과 통신연락을 하도록 교사하였다 할 수 없다.

다. 교사행위의 방법 교사행위는 명시적·직접적 방법뿐만 아니라 묵시적·간접적 방법으로도 가능하다.

[대판 1991. 5. 14. 91도542] 막연히 '범죄를 하라'거나 '절도를 하라'고 하는 등의 행위만으로는 교사행위가 되기에 부족하다 하겠으나, 타인으로 하여금 일정한 범죄를 실행할 결의를 생기게 하는 행위를 하면 되는 것으로서 교사의 수단방법에 제한이 없다 할 것이므로, 교사범이 성립하기 위하여는 범행의 일시, 장소, 방법 등의 세부적인 사항까지를 특정하여 교사할 필요는 없는 것이고, 정범으로 하여금 일정한 범죄의 실행을 결의할 정도에 이르게 하면 교사범이 성립된다.[1)]
[대판 1997. 6. 24. 97도1075] 교사자가 피교사자에게 피해자를 "정신차릴 정도로 때려주라"고 교사하였다면 이는 상해에 대한 교사로 봄이 상당하다.[2)]

라. 부작위 및 과실에 의한 교사 다수설은 부작위에 의해서는 정범의 결의를 방해하지 않을 수 있어도 결의를 야기할 수는 없다는 것을 이유로 부작위에 의한 교사는 불가능하다고 한다.

그러나 부작위에 의한 교사를 부정할 아무런 근거가 없다. 왜냐하면 형법상

---

1) 피고인이 甲·乙·丙이 절취하여 온 장물을 상습으로 19회에 걸쳐 시가의 3분의 1 내지 4분의 1의 가격으로 매수하여 취득하여 오다가, 甲·乙에게 일제 드라이버 1개를 사주면서 "丙이 구속되어 도망다니려면 돈도 필요할 텐데 열심히 일을 하라"(도둑질을 하라)고 말한 사건에 대한 판결이다. 이 말의 취지는 종전에 丙과 같이 하던 범위의 절도를 다시 계속하면 그 장물은 매수하여 주겠다는 것으로서, 이는 절도의 교사로 볼 수 있다고 한다.
2) 대판 1969. 4. 22. 69도255 참조.

의 행위에는 작위뿐만 아니라 부작위도 당연히 포함되어 있기 때문이다. 특히 선행행위로 인한 부작위에 의한 교사는 충분히 인정될 수 있다. 과실로 범죄결의를 하게 한 사람은 이러한 선행행위로 인해 실행행위를 방지해야 할 의무가 있고 부작위가 교사행위와 동가치성을 갖는 경우가 있을 수 있다.[1)]

과실에 의한 교사를 인정하는 견해가 있으나, 다수설은 이 경우에는 단순히 과실범을 인정하면 된다고 한다.

마. 간접교사 및 연쇄교사 간접교사란 교사자가 피교사자에게 다른 사람을 교사하여 범죄를 실행할 것을 교사한 경우를 말한다. 예를 들어 甲이 乙에게 "丙을 시켜 A를 폭행하라"고 교사한 경우이다. 통설·판례는 간접교사를 인정한다.[2)]

간접교사에서도 피교사자 및 범죄행위가 특정되어야만 교사행위에 해당되고, 나아가 간접교사행위와 실행행위 사이에 인과관계(및 객관적 귀속)가 인정되어야 교사범이 성립한다.

연쇄교사란 교사범이 직접 정범을 교사한 것이 아니라 중간에 여러 명을 거쳐서 교사한 경우이다. 간접교사의 경우 교사자가 최종 실행행위자를 인식하고 있는 데 비해 연쇄교사에서는 이를 인식하지 못하였다는 점에서 차이가 있다.

통설은 연쇄교사에서도 교사범의 책임을 인정한다. 그러나 교사자가 연쇄교사를 인식·인용한 경우에는 교사범이 성립하지만 그렇지 않은 경우에는 피교사자가 특정되었다고 할 수 없으므로 교사범이 성립하지 않는다고 해야 할 것이다.[3)]

쉬어가기

甲은 친구 乙에게 대가를 약속하면서 "A를 혼내주라"고 부탁하였다. 乙은 그런 일에 더 익숙한 친구 丙에게 A에 대한 폭행을 부탁하였다. 이에 丙은 부산에 거주하는 A를 찾아가서 주먹으로 때렸다. 甲의 죄책은?

---

1) 특히 부작위범의 동가치성을 인정한다면 일정한 부작위가 정범의 행위보다는 교사행위와 동가치성이 있다고 볼 수 있는 경우도 있을 것이다.

2) 정확하지는 않지만, 대판 1967. 1. 24. 66도1586; 대판 1973. 1. 29. 73도3104 등 참조.

3) 일본형법 제61조 제2항(교사자를 교사한 자에 대해서도 전항과 같다)은 연쇄교사를 명문으로 규정하고 있다. 형법에서는 명문으로 규정되어 있지 않는 한 형벌권을 넓히는 해석은 허용되지 않는다고 해야 한다. 따라서 연쇄교사에 대한 명문의 규정을 두고 있지 않은 우리나라에서는 연쇄교사를 매우 제한적으로 인정해야 할 것이다.

【설문의 해결】 1. 丙에게 폭행죄가 성립함에는 의문이 없다(공범종속이론에 따라 협의의 공범자 죄책만 물어보더라도 반드시 정범의 죄책을 검토해야 한다).

2. 甲의 경우 연쇄교사가 문제되는데 다수설은 연쇄교사를 인정하고 있다. 이러한 다수설의 입장에 의하면 甲에게 폭행죄의 교사범이 성립한다고 할 것이다.

---

2) 주관적 요건

가. 이중의 고의 교사자는 이중의 고의, 즉 자신의 교사행위에 대한 고의와 피교사자의 실행행위에 대한 고의를 가져야 한다.

교사행위에 대한 고의란 자신이 "특정한 피교사자에 대해 특정한 범죄를 교사하고 있다"는 것을 인식·인용하는 교사자의 내심상태를 말한다. 피교사자의 실행행위에 대한 고의란 피교사자가 행할 '특정한 범죄'에 대한 고의를 말한다. 범행의 수단, 방법, 장소 등에 대한 자세한 고의를 요하지 않지만 적어도 범행의 대상이나 객체에 대해서는 고의가 있어야 한다. 실행행위에 대한 고의는 기수의 고의여야 한다.

나. 미수의 교사 미수의 교사란 피교사자의 실행행위가 미수에 그칠것을 의욕 또는 인용하면서 교사행위를 하는 것을 말한다. 이는 함정수사의 수단으로 많이 사용된다. 예를 들어 경찰관 甲이 마약판매상을 체포하기 위해 마약판매상 乙에게 마약을 판매할 것을 교사하고 乙이 마약을 판매하기 위해 내놓으면 그를 체포하는 경우와 같은 경우이다.

미수의 교사를 벌할 것인가에 대해서는 다음과 같은 견해의 대립이 있다.

A. 정범의 실행행위가 미수에 그친 경우 가벌설은 교사범에서 교사의 고의는 정범이 실행에 착수할 것을 의욕 또는 인용하면 족하다고 한다. 이에 의하면 미수의 교사에서도 교사의 고의를 인정할 수 있고, 따라서 미수의 교사를 교사의 미수(기수의 고의로 교사하였으나 정범의 행위가 미수에 그친 경우)와 같이 처벌할 수 있다고 한다.

이에 대해 통설은 고의를 인정하기 위해서는 결과발생을 의욕 또는 인용하여야 하는데, 미수의 교사에서는 결과발생에 대한 의욕·인용이 없기 때문에 교사의 고의를 인정할 수 없다고 한다. 따라서 미수의 교사는 벌할 수 없다고 한다.

B. 정범의 실행행위가 기수에 달한 경우 미수를 교사하였는데 정범의 실행행위가 기수에 달한 경우 교사자에게 기수에 대한 고의가 없으므로 교사범으

로 처벌할 수는 없다. 단 기수에 대한 과실이 있는 경우 과실범으로 처벌할 수는 있다.

(2) 피교사자의 실행행위

형법이 공범독립성설의 입장을 부분적으로 받아들이고 있기 때문에 교사행위가 있는 이상 교사자는 피교사자의 실행행위와 관계없이 예비·음모에 준하여 처벌된다(제31조 제2, 3항).

[대판 1950. 4. 18. 4283형상10] 권총 등을 교부하면서 사람을 살해하라고 한 자는 피교사자의 범죄실행결의의 유무와 관계없이 그 행위 자체가 독립하여 살인예비죄를 구성한다.

그러나 형법은 기본적으로는 공범종속성설의 입장에 있기 때문에, 교사범이 완전히 성립하기 위해서는 교사행위에 의해 피교사자가 범죄의 실행을 결심하고 그 결심에 따라 실행에 착수하여야 한다. 피교사자가 실행에 착수하였으나 기수에 이르지 못한 경우(교사의 미수)에는 정범인 미수범과 같은 형벌로 처벌된다. 교사행위를 하고 피교사자가 승낙을 하였으나 실행에 이르지 아니한 경우(효과없는 교사: 제31조 제2항) 또는 교사행위를 하였으나 피교사자가 승낙을 하지 아니한 경우(실패한 교사: 제31조 제3항)에는 음모·예비에 준하여 처벌된다.[1)]

1) 범죄의 결의

가. 범죄의 결의 교사행위로 피교사자가 범죄를 결의하여야 하고 이미 범죄를 결의한 사람을 교사한 때에는 불능교사로 처벌되지 않거나 피교사자가 실행행위로 나아갔을 때에는 방조범(제32조)이 성립할 수 있을 뿐이다.

[대판 1991. 5. 14. 91도542] 피교사자는 교사범의 교사에 의하여 범죄실행을 결의하여야 하므로, 피교사자가 이미 범죄의 결의를 가지고 있을 때에는 교사범이 성립할 여지가 없다.

1) 교사의 미수를 협의의 교사의 미수와 기도된 교사로 나누고 기도된 교사를 실패한 교사와 효과없는 교사로 나누기도 한다. 그런데 기도된 교사란 말은 독일말인 versuchte Anstiftung을 직역한 것인데 우리말이라고 하기 어렵다. 차라리 '교사의 시도'라는 말이 더 자연스럽다. 실패한 교사도 교사의 실패라고 하는 말이 더 우리말답다. 반전된 금지착오, 기도된 교사 이외에도 형법에는 무수한 국적불명의 말들이 있다. 이러한 용어들을 청소하고, 적절한 용어를 개발하는 작업이 필요하다.

나. 이미 결심한 것과 다른 범죄를 결심하도록 한 경우 이미 일정한 범죄를 결의한 사람에게 다른 범죄를 하도록 교사한 경우 교사범이 성립할 수 있는가가 문제된다. 이미 결심한 범죄와 새로 결심한 범죄가 질적 차이가 있는 경우와 양적 차이가 있는 경우로 나누어 살펴볼 수 있다.

첫째, 상해를 결심하고 있는 사람에게 절도를 교사한 경우와 같이 질적 차이가 있는 경우 피교사자가 절도의 결심을 한 바가 없으므로 절도죄의 교사범이 성립한다.

둘째, 양적 차이가 있는 경우 중 예컨대 절도를 결심하고 있는 사람에게 강도를 교사하는 것과 같이 이미 결심한 범죄보다 무거운 범죄를 교사한 경우이다. 이 때에는 ① 전체범죄의 방조범과 초과부분에 대한 교사범의 상상적 경합이라는 견해(강도방조범과 폭행·협박교사범), ② 전체범죄에 대한 교사범(강도죄의 교사범)이 성립한다는 견해(다수설), ③ 전체범죄에 대한 방조범만이 성립하고, 피교사자가 실행에 착수하지 않은 경우에는 초과부분에 대한 예비·음모죄만이 성립할 수 있다는 견해 등이 대립한다. 강도죄의 교사범이 되기 위해서는 폭행·협박과 절도를 모두 결의하게 해야 하므로 ③설이 타당하다.[1)]

셋째, 양적 차이가 있는 경우 중 예컨대 강도의 결심을 하고 있는 사람에게 절도를 교사한 경우와 같이 피교사자가 결심하고 있는 범죄보다 가벼운 범죄를 교사한 경우에는 교사범이 성립할 수 없고 가벼운 범죄의 방조범이 성립할 수 있을 뿐이라고 해야 한다.

2) 실행행위 교사범이 성립하기 위해서는 피교사자가 적어도 범죄의 실행에 착수하여야 한다. 실행행위를 하는 피교사자는 신분범에서의 신분, 야간과 같이 특수한 행위상황이 필요한 범죄에서는 그러한 행위상황, 특수폭행과 같이 특수한 행위태양이 필요한 범죄에서는 그러한 행위태양 등 구성요건실현에 필요한 모든 객관적 요건을 갖추어야 한다.

피교사자가 범죄의 실행을 승낙하고 실행의 착수에 이르지 아니한 때에는 효과없는 교사가 되어 교사자와 피교사자 모두 음모 또는 예비에 준하여 처벌된다(제31조 제2항).

---

1) 다만, 상해를 결심하고 있는 사람에게 살인을 교사한 경우에는 살인교사죄가 성립한다고 해야 할 것이다. 왜냐하면 강도와 절도에서와 달리 살인에서 상해부분을 뺀다고 하여도 살인이 가능하기 때문이다.

피교사자의 행위가 기수에 이르러야 교사범이 완전하게 성립한다. 피교사자의 행위가 미수에 그친 경우에는 교사범 역시 미수범으로 처벌되는데 이를 교사의 미수라고 한다.[1] '교사의 미수'는 불가벌인 '미수의 교사'와 구별해야 한다.

3) 주관적 요건 실행행위자는 실행행위에 필요한 주관적 요건도 모두 갖추어야 한다. 고의뿐만 아니라 목적범에서의 목적, 동기 등 초과주관적 구성요건요소가 필요한 경우 이것들도 모두 갖추어야 한다.

(3) 교사행위와 실행행위 사이의 인과관계

교사행위와 피교사자의 실행행위 사이에는 인과관계가 있어야 한다. 즉 교사행위로 인해 피교사자가 범죄의 결의를 하고 이 결의에 따라 실행행위를 하여야 한다.

[대판 2013. 9. 12. 2012도2744] 피교사자가 교사자의 교사행위 당시에는 일응 범행을 승낙하지 아니한 것으로 보여진다 하더라도 이후 그 교사행위에 의하여 범행을 결의한 것으로 인정되는 이상 교사범의 성립에는 영향이 없다.

교사행위와 무관하게 피교사자가 범죄를 결의하였거나, 교사행위에 의해 범죄를 결의하였으나 그 결의와는 무관하게 실행행위를 하였을 경우 교사자는 실패한 교사 혹은 효과없는 교사의 예에 의하여 처벌될 수 있을 뿐이다.

그러나 교사행위가 피교사자의 범죄결의의 유일한 조건일 필요는 없고 교사행위와 다른 조건이 복합적으로 작용하여 범죄결의를 하게 한 경우에도 교사범이 성립할 수 있다.

[대판 1991. 5. 14. 91도542] 교사범의 교사가 정범이 죄를 범한 유일한 조건일 필요는 없으므로, 교사행위에 의하여 정범이 실행을 결의하게 된 이상 비록 정범에게 범죄의 습벽이 있어 그 습벽과 함께 교사행위가 원인이 되어 정범이 범죄를 실행한 경우에도 교사범의 성립에 영향이 없다.

---

1) 교사의 미수는 미수의 교사와 구별하기 위한 용어이지만 교사의 미수란 교사행위가 미수에 그친 경우, 즉 실패한 교사와 효과없는 교사를 지칭하는 용어로 더 적절하다. 그러나 미수의 교사와 구별하여 피교사자의 실행행위가 미수에 그쳤기 때문에 교사자가 기수범이 아닌 미수범의 교사범의 책임을 진다는 의미로 더 적절한 말을 찾기 어렵다.

3. 교사범의 처벌

교사범은 죄를 실행한 자와 동일한 형으로 처벌한다(제31조 제1항). 정범과 동일하게 처벌한다는 것은 피교사자가 범한 죄의 법정형의 범위 내에서 교사범을 처벌한다는 의미이고 그 구체적 선고형이 동일하여야 한다는 의미가 아니다(대판 1955. 9. 27. 4288형상220).

교사범도 몰수나 추징의 대상이 될 수 있다(대판 1985. 6. 25. 85도652).

4. 관련문제

(1) 교사의 착오

교사의 착오란 피교사자가 교사의 내용과 일치하지 않는 범죄행위를 한 경우를 말한다. 교사행위와 실행행위가 질적으로 일치하지 않는 경우와 양적으로 일치하지 않는 경우 및 질적·양적으로는 일치하지만 교사자가 피교사자의 성격에 대해 착오를 일으킨 경우와 피교사자에게 객체나 방법의 착오가 있는 경우가 있다.

1) 질적 불일치의 경우 절도를 교사하였으나 피교사자가 상해죄를 범한 경우와 같이 교사의 내용과 실행행위의 내용이 질적으로 일치하지 않는 경우 교사자는 실행행위에 대한 교사범의 책임을 지지 않는다. 다만 교사행위로 인해 예비·음모에 준하여 처벌될 수는 있다.

2) 양적 불일치의 경우 교사한 범죄와 실행행위가 같은 죄질이지만 양적으로 불일치하는 경우에는 실행행위가 교사에 미달하는 경우와 교사를 초과하는 경우로 나눌 수 있다.

가. 실행행위가 교사내용에 미달하는 경우 특수강도를 교사하였는데 단순강도를 한 경우 단순강도죄의 교사범으로 처벌된다는 데에 별 의문이 없다. 단순강도교사죄의 형벌이 특수강도예비·음모죄의 형벌보다 무겁기 때문이다.

그러나 강도를 교사하였으나 절도죄를 범한 경우 교사자는 교사행위 그 자체로 강도예비·음모죄의 죄책을 지고, 피교사자의 절도죄에 대한 교사범의 죄책도 진다. 다수설은 이 경우 두 죄는 상상적 경합관계에 있다고 한다.[1)]

---

1) 그러나 이 경우 법조경합으로서 강도예비·음모죄만이 성립한다고 해야 할 것이다. 교사범의 성격상 교사자는 자신의 교사행위에 의해서 처벌되거나 아니면 실행범죄의 교사범으로 처벌될 수 있을 뿐이므로, 둘 중 어느 하나가 성립하면 다른 것은 성립할 수 없다고 보아야 하

나. 실행행위가 교사내용을 초과하는 경우 실행행위가 교사행위를 초과하는 경우 교사자는 원칙적으로 교사행위의 범위 내에서만 책임을 진다.

다만 통설·판례는 결과적 가중범의 경우 교사자에게 무거운 결과에 대한 예견가능성이 있는 경우 교사자는 결과적가중범의 교사범의 죄책을 진다고 한다.

> [대판 1997. 6. 24. 97도1075] 교사자가 피교사자에 대하여 상해를 교사하였는데 피교사자가 이를 넘어 살인을 실행한 경우, 일반적으로 교사자는 상해죄에 대한 교사범이 되는 것이고, 다만 이 경우 교사자에게 피해자의 사망이라는 결과에 대하여 과실 내지 예견가능성이 있는 때에는 상해치사죄의 교사범으로서의 죄책을 인정할 수 있다.

그러나 이러한 통설 및 판례는 상해교사치사죄를 상해치사죄의 교사범이라고 하는 것으로서 이를 뒷받침할 아무런 실정법적 근거가 없다. 상해치사죄의 주체는 상해죄의 정범이고 상해교사범은 그 주체가 될 수 없으므로, 상해치사죄의 교사범을 인정하는 것은 피고인에게 불리한 유추해석이라고 할 수 있다.

따라서 이러한 경우에도 형법의 일반원칙에 따라 교사자의 죄책을 결정해야 한다. 즉 교사자는 기본범죄만을 교사했고, 피교사자가 중한 결과를 발생시켰으므로 교사자는 원칙적으로 기본범죄에 대해서만 교사범의 책임을 진다. 다만 교사자에게도 중한 결과에 대한 예견가능성이 인정되는 경우에는 중한 결과에 대한 과실범의 죄책을 진다. 이 경우 기본범죄에 대한 교사범과 중한 결과에 대한 과실범은 상상적 경합이라고 해야 할 것이다.

3) 피교사자에 대한 착오 교사자가 피교사자를 의사능력자 혹은 처벌되는 사람이라고 생각하고 교사행위를 하였으나 피교사자가 생명있는 도구 혹은 처벌되지 않거나 과실범으로 처벌되는 사람인 경우(주관적으로는 교사행위를 하였으나 객관적으로는 간접정범의 이용행위를 한 경우)에는 양적 초과와 유사하다고 할 수 있다. 따라서 교사자는 자신이 인식한 범위 내에서만 책임을 지므로, 간접정범이 아니라 교사범의 죄책만을 진다.

4) 피교사자에게 객체나 방법의 착오가 있는 경우

가. 객체의 착오와 방법의 착오 피교사자가 객체의 착오를 일으킨 경우 교사자에게도 객체의 착오가 된다는 견해와 교사자에게는 방법의 착오가 된다는

기 때문이다. 다수설에 의하면 강도를 교사하고 피교사자가 강도죄를 범한 경우 교사자는 강도예비죄와 강도교사범의 상상적 경합범의 죄책을 진다고 해야 하는데 이는 부당하다.

견해가 있으나 방법의 착오로 보아야 할 것이다. 교사자는 범행의 객체에 대해 착오를 일으키지 않았기 때문이다.

결국 피교사자의 착오가 객체의 착오이든 방법의 착오이든 교사자의 입장에서는 모두 방법의 착오의 문제로 다루어야 할 것이다.

나. 구체적 사실의 착오와 추상적 사실의 착오

A. 구체적 사실의 착오 피교사자의 구체적 사실의 착오 중 방법의 착오의 경우 법정적 부합설에 의하면 피교사자는 발생사실에 대한 기수범의 책임을 진다. 이 때 교사자도 발생사실에 대한 기수범의 교사범의 죄책을 진다는 것이 다수설의 입장이다. 그러나 교사범이 성립하기 위해서는 교사행위에 대한 고의와 특정한 객체에 대한 범죄의 실행이라는 고의가 있어야 하는데, 이 경우 교사범에게 발생사실에 대한 고의를 인정할 수는 없다. 따라서 교사범은 인식사실에 대한 교사미수범과 발생사실에 대한 (과실이 인정되는 경우에는) 과실범의 상상적 경합범의 죄책을 진다고 해야 할 것이다.

구체적 부합설에 의하면 피교사자는 인식사실에 대한 미수범과 발생사실에 대한 과실범의 죄책을 진다. 교사자는 인식사실에 대한 교사미수범의 죄책을 지고 과실범에 대한 교사범은 성립할 수 없으므로 발생사실에 대한 (과실이 인정되는 경우에는) 과실범의 상상적 경합범의 죄책을 진다고 해야 할 것이다.

B. 추상적 사실의 착오 법정적 부합설과 구체적 부합설 모두 피교사자의 추상적 사실의 착오의 경우 피교사자가 인식사실의 미수범과 발생사실의 과실범의 상상적 경합범의 죄책을 진다고 한다. 따라서 교사범도 인식사실의 교사미수범과 발생사실의 과실범의 상상적 경합범의 책임을 진다고 해야 한다.

(2) 예비·음모죄의 교사

예를 들어 乙이 살인할 것을 결심하고 있다는 것을 알게 된 甲이 乙에게 총을 준비할 것을 교사한 경우와 같이 예비·음모를 처벌하는 범죄에서 예비·음모죄를 교사한 경우 그에 대한 교사범이 성립할 수 있는가가 문제된다.

예비행위의 독립범죄성이나 실행행위성을 인정하는 입장에서는 가벌설이, 실행행위성을 인정하지 않는 입장에서는 불가벌설이 논리일관적일 것이다. 예비행위는 일반적인 실행행위와 성격이 다르므로 예비·음모죄에 대해서는 교사범이 성립할 수 없다고 해야 할 것이다.[1)]

---

1) 판례는 "정범이 실행의 착수에 이르지 아니하고 예비단계에 그친 경우에는, 이에 가담한다

(3) 공범관계 이탈

교사자의 공범관계 이탈이 인정되려면 피교사자가 범죄의 실행행위에 나아가기 전에 교사범에 의하여 형성된 피교사자의 범죄 실행의 결의를 해소하는 것이 필요하다. 판례는 교사자가 정범이 실행에 착수하기 전에 전화로 범행을 만류하는 취지의 말을 했지만 정범이 이를 거절하고 범죄 실행에 나아간 경우, 공범관계에서 이탈한 것이라 볼 수 없다고 보았다(대판 2012. 11. 15. 2012도7407).

[대판 2012. 11. 15. 2012도7407] 교사범이란 정범인 피교사자로 하여금 범죄를 결의하게 하여 그 죄를 범하게 한 때에 성립하는 것이고, 교사범을 처벌하는 이유는 이와 같이 교사범이 피교사자로 하여금 범죄 실행을 결의하게 하였다는 데에 있다. 따라서 교사범이 그 공범관계로부터 이탈하기 위해서는 피교사자가 범죄의 실행행위에 나아가기 전에 교사범에 의하여 형성된 피교사자의 범죄 실행의 결의를 해소하는 것이 필요하고, 이때 교사범이 피교사사에게 교사행위를 철회한다는 의사를 표시하고 이에 피교사자도 그 의사에 따르기로 하거나 또는 교사범이 명시적으로 교사행위를 철회함과 아울러 피교사자의 범죄 실행을 방지하기 위한 진지한 노력을 다하여 당초 피교사자가 범죄를 결의하게 된 사정을 제거하는 등 제반 사정에 비추어 객관적·실질적으로 보아 교사범에게 교사의 고의가 계속 존재한다고 보기 어렵고 당초의 교사행위에 의하여 형성된 피교사자의 범죄 실행의 결의가 더 이상 유지되지 않는 것으로 평가할 수 있다면, 설사 그 후 피교사자가 범죄를 저지르더라도 이는 당초의 교사행위에 의한 것이 아니라 새로운 범죄 실행의 결의에 따른 것이므로 교사자는 형법 제31조 제2항에 의한 죄책을 부담함은 별론으로 하고 형법 제31조 제1항에 의한 교사범으로서의 죄책을 부담하지는 않는다고 할 수 있다.

Ⅲ. 종 범

第32조(종범) ① 타인의 범죄를 방조한 자는 종범으로 처벌한다.
② 종범의 형은 정범의 형보다 감경한다.

하더라도 예비의 공동정범이 되는 때를 제외하고는 종범으로 처벌할 수 없다"고 하는데(대판 1979. 5. 22. 79도552), 이는 예비의 교사에도 적용될 수 있을 것이다.

1. 종범의 개념

종범이란 타인의 범죄를 방조하는 죄(제32조), 즉 타인의 실행행위를 용이하게 하는 범죄를 말한다. 방조범이라고도 한다.

종범은 협의의 공범의 일종으로서 자신이 스스로 실행행위를 하거나 범행을 지배하지 않는다는 점에서 공동정범 내지 간접정범과 구별된다.

> [대판 2013. 1. 10. 2012도12732; 대판 1989. 4. 11. 88도1247] 공동정범은 공동의사에 의한 기능적 행위지배가 있음에 반하여 종범은 그 행위지배가 없다는 점에서 양자가 구별된다.

종범은 타인의 범죄실행행위를 용이하게 하는 행위를 할 뿐이라는 점에서 타인으로 하여금 범죄를 결심하여 실행케 하는 교사범과 구별된다.

형법은 종범에 관한 한 공범종속성설을 그대로 받아들이고 공범독립성설은 받아들이지 않고 있다. 즉 정범이 성립·처벌되어야 종범이 성립·처벌될 수 있도록 규정하고 있다. 다만, 책임이 조각되는 사람의 범행을 방조하였을 경우 제한적 종속형식설에서는 방조범을, 극단적 종속형식설에서는 방조형태의 간접정범을 인정한다.

> [대판 1979. 2. 27. 78도3113] 방조죄는 정범의 범죄에 종속하여 성립하는 것으로서 방조의 대상이 되는 정범의 실행행위의 착수가 없는 이상 방조죄만이 독립하여 성립될 수 없다.
> [대판 2025. 8. 14. 2022도15547] 정범의 성립은 방조범 구성요건의 일부를 형성하고, 방조범의 성립에는 먼저 정범의 범죄행위가 인정되는 것이 그 전제요건이 된다.

2. 종범의 성립요건

(1) 종범의 방조행위

1) 방조행위의 방법 통설, 판례는 방조행위의 방법에 대해 다음과 같은 입장을 취한다.

> [대판 2009. 6. 11. 2009도1518] 형법상 방조행위는 정범이 범행을 한다는 정을 알면서 그 실행행위를 용이하게 하는 직접·간접의 모든 행위를 가리키는 것으로서 유형적·물질적인 방조뿐만 아니라 정범에게 범행의 결의를 강화하도록 하는 것과 같은 무형적·정신적 방조행위까지도 이에 해당한다.

2) 방조행위의 시기

[대판 2013. 11. 14. 2013도7494] 종범은 정범이 실행행위에 착수하여 범행을 하는 과정에서 이를 방조한 경우뿐 아니라, 정범의 실행의 착수 이전에 장래의 실행행위를 미필적으로나마 예상하고 이를 용이하게 하기 위하여 방조한 경우에도 그 후 정범이 실행행위에 나아갔다면 성립할 수 있다.
[대판 2009. 6. 11. 2009도1518; 대판 1982. 4. 27. 82도122] 정범의 범죄종료 후의 이른바 사후방조를 종범이라고 볼 수 없다.

사전방조는 인정된다. 그러나 사후방조는 인정되지 않으므로 상태범에서는 기수 이후 방조범이 성립할 수 없고, 계속범에서는 기수 이후에도 종료 이전이면 방조범이 성립할 수 있으나 범죄의 종료 이후에는 방조범이 성립할 수 없다.

3) 부작위에 의한 방조 부작위에 의한 방조도 인정되지만, 부작위에 의한 종범이 성립하기 위해서는 부작위범에 필요한 모든 요건을 갖추어야 한다.

[대판 1996. 9. 6. 95도2551] 형법상 방조는 작위에 의하여 정범의 실행을 용이하게 하는 경우는 물론, 직무상의 의무가 있는 자가 정범의 범죄행위를 인식하면서도 그것을 방지하여야 할 제반 조치를 취하지 아니하는 부작위로 인하여 정범의 실행행위를 용이하게 하는 경우에도 성립된다.
[대판 1997. 3. 14. 96도1639] 백화점에서 바이어를 보조하여 특정매장에 관한 상품관리 및 고객들의 불만사항 확인 등의 업무를 담당하는 직원은 자신이 관리하는 특정매장의 점포에 가짜 상표가 새겨진 상품이 진열·판매되고 있는 사실을 발견하였다면 … 이를 시정하도록 할 근로계약상·조리상의 의무가 있다고 할 것임에도 불구하고 … 점주로 하여금 가짜 상표가 새겨진 상품들을 고객들에게 계속 판매하도록 방치한 것은 작위에 의하여 점주의 상표법위반 및 부정경쟁방지법위반 행위의 실행을 용이하게 하는 경우와 동등한 형법적 가치가 있는 것으로 볼 수 있으므로, 백화점 직원인 피고인은 부작위에 의하여 점주의 상표법위반 및 부정경쟁방지법위반 행위를 방조하였다고 인정할 수 있다.[1)]

4) 주관적 요건

가. 종범의 고의 종범이 성립하기 위해서는 정범에 대한 고의와 방조행위에 대한 고의가 필요하다(대판 2005. 4. 29. 2003도6056). 즉, 과실에 의한 종범은 인

1) 기타 부작위에 의한 방조범을 인정하는 판례로, 대판 2006. 4. 28. 2003도4128; 대판 1996. 9. 6. 95도2551; 대판 1985. 11. 26. 85도1906; 대판 1984. 11. 27. 84도1906.

정되지 않는다. 정범의 고의와 방조의 고의 모두 미필적 고의로 족하다(대판 2010. 1. 14. 2009도9963). 따라서 정범이 누구에 의하여 실행되어지는가를 확지할 필요는 없다(대판 1977. 9. 28. 76도4133).

[대판 2022. 10. 27. 2020도12563] 형법상 방조행위는 정범이 범행을 한다는 정을 알면서 그 실행행위를 용이하게 하는 직접·간접의 행위를 말하므로, 방조범은 정범의 실행을 방조한다는 이른바 방조의 고의와 정범의 행위가 구성요건에 해당하는 행위인 점에 대한 정범의 고의가 있어야 하나, 방조범에서 정범의 고의는 정범에 의하여 실현되는 범죄의 구체적 내용을 인식할 것을 요하는 것은 아니고 미필적 인식 또는 예견으로 족하다. 구 금융실명거래 및 비밀보장에 관한 법률 제6조 제1항 위반죄는 이른바 초과주관적 위법요소로서 '탈법행위의 목적'을 범죄성립요건으로 하는 목적범이므로, 방조범에게도 정범이 위와 같은 탈법행위를 목적으로 타인 실명 금융거래를 한다는 점에 관한 고의가 있어야 하나, 그 목적의 구체적인 내용까지 인식할 것을 요하는 것은 아니다.

나. 편면적 종범 정범에 대한 인식이 있으면 종범이 성립할 수 있으므로 정범과 종범 사이에 의사연락은 필요하지 않다. 이와 같이 종범에게만 방조의사가 있는 경우를 편면적 종범이라고 한다. 통설·판례는 편면적 공동정범은 인정하지 않지만 편면적 종범은 인정한다.

다. 미수의 방조 종범이 성립하기 위해서는 정범의 행위가 기수에 이를 것을 인식하여야 한다. 실행행위가 미수에 그칠 것을 인식하고 방조한 경우, 즉 미수의 방조로는 종범이 성립할 수 없다.

(2) 정범의 실행행위

1) 종범의 종속성 종범은 정범에 종속된다. 따라서 정범이 실행에 착수하지 않은 경우에는 종범이 성립할 수 없다.[1] 사전방조(事前幇助)의 경우에도 정범이 실행에 착수하지 않은 경우에는 종범이 성립할 수 없다(대판 1996. 9. 6. 95도2551).

그러나 정범은 고의범에 국한되고 과실범에 대한 종범은 인정되지 않는다.

2) 종범의 종속형식 제한적 종속형식에 의하면 정범의 행위가 구성요건에 해당하고 위법하면 종범이 성립할 수 있지만, 극단적 종속형식에 의하면 정범의 행위가 구성요건해당성, 위법성 및 책임까지 갖추어야 종범이 성립할 수 있다.

1) 대판 2007. 11. 29. 2007도8050; 대판 1979. 2. 27. 78도3113; 대판 1974. 5. 28. 74도509.

책임없는 사람의 실행행위를 방조한 경우, 제한적 종속형식에 의하면 종범이 성립하지만, 극단적 종속형식에 의하면 방조형태의 간접정범이 성립한다.[1)]

(3) 방조행위와 실행행위 사이의 인과관계

종범이 성립하기 위해서는 방조행위와 정범의 실행행위 사이에 인과관계가 인정되어야 하는가에 대해서는 견해가 대립한다.

1) 긍 정 설 통설은 양자 사이에 인과관계가 필요하다고 한다. 그러나 이 때의 인과관계란 방조행위에 의해 정범의 실행행위가 용이해지는 것을 요한다는 의미이다. 만약 방조행위가 있었지만 실행행위를 용이하게 하지 못한 경우에는 종범이 성립할 수 없으므로, 이른바 효과없는 방조, 실패한 방조는 방조범이 될 수 없다는 것이다.

이 견해는 ① 공범의 처벌근거는 타인의 불법을 야기·촉진하는 데에 있으므로 공범이 정범의 구성요건실현에 아무런 영향을 미치지 못한 경우에는 공범의 처벌근거가 없어지고, ② 부정설은 공범의 종속성에 반하고, ③ 구성요건실현에 아무런 영향을 미치지 못한 방조를 벌하는 경우 방조의 기수와 효과없는 방조·실패한 방조와의 구별이 무의미해진다는 것을 근거로 든다.

2) 부 정 설 방조행위만 있으면 그것이 실행행위를 용이하게 하였느냐의 여부와 관계없이 종범이 성립한다고 하는 견해이다.

① 형법이 정범을 방조한 자라고만 규정하고 있고 인과관계를 요한다는 규정을 두고 있지 않고, ② 정범이 발생시킨 결과는 종범에게 귀속시킬 수 있는 것이 아니므로, 정범이 발생시킨 결과와 방조행위 사이에 인과관계까지 필요하지 않다고 해야 한다는 것을 근거로 든다.

3) 판 례 대법원은 방조행위와 정범의 범죄실현 사이에 인과관계가 필요하다고 하여 긍정설의 입장이다.

> 특히, 노동조합의 쟁의행위와 관련하여 현장에서 쟁의행위를 하고 있는 자들에게 공문을 전달하거나, 식사나 비품 등을 제공하는 자들을 '(위력에 의한) 업무방해죄의 방조범'으로 기소하는 경우가 많아졌다. 이러한 사안들에서 대법원은 방조범의 성립요건으로 '인과관계'를 요구하고 있다(대법원 2021. 9. 16. 선고 2015도12632). 이와 같은 대법원의 태도는 방조범의 성립범위가 지나치게

1) 제한적 종속형식에 의하면 방조형태의 간접정범은 인정할 수 없다. 종범에게는 의사지배를 인정할 수 없기 때문에 책임없는 자를 생명없는 도구로 이용하여 방조한다는 것은 개념모순이기 때문이다. 그러나 방조형태의 간접정범을 부정하는 것은 제34조의 문언에 정면으로 반한다.

넓어지는 것을 막는 것으로 바람직한 입장이라 평가할 수 있다.

[대판 2023. 10. 18. 2022도15537] 방조범은 정범에 종속하여 성립하는 범죄이므로 방조행위와 정범의 범죄실현 사이에는 인과관계가 필요하다. 방조범이 성립하려면 방조행위가 정범의 범죄 실현과 밀접한 관련이 있고 정범으로 하여금 구체적 위험을 실현시키거나 범죄결과를 발생시킬 기회를 높이는 등으로 정범의 범죄 실현에 현실적인 기여를 하였다고 평가할 수 있어야 한다. 정범의 범죄실현과 밀접한 관련이 없는 행위를 도와준 데 지나지 않는 경우에는 방조범이 성립하지 않는다.

4) 결 어 방조행위는 그 범위가 매우 넓을 수 있기 때문에 이를 제한적으로 인정해야 할 필요가 있고, 종범의 경우 종속성을 강하게 인정하고 있는 형법의 취지를 고려한다면 긍정설이 타당하다고 생각된다.

3. 종범의 처벌

종범의 형은 정범의 형보다 감경한다(제32조 제2항, 필요적 감경). 이는 객관주의 형법이론을 받아들인 것이라고 할 수 있다.

효과없는 교사의 경우 교사자와 피교사자 모두 음모 또는 예비에 준하여 처벌하고(제31조 제2항), 실패한 교사의 경우 교사자를 음모 또는 예비에 준하여 처벌하는 것(제31조 제3항)과 달리, 효과없는 방조 내지 실패한 방조의 경우 별도의 처벌규정이 없다.

[대판 1979. 2. 27. 78도3113] 방조죄는 정범의 범죄에 종속하여 성립하는 것으로서 방조의 대상이 되는 정범의 실행행위의 착수가 없는 이상 방조죄만이 독립하여 성립될 수 없다.

예컨대 도주원조죄(제147조)나 간첩방조죄(제98조) 등과 같이 성격상 방조행위를 독립적 범죄로 규정하고 있는 경우가 있는데, 이러한 범죄에 대해서는 종범감경을 할 수 없다.

[대판 1986. 9. 23. 86도1429] 형법 제98조 제1항의 간첩방조죄는 정범인 간첩죄와 대등한 독립죄로서 간첩죄와 동일한 법정형으로 처단하게 되어 있어 형법총칙 제32조의 감경대상이 되는 종범과는 그 실질이 달라 종범감경을 할 수 없다.

4. 관련문제

(1) 종범의 착오

종범의 착오란 종범이 인식했던 방조행위의 내용과 정범의 실행행위가 일치하지 않는 경우를 말한다. 종범의 착오도 교사의 착오와 유사한 형법적 효과가 인정된다.

첫째, 질적 착오의 경우에는 종범이 성립할 수 없다.

둘째, 양적 착오의 경우에는 방조하려던 범죄와 정범의 실행범죄 중 중복되는 부분에 대해서만 종범의 죄책을 진다. 예를 들어 상해를 방조하려고 하였으나 정범이 폭행만을 한 경우, 폭행을 방조하려고 하였으나 정범이 상해를 한 경우 모두 폭행죄의 종범만이 성립한다. 후자의 경우 다수설 및 판례는 폭행치상죄의 방조범을 인정하겠지만, 폭행죄의 방조범만을 인정해야 할 것이다.

[대판 1985. 2. 26. 84도2987] 방조자의 인식과 정범의 실행간에 착오가 있고 양자의 구성요건을 달리한 경우에는 원칙적으로 방조자의 고의는 저(조)각되는 것이나 그 구성요건이 중첩되는 부분이 있는 경우에는 그 중복되는 한도 내에서는 방조자의 죄책을 인정하여야 할 것이다.

셋째, 정범의 객체의 착오이든 방법의 착오이든 종범에게는 모두 방법의 착오의 문제로 다루어야 한다.

넷째, 구체적 사실의 착오 중 방법의 착오의 경우 법정적 부합설에 의하면 정범이 발생사실에 대한 기수범의 책임을 진다. 이 경우 방조자도 발생사실에 대한 기수의 종범의 죄책을 진다는 견해가 있을 수 있지만, 종범에게 발생사실에 대한 고의를 인정하기는 어려우므로 인식사실에 대한 방조미수의 죄책만을 진다고 해야 할 것이다. 그리고 교사범에서와 달리 종범에게는 발생사실에 대한 과실범을 인정하기 곤란할 것이다.

구체적 부합설에 의하면 정범은 인식사실에 대한 미수범과 발생사실에 대한 과실범의 죄책을 진다. 방조자는 인식사실에 대한 방조미수의 죄책만을 진다고 해야 할 것이다.

다섯째, 추상적 사실의 착오의 경우 방조자는 인식사실에 대한 방조미수의 죄책만을 진다고 해야 할 것이다.

결국 종범의 착오에서 방조자는 언제나 인식사실에 대한 방조미수의 죄책만을 진다고 해야 할 것이다.

(2) 예비죄의 종범

통설, 판례는 예비죄의 종범을 인정하지 않는다.

[대판 1979. 11. 27. 79도2201] 예비행위의 방조행위는 방조범으로서 처단할 수 없는 것이다.

(3) 종범의 종범

종범의 종범이 인정되는가에 대해 긍정설이 있다. 종범에 대한 방조는 단순히 종범에 대한 방조에 그치는 것이 아니라 정범에 대한 간접방조 내지 연쇄방조의 의미를 갖기 때문이라는 것을 그 근거로 든다.

그러나 종범에 대한 방조가 언제나 정범에 대한 방조를 의미한다고 할 수는 없다. 따라서 종범에 대한 방조가 정범에 대한 방조라고 할 수 있을 때에는 정범에 대한 종범을 인정해야 할 것이고, 종범에 대한 방조가 정범에 대한 방조라고 할 수 없을 때에는 종범에 대한 종범은 인정되지 않는다고 해야 할 것이다.[1]

(4) 독립적 방조죄의 종범

도주원조죄(제147조)와 같이 방조적 성격을 지닌 행위를 처벌하는 독립적 규정을 두고 있는 경우 이에 대한 종범이 성립하는가 문제될 수 있다.

도주원조행위 중 구금자를 탈취하는 행위와 같이 독립범죄로서의 성격을 지닌 경우에는 그에 대한 방조죄를 인정할 수 있을 것이다. 그러나 도주죄의 방조행위로서의 성격만을 지닌 도주원조행위에 대해서는 종범을 인정하지 말고, 그것이 도주죄(제145조, 제146조)에 대한 방조행위로서의 의미를 가질 때에는 도주원조죄로 처벌해야 할 것이다.

(5) 교사범의 종범

교사범에 대한 방조행위도 정범에 대한 방조행위라고 할 수 있으므로 교사의 종범도 인정할 수 있다는 견해가 있다. 그러나 교사범에 대한 방조행위가 언

1) "정범이 범행을 한다는 점을 알면서 그 실행행위를 용이하게 한 이상 그 행위가 간접적이거나 직접적이거나를 가리지 않으며 이 경우 정범이 누구에 의해 실행되는지 확지할 필요가 없다"는 판례(대판 1977. 9. 28. 76도4133)가 간접종범(종범의 종범)을 인정한 것으로 보는 견해도 있다. 그러나 이 판례는 간접종범을 인정했다기보다는 정범에 대한 간접적인 방조행위를 인정한 것으로 보아야 할 것이다.

제나 정범에 대한 방조행위라고 볼 수 없다. 따라서 교사범에 대한 종범은 인정되지 않고 교사범에 대한 종범이 정범에 대한 종범으로서의 의미를 가지는 경우는 정범에 대한 종범으로서 처벌될 수 있다고 해야 한다.

(6) 종범의 교사범

종범의 교사도 실질적으로는 정범에 대한 방조행위가 된다고 하는 견해가 있으나 항상 그렇다고 할 수는 없다. 따라서 종범의 교사가 정범에 대한 방조행위가 된다고 할 수 있는 경우에는 정범의 종범으로, 종범의 교사가 정범에 대한 방조행위가 되지 않고 종범에 대해서만 영향을 미친 경우에는 불가벌이라고 해야 할 것이다.

결국 종범의 교사행위로서의 의미만을 갖는 행위는 처벌되지 않는다고 해야 할 것이다.

§35

제 4 절 간접정범

제34조(간접정범, 특수한 교사, 방조에 대한 형의 가중) ① 어느 행위로 인하여 처벌되지 아니하는 자 또는 과실범으로 처벌되는 자를 교사 또는 방조하여 범죄행위의 결과를 발생하게 한 자는 교사 또는 방조의 예에 의하여 처벌한다.
② 자기의 지휘, 감독을 받는 자를 교사 또는 방조하여 전항의 결과를 발생하게 한 자는 교사인 때에는 정범에 정한 형의 장기 또는 다액에 그 2분의 1까지 가중하고 방조인 때에는 정범의 형으로 처벌한다.

Ⅰ. 간접정범의 개념과 특징

1. 간접정범의 개념

통설은 간접정범을 '타인을 생명있는 도구로 이용하는 형태의 범죄'라고 한다.[1)] 예컨대 병원의사 甲이 입원환자 A를 살해하기 위해 독주사를 영양주사로

1) 간접정범의 개념은 제34조의 문언에 충실한지 여부에 따라 달라진다. 통설은 문언에 충실하지 않은 입장을 따르고, 판례도 통설의 입장에 가까워지고 있다. 따라서 먼저 통설에 의한 간접정범 개념을 설명한 후 통설의 문제점을 검토하는 순서로 한다.

속이고 간호사 乙에게 A에게 주사하라고 하였고 甲의 말을 그대로 믿은 乙이 A에게 그 주사를 놓아 A가 사망한 경우, 甲을 살인죄의 간접정범이라고 한다. 여기에서 乙은 독주사를 놓았지만 A를 살해한다는 고의가 없었기 때문에 독주사를 놓은 행위로 인해 처벌받지 않거나 과실범으로 처벌될 수 있을 뿐이다. 그리고 甲은 乙을 생명있는 도구로 이용하여 살인죄를 실행한 것이다.

통설의 간접정범 개념은 '타인을 이용해' 혹은 '타인을 통해'(durch einen anderen) 범죄행위를 한 자"라고 규정한 독일형법 제25조 제1항의 간접정범 개념과 같다고 할 수 있다.

2. 간접정범의 특징

1) 범죄실행의 방법 인간이 범죄행위를 하기 위해서는 무엇인가를 이용해야 하는데 여기에는 자신의 신체를 이용하는 방법, 무생물을 이용하는 방법, 짐승을 이용하는 방법, 사람을 이용하는 방법이 있을 수 있다.

예를 들어 사람을 살해하는 방법으로서 자신의 손으로 피해자의 목을 졸라 살해하는 방법, 칼로 찌르는 방법, 굶주린 사자를 피해자가 있는 방으로 들여보내는 방법 등이 있을 수 있다. 이 모든 경우에서 피해자를 살해한 결과에 대한 책임은 행위자의 손, 칼, 굶주린 사자에게 물을 수 없고, 손, 칼, 사자를 이용한 사람에게 물어야 한다. 이 경우의 행위자는 직접정범이라고 할 수 있다.

2) 타인을 이용한 범죄실행 타인을 이용하여 범죄를 하는 방법에는 타인을 '생명없는 도구'로 이용하는 방법, '생명있는 도구'로 이용하는 방법 및 '분별력이 있는 사람'으로서 이용하는 방법이 있을 수 있다.

甲이 거울 앞에 서 있던 乙의 머리를 밀어 거울을 깬 경우 乙의 머리는 돌이나 망치와 같이 생명없는 도구로 이용된 것이다. 이 경우 乙이 아닌 甲이 직접정범이라고 할 수 있다. 한편 甲이 乙에게 거울을 깨라고 교사하고 乙이 자신의 망치로 거울을 깼다면 乙이 직접정범이고 甲은 정범이 아니라 공범인 교사범이 된다. 이 때에 유리창 손괴에 대한 책임을 乙에게 물을 수 있고 乙은 손괴죄의 정범이 된다. 甲은 乙을 분별력있는 사람으로 이용하였기 때문에 손괴죄의 정범이 아니라 공범인 교사범이 될 수 있을 뿐이다.

3) 간접정범의 특징 간접정범은 타인을 범죄에 이용하되, 생명없는 도구나 분별력 있는 사람으로 이용하는 것이 아니라 생명있는 도구로 이용하는 범

죄형태이다.

앞의 독주사에 의한 환자살해 사례에서 외관상으로는 간호사가 독주사를 놓았기 때문에 간호사를 정범이라고 볼 수도 있지만, 간호사는 독주사라는 것을 모르는 상태에서 의사의 지시에 따라 주사행위를 하였기 때문에 간호사를 정범이라고 하는 것은 부당하다. 이 사건에서 살인범행을 지배한 사람은 의사이기 때문에 의사를 정범이라고 할 수 있다. 그런데 직접 독주사를 놓지는 않았기 때문에 의사는 외관상으로는 간접적인 역할만 한 것으로 보인다.

이와 같이 도구형 간접정범은 '사람'을 이용하기 때문에 피이용자가 외형상 직접 행위를 한 것으로 보이고 이용자는 간접적 역할만을 한 것으로 보인다(間接). 그러나 실질적인 내용을 보면 의사가 간호사를 '생명있는 도구'로 이용하여 살인범행을 지배한 것이기 때문에 교사범이 아닌 정범이 된다(正犯).

Ⅱ. 간접정범의 성립요건과 범위

1. 이용행위

간접정범이 성립하기 위해서는 타인을 생명있는 도구로 이용하여 범죄를 실행해야 한다. 이것은 이용자가 우월한 지위에서 피이용자의 의사를 지배하고 이를 통해 범죄를 실현하는 것을 의미한다.

[대판 2008. 9. 11. 2007도7204] 처벌되지 아니하는 타인의 행위를 적극적으로 유발하고 이를 이용하여 자신의 범죄를 실현한 자는 형법 제34조 제1항이 정하는 간접정범의 죄책을 지게 되고, 그 과정에서 타인의 의사를 부당하게 억압하여야만 간접정범에 해당하는 것은 아니다.

이용자가 피이용자를 착오에 빠지게 하거나 피이용자를 폭행·협박하여 범죄행위를 하도록 하거나, 이미 착오에 빠져 있는 피이용자를 사주하거나 의사능력이 없는 사람을 이용하여 범죄행위를 하도록 하는 것 등을 예로 들 수 있다.

2. 피이용자의 행위

피이용자의 행위가 있어야 한다. 피이용자는 간접정범에게 이용당하여 자기가 하는 행위의 의미를 알지 못하거나 이용자의 의사에 제압당하여 범죄행위를 해야 한다. 그 예로서 다음과 같은 경우를 들 수 있다.

(1) 구성요건해당성이 없는 행위

어느 행위가 구성요건에 해당하기 위해서는 객관적 구성요건요소, 즉 행위의 주체, 객체, 방법, 인과관계 등의 요소를 갖추어야 하고 주관적 구성요건요소인 고의, 과실, 불법영득의사, 목적, 동기 등을 갖추어야 한다.

피이용자의 행위가 이러한 구성요건요소 중 어느 하나를 갖추지 못한 경우 피이용자의 행위는 구성요건에 해당하지 않고 이용자는 간접정범이 된다.

1) 진정신분범

가. 신분자가 비신분자를 이용하는 경우 예를 들어 공무원 甲이 그의 아내 乙에게 A가 편지를 가져오면 받아놓으라고 하였고 乙은 甲이 시키는대로 하였으나 사실은 봉투 안에 뇌물이 들어 있는 경우, 乙은 공무원의 신분이 없고 수뢰의 고의도 없으므로 수뢰죄(형법 제129조)로 처벌되지 않는다. 그러나 甲은 乙을 생명있는 도구로 이용하였으므로 수뢰죄의 간접정범이 된다.[1)]

나. 비신분자가 신분자를 이용하는 경우 비신분자가 신분자를 생명있는 도구로 이용하여 진정신분범을 범할 수는 없다. 앞의 사례에서 아내 乙이 뇌물인 줄 알면서도 이 사실을 모르는 공무원 甲에게 편지이니 받으라고 한 경우 통설, 판례[2)]는 乙이 뇌물죄의 간접정범이 될 수는 없다고 한다.

따라서 판례는 허위공문서작성죄의 경우 원칙적으로 공무원 아닌 사람이 공무원을 이용하여 허위공문서작성죄를 범할 수 없다고 한다.[3)] 형법이 허위공문서작성죄의 간접정범의 성격을 띠고 있는 공정증서원본등부실기재죄(제228조)를 처벌하는 규정을 둔 것은 이 경우에만 처벌하고 다른 형태의 허위공문서작성죄의 간접정범은 처벌하지 않는 취지이기 때문이라는 것이다.

다만 판례는 공문서 작성권한 있는 공무원을 보좌하는 공무원이 공문서의

---

1) 유사한 사례로, 경찰서 보안과장인 피고인이 K의 음주운전을 눈감아주기 위하여 부하로 하여금 일련번호가 동일한 가짜 음주운전 적발보고서에 S에 대한 음주운전 사실을 기재케 하여 그 정을 모르는 담당 경찰관으로 하여금 주취운전자 음주측정처리부에 S에 대한 음주운전 사실을 기재하도록 한 경우 허위공문서작성죄의 간접정범이 된다(대판 1996. 10. 11. 95도1706).

2) 대판 2007. 3. 15. 2006도7318; 대판 1992. 11. 10. 92도1342. 수표발행인이 아닌 자(비신분자)는 부정수표단속법 제4조가 정한 허위신고죄(진정신분범)의 주체가 될 수 없고, 발행인이 아닌 자는 허위신고의 고의 없는 발행인(신분자)을 이용하여 간접정범의 형태로 허위신고죄를 범할 수도 없다.

3) 대판 2006. 5. 11. 2006도1663; 대판 1971. 1. 26. 70도2598.

작성권한 있는 공무원의 착오나 무지 등을 이용하여 허위공문서를 작성케 한 경우 허위공문서작성죄의 간접정범이 성립할 수 있다고 한다.

[대판 1990. 10. 30. 90도1912; 대판 1963. 6. 20. 63도138] 허위공문서작성죄의 주체는 직무상 그 문서를 작성할 권한이 있는 공무원에 한하고 작성권자를 보조하는 직무에 종사하는 공무원은 허위공문서작성죄의 주체가 되지 못하나 이러한 보조직무에 종사하는 공무원이 허위공문서를 기안하여 허위인 정을 모르는 작성권자에게 제출하고 그로 하여금 그 내용이 진실한 것으로 오신케 하여 서명 또는 기명날인케 함으로써 공문서를 완성한 때에는 허위공문서작성죄의 간접정범이 성립된다.

2) 행위의 객체를 충족하지 않는 행위 살인죄, 상해죄, 손괴죄의 행위객체는 타인의 생명·신체·재물 등을 의미한다. 따라서 자살, 자상(自傷)행위나 자기물건 손괴행위는 처벌되지 않는다. 그러나 타인의 의사를 지배하여 자살, 자상, 자기물건 손괴행위를 하게 한 경우에는 간접정범이 성립할 수 있다. 예컨대 甲이 A에게 A의 물건이 가치가 없으니 버리라고 기망하고 A가 甲의 말을 믿고 그 물건을 버린 경우 甲은 손괴죄의 간접정범이 된다.

[대판 2006. 9. 28. 2006도2963] 피고인이 이 사건 창고의 소유자인 A를 도구로 이용하는 간접정범의 형태로 이 사건 창고의 패널을 뜯어갔으므로 소유자인 A가 이 사건 창고의 패널을 취거하였다는 사정은 절도죄의 성립을 저지할 수 있는 사유가 되지 못한다.

[대판 2018. 2. 8. 2016도17733] 강제추행죄는 사람의 성적 자유 내지 성적 자기결정의 자유를 보호하기 위한 죄로서 정범 자신이 직접 범죄를 실행하여야 성립하는 자수범이라고 볼 수 없으므로, 처벌되지 아니하는 타인을 도구로 삼아 피해자를 강제로 추행하는 간접정범의 형태로도 범할 수 있다.[1]

기망·강요·교사·방조 등의 방법으로 타인으로 하여금 자살하도록 한 자의 경우 ① 자살관여죄(제252조 제2항), ② 위계등 자살관여죄(제253조 후단), ③ 살인죄(제250조 제1항)의 간접정범 중 어느 것이 성립하는지 문제될 수 있다.

1) 피고인이 피해자들을 협박하여 스스로 가슴 사진, 성기 사진, 가슴을 만지는 동영상을 촬영하도록 한 다음, 사진과 동영상을 전송받은 사건에 대한 판례이다. 대판 2018. 1. 25. 2017도18443도 같은 취지.

다수설은 살인죄의 간접정범이 성립한다는 입장이다. 이에 대해 위계등 살인죄가 성립한다는 견해 및 이용자에게 의사지배가 인정되면 위계등 살인죄에 해당하고 의사지배가 부정되면 자실관여죄가 성립한다는 견해도 있다.

생각건대, 자살관여죄, 위계등 자살관여죄는 자살자가 자살의 의미를 아는 경우이므로 자살의 의미조차 모르는 사람으로 하여금 자살하게 한 때에만 살인죄의 간접정범이 성립한다고 해야 한다.[1] 자살관여죄는 자살관여자가 아닌 자살자가 자살을 지배하는 경우라고 할 수 있다. 위계등 자살관여죄는 자살관여자가 자살을 지배하였지만 자살자가 자살의 의미를 아는 경우라고 할 수 있다.

3) 고의없는 행위 고의없는 타인을 이용하여 죄를 범하게 한 경우 타인은 처벌되지 않거나 과실범으로 처벌되고 이용자는 간접정범이 된다. 공정증서원본등부실기재죄(제228조)는 고의없는 공무원을 이용하여 허위공문서를 작성케 하는 전형적인 예로서 형법이 이를 특별히 규정하고 있다.

[대판 2002. 6. 28. 2000도3045] 출판물에 의한 명예훼손죄는 간접정범에 의하여 범하여질 수도 있으므로 타인을 비방할 목적으로 허위의 기사 재료를 그 정을 모르는 기자에게 제공하여 신문 등에 보도되게 한 경우에도 성립할 수 있다.[2]

4) 고의있는 목적없는 행위 고의는 있으나 목적없는 행위를 이용하는 경우 간접정범이 성립한다는 견해와 직접정범 또는 공범이 성립할 수 있을 뿐이라는 견해가 대립하고 있다.

공범설은 피이용자에게 고의가 있어서 도구적 성격이 희박하기 때문에 이용자의 의사지배를 인정하기 어렵다고 한다. 이에 대해 간접정범설은 이 경우에도 규범적·심리적·사회적 범행지배가 인정된다고 한다.[3] 판례는 간접정범설을 따른다(대법원은 목적없는 고의 있는 도구 혹은 신분없는 고의 있는 도구에 관하여 모두 간접정범을 긍정한다).

---

1) 피고인이 자살의 의미를 이해할 능력이 없고 피고인의 말이라면 무엇이나 복종하는 7세, 3세 남짓된 어린자식들에 대하여 함께 죽자고 권유하여 물속에 따라 들어오게 하여 결국 익사하게 한 사건에서 판례는 살인죄를 인정하고 있는데(대판 1987. 1. 20. 86도2395) 이는 살인죄의 간접정범 혹은 직접정범을 인정한 것이라고 할 수 있다.

2) 대판 1984. 11. 27. 84도1862; 대판 1955. 2. 25. 53도39.

3) 이 견해들은 이 문제를 도구형 간접정범의 인정 여부로 해결하려고 하였다는 데에 약점을 지니고 있다. 후술하는 공범형 간접정범을 인정하는 경우에는 '어느 행위로 인하여 처벌되지 않는 자를 교사한 행위'이기 때문에 쉽게 간접정범을 인정할 수 있다.

[대판 1997. 4. 17. 96도3376] 피고인들에 의하여 국헌문란의 목적을 달성하기 위하여 그러한 목적이 없는 대통령을 이용하여 이루어진 것이므로 피고인들이 간접정범의 방법으로 내란죄를 실행한 것으로 보아야 할 것이다.

[대판 1983. 6. 14. 83도515 전합] 형법 제34조 제1항이 정하는 소위 간접정범은 어느 행위로 인하여 처벌되지 아니하는 자 또는 과실범으로 처벌되는 자를 교사 또는 방조하여 범죄행위의 결과를 발생케 하는 것으로 이 어느 행위로 인하여 처벌되지 아니하는 자는 시비를 판별할 능력이 없거나 강제에 의하여 의사의 자유를 억압당하고 있는 자, 구성요건적 범의가 없는 자와 목적범이거나 신분범일 때 그 목적이나 신분이 없는 자, 형법상 정당방위, 정당행위, 긴급피난 또는 자구행위로 인정되어 위법성이 없는 자 등을 말하는 것으로 이와 같은 책임무능력자, 범죄사실의 인식이 없는 자, 의사의 자유를 억압당하고 있는 자, 목적범, 신분범인 경우 그 목적 또는 신분이 없는 자 위법성이 조각되는 자 등을 마치 도구나 손발과 같이 이용하여 간접으로 죄의 구성요소를 실행한 자를 간접정범으로 처벌하는 것[이다].

[대판 2017. 5. 31. 2017도3894] 간접정범을 통한 범행에서 피이용자는 간접정범의 의사를 실현하는 수단으로서의 지위를 가질 뿐이므로, 피해자에 대한 사기범행을 실현하는 수단으로서 타인을 기망하여 그를 피해자로부터 편취한 재물이나 재산상 이익을 전달하는 도구로서만 이용한 경우에는 편취의 대상인 재물 또는 재산상 이익에 관하여 피해자에 대한 사기죄가 성립할 뿐 도구로 이용된 타인에 대한 사기죄가 별도로 성립한다고 할 수 없다.

그러나 규범적·심리적·사회적 범행지배라는 개념은 사실은 범행지배가 인정되지 않는데, 범행지배가 있는 것으로 보아야 한다는 의미이다. 형법에서 이러한 불분명한 개념을 사용하는 것은 바람직하지 않다.[1)]

(2) 구성요건해당성은 있으나 위법하지 않은 행위의 이용

피이용자의 행위가 구성요건해당성은 있지만 정당행위, 정당방위 등의 사유로 위법성이 조각되는 경우 피이용자에 대한 기망, 강요 등의 방법으로 피이용자의 행위를 이용한 자는 간접정범이 될 수 있다.

예컨대 甲이 A에 대해 주거침입죄를 범하기 위해 사나운 개로 하여금 행인 乙을 공격하게 하고 乙이 이를 피하기 위해 A의 주거로 들어간 경우, 乙의 행위는 주거침입죄의 구성요건에 해당되지만 긴급피난으로 위법성이 조각된다. 그러

1) 후술하는 바와 같이 제34조를 문리해석하면 목적없는 고의있는 도구는 처벌되지 않는 자이기 때문에 이를 교사한 때에는 교사범이 아니라 간접정범이 성립한다고 할 수 있다.

나 甲은 주거침입죄의 간접정범으로 처벌된다.

[대판 2006. 5. 25. 2003도3945] 감금죄는 간접정범의 형태로도 행하여질 수 있는 것이므로, 인신구속에 관한 직무를 행하는 자 또는 이를 보조하는 자가 피해자를 구속하기 위하여 진술조서 등을 허위로 작성한 후 이를 기록에 첨부하여 구속영장을 신청하고, 진술조서 등이 허위로 작성된 정을 모르는 검사와 영장전담판사를 기망하여 구속영장을 발부받은 후 그 영장에 의하여 피해자를 구금하였다면 형법 제124조 제1항의 직권남용감금죄가 성립한다.

(3) 구성요건해당성과 위법성은 있으나 책임없는 자의 행위의 이용

제한적 종속형식설에 의하면 책임무능력자를 교사한 경우에는 교사범이 성립하고 책임무능력자를 의사능력없는 생명있는 도구로 이용한 경우에는 간접정범이 성립한다. 예를 들어 甲이 13세의 A에게 절도를 교사하여 A가 타인의 재물을 훔쳐온 경우 甲은 절도교사범의 죄책을 진다. 그러나 甲이 A에게 B의 재물을 자신(甲)의 재물이라고 속이고 가져다달라고 하자 이를 그대로 믿은 A가 그 재물을 가져다 준 경우 A를 생명있는 도구로 이용하였다고 할 수 있기 때문에 절도죄의 간접정범이 된다.

(4) 정범 배후의 정범

1) 개 념 정범 배후(背後)의 정범이란 고의범으로 처벌되는 자를 생명있는 도구로 이용하여 범죄행위의 결과를 발생시키는 경우를 말한다. 甲이 현주건조물을 일반건조물이라고 속이고 乙에게 방화를 교사하여 乙이 그대로 믿고 방화한 경우 乙은 제15조 제1항에 의해 일반건조물방화죄(제166조)의 죄책을 진다. 공범종속성원칙에 의해 甲을 현주건조물방화죄의 교사범이라고 할 수는 없고, 만약 甲을 간접정범이라고 한다면 甲은 정범인 乙의 배후에 있는 정범, 즉 정범 배후의 정범이 된다.

예컨대 폭력조직의 두목 丙이 부하 丁에게 A를 폭행하라고 명령하고 丁이 A를 폭행한 경우 丁은 폭행죄의 죄책을 진다. 이 경우 丙이 丁에 대해 우월한 의사지배를 하고 있기 때문에 교사범이 아니라 간접정범이라고 한다면 丙 역시 정범 배후의 정범이 된다.

2) 인정여부 정범 배후의 정범 긍정설은 위와 같은 경우 甲과 丙에게 우월한 의사지배를 인정할 수 있기 때문에 간접정범이 성립할 수 있다고 한다.

이에 대해 부정설은 乙과 丁은 어느 행위로 인하여 처벌되지 않는 자 또는 과실범으로 처벌되는 자(제34조)라고 할 수 없기 때문에 甲과 丙이 간접정범이 될 수는 없다고 한다.

생각건대, 후자의 사례에서 丁이 범행 전체를 지배하여 '어느 행위로 인하여 처벌되지 않는 자나 과실범으로 처벌되는 자'가 아니기 때문에 丙에게 우월한 의사지배가 인정된다고 하더라도 간접정범이 아니라 교사범 또는 공동정범을 인정해야 할 것이다. 이에 비해 전자의 사례에서는 乙을 현주건조물방화죄로 처벌되지 않는 자라고 할 수 있으므로 甲을 현주건조물방화죄의 간접정범이라고 할 수도 있을 것이다. 그러나 이 경우에는 정범 배후 정범이라기보다는 보통의 간접정범이라고 할 수 있을 것이다. 따라서 후자와 같은 형태의 정범 배후 정범이론은 인정할 필요가 없다.

3. 범죄행위의 결과발생

범죄행위의 결과가 발생한다는 것은 범죄의 결과가 발생한다는 것과는 다른 의미이다. 범죄행위의 결과가 발생한다는 것은 '범죄가 행해진다는 것'을 의미한다. 결과범에서 결과가 발생한 경우뿐만 아니라, 결과가 발생하지 않아도 피이용자의 행위가 있는 경우 및 거동범에서 피이용자의 행위가 있는 경우도 포함하는 개념이다.

이용행위는 있었으나 피이용자의 범죄행위가 없는 경우 간접정범의 실행의 착수시기에 관한 이용행위시설에 의하면 미수범이, 피이용행위시설에 의하면 예비·음모죄만이 성립할 수 있다.

Ⅲ. 간접정범의 실행의 착수시기

1. 견해의 대립

간접정범의 실행의 착수시기에 대해 견해가 대립한다.

첫째, 이용행위시설은 간접정범은 사람을 생명있는 도구로 이용하는 것이기 때문에 이용행위를 중심으로 실행의 착수시기를 정해야 한다고 한다.

둘째, 피이용행위시설은 구성요건적 행위의 사회적 정형성 요구에 충실하기 위해서는 피이용행위시에 실행의 착수가 있다고 한다.

셋째, 악의의 도구인 경우에는 피이용행위시에, 선의의 도구인 경우에는 이용행위시에 실행의 착수가 있다는 견해가 있다.

넷째, 실행의 착수시기를 일률적으로 정할 것이 아니라 간접정범의 정범성으로부터 출발하여 실행의 착수에 관한 주관적 객관설에 의해 실행의 착수시기를 정해야 한다고 한다(다수설). 개별적 해결설이라고도 한다. 이에 의하면 일반적으로는 이용행위시가 아니라 피이용자의 행위가 이용자의 행위권을 벗어난 때에 실행의 착수가 있다. 또한 도구가 일정한 행위를 하면 바로 결과가 발생할 경우이면 이용행위시에 실행의 착수가 있으나 이용자의 범행계획에 따른다면 도구가 아직도 더 구체적인 행위를 해야 비로소 법익침해가 발생할 수 있는 경우에는 피이용행위시에 실행의 착수를 인정해야 한다.

2. 결 어

개별적 해결설이 지적하는 것처럼 간접정범의 실행의 착수시기도 행위자의 범행계획을 고려하여 법익침해의 직접적 행위가 개시되었을 때 실행의 착수가 있다고 하는 주관적 객관설에 의해 해결해야 할 것이다.

범행을 위해 흉기나 위험한 물건과 같은 도구를 다뤘다고 하여 실행의 착수를 인정할 수 없듯이 사람을 도구로 이용하는 경우에도 그 이용행위가 단순히 예비 정도에 불과한지 아니면 직접적인 법익침해행위인지를 구별하여야 할 것이다.

Ⅳ. 간접정범의 처벌

범행지배설에 의하면 방조의 형으로 처벌되는 간접정범은 있을 수 없다. 이용자의 행위가 방조행위 정도에 그친 때에는 우월한 의사지배에 의한 범행지배를 인정할 수 없어서 도구로 이용하였다고 할 수 없다. 따라서 간접정범은 언제나 직접정범과 마찬가지로 처벌된다. 그러나 이러한 해석은 제34조 제1항의 "교사 또는 방조의 예에 의해 처벌한다"는 규정 및 제34조 제2항의 규정을 무의미한 것으로 보는 것으로서, 해석의 한계를 벗어난 것이다.

Ⅴ. 관련문제

1. 간접정범의 착오

간접정범의 착오는 이용자가 피이용자에 대해 착오를 일으킨 경우와 피이용자가 객체의 착오, 방법의 착오를 일으킨 경우가 있을 수 있다.

(1) 피이용자에 대한 착오

첫째, 이용자가 피이용자를 생명있는 도구로 인식하였으나 피이용자가 의사능력이 있는 사람인 경우 간접정범이 성립한다는 견해와 교사범이 성립한다는 견해(다수설)가 대립한다. 이 경우 범행을 지배한 사람은 이용자가 아니라 피이용자라고 할 수 있으므로 교사범설이 타당하다.

둘째, 이용자가 피이용자를 의사능력자로 생각하였으나 피이용자가 생명있는 도구인 경우에는 제15조 제1항에 의해 교사범이 성립한다는 데에 견해가 일치되어 있다.

(2) 피이용자의 착오

피이용자의 착오에는 피이용자가 객체의 착오, 방법의 착오, 인과과정의 착오를 일으킨 경우와 무거운 결과를 발생시킨 경우가 있을 수 있다.

이 경우에도 착오의 일반원리에 의해 해결해야 한다는 견해와 피이용자는 이용자의 도구이므로 피이용자가 객체나 방법의 착오를 일으킨 경우 모두 이용자와의 관계에서는 도구, 즉 범죄행위 방법상의 착오를 일으킨 것으로 보아야 한다는 견해가 대립한다.

후자의 견해가 타당하다고 생각된다. 따라서 피이용자가 구체적 사실의 착오 중 객체의 착오를 일으킨 경우에도 법정적 부합설에 의하면 발생사실에 대한 고의기수범을 인정하지만, 구체적 부합설에서는 인식사실의 미수와 발생사실의 과실범을 인정해야 한다.

2. 교사를 초과하는 부분에 대한 간접정범의 성립여부

피이용자를 부분적으로는 의사능력자, 부분적으로는 생명있는 도구로 이용한 경우 어느 범위에서 간접정범이 성립하는가가 문제될 수 있다. 이는 앞의 정범배후의 정범 중 현주건조물방화죄 사례에서 살펴본 것과 같다.

Ⅵ. 자 수 범

1. 자수범의 개념

자수범이란 자수(自手)로만 범할 수 있는 범죄, 즉 자기 스스로 실행행위를 해야 하는 범죄를 말하고 타인을 생명있는 도구로 이용하여 범할 수 없는 범죄를 말한다. 그러나 아직 자수범의 범위에 대해서는 견해가 일치하지 않는다.

통설은 자수범을 '간접정범의 형태로는 범할 수 없는 범죄'라고 하여 자수범과 간접정범은 서로 모순관계에 있다거나 혹은 자수범은 간접정범의 한계라고 한다.

2. 자수범의 인정여부

(1) 부 정 설

형법 제33조와 제34조를 근거로 자수범을 부정하는 견해가 있다. 이 견해는 제33조에서 진정신분범의 공동정범을 인정하고, 제34조에서 간접정범을 교사·방조의 예에 의한다고 하고, 교사·방조범에 대해서도 제33조가 적용되므로 결국 간접정범에도 제33조가 적용되어 비신분자가 진정신분범의 간접정범이 될 수 있으므로 현행법상 자수범은 인정될 수 없다고 한다.[1)]

이 견해에 대해서는 제34조는 간접정범은 교사·방조범은 아니지만 교사·방조범과 같은 형벌을 과한다는 의미이므로 간접정범에 항상 제33조가 적용된다고 할 수 없어 비신분자가 신분범의 간접정범이 될 수 없는 경우도 있다는 비판이 제기된다.

(2) 긍 정 설

1) **거동범설** 결과범에서는 실행행위보다는 결과가 중시되므로 간접정범의 형태로 죄를 실행하는 것이 가능하지만, 거동범은 반드시 정범의 신체동작이 필요하므로 자수범이 된다고 하는 견해이다.

이에 대해서는 모든 거동범이 자수범은 아니고, 예를 들어 폭행죄는 거동범이지만 얼마든지 간접정범의 형태로 범할 수 있다는 비판이 제기된다.

2) **진정자수범·부진정자수범설** 이 견해는 자수범을 진정자수범과 부진

---

1) 총칙상 자수범은 있을 수 없다고 하는 견해를 자수범부인설로 분류하기도 하지만, 이는 각칙상의 자수범은 있을 수 있다는 견해로서 후술하는 문언설에 속한다고 해야 할 것이다.

정자수범으로 나눈다. 진정자수범에는 음행매개죄(제242조), 성매매매개죄(성매매처벌법 제19조) 등과 같이 누가 그 행위를 하느냐가 중시되는 행위자중심적 범죄와 항문성교등죄(군형법 제92조의6)와 같이 법익침해없이 처벌되는 행위중심적 범죄 등이 있다고 한다. 부진정자수범은 위증죄나 군무이탈죄와 같이 법익침해가 있기는 하지만 이것보다는 특수한 의무침해가 중시되는 범죄라고 한다. 이러한 범죄들에서는 결과나 법익침해보다는 일정한 행위자의 행위 또는 의무위반이 중시되므로 간접정범의 형태로는 이러한 범죄를 범할 수 없다는 것이다.

이 견해에 대해서는 진정자수범과 부진정자수범의 구별실익이 없고, 법익침해가 중시되는 한 간접정범의 형태로도 위의 범죄들을 범할 수 있다는 비판이 제기된다.

3) 3유형설 이 견해는 ① 계간죄와 같이 범죄의 실행행위가 직접 행위자의 신체를 통해서 행해질 것을 요구하는 범죄, ② 업무상비밀누설죄, 성매매매개죄와 같이 행위자의 인격적 태도가 표출될 것을 요구하는 범죄, ③ 위증죄와 같이 구성요건상 행위자 스스로의 실행행위를 요구하는 범죄 등은 자수범이라고 한다. 이 견해 중에는 준강간죄, 준강제추행죄, 피구금부녀간음죄 등도 자수범이라고 하는 견해도 있다.

이 견해에 대해서는 강간죄, 강제추행죄는 자수범이 아니라고 하면서 준강간죄, 준강제추행죄는 자수범이라고 하는 이유가 분명하지 않고, 여기에서 보듯이 행위자를 중시하는 범죄인가 아니면 법익침해를 중시하는 범죄인가의 구별기준도 분명치 않다는 비판이 제기된다.

4) 문 언 설 개별적인 구성요건의 내용상 범인이 스스로 실행행위를 하지 않으면 안되는 범죄만이 자수범이라고 하는 견해이다.

예를 들어 위증죄를 선서한 증인이 자기 기억에 반하는 진술을 하는 범죄라고 할 경우, 선서하지 않은 증인이 선서한 증인을 생명있는 도구로 이용하거나 선서한 증인이 다른 선서한 증인을 생명있는 도구로 이용하여 피이용자의 기억에 반하는 진술을 하도록 하는 방법은 없기 때문에 위증죄는 자수범이라고 한다. 이에 비해 위증죄를 선서한 증인이 객관적 진실에 반하는 진술을 하는 범죄라고 할 경우 선서하지 않은 증인이 선서한 증인을 기망하거나 선서한 증인이 다른 선서한 증인을 기망하여 객관적 진실에 반하는 진술을 하도록 하는 것이 가능하므로 위증죄는 자수범이 아니라고 할 수도 있다.

(3) 결 어

예컨대 강간죄를 행위자 중심적 범죄로 보게 되면 스스로 강간행위를 해야 하고, 타인을 생명있는 도구로 이용하여 강간을 한다는 것은 의미가 없다. 그러나 강간죄를 피해자 중심적 범죄로 보게 되면, 스스로 강간행위를 하는 것과 타인을 생명있는 도구로 이용하여 강간행위를 하는 것이 피해자의 법익침해를 하는 점에서는 동일하다. 따라서 강간죄를 자수범이라고 볼 필요가 없다.

이러한 의미에서 구성요건의 문언상 타인을 생명있는 도구로 이용하여 범하는 것이 불가능한 경우에만 자수범을 인정하는 문언설이 타당하다.

Ⅶ. 통설에 대한 비판 및 공범형 간접정범

1. 공범형 간접정범의 의의

(1) 문제의 제기

통설과 같이 우리 형법이 제한적 종속형식을 취하고 있고, 간접정범을 타인을 생명있는 도구로 이용하는 형태의 범죄라고 하는 것은 형법 제34조의 문언에 정면으로 반하는 심각한 문제점이 있다.

형법 제34조는 간접정범을 '어느 행위로 인하여 처벌되지 않는 자 또는 과실범으로 처벌되는 자를 교사 또는 방조하여 범죄행위의 결과를 발생시킨 자'라고 규정하고 있다. '타인을 생명있는 도구로 이용하는 것'과 '타인을 교사 또는 방조하는 것'은 큰 차이가 있다. 전자에서는 이용자가 범행을 지배하지만, 후자에서는 피교사·방조자가 범행을 지배하기 때문이다. 제34조의 '교사 또는 방조'를 문리해석하게 되면 간접정범은 범행지배를 하지 못한다. 여기에서 형법해석시 이론과 실정법 규정 중 어느 것을 우선시할 것인지 문제된다. 그러나 이에 대한 답은 자명하다. 형법해석은 형법규정을 전제로 이루어지기 때문이다. 그렇다면 제34조는 '타인을 생명있는 도구로 이용하는 형태의 범죄'라는 의미의 간접정범(도구형 간접정범)이 아닌 다른 형태의 간접정범(공범형 간접정범)을 규정한 것이라고 해야 한다.

(2) 공범의 종속형식과 제34조

1) 제한적 종속형식에 따른 간접정범 제한적 종속형식을 취하면 책임이 없는 사람을 교사·방조한 때에는 간접정범이 아니라 교사·방조범이 성립한다. 따라서 제34조가 간접정범을 규정한 것이라고 하기 위해서는 제34조의 '교사 또는 방조하여'를 '이용하여'라고 해석해야 한다. 그리고 의사지배가 없는 방조형태의 간접정범은 인정되지 않으므로 제34조의 '방조하여'는 입법

상의 과오가 된다. 나아가 제34조 제2항도 논리적으로 모순된다. 일반적으로 죄를 범할 때 자신의 도구를 이용하는 것이 타인의 도구를 이용하는 것보다 불법이 작다고 할 수 있는데, 제34조 제2항은 오히려 전자를 가중처벌하기 때문이다.

형법 제31조에서 제34조까지의 체계를 보면 제34조의 교사·방조의 개념이 나머지 조문의 교사·방조의 개념과 다르게 '이용하여'라는 의미로 사용되었다고 보기는 어렵다. 특히 간접정범에서는 '교사·방조하여'와 '이용하여'는 중요한 차이가 있다. 그럼에도 불구하고 입법자가 '이용하여'라는 말 대신 '교사 또는 방조하여'라는 용어를 사용하고 또한 사용해서는 안될 '방조하여'까지 사용하였다고 하는 것은 해석론이라고 보기 어렵다. 형법해석자는 형법규정이 잘못되었다고 섣불리 단정해서는 안 되고, 일단 규정의 문언대로 해석을 한 후 그것이 너무나 불합리한 결과가 생길 경우에 한해서 다른 해석방법을 사용하거나 법률의 개정을 촉구해야 한다.

2) 극단적 종속형식과 간섭성범 제한적 종속형식에 의하면 책임이 없는 사람을 교사·방조한 경우 교사·방조범으로 처벌할 수 있으므로 제34조와 같은 규정은 필요없다. 그러나 극단적 종속형식에 의하면 책임이 없는 사람을 교사·방조한 경우 교사·방조범이 성립하지 않는다. 그런데 교사·방조자를 처벌해야 할 필요는 있으므로 제34조와 같은 규정이 반드시 필요하게 된다. 그리고 제34조의 '교사 또는 방조하여'를 문리해석하면 되고, '이용하여'라고 바꿔 해석할 필요가 없다.

따라서 제34조는 타인을 생명있는 도구로 이용하는 형태의 간접정범이 아니라 고의책임을 지지 않는 사람을 교사·방조한 사람을 처벌하기 위한 간접정범을 규정한 것이라고 할 수 있다. 전자를 도구형 간접정범, 후자를 공범형 간접정범이라고 할 수 있다. 도구형 간접정범은 공범의 종속형식이나 제34조와 상관없이 당연히 인정되는 개념이다. 그러나 공범형 간접정범은 극단적 종속형식을 취할 경우 제34조와 같은 규정이 없으면 처벌할 수 없다.

이와 같이 우리 형법이 극단적 종속형식을 따르고 공범형 간접정범을 인정한다 하여도 별로 문제될 것이 없고, 제34조를 자연스럽게 해석할 수 있다. 나아가 목적이나 신분없는 고의있는 도구를 교사·방조한 경우도 자연스럽게 해결할 수 있다. 이 경우 피교사·방조자가 자신의 범행의 의미를 알고 있기 때문에 교사·방조자가 아닌 피교사·방조자가 범행지배를 하였다고 할 수 있다. 나아가 방조자는 범행지배 자체를 인정할 수 없다. 따라서 이 경우 교사·방조자를 간접정범이 아닌 교사·방조범으로 벌해야 한다는 견해가 등장하게 된다.

간접정범설에서는 규범적·심리적·사회적 범행지배라는 개념을 사용하여 간접정범을 인정하려고 하지만 이는 매우 모호하고 궁색한 근거일 수밖에 없다. 그러나 공범형 간접정범을 인정하게 되면 신분이나 목적없는 고의있는 사람들은 '처벌되지 않는 자'이므로 교사·방조자는 당연히 간접정범이 된다.

3) 공범형 간접정범의 정범성 공범형 간접정범을 공범으로 파악하게 되면 정범성을 논할 필요가 없지만, 형법이 간접정범이라고 규정하고 있기 때문에 공범형 간접정범은 정범이라고 해야 한다. 제34조는 "교사 또는 방조의 예에 의하여 처벌한다"고 규정하고 있다. 이는 공범형 간접정범이 교사·방조범은 아니지만 교사·방조범과 동일하게 처벌한다는 의미이다. 이는 간접정범이 공범이 아니라 정범이라는 의미이다.

공범형 간접정범의 경우 피교사·방조자에 대한 우월한 의사지배를 인정하기 어려운 점이 있기 때문에 도구형 간접정범과 동일한 근거에서 정범성을 발견하기는 어렵다.[1] 그러나 공범형 간접정범도 도구형 간접정범과 유사한 점이 있다. 준사기죄의 경우 지려천박이나 심신장애를 이용하기 때문에 사기죄와 동일하게 처벌한다. 공범형 간접정범도 유사한 점이 있다.

어느 행위로 인하여 처벌되지 않는 자 또는 과실범으로 처벌되는 자는 형사미성년자나 착오 또는 강요상태에 있어 의사결정의 자유가 제한되어 있는 사람들이다. 따라서 이들의 범죄를 교사·방조하는 것은 이들을 생명있는 도구로 이용하는 것과 이들을 의사결정의 자유를 지닌 사람으로 이용하는 것의 중간에 위치하고 있다고 할 수 있다. 따라서 입법정책적으로 이들을 공범이라고 할 수도 있고 정범 그 중에서도 간접정범이라고 할 수도 있다. 제34조는 공범형 간접정범을 정범으로 보는 입장을 취하였다고 할 수 있다.

2. 공범형 간접정범의 성립요건

제34조를 문리해석하면 공범형 간접정범의 성립요건은 어느 행위로 인하여 처벌되지 않는 자 또는 과실범으로 처벌되는 자를 교사 또는 방조하여 범죄행위의 결과를 발생시키는 것이다. 대표적으로 형사미성년자의 위법행위를 교사·방조하거나 강요된 행위, 기대불가능성, 정당한 이유가 있는 법률의 착오 등으로 인해 책임이 조각되는 사람들의 위법행위를 교사·방조하는 것이다.

(1) 교사·방조행위

통설에 의하면 34조의 교사·방조는 제31조에서 제33조까지 사용되는 교사·방조와는 달리 '사주 또는 이용'이라는 의미가 된다. 그러나 공범형 간접정범을 인정할 경우에는 제34조의 교사·방조는 제31조에서 제33조까지의 교사·방조와 같은 의미가 된다.

---

1) 바로 이 때문에 독일에서 주장된 범행지배설이 우리나라에 그대로 적용되기 어렵다.

(2) 피교사·방조자의 행위

공범형 간접정범에서 피교사·방조자는 자신의 행위로 처벌되지 않거나 과실범으로 처벌되는 자이다. 이에는 다음과 같은 경우가 있을 수 있다.

1) 책임없는 자 책임조각사유에는 책임무능력, 강요된 행위, 초법규적 책임조각사유, 법률의 착오 등이 있다. 피이용자에게 이와 같은 사정이 있는 경우 피이용자는 처벌되지 않는 자가 되므로 이들의 위법행위를 교사·방조한 경우에는 간접정범이 성립한다.

예를 들어 甲이 정당한 이유가 있는 법률의 착오에 의한 乙의 위법행위를 교사·방조한 경우 乙은 자신의 행위로 처벌되지 않는 자이지만, 甲은 간접정범이 된다.

2) 과실범으로 처벌되는 자 과실범으로 처벌되는 자를 교사·방조한다는 것은 과실범을 교사·방조한다는 의미는 아니다. 과실범에 대한 교사·방조범은 인정되지 않기 때문이다. 이는 고의행위를 교사·방조하였으나 피교사·방조자가 고의범으로 처벌되지 않고 과실범으로 처벌되는 경우를 말한다.

예를 들어 의사가 간호사를 기망하여 환자에게 독주사를 놓아 사망케 하였는데 간호사에게 과실이 있는 경우 간호사는 과실범으로 처벌되는 자이다. 이 경우 간호사의 독주사 놓은 행위를 교사·방조한 의사는 교사·방조범의 예에 따라 처벌되는 간접정범이 된다.

3) 위법하지 않은 행위를 하는 자 구성요건에 해당하지만 위법하지 않은 행위를 교사·방조한 경우 제한적 종속형식에 의하든 극단적 종속형식에 의하든 교사·방조범이 성립하지 않고 간접정범이 성립한다.

4) 목적 또는 신분없는 고의있는 자 통설, 판례는 목적 또는 신분없는 자의 범죄행위를 교사·방조한 경우 규범적·사회적 범행지배가 인정되므로 도구형 간접정범이 성립한다고 한다. 그러나 규범적·사회적 범행지배라는 모호한 개념을 사용하는 것은 문제이다.

한편 제34조를 문리해석하여 공범형 간접정범을 인정하게 되면 乙은 처벌되지 않는 자이고 甲은 乙의 행위를 교사하였으므로 甲은 간접정범이 된다.

(3) 범죄행위의 결과발생

범죄행위의 결과라고 함은 범죄의 결과와는 구별되는 개념인 것은 도구형 간접정범에서와 같다.

3. 공범형 간접정범의 실행의 착수시기

공범형 간접정범은 교사·방조의 예에 의하므로(제34조 제1항) 그 실행의 착수시기는 피교사·방조자의 행위시이다. 피교사·방조자가 실행에 착수해야 간접정범이 성립할 수 있다. 피교사·방조자가 실행행위에 나아가지 않은 경우에는 범죄행위의 결과가 발생하였다고 할 수 없으므로 실패한 교사 혹은 효과없는 교사의 문제가 된다.

4. 공범형 간접정범의 처벌

공범형 간접정범은 '교사 또는 방조의 예'에 의해 처벌되므로, 교사자는 정범과 동일한 형으로(제31조 제1항), 방조자는 정범의 형보다 감경하여 처벌된다(제32조).

제34조 제2항은 "자기의 지휘·감독을 받는 자를 교사 또는 방조하여 전항의 결과를 발생하게 한 자는 교사인 때에는 정범에 정한 형의 장기 또는 다액에 그 2분의 1까지 가중하고 방조인 때에는 정범의 형으로 처벌한다"고 규정하고 있다.

이 규정의 성격에 대해서는 간접정범이 아니라 특수한 형태의 교사·방조범을 규정한 것이라고 볼 여지도 있다. 그러나 독립된 조문이 아니라 제34조 제2항에 규정되어 있고, '전항의 결과를 발생하게 한 때'라고 표현되어 있는 점을 감안할 때 특수한 형태의 간접정범을 규정한 것이라고 해야 할 것이다. 즉 자기의 지휘·감독을 받는 어느 행위로 처벌되지 않거나 과실범으로 처벌되는 자를 교사 또는 방조하여 범죄행위의 결과를 발생하게 한 자라는 의미로 해석해야 한다.

자기의 지휘·감독을 받는 사람을 교사·방조하는 경우에는 교사·방조의 성격과 함께 위력의 행사 내지 강요로서의 의미도 지니고 있기 때문에 형벌이 가중되는 것이라고 할 수 있다.

5. 공범형 간접정범의 착오

공범형 간접정범에서는 피교사·피방조자의 착오는 교사·방조의 착오와 동일한 효과가 인정된다.

6. 자 수 범

공범형 간접정범을 인정하게 될 경우 자수범은 인정되지 않는다. 예컨대 위증죄(제152조)가 자수범이라고 하여도, 선서한 증인을 강요하여 허위의 증언을 하게 하는 경우 위증죄의 간접정범이 성립할 수 있기 때문이다.

따라서 자수범은 '간접정범의 형태로는 범할 수 없는 범죄'가 아니라 '사람을 생명있는 도구로 이용해서는 범할 수 없는 범죄 즉, 도구형 간접정범의 형태로 범할 수는 없는 범죄'라고 정확하게 정의해야 한다.

§36

제 5 절 공범과 신분

제33조(공범과 신분) 신분이 있어야 성립되는 범죄에 신분 없는 사람이 가담한 경우에는 그 신분 없는 사람에게도 제30조부터 제32조까지의 규정을 적용한다. 다만, 신분 때문에 형의 경중이 달라지는 경우에 신분이 없는 사람은 무거운 형으로 벌하지 아니한다.

Ⅰ. 신분과 신분범

1. 형법 제33조

신분범은 일정한 신분을 가진 사람만이 범할 수 있거나(진정신분범), 일정한 신분을 가진 사람이 범하면 형벌이 가중되거나 감경되는(부진정신분범) 형태의 범죄를 말한다. 비신분자는 단독으로는 진정신분범을 범할 수 없고, 비신분자가 부진정신분범을 범한 경우에는 통상의 형벌로 처벌된다. 그러나 비신분자가 신분범에 가담한 경우에는 문제가 달라질 수 있다.

형법 제33조는 비신분자가 신분범에 가담한 경우 비신분자의 죄책과 처벌에 대해 규정하고 있다. 따라서 공범과 신분의 문제를 해결하기 위해서는 이 규정에서 사용되고 있는 '공범', '신분', '신분이 있어야 성립되는 범죄', '가담', '제30조부터 제32조까지의 규정을 적용한다', '신분 때문에 형의 경중이 달라지는 경우', '무거운 형으로 벌하지 아니한다'는 것 등의 의미가 무엇인지를 밝혀내야 한다.

이 규정에서의 공범은 임의적 공범, 즉 공동정범, 교사범, 종범을 의미한다는 것이 법문상 명백하다. 그러나 나머지 용어들에 대해서는 견해가 일치하지 않고 있다. 신분개념에 대해서는 통설과 판례가 서로 다른 입장을 취하고 있고, '위법연대, 책임개별화'라는 원리가 제33조에 어느 범위에서 반영되고 있는가에 대해서도 견해가 대립되고 있다.

2. 신분의 개념과 종류

(1) 신분의 개념

통설·판례에 의하면 신분이란 남녀의 성별, 내·외국인의 구별, 친족관계, 공무원인 자격과 같은 관계뿐만 아니라 널리 일정한 범죄행위에 관련된 범인의 인적 관계인 특수한 지위 또는 상태를 말한다(대판 1994. 12. 23. 93도1002).

특수한 지위의 예로서 공무원, 직계존·비속, 타인의 재물을 보관하는 자, 타인의 사무를 처리하는 자 등을 들 수 있고, 특수한 상태의 예로서 상습범, 누범 등을 들 수 있다. 신분의 개념과 관련하여서 다음과 같은 점들이 논란이 되고 있다.

1) 행위자에 관련된 요소 신분이란 범인의 인적 관계인 특수한 지위 또는 상태로서 행위자에 관련된 사항이므로 주관적인 요소라도 행위자가 아닌 행위에 관련된 사항은 신분이라고 할 수 없다. 따라서 고의·목적·동기·불법영득의사 등과 같은 주관적 행위요소는 신분이 될 수 없다. 그러나 판례는 목적범의 목적을 신분이라고 한다.

[대판 1994. 12. 23. 93도1002] 형법 제152조 제1항과 제2항은 위증을 한 범인이 형사사건의 피고인 등을 모해할 목적을 가지고 있었는가 아니면 그러한 목적이 없었는가 하는 범인의 특수한 상태의 차이에 따라 범인에게 과할 형의 경중을 구별하고 있으므로, 이는 바로 형법 제33조 단서 소정의 '신분관계로 인하여 형의 경중이 있는 경우'에 해당한다.[1)]

그러나 목적을 신분이라고 하는 것은 신분이라는 문언의 가능한 의미를 넘어서는 유추해석이라고 할 수 있다.

2) 특 수 성 신분은 일정 범위의 사람만이 가지고 다른 사람은 갖지 못하는 특수성이 있어야 한다. 모든 사람이 가지고 있는 지위나 상태는 신분이라고 할 수 없다. 예를 들어 성년자, 미성년자는 신분이라고 할 수 있지만, 사람이라는 지위는 신분이라고 할 수 없다.

3) 계 속 성 다수설은 신분에 계속성을 요하지 않는다고 하고, 소수설은 ① 행위자관련적 요소와 행위관련적 요소를 구별하는 데에 계속성이라는 요소

1) 이 판례는 甲이 모해목적으로 모해목적 없는 증인 乙을 교사하여 위증하게 한 사건이다. 통설처럼 모해목적을 신분이라고 할 수 없다면 이 사례에서 甲은 제31조에 의해 단순위증죄의 교사범의 죄책을 진다. 그러나 판례는 목적을 신분요소, 모해목적을 신분관계로 형의 경중이 있는 경우로 파악하여 제33조 단서를 적용하여 甲에게 모해위증죄를 인정하였다. 이러한 입장에 대해서는 ① 목적을 신분이라고 할 수 없고, ② 신분이라고 하더라도 제33조는 비신분자가 신분범에 가담한 경우를 규정한 것이므로 신분자가 비신분자의 범죄에 가담한 경우에는 제33조가 적용될 수 없고, ③ 제33조 단서를 적용하더라도 가담자를 피가담자보다 중한 죄로 벌할 수 없다는 비판이 제기된다.

가 유용하고, ② 독일형법에서는 특수한 인적 요소(besondere persönliche Merkmale)라는 용어를 쓰고 있는데 이 용어는 계속성을 요한다고 해석할 필요가 없지만, 우리말의 신분이라는 용어는 어느 정도의 계속성을 필요로 하는 개념이라는 등의 이유로 계속성을 요한다고 한다.

계속성이 없어도 신분이 될 수 있다고 하는 것은 신분이라는 문언에 반하고, 범인의 특수한 지위뿐만 아니라 특수한 상태에도 어느 정도 계속성을 요한다고 하여야 한다. 그렇지 않으면 심신상실상태, 흥분상태 등도 신분이 될 수 있고 나아가 목적도 신분이 될 수 있다고 하는 문제점이 있다.[1] 따라서 신분은 어느 정도 계속성을 요하는 개념이라고 해야 한다.

(2) 신분의 종류

1) 구성적 신분 구성적 신분이란 신분이 범죄의 구성요소로 규정되어 있어서 신분자가 일정한 행위를 하는 경우에는 범죄가 되지만, 비신분자가 그 행위를 하는 경우에는 범죄가 되지 않는 경우의 신분을 말한다. 진정신분범에서의 신분은 구성적 신분이다.

2) 가감적 신분 가감적 신분이란 형벌의 경중을 결정하는 신분을 말한다. 비신분자이건 신분자이건 일정한 행위를 하면 범죄는 성립하지만 신분자가 그 행위를 한 경우에는 형벌이 가중·감경되는 경우의 신분을 말한다. 부진정신분범에서의 신분은 가감적 신분이다.

3) 소극적 신분 소극적 신분이란 일반인이 그 행위를 하면 범죄가 되지만 일정한 신분을 가진 사람이 그 행위를 하면 범죄가 되지 않는 경우의 신분을 말한다. 예를 들어 일반인이 의료행위를 하면 범죄가 되지만 의사가 의료행위를 하면 범죄가 되지 않는데 이 경우에서 의사라는 신분이 소극적 신분이다.

소극적 신분에는 구성요건해당성을 조각하는 신분(의료행위에서 의사라는 신분), 위법성을 조각하는 신분(범인체포행위에서 경찰관이라는 신분), 책임을 조각하는 신분(형사미성년자라는 신분), 처벌조건을 조각하는 신분(인적 처벌조각사유에서의 신분)이 있다.

소극적 신분에도 가감적 신분이 있을 수 있으나 이는 일반 부진정신분범의

1) 부진정부작위범을 진정신분범이라고 보는 견해도 있지만, 부진정부작위범에서 작위의무자 역시 신분으로 볼 수 없다고 해야 할 것이다. 작위의무는 작위가 필요한 특수한 상황에서 현실화되는 개념이기 때문이다. 판례는 진정부작위범에서 작위의무자와 작위의무 없는 자 사이의 공범성립을 부정한다(대판 2008. 3. 27. 2008도89). 이는 작위의무자를 신분으로 보지 않는 취지이다.

법리에 의해 해결하면 될 것이기 때문에 특별히 취급해야 할 필요가 없다.

4) 위법신분·책임신분 신분을 위법신분과 책임신분으로 나누는 견해가 있다. 이는 신분범에서 위법연대·책임개별화라는 원칙에 충실하도록 하기 위한 것이다.

그러나 이 견해에 대해서는 ① 제33조의 신분에는 위법신분과 책임신분을 동시에 가지고 있는 신분이 있을 수 있고, ② 위법신분과 책임신분의 구별이 분명하지 않고, ③ 위법연대·책임개별화원칙은 실정법 이전에 존재하는 원칙이 아니라 실정법에 의해 그 범위가 정해지는 원칙이므로 양자를 구별함으로써 모든 신분범의 문제가 해결되는 것도 아니라는 등의 비판이 제기된다.

(3) 신분범의 개념 및 종류

신분범에는 진정신분범과 부진정신분범 및 소극적 신분범이 있다.

진정신분범은 일정한 신분을 가진 사람의 행위만이 범죄가 되고 비신분자의 행위는 범죄가 되지 않는 형태의 범죄를 말한다. 신분이 범죄의 성립여부를 결정하는 중요한 요소라는 의미에서 붙여진 명칭이다.

부진정신분범은 누가 행위를 하든 범죄가 되지만 신분자가 그 행위를 한 경우에는 형벌이 가중되거나 감경되는 형태의 범죄를 말한다. 신분이 범죄성립 여부를 결정하지 않고 형벌의 정도만을 결정하므로 비전형적 형태의 신분범이라는 의미에서 부진정신분범이라고 한다.

소극적 신분범이란 비신분자가 행위를 한 경우에는 범죄가 성립하지만, 신분자가 그 행위를 하면 범죄가 성립하지 않거나(진정 소극적 신분범), 형벌이 가중 또는 감경되는(부진정 소극적 신분범) 형태의 범죄를 말한다.[1)]

구 아동학대처벌법상 '보호자'가 상해 등을 범하여 아동을 사망에 이르게 한 경우 무기 또는 5년 이상의 징역으로 처벌하는 규정을 대법원은 진정신분범이라고 보았다(대판 2021. 9. 16. 2021도5000). 따라서 보호자 이외의 甲이 위

1) 신분범 중에는 수뢰죄와 같이 형법규정에서 행위주체를 명시하는 형태가 있고, 존속살해죄와 같이 형법규정 자체에는 명시적으로 나타나 있지 않지만 그 규정의 해석을 통해 일정한 신분자만이 행위주체가 될 수 있는 경우가 있다. 양자의 차이는 전자에서는 행위주체가 처음부터 한정되어 있지만, 후자에서는 누구든 행위주체가 될 가능성이 있다는 것이다. 따라서 신분범보다는 신분이 있어야 성립되는 범죄, 신분 때문에 형의 경중이 달라지는 경우라고 하는 것이 더 정확하다고 할 수 있다. 형법 제33조가 이러한 용어를 사용하는 것도 같은 취지라고 해석할 수도 있다.

범죄에 공동정범으로 가담한 경우 甲도 제33조 본문에 의해 무기 또는 5년 이상의 징역에 처해진다고 하였다. 그러나 위의 범죄는 부진정신분범이라고 해야 하므로 판례의 논리대로 한다면 제33조 본문에 의해 위의 범죄가 성립하지만 제33조 단서가 적용되어 상해치사죄의 형벌(3년 이상의 징역)로 처벌하여야 할 것이다. 대법원판결의 원심판결도 같은 입장이다.

Ⅱ. 제33조의 해석론

1. 본문과 단서의 적용범위

(1) 다 수 설

1) 내 용 다수설은 본문은 '진정신분범의 성립과 처벌'에 관한 규정이고, 단서는 '부진정신분범의 성립과 처벌'에 관한 규정이라고 한다. 본문의 '신분이 있어야 성립되는 범죄'는 진정신분범을, 단서의 '신분 때문에 형의 경중이 달라지는 경우'란 부진정신분범을 의미한다는 것이다.

이에 의하면 비신분자가 진정신분범에 가담한 경우에는 제33조 본문이 적용되어 비신분자가 진정신분범의 공범의 죄책을 지고 진정신분범의 공범으로 처벌된다. 비신분자가 진정신분범의 교사·방조범뿐만 아니라 공동정범이 될 수 있다는 점에서 신분의 확장 내지 연대성을 인정한 것이다.

그리고 비신분자가 부진정신분범에 가담한 경우에는 제33조 본문은 적용되지 않고 바로 단서가 적용되고, 단서의 "무거운 형으로 벌하지 않는다"는 것은 신분(책임)개별화원칙을 의미하므로, 비신분자는 비신분범의 공범의 죄책을 지고 비신분범의 형벌로 처벌된다.

〔다수설의 적용례〕 비공무원 甲이 공무원 乙을 교사하여 진정신분범인 수뢰죄(제129조)를 범하게 한 경우 甲에게는 제33조 본문이 적용되어 수뢰죄의 교사범의 죄책을 지고, 수뢰죄의 교사범으로 처벌된다. 甲이 乙을 교사하여 가중적 부진정신분범인 존속살해죄를 범하게 한 경우 甲에게는 제33조 본문이 적용되지 않고 단서가 바로 적용된다. 그리하여 甲은 보통살인죄의 교사범의 죄책을 지고 보통살인죄의 교사범으로 처벌된다. 다만 업무상 타인의 재물을 보관하는 甲이 단순히 타인의 재물을 보관하는 丙을 교사하여 배임죄를 범하게 한 경우 제33조 본문은 적용되지 않고 단서가 적용된다. 이 중 단서를 신분개별화를 규정한 것이라고 보는

견해는 丙이 횡령죄(제355조)의 죄책을 진다고 하더라도 甲에게는 공범종속성원칙(제31조 제1항)이 적용되지 않고 제33조 단서가 적용되어 업무상 횡령교사(제356조)의 죄책을 지고 그 형벌로 처벌된다고 한다. 반면 단서를 문리해석하는 견해에 의하면 甲은 횡령교사(제355조)의 죄책을 지고 그 형벌로 처벌된다.

2) 비 판 론 이 견해에 대해서는 ① 제33조 본문을 진정신분범의 성립과 과형, 단서를 부진정신분범의 성립과 과형을 규정한 것이라고 해석한다면, 단서에서 "무거운 형으로 벌하지 않는다"는 표현에 무거운 죄가 성립하지 않는다는 것이 포함된다고 해석하는 문제가 있고, ② 만약 제33조 단서를 부진정신분범의 과형에 관한 규정이라는 입장이라면, 제33조에는 부진정신분범의 성립에 관한 규정이 없게 되고, ③ 단서가 부진정신분범의 과형을 규정한 것이므로 부진정신분범의 성립근거는 본문에서 찾을 수밖에 없다는 등의 비판이 제기된다.

(2) 소 수 설

1) 내 용 소수설은 제33조 본문은 진정신분범과 부진정신분범 등 '모든 신분범의 성립'에 관한 규정이고, 단서는 '부진정신분범의 처벌'에 관한 규정이라고 해석한다.

진정신분범에 대해서는 소수설과 다수설이 일치하므로, 양자의 차이는 부진정신분범에서 나타난다. 소수설에 의하면 비신분자가 부진정신분범에 가담한 경우 형법 제33조 본문이 먼저 적용되어 비신분자도 부진정신분범의 '죄책'을 지지만, 처벌할 때에는 제33조 단서가 적용되어 비신분범의 형벌로 '처벌'한다는 것이다.

【소수설의 적용례】 甲이 乙을 교사하여 가중적 부진정신분범인 존속살해죄를 범하게 한 경우(즉, 乙의 직계존속을 살해하게 한 경우) 먼저 제33조 본문이 적용되어 甲은 존속살해교사범의 죄책을 진다. 다만, 甲을 처벌할 때에는 단서가 적용되므로 甲은 보통살인교사범의 형벌로 처벌된다. 업무상 타인의 재물을 보관하는 甲이 단순히 타인의 재물을 보관하는 丙을 교사하여 배임죄를 범하게 한 경우 먼저 제33조 본문이 적용되어 甲은 횡령교사(제355조)의 죄책을 진다. 이어 단서가 적용되는데, 이 중 단서를 신분개별화를 규정한 것이라고 보는 견해는 丙이 횡령죄의 죄책을 진다고 하더라도 甲에게는 공범종속성원칙(제31조 제1항)이 적용되지 않고 제33조 단서가 적용되어 업무상 횡령교사(제356조)의 형벌로 처벌된다고 한다. 반

면 단서를 문리해석하는 견해에 의하면 甲은 횡령교사죄(제355조)의 형벌로 처벌된다.

2) 비 판 론 이 견해에 대해서는 ① 본문을 진정신분범 및 부진정신분범의 성립에 관한 규정이고, 단서를 부진정신분범의 과형에 관한 규정이라고 본다면, 제33조에 진정신분범의 과형에 관한 규정이 없게 되고, ② 본문의 '신분이 있어야 성립되는 범죄'는 진정신분범을 의미하는 것으로 보는 것이 자연스럽고, 부진정신분범을 신분관계로 인하여 성립되는 범죄라고 보는 것은 부자연스럽다는 등의 비판이 제기된다.

(3) 위법신분·책임신분 구별설

이 견해는 제33조 본문은 위법신분, 단서는 책임신분에 관한 규정이라고 한다.

그러나 이에 대해서는 '위법연대, 책임개별화'라는 이론상의 원칙을 제33조에 무리하게 적용하려는 것으로서 형법규정보다 해석원칙을 중시함으로써 오히려 형법해석의 기본원칙에서 벗어나고 있다.

(4) 판 례

판례는 제33조 본문과 단서의 관계에 대해서는 소수설의 입장을 따르고 있다.

[대판 1961. 8. 2. 4294형상284] 실자와 더불어 남편을 살해한 처는 존속살해죄의 공동정범이다.

[대판 1997. 12. 26. 97도2609; 대판 2018. 8. 30. 2018도10047] (비신분자가 신분자와 공동으로 업무상배임행위를 한 경우) 신분관계가 없는 자에게도 일단 업무상배임으로 인한 상호신용금고법 제39조 제1항 제2호 위반죄가 성립한 다음 형법 제33조 단서에 의하여 중한 형이 아닌 형법 제355조 제2항(단순배임죄)에 정한 형으로 처벌되는 것이다(2018. 8. 30. 선고 2018도10047).

[대판 2021. 9. 16. 2021도2748] 구 국정원법은 국정원장 등의 직권남용죄에 대하여 형법 제123조에 비해 형을 가중하여 처벌하고 있는바, 국정원 직원의 신분이 없는 피고인이 국정원 (직위명 생략) 공소외 2와 공모하여 국정원 국익정보국장의 직권을 남용하여 사람으로 하여금 의무없는 일을 하게 한 경우 구 국정원법 위반죄가 성립하고, 다만 형법 제33조 단서에 따라 중한 형이 아닌 형법 제123조에 정한 형으로 처벌하여야 한다.

2. 본문과 단서의 성격

(1) 본문의 성격

제33조 본문을 공범의 종속성을 인정한 것이라고 하는 견해가 있으나, 비신분자가 신분범의 교사·방조범이 될 수 있는가의 여부는 공범종속성과는 무관한 정책적 문제이다. 공범종속성이 반영된 것이라고 한다면 교사·방조범이 아닌 공동정범규정을 적용하는 이유를 설명하기 곤란하다.

따라서 본문은 비신분자가 신분자와 함께라면 신분범의 공동정범, 교사·방조범이 될 수 있다고 함으로써 신분의 효과를 비신분자에게도 인정하는 신분의 연대성을 인정하고 있다는 점에 그 의의가 있다고 할 수 있다. 그리고 이러한 신분의 연대는 비신분자의 행위를 통해 인정되는 것이므로 연좌제를 인정하는 것은 아니다.

(2) 단서의 성격

1) 가중적 신분범에 가담한 경우 단서는 비신분자가 가중적 부진정신분범에 가담한 경우 비신분자를 가중적 부진정신분범이 아닌 통상의 형벌로 처벌한다는 점에서 신분개별화 내지 책임개별화를 규정한 것이라고 할 수 있다.

2) 감경적 신분범에 가담한 경우 비신분자가 감경적 부진정신분범에 가담한 경우 어떤 죄책과 형벌을 인정할 것인지에 대해 견해가 대립한다.

첫째, 본문과 단서의 적용범위에 대해 다수설을 취하는 학자는 물론 소수설을 취하는 학자의 대부분 및 판례도 단서가 신분(책임)개별화를 규정한 것이라고 하여 감경적 부진정신분범에서도 신분의 연대성을 인정하지 않고 통상의 형벌로 처벌해야 한다고 한다.

[대판 1984. 4. 24. 84도195] 상습도박의 죄나 상습도박방조의 죄에 있어서의 상습성은 행위의 속성이 아니라 행위자의 속성으로서 도박을 반복해서 거듭하는 습벽을 말하는 것인바, 도박의 습벽이 있는 자가 타인의 도박을 방조하면 상습도박방조의 죄에 해당하는 것이다.

[대판 1994. 12. 23. 93도1002] 신분관계로 인하여 형의 경중이 있는 경우에 신분이 있는 자가 신분이 없는 자를 교사하여 죄를 범하게 한 때에는 형법 제33조 단서가 형법 제31조 제1항에 우선 적용됨으로써 신분이 있는 교사범이 신분이 없는 정범보다 중하게 처벌된다.

둘째, 본문과 단서의 적용범위에 관해 다수설이나 소수설을 취하는 학자들 중에서 단서를 문리해석해야 한다는 입장이 있다. 이에 의하면 앞의 도박습벽이 있는 甲이 도박습벽이 없는 乙을 교사하여 도박하게 한 경우 乙은 단순도박죄, 甲은 단순도박죄의 교사범으로 처벌된다.

3. 학설의 종합

비신분자가 진정신분범이나 가중적 부진정신분범에 가담한 경우 학설에 따라 논리구성은 다르지만, 어느 학설에 의하든 비신분자의 처벌은 동일하다. 그러나 신분자가 신분범이든 비신분범이든 자신보다 가벼운 범죄에 가담한 경우에는 처벌의 논리뿐만 아니라 결론도 달라진다. 예를 들어 도박습벽이 있는 사람이 도박습벽이 없는 사람의 도박을 교사한 경우 제33조 본문과 단서의 적용범위 및 제33조 단서의 의미에 관한 학설들의 입장을 정리하면 다음과 같다.

제33조의 적용범위 / 단서의 성격	다수설 (본문은 진정신분범, 단서는 부진정신분범의 성립과 처벌에 관한 규정)	소수설 및 판례 (본문은 진정 및 부진정신분범의 성립, 단서는 부진정신분범의 처벌에 관한 규정)
다수설 및 판례 ('무거운 형으로 벌하지 아니한다'는 신분(책임)개별화규정)	제33조 단서가 적용되고, 신분개별화에 따라 상습도박교사범이 성립하고 상습도박교사범으로 처벌	먼저 제33조 본문이 적용되어 <u>단순도박교사범이 성립하</u>고, 이어 단서가 적용되어 <u>상습도박교사범으로 처벌</u>
소수설(문리해석) '무거운 형으로 벌하지 아니한다'는 신분자보다 무겁게 벌하지 아니한다는 의미	제33조 단서가 적용되어 단순도박교사범이 성립하고 단순도박교사범으로 처벌	먼저 제33조 본문이 적용되어 단순도박교사범이 성립하고, 단서가 적용되어 단순도박교사범으로 처벌

Ⅲ. 제33조의 합리적 해석론

1. 제33조 본문과 단서의 적용범위

제33조 본문과 단서의 적용범위에 대해서는 판례 및 소수설이 더 설득력이 있다고 생각된다.

첫째, 제33조 본문이 신분이 있어야 성립되는 '범죄'라는 용어를 쓰는 데 비해, 단서는 신분 때문에 형의 경중이 달라지는 '경우'라는 표현을 쓰고 있다.

이는 본문이 범죄의 종류로서 신분범을 규정하고 있고, 단서는 신분범 안에서 신분 때문에 범죄가 성립하는 경우와 형의 경중이 있는 경우로 나눈 취지라고 할 수 있다. 그렇다면 제33조 본문의 신분이 있어야 성립되는 범죄에는 진정신분범과 부진정신분범을 모두 포함한다고 할 수 있다.

둘째, 소수설에 대해서는 이 입장에 의하면 진정신분범의 처벌에 관한 규정이 없다는 비판이 제기되지만, 진정신분범이 성립하면 그 형벌로 처벌하는 것이 당연하므로 진정신분범의 처벌을 별도로 규정할 필요가 없다. 이에 비해 부진정신분범이 성립함에도 불구하고 통상의 형으로 처벌하거나 무거운 형으로 처벌하지 않는 것은 예외적이기 때문에 특별한 근거규정이 필요하다. 단서는 이러한 취지에서 규정된 것이라고 할 수 있다.

셋째, 甲이 乙을 교사하여 乙의 아버지 A를 살해한 경우 "甲이 존속살해죄를 교사했다"고 할 수도 있고, "甲이 보통살인죄를 교사했다"라고 할 수도 있다. 전자는 소수설, 후자는 다수설의 입장이라고 할 수 있는데, 일반적으로는 전자가 많이 사용된다고 생각된다.

넷째, 존속살해죄나 업무상횡령죄 등과 같은 부진정신분범도 행위자에게 직계비속이나 직계존속과 같은 신분이 있어야 성립하고, 행위자에게 신분이 없는 경우에는 성립하지 않으므로, '신분이 있어야 성립되는 범죄'라고 할 수 있다.

2. 제33조 단서의 해석

이 규정을 신분(책임)개별화원칙으로 해석하는 통설, 판례에는 다음과 같은 문제점이 있다.

첫째, 비신분자가 감경적 부진정신분범에 가담한 경우 통설, 판례의 제33조 단서 해석은 피고인에게 불리한 유추해석으로서 죄형법정주의에 위반된다.[1] "무거운 형으로 벌하지 아니한다"는 말은 "비신분자가 부진정신분범에 가담한 경우 비신분자를 신분자보다 무거운 형으로 벌하지 않는다"는 의미로 해석하는 것이 가장 자연스럽고 문법적 구조에 맞는 해석이다. 이 규정을 가중적 부진정신분범에 가담한 때와 감경적 부진정신분범에 가담한 때에 달리 적용하는 것은 일관성이 없다.

둘째, 통설, 판례의 문제점은 책임개별화를 인정하고 있는 독일형법의 규정과 비교하여 보면 좀더 분명해진다. 독일형법 제28조 제2항은 "신분관계로 인

---

1) 제33조 단서가 신분(책임)개별화를 규정한 것이라는 입장을 관철하기 위해 "무거운 형으로 벌하지 않는다"를 "자기 책임보다 무거운 형으로 벌하지 않는다"로 해석할 수 있다고 하는 견해도 있다. 그러나 이러한 해석은 제33조의 전체적 내용에 반하는 것이라고 할 수 있다. 제33조는 신분자와 비신분자의 관계를 규정하는 조문이지, 비신분자 자신의 책임과 형벌의 관계를 규정하는 조문이 아님은 너무나도 명백하다.

해 형의 경중이 있거나 형이 면제되는 법률규정은 신분이 있는 공범에게만 적용한다," 제29조는 "각 공범은 다른 공범의 책임과 관계없이 자신의 책임에 따라 처벌된다"라고 규정하고 있다. 이러한 규정이 있는 독일형법에서는 책임개별화 내지 신분개별화가 당연히 인정된다.

그러나 형법 제33조 단서는 "무거운 형으로 벌하지 아니한다"고 하여 독일형법과 전혀 다르게 규정하고 있다. 이는 비신분자의 형벌이 신분자의 형벌보다 무거운 때에는 무거운 형으로 벌하지 않는다는 의미이고 이 경우에는 신분개별화를 규정한 것이라고 할 수 있다. 그러나 비신분자가 감경적 부진정신분범에 가담한 때에는 비신분자를 신분자보다 무거운 형으로 벌하지 않으므로 신분연대를 규정한 것이라고 해야 한다.

신분범에서 신분연대와 신분개별화 중 어느 것을 인정할 것인가 혹은 어느 범위에서 인정할 것인가는 입법적 결단에 의해 정해지는 것이다. 그런데 "무거운 형으로 벌하지 않는다"고 규정하고 있음에도 불구하고 신분(책임)개별화라는 이론을 우선하는 해석은 설사 그것이 아무리 합리적이라고 하여도 허용될 수 없는 해석이다.

셋째, 판례처럼 제33조 본문이 진정신분범뿐만 아니라 부진정신분범의 성립에 관한 규정이라고 하면서도 제33조 단서를 신분(책임)개별화규정으로 해석하는 것은 논리적으로 모순이다. 판례에 의하면 상습도박자가 상습성없는 사람의 도박을 교사한 경우 제33조 본문에 의해 단순도박죄의 교사범이 성립하고, 이어 단서가 적용되어 상습도박죄의 교사범으로 처벌된다.[1] 이는 성립한 범죄에 대한 형벌보다 무거운 형벌을 과하는 것으로서 책임주의원칙이나 헌법상 비례원칙, 과잉금지원칙에 반한다.

따라서 제33조 단서의 '무거운 형으로 벌하지 아니한다'는 '비신분자를 신분자보다 무거운 형으로 벌하지 아니한다'라는 의미로 문리해석을 해야 한다.

Ⅳ. 제33조의 구체적 적용

1. 진정신분범의 경우

(1) 비신분자가 진정신분범에 가담한 경우

비신분자가 신분자와 공동으로 진정신분범을 범하거나, 비신분자가 진정신분

1) 다만 판례는 비신분자가 가중적 부진정신분범에 가담한 경우 제33조 본문이 적용된 후 단서가 적용된다고 명시적으로 언급하지만, 비신분자가 감경적 부진정신분범에 가담한 경우 제33조 본문이 먼저 적용된다고 명시적으로 언급하지는 않는다. 그러나 가중적 부진정신분범에 가담하였든 감경적 부진정신분범에 가담하였든 동일한 논리를 따라야 한다.

범을 교사·방조한 때에는 제33조 본문이 적용되어 비신분자도 진정신분범의 공동정범, 교사·방조범의 죄책을 지고, 이에 따라 처벌된다.

[대판 2019. 8. 29. 2018도2738 전합] 신분관계가 없는 사람이 신분관계로 인하여 성립될 범죄에 가공한 경우에는 신분관계가 있는 사람과 공범이 성립한다(형법 제33조 본문 참조). 이 경우 신분관계가 없는 사람에게 공동가공의 의사와 이에 기초한 기능적 행위지배를 통한 범죄의 실행이라는 주관적·객관적 요건이 충족되면 공동정범으로 처벌한다. 공동가공의 의사는 공동의 의사로 특정한 범죄행위를 하기 위하여 일체가 되어 서로 다른 사람의 행위를 이용하여 자기의 의사를 실행에 옮기는 것을 내용으로 한다. 따라서 공무원이 아닌 사람(이하 '비공무원'이라 한다)이 공무원과 공동가공의 의사와 이를 기초로 한 기능적 행위지배를 통하여 공무원의 직무에 관하여 뇌물을 수수하는 범죄를 실행하였다면 공무원이 직접 뇌물을 받은 것과 동일하게 평가할 수 있으므로 공무원과 비공무원에게 형법 제129조 제1항에서 정한 뇌물수수죄의 공동정범이 성립한다.

[대판 2006. 5. 11. 2006도1663] 공무원이 아닌 자가 공무원과 공동하여 허위공문서작성죄를 범한 때에는 공무원이 아닌 자도 형법 제33조, 제30조에 의하여 허위공문서작성죄의 공동정범이 된다.[1]

(2) 신분자가 비신분자에 가담한 경우

제33조 본문은 비신분자가 신분범에 가담한 때에만 적용되고 신분자가 비신분자에 가담한 때에는 적용되지 않는다고 해야 한다. 예를 들어 공무원 甲이 비공무원 乙을 교사하여 자신(甲)의 뇌물을 받게 한 경우 甲에게는 뇌물교사죄가 아니라 뇌물죄의 정범이 성립한다. 乙은 뇌물죄의 단독정범이 될 수는 없고[2] 공동정범 또는 방조범이 될 수 있을 뿐이다. 만약 甲이 乙을 생명있는 도구로 이용하였다면 甲은 뇌물죄의 간접정범, 乙은 무죄이다.

2. 부진정신분범의 경우

(1) 비신분자가 부진정신분범에 가담한 경우

1) 가중적 부진정신분범에 가담한 경우 제33조 본문과 단서의 적용범위에 대한 다수설은 이 경우 제33조 단서가 바로 적용되어 비신분자는 부진정신분

1) 기타 대판 2012. 6. 14. 2010도14409; 대판 1983. 12. 13. 83도1458.

2) 만약 乙을 뇌물죄의 정범으로 볼 수 있더라도 단독정범이 될 수는 없고, 비신분자인 乙이 甲의 뇌물죄에 공동정범의 형태로 가담한 공동정범으로 볼 수 있을 뿐이다.

범이 아닌 통상의 범죄의 죄책을 지고, 그 범죄로 처벌된다. 소수설에 의하면 이 경우 제33조 본문이 적용되어 비신분자도 부진정신분범의 죄책을 지지만, 제33조 단서가 적용되어 통상의 범죄로 처벌된다.

2) 신분자가 형이 가벼운 범죄에 가담한 경우[1] 이 경우에 대해서는 상습도박자가 단순도박에 가담한 경우와 같이 앞에서 자세히 언급하였다.

(2) 신분자가 비신분자의 범죄에 가담한 경우

甲이 乙을 교사하여 자신(甲)의 아버지 A를 살해하게 한 경우 乙은 보통살인죄의 정범이 된다. 이 경우 甲에게 제33조 단서가 적용되는가가 문제된다. 통설은 제33조 단서가 신분(책임)개별화원칙을 규정한 것이므로 甲은 제33조 단서에 의해 각각 존속살해죄의 교사범의 죄책을 진다고 한다. 판례도 같은 입장이다.[2]

그러나 이 경우에는 아예 제33조가 적용될 수 없다고 해야 한다. 제33조는 비신분자가 신분범에 가담한 경우를 규정한 것이므로 신분자가 비신분자의 범행에 가담한 경우에까지 적용할 수는 없다고 해야 한다.

신분자와 비신분자가 공동으로 행위를 한 경우에는 신분자가 비신분자의 범행에 가담하였다고 할 수도 있고 비신분자가 신분자의 범행에 가담한 것이라고 할 수도 있기 때문에 제33조를 적용할 수 있다.

그러나 정범과 협의의 공범의 관계에서는 공범이 정범의 범행에 가담하는 것이지 정범이 공범의 범행에 가담한다는 것은 논리적으로 모순이다. 따라서 신분자가 비신분자를 교사·방조한 경우에는 제33조가 적용될 수 없고, 정범과 공범에 관한 일반원칙, 즉 공범의 종속성원칙에 의해 해결해야 한다. 따라서 甲에게는 제31조 제1항이 적용되어 보통살인죄의 교사범(교사내용이 정범보다 초과된 경우)이 성립한다고 해야 한다.

---

1) 이 경우는 후술하는 바와 같이 신분자가 비신분자의 범행에 가담한 경우이지만, 무거운 형으로 처벌되는 신분자가 가벼운 형으로 처벌되는 신분자 또는 비신분자의 범행에 가담한 경우이므로 비신분자가 감경적 부진정신분범에 가담한 경우와 유사하다. 그러나 제33조는 비신분자가 신분자의 범행에 가담한 경우를 규정한 것이므로, 신분자가 비신분자의 범행에 가담한 경우 제33조가 적용될 수 없다고 해야 한다.

2) 대판 1984. 4. 24. 84도195는 도박의 습벽이 있는 자가 타인의 도박을 방조하면 상습도박방조죄에 해당하고, 대판 1994. 12. 23. 93도1002는 신분관계로 인하여 형의 경중이 있는 경우에 신분이 있는 자가 신분이 없는 자를 교사하여 죄를 범하게 한 때에는 형법 제33조 단서가 형법 제31조 제1항에 우선하여 적용된다 한다.

V. 소극적 신분과 공범

1. 소극적 신분과 제33조의 적용문제

(1) 소극적 신분의 개념과 종류

소극적 신분이란 원칙적으로 범죄행위이지만, 일정한 신분을 가진 사람이 그 행위를 한 경우에는 범죄가 성립하지 않는 경우의 신분을 말한다. 무면허 의료행위는 범죄행위이지만 면허를 받은 의사가 의료행위를 하는 것은 범죄행위가 되지 않는다. 이 경우 의사의 신분이 소극적 신분이다. 소극적 신분에는 구성요건해당성을 조각하는 불구성적 신분, 위법조각신분, 책임조각신분, 처벌조각신분 등이 있다.

소극적 부진정신분범의 공범도 있을 수 있지만, 이는 일반 부진정신분범의 공범의 법리에 의해 해결하면 된다.

(2) 소극적 신분범에 대한 제33조의 적용여부

소극적 신분자가 비신분자의 범행에 가담한 경우 제33조가 적용되는가가 문제된다. 판례는 긍정설을 따른다고 할 수 있다.

> [대판 1986. 2. 11. 85도448] 의료인일지라도 의료인 아닌 자의 의료행위에 공모하여 가공하면 무면허 의료행위의 공동정범으로서의 책임을 진다.[1)]

이에 대해 학설은 제33조는 진정신분범과 부진정신분범에 대한 것이고 소극적 신분에 대한 것이 아니기 때문에 소극적 신분과 공범의 문제는 공범의 일반이론에 따라 해결해야 한다고 한다. 그러나 학설에서도 위의 경우 무면허 의료행위의 공동정범을 인정하는데, 왜 의사임에도 무면허의료행위의 죄책을 지는지에 대해서는 분명하게 언급하고 있지 않다.

다만, 구 형법에서 '신분관계로 인하여 성립하는 범죄'가 '신분이 있어야 성립하는 범죄'로 개정됨에 따라 소극적 신분범을 인정하기 어려울 수도 있다. 예를 들어 무면허의료행위는 '의료인이라는 신분관계로 인하여' 성립하는 범죄라고 할 수 있지만, '비의료인이라는 신분'이 있어야 성립하는 범죄라고 하기는 어렵다. 왜냐하면 의료인을 신분이라고 할 수 있지만, 비의료인을 신분이라고 할 수는 없기 때문이다.

제33조 단서는 '신분관계로 인하여 형의 경중이 있는 경우'에서 '신분 때문

---

1) 분명하지는 않지만, 이는 제33조의 적용과 관련하여서는 소극적 신분을 가진 자를 비신분자, 소극적 신분을 가지지 않는 자를 신분자로 파악하여 제33조를 적용하는 입장으로 해석할 수 있다.

에 형의 경중이 달라지는 경우'로 개정되어서 여기에 신분은 소극적 신분도 포함된다고 해석할 수도 있지만, 본문과의 통일적 해석을 위해 소극적 신분이 포함되지 않는다고 해석해야 할 것이다.

2. 불구성적 신분

(1) 신분자가 비신분자의 범행에 가담한 경우

예를 들어 의사가 의사 아닌 사람의 무면허의료행위에 가담하는 경우와 같이 소극적 신분을 가진 사람이 비신분자의 범죄에 가담한 경우 어떤 죄책을 지는지 문제된다. 소극적 신분자가 비신분자의 범행에 가담하는 것은 신분범에서 비신분자가 신분자의 범행에 가담하는 것과 같다.

1) 공동가담의 경우 소극적 신분자가 비신분자와 공동으로 행위를 한 때에는 ① 신분자는 무죄, 비신분자는 공동정범이 된다고 하는 견해, ② 신분자와 비신분자 모두 공동정범이 된다는 견해, 누가 누구에게 가담하였느냐에 따라 결정해야 한다는 견해 등이 있다.

공동정범은 서로 다른 사람의 행위를 이용하여 자기의 의사를 실행에 옮기는 것이므로 의사나 의사 아닌 자 모두 적법한 의료행위와 무면허의료행위를 함께 한 것으로 보아야 한다. 따라서 이 경우에는 의사와 의사 아닌 사람 모두 무면허의료행위의 공동정범의 죄책을 진다고 해야 한다.

[대판 1986. 2. 11. 85도448] 의료인일지라도 의료인 아닌 자의 의료행위에 공모하여 가공하면 의료법 제25조 제1항이 규정하는 무면허의료행위의 공동정범으로서의 책임을 진다.
[대판 2007. 5. 31. 2007도1977] 의사인 피고인이, 의사면허 없는 원심공동피고인이 자신이 수술한 환자들에 대해 재수술을 맡아 하고 있다는 사실을 알면서도 월 1,000만 원이라는 급여를 안정적으로 지급받으며 원장으로 계속 근무함으로써 공동피고인의 무면허의료행위가 가능하도록 한 이상, 피고인에게 위 무면허의료행위에 대한 공동정범으로서의 죄책이 있다.

2) 교사·방조의 경우 신분자가 비신분자의 범죄를 교사·방조한 경우에도 제33조 본문을 적용하기는 어려우나 신분자는 교사·방조범이 된다고 해야 한다. 제33조 본문과 관계없이 소극적 신분자라도 비신분자의 범죄에 가담하는 경우 범죄성립을 조각할 요건을 충족하지 못하기 때문이다.

[대판 1986. 7. 8. 86도749] 치과의사가 환자의 대량유치를 위해 치과기공사들에게 내원환자들에게 진료행위를 하도록 지시하여 동인들이 각 단독으로 무면허의료행위를 하였다면 무면허의료행위의 교사범에 해당한다.

(2) 비신분자가 신분자의 행위에 가담한 경우

비신분자가 신분자의 행위에 공동가담한 경우에 대해서는 위에서 언급한 바와 같다. 비신분자가 신분자의 행위를 교사·방조한 경우에는 적법행위를 교사·방조한 것이므로 범죄가 성립할 수 없다.

3. 위법조각신분의 경우

위법성조각신분의 경우에도 불구성적 신분의 경우와 같은 효과가 인정된다.

4. 책임조각신분의 경우

예를 들어 형사미성년자와 성인이 공동으로 행위를 한 경우에는 각자의 책임에 따르게 되므로 신분자는 무죄, 비신분자는 (공동)정범이 된다. 비신분자가 신분자의 행위를 교사·방조한 경우 제한적 종속형식설에 의하면 교사·방조범이 성립하고, 극단적 종속형식설에 의하면 간접정범이 성립한다. 이것은 제33조의 적용 여부와 상관없이 형사미성년자는 어떠한 위법행위를 하더라도 처벌하지 않는다는 제9조 등의 입법취지에 따른 것이다.

Ⅵ. 입 법 론

공범과 신분에 관한 제33조의 규정의 내용이 모호하거나 불합리하므로 입법적으로 보완해야 한다는 견해가 있다. 이에 의하면 첫째, 진정신분범에서는 신분이 불법내용을 형성하므로 비신분자를 신분자와 동일하게 벌하는 본문규정을 비신분자에 대해서는 형을 감경할 수 있도록 해야 하고, 둘째, 비신분자가 진정신분범의 공동정범이 되도록 한 것 역시 불합리하므로 비신분자를 교사·방조범으로만 벌하도록 해야 하고, 셋째, 단서가 부진정신분범의 책임을 개별화한 것은 타당하지만 비신분자를 언제나 가벼운 형벌로 처벌하도록 한 것을 각자의 책임에 따라 처벌하도록 해야 하며, 넷째, 소극적 신분도 함께 규정해야 할 필요가 있다는 것 등이다.

첫 번째, 두 번째, 네 번째의 제안은 타당하다고 할 수 있다. 그러나 세 번째 제안에 대해서는 우선 통설과 같이 제33조 단서가 책임개별화를 규정한 것이라고 하는 실정법적 근거도 없는 해석방법부터 고쳐야 한다고 생각된다. 제33조 단서는 신분개별화와 신분연대를 모두 규정하여 비신분자에게 유리하도록 한 규정이다. 그리고 이렇게 해야 할 충분한 근거가 있다고 생각된다. 진정신분범에 가담한 비신분자의 형을 감경해야 한다면 부진정신분범에 가담한 비신분자의 형벌을 신분자보다 언제나 경하게 하는 것도 타당성이 있고, 이 점에 관한 한, 우리 형법이 독일형법보다 더 합리적이라고 생각된다.

무엇보다 공범과 신분에 관한 입법론에 앞서 해석론을 우리 형법에 맞도록 정립해야 할 필요가 있다.

§37

제6절 필요적 공범

Ⅰ. 필요적 공범의 개념

필요적 공범이란 한 사람이 단독으로 범할 수는 없고 2인 이상만이 범할 수 있는 범죄형태, 즉 범죄구성요건의 내용상 범죄성립에 다수인(共犯)이 필요(必要)한 범죄형태를 말한다. 임의적 공범이 구성요건상으로는 단독으로 범할 수 있는 범죄를 다수인이 범하는 경우인데 비해, 필요적 공범은 구성요건의 내용상 단독으로는 범할 수 없는 범죄라는 점에서 구별된다. 필요적 공범은 모두 실행행위를 하는 정범이라는 점에서 공동정범과 유사하고, 실행행위를 하지 않는 협의의 공범인 교사범·방조범과 구별된다. 필요적 공범은 형법총칙에는 규정되어 있지 않고 형법각칙의 개별적 범죄에 규정되어 있다.

Ⅱ. 필요적 공범의 분류

다수설은 공범 사이의 의사방향의 일치 여부에 따라 필요적 공범을 집합범과 대향범으로 나누고 있다. 민법상의 법률행위를 단독행위, 계약, 합동행위로 나누는 것과 같은 분류방식이다. 필요적 공범은 공범들에게 동일한 법정형을 부과하는 경우와 상이한 법정형을 부과하는 경우로 나눌 수 있다.

필요적 공범의 경우 공범자 내부 사이에서 형법총칙의 교사·방조 규정이 적용되는지 문제된다. 특히 법정형이 낮은 공범에게 법정형이 높은 공범에 대한 교사·방조범이 인정되는지 문제된다.

1. 집 합 범

집합범이란 공범들의 의사방향이 일치하는 경우를 말한다. 즉 공범들이 동일한 목표를 달성하기 위해 공동으로 행위하는 경우이다.

집합범은 공범의 처벌형태에 따라 동일한 법정형을 부과하는 경우와 상이한 법정형을 부과하는 경우로 나눌 수 있다. 전자의 예로 특수절도죄(제331조 제2항), 특수강도죄(제334조 제2항) 등과 같은 합동범 및 다중이나 단체를 필요로 하는 소요죄(제115조), 다중불해산죄(제116조) 등이 있다. 후자의 예로 내란죄(제87조), 절도목적의 단체조직죄(특가법 제5조의8) 등을 들 수 있다.

합동범이란 2인 이상이 합동하여 죄를 범한 경우 공동하여 죄를 범한 경우보다 형벌을 가중하도록 규정되어 있는 범죄형태를 말한다(특수절도, 특수강도, 특수도주죄). 합동범은 1인에 의해서도 범죄가 가능하지만 2인 이상이 합동한 경우에는 형이 가중되는 특징을 갖는다. 따라서 합동범을 필요적 공범으로 분류할 수 있는지에 대해 부진정필요적 공범이라는 견해 및 공동정범의 특수한 경우에 불과하다는 견해가 있으나, 필요적 공범이라고 해야 할 것이다.

부진정필요적 공범이라는 개념을 불필요하게 만드는 것은 바람직하지 않으며, 구성요건에서 이미 '2인 이상'이라는 요건을 요구하고 있으므로 필요적 공범으로 이해하는 데 어려움이 없기 때문이다.

합동범에 대한 자세한 내용은 별도로 다루기로 한다.

2. 대 향 범

대향범이란 상대방을 필요로 하는 범죄, 즉 공범들 사이에 일정한 목표를 달성하기 위한 서로 반대되는 방향의 의사가 합치됨으로써 성립하는 범죄를 말한다.

대향범도 공범에 대한 법정형이 같은 범죄와 다른 범죄로 나눌 수 있다. 전자의 예로 도박죄(제246조), 인신매매죄(제290조) 등을 들 수 있다. 후자의 예로 수뢰죄(제129조)와 증뢰죄(제133조), 배임수재죄(제357조 1항)와 배임증재죄(제357조 2항) 등을 들 수 있다.

공무상비밀누설죄(제127조), 음화판매죄(제243조) 등에서 공무상비밀누설자, 음화판매자 등은 처벌되지만, 상대방인 비밀취득자, 음화매수자 등은 처벌되지 않는다. 통설, 판례는 이러한 범죄들도 필요적 공범이라고 한다.[1)]

Ⅲ. 필요적 공범에 대한 임의적 공범규정의 적용문제

1. 필요적 공범 내부의 경우

필요적 공범 내부에서 형법총칙상의 임의적 공범규정이 적용되는지 문제되는데, 공동정범 규정이 적용될 여지는 없으므로 필요적 공범의 내부에서 교사·방조범이 성립할 수 있는지 문제된다.

1) 긍 정 설　　필요적 공범 중 법정형에 차이가 있는 범죄, 한쪽만을 벌하는 범죄에서는 이를 긍정하는 견해가 있다. 이 견해에 의하면 단순히 의사의 합치에 의해 이러한 죄를 범한 경우에는 각자의 법정형에 따라 처벌되거나(법정형에 차이가 있는 범죄) 처벌이 되지 않지만(음화판매죄와 같이 한쪽만 처벌되는 범죄), 상대방의 행위를 적극적으로 교사하여 범죄결의를 하게 하였을 경우에는 상대방 범죄의 교사범이 성립할 수 있다고 한다. 예를 들어 단순히 음화를 구입한 사람은 처벌되지 않지만, 음화를 팔 생각이 없는 사람을 교사하여 음화를 팔게 하고 이를 통해 음화를 구입한 사람은 음화판매죄의 교사·방조범이 될 수 있다는 것이다.

이에 대해서는 법정형이 같은 대향범에서는 교사·방조범을 인정하지 않으면서 법정형이 다른 범죄 중 가벼운 법정형에 처해지는 사람이 무거운 법정형에 처해지는 사람을 교사·방조할 때에는 그 죄의 교사·방조범으로 처벌하는 것은 균형이 맞지 않는 다는 비판이 제기된다.

2) 부 정 설　　필요적 공범 내부간에 형법총칙의 공범규정은 적용되지 않는다고 한다. 판례도 같은 입장이다.

---

1) 대판 2017. 6. 19. 2017도4240; 대판 2004. 10. 28. 2004도3994; 대판 2001. 12. 28. 2001도5158; 대판 1985. 3. 12. 84도2747. 그러나 상해죄, 사기죄, 공갈죄 등이 성립하기 위해서는 행위자와 피해자가 필요하지만 이러한 범죄를 필요적 공범이라고 하지 않는다. 마찬가지로 공무상비밀취득자, 음화매수자 등은 범죄자라고 할 수 없기 때문에 공무상비밀누설죄, 음화판매죄 등을 필요적 공범이라 할 수 없다. 다만, 비밀취득자나 음화매수인이 공무상비밀누설, 음화판매를 교사한 경우 형법총칙의 공범규정이 적용되느냐가 논의될 뿐이다.

[대판 2001. 12. 28. 2001도5158] 매도·매수와 같이 2인 이상의 서로 대향된 행위의 존재를 필요로 하는 관계에 있어서는 공범이나 방조범에 관한 형법총칙 규정의 적용이 있을 수 없고, 따라서 매도인에게 따로 처벌규정이 없는 이상 매도인의 매도행위는 그와 대향적 행위의 존재를 필요로 하는 상대방의 매수범행에 대하여 공범이나 방조범관계가 성립되지 아니한다.[1)]

2. 필요적 공범의 구성원이 아닌 경우

필요적 공범의 구성원이 아닌 사람에 대해 필요적 공범의 공동정범, 교사·방조범이 성립되는지도 문제되는데, 집합범과 대향범으로 나누어 살펴보기로 한다.

1) 집 합 범

가. 합 동 범 합동범에 대한 교사·방조범이 가능하다는 것에 대해서는 이견이 없다. 문제는 합동범에 대하여 공동정범을 인정할 수 있겠는가 하는 것인데, 이는 후술하기로 한다.

나. 법정형에 차이가 없는 집단범 소요죄나 다중불해산죄와 같이 공범의 법정형에 차이가 없는 집단범의 경우 공동정범의 성립 부정설과 긍정설이 있다.

공동정범이 되면 이미 구성원이라고 할 수 있기 때문에 부정설이 타당하다. 그러나 협의의 공범인 교사범·방조범의 성립은 가능하다.

다. 법정형에 차이가 있는 집단범 공범 사이에 법정형의 차이가 있는 범죄 중 내란죄(제87조)와 같은 경우에는 공동정범의 성립은 불가능하다고 해야 한다(통설).[2)] 왜냐하면 공동정범으로서 내란죄를 지배했다고 인정되는 사람은 동조 제1호~제3호 중 어느 하나에 속하기 때문이다.

내란죄에서 구성요건을 세분하고 있는 것은 이 범위에 속한 사람들만을 처벌하고 여기에 속하지 않는 교사·방조범은 처벌하지 않는다는 취지로 해석하는 견해도 있다. 그러나 내란죄의 구성요건을 세분하고 있는 것은 공범의 수가 많고 그들의 역할이 다르기 때문에 책임주의원칙에 충실하기 위한 것이지, 교사·방조범을 배제하기 위한 것이라고 볼 수는 없다. 따라서 범행지배가 인정되지 않는

---

1) 대판 2017. 6. 19. 2017도4240; 대판 2015. 2. 12. 2012도4842; 대판 2011. 10. 13. 2011도6287; 대판 2009. 6. 23. 2009도544; 대판 2007. 10. 25. 2007도6712; 대판 2004. 10. 28. 2004도3994; 대판 2001. 12. 28. 2001도5158; 대판 1985. 3. 12. 84도2747.

2) 법정형에 차이가 없는 집단범에서 공동정범의 성립을 긍정한 견해도 내란죄에서는 공동정범의 성립을 부정한다.

교사·방조자의 경우에는 내란죄의 교사·방조범이 성립한다고 해야 한다.

2) 대 향 범 대향범에 속하지 않은 외부인은 제33조의 해석상 대향범의 공동정범, 교사·방조범이 될 수 있다. 배임수재죄에 가담한 사람은 공동정범, 교사·방조범이 될 수 있다.

[대판 2017. 3. 15. 2016도19659] 제3자뇌물수수죄에서 제3자란 행위자와 공동정범 이외의 사람을 말하고, 교사자나 방조자도 포함될 수 있다. 그러므로 공무원 또는 중재인이 부정한 청탁을 받고 제3자에게 뇌물을 제공하게 하고 제3자가 그러한 공무원 또는 중재인의 범죄행위를 알면서 방조한 경우에는 그에 대한 별도의 처벌규정이 없더라도 방조범에 관한 형법총칙의 규정이 적용되어 제3자뇌물수수방조죄가 인정될 수 있다.

[대판 2004. 10. 28. 2004도3994] 변호사 아닌 자가 변호사를 고용하여 법률사무소를 개설·운영하는 행위에 있어서는 변호사 아닌 자는 변호사를 고용하고 변호사는 변호사 아닌 자에게 고용된다는 서로 대향적인 행위의 존재가 반드시 필요하고, 나아가 변호사 아닌 자에게 고용된 변호사가 고용의 취지에 따라 법률사무소의 개설·운영에 어느 정도 관여할 것도 당연히 예상되는바, 이와 같이 변호사가 변호사 아닌 자에게 고용되어 법률사무소의 개설·운영에 관여하는 행위는 위 범죄가 성립하는 데 당연히 예상될 뿐만 아니라 범죄의 성립에 없어서는 아니 되는 것인데도 이를 처벌하는 규정이 없는 이상, 그 입법 취지에 비추어 볼 때 변호사 아닌 자에게 고용되어 법률사무소의 개설·운영에 관여한 변호사의 행위가 일반적인 형법 총칙상의 공모, 교사 또는 방조에 해당된다고 하더라도 변호사를 변호사 아닌 자의 공범으로서 처벌할 수는 없다.

Ⅳ. 합 동 범

1. 형법규정

특수절도죄(제331조 제2항), 특수강도죄(제334조 제2항), 특수도주죄(제146조) 등 세 가지 범죄구성요건에는 2인 이상이 '공동하여'가 아닌 '합동하여'라는 용어가 사용되고 있다.[1)]

이를 합동범이라고 하는데 합동범은 공동정범에 비해 형벌이 가중되어 있다.

1) 형사특별법 중에도 성폭력처벌법 제4조 특수강간죄, 특수강제추행죄 등 다양한 성폭력범죄의 합동범이 규정되어 있다.

예를 들어 절도죄의 공동정범(제329조, 제30조)은 6년 이하의 징역 또는 1,000만원 이하의 벌금에 처해지는데 비해, 합동절도죄는 1년 이상 10년 이하의 징역에 처해지고, 벌금으로 처벌할 수 없다. 여기에서 형벌가중의 근거가 되는 합동의 의미에 대해 견해가 대립한다.

2. 합동범의 법적 성격

1) **공모공동정범설** 이 견해는 판례가 인정하는 공동의사주체설에 따른 공모공동정범을 다른 범죄에는 인정하지 않고 합동범에만 인정하자는 견해이다. 절도죄, 강도죄, 도주죄의 공모공동정범은 인정되지만, 기타 범죄의 공모공동정범은 인정되지 않는다는 것이다.

이에 대해서는 합동을 공모라고 하는 것은 무리라는 비판이 제기된다.

2) **가중적 공동정범설** 이 견해는 절도, 강도, 도주 등의 범죄는 다수인이 공동으로 범하는 경우가 많고 이에 대해서는 강력히 대응해야 할 필요가 있기 때문에 이러한 범죄의 공동정범을 합동범으로 규정하여 가중처벌을 하는 것이라고 한다.

이에 대해서는 공동정범에 대해 형을 가중하는 것이라면 '공동하여'라는 표현을 쓰면 되지 굳이 '합동하여'라는 표현을 쓸 필요가 없고, 이러한 범죄들의 공동정범에 대해서만 가중처벌하는 것은 합리성이 없다는 비판이 가해진다.

3) **현장성설** 통설은 합동범이란 2인 이상이 범행현장에서 범죄를 실행하는 것을 의미한다고 한다. 2인 이상이 현장에서 범죄를 실행하게 되면 단독으로 절도범행을 하는 경우에 비하여 그 범행이 조직적·집단적·대규모적으로 행해져 그 피해도 더욱 커지기 쉬운 반면, 그 단속이나 검거는 어려워지고 범인들의 악성도 더욱 강하다고 보아야 하기 때문에 현장에 있지 않은 범인들에 비해 가중처벌하는 것이라고 한다. 다시 말해 범행지배를 한 범인은 공동정범이 될 수 있지만, 합동범이 되기 위해서는 범인이 범행지배와 함께 범행현장에 있을 것을 요한다는 것이다.

이 견해에 의하면 대구에 있는 甲이 광주에 있는 수퍼마켓주인 A에게 전화를 걸어 주의를 산만케 하고 이를 이용해 乙, 丙이 그 수퍼마켓에 있는 물건을 절취한 경우, 乙, 丙은 범행현장에 있었으므로 합동절도범이 된다. 그리고 甲의 행위가 방조에 그치지 않고 절도범행을 기능적으로 지배한 행위라고 할 경우, 甲

은 공동정범이 되지만 범행현장에 있지 않았으므로 합동절도범이 아니라 단순절도죄의 공동정범이 된다.

4) **현장적 공동정범설** 이 견해는 합동범은 주관적 요건으로서 공모 외에 객관적 요건으로서 현장에서의 실행행위의 분담을 요한다고 하면서도, 배후거물이나 두목이 현장에 있지 않더라도 '기능적 범행지배'를 하여 정범성요소를 갖추었다면 합동범의 공동정범으로 규율할 수 있다고 한다.

이 견해에 대해서는 배후두목은 합동범의 교사범이나 기타 범죄단체조직죄(제114조) 등으로 처벌하면 족하고 현장에 없는 사람까지 합동범이라고 하여 처벌범위를 확대할 필요가 없고, 현장적 공동정범이 성립하기 위해 2인 이상이 현장에 있을 필요가 있어야 할 이유가 분명하지 않다는 비판 및 가중적 공동정범설에 대한 비판과 동일한 비판이 가해진다.

5) **판 례** 종래의 판례는 현장성설을 따랐었으나,[1] 이후 현장이라고 하는 엄격한 개념을 사용하지 않고 시간적·장소적 협동관계라는 좀더 완화된 표현을 쓰다가[2] 전원합의체판결을 통해 현장에 있지 않은 사람에 대해서도 합동범의 공동정범을 인정하였다.[3] 동판결은 현장에 있지 않은 범인도 합동범의 공동정범이 될 수 있다고 한 점에서 현장성설을 일부 포기하였다고 할 수 있지만, 범인 중 2인 이상이 반드시 시간적·장소적 협동관계가 있어야 한다고 한 점에서 종래의 태도를 완전히 포기한 것은 아니라고 할 수 있다.

이 판결은 공동의사주체설에 따른 공모공동정범을 인정한 것이라는 비판을 받았다. 그러나 이후 판례들은 공모공동정범에서도 범행지배가 인정되어야 한다고 하고 공동의사주체설이 아닌 범행지배설에 따른 공모공동정범을 인정하고, 그 선례로 위의 판결을 들고 있다.[4]

---

1) 대판 1976. 7. 27. 75도2720.

2) 대판 1996. 3. 22. 96도313: 피고인이 피해자의 형과 범행을 모의하고 피해자의 형이 피해자의 집에서 절취행위를 하는 동안 피고인은 그 집 안의 가까운 곳에 대기하고 있다가 절취품을 가지고 같이 나온 경우 시간적·장소적으로 협동관계가 있었다.

3) 대판 1998. 5. 21. 98도321 전합.

4) 대판 2017. 1. 12. 2016도15470; 대판 2017. 10. 26. 2017도8600; 대판 2016. 8. 30. 2013도658; 대판 2012. 1. 27. 2011도626; 대판 2011. 5. 13. 2011도2021; 대판 2007. 4. 26. 2007도235 판결. 그러나 지금도 여전히 공동의사주체설에 의한 공모공동정범을 인정하는 듯한 판례도 있다. 대판 2016. 4. 2. 2016도2696; 대판 2012. 1. 27. 2010도10739; 대판 2004. 12. 24. 2004도5494; 대판 2004. 12. 10. 2004도5652 등.

그러나 이에 대해서는 합동범의 공동정범을 인정하는 사례들에서 그 범행이 조직적·집단적·대규모적이라고 보기 어렵고, 합동범의 공동정범을 인정하지 않더라도 현장에 있지 않은 범인을 충분하게 처벌할 수 있는 방법이 있음에도 합동범의 공동정범을 인정하여 처벌의 범위를 넓히는 것은 부당하다는 등의 비판이 제기된다.

6) 결 어 절도, 강도, 도주 등의 범죄에서만 합동범을 인정할 근거가 박약하기 때문에 입법론적으로는 합동범을 삭제하는 것이 바람직하다. 그러나 해석론으로서는 합동범의 형벌가중근거를 가장 설득력있게 제시하는 것은 현장성설이라고 할 수 있다.

3. 합동범의 성립요건

1) 2인 이상의 실행행위 합동범이 성립하기 위해서는 2인 이상이 현장에서 범죄를 실행하여야 한다. 현장에 있는 범인이라도 교사·방조범이 되는 범인이어서 2인 이상이 실행행위를 하지 않은 경우에는 합동범이 성립할 수 없다.

예를 들어 甲이 부산에서, 乙이 광주에서 서울에 있는 A의 슈퍼마켓에 전화를 걸어 시선을 분산시키고 이를 이용해 丙이 A의 재물을 절취하였는데, 甲, 乙이 丙의 범행을 단순히 방조한 것이 아니라 실행을 분담하였다고 평가되어 甲, 乙, 丙 모두 절도의 정범이라고 하더라도 범행 현장에는 丙 혼자만 있었으므로 합동절도죄는 성립하지 않고, 甲, 乙, 丙 모두 절도죄의 공동정범이 된다.

> [대판 2016. 6. 9. 2016도4618] 시간적으로나 장소적으로 협동관계에 있었다면 실행행위를 분담한 것으로 인정된다. … 늦어도 피고인 甲이 피해자를 간음하기 위해 화장실로 갈 무렵에는 피고인들이 술에 취해 반항할 수 없는 피해자를 간음하기로 공모하였고, 피고인 乙이 피고인 甲에게 간음하기에 편한 자세를 가르쳐 주고 피고인 甲이 간음 행위를 하는 방식으로 실행행위를 분담하였으므로 피고인들은 시간적·장소적 협동관계에 있었다(성폭력처벌법 제4조의 합동강간 사건).

2) 의사연락 범인들 사이에 의사연락이 있어야 한다. 의사연락없이 각자 범행을 한 경우에는 동시범이 되어 각자의 행위에 의해 처벌되고 합동범으로 가중처벌되지 않는다.

3) 범인들의 범행현장 존재 여부 판례에 의하면 범인들 중 2인 이상만

이 현장에 있으면 현장에 있지 않은 다른 범인들도 합동범의 공동정범이 될 수 있다고 한다. 그러나 통설인 현장성설에 의하면 현장에 있는 범인만이 합동범이 될 수 있고, 현장에 있지 않은 범인은 정범이라고 할 수 있다고 하여도 합동범의 공동정범이 아니라 일반범죄의 공동정범이 된다.

현장이란 개념은 구성요건적 행위가 행해지는 장소보다는 좀더 넓은 의미로서, 사회통념상 같은 장소라고 평가될 수 있으면 족하다.

4. 합동범에 대한 총칙상 공범규정의 적용

1) 합동범의 공동정범 이에 대해서는 앞에서 자세히 언급하였다.

2) 합동범의 교사·방조범 통설·판례에 의하면 합동범 외부자는 합동범에 대한 교사범과 종범이 될 수 있다. 예를 들어 甲이 乙·丙의 현장에서의 절도죄를 교사·방조하였다면 합동절도죄의 교사·방조범이 된다.

쉬어가기

(1) 甲은 직장동료 A가 해외여행을 떠난다는 말을 들은 후 친구 乙, 丙에게 "A가 사채업으로 돈을 벌어 귀금속을 샀다고 들었는데, A가 해외여행을 떠난다고 한다. 그런데 A가 조폭 출신이고 의심도 많아 내가 직접 훔치기 어려우니, 네가 나 대신 A의 집에서 귀금속을 훔쳐 달라. 귀금속을 가져다 주면 충분히 사례를 하겠다."라고 제안하였고, 乙, 丙은 이를 승낙하였다.

(2) 乙과 丙은 A의 집 앞으로 갔다. 丙은 A의 집 대문 앞에 승용차를 주차하고 차에 탑승한 채 망을 보고, 乙은 A의 집 담을 넘은 다음 현관문 옆 화분 아래에서 열쇠를 찾아 그 열쇠로 현관문을 열고 집 안에 들어가서 안방을 뒤져 귀금속을 들고 나왔다.

판례에 따를 때, 甲, 乙, 丙의 죄책은?

【설문의 해결】 1. 乙, 丙의 합동절도 성부가 문제된다. 판례는 망을 보는 것만으로도 시간적·장소적 협동관계가 있다고 보므로, 乙, 丙은 특수절도죄(합동절도)가 성립한다. 한편, 폭력행위처벌법상 공동주거침입죄도 성립하며, 양죄는 실체적 경합범의 관계에 있게 된다.

2. 甲의 경우 판례에 의하면 특수절도의 (공모)공동정범이 인정되고, 공동주거침입의 (공모)공동정범 역시 인정된다고 할 것이다.

제7절 동 시 범

§38

> **제19조(독립행위의 경합)** 동시 또는 이시의 독립행위가 경합한 경우에 그 결과발생의 원인된 행위가 판명되지 아니한 때에는 각 행위를 미수범으로 처벌한다.
> **제263조(동시범)** 독립행위가 경합하여 상해의 결과를 발생하게 한 경우에 있어서 원인된 행위가 판명되지 아니한 때에는 공동정범의 예에 의한다.

Ⅰ. 동시범의 개념

동시범 혹은 독립행위의 경합이란 의사연락이 없는 여러 사람의 행위가 결과발생에 관계된 경우를 말한다. 예를 들어 甲·乙·丙이 서로 의사연락없이 각자 살해의 의사로 A를 향해 총을 쏜 경우이다.[1] 이 경우 여러 사람의 단독범행이 우연히 함께 이루어진 것이다.

Ⅱ. 동시범의 특징

동시범은 범인들 사이에 의사연락이 없고, 여러 개의 행위가 우연히 동시 혹은 이시(異時)에 이루어져 결과를 발생시킨 경우이기 때문에 각 행위자는 단독정범의 책임을 지게 된다. 따라서 공동정범과는 달리 부분실행·전체책임의 원리가 지배하지 않고 각자 자신의 행위와 그에 의해 초래된 결과에 대해서만 책임을 지는 개별책임의 원리를 따르게 된다.

이에 따라 동시범에서는 발생된 결과가 누구의 행위에 의한 것인지를 가려내는 것이 중요하다. 동시범에서 발생된 결과가 어떤 행위에 의한 것인지 판명되는 경우와 판명되지 않는 경우가 있다. 전자에는 어느 한 행위만이 결과를 발생시킨 것이 판명된 경우와 모든 행위가 누적되어 결과를 발생시킨 경우가

1) 독립행위의 경합과 동시범 중에는 독립행위의 경합이 좀더 정확한 말이다. 왜냐하면 반드시 여러 개의 행위가 동시에 이루어지는 경우뿐만 아니라 이시(異時)에 이루어져도 상관없기 때문이다. 그러나 독립행위의 경합이라는 용어가 너무 길기 때문에 편의상 동시범이라는 용어도 사용한다.

있다.

첫째, 어느 한 행위에 의해서 결과가 발생했다는 것이 판명된 경우 결과를 발생시킨 행위자만이 결과에 대해 책임을 지고, 나머지 행위자는 결과에 대해 책임을 지지 않는다.

둘째, 여러 행위가 누적되어 결과가 발생된 경우에는 인과관계에 관한 누적적 경합의 문제가 된다. 누적적 경합에서는 상당인과관계가 인정되지 않거나 객관적 귀속이 인정되지 않으므로 각 행위자들은 원칙적으로 결과에 대해 책임을 지지 않는다.

셋째, 여러 행위 중 어느 행위에 의해 결과가 발생된 것은 확실하지만 그 행위가 판명되지 않는 경우에는 제19조 및 제263조가 적용된다.

넷째, 결과발생이 여러 행위에 의해 이루어지지 않았다는 것이 판명되거나, 여러 행위에 의해 이루진 것인지가 분명하지 않은 경우에는 모든 행위자가 결과에 대해 책임을 지지 않는다.

Ⅲ. 제19조의 적용요건

동시범 중 제19조의 규정이 적용되기 위해서는 첫째, 동시 또는 이시의 독립행위가 경합할 것, 둘째, 결과가 발생할 것, 셋째, 원인된 행위가 판명되지 않을 것 등의 요건이 필요하다. 이것 이외에 제19조의 문제가 되기 위해서는 동시범의 개념상 행위주체가 다수일 것, 독립행위가 동일한 객체에 대한 것일 것, 범인들 사이에 의사연락이 존재하지 않을 것 등의 요건이 갖춰져야 한다.

1. 행위의 주체

동시 또는 이시(異時)의 독립행위가 경합해야 하므로 행위의 주체도 2인 이상이어야 한다. 1인이 동시 또는 이시의 행위를 하였을 때에는 독립행위의 경합을 논할 필요없이 그 사람에게 발생된 결과에 대해 책임을 물으면 되기 때문이다.

2. 행위의 객체

독립행위는 동일한 객체에 대한 것이어야 한다. 수개의 독립행위가 서로 다른 객체에 대한 것일 때에는 각각의 행위자의 죄책을 따지면 되기 때문에 독립행위의 경합을 문제삼을 필요가 없다.

그러나 이 때의 동일한 객체란 물리적 의미에서 동일한 것이 아니라 사회적·규범적 의미에서 동일한 것을 의미한다. 예를 들어 甲·乙·丙이 각자 A와 B 중 아무나 맞으라고 생각하고 총을 쏘았는데 그 중 A에게만 명중한 경우에도 동시범의 문제가 발생한다.

3. 시간적 동일성

독립행위가 반드시 동일한 시각에 이루어질 필요는 없다. 이시에 이루어진 경우에도 동시범이 될 수 있다. 예를 들어 甲과 乙이 1시간 간격으로 A에게 독약을 먹인 경우에도 제19조 혹은 제263조의 적용문제가 생기게 된다.

[대판 2000. 7. 28. 2000도2466] 시간적 차이가 있는 독립된 상해행위나 폭행행위가 경합하여 사망의 결과가 일어나고 그 사망의 원인된 행위가 판명되지 않은 경우에는 공동정범의 예에 의하여 처벌할 것이다.

4. 장소적 동일성

이시의 동시범이 가능하듯 행위가 다른 장소에서 이루어진 경우에도 동시범이 문제될 수 있다.

5. 범인들 사이에 의사연락이 없을 것

범인들 사이에 의사연락이 없어야 한다. 의사연락이 있으면 공동정범이 되기 때문이다(대판 1997. 11. 28. 97도1740).

동시범의 성립범위는 공동정범의 성립범위와 표리의 관계에 있다. 행위공동설에 의하면 과실범의 공동정범, 고의범과 과실범의 공동정범, 서로 다른 종류의 고의범의 공동정범이 인정된다. 그러나 범죄공동설에 의할 경우 모두 동시범의 문제가 된다.

6. 결과가 발생할 것

결과가 아예 발생하지 않은 경우에는 제19조를 적용할 여지가 없다. 이 경우에는 범인은 각자 자신의 행위에 대해서만 책임을 지면 된다.

7. 원인된 행위가 판명되지 않을 것

동시 또는 이시의 독립행위가 경합한 경우에 각 행위를 미수범으로 논하는 것은 그 결과발생의 원인행위가 판명되지 아니한 때에 국한된다(대판 1961. 1. 20. 4293형상671). 원인된 행위가 판명된 경우에는 그 원인행위를 한 사람만이 결과에 대해 책임을 지고 다른 범인들은 책임을 지지 않는다.

단, 독립행위가 경합되었고 그 행위들 전부 혹은 일부에 의해 결과가 발생하였다는 것은 인정되어야 한다. 독립행위의 존재 자체가 불분명하거나(대판 1984. 5. 15. 84도488), 동시범에 의해 결과가 발생하였다는 것 자체가 불분명한 경우에는 제19조가 적용될 여지가 없다.

Ⅳ. 동시범의 효과

1. 형법 제19조

독립행위가 경합하였고 결과가 발생하였으나 원인된 행위가 판명되지 않았을 경우에는 각 행위자를 미수범(未遂犯)으로 처벌한다. 이는 "의심스러울 때는 피고인에게 유리하게"(in dubio pro reo)라는 원칙 혹은 형사소송법상의 소극적 실체진실주의의 원리가 반영된 것이다. 즉, 범인 중 일부가 자기 책임에 미달하는 처벌을 받는 문제점이 있다고 하더라도 자기 책임을 초과하는 범인이 생기는 것을 방지하기 위한 것이다. "열 사람의 도둑을 놓치는 한이 있더라도 한 사람의 무고한 사람을 벌하지 않는다"는 원리도 같은 원리이다.

2. 상해죄의 동시범 특례

그러나 제263조는 상해죄의 동시범을 공동정범의 예에 따라 벌하도록 규정하고 있다. 예컨대, 甲·乙·丙·丁이 의사연락없이 각자 상해의 고의로 A를 향해 돌을 던졌고 그 중 하나가 명중하여 A가 상처를 입었으나 누구의 행위에 의한 것인지 판명되지 않은 경우에는 네 사람 모두를 상해기수범으로 벌한다는 것이다.

이 규정의 성격에 대해서는 ① 인과관계의 존재를 법률상 추정하는 규정이라고 하는 법률상 추정설, ② 인과관계가 존재한다고 간주해 버리는 규정이라는 법률상 간주설, ③ 피고인에게 무죄입증책임을 전환시킨 것이라는 거증책임전환설, ④ 피고인이 인과관계의 부존재에 대한 증거를 제출할 책임이 있다고 하는 증거제출책임설, ⑤ 실체법상으로는 인과관계의 존재를 간주하는 것이고 소송법상으로는 거증책임을 전환하는 규정이라고 하는 이원설 등이 있다.

제263조는 전근대적인 적극적 실체진실주의가 반영된 것으로서 책임주의원칙에 반하는 위헌적 규정이므로 삭제되어야 한다. 따라서 해석상으로는 제263조의 규정을 극도로 축소해석해야 한다. 이런 점을 고려한다면 피고인이 인과관계의 부존재를 증명할 일응의 증거를 제출하면 족하다고 하는 증거제출책임설이 가장 타당하다고 생각된다.

그럼에도 불구하고 판례는 이를 상해죄뿐만 아니라 폭행치사상죄, 상해치사죄의 동시범에도 적용한다(대판 1985. 5. 14. 84도2118). 다만 판례도 강도상해·치상죄, 강간상해·치상죄, 과실치사상죄 등 상해·폭행죄와 보호법익을 달리하는 죄에는 적용될 수 없다고 한다(대판 1984. 4. 24. 84도372).

제7장 죄수론

§39

제1절 죄수의 일반이론

Ⅰ. 죄수론의 의의

죄수론이란 범죄의 수(數)가 몇 개이고 이를 어떻게 취급할 것인가에 관한 이론이다. 범인이 하나의 행위로 하나의 범죄만을 저지르는 경우도 있지만, 현실에서는 범인이 여러 개의 행위를 하고 여러 개의 죄를 범하는 경우가 많다. 또한 하나의 객체에 대해 범죄행위를 하는 경우도 있지만 여러 객체에 대해 범죄행위를 하는 경우도 있다. 이러한 경우에 성립된 범죄의 개수 및 그 형법적 효과가 죄수론의 대상영역이다. 공범론이 범죄인의 수와 형태 및 효과에 관한 것이라고 한다면, 죄수론은 범죄의 수와 형태 및 그 효과에 관한 것이라고 할 수 있다.

형법은 범죄에 관한 규정 중 총칙 제2장 제4절에서 누범과 제5절에서 경합범을 규정하고 있고 제3장에서 형벌에 관한 규정을 두고 있다. 이 중 누범에 관한 규정은 누범의 양형 내지는 처벌에 관한 규정이지 죄수에 관한 규정이 아니라고 하는 견해들도 있다. 그러나 누범은 제2장에, 형벌은 제3장에 규정되어 있으므로 경합범뿐만 아니라 누범도 죄수론의 범위에 포함되는 것으로 보아야 한다.

Ⅱ. 죄수결정의 기준

1. 죄수결정의 중요성

하나의 범죄가 있느냐의 여부는 피고인이 범죄인으로 인정되고 형사처벌을 받느냐의 여부를 결정하는 중요한 요소이다. 하나의 범죄만 있느냐 아니면 두 개의 범죄가 있느냐 역시 유무죄만큼은 아니어도 피고인의 형벌에 중요한 영향을 미친다. 예를 들어 강도죄가 하나인 경우 징역형기의 상한이 30년이지만 강도죄가 두 개 이상이고 경합범인 경우에는 상한이 45년까지로 늘어날 수 있기 때문이다.

범죄가 두 개인가 세 개 이상인가 역시 유무죄 혹은 하나의 범죄인가 두 개의 범죄인지의 차이만큼은 아니더라도 피고인의 양형에 영향을 미칠 수 있다. 강도죄를 세 개 이상 범해도 2개의 강도죄를 범한 것에 비해 선고할 수 있는 처단형의 범위가 늘어나지는 않는다. 그러나 그 형기의 범위 내에서 선고형을 정할 때에는 2개의 강도죄를 범한 경우와 3개의 강도죄를 범한 경우 선고형에 차이가 있을 수 있다.

범죄론이 하나의 범죄가 존재하느냐의 여부를 확인하기 위한 것이라고 한다면, 죄수론은 두 개 이상의 범죄가 존재하느냐의 여부를 확인하기 위한 것이라고 할 수 있다.

2. 죄수결정기준에 관한 학설

(1) 행위표준설

행위표준설은 행위의 수를 기준으로 죄수를 결정한다. 행위가 하나이면 범죄가 하나이고 행위가 여러 개이면 범죄도 여러 개라고 한다.

여기에서 행위란 자연적 의미의 행위를 의미한다고 하는 견해도 있으나, 좀 더 정확하게 말하면 사회통념상의 행위, 즉 자연적 의미의 행위를 사회적으로 평가한 행위를 의미한다.[1] 예를 들어 甲이 A의 따귀를 연속하여 두 번 때린 경우 자연적 의미의 행위는 2개이지만, 사회통념상으로는 하나의 폭행행위가 된다.

사회통념에 의한 행위는 형법적 평가 이전의 행위이다. 예를 들어 두 사람의 명의로 된 문서를 위조한 행위는 법률적으로 보면 두 개의 범죄가 된다. 그러나

---

1) 대판 1987. 7. 21. 87도564.

그 문서위조행위는 사회통념상 두 개의 행위가 아니라 하나의 행위이다.[1] 자연적 의미의 행위와 법적 평가를 거친 행위 중간에 위치하는 사회통념에 의한 행위를 기준으로 한다는 데에 행위표준설의 특색이 있다.

이에 의하면 접속범, 연속범은 수죄가 되고 상상적 경합범은 일죄가 된다. 그러나 이러한 결론은 상상적 경합을 실질적인 수죄이지만 과형상 일죄로 규정하고 있는 형법 제40조에 어긋나고, 결합범이나 접속범을 수죄로 파악하는 문제점이 있다.[2]

(2) 법익표준설

법익표준설은 범죄에 의해 침해되거나 위태화되는 법익의 수를 기준으로 죄수를 결정한다. 따라서 행위나 범죄의사가 단일하더라도 수개의 법익이 침해·위태화된 경우에는 수죄가 되고, 여러 개의 행위나 범죄의사가 있다 하더라도 침해·위태화된 법익이 하나인 경우에는 일죄가 된다. 이에 의하면 접속범은 일죄이고, 결합범은 수죄가 된다.

법익표준설은 상상적 경합범을 과형상 일죄로 하는 이유를 설명하기 곤란하고 강도죄 등과 같이 수개의 법익침해를 수반하는 결합범을 수죄로 파악하는 문제점이 있다.

(3) 구성요건표준설

구성요건표준설은 구성요건에 해당하는 횟수를 기준으로 죄수를 결정한다. 이에 의하면 행위가 수개이더라도 구성요건해당이 일회이면 일죄이고, 행위가 하나이더라도 구성요건해당이 수회이면 수죄이다. 따라서 상상적 경합범은 실질적으로 수죄이고 과형상으로도 수죄가 된다.

구성요건표준설은 접속범이나 집합범 등을 수죄로 파악하는 문제점이 있다.

(4) 의사표준설

의사표준설은 주관주의 범죄이론에 기초한 것으로서 범죄의사의 수에 따라 죄수를 결정한다. 즉 범죄의사가 하나이면 행위나 법익침해가 여러 개이더라도 일죄이고, 범죄의사가 수개이면 행위나 법익침해가 하나이더라도 수죄가 된다고 한다. 이 때의 범죄의사에는 고의뿐만 아니라 과실도 포함된다. 이에 의하면 연속범이나 상상적 경합범은 하나의 범죄의사에 의한 것이기 때문에 일죄가 된다.

---

1) 대판 2017. 9. 21. 2017도11687.

2) 결합범, 접속범 등의 개념에 대해서는 후술하는 일죄의 종류 참조.

의사표준설은 범죄의 사회적 정형성을 무시하는 이론상의 문제점과 상상적 경합범을 실체법상 수죄로 보는 제40조와 조화되지 않는다는 문제점이 있다.

3. 판 례

판례는 구체적 범죄나 사례에 따라 위의 네 가지 학설 중 어느 하나를 따르거나 몇 가지 학설을 결합하여 죄수를 결정한다.

예를 들어 과거에 간통죄는 각 성교행위마다 범죄가 성립한다고 했는데(대판 1989. 9. 12. 89도54), 이는 행위표준설이나 구성요건표준설과 같은 결론이다. 단일한 범의하에 세금을 횡령한 경우 직할시세, 구세 및 국세별로 별개의 죄가 성립하지만, 같은 직할시세 또는 같은 구세 중에서 구체적인 세목을 달리하거나 수개의 행위 도중에 공범자에 변동이 있고 때로는 단독범인 경우도 있다 하더라도 그것이 단일하고 계속된 범의하에 행하여진 것이라면 포괄일죄가 된다고 하는데(대판 1995. 9. 5. 95도1269), 이는 법익표준설이나 의사표준설과 같은 결론이다. 판례는 감금행위가 강간죄나 강도죄의 수단이 된 경우에도 감금죄는 강간죄나 강도죄에 흡수되지 아니하고 별죄를 구성한다고 하는데(대판 1997. 1. 21. 96도2715), 이는 행위표준설, 구성요건표준설, 법익표준설과 일치한다. 판례가 연속범을 일죄로 인정하는 것은 의사표준설에 따른 것이다.

나아가 판례는 위의 학설 이외에 법정형도 죄수결정에서 참고하고 있다.

[대판 1996. 4. 26. 96도485] 사람을 살해할 목적으로 현주건조물에 방화하여 사망에 이르게 한 경우에는 현주건조물방화치사죄로 의율하여야 하고 이와 더불어 살인죄와의 상상적 경합범으로 의율할 것은 아니며, 다만 존속살인죄와 현주건조물방화치사죄는 상상적 경합범관계에 있으므로, 법정형이 중한 존속살인죄로 의율함이 타당하다.[1)]

4. 결 어

1) 죄수체계론의 필요성 특별한 경우가 아닌 한 죄수결정의 기준에 관한 학설 중 어느 하나만에 의해서 죄수를 결정하기는 어려움이 있고, 모든 학

---

1) 현주건조물에 방화하여 직계존속을 살해하는 것과 일반인을 살해하는 것은 위의 어느 학설에 의해도 죄수가 같다. 그런데 양자에 차이를 둔 것은 현주건조물방화치사죄와 보통살인죄 및 존속살해죄의 법정형이 죄수결정에 영향을 미친 결과라고 할 수 있다.

설들을 종합하여 죄수를 결정해야 한다. 여기에 죄수론의 어려움이 있다. 언제 어떻게 어떤 학설을 적용할 것인가가 분명하지 않으면 법관이 자의로 죄수판단을 하게 될 위험성이 있기 때문이다. 따라서 죄수를 확정하기 위해서는 죄수결정의 합리적 체계를 세워야 한다. 즉, 범죄체계론과 같이 죄수체계론이 필요하다. 그러나 아직까지 범죄체계론과 같은 죄수체계론은 개발되어 있지 않다. 따라서 어떤 사례에서 판례가 죄수를 어떻게 결정할 것인지를 예측하는 것은 쉽지 않고, 이것은 피고인의 인권보장에 중대한 장애가 된다.

2) 이중평가금지　죄수를 결정할 때에 모든 행위, 침해법익, 범죄의사 등이 어느 구성요건에 해당하는가는 한 번만 고려해야 하고 이를 이중으로 평가해서는 안 된다.

예를 들어 판례는 재물을 강취한 후 현주건조물에 방화하여 피해자를 살해한 경우 현주건조물방화치사죄와 강도살인죄의 상상적 경합범을 인정한다(대판 1998. 12. 8. 98도3416). 그러나 이것은 피해자의 사망을 강도살인죄와 현주건조물방화치사죄에서 이중 평가하는 것이다. 따라서 이 사례에서 강도살인죄와 현주건조물방화죄의 상상적 경합범이라고 해야 할 것이다.

3) 최초기준으로서 구성요건표준설　범죄는 구성요건의 내용에 의해 결정되기 때문에 범죄의 수는 기본적으로는 구성요건을 기준으로 결정해야 한다. 형법상의 구성요건의 내용이 수개의 행위, 수개의 의사, 수개의 법익침해가 있을 것을 전제로 하는 경우에는 수개의 행위, 수개의 의사, 수개의 법익침해가 있음에도 불구하고 하나의 범죄로 파악해야 하기 때문이다.

예를 들어 야간주거침입절도죄(제330조)의 구성요건해당행위의 경우 수개의 행위, 법익침해, 범죄의사가 있지만 단순일죄가 된다. 만약 동일한 행위가 주간에 이루어진 경우에는 주거침입죄(제319조)와 절도죄(제329조)의 경합범이 된다.

그러나 수개의 구성요건을 충족하는 경우에도 죄수를 제한하려는 노력이 필요하다. 다시 말해 죄수론에서도 '의심스러울 때는 피고인에게 유리하게'라는 원칙이 관철되어야 한다. 이것이야말로 죄수론의 존재의의라고 할 수 있다.

예를 들어 판례는 특가법상의 위험운전치사상죄와 도로교통법상 음주운전죄는 입법취지와 보호법익 및 적용영역을 달리하는 별개의 범죄이므로, 양 죄가 모두 성립하는 경우 두 죄는 실체적 경합관계에 있다고 한다(대판 2008. 11. 13. 2008도7143). 그러나 이것은 음주운전을 이중평가하는 것이라고 할 수 있다. 그리고 수개 범죄의 구성요건에 해당된다는 이유로 수개의 범죄를 인정하는 것은 무책임한 것이다. B의 옷을 빌려입은 A를 C의 칼로 살해한 경우 A에 대한 살인죄 이외에 B의 옷 손괴죄, C의 칼 손괴죄까지 인정하는 것은 이상하다. 따라서 수개의 죄의 구성요건을 충족하더라도 그 죄수는 합리적으로 줄이려는 노력이 필요하다.

Ⅲ. 죄수의 종류

통설·판례에 의하면 죄수에는 일죄와 수죄가 있다. 일죄에는 단순일죄와 포괄일죄가 있고, 수죄에는 상상적 경합범 및 실체적 경합범이 있다. 누범이 양형규정이 아니라 죄수규정이라고 하는 견해에 의하면, 누범은 실체법상으로는 일죄이지만 과거의 범죄행위를 양형시에 고려한다는 점에서 '과형상 수죄'라고 할 수 있다.[1)]

제 2 절 일 죄 §40

Ⅰ. 일죄의 개념 및 종류

일죄란 하나의 범죄가 성립된 경우를 말한다. 일죄에는 단순일죄와 포괄일죄가 있다.

단순일죄의 대표적인 예는 단일한 범죄의사로써 단일한 행위에 의해 단일한 법익을 침해하고 단일한 구성요건이 충족되는 경우이다. 그런데 복수의 구성요건이 충족되었음에도 불구하고 단순일죄만이 성립하는 경우가 있다. 이것은 충족된 복수의 구성요건 중 하나의 구성요건이 충족되는 경우에는 다른 구성요건의 충족을 이유로 별개의 범죄를 인정할 수 없기 때문이다. 이를 법조경합이라고 한다. 법조경합에는 특별관계·흡수관계·보충관계 등이 있고, 택일관계가 법조경합에 속하는가에 대해서는 견해의 대립이 있다.

포괄일죄란 복수의 행위 또는 복수의 법익침해나 구성요건충족이 있다고 하더라도 하나의 범죄로 취급되는 범죄유형이다. 포괄일죄에는 결합범·계속범·접속범 등이 있고, 연속범을 포괄일죄로 해야 하는가에 대해서는 견해의 대립이 있다.

단순일죄나 포괄일죄는 실체법상으로나 소송법상으로 일죄라는 점에서, 실체법상 수죄이지만 소송법상으로는 일죄로 취급되어 과형상 일죄인 상상적 경합범

---

1) '과형상 수죄'라는 용어는 누범의 형법적 효과만이 아니라 그 위헌성을 나타내는 용어이다.

과 구별된다.

한편 누범은 실체법상 일죄이지만 과형상 수죄라고 할 수 있으므로 일죄로 다루어야 한다. 이러한 해석이 누범을 수죄인 경합범보다 앞에 규정한 형법의 취지와도 맞는다고 할 수 있다.

Ⅱ. 법조경합

1. 법조경합의 개념

법조경합의 문자적 의미는 여러 개의 법조문이 함께 적용된다는 것, 즉 하나의 사건에 대해 적용될 법조문이 여러 개라는 것이다. 그러나 법조경합에서 중요한 것은 적용될 수 있는 조문이 여럿이지만 그 중 하나의 조문만이 적용된다는 것이다. 다시 말해 외형상으로는 수개의 구성요건이 충족되지만 그 구성요건 상호간의 특수한 관계로 인해 하나의 구성요건상의 범죄가 성립하는 경우에는 다른 구성요건상의 범죄가 별개로 성립할 수 없는 경우를 말한다.[1] 이러한 의미에서 모든 구성요건상의 범죄가 성립하는 상상적 경합 및 실체적 경합과 구별된다.

[대판 2000. 7. 7. 2000도1899] 상상적 경합은 1개의 행위가 실질적으로 수개의 구성요건을 충족하는 경우를 말하고, 법조경합은 1개의 행위가 외관상 수개의 죄의 구성요건에 해당하는 것처럼 보이나 실질적으로 1죄만을 구성하는 경우를 말하며, 실질적으로 1죄인가 또는 수죄인가는 구성요건적 평가와 보호법익의 측면에서 고찰하여 판단하여야 한다.

2. 법조경합의 종류

법조경합에 속하는 것으로서 특별관계, 흡수관계, 보충관계 및 택일관계가 제시된다. 앞의 셋이 법조경합에 속한다는 점에는 이견이 없지만 택일관계가 법조경합에 속하는가에 대해서는 견해의 대립이 있다.

(1) 특별관계

특별관계란 경합하는 구성요건이 서로 일반법 대 특별법의 관계에 있기 때

---

1) 이런 의미에서 법조경합이라기보다는 법조단일이라고 표현하는 것이 더 정확하다는 견해도 있다.

문에 특별법적 성격의 구성요건이 적용되면 '특별법우선의 원칙'에 의해 일반법적인 성격의 구성요건은 적용되지 않는 경우를 말한다.

예를 들어 특수폭행죄(제261조)에 해당되는 행위는 단순폭행죄(제260조)에도 해당되지만 전자는 후자의 특별법이므로 전자가 적용되면 후자는 적용되지 않는다. 살인죄와 존속살해죄, 살인죄와 촉탁·승낙살인죄, 절도죄와 특수절도죄 등도 일반 대 특별의 관계라고 할 수 있다.

[대판 2012. 8. 30. 2012도6503] 특별관계란 어느 구성요건이 다른 구성요건의 모든 요소를 포함하는 외에 다른 요소를 구비하여야 성립하는 경우로서 특별관계에 있어서는 특별법의 구성요건을 충족하는 행위는 일반법의 구성요건을 충족하지만 반대로 일반법의 구성요건을 충족하는 행위는 특별법의 구성요건을 충족하지 못한다.[1)]

[대판 2025. 9. 4. 2025도9690] 강요죄는 개인의 의사결정 또는 의사실행의 자유를 보호법익으로 하는 반면, 유사강간죄와 강제추행죄는 사람의 성적 자기결정권 또는 성적 자유를 보호법익으로 하고 있어, 강요죄는 개인적 자유를 침해하는 범죄에 대하여 일반법의 관계에 있으므로, 피해자를 도구로 이용한 간접정범 형태로 유사강간죄나 강제추행죄가 성립하는 경우 별도로 강요죄가 성립하지 않는다.

(2) 흡수관계

통설, 판례에 의하면, 흡수관계란 외형상 수개의 구성요건이 충족되어 있지만 개념상 혹은 일반경험칙상 하나의 구성요건이 다른 구성요건의 모든 내용을 포함함으로써 별도의 구성요건의 성립을 논해서는 안되는 경우를 말한다. "전부법은 부분법을 포함한다."

흡수관계에는 하나의 구성요건이 성립하면 다른 구성요건이 '개념상' 그 구성요건에 포함되는 경우와 개념상은 아니지만 '일반경험칙상' 그 구성요건에 포함되는 것으로 보아야 하는 경우가 있다. 후자의 예로는 불가벌적 수반행위, 전자의 예로는 불가벌적 사후행위를 들 수 있다.

1) 기타 특별관계를 긍정한 판례로, 대판 2025. 5. 15. 2024도16239; 특별관계를 부정한 판례로, 대판 2025. 9. 4. 2025도7814(보이스피싱과 사기죄); 대판 2013. 4. 26. 2013도2024; 대판 2010. 12. 9. 2010도10451; 대판 2010. 10. 28. 2008도11999; 대판 2007. 10. 11. 2007도6012; 대판 2006. 5. 26. 2006도1713; 대판 1997. 6. 27. 97도1085; 대판 1983. 9. 27. 82도671; 대판 1961. 10. 12. 60도966 등.

1) 불가벌적 수반행위

가. 개 념 불가벌적 수반행위란 행위자가 특정한 죄를 범하면 논리필연적인 것은 아니지만 일반경험칙상 다른 가벼운 구성요건을 충족하기 때문에 가벼운 구성요건충족행위에 대해 별도로 처벌하지 않는 경우를 말한다.[1)]

예를 들어 甲이 B의 과도로써 C의 의복을 입고 있는 A를 살해한 경우 A에 대한 살인죄뿐만 아니라 B의 과도손괴죄 및 C의 의복손괴죄가 성립할 수 있다. 그러나 살인죄는 논리필연적인 것은 아니지만 일반경험칙상 경미한 재물손괴죄를 포함하고 있다고 할 수 있으므로 별도의 손괴죄가 성립하지 않는다고 해야 한다. 살인죄가 나체인 사람의 살인만을 규정한 것이라고 할 수는 없기 때문이다.

나. 불가벌적 수반행위에 대한 판례

[대판 1997. 4. 17. 96도3376(전합)] 반란의 진행과정에서 그에 수반하여 일어난 지휘관계엄지역수소이탈 및 불법진퇴는 반란 자체를 실행하는 전형적인 행위라고 인정되므로, 반란죄에 흡수되어 별죄를 구성하지 아니한다.[2)]

[대판 1978. 9. 26. 78도1787] 행사의 목적으로 타인의 인장을 위조하고 그 위조한 인장을 사용하여 권리의무 또는 사실증명에 관한 타인의 사문서를 위조한 경우에는 인장위조죄는 사문서위조죄에 흡수되고 따로 인장위조죄가 성립하는 것은 아니[다].

[대판 1983. 4. 26. 83도323] 강간죄의 성립에 언제나 직접적으로 또 필요한 수단으로서 감금행위를 수반하는 것은 아니므로 감금행위가 강간미수죄의 수단이 되었다 하여 감금행위는 강간미수죄에 흡수되어 범죄를 구성하지 않는다고 할 수는 없는 것이고, 그때에는 감금죄와 강간미수죄는 일개의 행위에 의하여 실현된 경우로서 상상적 경합관계에 있다.[3)]

---

1) 대판 2012. 10. 11. 2012도1895; 대판 1997. 4. 17. 96도3376.

2) 불가벌적 수반행위를 인정한 판례로, 상해에 수반된 협박죄(대판 1976. 12. 14. 76도3375; 공갈수단 협박죄(대판 1996. 9. 24. 96도2151), 감금수단 협박죄(대판 1982. 6. 22. 82도705), 특가법상 상습절도수단 주거침입죄(대판 1984. 12. 26. 84도1573), 특가법상 상습절도에 수반된 자동차등불법사용죄(대판 2002. 4. 26. 2002도429), 특가법상의 상습강도죄를 위한 강도예비죄(대판 2003. 3. 28. 2003도665), 여신전문금융업법상 신용카드부정사용을 위한 사문서위조 및 동행사죄(대판 1992. 6. 9. 92도77) 등.

3) 불가벌적 수반행위를 인정하지 않은 판례로, 업무방해 수단으로 한 폭행죄(대판 2012. 10. 11. 2012도1895), 업무방해 수단으로 한 재물손괴나 협박(대판 2009. 10. 29. 2009도10340), 사기죄와 「방문판매등에관한법률」 위반죄(대판 2001. 3. 27. 2000도5318) 등. 그러나 판례의 입장에 대해서는 불가벌적 수반행위를 너무 좁게 인정하여 처벌의 범위를 너무 넓힌다는 비판을 가할 수 있다.

[대판 2012. 10. 11. 2012도1895] 업무방해죄와 폭행죄는 구성요건과 보호법익을 달리하고 있고, 업무방해죄의 성립에 일반적·전형적으로 사람에 대한 폭행행위를 수반하는 것은 아니며, 폭행행위가 업무방해죄에 비하여 별도로 고려되지 않을 만큼 경미한 것이라고 할 수도 없으므로, 설령 피해자에 대한 폭행행위가 동일한 피해자에 대한 업무방해죄의 수단이 되었다고 하더라도 그러한 폭행행위가 이른바 '불가벌적 수반행위'에 해당하여 업무방해죄에 대하여 흡수관계에 있다고 볼 수는 없다.

[대판 2021. 7. 8. 2021도2993] 아동·청소년이용음란물을 제작한 자가 그 음란물을 소지하게 되는 경우 청소년성보호법 위반(음란물소지)죄는 청소년성보호법 위반(음란물제작·배포등)죄에 흡수된다고 봄이 타당하다. 다만 아동·청소년이용음란물을 제작한 자가 제작에 수반된 소지행위를 벗어나 사회통념상 새로운 소지가 있었다고 평가할 수 있는 별도의 소지행위를 개시하였다면 이는 청소년성보호법 위반(음란물제작·배포등)죄와 별개의 청소년성보호법 위반(음란물소지)죄에 해당한다.

2) 불가벌적 사후행위

가. 불가벌적 사후행위의 개념 불가벌적 사후행위란, 일정한 범죄가 성립한 이후의 범죄행위이지만(사후행위) 앞의 범죄행위의 내용 속에 당연히 포함된 것이어서 별도로 처벌되지 않는(불가벌적) 행위를 말한다. 예를 들어 재물을 절취한 자가 그것을 손괴한 경우 재물손괴죄가 되지만, 앞의 범죄인 절도죄에는 절취물을 사용·수익·처분하는 행위가 전제되어 있기 때문에 별도의 재물손괴죄로 처벌되지 않는다.

나. 불가벌적 사후행위의 요건 첫째, 사후행위가 범죄의 성립조건을 갖춰야 한다. 범죄의 성립조건을 갖추지 못한 행위는 불가벌적 사후행위로 논할 실익이 없다.

둘째, 사후행위의 내용이 주된 범죄의 내용 속에 당연히 포함될 것이 전제되어 있어야 한다. 따라서 사후행위가 주된 범죄가 예정하고 있는 정도를 넘어서서 새로운 법익을 침해하는 경우에는 별도의 범죄가 성립한다. 절취물을 손괴하는 것은 불가벌적 사후행위이다. 또한 당초부터 피해자를 기망하여 약속어음을 교부받은 경우에는 그 교부받은 즉시 사기죄가 성립하고 그 후 이를 피해자에 대한 자신의 채권의 변제에 충당하였다 하더라도 불가벌적 사후행위가 됨에 그칠 뿐, 별도로 횡령죄를 구성하지 않는다(대판 1983. 4. 26. 82도3079). 절도 범인으로부터 장물보관 의뢰를 받은 자가 그 정을 알면서 이를 인도받아 보관하고 있다가 임의처분하였다 하여도 장물보관죄가 성립하는 때에는 이미 그 소유자의 소유물 추구권을 침해하였으므로 그 후의 횡령행위는 불가벌적 사후행위에 불과하여 별도로 횡령죄가 성립하지 않는다(대판 2004. 4. 9. 2003도8219).

절취물을 정상적인 물건인 것처럼 판매하는 행위는 매수인에 대한 새로운 법익침해행위라고 할 수 있으므로 사기죄가 된다. 자동차를 절취한 후 자동차등록번호판을 떼어내는 자동차관리법위반행위 역시 새로운 법익침해로 보아야 한다(대판 2007. 9. 6. 2007도4739). 기업의 영업비밀이 담겨 있는 타인의 재물을 절취한 다음 그 영업비밀을 사용한 경우 이러한 영업비밀의 부정사용행위 역시 새로운 법익침해로 보아야 한다(대판 2008. 9. 11. 2008도5364). 나아가 대마취급자가 아닌 자가 절취한 대마를 흡입할 목적으로 소지한 경우 그 소지행위 역시 새로운 법익침해로 보아야 한다(대판 1999. 4. 13. 98도3619).

셋째, 앞의 범죄의 처벌여부는 문제되지 않는다. 예컨대 甲이 A의 재물을 절취한 후 손괴한 사례에서 절도사실이 증거부족으로 무죄라고 하더라도 甲을 손괴죄로 벌할 수 없다.

넷째, 사후행위가 앞의 범죄보다 형벌이 가벼울 필요는 없다. 점유이탈물을 횡령(제360조)하여 손괴한 경우(제366조) 손괴죄의 형벌이 점유이탈물횡령죄의 형벌보다 무겁지만 손괴행위는 불가벌적 사후행위가 된다.

다섯째, 사후행위에만 관여한 제3자에 대해서는 불가벌적 사후행위가 되지 않는다는 견해가 있다. 불가벌적 사후행위를 인적 처벌조각사유로 해석하면 이러한 결론이 나오지만, 흡수관계라고 해석하면 불가벌적 사후행위는 객관적으로 결정되므로 사후행위에만 가담한 제3자에게도 적용되어야 할 것이다.

여섯째, 장물에 관한 죄에 있어서의 장물이라 함은 재산범죄로 인하여 취득한 물건 그 자체를 말하므로, 재산범죄를 저지른 이후에 별도의 재산범죄의 구성요건에 해당하는 사후행위가 있었다면 비록 그 행위가 불가벌적 사후행위로서 처벌의 대상이 되지 않는다 할지라도 그 사후행위로 인하여 취득한 물건은 재산범죄로 인하여 취득한 물건으로서 장물이 될 수 있다(대판 2004. 4. 16. 2004도353).

다. 판 례

[대판 1993. 11. 23. 93도213] 금융기관 발행의 자기앞수표는 그 액면금을 즉시

지급받을 수 있는 점에서 현금에 대신하는 기능을 가지고 있어서 장물인 자기앞수표를 취득한 후 이를 현금 대신 교부한 행위는 장물취득에 대한 가벌적 평가에 당연히 포함되는 불가벌적 사후행위로서 별도의 범죄를 구성하지 아니한다.[1)]

[대판 2013. 2. 21. 2010도10500 전합] 타인의 부동산을 보관 중인 자가 불법영득의사를 가지고 그 부동산에 근저당권설정등기를 경료함으로써 일단 횡령행위가 기수에 이르렀다 하더라도 그 후 같은 부동산에 별개의 근저당권을 설정하여 새로운 법익침해의 위험을 추가함으로써 법익침해의 위험을 증가시키거나 해당 부동산을 매각함으로써 기존의 근저당권과 관계없이 법익침해의 결과를 발생시켰다면, 이는 당초의 근저당권 실행을 위한 임의경매에 의한 매각 등 그 근저당권으로 인해 당연히 예상될 수 있는 범위를 넘어 새로운 법익침해의 위험을 추가시키거나 법익침해의 결과를 발생시킨 것이므로 특별한 사정이 없는 한 불가벌적 사후행위로 볼 수 없고, 별도로 횡령죄를 구성한다.[2)]

---

1) 불가벌적 사후행위를 인정한 판례로, 보이스피싱 방조죄와 현금인출로 인한 횡령죄(대판 2017. 5. 31. 2017도3045), 승차권 절취 후 환불받는 행위(대판 1975. 8. 29. 75도1996), 절취한 원목의 사취행위(사기죄; 대판 1974. 10. 22. 74도2441), 약속어음을 사취하여 같은 피해자에 대한 채권변제에 충당한 행위(횡령죄; 대판 1983. 4. 26. 82도3079), 정기예금의 무단질권설정 후 그 예금의 무단인출행위(대판 2012. 11. 29. 2012도10980), 장물 보관자의 임의처분행위(대판 2004. 4. 9. 2003도8219), 향정신성의약품수수 후 소지행위(대판 1990. 1. 25. 89도1211), 무신고 물품수입죄 후 물건의 취득·양여행위(2008. 1. 17. 선고 2006도455), 가등기청구권을 말소해 주면 대출은행 변경 후 다시 가등기청구권을 설정해주겠다고 속이고 이후 3자에게 근저당권을 설정하여 준 경우의 사기죄와 배임죄(대판 2017. 2. 15. 2016도15226) 등.

2) 불가벌적 사후행위를 인정하지 않은 판례로, 횡령죄와 범죄수익은닉규제법 위반죄(대판 2020. 2. 6. 2018도8808), 범죄수익의 발생원인사실 가장죄와 범죄수익의 처분사실 가장죄(대판 2019. 8. 29. 2018도13792 전합), 위력에 의한 업무방해죄와 위계에 의한 업무방해죄(대판 2018. 5. 15. 2017도19499), 회사직원이 퇴사하면서 회사의 영업비밀 파일을 무단으로 방출하여 범한 업무상배임죄와 이후의 파일 사용으로 인한 업무상배임죄(대판 2017. 6. 29. 2017도3808), 종친회를 피공탁자로 하여 공탁된 수용보상금을 출급받아 편취하고, 이후 그 금원을 횡령한 경우 사기죄와 횡령죄(대판 2015. 9. 10. 2015도8592), 회사로 하여금 펀드출자금을 정해진 시점보다 선지급하도록 하여 배임죄를 범한 다음, 그 펀드출자금을 임의로 인출한 횡령죄(대판 2014. 12. 11. 2014도10036), 꺾기의 담보로 제공 후 회수된 수표 횡령행위(대판 2013. 4. 11. 2012도15585), 절취한 전당표로 물건을 찾은 행위(대판 1980. 10. 14. 80도2155), 사기죄와 외화도피 목적의 수입 가격 조작행위(대판 2012. 9. 27. 2010도16946), 회사재산의 무단담보제공과 예금인출(대판 2012. 6. 28. 2012도2628), 무자격 공인중개료 수수와 그 금액의 사용(대판 2012. 5. 24. 2010도3950), 영업비밀이 담긴 재물절도죄와 영업비밀 사용행위(대판 2008. 9. 11. 2008도5364), 자기 재산의 담보가등기를 설정한 후 타인에게 양도한 행위(대판 2008. 5. 8. 2008도198), 근저당등기 빙자 부동산사기죄와 제3자에의 근저당권설정 행위(대판 2008. 3. 27. 2007도9328), 절취한 전당표로 전당물을 찾은 행위(대판 1980. 10. 14. 80도2155), 예금통장 갈취·강취 후 은행에서의 현금인출행위(대판 1990. 7. 10.

(3) 보충관계

1) 개 념 보충관계란 어떤 행위에 적용될 규정이 없는 경우에 보충적으로 적용되는 규정이 있는 경우 두 규정 사이의 관계를 말한다. 전자를 기본규정, 후자를 보충규정이라고 한다. 양자 사이에서는 "기본법은 보충법에 우선한다"는 원칙에 의해 기본법이 적용되는 경우에는 보충법은 적용되지 않고 기본법이 적용되지 않는 경우에만 보충법이 적용된다.

예를 들어 일반건조물방화죄(제166조 제1항)는 현주건조물방화죄(제164조) 및 공용건조물방화죄(제165조)와 보충관계에 있고 일반물건방화죄(제167조)는 세 범죄와 보충관계에 있다.

특별관계에서는 일반법이 특별법의 적용을 받는 사항에 바로 적용될 수 있지만, 보충관계에서는 보충법은 기본법이 적용되는 사항에 대해서는 적용될 수 없다. 예를 들어 일반법인 보통살인죄의 규정은 특별법인 존속살해에도 적용될 수 있지만, 일반건조물등방화죄는 현주건조물방화행위나 공용건조물방화행위에는 적용될 수 없다. 왜냐하면 일반건조물방화죄(제166조 제1항)의 객체에서 현주건조물방화죄 및 공용건조물방화죄의 객체가 제외되어 있기 때문이다. 만약 일반건조물방화죄에서 '제164조와 제165조에 기재한 외의' 부분이 없다면 일반건조물방화죄와 위 두 죄는 일반 대 특별의 관계라고 할 수 있다.

흡수관계에서는 주된 범죄와 불가벌적 수반행위와 불가벌적 사후행위가 외형상으로나마 모두 성립하는 데 비해, 보충관계에서는 기본범죄와 보충범죄 중 어느 하나만이 성립할 수 있다. 예를 들어 절취물을 손괴한 경우에는 절도죄와

90도1176), 회사의 대표이사의 금원편취행위 후 횡령행위(대판 1989. 10. 24. 89도1605), 대표이사가 타인을 기망하여 신주를 인수하게 한 후 신주인수대금을 횡령한 행위(대판 2006. 10. 27. 2004도6503), 근저당권 설정을 빙자한 금원편취 후 제3자에 대한 근저당권설정행위(대판 2008. 3. 27. 2007도9328), 살인 후 사체유기행위(대판 1997. 7. 25. 97도1142), 자신이 정범이 아닌 같은 범죄집단 구성원들의 절취 재물 취득행위(대판 1986. 9. 9. 86도1273), 신용카드 절취 후 부정사용행위(대판 1996. 7. 12. 96도1181), 회사자금을 횡령 후 이에 기초한 조세납부행위(대판 1992. 3. 10. 92도147), 위법한 외국통화 매입 후 매도행위(대판 1988. 10. 11. 88도994), 절취한 대마의 흡입목적 소지행위(대판 1999. 4. 13. 98도3619), 향정신성의약품 매입 후 소유행위(대판 1997. 2. 28. 96도2839), 무허가 판매목적 의약품제조 후 판매행위(대판 1984. 10. 23. 84도1945), 간호보조원의 무면허 진료행위 후 의사의 진료부 기재행위(대판 1982. 4. 27. 82도122), 문화재 위법취득 후 양도행위(대판 1983. 7. 26. 83도706), 소 절취 후 위법 도축행위(대판 1964. 8. 27. 64도267), 이적단체구성·가입 후 이적활동행위(대판 1997. 10. 24. 96도1327) 등.

손괴죄가 외형상 모두 성립할 수 있지만, 현주건조물방화죄와 일반건조물방화죄는 둘 중에 하나의 범죄만이 성립할 수 있다.

2) 종 류 보충관계에는 일반건조물 혹은 일반물건 방화죄와 같이 명시적으로 보충관계가 규정되어 있는 명시적 보충관계와 묵시적 보충관계가 있다. 후자에는 경과범죄와 범죄의 경중이 있는 경우가 있다.

가. 경과범죄 범죄가 일정한 과정을 거치는 경우 앞단계의 과정은 뒷단계의 과정에 대해 보충관계에 있다. 예를 들어 기수와 미수, 미수와 예비·음모는 각각 기본법과 보충법의 관계에 있으므로 기수죄가 성립하면 미수죄, 미수죄가 성립하면 예비·음모죄는 성립하지 않는다.[1)]

[대판 1965. 9. 28. 65도695] 살해의 목적으로 동일인에게 일시 장소를 달리하고 수차에 걸쳐 단순한 예비행위를 하거나 또는 공격을 가하였으나 미수에 그치다가 드디어 그 목적을 달성한 경우에 그 예비행위 내지 공격행위가 동일한 의사발동에서 나왔고 그 사이에 범의의 갱신이 없는 한 각 행위가 같은 일시 장소에서 행하여 졌거나 또는 다른 장소에서 행하여 졌거나를 막론하고 또 그 방법이 동일하거나 여부를 가릴 것 없이 그 살해의 목적을 달성할 때까지의 행위는 모두 실행행위의 일부로서 이를 포괄적으로 보고 단순한 한 개의 살인기수죄로 처단할 것이지 살인예비 내지 미수죄와 동 기수죄의 경합죄로 처단할 수 없는 것이다.

상해죄와 살인죄, 유기죄와 살인죄도 보충관계라는 견해가 있으나 양죄는 고의를 달리하고 그 성립범위가 다르므로 보충관계에 있다고 할 수 없다.[2)]

나. 범행의 경중 가벼운 범행은 중한 범행에 대해 보충관계에 있는 경우가 있을 수 있다. 예를 들어 공동정범인지 종범인지 불분명한 사안에서 공동정범이 성립하면 종범이 성립하지 않고 공동정범이 성립하지 않는 경우에만 종범이 성립할 수 있다. 종범과 교사범도 보충관계라고 할 수 있다. 부작위범과 작위범, 과실범과 고의범도 보충관계에 있다고 하는 견해가 있으나 이는 후술하는 택일관

1) 판례는 강도예비행위는 상습강도죄에 흡수된다고 하여(대판 2003. 3. 28. 2003도665), 양자가 흡수관계인 것처럼 표현하고 있지만, 정확하게 말하면 양자는 보충관계라고 해야 할 것이다.

2) 보충관계에서는 기본법에 해당하지 않는 행위는 반드시 보충법에 해당해야 한다. 그러나 살인죄가 성립하지 않는다고 해서 반드시 상해죄 및 유기죄가 성립하는 것은 아니고 두 범죄는 살인죄와 무관하게 성립할 수도 있다. 마찬가지 이유로 강도미수죄와 절도죄도 보충관계가 아니다.

계라고 보아야 할 것이다.

(4) 택일관계

택일관계란 두 개 이상의 구성요건이 동시에 성립할 수는 없고 어느 하나의 범죄에 해당하면 다른 범죄는 성립할 수 없는 경우를 말한다. 예를 들어 타인의 재물을 영득하는 행위는 절도죄(제329조), 횡령죄(제355조 제1항), 점유이탈물횡령죄(제360조) 중 어느 하나에만 해당할 수 있고, 두 개의 범죄에 동시에 해당할 수는 없다.

왜냐하면 절도죄는 타인이 점유하는 타인의 재물, 횡령죄는 자기가 점유하는 타인의 재물, 점유이탈물횡령죄는 점유를 이탈한 타인의 재물을 객체로 하기 때문에 이들 범죄가 동시에 성립할 수는 없기 때문이다.

[대판 1987. 12. 22. 87도2168] 사기죄는 타인이 점유하는 재물을 그의 처분행위에 의하여 취득함으로써 성립하는 죄이므로 자기가 점유하는 타인의 재물에 대하여는 이것을 영득함에 기망행위를 한다 하여도 사기죄는 성립하지 아니하고 횡령죄만을 구성한다.

강도죄와 공갈죄를 택일관계로 보는 견해도 있으나 특별관계로 보아야 할 것이다. 왜냐하면 강도죄의 구성요건의 내용은 공갈죄의 구성요건을 모두 포함하고 있는데, 택일관계에서는 하나의 구성요건이 다른 구성요건을 모두 포함해서는 안 되기 때문이다. 작위범과 부작위범, 고의범과 과실범도 택일관계라고 볼 수 있다.

과거의 통설은 택일관계를 법조경합의 한 예로 보았으나 최근의 다수설은 택일관계를 법조경합에서 배제하고 있다. 법조경합은 행위가 외견상 수개의 구성요건에 해당하는 경우인 데에 비해 택일관계는 외형상으로도 하나의 범죄만이 성립한다는 것을 그 이유로 든다. 그러나 법조경합의 개념을 어느 행위에 대해 일응 적용될 가능성이 있는 법규정이 수개 있으나 이를 자세히 관찰하면 하나의 법규정만이 적용되고 다른 법규정은 적용이 배제되는 경우라고 한다면 택일관계도 법조경합의 하나라고 해도 무방하다.

3. 법조경합의 효과

법조경합은 경합하는 수개의 법규정상의 범죄들 중 하나의 범죄만이 성립하고 경합하는 다른 법규정상의 범죄는 성립하지 않는다. 이 점에서 모든 범죄들이 성립하는 상상적 경합이나 실체적 경합과 구별된다.

법조경합은 단일한 범죄이기 때문에 법조경합 중 일부에 대한 공소제기나 법원의 판결은 전체에 대해 효력을 미친다는 점에서 실체적 경합범과 구별된다. 또한 전체 범죄에 대해 하나의 유무죄판결만이 선고될 수 있다는 점에서 유무죄를 구별하여 선고할 수 있는 상상적 경합범[1] 및 실체적 경합범과 구별된다.

Ⅲ. 포괄일죄

1. 포괄일죄의 개념

포괄일죄란 구성요건을 충족하는 수개의 행위가 있음에도 불구하고 수개의 범죄가 성립하는 것이 아니라 포괄하여 하나의 범죄가 성립하는 경우를 말한다.

포괄일죄에서는 수개의 행위 전부가 범죄성립의 구성요소가 된다는 점에서 일부만이 구성요건요소가 되는 법조경합과 구별된다. 포괄일죄는 수개의 행위가 있다는 점에서 하나의 행위만이 존재하는 상상적 경합과 구별되고, 실체적 경합과 유사하다. 그러나 하나의 범죄만이 성립한다는 점에서 복수의 범죄가 성립하는 실체적 경합과도 구별된다.

[대판 1982. 11. 23. 82도2201] 포괄일죄란 일반적으로 각기 따로 존재하는 수개의 행위가 당해 구성요건을 한 번 충족하여 본래적으로 일죄라는 것으로 이 수개의 행위가 혹은 흡수되고 혹은 사후행위가 되고 혹은 위법상태가 상당 정도 시간적으로 경과하는 등으로 본래적으로 일죄의 관계가 이루어지는 것이므로 별개의 죄가 따로 성립하지 않음은 물론 과형상의 일죄와도 이 점에서 그 개념 등을 달리하는 것이다.[2]

1) 대판 1995. 7. 28. 95도997. 상상적 경합관계에 있는 수죄 중 그 일부만이 유죄로 인정된 경우는 그 전부가 유죄로 인정된 경우와는 양형의 조건을 참작함에 있어서 차이가 생겨 선고형을 정함에 있어 차이가 있을 수 있다.

2) 그러나 이러한 정의는 포괄일죄와 법조경합으로서의 흡수관계를 혼동하게 할 위험이 있다. 포괄일죄와 법조경합의 차이는 전자에서는 수개의 행위가 각각 범죄성립의 구성요소가 되는 반면, 후자에서는 흡수되는 행위는 범죄성립의 구성요소가 아니라는 점에서 차이가 있다.

2. 포괄일죄의 종류

포괄일죄에는 결합범, 계속범, 접속범, 집합범 등이 있고, 연속범에 대해서는 견해가 대립한다.

(1) 결 합 범

1) 개 념 결합범이란 수개의 범죄행위가 결합되어 있는 형태의 범죄, 즉 수개의 범죄행위가 결합되어 하나의 범죄를 구성하는 형태의 범죄를 말한다. 야간주거침입절도죄(제330조)는 야간주거침입죄와 절도죄, 강도죄(제333조)는 폭행·협박죄와 절도죄가 결합되어 있는 범죄이다.

수개의 행위가 필요하더라도 각각의 행위가 독립된 범죄가 되지 않는 경우에는 결합범이 아니다. 예를 들어 사기죄는 기망행위와 재물의 교부행위, 재산상의 이익취득 등이 결합되어 있지만 각각의 행위가 독립된 범죄가 되지는 않으므로 결합범이라고 할 수 없다.

2) 특 징 결합범을 인정하는 이유는 별개의 독립범죄가 결합될 경우에는 결합되는 수개의 범죄행위의 위험성을 합한 것보다 더 큰 위험성, 즉 '범죄의 시너지효과'로 인해 가중처벌을 할 필요가 있기 때문이다.[1] 예를 들어 폭행죄와 절도죄의 실체적 경합범은 8년 이하의 징역에 처할 수 있지만 이들 범죄가 결합된 강도죄는 3년 이상 30년 이하의 징역에 처한다.

여기에서 중요한 것은 범죄시너지효과와 가중되는 형벌이 균형을 이루어야 한다는 것이다. 이러한 의미에서 강도죄에 비하여 강도상해·치상죄의 형벌은 그 가중의 정도가 너무 커 과잉금지원칙에 반한다고 해야 할 것이다.

(2) 계 속 범

1) 개 념 계속범이란 범죄가 기수에 도달한 이후에도 범죄행위가 계속되는 형태의 범죄를 말한다. 감금죄(제276조), 주거침입죄(제319조) 등이 그 예이다.[2] 감금죄는 사람을 감금한 때에 기수가 되지만 피감금자가 그 감금에서 해방될 때까지는 감금행위가 계속된다. 이와 같이 수개의 범죄행위가 있어도 수개의 범죄가 아닌 일죄가 된다.

---

1) 결합범을 포괄일죄라고 할 수 없다는 견해가 있지만, 위와 같은 결합범의 인정취지를 감안한다면 포괄일죄로 파악하는 것이 옳다고 생각된다(통설).

2) 계속범은 상태범 혹은 즉시범에 대비되는 개념이다. 상태범이란 범죄가 기수에 이르면 더 이상 범죄행위는 없고, 범죄행위에 의해 초래된 위법한 상태만이 존재하는 형태의 범죄이다.

2) 특 징 계속범에서는 기수시기와 범죄의 종료시기가 일치하지 않는다. 따라서 기수 이후에도 범죄행위가 계속되기 때문에 공범의 성립이 가능하고, 공소시효의 기산점도 기수시점이 아니라 종료시점이다.

3) 판 례 판례에 의하면 체포죄(대판 2018. 2. 28. 2017도21249), 직무유기죄(대판 1997. 8. 29. 97도675), 무허가 공유수면 점·사용죄(대판 2010. 9. 30. 2008도7678), 청소년성보호법상 성착취물소지죄(대판 2025. 6. 12. 2023도11395) 등은 계속범이다.

그러나 국가공무원의 정치단체등가입죄(대판 2014. 5. 16. 2013도929), 내란죄(대판 1997. 4. 17. 96도3376), 학대죄(대판 1986. 7. 8. 84도2922), 횡령죄(대판 1978. 11. 28. 78도2175), 산림절도죄(대판 1974. 10. 22. 74도2441), 구 폭처법상 범죄단체조직죄(대판 1997. 10. 10. 97도1829), 국가보안법상 이적단체구성 또는 가입죄(대판 1997. 10. 24. 96도1327), 도주죄,[1] 군형법상의 무단이탈죄(대판 1983. 11. 8. 83도2450), 잠입죄(대판 1960. 9. 16. 4293형상399), 무허가도로점용죄(대판 1986. 10. 14. 86도435) 등은 즉시범 혹은 상태범이다.

(3) 접 속 범

1) 개 념 접속범이란 구성요건을 충족하는 행위가 여러 개 있지만 이 행위들이 단일한 범죄의사에 의한 것이고 시간적·장소적으로 접속되고 동종의 법익을 침해하는 것이기 때문에 포괄하여 하나의 범죄만이 성립하는 경우를 말한다. 빈집털이가 문 앞에 트럭을 대기시켜 놓고 수회에 걸쳐 재물을 반출한 경우, 같은 기회에 여러 차례 폭행을 한 경우 등이 그 예이다.

[대판 1998. 4. 14. 97도3340] 선서한 증인이 같은 기일에 여러 가지 사실에 관하여 기억에 반하는 허위의 진술을 한 경우 이는 하나의 범죄의사에 의하여 계속하여 허위의 진술을 한 것으로서 포괄하여 1개의 위증죄를 구성하는 것이다.

2) 특징 및 요건 접속범을 인정하는 이유는 수개의 행위들이 하나의 사회적 의미를 가진 행위이기 때문이다.

따라서 ① 반복된 행위가 시간적·장소적으로 접속되어 있어야 하고, ② 범죄의사가 단일해야 하고, ③ 동종의 법익을 침해하는 것이어야 한다는 등의 요건을 갖추어야 한다.

1) 대판 1991. 10. 11. 91도1656: 도주죄는 즉시범으로서 범인이 간수자의 실력적 지배를 이탈한 상태에 이르렀을 때에 기수가 되어 도주행위가 종료하는 것이고, 도주죄가 기수에 이른 이후에 범인의 도피를 도와주는 행위는 범인도피죄에 해당할 수 있을 뿐 도주원조죄에는 해당하지 아니한다.

반드시 동일한 법익을 침해하지 않더라도 동종의 법익이면 족하다. 예를 들어 빈집에서 A, B, C의 재물을 절취한 경우라도 접속범이 된다. 그러나 동일한 장소, 시간에 차례로 A·B·C를 폭행한 경우와 같이 생명, 신체, 자유, 명예 등 전속적 법익을 침해한 경우에는 접속범이 인정되지 않는다.

(4) 집 합 범

1) 집합범의 개념 및 종류 집합범이란 동종의 여러 개의 행위가 반복해서 행해지지만 단일한 의사경향에 의한 행위이므로 포괄하여 하나의 범죄만이 성립하는 경우를 말한다. 이에는 상습범, 영업범 및 직업범 등이 있다.

상습범이란 행위자의 범죄습벽에 의해 행해지는 범죄를 말한다. 영업범이란 행위자가 반복된 행위를 통해 수입을 얻는 형태의 범죄를 말하고, 직업범이란 범죄의 반복이 직업적·경제적 활동이 되어버린 형태의 범죄를 말한다고 한다.

[대판 2004. 7. 22. 2004도2390] 영업범이란 집합범의 일종으로 구성요건의 성질에서 이미 동종행위가 반복될 것으로 당연히 예상되는 범죄를 가리키는 것인바 … 사기죄는 영업범에 속하지 않는다.

[대판 2012. 5. 10. 2011도12131] 상습범이란 어느 기본적 구성요건에 해당하는 행위를 한 자가 범죄행위를 반복하여 저지르는 습벽, 즉 상습성이라는 행위자적 속성을 갖추었다고 인정되는 경우에 이를 가중처벌 사유로 삼고 있는 범죄유형을 가리키므로, 상습성이 있는 자가 같은 종류의 죄를 반복하여 저질렀다 하더라도 상습범을 별도의 범죄유형으로 처벌하는 규정이 없는 한 각 죄는 원칙적으로 별개의 범죄로서 경합범으로 처단할 것이다.

2) 법적 성격 상습법, 영업범이라는 개념을 통해 행위자의 생활태도 내지 내심의 의사의 동일성을 근거로 수개의 독립된 행위를 포괄일죄로 인정하는 것은 특수한 범죄습벽을 가진 범죄인에게 부당한 특혜를 주는 것이므로 집합범을 경합범으로 취급해야 한다는 견해가 있다.

하지만 연속범을 포괄일죄에 속한다고 한다면, 집합범은 연속범보다 의사·피해법익·행위 측면에서 더욱 밀접한 행위들로 이루어지므로 연속범을 포괄일죄로 하면서 집합범을 경합범으로 하는 것은 균형에 맞지 않는다.

또한 상습범이나 영업범은 다수의 행위를 할 것이 예상되어 있어서 법정형을 높게 하는 것이 보통이기 때문에 다시 경합범가중을 하는 것은 문제가 있다 (예를 들어 상습절도죄의 법정형은 2분의 1까지 가중하도록 되어 있으므로 절도죄의 경합범의 형벌과 같다).

나아가 다수의 행위가 전제되어 있는 영업범을 경합범으로 하게 되면 다수의 영업행위 중 일부만이 처벌된 경우 다른 행위들에 대해서는 일사부재리원칙이 적용되지 않으므로 피고인에게 지나치게 불리하다.

이런 점에서 다수설과 판례는 집합범을 포괄일죄로 본다.[1)]

[대판 2014. 7. 24. 2013도12937] 무등록 건설업 영위 행위는 범죄의 구성요건의 성질상 동종 행위의 반복이 예상된다 할 것이고, 그와 같이 반복된 수개의 행위가 단일하고 계속된 범의하에 근접한 일시·장소에서 유사한 방법으로 행하여지는 등 밀접한 관계가 있어 전체를 1개의 행위로 평가함이 상당한 경우에는 이들 각 행위를 통틀어 포괄일죄로 처벌하여야 한다.

(5) 연 속 범

1) 개 념 연속범은 범의를 계속하여 동종의 행위를 반복함으로써 일죄로 처단하는 형태의 범죄를 말한다.[2)] 즉 복수의 법익을 침해하는 복수의 구성요건해당행위가 있지만, 그 행위들이 동종의 행위이고 행위자의 범죄의사가 단일함으로 인해 수죄로 취급하지 않고 포괄일죄로 취급하는 형태의 범죄를 말한다.

연속범은 결합범과 같이 수개의 행위가 결합되어 위험성이 증대될 것을 요하지 않고, 접속범과 같이 시간적·장소적 근접성을 요하지 않고, 집합범과 같이 범죄습벽이 있거나 동일한 행위가 반복될 것을 요하지 않는다. 이런 의미에서 포괄일죄 중 범죄행위들 사이의 결속성이 가장 약하다고 할 수 있다.

2) 법적 성격

가. 견해의 대립 일제강점시대의 구형법 제55조는 연속범을 일죄로 규정하였으나 현행형법은 이러한 규정을 두지 않았기 때문에 연속범을 일죄로 볼 것인지 견해가 대립한다.

통설·판례는 연속범을 포괄일죄로 보지만, 처분상 일죄로 보는 견해, 경합범으로 보는 견해 등도 있다.[3)]

---

1) 대판 1993. 3. 26. 92도3405.

2) 대판 1947. 12. 30. 4280형상136; 대판 1983. 3. 8. 83도122; 대판 1984. 8. 14. 84도1139.

3) 독일에서는 연속범의 인정을 비판하는 학설이 많아지자 1994년 연방대법원은 연속범의 인

[대판 2000. 1. 21. 99도4940] 단일하고도 계속된 범의 아래 동종의 범행을 일정기간 반복하여 행하고 그 피해법익도 동일한 경우에는 각 범행을 통틀어 포괄일죄로 볼 것이고, 수뢰죄에 있어서 단일하고도 계속된 범의 아래 동종의 범행을 일정기간 반복하여 행하고 그 피해법익도 동일한 것이라면 돈을 받은 일자가 상당한 기간에 걸쳐 있고, 돈을 받은 일자 사이에 상당한 기간이 끼어 있다 하더라도 각 범행을 통틀어 포괄일죄로 볼 것이다.

[대판 2012. 5. 10. 2011도12131] 저작재산권 침해행위는 저작권자가 같더라도 저작물별로 침해되는 법익이 다르므로, 각각의 저작물에 대한 침해행위는 원칙적으로 각 별개의 죄를 구성한다. 다만 단일하고도 계속된 범의 아래 동일한 저작물에 대한 침해행위가 일정기간 반복하여 행하여진 경우에는 포괄하여 하나의 범죄가 성립한다고 볼 수 있다.

나. 결 어 연속범은 집합범처럼 상습성, 영업성 등과 같이 강력한 범죄요인 등이 있는 것은 아니지만, 많은 범죄에서는 다수의 범죄행위들이 행해질 것을 어느 정도 예상할 수 있다. 상당기간 소매치기를 한 사람이나 뇌물을 받은 공무원은 상습성, 영업성은 없더라도 다수의 절도행위나 수뢰행위를 할 것이라고 예상할 수 있다. 따라서 이 경우 개개행위보다는 전체행위를 포괄하여 다루는 것이 합리적이라고 할 수 있다.

연속범을 과형상 일죄나 경합범으로 보게 되면 모든 행위의 성격을 개별적으로 파악해야 하는데 이는 소송경제에 반하고, 피고인에게 지나치게 불리한 결과를 초래할 수 있다. 연속범을 수죄로 보게 되면 공소제기시 모든 행위에 대한 공소사실을 개별적으로 특정해야 하고, 일사부재리의 원칙도 적용되지 않기 때문이다.

따라서 연속범은 포괄일죄로 보는 것이 타당하다. 결합범이나 계속범을 일죄로 보는 것은 범죄의 개념상 논리필연적이다. 접속범을 일죄로 보는 것도 범죄행위의 사회적 의미라는 관점에서 거의 필연적이다. 집합범이나 연속범은 일죄로 보아야 할 논리적 필연성은 없지만, 일죄로 보아야 할 현실적 내지 정책성 필요성이 있다고 할 수 있다.

3) 연속범의 성립요건 연속범이 성립하기 위해서는 단일하고도 계속된 범의 아래 동종의 범행을 일정기간 반복하여 행하고 그 피해법익도 동일하여야

정을 극도로 제한하기로 하였다.

한다(대판 2000. 1. 21. 99도4940).

가. 객관적 요건

A. 범행방법의 동종성 범행방법은 동종의 방법이어야 한다. 범행방법은 동일한 구성요건에 속하는 경우는 물론이고 유사한 구성요건에 속해도 무방하다(대판 2011. 10. 27. 2011도8109). 예비죄와 본범, 기수와 미수 사이의 연속범도 가능하다(대판 2000. 4. 25. 99도5479의 취지; 대판 1983. 1. 18. 82도2823). 객체가 동일할 필요도 없다(대판 1983. 3. 8. 83도122).[1] 공범이 다르더라도 상관없다(대판 2018. 4. 26. 2017도21429).

그러나 죄질이 다른 고의범들 및 고의범과 과실범의 연속범은 인정되지 않는다.

정범과 공범, 작위범과 부작위범의 연속범을 부정하는 견해가 있으나, 긍정해야 할 것이다. 예컨대 甲·乙이 여러 차례에 걸쳐 절도를 하던 중 어떤 때에는 한 사람이 방조행위만을 한 경우 이들의 특수절도죄, 절도죄, 절도방조죄 등 전체를 포괄일죄로 보아야 한다(대판 1975. 1. 14. 73도1848 참조).

B. 시간적 근접성 연속범이 되기 위해서는 범행기간이 일정범위 안에서 이루어져야 한다. 범행들이 접속해서 행해질 것을 요하는 것은 아니고 어느 정도의 간격이 있어도 무방하지만(대판 2000. 1. 21. 99도4940), 범행간의 시간적 간격이 너무 큰 경우에는 연속범이 될 수 없다(대판 1982. 11. 9. 82도2055).[2]

연속범이 성립하기 위해서는 동일한 관계를 이용하였다고 하는 장소적 제한성도 필요하기 때문에 서로 다른 도시에서 무전취식을 하는 경우 연속범이 될 수 없다고 하는 견해가 있다. 그러나 오전에 서울에서 절도를 하고 오후에 부산에서 절도를 한 경우 연속범을 부정할 이유가 없다.

판례는 절취한 신용카드로 여러 가맹점들로부터 물품을 구입한 경우 포괄일죄가 된다고 한다(대판 1996. 7. 12. 96도1181). 신용카드부정사용죄와 같은 범죄는 여러 도시에서 행해지는 경우가 많을 것이므로 이러한 범죄에 대해 장소적 근접성까지 엄격하게 요구할 필요는 없을 것이다.[3]

---

1) 다만 판례는 피해자가 동일해야 할 것을 요하기도 한다(대판 2000. 6. 27. 2000도1155; 대판 1990. 9. 25. 90도1588 등).

2) 대판 2007. 7. 12. 2007도2191과 대판 2007. 3. 15. 2006도9042를 비교할 것.

3) 4년 5개월 뒤 서로 다른 도시에서 이루어진 무면허의료행위가 포괄일죄가 될 수 없다고 하지만(대판 1985. 10. 22. 85도1457), 이는 다른 도시보다는 범행간의 간격이 4년 5개월이라는 점을 중시한 것이라고 보아야 할 것이다.

C. 침해법익의 동일성　연속범이 성립하기 위해서는 침해법익이 동일해야 한다.[1] 침해법익이 다른 경우 예를 들어 강도죄와 절도죄, 상해죄와 사기죄 등에서는 연속범이 성립할 수 없다.

[대판 1995. 9. 5. 95도1269] 비록 세금횡령이라는 단일한 범의가 계속적으로 발현된 일련의 범행이더라도 직할시세, 구세 및 국세를 횡령한 각 범행을 통틀어 하나의 포괄일죄로 볼 수는 없다.

살인죄나 상해죄 등과 같이 일신전속적 법익을 침해하는 범죄의 경우에는 피해자가 다르면 연속범이 성립할 수 없으나, 재산범죄와 같이 비전속적 법익을 침해하는 범죄의 경우에는 피해자가 다르더라도 연속범이 성립할 수 있다.[2]

D. 피해자의 동일성　과거의 판례는 피해자의 동일성을 요하지 않았으나(대판 1983. 3. 8. 83도122) 이후 횡령죄(대판 2025. 12. 4. 2024도11353)와 사기죄(대판 2016. 10. 27. 2016도11318) 등 재산범죄에서 피해자가 동일한 경우에만 연속범을 인정하고 있다. 그러나 이들 판례들이 피해자가 동일해야만 연속범이 인정된다는 입장인지는 아직 불분명하다.

나. 주관적 요건　연속범이 성립하기 위해서는 범의가 단일해야 한다. 범의가 단일하다는 것은 동종의 범행으로 동일한 법익을 침해하려는 범의가 있다는 것을 의미한다. 일정기간 중에 일정한 대상에 대해 범행을 하겠다는 연속범상의 범행전체에 대한 고의, 즉 전체고의를 요한다는 견해도 있지만, 이렇게 엄격하게 해석할 필요가 없다. 다만, 범의의 갱신이 있는 경우에는 연속범이 될 수 없고 실체적 경합범이 성립한다(대판 2025. 10. 30. 2022도10369; 대판 2018. 11. 29. 2018도10779 등).

---

1) 대판 2018. 4. 12. 2013도6962. 자본시장법상 시세조종행위, 부정거래행위 등의 보호법익은 상장증권 등 거래의 공정성 및 유통의 원활성 확보라는 사회적 법익이고, 상장증권의 소유자 등 개개인의 재산적 법익은 그 직접적인 보호법익이 아니다. … 수개의 행위를 단일하고 계속된 범의 아래 일정기간 계속하여 반복한 경우, 시세조종행위 등 금지 위반 및 부정거래행위 등 금지 위반의 포괄일죄가 성립한다.

2) 판례는 피해자가 다르면 포괄일죄를 인정하지 않기도 한다(대판 2000. 6. 27. 2000도1155; 대판 1990. 9. 25. 90도1588 등). 그러나 이는 판례가 특가법이나 특경법 등의 이득액은 일죄의 이득액이라고 하므로(대판 2000. 7. 7. 2000도1899), 피해자가 다른 경우 일죄를 인정하는 것이 경합범을 인정하는 것보다 피고인에게 불리한 것을 고려한 것으로 보인다. 유사한 판례로, 대판 2019. 1. 31. 2018도16474.

3. 포괄일죄의 효과

(1) 실체법상 효과

포괄일죄는 포괄되는 행위 중 가장 중한 죄 하나만 성립한다. 예를 들어 절도죄와 특수절도죄를 연속적으로 범한 경우 특수절도 일죄만이 성립한다.

포괄일죄로 되는 개개의 범죄행위가 법개정의 전후에 걸쳐서 행하여진 경우에는 신·구법의 법정형에 대한 경중을 비교할 필요없이 범죄실행 종료시의 법인 신법을 적용한다(대판 1998. 2. 24. 97도183). 다만, 법률의 개정으로 구성요건을 신설하여 포괄일죄의 대상으로 삼거나(대판 2016. 1. 28. 2015도15669), 형벌규정이 신설된 경우(대판 2011. 6. 10. 2011도4260)에는 법률 개정 이전의 행위에 대해서는 신법을 적용할 수 없다.

특경법 제3조, 특가법 제2조 등과 같이 형사특별법 중에는 범죄로 취득한 이득액을 기준으로 형벌을 정하는 경우가 있다. 판례는 특경법 제3조에서 말하는 이득액은 단순일죄의 이득액이나 혹은 포괄일죄가 성립하는 경우의 이득액의 합산액을 의미하는 것이고, 경합범으로 처벌될 수죄의 각 이득액을 합한 금액을 의미하는 것이 아니라고 한다(대판 2000. 7. 7. 2000도1899).

그러나 포괄일죄에 가공한 공범은 자신이 관여한 이후의 범행에 대해서만 책임을 진다(대판 1997. 6. 27. 97도163).

(2) 소송법상 효과

포괄일죄는 소송법상으로 하나의 범죄로 다루어지기 때문에 그 공소시효는 최종의 범죄행위가 종료한 때로부터 진행한다(대판 2002. 10. 11. 2002도2939). 또한 포괄일죄에서는 개개의 행위가 특정되지 않더라도 그 전체범행의 시기(始期)와 종기, 범행방법, 피해자나 상대방, 범행 횟수나 피해액의 합계 등을 명시하면 범죄사실이 특정된다(대판 2002. 6. 20. 2002도807).

포괄일죄의 수개의 범행 중 일부의 범행에 대해서만 기소된 경우에도 공소제기의 효력범위나 법원의 심판범위, 기판력의 범위 등은 포괄일죄 전체이다(대판 2004. 9. 16. 2001도3206 전합).

상습범의 경우 소송법상 기판력의 범위 등에 관하여 대법원은 다음과 같은 법리를 전개하고 있다. 상습범으로 포괄될 수 있는 관계에 있는 일련의 범행 중간에 동종의 죄에 관한 확정판결이 있는 경우 그 확정판결에 의하여 원래

일죄로 포괄될 수 있었던 일련의 범행은 위 확정판결의 전후로 분리된다(대판 2000. 2. 11. 99도4797 외 다수판결). 하지만 이러한 법리는 일련의 범행 중에 '상습범'으로 기소되어 처단된 경우에 한한다(대판 2000. 3. 10. 99도2744).

따라서 상습적인 사기의 일련의 범행 중 '단순'사기의 확정판결이 있은 경우 일련의 범행은 위 확정판결의 전후로 분리되지 않는다(대판 2010. 7. 8. 2010도1939). 한편, 상습범으로서 포괄적 일죄의 관계에 있는 여러 개의 범죄사실 중 일부에 대하여 유죄판결이 확정된 경우에, 그 확정판결의 사실심판결 선고 전에 저질러진 나머지 범죄에 대하여 새로이 공소가 제기되었다면 그 새로운 공소는 확정판결이 있었던 사건과 동일한 사건에 대하여 다시 제기된 데 해당하므로 이에 대하여는 판결로써 면소의 선고를 하여야 하는 것인바, 다만 이러한 법리가 적용되기 위해서는 전의 확정판결에서 당해 피고인이 상습범으로 기소되어 처단되었을 것을 필요로 하는 것이고, 상습범 아닌 기본 구성요건의 범죄로 처단되는 데 그친 경우에는, 가사 뒤에 기소된 사건에서 비로소 드러났거나 새로 저질러진 범죄사실과 전의 판결에서 이미 유죄로 확정된 범죄사실 등을 종합하여 비로소 그 모두가 상습범으로서의 포괄적 일죄에 해당하는 것으로 판단된다 하더라도 뒤늦게 앞서의 확정판결을 상습범의 일부에 대한 확정판결이라고 보아 그 기판력이 그 사실심판결 선고 전의 나머지 범죄에 미친다고 보아서는 아니 된다(대판 2004. 9. 16. 2001도3206 전합).

Ⅳ. 누 범

> 第35條(누범) ① 금고(禁錮) 이상의 형을 선고받아 그 집행이 종료되거나 면제된 후 3년 내에 금고 이상에 해당하는 죄를 지은 사람은 누범(累犯)으로 처벌한다.
> ② 누범의 형은 그 죄에 대하여 정한 형의 장기(長期)의 2배까지 가중한다.

1. 누범의 의의

(1) 누범의 개념

형사정책학에서 누범이란 여러 개의 범죄를 반복적으로 저지르는 경우 혹은 그 행위자를 말한다. 그러나 형법상의 누범은 금고 이상의 형을 선고받아 그 집행이 종료되거나 면제된 후 3년 내에 금고 이상에 해당하는 죄를 지은 경우를 말한다(제35조 제1항).

(2) 누범의 법적 성격

누범의 성격에 대해서는 다음과 같은 견해가 대립한다.

1) 수 죄 설 이 견해는 누범은 수개의 범죄를 시간적·누적적으로 범한 경우이고, 경합범은 수개의 범죄를 병렬적으로 범한 경우라는 차이가 있을 뿐, 수개의 죄를 범하였다는 점에서 공통점이 있고, 형법이 누범을 양형에 관한 규정이 아닌 죄수에 관한 규정으로 두었으므로, 누범도 수죄로 파악해야 한다고 한다.

2) 법률상의 가중사유설 다수설은 누범에서는 앞의 범죄는 심판의 대상이 되지 않는다는 점에서 죄수와 본질적인 차이가 있다고 한다. 또한 형법이 누범을 경합범과 다른 절에서 규정하고 있고, 과거 독일, 스위스, 오스트리아 등에서도 누범을 양형에 관한 규정으로 이해하였으므로, 누범을 양형규정으로 해석해야 한다고 한다.

3) 결 어 다음과 같은 이유에서 죄수규정설이 타당하다.

첫째, 누범이 양형에 관한 규정에 편입되어 있지 않고 경합범의 앞에 규정되어 있는 형법의 체계를 볼 때 누범은 죄수문제로 규정된 것이다. 누범과 경합범은 다른 절(節)에서 규정하고 있지만, 양형과 누범은 다른 장(章)에서 규정하고 있는 형법체계도 고려해야 한다.

둘째, 외국이 누범을 양형에 관한 규정으로 두고 있다는 것은 오히려 우리 형법은 죄수에 관한 규정으로 두고 있다는 근거가 된다.

셋째, 죄수론은 형벌을 과해야 할 범죄만을 대상으로 하는 것이 아니라 그 범죄와 다른 범죄들과의 관계도 대상으로 한다. 이전의 범죄는 심판의 대상이 되지는 않지만, 누범의 처벌에 영향을 미치는 범죄이다. 누범의 형을 가중하기 위해서는 죄수론의 근거가 필요하다.

그러나 누범을 수죄로 파악하는 것 역시 부당하다. 누범은 하나의 범죄를 이전의 범죄와 관련하여 파악하는 것이므로 그 자체로는 일죄라고 해야 한다. 다만 형벌을 정하는 경우에만 이전의 범죄와 현재의 범죄를 동시에 고려하는 것이므로 과형상 수죄라고 할 수 있다.

누범가중의 부당성은 누범을 양형규정이라고 보는 것보다 죄수에 관한 규정이라고 볼 때가 훨씬 분명하게 나타난다. 왜냐하면 단순히 누범의 형을 가중한다고 하는 것보다, 누범의 형을 정할 때 이전의 범죄와 함께 수죄로 파악한다고 하는 것이 실체보다 불리하게 피고인을 취급하는 것이라고 할 수 있기 때문이다. 즉, 이미 처벌된 이전의 범죄를 현재의 범죄 처벌시에 다시 고려하는 것은 이중처벌의 문제점이 있다는 것이다.

2. 누범의 요건

누범이 성립하기 위해서는 ① 금고 이상의 형을 선고받아야 하고, ② 그 집행이 종료되거나 면제되어야 하고, ③ 이후 3년 내에, ④ 금고 이상에 해당하는 죄를 지어야 한다(제35조 제1항).

(1) 금고 이상의 형의 선고

1) 금고 이상의 형의 선고 누범이 성립하기 위해서는 이전의 범죄로 금고 이상의 형을 선고받아야 한다. 금고 이상의 형이란 사형, 징역, 금고를 말한다(제41조, 제50조 제1항). 사형, 무기징역, 무기금고를 선고받은 사람이 감형이나 형면제 혹은 특별사면 등을 받아 형집행을 면제받은 경우에도 누범이 될 수 있다(대판 1986. 11. 11. 86도2004).

금고 이상의 형의 선고를 받은 전범(前犯)은 실질적 의미의 형법에 속하면 족하고,[1] 고의범, 과실범을 불문한다. 군법회의의 판결에 의해 형을 선고받은 경우에도 누범이 될 수 있다(대판 1957. 10. 11. 57도268). 전범과 새로 범한 범죄 사이에 사이에 특별한 관계가 있을 필요도 없다(대판 2008. 12. 24. 2006도1427).

2) 실형의 선고 금고 이상의 형은 실형만을 의미하고 집행유예나 선고유예를 받은 경우에는 누범이 될 수 없다(대판 1970. 9. 22. 70도1627).[2]

3) 상습범의 누범 상습범도 누범이 될 수 있다.[3] 누범이 상습범인 경우에는 상습범가중과 함께 누범가중도 한다. 예컨대, 누범기간 중 상습야간주거침입절도죄(제332조)를 범한 경우 야간주거침입절도죄(제330조, 10년 이하의 징역)의 형벌에서 상습범가중을 하여 15년 이하의 징역이 되고, 여기에 2배까지 가중하므로 30년 이하의 징역이 된다. 야만적 형벌임이 분명하다.

(2) 금고 이상의 형의 집행 종료 또는 면제

누범이 성립하기 위해서는 형의 집행이 종료되었거나 면제된 이후 재범을 해야 한다. 금고 이상의 형을 받고 그 형의 집행유예,[4] 가석방이나 형집행정지[5]

---

1) 대판 1991. 5. 28. 91도741; 대판 1985. 9. 10. 85도1434; 대판 1985. 7. 9. 85도1000.
2) 대판 1970. 9. 22. 70도1627: 집행유예의 판결을 받고 그 기간경과 후 다시 범죄를 저지른 행위는 집행유예된 범죄와 누범관계가 성립하지 아니한다.
3) 대판 1982. 5. 25. 82도600; 대판 1985. 7. 9. 85도1000.
4) 대판 1983. 8. 23. 83도1600; 대판 1965. 10. 5. 65도676.
5) 대판 1976. 9. 14. 76도2158; 대판 1976. 9. 14. 76도2071; 대판 1974. 7. 16. 74도1531; 대판 1958. 1. 21. 57도438.

등의 기간 중에 범한 죄에 대해서는 누범가중을 할 수 없다. 예컨대 甲이 2021. 3. 7. 서울중앙지방법원에서 사기죄로 징역 1년 6월을 선고받아 교도소에서 복역하던 중 2022. 3. 5. 가석방되었다가 2022. 6. 5. 가석방기간이 경과한 경우, 가석방기간 중(2022. 3. 5.부터 2022. 6. 5.까지) 범한 죄에 대해서는 누범가중을 할 수 없다.

누범 가중을 위해서는 이전에 범한 죄에 대한 형선고의 효력이 유효해야 한다. 따라서 「형의 실효 등에 관한 법률」에 따라 형이 실효된 경우 형선고의 효과가 장래에 대해 소멸되고(대판 2016. 6. 23. 2016도5032), 실형을 선고한 종전의 판결에 대해 재심판결이 확정된 경우 종전의 판결의 효력이 상실되므로(대판 2017. 9. 21. 2017도4019) 누범가중을 할 수 없다.

일반사면을 받은 경우에는 형선고가 실효되므로 누범가중사유에 해당하지 않지만(대판 1965. 11. 30. 65도910), 특별사면을 받아 형의 집행을 면제받고 또 후에 복권이 되었다 하더라도 형선고의 효력이 상실되는 것은 아니므로 누범이 될 수 있다(대판 1986. 11. 11. 86도2004).

복권은 형의 선고의 효력으로 인하여 상실 또는 정지된 자격을 회복시킴에 지나지 아니하는 것이므로 복권된 전과사실은 누범사유에 해당한다(대판 1981. 4. 14. 81도543).

(3) 3년 내의 재범

집행종료 혹은 면제 후 3년 내에 금고 이상에 해당하는 죄를 범해야 한다. 기간의 기산점은 형집행의 종료 혹은 면제시이다. 특별사면에 의해 형집행을 면제받은 경우에는 특별사면을 기준으로 3년의 기간을 계산한다(대판 1960. 1. 30. 59도788).

통설·판례(대판 2006. 4. 7. 2005도9858)에 의하면 재범의 존재시기는 실행의 착수를 기준으로 한다. 따라서 실행의 착수가 3년 내에 있으면 기수 혹은 범죄의 종료가 3년 이후에 있더라도 누범가중을 할 수 있다. 예비·음모를 처벌하는 경우에는 예비·음모행위의 성립시기를 기준으로 기간을 계산해야 한다. 포괄일죄의 경우에는 첫 번째 행위의 착수시를 기준으로 기간을 계산해야 한다. 예를 들어 상습범 중 일부 행위가 누범기간 내에 이루어진 이상 나머지 행위가 누범기간 경과 후에 행하여졌더라도 그 행위 전부가 누범관계에 있다(대판 2012. 3. 29. 2011도14135; 대판 1976. 1. 13. 75도3397).

(4) 금고 이상의 형에 해당하는 죄의 재범

재범은 금고 이상의 형에 해당하는 죄이어야 한다.

금고 이상의 형에 해당하는 죄란 법정형을 기준으로 해야 한다는 견해가 있으나, 통설·판례는 선고형을 기준으로 한다(대판 1982. 9. 14. 82도1702; 대판 1960. 12. 21. 4293형상841).

누범가중은 위헌적 규정이므로 제한적으로 해석해야 한다. 따라서 선고형설이 타당하다.

3. 누범의 효과

(1) 장기의 2배까지 가중

누범의 형은 장기의 2배까지 가중한다. 장기에 대해서만 가중할 수 있고 단기에 대해서는 가중할 수 없다(대판 1969. 8. 19. 69도1129). 경합범 중 가장 중한 죄의 소정형에서 무기징역형을 선택한 경우에는 무기징역형으로만 처벌하고 따로 경합범가중이나 누범가중을 할 수 없다(대판 1992. 10. 13. 92도1428). 자격정지나 벌금형을 선고하는 경우에는 누범가중을 할 수 없다(대판 1982. 9. 14. 82도1702).

(상습) 절도·강도죄(특가법 제5조의4 제5, 6항) 및 일정한 폭력범죄(폭처법 제3조 제4항)에 대해서는 별도의 누범가중의 요건과 형벌이 규정되어 있다. 판례에 의하면 이들 법률상의 누범에 해당되는 경우 동 법률상의 형벌에 다시 형법상의 누범가중을 해야 한다(대판 2020. 5. 14. 2019도18947).

(2) 판결선고 후의 누범발각

판결선고 후 누범인 것이 발각된 때에는 그 선고한 형을 통산하여 다시 형을 정할 수 있다(제36조 본문). 이 규정은 피고인이 전과를 은폐하거나 법관이 과실로 전과를 고려하지 않은 경우 다시 형을 정하게 하는 것인데, 그 취지는 범죄인필벌 및 전과사실의 발견 내지 확정을 위해 재범에 대한 재판이 지연되는 것을 방지하기 위한 것이라고 할 수 있다. 단 선고한 형의 집행을 종료하거나 그 집행이 면제된 후에는 예외로 한다(제36조 단서).

제36조에 대해서는 ① 확정판결에 대해 다시 판결하는 것은 피고인에게 유리한 경우에만 허용되어야 하고, ② 피고인이 자신의 전과를 자백하지 않고 은폐하는 것은 자연스러운 것이고, ③ 전과사실이 확정되었음에도 불구하고 법관이 이를 반영하지 않은 경우에는 피고인에게 귀책사유가 없으므로 판결선고 후 다시

누범가중을 할 수 있도록 하는 것은 헌법상의 일사부재리의 원칙에 반하고 자기의 전과사실의 자백을 강요하는 것으로서 헌법에 반한다는 비판이 제기된다.

4. 누범가중의 문제점

(1) 누범가중과 책임주의

누범가중이 책임주의원칙에 반하는가도 문제되는데 이 문제를 논의하기 위해서는 먼저 누범가중의 근거가 무엇인가를 규명해야 할 필요가 있다.

1) 누범가중의 근거

가. 행위자책임 혹은 행위책임 누범가중의 근거에 대해 행위자책임설과 행위책임설이 대립한다.

행위자책임설은 누범가중의 이유는 이미 형을 받은 자가 반성하지 않고 재범한 때에는 책임이 가중되고 행위자의 반사회적 위험성도 커지기 때문이라고 한다. 행위책임설은 누범가중의 근거는 앞의 범죄에 대한 형벌의 경고기능을 무시하고 다시 범행을 하여 그 불법성과 비난가능성이 증대되었다는 점에서 행위책임이 가중되었다고 한다. 판례도 같은 입장이다(대판 2020. 3. 12. 2019도17381; 대판 2007. 8. 23. 2007도4913).

나. 결 어 전범(前犯)에 대한 유죄 및 형선고판결의 경고를 무시하였다는 것은 행위요소라기보다는 행위자요소라고 할 수 있다. 새로운 범죄의 성립요건으로서의 책임(비난가능성)의 정도는 새로 행한 범죄의 구성요건에 해당하고 위법한 행위를 근거로 정해야 하고(행위책임), 이 단계에서 과거의 범죄를 고려해서는 안 되기 때문이다.

결국 누범가중은 현재의 범죄에 대해 양형을 할 때에 행위자에게 실형을 받은 과거의 범죄를 고려하기 때문이라고 할 수 있다. 이것은 누범을 과형상 수죄로 다루는 것이라고 할 수 있다.

예를 들어 절도로 징역형을 집행받고 출소한 甲과 그를 마중나온 乙이 공동으로 상해죄를 범하였을 경우 甲에게는 누범가중이 적용된다. 이 사례에서 범죄행위에서는 甲과 乙 사이에 차이를 찾아볼 수 없다. 甲이 가중처벌되는 것은 실형전과 때문이고 이는 행위요소가 아닌 행위자요소이다.

2) 누범가중과 책임주의 누범가중의 근거에 대한 행위자책임설에 의할 경우 위의 사례에서 甲이 乙보다 더 비난받아야 할 근거는 없다. 甲은 교도소 수용으로 인해 사회적응 가능성과 적법행위의 기대가능성은 낮아지고 위법행위의

기대가능성은 높아지기 때문에 甲의 복역사실은 책임감경사유라고 할 수 있다.

결국 누범가중은 일반예방의 목적에서 누범을 강하게 비난하는 것이라고 할 수 있는데, 이는 비난가능성이 적은 범죄인을 일반예방적 관점에서 과도하게 비난하는 것이므로 책임주의에 반하는 대표적인 예라고 할 수 있다.

(2) 누범가중과 평등원칙 및 비례원칙

누범가중은 전과를 이유로 한 것이므로, 전과자라는 신분으로 인한 차별대우로서 헌법상 평등원칙(제11조)에 반하는지가 문제된다.

부정설은 피고인의 책임과 특별예방 및 일반예방이라는 형벌목적에 비추어 피고인에게 적합한 양형을 하는 것이므로 불합리한 차별이라고 볼 수 없다고 한다. 판례 역시 부정설을 취하고 있다(헌재 2019. 11. 28. 2018헌바207; 대판 2020. 3. 12. 2019도17381).

그러나 누범자의 책임은 법정형의 범위 안에서 얼마든지 고려할 수 있고, 누범가중이 그 정도가 너무 크기 때문에 헌법상의 평등원칙이나 비례원칙, 과잉금지원칙에 반한다고 할 수 있다.

(3) 누범가중과 일사부재리원칙

누범가중이 일사부재리원칙에 반하는지도 문제된다.

이를 긍정하는 견해도 있지만, 통설은 누범가중은 전범을 다시 처벌하는 것이 아니라 누범이라는 사실 때문에 행위자의 책임이 가중되고, 처벌의 대상은 재범이기 때문에 일사부재리의 원칙에 반하지 않는다고 한다. 판례도 같은 입장이다(헌재 2019. 11. 28. 2018헌바207).

누범을 양형에 관한 규정이라고 보더라도 행위자의 책임은 재범의 법정형 범위 내에서 고려하면 충분함에도 불구하고 장기의 2배까지 가중하는 것은 과잉금지원칙에 반한다고 할 수 있다.

나아가 형법이 누범을 죄수 문제로 본다면, 전범과 재범은 하나의 누범이 되지만 과형상 수죄가 되어 전범에 대한 처벌을 포함하므로 전범을 이중처벌하는 것이라고 할 수 있다.

(4) 결 어

누범가중은 책임주의원칙, 헌법상의 일사부재리의 원칙, 평등원칙 및 비례원칙에 위배되는 것이라고 할 수 있다. 또한 선고형이 법정형의 하한에 집중되어 있는 우리의 양형현실을 볼 때 장기의 두 배까지 형벌을 가중해야 할 필요성도 없다.

누범에 대한 형의 가중은 누범자의 사회복귀를 포기하고 일반국민이나 범죄자들에게 겁을 준다고 하는 전근대적 위하형사상에 입각한 것이라고 할 수 있다. 따라서 누범가중규정은 삭제해야 한다.

제3절 수 죄 §41

Ⅰ. 수죄의 개념 및 처벌방식

1. 수죄의 개념 및 종류

수개의 행위로 수개의 구성요건을 실현한 경우에는 원칙적으로 수죄가 성립한다. 형법이 인정하고 있는 수죄에는 실체적 경합범과 상상적 경합범이 있다. 누범에 대해서는 수죄라는 견해가 있으나 실체법상 일죄이고 과형상 수죄라고 해야 한다.

실체적 경합범은 형법뿐만 아니라 소송법적으로도 수개로 취급되는 형태의 범죄를 말한다. 상상적 경합범은 실체법상으로는 수죄이지만 소송법적으로는 단일한 범죄로 다루어지기 때문에 과형상 일죄라고도 한다.

2. 수죄의 처벌방식

(1) 흡수주의

흡수주의란 수개의 범죄 중 가장 무거운 범죄의 형벌로 처벌하고 그것보다 가벼운 범죄에 대해서는 별도로 처벌을 하지 않는 처벌방법을 말한다. 다만 가벼운 죄의 하한이 무거운 죄의 하한보다 무거운 경우에는 가벼운 죄의 하한과 무거운 죄의 상한의 범위에서 처벌하는데 이를 결합주의라고 한다.

흡수주의에 대해서는 몇 개의 죄를 범했건 형벌이 모두 같다는 점에서 피고인의 책임을 반영하지 못하고 일반예방의 측면에서 문제가 있다는 비판이 제기된다.

(2) 병과주의

병과주의란 수개의 범죄의 형벌을 합산하여 처벌하는 방법을 말한다. 영미법계국가 중 병과주의를 취한 입법례가 있다. 예를 들어 강도죄를 10개 범한 경우 장기와 단기를 합하여 30년 이상 300년 이하의 징역에 처하는 방식이다.

병과주의는 응보나 일반예방의 요구를 만족시킬 수는 있으나 피고인에게 가혹하고 장기의 법정형은 범죄인의 사회복귀에 장애가 된다는 비판이 제기된다.

(3) 가중주의

가중주의란 수개의 범죄 중 일정한 범죄의 형벌을 가중하여 처벌하는 방식이다. 예를 들어 절도죄와 강도죄를 범하였을 경우 강도죄 및 절도죄의 법정형을 합산한 법정형의 범위 내에서 강도죄의 법정형을 가중하여 처벌하는 방식이다.

가중주의는 흡수주의와 병과주의를 절충하는 방식으로서 양 제도의 장단점을 모두 지니고 있다.

(4) 형법의 규정

형법은 흡수주의(제38조 제1항 제1호 및 제40조), 병과주의(제38조 제1항 제3호), 가중주의(제38조 제1항 제2호)를 모두 규정하고 있다.

Ⅱ. 상상적 경합

제40조(상상적 경합) 한 개의 행위가 여러 개의 죄에 해당하는 경우에는 가장 무거운 죄에 대하여 정한 형으로 처벌한다.

1. 상상적 경합의 개념

상상적 경합이란 한 개의 행위로 여러 개의 죄를 범한 경우를 말한다(제40조).

예를 들어 하나의 폭탄을 던져 A, B를 사망케 하고 C의 재물을 손괴한 경우 A, B에 대한 살인죄 및 C에 대한 손괴죄 등 3개 범죄의 상상적 경합범이다.

상상적 경합은 한 개의 행위가 여러 개의 죄에 해당한다는 점에서 한 개의 행위로 한 개의 죄를 범하는 법조경합(대판 2000. 7. 7. 2000도1899), 여러 개의 행위로 하나의 죄를 범하는 포괄일죄, 여러 개의 행위로 여러 개의 죄를 범하는 실체적 경합과 각각 구별된다.

상상적 경합은 견련범(牽連犯)과 구별된다. 우리의 구형법인 일본의 현행형법은 과형상의 일죄로서 상상적 경합과 함께 견련범을 규정하고 있다. 견련범이란 문서위조죄와 위조문서행사죄와 같이 여러 개의 행위가 목적, 수단의 관계에 있는 경우이다.

형법은 견련범을 특별히 취급하는 규정을 두고 있지 않기 때문에 그 취급을 놓고 다툼이 있다. 이에 대하여는 실체적 경합범이라는 견해, 상상적 경합범이라는 견해 및 원칙적으로는 경합범에 해당하나 행위의 동일성이 인정되는 범위에서 상상적 경합범이 성립할 수 있다는 견해 등이 주장되고 있다.

그러나 견련범은 법에 규정이 없는 만큼 죄수결정의 일반적 기준에 따라 결정하면 되므로, 실체적 경합, 상상적 경합 또는 포괄일죄가 될 수 있다.

2. 상상적 경합의 법적 성격

죄수결정에 관한 행위표준설에 의하면 상상적 경합은 일죄가 된다. 이에 대해 구성요건표준설이나 법익표준설에 의하면 상상적 경합은 수죄가 된다. 형법은 이를 입법적으로 해결하여 수죄라고 규정하고 있다.

이와 같이 수죄임에도 하나의 행위에 의한 것이므로 가장 무거운 죄에 대하여 정한 형벌만으로 처벌하도록 하고 있으므로, 통설·판례는 상상적 경합을 실체법상 수죄, 소송법상 일죄 즉, 과형상 일죄라고 한다.

3. 상상적 경합의 요건

상상적 경합이 되기 위해서는 행위가 하나여야 하고(행위의 단일성), 성립하는 범죄는 여러 개여야 한다(여러 개의 죄).

(1) 행위의 단일성

1) 행위의 의미 상상적 경합이 되기 위해서는 한 개의 행위만이 있어야 한다. 여기에서 행위의 의미에 대해서는 자연적 의미의 행위를 의미한다는 견해, 법적 개념으로서 구성요건적 행위를 의미한다는 견해가 있고, 판례는 사회통념상의 행위라고 한다.

[대판 2007. 2. 23. 2005도10233; 대판 1987. 2. 24. 86도2731] 형법 제40조에서 말하는 1개의 행위란 법적 평가를 떠나 사회관념상 행위가 사물자연의 상태로서 1개로 평가되는 것을 말한다.

형법에서 행위의 수를 자연적 관찰방법에 의해 결정할 수는 없으므로 자연적 행위설은 타당하지 않다. 또한 형법적 평가를 거친 구성요건적 행위가 다른 구성요건에도 해당된다는 것은 모순이다. 따라서 제40조의 행위는 자연적 행위와 형법적 평가를 거치기 이전의 행위인 사회통념상의 행위라고 하는 판례의 입장이 타당하다. 예를 들어 한꺼번에 폭탄을 여러 개 던져 사람들이 죽거나 다쳤을 경우 자연적 행위는 여러 개가 있고, 법적 평가를 거친 구성요건적 행위 역시 여러 개 이지만, 사회통념상으로는 하나의 행위로 볼 수 있다.

2) 단일한 행위 　상상적 경합이 되기 위해서는 행위가 단일해야 한다. 행위의 단일성 여부 역시 사회통념에 의해 결정될 수밖에 없다.

예를 들어 권총을 겨누어 한 사람씩 차례로 살해한 경우에는 사회통념상 여러 개의 행위이지만 기관총으로 여러 사람을 향해 발사한 경우에는 하나의 행위라고 할 수 있다.

행위의 단일성은 작위범과 작위범, 작위범과 부작위범, 부작위범과 부작위범, 고의범과 과실범 사이에서도 인정될 수 있다. 수상안전요원이 두 사람이 물에 빠져 있는 것을 보고 부작위한 경우 고의부작위살인죄의 상상적 경합이 인정되고, 사실의 착오 중 방법의 착오에서는 고의범과 과실범 간에 상상적 경합이 있을 수 있다.

작위범과 부작위범 사이에는 실행행위의 동일성을 인정할 수 없기 때문에 상상적 경합이 인정될 수 없다는 견해가 있으나, 예를 들어 퇴거에 불응하기 위해 퇴거를 요구하는 주인을 폭행한 경우에는 퇴거불응죄와 폭행죄의 상상적 경합이 될 수 있을 것이다.

(2) 여러 개의 죄

1) '여러 개의 죄에 해당하는 경우'의 의미 　상상적 경합이 되기 위해서는 하나의 행위가 여러 개의 죄에 해당하여야 한다. 하나의 행위가 여러 개의 죄에 해당하기 위해서는 여러 개의 죄의 성립요건을 모두 갖추어야 한다. 예를 들어 두 개의 죄 중 하나의 죄는 범죄성립요건을 모두 갖추었지만 다른 하나의 범죄는 구성요건해당성은 있으나 위법성이 없거나, 책임이 없는 경우 상상적 경합이 될 수 없다.

[대판 2006. 1. 27. 2005도8704] 공무원이 취급하는 사건에 관하여 청탁 또는 알선을 할 의사와 능력이 없음에도 청탁 또는 알선을 한다고 기망하고 금품을 교부받은 경우, 사기죄와 변호사법 위반죄가 각각 성립하고 두 죄는 상상적 경합의

관계에 있다.
[대판 2017. 3. 15. 2016도19659] 공무원이 직무관련자에게 제3자와 계약을 체결하도록 요구하여 계약 체결을 하게 한 행위가 제3자뇌물수수죄의 구성요건과 직권남용권리행사방해죄의 구성요건에 모두 해당하는 경우에는, 제3자뇌물수수죄와 직권남용권리행사방해죄가 각각 성립하되, 이는 사회 관념상 하나의 행위가 수개의 죄에 해당하는 경우이므로 두 죄는 형법 제40조의 상상적 경합관계에 있다.

2) 여러 개 범죄의 부분적 동일성의 문제　폭탄을 던져 두 사람을 상해한 경우와 같이 하나의 행위가 동시에 여러 개의 죄의 구성요건에 해당하는 때에는 별 문제가 없다.

A·B·C·D의 행위는 절도죄의 연속범이 되는 행위이고 이 중 C행위가 절도죄뿐만 아니라 재물손괴죄에도 해당하는 행위일 경우와 같이 여러 개의 행위가 포괄일죄의 관계에 있고 그 중 하나의 행위만이 동시에 다른 범죄의 구성요건을 충족하는 경우, C행위에 의한 절도죄와 손괴죄는 상상적 경합임이 분명하다. 그런데 나머지 행위에 의한 절도죄와 손괴죄도 상상적 경합이 인정될 수 있는지가 문제된다.

다수설은 이 경우 상상적 경합을 인정하지만, 일률적으로 말할 수 없고 구체적인 경우에 따라 달리 판단해야 한다.

가. 결합범, 접속범 및 연속범　예를 들어 야간주거침입절도죄(제330조)에서 주거침입행위 후 절취행위를 하면서 재물손괴행위를 한 경우 절취행위와 재물손괴죄는 상상적 경합이지만, 주거침입행위와 재물손괴행위는 별개의 행위이므로 당연히 상상적 경합이 된다고는 할 수 없다. 그러나 이러한 경우 실체적 경합을 인정하는 것도 문제가 있으므로 제40조를 확대 내지 유추적용하여 상상적 경합을 인정해야 한다.

앞에서 제시한 연속범의 경우에도 연속된 범죄 전체와 손괴행위가 1개의 행위가 되므로 상상적 경합이 된다는 견해가 있으나 이 경우 연속범이 여러 개의 행위로 되어 있다는 점을 고려한다면 1개의 행위를 인정할 수 없음은 명백하다. 따라서 이 경우에도 제40조를 유추적용하여 상상적 경합을 인정해야 한다.

나. 계 속 범　강간, 강도, 절도를 범하기 위해 주거에 침입한 때에는 실체적 경합이지만 감금죄가 강간 또는 강도의 수단이 된 경우에는 상상적 경합이라고 하는 견해가 있고, 판례도 같은 입장이다(대판 1997. 1. 21. 96도2715; 대판 1983. 4.

12. 83도422). 그러나 이 경우 강도죄 또는 강간죄만을 인정해야 할 것이다. 왜냐하면 감금행위는 피해자에 대한 유형력의 행사로서 강간, 강도죄에서의 폭행행위라고 할 수 있기 때문이다.

판례는 특가법상 위험운전치사상죄와 도로교통법상 음주운전죄는 실체적 경합관계에 있다고 하지만(대판 2008. 11. 13. 2008도7143), 상상적 경합을 인정하거나 음주운전은 위험운전의 한 내용으로 보아 법조경합을 인정해야 할 것이다.

다. 목 적 범 사문서를 위조하고 이를 행사한 경우 판례는 사문서위조죄와 동행사죄의 실체적 경합범이라고 한다(대판 1991. 9. 10. 91도1722). 이에 대해 두 죄는 상상적 경합관계에 있다고 해야 한다는 견해가 있다.

이 경우 위조행위와 행사행위가 별개라고 하는 점에서 상상적 경합범을 인정하는 것은 문제가 있으므로, 이 문제도 죄수결정과 관련하여 좀더 근본적인 해결책을 찾아야 한다. 사문서를 위조하여 행사한 경우에는 위조문서행사죄의 포괄일죄 내지 법조경합이라고 보아야 할 것이다.

라. 여러 개의 법익을 침해한 경우 하나의 행위로 여러 개의 법익을 침해한 경우 침해법익이 이종인 경우와 동종인 경우가 있다. 이종의 법익인 경우에는 원칙적으로 상상적 경합을 인정할 수가 있다. 그러나 동종법익인 경우 일신전속적 법익과 비일신전속적 법익으로 나누어 전자의 경우 판례는 상상적 경합을 인정한다.[1] 비일신전속적 법익의 경우 판례는 일죄를 인정하기도 하고 경합범을 인정하기도 하지만,[2] 일시, 장소, 피해자를 달리하는 절도죄의 경우에도

1) "유가증권위조죄의 죄수는 원칙적으로 위조된 유가증권의 매수를 기준으로 정할 것이므로, 약속어음 2매의 위조행위는 포괄일죄가 아니라 경합범이다"라고 한 판결(대판 1983. 4. 12. 82도2938)이 있는 반면, "문서에 2인 이상의 작성명의인이 있을 때에는 각 명의자마다 1개의 문서가 성립되므로 2인 이상의 연명으로 된 문서를 위조한 때에는 작성명의인의 수대로 여러 개의 문서위조죄가 성립하고, 또 그 연명문서를 위조하는 행위는 자연적 관찰이나 사회통념상 하나의 행위라 할 것이어서 위 여러 개의 문서위조죄는 형법 제40조가 규정하는 상상적 경합범에 해당한다"는 판결(대판 1987. 7. 21. 87도564) 및 "생명과 신체는 전속적 법익으로서 그 죄수는 피해자의 수에 따라 결정되어야 한다"는 판결(대판 2018. 1. 25. 2017도13628) 등도 있다.

2) 대판 1970. 7. 21. 70도1133: 단일범의로 절취한 시간과 장소가 접착되어 있고 같은 관리인의 관리하에 있는 방 안에서 소유자를 달리하는 두 사람의 물건을 절취한 경우에는 1개의 절도죄가 성립한다. 대판 1989. 8. 8. 89도664: 절도범이 A의 집에 침입하여 그 집의 방 안에서 그 소유의 재물을 절취하고 그 무렵 그 집에 세들어 사는 B의 방에 침입하여 재물을 절취하려다 미수에 그쳤다면 위 두 범죄는 그 범행장소와 물품의 관리자를 달리하고 있어 별개의 범죄를 구성한다.

포괄일죄인 연속범을 인정하는 취지를 감안해야 할 것이다. 따라서 후자(대판 1989. 8. 8. 89도664)의 사례에서도 절도의 실체적 경합범이 아니라 일죄라고 해야 할 것이다.

마. 연결효과에 의한 상상적 경합

A. 개 념 연결효과에 의한 상상적 경합이란 예를 들어 A·B·C범죄 중 A범죄와 B범죄와는 실체적 경합관계에 있고, A범죄와 C범죄, B범죄와 C범죄가 각각 상상적 경합관계에 있는 경우 A·B·C 범죄 모두를 상상적 경합범으로 취급하는 것을 말한다.

예를 들어 뇌물을 받은 공무원이 공도화를 변조하고 이를 행사하여 부정처사를 한 경우 수뢰후부정처사죄(제131조), 공도화변조죄(제225조) 및 변조공도화행사죄(제229조)가 성립한다. 이 중 공도화변조죄와 변조공도화행사죄는 실체적 경합범이라고 할 경우 수뢰후부정처사죄와 공도화변조죄 및 수뢰후부정처사죄와 변조공도화행사죄는 상상적 경합범이 된다. 이 경우 세 범죄 모두를 상상적 경합으로 인정할 경우 이를 연결효과에 의한 상상적 경합이라고 한다.

B. 인정 여부에 대한 학설 연결효과에 의한 상상적 경합의 인정여부에 대해서 긍정설과 부정설이 대립한다.

긍정설은 세 가지 범죄를 실체적 경합이라고 하면 행위가 두 개임에도 불구하고 세 개의 행위가 있다고 보아 하나의 행위를 이중평가하는 것이므로, 비록 실체적 경합관계인 A·B범죄를 상상적 경합이라고 하는 논리적 모순이 있더라도 피고인에게 유리하도록 전체범죄를 상상적 경합이라고 보아야 한다고 한다.

부정설은 C범죄가 없다면 A·B범죄가 실체적 경합이 되는데, C범죄가 있으면 A·B범죄가 상상적 경합이 된다고 하는 것은 더 많은 죄를 범한 사람을 우대하는 것으로서 부당하다고 한다.

절충설은 C범죄의 형벌이 A·B범죄의 형벌보다 무거운 경우에는 상상적 경합으로 보고, C범죄의 형벌이 A·B범죄의 형벌 모두 혹은 어느 하나의 형벌보다 가벼운 경우에는 연결효과를 인정하지 않아야 한다고 한다.

C. 판 례 판례는 "공도화변조죄와 동행사죄가 수뢰후부정처사죄와 각각 상상적 경합범관계에 있을 때에는 공도화변조죄와 동행사죄 상호간은 실체적 경합범관계에 있다고 할지라도 상상적 경합범관계에 있는 수뢰후부정처사죄와 대비하여 가장 중한 죄에 정한 형으로 처단하면 족한 것이고 따로 경합범가중을

할 필요가 없다"(대판 2001. 2. 9. 2000도1216)고 한다.

그러나 이 판례가 연결효과에 의한 상상적 경합을 인정하는지는 분명하지 않다.

D. 결 어 연결효과에 의한 상상적 경합은 독일에서 주장된 것이지만 우리 형법에서는 인정할 필요가 없다.[1)]

위의 판례도 연결효과를 인정한 것이라기보다는 공도화변조죄와 동행사죄의 경합범의 형벌(15년 이하의 징역)이 수뢰후부정처사죄(1년 이상 15년 이하의 징역)의 형벌보다 가볍기 때문에 수뢰후부정처사죄로 처벌해야 한다는 의미라고 보아야 한다.

따라서 공도화를 위조 및 행사하여 직권남용죄(5년 이하의 징역)를 범한 경우 두 범죄와 직권남용죄를 각각 상상적 경합이라고 하더라도, 판례는 공도화위조죄 및 위조공도화행사죄의 실체적 경합범으로 처벌하리라고 생각된다.[2)]

4. 상상적 경합의 효과

(1) 실체법상의 효과

상상적 경합은 가장 무거운 죄에 대하여 정한 형으로 처벌한다(흡수주의). 그러나 다른 죄의 하한이 가장 무거운 죄의 하한보다 높은 경우 통설·판례는 다음과 같은 입장을 취한다.

[대판 2008. 12. 24. 2008도9169; 대판 1984. 2. 28. 83도3160] 가장 중한 죄에 정한 형으로 처벌한다 함은 … 각 법조의 상한과 하한을 모두 중한 형의 범위 내에서 처단한다는 것을 포함하는 것으로 새겨야 할 것이다. 이는 그렇게 보지 아니하면 중한 죄에 정한 형으로 처벌한다 함이 무의미하게 되기 때문이다.

그러나 형법이 "가장 무거운 형으로 벌한다"고 하지 않고, "가장 무거운 죄에

1) 예를 들어 타인의 예금통장으로 은행창구에서 예금을 인출한 경우 사문서위조죄 및 동행사죄를 실체적 경합, 두 범죄와 사기죄는 각각 상상적 경합이라고 보게 되면 연결효과에 의한 상상적 경합이 문제된다. 그러나 판례는 이러한 사례에서 세 범죄를 실체적 경합으로 파악하므로 연결효과에 의한 상상적 경합이 문제될 여지가 없다(대판 1991. 9. 10. 91도1722).

2) 만약 A범죄와 B범죄를 경합범가중하여 형벌을 정한 A·B경합범이라는 개념을 인정할 수 있다면, (A·B경합범)과 (C범죄)의 상상적 경합범을 인정할 수도 있다. 이렇게 해석하면 (A·B경합범)의 형벌과 (C범죄)의 형벌을 비교하여 중한 죄로 벌하면 족하고, 이것이 연결효과에 의한 상상적 경합을 인정하는 것보다 논리적으로 간명하다.

대하여 정한 형으로 벌한다"고 하고 있으므로 통설·판례의 결론이 합리적이기는 하지만 피고인에게 불리한 유추해석이라고 할 수 있다. 따라서 입법적 해결을 요한다.

(2) 소송법상의 효과

상상적 경합은 소송법에서는 일죄로 다루어지므로 상상적 경합범 중 일부에 대한 공소제기의 효력범위, 법원의 심판범위, 일사부재리의 효력은 전체범죄에 미친다(대판 2017. 9. 21. 2017도11687 등).

그러나 각 범죄의 공소시효나 처벌조건 및 소송조건은 별개로 논해야 하고 일부 범죄가 친고죄인 경우 고소나 그 취소의 효력은 그 범죄에 대해서만 미치게 된다(대판 1983. 4. 26. 83도323). 또한 일부 범죄에 대해서는 무죄, 일부 범죄에 대해서는 유죄를 인정해도 상관없다. 이 경우 판결이유에서는 모든 범죄의 유무죄에 대한 판단을 하여야 한다.

Ⅲ. 실체적 경합범

> 第37조(경합범) 판결이 확정되지 아니한 수개의 죄 또는 금고 이상의 형에 처한 판결이 확정된 죄와 그 판결확정전에 범한 죄를 경합범으로 한다.

1. 실체적 경합범의 의의

(1) 실체적 경합범의 개념

실체적 경합범이란 '판결이 확정되지 아니한 수개의 죄' 또는 '금고 이상의 형에 처한 판결이 확정된 죄와 그 판결확정 전에 범한 죄' 등 두 가지 형태를 말한다(제37조). 전자를 동시적 경합범, 후자를 사후적 경합범이라고 한다.

실체적 경합범은 수개의 행위로 수개의 죄를 범한 경우로서 실체법상 뿐만 아니라 소송법상으로도 수죄로 다루어진다는 점에서 하나의 행위로 이루어지고 소송법상으로는 일죄로 다루어지는 상상적 경합범과 구별된다. 또한 수개의 행위에 의한 수개의 죄라는 점에서 수개의 행위에 의한 일죄인 포괄일죄와 차이가 있다.

(2) 실체적 경합범의 인정이유

경합범의 개념은 수개의 죄에 대한 형벌을 어떻게 정할 것인가 하는 문제와 밀접하게 관련되어 있다. 단순히 병과주의를 취하는 경우에는 경합범을 인정할 특별한 실익이 없다. 발견된 범죄에 대해서 형을 선고하고 이미 선고된 형과 함께 집행하면 되기 때문이다.

그러나 형법은 가중주의를 기본으로 하고 있기 때문에 수개의 죄를 어떻게 판결하느냐에 따라 형량이 달라질 수 있다. 이는 사후적 경합범에서 더욱 분명하게 나타난다.

예를 들어 A, B 범죄의 순으로 행해졌는데, B범죄에 대해 형벌이 선고되고, 나중에 A범죄의 형벌이 선고되는 경우에는 일반적으로 A, B 범죄에 대해 동시에 형벌을 선고하는 경우보다 형벌이 무거울 가능성이 높다. 예를 들어 A, B 범죄에 대해 따로 형을 선고하여 각각 3년, 2년 합계 5년의 징역형이 선고되었다고 한다면, A, B 범죄에 대해 동시에 형을 선고하면 4년이나 4년 6개월과 같이 좀더 낮은 형벌이 선고될 가능성이 크다.

따라서 경합범을 어떻게 판결하느냐에 따라 형량이 달라지는 것을 방지하기 위한 조치들이 필요하고 이것이 경합범을 인정하는 중요한 이유가 된다.

2. 실체적 경합범의 요건

(1) 동시적 경합범

동시적 경합범이란 판결이 확정되지 않은 수개의 죄를 말한다. 동시적 경합범은 실체적 경합범이기 때문에 수개의 행위가 있어야 하고, 수개의 죄가 성립해야 하고, 수개의 죄에 대해 확정판결이 존재하지 않아야 한다. 동시적 경합범이 문제되는 것은 수죄에 대해 한꺼번에 형을 선고할 경우이다.

1) 수개의 행위가 있을 것 실체적 경합이 되기 위해서는 수개의 행위로 수개의 죄를 범하였어야 한다. 행위가 하나이면 상상적 경합범이 될 수 있을 뿐이다. 이 때 수개의 행위란 상상적 경합범에서와 마찬가지로 사회통념상의 수개의 행위를 말한다.

2) 수개의 죄가 성립할 것 수개의 행위가 있다고 하더라도 그것이 포괄하여 일죄가 될 경우에는 동시적 경합범이 성립할 수 없고, 수개의 범죄가 성립하여야 동시적 경합범이 성립할 수 있다.

[대판 1979. 7. 10. 79도840] 통화위조죄에 관한 규정은 공공의 거래상의 신용 및 안전을 보호하는 공공적인 법익을 보호함을 목적으로 하고 있고, 사기죄는 개인의 재산법익에 대한 죄이어서 양죄는 그 보호법익을 달리하고 있으므로 위조통화를 행사하여 재물을 불법영득한 때에는 위조통화행사죄와 사기죄의 양죄가 성립된다(실체적 경합범의 관계에 있음).
[대판 2008. 11. 13. 2008도7143] 음주로 인한 특정범죄가중처벌 등에 관한 법률위반(위험운전치사상)죄와 도로교통법 위반(음주운전)죄는 입법 취지와 보호법익 및 적용영역을 달리하는 별개의 범죄이므로, 양 죄가 모두 성립하는 경우 두 죄는 실체적 경합관계에 있다.

3) 수개의 죄에 대한 금고 이상의 확정판결이 없을 것 수개의 죄 중 어느 하나에 금고 이상의 확정판결이 있을 때에는 사후적 경합범이 문제될 수 있다.[1] 예를 들어 A, B, C, D, E죄를 순차로 범하였고 이후 C죄에 대해 금고 이상의 확정판결이 있는 경우에는 A, B, D, E죄와 C죄는 사후적 경합범이 된다. 만약 C죄에 대한 확정판결이 있은 후 F, G죄를 범하였다면 이는 A, B, D, E죄와는 무관한 동시적 경합범이다.

4) 수개의 죄에 대해 동시에 형이 선고될 것 경합범 중 일부의 죄에 대해서만 형이 선고되는 경우에는 선고되는 범죄들만이 동시적 경합범이 된다. 수개의 죄 중 일부에 대해 판결이 있었지만, 그 판결이 확정되지 않고 상소심에서 병합심리되는 때에는 동시에 판결할 수 있으므로 동시적 경합범이 된다(대판 1972. 5. 9. 72도597).

(2) 사후적 경합범

사후적 경합범이란 금고 이상의 형에 처한 판결이 확정된 죄와 그 판결확정 전에 범한 죄를 말한다(제37조 후단). 앞에서 본 것과 같이 A, B, C, D, E죄를 순차로 범하였고 그 이후 C죄에 대해 금고 이상의 형의 확정판결이 있는 경우 A, B, D, E죄와 C죄는 사후적 경합범이 된다. C죄에 대한 확정판결 이후 F, G죄를 범하였다면 이들 죄는 C죄나 A, B, D, E죄와 무관한 동시적 경합범이다. 이 경우에는 C죄에 대한 확정판결 이전에 범한 A, B, D, E죄에 대하여 하나의 형을 선고하고, 위 확정판결 이후에 범한 F, G죄에 대하여 별개로 하나의 형을 선고하여야

1) 만약, A, B죄를 순차로 범하였고 A죄에 대해 '벌금'형이 확정된 후 C죄를 범한 경우 B죄와 C죄는 동시적 경합범이 된다.

한다.

1) 확정판결의 의미 '판결이 확정된 죄'에서 확정판결은 유죄판결을 의미한다. 위의 사례에서 C범죄에 대한 판결이 무죄나 면소의 확정판결일 경우에는 A, B, D, E죄는 물론이고 F, G죄도 동시적 경합범이 된다.

확정판결은 금고 이상의 형에 처한 것이어야 한다. 따라서 벌금형이나 약식명령에 처한 판결이 확정된 경우에는 사후적 경합범이 되지 않는다. 금고 이상의 형에 처한 판결이면 족하고 집행유예, 선고유예의 판결도 무방하다. 여기서 제37조 후단의 판결이 확정된 죄는 확정판결이 있었던 사실 자체를 의미하기 때문이다(대판 1984. 8. 21. 84모1297). 유예기간이 경과하여 선고된 판결이 실효되거나 면소된 것으로 간주되는 경우에도 금고 이상의 형의 확정판결이 있는 것이라고 할 수 있다(대판 1992. 11. 24. 92도1417; 대판 1984. 8. 21. 84모1297). 금고 이상의 형의 확정판결 후 일반사면으로 형의 선고효력이 상실된 경우에도 금고 이상의 형에 처한 확정판결에 해당된다(대판 1996. 3. 8. 95도2114; 대판 1995. 12. 22. 95도2446). 그러나 재심판결 확정 전에 범한 후행범죄와 재심판결이 확정된 선행범죄는 사후적 경합범이 아니다(대판 2019. 6. 20. 2018도20698 전합).

2) 금고 이상의 형에 처한 확정판결 이전에 범한 죄 금고 이상의 형에 처한 판결이 확정된 죄와 그 판결확정 전에 범한 죄가 사후적 경합범이다. 금고 미만의 형의 확정판결을 받은 죄와 그 확정판결 전에 범한 죄는 사후적 경합범이 될 수 없다. 이 경우 위의 사례에서 A, B, D, E, F, G죄는 동시적 경합범이다.

판결의 확정시기는 판결선고 후 상소제기기간이 경과되었거나 대법원의 판결이 선고된 때이다. 따라서 C범죄의 상소제기기간 중에 H죄를 범한 경우 C죄에 대한 금고 이상의 확정판결이 있게 되면 C죄와 H죄는 사후적 경합범이 된다.

이에 대해서 확정판결 전에 범한 죄란 항소심판결 이전에 범한 죄로 한정해야 한다는 견해가 있다. 그러나 사후적 경합범을 인정하는 이유가 동시적 경합범으로 처벌할 때보다 불리하게 하지 않아야 된다는 것이므로 사후적 경합범을 제한해야 할 필요가 없다.

3) 포괄일죄의 범행시점 포괄일죄의 경우 최후의 범행의 종료시점을 기준으로 범행시기를 정하므로 포괄일죄인 A범죄가 B범죄의 금고 이상의 형의 확정판결 전후의 행위로 이루어진 경우 A범죄의 범행시기는 확정판결 이후에 범한 죄로 보아야 한다(대판 2001. 3. 13. 2000도4880; 대판 1986. 3. 25. 85도2599).

3. 실체적 경합범의 효과

(1) 동시적 경합범의 효과

동시적 경합범에 대해 형법은 흡수주의, 가중주의, 병과주의를 모두 규정하고 있다.

1) 흡수주의 가장 무거운 죄에 대하여 정한 형이 사형 또는 무기징역이나 무기금고인 때에는 가장 무거운 죄에 대하여 정한 형으로 처벌한다(제38조 제1항 제1호). 가장 무거운 죄에 대하여 정한 형이 사형 또는 무기징역인 경우에 이것을 가중하거나 다른 형벌을 병과하는 것은 가혹하거나 형벌의 목적을 달성하는 데에 아무런 의미가 없기 때문이다.

2) 가중주의 각 죄에 대하여 정한 형이 사형 또는 무기징역이나 무기금고 이외의 같은 종류의 형인 때에는 가장 무거운 죄에 대하여 정한 장기 또는 다액(多額)에 그 2분의 1까지 가중하되 각 죄에 대하여 정한 형의 장기 또는 다액을 합산한 형기 또는 액수를 초과할 수 없다(제38조 제1항 제2호).

가중주의는 병과주의만큼 응보 내지 일반예방의 요구를 충실히 반영하지 못하지만 지나치게 무거운 형벌로 인해 범죄인의 사회복귀가 불가능하게 되는 것을 막기 위한 것이다.

2분의 1까지 가중한다는 것은 경합범의 각 죄에 선택형이 있는 경우에는 그 중에 처단할 형종을 선택한 후 가중한다는 것을 의미한다(대판 1959. 10. 16. 4292형상279).

예를 들어 강도죄와 야간주거침입절도죄(제330조)의 경합범을 벌하는 경우 가장 무거운 죄는 강도죄이고 그 법정형의 장기는 30년이다. 따라서 45년까지 가중할 수 있다. 그러나 강도죄와 야간주거침입절도죄의 장기를 합산하면 40년이 되므로 강도죄와 야간주거침입절도죄의 경합범의 형기의 장기는 45년이 아니라 40년이 되어 3년 이상 40년 이하의 징역이 된다. 만약 강도죄, 야간주거침입절도죄, 사기죄를 경합범으로 처벌할 경우에는 3년 이상 45년 이하의 징역이 된다. 왜냐하면 세 범죄의 장기를 모두 합치면 50년이 되기 때문이다.

한편, 가벼운 죄의 단기가 무거운 죄의 단기보다 높은 경우에는 가벼운 형의 단기를 경합범의 하한으로 해야 한다(대판 1985. 4. 23. 84도2890). 예를 들어 A죄의 법정형이 10년 이하의 징역이고, B죄의 형이 1년 이상 7년 이하의 징역이라면 A·

B죄의 경합범의 상한은 무거운 죄인 A죄의 장기의 2분의 1을 가중한 15년 이하이고, 하한은 B죄의 단기가 높으므로 1년 이상의 징역이 된다.

3) 병과주의 각 죄에 대하여 정한 형이 무기징역이나 무기금고 이외의 다른 종류의 형인 때에는 병과(併科)한다(제38조 제1항 제3호).

다른 종류의 형이란 징역과 벌금, 징역과 자격정지, 자격정지와 벌금 등 제41조 각 호에 규정되어 있는 형을 말한다. 다만 징역과 금고는 같은 종류의 형으로 간주하여 징역형으로 처벌한다(제38조 제2항). 같은 종류의 형이라도 과료와 과료, 몰수와 몰수는 병과(併科)할 수 있다(제38조 제1항 제2호 단서). 여기에서 "병과할 수 있다"는 "병과하지 않을 수도 있다"는 의미가 아니라 "가중하지 않고 병과한다"는 의미이다(대판 2021. 1. 21. 2018도5475 전합 별개의견).

(2) 사후적 경합범의 효과

1) 형의 선고 사후적 경합범 중 판결을 받지 아니한 죄가 있는 때에는 "그 죄와 판결이 확정된 죄를 동시에 판결할 경우와 형평을 고려하여 그 죄에 대하여 형을 선고한다. 이 경우 그 형을 감경 또는 면제할 수 있다"(제39조 제1항). 구 형법에서는 단순히 "그 죄에 대하여 형을 선고한다"고 규정하였으나 두 개의 형을 따로 선고하는 경우 동시적 경합범으로 형을 선고할 때에 비해 불리한 결과가 초래되는 경우가 많기 때문에 2005. 7. 개정형법은 두 개의 죄를 동시적 경합범으로 판결할 때와의 형평을 고려하도록 하였다.

여기에서 다음과 같은 문제점이 있을 수 있다.

첫째, 사후적 경합범에 대한 선고형과 이미 선고된 형의 합계가 동시적 경합범의 처단형의 범위 내에 속하여야 하는가이다. 예를 들어 협박죄(3년 이하의 징역)와 폭행죄(2년 이하의 징역)의 동시적 경합범의 처단형은 4년 6개월 이하의 징역이다. 그런데 협박죄로 3년 징역형을 선고받은 피고인에 대해 폭행죄를 사후적 경합범으로 처벌할 때 1년 6개월이 넘는 징역을 선고할 수 있는가이다. 판례는 긍정하는 입장이다.

> [대판 2008. 9. 11. 2006도8376] (제37조) 후단 경합범에 대하여 심판하는 법원은 판결이 확정된 죄와 후단 경합범의 죄를 동시에 판결할 경우와 형평을 고려하여 후단 경합범의 처단형의 범위 내에서 후단 경합범의 선고형을 정할 수 있는 것이고, 그 죄와 판결이 확정된 죄에 대한 선고형의 총합이 두 죄에 대하여 형법 제38조를 적용하여 산출한 처단형의 범위 내에 속하도록 후단 경합범에 대한 형을

정하여야 하는 제한을 받는 것은 아니며, 후단 경합범에 대한 형을 감경 또는 면제할 것인지는 원칙적으로 그 죄에 대하여 심판하는 법원이 재량에 따라 판단할 수 있는 것이다.[1)]

둘째, 사후적 경합범에 대해 법률상 감경할 수 있는 형 미만의 형을 선고할 수 있는가이다. 예를 들어 특수강도죄와 강도죄(3년 이상의 징역)를 동시적 경합범으로 판결하였을 경우 6년 징역형을 선고하였을 것이라고 판단되는데, 특수강도죄에 대해 5년 징역형이 선고되었고, 강도죄를 사후적 경합범으로 판결할 경우 강도죄에 대해 1년의 징역을 선고할 수 있는지 문제된다. 강도죄를 정상참작감경하더라도 최소한 1년 6개월 이상의 징역을 선고해야 하기 때문이다. 판례는 법률상의 감경 이하로 감경할 수 없다고 한다(대판 2019. 4. 18. 2017도14609 전합). 그러나 제39조 제1항을 특별규정으로 보아 법률상 감경 이하로 감경할 수 있다고 보아야 할 것이다.

경합범에 의한 판결의 선고를 받은 자가 경합범 중의 어떤 죄에 대하여 사면 또는 형의 집행이 면제된 때에는 다른 죄에 대하여 다시 형을 정한다(제39조 제3항). 구형법상 이 규정은 주로 하나의 형을 선고하는 동시적 경합범에 적용되었지만, 개정형법에서는 따로 형을 선고하는 사후적 경합범에도 적용될 여지가 있다.

2) 형의 집행 경합범에 대한 형벌을 집행할 때 이미 집행한 형기는 이를 통산한다(제39조 제4항).

---

1) 그러나 이것은 제39조 제1항의 취지에 맞지 않는 것이다.

제 3 편

형벌론

제1장 형 벌

제1절 형벌의 의의 §42

1. 형벌과 형사제재

(1) 형사제재의 개념

형벌론에서 형벌이란 형사제재를 의미한다. 형사제재는 형벌뿐만 아니라 보안처분과 보호관찰·사회봉사명령·수강명령[1] 등과 같은 제3의 형사제재를 모두 포함하는 개념이다. 제3의 형사제재란 형벌과 보안처분의 성격을 모두 지니고 있으면서 이들과 다른 성격도 지니고 있는 형사제재를 말한다. 근대학파 이전까지는 형벌과 보안처분의 구별이 뚜렷하지 않았다.

(2) 형사제재의 역사

고전학파에 이르기까지 형벌은 응보나 일반예방을 목적으로 범죄인에게 고통을 과하는 것을 내용으로 하였다. 그러나 근대학파에서는 형벌의 목적을 특별예방이라고 하고 형벌의 내용도 반드시 고통의 부과일 필요가 없다고 하였다. 이와 같이 두 입장이 형벌의 목적과 내용에 대해 근본적으로 다른 시각을 가지고 있지만, 두 입장 모두 장단점을 지니고 있으므로 각국의 형법은 두 입장을 모두 받아들였다. 그리하여 응보, 일반예방의 목적을 위주로 하는 형벌과, 특별예방의 목적을 위주로 하는 보안처분이라고 하는 이원적 형사제재체계를 갖추게 되었다.

이후 개개 범죄인에 맞는 형사제재를 개발해야 하고(형사제재의 개별화), 이를 위해 다양한 형사제재가 필요하다(형사제재의 다양화)는 요구가 지배적으로 되자, 기

---

1) 다만, 판례는 이를 모두 보안처분이라고 한다.

존의 형벌이나 보안처분 어느 한편에 편입시키기 어려운 형사제재들이 생겨났다. 이를 제3의 형사제재라고 하는데, 그 범위에 대해서는 견해가 일치하지 않고 있다.

(3) 형법의 태도

우리나라도 형법전에서는 형벌만을 규정하고 있었으나, 1980년 사회보호법과 이후 많은 형사특별법에서 보안처분제도를 받아들였다. 또한 1995년 개정형법은 형벌과 보안처분의 성격을 모두 지니고 있는 보호관찰, 사회봉사명령, 수강명령과 같은 제3의 형사제재도 규정하고 있다. 2005년 사회보호법이 치료감호법으로 대체됨에 따라 보호감호는 폐지되었으나 치료감호와 보호관찰은 존치되었다.

아울러 신상정보등록 및 공개제도, 위치추적 전자장치 부착명령, 성충동약물치료명령 등과 같은 제도들이 도입되었다.

이와 같이 서로 다른 목적이나 내용을 지닌 형벌, 보안처분, 제3의 형사제재를 형사제재라는 상위개념으로 포괄할 수 있는 것은 이러한 제도들이 모두 범죄인에 대한 것이고, 자유의 제한이나 박탈이라는 요소를 포함하고 있기 때문이다.

형사제재 중 형벌은 과거의 범죄에 대한 응보와 일반예방을 목적으로 피고인에게 고통을 과하는 것을 내용으로 하기 때문에 책임주의원칙이 지배하고, 보안처분은 장래의 범죄에 대한 특별예방을 목적으로 하는 것으로서 비례성원칙이 지배한다고 할 수 있다.

그러나 오늘날 형벌과 보안처분의 구별은 상대적이라고 할 수 있다. 형벌도 특별예방의 목적을 지니고, 보안처분도 응보나 일반예방의 기능을 하기 때문이다. 판례는 보호관찰, 사회봉사명령, 수강명령, 위치추적 전자장치 부착명령, 성충동약물치료명령, 신상공개명령 등과 같이 형벌적 요소를 지닌 제도들을 보안처분이라고 하고 진정소급효까지 인정하고 있다.[1] 이는 죄형법정주의와 헌법에 반하는 것으로서 타당하다고 할 수 없다.

1) 판례는 새로운 형사제재들을 모두 보안처분이라고 정의하고, 소급효를 인정한다(대판 1997. 6. 13. 97도703; 대판 2011. 3. 24. 2010도14393; 대판 2010. 12. 23. 2010도11996 외 다수판결). 특히 헌법재판소는 형집행종료자에 대해서도 소급하여 전자장치를 부착하는 것도 합헌이라고 한다(헌재 2010헌가82등). 그러나 형종료 후에도 재범위험성이 있는 범죄자의 문제는 보안처분의 소급효가 아니라 다른 복지적 대책을 통해 해결하는 것이 형법의 최후수단성 원칙에 부합하는 것이다.

2. 형벌의 목적

형벌의 목적으로는 응보, 일반예방, 특별예방의 세 가지가 제시되고 있다.

(1) 응 보

응보란 범죄인이 피해자나 사회에 고통을 초래하였으므로 범죄인에게도 고통을 가한다는 사고를 말한다. 복수형이나 위하형이 범죄인이 끼친 고통을 대폭 초과하는 고통을 과하는 것을 인정하는 반면 응보형은 범죄와 형벌의 비례성을 강조한다. '눈에는 눈, 이에는 이'라는 동해보복론(同害報復論)은 한편으로는 복수를 정당화하지만 다른 한편으로는 '한 눈에는 한 눈, 한 이에는 한 이'로 복수하라는 복수의 한계를 정하는 것이라고 할 수 있다. 이와 같이 합리적으로 통제된 복수를 응보라고 한다.

(2) 일반예방

일반예방이란 범죄인을 처벌함으로써 일반인들이 범죄로 나아가는 것을 방지한다는 사고를 말한다. 이에는 소극적 일반예방과 적극적 일반예방이 있다.

전통적인 일반예방론에서는 소극적 일반예방을 강조한다. 소극적 일반예방이란 범죄인을 처벌함으로써 일반인의 심리를 강제하여 범죄로 나아가는 것을 예방한다는 것이다. 최근에는 적극적 일반예방이 강조되고 있는데, 적극적 일반예방이란 범죄인의 처벌을 통해 규범을 확증하고 국민들의 준법의식을 고양하여 범죄를 하지 않도록 한다는 것이다.

(3) 특별예방

특별예방이란 범죄인을 개선·교육하고 사회복귀시킴으로써 더 이상 범죄를 저지르지 않도록 하는 것을 말한다. 개선불가능한 범죄인을 무력화(incapacitation)함으로써 재범을 방지하는 것도 특별예방에 속하는 것이지만, 특별예방의 핵심은 범죄인의 개선·교육·사회복귀를 통한 재범방지에 있다.

(4) 결 합 설

세 이론 모두 장단점을 가지고 있으므로 세 이론을 결합하여 설명하려고 하는 견해이다. 이 견해에 의하면 응보목적은 책임주의원칙에 의해 제한되므로 책임주의원칙은 형벌의 상한을 결정하게 된다. 그리고 이러한 형벌범위 안에서 일반예방이나 특별예방의 목적을 고려해야 하므로 결국 일반예방이나 특별예방은 형벌의 하한을 결정하게 된다. 그리고 응보나 예방의 목적이 책임주의원칙을 희생시켜서는 안 된다고 한다.

(5) 결 어

형벌의 목적에 관한 이론이라고 한다면 형벌을 통해 달성하려고 하는 구체적 목표를 제시하거나 적어도 응보, 예방 사이에 우선순위라도 제시하는 이론이 되어야 한다. 결합설이 다수설이지만, 결합설에서 강조하는 책임주의는 과도한 형벌을 금지하기 위한 원리에 불과하지 어떤 목적을 추구하는지를 나타내는 것은 아니다.

세 목적 중 정당한 목적이 될 수 있는 것은 특별예방뿐이고 응보나 일반예방은 형벌의 목적이 될 수 없고 기능은 될 수 있다고 해야 할 것이다.

국가는 정당한 목적을 추구해야 하는데, 응보란 결국 복수를 의미하기 때문에 국가가 응보를 목적으로 설정할 수는 없다. 일반예방은 범죄인을 범죄예방을 위한 수단으로 취급하는 문제점이 있다. 결국 범죄인의 개선·교육을 통한 재범방지만이 정당한 목적이 될 수 있다.

따라서 형벌이 범죄인에게 고통을 과하거나 자유를 제한하는 내용을 갖는 경우에도 이것은 특별예방을 달성하기 위한 수단이라는 범위에서만 정당화될 수 있다. 고통의 부과 그 자체를 목적으로 하거나 범죄인의 개선·교육이라는 목적 이외의 목적을 달성하기 위해 범죄인에게 고통을 과하는 것은 정당화될 수 없다. 따라서 사형이나 무기자유형은 범죄인의 개선·교육이라는 목적을 지니지 못하고 오로지 응보나 일반예방의 목적을 위한 것이므로 형벌로서 정당화되기 어렵다.

§43

제 2 절 형벌의 종류

형법 제41조는 무거운 순서로 사형, 징역, 금고, 자격상실, 자격정지, 벌금, 구류, 과료, 몰수 등 9가지의 형벌을 규정하고 있다. 이 중 사형을 생명형, 징역·금고·구류를 자유형, 자격상실과 자격정지를 명예형, 벌금·과료·몰수를 재산형이라고도 한다.

형벌을 주형과 부가형으로 나누기도 한다. 주형은 다른 형벌과 관계없이 독자적으로 선고할 수 있는 형벌이고, 부가형은 원칙적으로 그 형벌만을 독립적으로 선고할 수 없고 다른 형벌에 부가하여 선고할 수 있는 형벌을 말한다. 몰수는 원칙적으로 부가형이다(제49조).

현행 형법상의 형벌 중 자격상실은 사형, 무기징역, 무기금고 선고의 효과로서 인정되고, 각칙에서 특별히 자격상실을 과하는 규정은 없다. 몰수는 범죄에 사용된 물건이나 이익을 박탈하는 형벌로서 보안처분의 성격도 지니고 있다.

Ⅰ. 사 형

1. 사형의 개념 및 사형제도의 연혁

사형이란 피고인의 생명을 박탈하는 것을 내용으로 하는 형벌이다. 사형은 고대에서부터 존재하였지만, 위하형시대라고 분류되는 근대 초기의 절대왕권국가에서 특히 많이 사용되었다. 절대왕권국가에서 범죄는 절대왕권에 대한 도전행위로 인식되었고, 형벌을 통해 권력자의 권위를 나타내고 일반예방효과를 극대화하기 위해 사형이 많이 사용되었다.

그리하여 영국 엘리자베스여왕 치하(1558~1603) 40여년간 약 8만명이 사형에 처해졌다고 한다. 당시 사형을 과할 수 있는 범죄의 수는 250여개에 이르러 반역죄나 살인죄와 같은 중범죄에 대해서 뿐만 아니라 절도와 같은 재산범죄에 대해서도 사형이 과해졌다. 9세된 소년이 절도혐의로 사형이 공개집행되었다는 기록도 있다.

그러나 범죄와 형벌의 균형을 강조하는 고전학파의 이론이 받아들여지고 인도형사상이 확립되면서 사형의 범위가 대폭 축소되기 시작하였다. 현재 전세계의 70% 이상의 국가에서 사형을 법률상 또는 사실상 폐지하였고, OECD 회원국 중 최근까지 사형을 집행한 나라는 미국과 일본 뿐이다. 또한 사형제도를 존치하고 있는 국가에서도 사형을 과할 수 있는 범죄는 모살이나 반국가적 범죄 등 극히 일부 범죄에 국한되고 있다.

2. 형법상의 사형규정

(1) 형법전상의 사형규정

우리 형법은 제정 당시부터 사형규정을 두고 있었고 현재 형법전상 사형을 과하는 규정으로는 살인죄(제250조 제1, 2항), 위계 등에 의한 촉탁살인 등(제253조), 약취·유인 등 살인(제291조), 강간등살인(제301조의2 전문), 인질살해(제324조의4 전문), 강도살인(제338조 전문), 해상강도살인, 해상강도치사, 해상강도강간(제340조 제3항),

폭발물사용죄(제119조), 현주건조물등방화치사죄(제164조 제2항 후문), 현주건조물등일수치사죄(제177조 제2항 후문), 음용수혼독치사죄(제194조 후문), 내란수괴·중요임무종사죄(제87조), 내란목적살인죄(제88조), 외환유치죄(제92조), 여적죄(제93조), 모병이적죄(제94조), 시설제공이적죄(제95조), 시설파괴이적죄(제96조), 간첩죄(제98조) 등이 있다.

(2) 형사특별법상의 사형규정

형법전상의 사형규정이 결코 적지 않음에도 불구하고 형사특별법에는 사형규정이 많이 있다. 군형법에는 대부분의 범죄에 대해 사형이 규정되어 있고, 그때그때의 사회적 상황에 따라 정치범죄, 경제범죄, 반사회적 성격이 강한 범죄 등에 대해 사형을 과하는 규정이 신설되었다. 특정범죄가중법, 특정경제범죄법, 국가보안법, 성폭력처벌법 등이 그 대표적 예이다. 사형에 처해질 수 있는 범죄들 중에는 수뢰액 5천만원 이상의 뇌물수수죄(구 특가법 제2조 제1항 제1호), 포탈액 1억원 이상 관세포탈죄(구특가법 제6조 제1항 제2호), 임산물원산지 가액 1천만원 이상의 산림절도 및 5만평방미터 이상 산림훼손죄(구 특가법 제9조 제1항 제1호), 수수액 5천만원 이상 금융기관임직원의 금품수수죄(구 특경법 제5조 제4항 제1호) 등도 있었다. 이와 같이 어처구니없는 규정들은 현재 폐지되어 있지만 그럼에도 불구하고 아직도 문명국가의 형법이라고는 할 수 없을 정도로 많은 사형규정이 있다.

(3) 사형의 집행방법

역사적으로 보면 다양한 사형집행방법이 있었다. 특히 위하를 중시했던 시기일수록 잔인한 집행방법이 사용되었고 사형집행도 공개되었다. 근대형법이 확립되면서 잔인한 집행방법과 공개적인 사형집행도 축소되었다. 오늘날 많이 사용되는 사형집행방법에는 교수, 총살, 주사살 등이 있다.

형법은 "사형은 교정시설 안에서 교수(絞首)하여 집행한다"(제66조)고 규정하여 교수형을 택하고, 사형집행도 공개하지 않는다. 한편 군형법은 총살을 규정하고 있다(제3조).

우리나라는 1997년 사형을 집행한 이후 현재까지 사형을 집행하지 않아 국제적으로는 '실질적 사형폐지국'으로 분류되고 있다. 사형판결의 수도 줄어들고 있다. 하지만 흉악범죄가 발생할 때마다 사형을 집행해야 한다는 목소리가 높아지기도 한다.

3. 사형존폐론

(1) 사형존폐에 대한 논쟁

사형폐지론도 어느 시대에나 존재하였지만 고전학파의 등장과 함께 사형폐지론이 강조되었고, 많은 국가의 형법에서 현실화되었다. 고전학파의 최대 역사적 공헌을 인도형의 확립이라고 하는데, 이는 이전의 가장 중요한 형벌이었던 사형제도가 고전학파에 의해 대폭 축소되고 대신에 자유형이 가장 중요한 형벌이 되었기 때문이다.

고전학파 이론가 중 대표적 사형폐지론자로는 베카리아(C. Beccaria)를 들 수 있다. 베카리아는 범죄와 형벌의 균형을 강조하고, 사형은 사회계약에 포함될 수 없고, 형벌의 효과는 형벌의 엄격성이 아니라 집행의 확실성·신속성·공평성에 좌우된다는 이유로 사형폐지를 주장하였다. 그러나 고전학파학자들 중에서도 칸트, 루소 등은 사형의 정당성 내지는 불가피성을 인정하였다.

우리나라에서도 형법이 제정된 1950년대부터 사형존폐에 대한 논쟁이 있었고, 이러한 논쟁은 지금까지 계속되고 있다. 대법원과 헌법재판소는 사형의 합헌성을 인정하고 있으나 다수설은 사형을 반대하는 입장이다. 국제적으로도 국제사면협회(Amnesty International)는 사형을 존치하는 국가는 인권이 완전히 보장되는 국가가 아니라고 보고, 사형폐지를 위한 국제적 운동을 전개하고 있다. 최근에는 자유형을 강화하기 위해 가석방없는 무기형제도 도입이 주장되고 있는데, 이에 대해서는 반대하지만 사형폐지를 조건으로 한다면 찬성하는 견해도 많이 있다.

우리나라에서 사형존폐론의 논거는 헌법재판소 1996. 11. 28. 95헌바1 결정에 잘 나타나 있다. 이를 축약하면 다음과 같다.

(2) 사형폐지론

사형폐지론의 주요 논거는 다음과 같다.

첫째, 인간의 생명권은 선험적이고 자연법적인 권리로서 이를 박탈할 수는 없다.

둘째, 우리 헌법의 근본정신은 사형제도를 부인하고 있고, 생명권은 헌법 제37조 제2항의 기본권 제한에 관한 일반적 법률유보의 대상이 될 수 없고, 사형제도는 생명권의 본질적 내용을 침해하므로 헌법 제37조 제2항 단서에 위반된다.

셋째, 사형은 범죄자의 생명을 박탈하는 것이므로 범죄자에 대한 개선의 가능성을 포기하는 형벌로서 형벌의 목적의 하나인 개선의 목적에 반한다.

넷째, 재판은 인간이 하는 심판이므로 오판을 절대적으로 배제할 수는 없고, 오판에 의한 사형은 회복할 방법이 없다.

다섯째, 사형제도의 일반예방효과에 의문이 있고 특히 무기징역형의 일반예방효과와 큰 차이가 있을 수 없다.

여섯째, 오늘날 사형제도를 폐지하는 것이 전세계적 추세이다.

(3) 사형존치론

사형존치론은 다음과 같은 논거를 제시한다.

첫째, 사형은 인류 역사상 가장 오랜 역사를 가진 형벌의 하나로서 범죄에 대한 근원적인 응보방법이며, 또한 가장 효과적인 일반예방법으로 인식되어 왔다.

둘째, 헌법 제110조 제4항(비상계엄하의 군사재판은…법률이 정하는 경우에 한하여 단심으로 할 수 있다. 다만 사형을 선고한 경우에는 그러하지 아니하다)은 간접적으로나마 사형을 인정한다.

셋째, 사형이 비례의 원칙에 따라서 불가피한 경우 예외적으로 적용되는 한, 헌법 제37조 제2항 단서에 위반되지 않는다.

넷째, 사형은 위하력이 강한 만큼 이를 통한 일반적 범죄예방효과도 더 클 것이라고 추정되고, 또 그렇게 기대하는 것이 논리적으로나 소박한 국민일반의 법감정에 비추어 볼 때 결코 부당하다고 할 수 없다.

다섯째, 사형은 죽음에 대한 인간의 본능적인 공포심과 범죄에 대한 응보욕구가 서로 맞물려 고안된 '필요악'으로서 불가피하게 선택된 것이며 지금도 여전히 제 기능을 하고 있다.

여섯째, 사형을 찬성하는 국민들의 법감정을 무시할 수 없다.

일곱째, 우리의 범죄상황을 비롯한 사회상황을 종합적으로 고려하여 볼 때 사형을 폐지하는 것은 시기상조이다.

(4) 사형제한론

이 견해는 폐지론과 존치론의 절충적 입장이라고 할 수 있다. 사형존폐에 대한 논쟁이 쉽게 의견의 일치를 볼 수 있는 결론에 도달하지 못할 것이므로 설사 사형을 존치한다 하더라도 사형의 선고나 집행을 제한하자고 한다.

관여법관의 의견이 일치해야만 사형을 선고할 수 있도록 하는 사형선고의 만장일치제도, 일정기간 사형의 집행을 유예한 뒤 무기형으로 감형하는 사형의 집행유예제도, 사형선고를 특별히 신중히 하도록 하는 선언규정의 도입 등이 그것이다. 1992년의 형법개정법률안 제44조 제3항은 "사형의 선고는 특히 신중히 해야 한다"고 규정하였다.

(5) 결 어

1) **사형과 범죄예방효과** 사형존치논거 중 유일하게 설득력이 있는 것은 사형의 범죄예방효과이다. 일반국민들이 사형존치에 찬성하는 가장 중요한 이유도 응보보다는 사형의 범죄예방효과에 대한 믿음이라고 할 수 있다. 그리하여 사형의 일반예방효과를 실증적으로 증명해 보려는 시도도 있었다. 그러나 실증적 연구들도 사형의 범죄예방효과에 대해 일치된 결론을 내지 못하고 있다.

2) **사형폐지의 정당성** 사형은 특별예방의 목적을 포기하는 것이고, 응보나 일반예방의 관점에서 인정된다. 그러나 응보는 국가가 지향해야 할 목표라고 보기 어렵고, 사형의 범죄예방효과가 명백히 증명되지 않는다면 일반예방도 사형의 존치근거로서는 부족하다.

사형이 폐지되면 잠재적 범죄인들이 살인을 감행할 수도 있다는 추상적 가능성 때문에 구체적·현실적으로 범죄인의 생명을 박탈하는 사형을 인정하는 것은 부당하다. 일반예방효과 혹은 범죄예방효과라는 개념은 생명에 대한 현존하고 명백한 위험으로부터 생명을 보호한다는 개념에 비해 그 강도가 너무 약하다.

현재 미국과 일본을 제외한 모든 선진국가들을 포함하여 100개국이 넘는 국가에서 법률상으로 사형을 폐지하였고, 사실상 사형폐지 국가까지 포함하면 전세계 4분의 3의 국가에서 사형을 폐지하고 있다는 것에서도 사형폐지의 정당성을 알 수 있다.

3) **사형범죄의 축소** 또한 모든 사형을 폐지하지 못하는 경우라도 모살(謀殺, 죄질이 극히 나쁜 고의살인)이나 모살을 수반하는 범죄에 대해서만 사형을 인정해야 한다. 따라서 형법 및 형사특별법상의 사형규정들은 하루 속히 삭제되어야 한다.

4) **사형제한제도의 도입** 사형을 존치하더라도 사형선고의 만장일치제와 사형의 집행유예제도를 도입해야 한다.

사형선고의 만장일치제는 소수의견이 다수의견을 지배하는 결과가 되어 의문이 있다는 견해가 있다. 그러나 의결권자의 3분의 2 이상의 찬성을 요하도록 하는 것은 소수의견이 다수의견을 지배하는 성격을 지니고 있음에도 불구하고 헌법 등 여러 가지 법률에 규정되어 있다. 그러나 사형의 심각성을 고려할 때 사형에 반대하는 소수의견이 사형에 찬성하는 다수의견을 지배한다고 하여 전혀 이상할 게 없다.

4. 판례의 입장

대법원과 헌법재판소는 사형이 위헌이 아니라는 입장을 고수하고 있다.

[대판 1963. 2. 28. 62도241] 현재의 우리나라 실정과 국민의 도덕적 감정을 고려하여 국가의 형사정책으로 질서유지와 공공복리를 위하여 형법 등에 사형이라는 형벌을 규정하였다 하여 이것을 헌법에 위반된 조문이라 할 수 없다.
[헌재 1996. 11. 28. 95헌바1] 사형이 비례의 원칙에 따라서 최소한 동등한 가치가 있는 다른 생명 또는 그에 못지 아니한 공공의 이익을 보호하기 위한 불가피성이 충족되는 예외적인 경우에만 적용되는 한, 헌법 제37조 제2항 단서에 위반되는 것으로 볼 수는 없다.

다만, 사형제도의 중대성에 비추어 실제 사형선고는 신중해야 한다고 판시하고 있기도 하다.

[대판 2023. 7. 13. 2023도2043] 사형은 인간의 생명을 박탈하는 냉엄한 궁극의 형벌로서 사법제도가 상정할 수 있는 극히 예외적인 형벌이라는 점을 감안할 때, 사형의 선고는 범행에 대한 책임의 정도와 형벌의 목적에 비추어 누구라도 그것이 정당하다고 인정할 수 있는 특별한 사정이 있는 경우에만 허용된다.

Ⅱ. 자 유 형

1. 자유형의 개념 및 연혁

(1) 자유형의 개념

자유형이란 범죄인의 신체의 자유를 박탈하거나 제한을 내용으로 하는 형벌을 말한다. 신체의 자유를 박탈하는 형벌로서 징역, 금고, 구류 등을 들 수 있다. 과거 신체의 자유를 제한하는 형벌로서 유형, 추방 등이 있었으나, 현행형법은 보호관찰, 사회봉사명령, 수강명령 등을 두고 있다.[1)]

---

1) 판례는 보호관찰, 사회봉사명령, 수강명령을 보안처분이라고 한다.

(2) 고전학파와 자유형

주된 형벌이 사형이었던 시대에는 자유형이 형벌에서 차지하는 비중은 매우 적어 주로 사형집행을 대기하는 수단, 즉 미결구금의 수단으로 사용되었다.

그러나 오늘날 가장 대표적인 형벌은 자유형이라 할 수 있는데 이는 고전학파에서 비롯되었다. 고전학파는 범죄와 형벌의 균형을 주장함으로써 사형의 범위를 대폭 축소시켰고 그 자리에 자유형을 도입하였다. 자유형은 사형에 비해 인도적일 뿐만 아니라 그 기간을 조정함으로써 범죄와 균형을 맞추기에 알맞기 때문이었다. 이 때부터 미결구금이 아닌 형벌로서의 자유형이 형벌의 중심을 차지하게 되었다.

(3) 현대의 자유형

근대학파의 등장과 함께 자유형도 범죄인의 자유박탈이라는 의미를 넘어서 적극적으로 범죄인을 개선·교육하는 수단으로 사용되었다.

우리나라에서도 1962년의 행형법개정을 통해 형무소(벌을 받는 곳), 소년형무소, 형무관이란 명칭을 교도소(교정·교화하는 곳), 소년교도소, 교도관이란 명칭으로 바꾸고, 「형의 집행 및 수용자의 처우에 관한 법률」(구 행형법; 이하 '형집행법'이라 한다) 제1조도 수형자의 교정·교화와 건전한 사회복귀 도모를 목적으로 규정하고 있다.

2. 자유형의 종류

형법은 징역, 금고, 구류 등 세 가지의 자유형을 규정하고 있다(제41조 제2호·제3호·제7호). 징역과 금고·구류는 정해진 노역(勞役)에 복무할 의무의 유무에 의해 구별되고, 징역·금고와 구류는 그 기간에 의해 구별된다. 자유형은 형벌의 일종이라는 점에서 형사절차의 진행과 증거물의 확보를 위한 형사소송법상의 피고인 또는 피의자의 구속과 구별된다.

자유형은 그 자체가 법관이 선고하는 형벌의 일종이라는 점에서 벌금이나 과료의 미납을 강제하기 위한 수단으로서의 노역장유치(제69조)와 구별된다. 노역장유치기간은 벌금형미납의 경우에는 1일 이상 3년 이하, 과료미납의 경우에는 1일 이상 30일 미만이다.

(1) 징 역

징역은 범죄인을 교정시설에 수용하여 집행하며, 정해진 노역(勞役)에 복무하게 하는 형벌이다(제67조). 수형자에게 노역의무가 있다는 점에서 금고와 구별되고, 기간이 1개월 이상이라는 점에서 기간이 1일 이상 30일 미만인 구류와 구별된다. 징역은 무기징역과 유기징역으로 나뉜다. 무기징역은 종신징역을 말하고, 유기징역의 기간은 1월 이상 30년 이하이지만 유기징역을 가중할 때에는 50년까지로 한다(제42조 본문 및 단서).

(2) 금 고

금고는 범죄인을 교정시설에 수용하여 집행하는 형벌로서(제68조), 수형자가 정해진 노역에 복무할 의무가 없다는 점에서 징역과 구별되고, 기간이 1개월 이상이라는 점에서 구류와 구별된다.

연혁적으로 보면 금고형은 과실범이나 정치범 등과 같이 파렴치범의 성격을 지니지 않은 범죄에 대한 형벌로 고안된 것이고, 현행형법도 대체로 이러한 입장을 따르고 있다(예컨대, 제268조, 제364조, 제171조, 제173조의2, 제87조 등). 그러나 형사특별법에서는 이러한 원칙이 철저하게 지켜지고 있지는 않다.

금고형에는 정해진 노역에 복무할 의무가 부과되어 있지 않으나 금고형의 수형자의 신청이 있는 경우에는 정해진 노역에 복무할 수 있고(형집행법 제67조), 현실적으로도 90% 이상의 금고형수형자가 노역복무를 하고 있다는 점에서 징역과의 구별은 별 의미가 없어졌다.

(3) 구 류

구류는 1일 이상 30일 미만의 기간 동안 교정시설에 수용하여 집행하는 것을 내용으로 하는 형벌이다(제46조, 제68조). 정해진 노역에 복무할 의무가 없다는 점에서 징역과 구별되고 기간이 30일 미만이라는 점에서 징역 및 금고와 구별된다. 그러나 구류형에서도 수형자의 신청이 있으면 작업을 과할 수 있다(형집행법 제67조).

3. 자유형의 개선방안

현행형법은 세 가지 종류의 자유형을 규정하고 그 기간도 1일 이상부터 종신까지로 하고 있다. 이에 대해 세 가지 종류의 자유형을 하나로 통일하고, 무기자유형과 단기자유형은 폐지해야 한다는 의견이 제시되고 있다.

(1) 자유형단일화

자유형단일화란 법률에서 징역, 금고, 구류 등을 정하지 말고 행형단계에서 구체적으로 수형자의 인격, 소질, 환경 등을 감안하여 정해진 노역의 필요 여부를 판단케 하자는 입장이다. 독일의 경우에도 과거 우리와 유사하게 자유형을 세분하였으나 현재에는 자유형으로 단일화하였고, 우리나라에서도 통설은 자유형단일화를 주장한다.

자유형단일화론은 ① 범죄인의 사회복귀를 위해서는 정해진 노역에의 복무 여부를 교정전문가의 판단에 맡기는 것이 바람직하고, ② 징역과 금고를 구별하여 정치범 내지 과실범에만 금고를 부과하도록 하는 것은 노동을 천시하는 사상이 반영된 것이며, ③ 행형의 실제에서도 대부분의 금고형수형자들이 신청에 의해 정해진 노역에 복무하고 있다는 점들을 근거로 든다.

참고로 일본의 경우 종래의 금고형과 징역형을 '구금형'으로 통합하였다 (2025. 6. 1. 시행 예정).

(2) 단기자유형의 폐지 내지 제한

자유형의 개선방안으로 단기자유형의 폐지도 주장되고 있다. 자유형의 가장 큰 문제점으로 형사시설의 범죄배양효과(crime-breeding effect)가 지적되고 있다. 범죄배양효과란 수형자들이 교도소에서 개선·교육되는 것이 아니라 다른 수형자들의 악풍이나 범죄수법을 학습하여 범죄성을 강화하는 것을 말한다. 특히 단기자유형의 경우 이 문제가 더욱 심각하다.

단기자유형의 단기가 얼마인가에 대해서는 견해의 대립이 있으나 대체로 6개월 이하의 자유형을 말한다. 단기자유형에 대해서는 '범죄수법을 습득하기에는 충분한 기간이고 개선·교육되기에는 불충분한 기간'이라고 하는 비판이 제기된다. 그리하여 단기자유형을 폐지하거나 제한하고 벌금형이나 보호관찰, 사회봉사명령, 수강명령, 위치추적 전자장치부착 명령 등과 같은 사회내처우(community treatment)로 전향하자는 주장이 생겨났다. 예를 들어 독일형법은 6개월 이하의 징역은 일반예방효과를 위해 특별히 필요한 경우에만 선고하도록 제한하고 있다.

그러나 최근 외국에서는 사회내처우와 연관하여 단기자유형을 활성화하려는 노력도 있는데 대표적인 것이 자유형의 일부에 대한 집행유예제도이다. 이는 자유형의 일부 기간은 집행을 하고 나머지 기간은 사회내처우를 하도록 하는 제도로서 범죄인에게 구금에 의한 충격을 통해 반성 및 사회복귀를 촉구한다는 의미에서 충격보호관찰(shock-probation)이라고도 한다.

이러한 의미에서 단기자유형의 폐지 및 제한은 전면적 폐지를 의미하는 것은 아니다.

(3) 유기징역·금고형기의 완화

2010년 개정형법은 아무런 과학적 근거도 없이 흉악범죄가 증가한다는 이유로 유기징역·금고의 상한을 30년, 가중시 50년까지로 가중하였다. 이는 매우 야만적 입법행태로서 형기를 종전의 15년, 가중시 25년으로 환원시키거나, 20년, 가중시 30년 정도로 완화해야 할 것이다.

이렇게 야만적 자유형 규정을 두고 있다는 것은 국제적 망신이다.

Ⅲ. 명 예 형

1. 명예형의 개념 및 종류

명예형은 범죄인의 명예 내지 자격을 박탈하거나 제한하는 것을 내용으로 하는 형벌을 말한다. 형법은 명예를 박탈·제한하는 형벌을 두고 있지 않고, 자격을 박탈·제한하는 자격상실 및 자격정지의 형벌만을 두고 있다.

2. 자격상실

자격상실이란 일정한 형벌을 선고받으면 그의 부수효과로서 일정한 자격이 상실되는 것을 말한다. 사형, 무기징역 또는 무기금고의 판결을 받은 경우 ① 공무원이 되는 자격, ② 공법상의 선거권과 피선거권, ③ 법률로 요건을 정한 공법상의 업무에 관한 자격, ④ 법인의 이사, 감사 또는 지배인 기타 법인의 업무에 관한 검사역이나 재산관리인이 되는 자격(제43조 제1항)이 상실된다.

자격상실을 독립적으로 과하는 각칙상의 규정은 없다. 따라서 2011년도 형법총칙개정법률안은 자격상실을 형벌의 종류에서 삭제하였다.

3. 자격정지

자격정지란 일정한 자격의 전부 또는 일부를 일정기간 동안 행사하지 못하도록 하는 형벌을 말한다. 자격정지에는 일정한 형벌을 선고받은 경우 그에 의해 자격이 정지되는 당연정지와 자격정지판결의 선고에 의한 자격정지가 있다.

(1) 당연정지

유기징역 또는 유기금고의 판결을 받은 자는 그 형의 집행이 종료하거나 면제될 때까지 ① 공무원이 되는 자격, ② 공법상의 선거권과 피선거권, ③ 법률로 요건을 정한 공법상의 업무에 관한 자격이 정지된다. 그러나 다른 법률에 특별한 규정이 있는 경우에는 그 법률에 따른다(제43조 제2항).

법인의 이사, 감사 또는 지배인 기타 법인의 업무에 관한 검사역이나 재산관리인이 되는 자격은 정지되지 않는다.

(2) 판결선고에 의한 자격정지

자격정지판결의 선고에 의해 일정한 자격의 전부 또는 일부를 정지시킬 수도 있다. 이를 판결선고에 의한 자격정지라고 한다. 자격정지가 다른 형벌과 선택형으로 규정되어 있을 때에는 자격정지만을 독립적으로 선고할 수도 있고, 다른 형에 병과하는 병과형으로 할 수도 있다. 판결선고에 의한 자격정지 기간은 1년 이상 15년 이하이다(제44조 제1항). 유기징역 또는 유기금고에 자격정지를 병과한 때에는 징역 또는 금고의 집행을 종료하거나 면제된 날로부터 정지기간을 기산한다(제44조 제2항).

Ⅳ. 재 산 형

1. 재산형의 개념 및 종류

재산형이란 피고인의 재산을 박탈하는 내용을 지닌 형벌을 말한다. 형법이 규정하고 있는 재산형에는 벌금, 과료, 몰수의 세 가지가 있다. 벌금과 과료는 액수의 차이가 있을 뿐이지만, 벌금·과료와 몰수는 그 성격, 요건, 내용 등에서 차이가 난다.

몰수는 범죄의 반복을 방지하고, 범죄로부터 얻은 이익을 박탈한다는 의미를 가진 형벌로서 보안처분의 성격도 지니고 있다. 따라서 2011년도 형법개정법률안은 몰수를 형벌의 종류에서 삭제하였다.

2. 벌 금

(1) 벌금형의 의의

벌금형은 피고인에게 일정한 금액을 국가에 납입할 의무를 부담시키는 내용의 형벌이다. 벌금을 납부하지 않은 경우 강제집행을 할 수도 있지만(형사소송법 제477조 이하), 미납자를 노역장에 유치한다(제69조). 벌금형의 궁극적 목적은 피고인에게 재산적 부담을 지게 하는 것이 아니라 이를 통해 응보, 일반예방, 특별예방의 목적을 달성하는 것이다. 현재 벌금형은 모든 형벌 중 가장 높은 비중을 차지하고 있다.

벌금형은 피고인을 구금하지 않고 일상생활을 하도록 하면서 벌금의 부과를 통해 그의 실질적 자유를 제한하는 것이므로 자유형에 비해 인도적이고, 구금으로 인한 범죄성학습을 피할 수 있고, 국가의 수용부담 완화라는 측면에서 경제적이라고 할 수 있다.

그러나 벌금형은 범죄인 이외에 다른 사람들에게 벌금을 전가하거나 재산이 많은 피고인의 경우에는 형벌로서의 위하력을 갖기 어렵다는 문제점도 있다. 또한 민사상의 채무불이행에 비해 벌금미납에 따른 강제가 더 중하기 때문에 범죄피해자보호에 충실하지 못하다는 문제점도 있다.[1)]

(2) 벌금형의 내용

벌금은 5만원 이상이지만, 감경하는 경우에는 5만원 미만으로 할 수 있다(제45조). 벌금의 하한에는 제한이 있지만 벌금의 상한은 각 처벌규정에서 정해진다. 이와 같이 형법은 벌금의 액수만을 규정하고 있는데 이를 총액벌금제도라고 한다.

벌금과 과료는 판결확정일로부터 30일 내에 납입하여야 한다. 단 벌금을 선고할 때에는 동시에 그 금액을 완납할 때까지 노역장에 유치할 것을 명할 수 있다. 벌금을 납입하지 아니한 자는 1일 이상 3년 이하의 기간 노역장에 유치하여 작업에 복무하게 한다(제69조). 벌금 또는 과료를 선고할 때에는 납입하지 아니하는 경우의 유치기간을 정하여 동시에 선고하여야 한다. 선고하는 벌금이 1억원 이상 5억원 미만인 경우에는 300일 이상, 5억원 이상 50억원 미만인 경우에는 500일 이상, 50억원 이상인 경우에는 1,000일 이상의 유치기간을 정하여야 한다(제70조).

한편 「벌금 미납자의 사회봉사 집행에 관한 특례법」에 의하면 일정한 금액 이하의 벌금을 선고받은 사람은 검사에게 사회봉사명령을 신청할 수 있고 법원은 검사의 신청에 따라 사회봉사를 허가할 수 있다(동법 제4조~제6조).

(3) 벌금형의 집행유예

구 형법에서는 벌금형의 선고유예는 인정되지만(제59조), 집행유예는 인정되

---

1) 예를 들어 범죄를 저질러 피해자에게 손해배상책임을 지고 벌금형을 선고받은 경우 범죄자는 노역장유치를 피하기 위해 벌금형을 먼저 납부해야 한다.

지 않았다. 이에 따라 징역이나 금고의 집행유예를 인정하면서 그보다 가벼운 벌금형의 집행유예를 인정하지 않는 것은 균형에 맞지 않는다는 비판이 제기되었다. 이러한 비판을 받아들여 2016년 개정형법은 벌금형의 집행유예를 규정하였다. 즉, 500만원 이하의 벌금을 선고할 경우 정상을 참작하여 집행유예를 선고할 수 있다(제62조 제1항).

(4) 벌금형의 개선방안

1) 일수(日數)벌금제도의 도입 일수벌금제도란 범죄에 대한 행위자의 책임에 따라 벌금을 일수로 정하고, 행위자의 재력에 따라 하루의 벌금액을 정하는 제도를 말한다. 현재 이 제도는 유럽의 여러국가에서 채택하고 있다. 총액벌금제도는 가난한 사람에게는 고통이 크고 부자에게는 별 고통이 되지 않는 문제점이 있다. 일수벌금제도는 이러한 문제점을 시정하여 배분적 정의를 실현하기 위한 것이다.

일수벌금제도에 의하면 벌금액의 확정은 두 단계로 이루어진다. 첫째는 벌금일수를 정하는 것인데, 이것은 범죄인의 경제적 사정을 고려하지 않고 범죄행위와 범죄인의 책임만을 고려하여 정한다. 둘째는 하루의 벌금액을 정하는 것인데 이 때에는 범죄인의 경제적 사정 특히 세후 소득을 고려하여 정한다. 예를 들어 “피고인에게 120일의 벌금을 선고한다. 하루의 벌금액은 10만원으로 한다”는 형식으로 벌금을 선고한다. 120일의 벌금을 정할 때에는 불법과 책임, 하루의 벌금액을 정할 때에는 피고인의 경제적 사정을 고려하는 것이다.[1)]

우리나라에서도 형법개정작업과정에서 일수벌금제의 도입이 논의되었다. 일수벌금제도가 제 기능을 발휘하기 위해서는 개인의 정확한 재산상태를 파악할 수 있는 제도가 완비되어 있어야 한다.

2) 벌금분납제, 납부연기제의 도입 현행법률상으로는 벌금선고 후 30일 이내에 벌금을 납부하도록 되어 있고, 벌금을 완납하지 아니하면 노역장에 유치하도록 규정되어 있다(제69조 제1항). 30일 이내의 납부기한은 가난한 피고인에게는 지나치게 짧은 기간이고, 타인이 대납하게 되면 벌금형의 일신전속적 성격에 반한다. 따라서 벌금형의 납부를 일정기간 연기하여 주거나 일정기간에 걸쳐 벌금을 분납하도록 하는 제도를 형법전 자체에 규정할 필요가 있다[2)]

1) 독일의 경우 벌금형의 일수는 원칙적으로 5일 이상 360일 이하이고, 하루의 벌금액수는 1유로에서 3만유로 사이에서 피고인의 개인적·경제적 사정을 고려하여 결정한다(제40조).

3) **벌금형의 확대 및 조정** 현행법률들에는 자유형만을 규정하고 있는 범죄들이 많다. 이에 대해 자유형 특히 단기자유형의 폐해가 크므로 그 대안 중의 하나로 벌금형의 적용범위를 확대해야 한다는 지적이 많았다. 이러한 주장을 받아들여 1995년 개정형법은 공무집행방해죄 등 많은 범죄에서 벌금형을 선택형으로 규정하였다.[1] 그러나 아직도 벌금형을 선택형으로 규정해야 할 범죄들이 많다.[2]

아울러 벌금형의 액수를 자유형의 기간과 균형에 맞도록 조정해야 할 필요가 있다. 예를 들어 강제집행면탈죄(제327조)와 절도죄(제329조) 징역형은 각각 3년 이하, 6년 이하인데, 벌금형은 1천만원 이하로 같다. 범죄의 성격에 따라 벌금액수가 징역형기에 정비례할 필요는 없지만, 어느 정도 균형을 맞출 필요는 있다.

4) **벌금형의 과태료전환** 많은 행정형법에서는 행정상의 의무불이행에 대해 벌금형에 처하는 규정을 두고 있다. 그러나 행정상의 의무불이행에 대해서는 과태료와 같은 행정벌을 과하는 것이 원칙이고 형벌인 벌금형을 과하는 것은 비례의 원칙에 맞지 않는다. 따라서 벌금형에 처하는 행정법규위반범죄를 비범죄화하고 벌금형을 과태료로 전환해야 할 필요성이 있다.

3. 과 료

과료는 2천원 이상 5만원 미만의 금액을 납부케 하는 형벌로서(제47조) 벌금형과 액수에서만 차이가 난다. 과료는 형벌의 일종이므로 행정벌의 일종인 과태료와 구별된다. 과료를 납입하지 않는 경우 1일 이상 30일 미만 노역장에 유치된다(제69조 제2항).

---

2) 현재에는 「재산형 등에 관한 검찰 집행사무규칙」등 하위법규에서 일정한 사정이 있는 경우 검사의 허가를 받아 벌금의 분납이나 연납을 할 수 있다.

1) 직권남용죄(제123조), 공무집행방해죄(제136조, 제137조), 무고죄(제156조), 허위공문서작성죄(제227조), 사문서위조죄(제231조), 자격모용에 의한 사문서작성죄(제232조), 존속상해죄(제257조 제2항), 존속폭행죄(제260조 제2항), 유기죄 및 존속유기죄(제271조 제1, 2항), 체포·감금죄 및 존속체포·감금죄(제276조), 명예훼손죄(제307조) 등에 벌금형을 선택형으로 신설하였다.

2) 외국원수나 외국사절들에 대한 폭행(제107조, 제108조), 직무유기죄 등 공무원의 직무에 관한 죄(제122조 이하), 도주원조죄(제147조), 분묘발굴죄(제160조), 사체 등의 영득죄 등(제161조), 진화방해죄(제169조), 수도불통죄(제195조), 판매목적의 아편 및 아편흡식기소지죄(제198조, 제199조), 아편흡식 및 동장소제공죄(제201조), 낙태치상죄(제269조 제3항), 업무상낙태죄(제270조), 특수주거침입죄(제320조), 주거수색죄(제321조), 특수절도죄(제331조 제2항), 각종 예비·음모죄 등에 대해서는 벌금형을 선택형으로 규정해야 할 필요가 있다.

과료에만 처해지는 범죄는 형법에 규정되어 있지 않다. 따라서 벌금과 과료를 굳이 구별할 실익이 없고 벌금과 과료도 벌금으로 단일화해야 한다.

4. 몰 수

(1) 몰수의 개념 및 종류

1) 몰수의 개념 몰수란 범죄와 관련된 물건이나 문서 등을 국가가 강제로 취득하거나 폐기하는 것을 내용으로 하는 형벌을 말한다. 벌금이나 과료의 경우 범죄인의 재산에 대해서도 물리적 강제를 행사할 수 있지만, 우선적으로 범죄인의 신체의 자유를 박탈·제한함으로써 납부의무를 강제한다. 이에 비해 몰수는 범죄인의 신체의 자유를 박탈·제한할 수는 없고 범죄와 관련된 재물이나 문서 등에 대해 물리적 강제를 행사한다는 점에서 차이가 있다.

몰수는 원칙적으로 다른 형벌에 부가하여 과하는 부가형이다.[1] 다만 예외적으로 행위자에게 유죄의 재판을 아니할 때에도 몰수의 요건이 있는 때에는 몰수만을 선고할 수 있다(제49조). 그러나 이 경우에도 몰수(나 추징)의 요건이 공소가 제기된 공소사실과 관련되어 있어야 하고, … 몰수(나 추징)가 공소사실과 관련이 있다 하더라도 그 공소사실에 관하여 이미 공소시효가 완성되어 유죄의 선고를 할 수 없는 경우에는 몰수(나 추징)도 할 수 없다(대판 1992. 7. 28. 92도700).

2) 몰수의 종류 몰수에는 필요적 몰수와 임의적 몰수가 있다. 총칙 제48조는 임의적 몰수를 규정하고 있지만, 각칙에서는 필요적 몰수를 규정하는 경우가 있다. 범인 또는 정을 아는 제3자가 받은 뇌물 또는 뇌물에 공할 금품(제134조), 아편에 관한 죄에 제공한 아편 등(제206조), 배임수·증재죄에 의해 취득한 재물(제357조 제3항) 등에 대한 몰수는 필요적 몰수이다. 필요적 몰수의 경우라도 주형을 선고유예하는 경우에는 몰수 또는 몰수에 갈음하는 추징도 선고유예를 할 수 있다(대판 1978. 4. 25. 76도2262).

(2) 몰수의 법적 성격

1) 학설의 대립 다수설은 몰수가 실질적으로는 보안처분이라고 한다. 이에 대해 범죄인의 물건에 대한 몰수는 재산형이고, 제3자의 물건에 대한 몰수는 보안처분의 성질을 가진 것이라고 하는 견해도 있다.

---

1) 대판 2017. 11. 14. 2017도13140; 피고인들에 대한 주형 부분을 파기하는 이상 부가형인 몰수 및 추징 부분도 함께 파기하여야 한다.

그러나 형법이 몰수를 형벌의 일종으로 규정하고 있으므로 몰수를 형식적으로 뿐만 아니라 실질적으로도 재산형으로 파악해야 할 것이다. 몰수가 보안처분과 유사한 성격을 지니고 있음은 분명하지만 모든 형벌이 보안처분의 성격도 지니고 있는 것이므로 몰수만 특별히 보안처분의 성격을 지닌 것이라고 할 필요도 없다. 형벌인가 보안처분인가는 그 자체의 성격에 의해서 결정되기보다는 법률이 어느 성격에 착안하여 규정하느냐에 따라 결정되기 때문이다.

2) 판 례 판례는 범죄행위로 인한 이득의 박탈을 목적으로 하는 몰수[1)]와 징벌적 성격의 몰수[2)]를 모두 인정하고 있다.

> ① 대법원이 부정한 이익을 박탈하여 이를 보유하지 못하도록 하는 것에 그 목적(개별적으로 얻은 이득을 한도로 추징 내지 개별적 이익이 불명확한 경우 예외적 안분, 대상자가 실질적 이익을 전혀 보유하고 있지 않다면 추징 불가)이 있다고 하는 몰수·추징의 예는 다음과 같다. i) 특정경제범죄법상 알선수재죄의 필요적 몰수·추징(대판 93도3064), ii) 변호사법위반죄의 필요적 몰수·추징(대판 2001도1570), iii) 부패방지법위반죄의 필요적 몰수·추징(대판 2006도6410), iv) 배임수재죄(제357조 제1항)의 필요적 몰수·추징(대판 2016도18104), v) 범죄수익은닉규제법(도박 관련)상 필요적 몰수·추징(대판 2007도6019), vi) 정치자금법위반죄의 필요적 몰수·추징(대판 2006도7241).
>
> ② 이와 달리 몰수·추징의 징벌적 제재의 성격을 강조(몰수가 불가할 경우 각 범칙자 전원에 대해 가액 전부의 추징을 명하며, 대상자가 설령 실질적 이익을 보유하지 않더라도 추징)하는 몰수·추징의 예는 다음과 같다. i) 외국환관리법상 몰수·추징(대판 95도2002 전합), ii) 마약류관리법상 몰수·추징(대판 2010도7251), iii) 관세법상 몰수·추징(대판 82도3050).

(3) 몰수의 대상

몰수의 대상물건은 제48조 제1항에 열거되어 있는 바와 같다. 몰수대상 물건이 압수되어 있는가 또는 적법한 절차에 의하여 압수되었는가는 문제되지 않는다(대판 2003. 5. 30. 2003도705).

---

1) 대판 2002. 6. 14. 2002도1283: 형법 제134조의 규정에 의한 필요적 몰수 또는 추징은, 범인이 취득한 당해 재산을 범인으로부터 박탈하여 범인으로 하여금 부정한 이익을 보유하지 못하게 함에 그 목적이 있는 것이다.

2) 대판 2001. 12. 28. 2001도5158: 마약류관리에관한법률 제67조에 의한 몰수나 추징은 범죄행위로 인한 이득의 박탈을 목적으로 하는 것이 아니라 징벌적 성질의 처분이므로, 그 범행으로 인하여 이득을 취득한 바 없다 하더라도 법원은 그 가액의 추징을 명하여야 한다.

1) 범죄행위에 제공하였거나 제공하려고 한 물건 범행에 사용한 도구나 수단 등이 이에 해당한다. 경제적 가치가 있을 필요는 없다. '범죄행위에 제공하려고 한 물건'이란 유죄로 인정되는 당해 범죄행위에 제공하려고 한 물건이어야 한다.[1)]

2) 범죄행위로 생겼거나 취득한 물건 범죄행위로 생긴 물건이란 문서위조죄에 의해 작성된 위조문서 등과 같은 것이다. 범죄행위로 인하여 취득한 물건이란 재산범죄에 의해 취득한 재물과 같이 범죄의 객체를 말한다.[2)] 따라서 범죄의 대가로 금전을 받은 경우 이것은 범죄행위로 취득한 물건이 아니라 범죄행위로 생긴 물건이라고 해야 한다.

절도를 해 주기로 약속하고 금품을 받은 경우 절도죄의 예비·음모를 벌하지 않으므로 범죄행위로 인해 생긴 물건이나 취득한 물건이라고 할 수 없어서 몰수의 대상이 되지 않는다.[3)]

[대판 2021. 10. 14. 2021도7168] 피고인이 甲, 乙과 공모하여 정보통신망을 통하여 음란한 화상 또는 영상을 배포하고, 도박 사이트를 홍보하였다는 공소사실로 기소되었는데, 원심이 공소사실을 유죄로 인정하면서 피고인이 범죄행위에 이용한 웹사이트 매각을 통해 취득한 대가를 형법 제48조에 따라 추징한 사안에서, 위 웹사이트는 범죄행위에 제공된 무형의 재산에 해당할 뿐 형법 제48조 제1항 제2호에서 정한 '범죄행위로 인하여 생하였거나 이로 인하여 취득한 물건'에 해당하지 않으므로, 피고인이 위 웹사이트 매각을 통해 취득한 대가는 형법 제48조 제1항 제2호, 제2항이 규정한 추징의 대상에 해당하지 않는다는 이유로, 이와 달리 보아 위 웹사이트 매각대금을 추징한 원심판결에 형법 제48조에서 정한 몰수·

1) 판례에 의하면, 체포될 당시에 미처 송금하지 못하고 소지하고 있던 자기앞수표나 현금은 장차 실행하려고 한 외국환거래법 위반의 범행에 제공하려는 물건일 뿐, 그 이전에 범해진 외국환거래법위반의 '범죄행위에 제공하려고 한 물건'으로는 볼 수 없으므로(대판 2008. 2. 14. 2007도10034), 부동산 미등기 전매계약에 의하여 제3자로부터 받은 대금은 처벌대상인 '1차 계약에 따른 소유권이전등기를 하지 않은 행위'로 취득한 것이 아니므로(대판 2007. 12. 14. 2007도7353), 구관세법상 수입신고물건을 수입하면서 주요사항을 허위로 신고한 경우, 이 물건은 신고의 대상물에 지나지 않아 신고로서 이루어지는 허위신고죄의 범죄행위 자체에 제공되는 물건이라고 할 수 없으므로(대판 1974. 6. 11. 74도352) 몰수의 대상이 되지 않는다.

2) 대판 2020. 6. 11. 2020도2883: 수뢰자가 뇌물을 그대로 보관하다가 증뢰자에게 반환한 때에는 증뢰자로부터 (몰수)할 것이지 수뢰자로부터 할 것은 아니다.

3) 외국에서 휴대하고 들어와 구 외국환관리법에 의해 등록하지 않은 달러화 등은 범죄행위로 생하였거나 취득한 물건이라고 할 수 없으므로 몰수의 대상이 되지 않는다(대판 1982. 3. 9. 81도2930).

추징에 관한 법리오해의 잘못이 있다고 한 사례.
[대판 2025. 7. 16. 2025도4876] 은행 계좌로 송금·이체 받는 방법으로 수익금을 수령하는 경우 피고인들은 은행에 대한 예금채권을 취득할 뿐이어서 이를 범죄수익은닉규제법에서 정한 '범죄수익'으로 볼 수는 있으나 형법 제48조 제1항의 '물건'이라고 보기는 어렵다. 따라서 피고인들이 취득한 휴대전화 개통수수료 및 인터넷 계정 판매수익은 형법 제48조 제1항 제2호, 제2항이 규정한 추징의 대상에 해당하지 않는다.

3) 제1호 또는 제2호의 대가로 취득한 물건 '제1호 또는 제2호의 대가로 취득한 물건'이란 예를 들어 범행에 사용될 자동차를 빌려주거나 빌려주기로 약속하고 그 대가로 받은 물건과 같이 범죄행위에 물건을 제공하고 그 대가로 취득한 물건 및 예를 들어 절취물을 판매하여 취득한 금전과 같이 범죄행위로 취득한 물건의 대가로 취득한 물건을 말한다. 타인의 재물을 절취하여 주기로 하고 받은 금품이나 물건은 절취물의 대가라고 할 수 없어서 몰수할 수 없다고 해야 할 것이다.

대가의 범위는 제한적으로 해석해야 한다. 그렇지 않고 예를 들어 뇌물로 받은 돈으로 구입한 부동산을 다시 매각하여 그 대금으로 자동차를 산 경우 자동차를 몰수할 수 있다고 하게 되면 이는 범죄수익몰수제도와 같아질 위험성이 있다.

4) 범인 이외의 자에 속하지 않는 물건 범인의 소유이거나 무주물인 경우는 몰수할 수 있지만, 범인 이외의 자에 속하는 물건은 몰수할 수 없다. 아무 잘못도 없는 소유자의 물건을 단순히 범죄와 관련되었다는 이유로 몰수하는 것은 소유자의 재산권을 침해하는 것이기 때문이다.[1] 몰수대상물의 소유권 귀속은 판결선고시를 기준으로 판단한다.

---

1) 판례에 의하면 증뢰할 뇌물이 확정되지 않은 경우(대판 2023. 4. 27. 2022도15459), 다른 사람으로부터 매각위탁을 받은 엽총(대판 1966. 1. 31. 66오4), 부동산등기부(대판 1957. 8. 2. 57도190), 일부 허위기재된 부분이 있는 공문서(대판 1983. 6. 14. 83도808), 도박자금으로 대여한 금원(대판 1982. 9. 28. 82도1669; 피고인이 D에게 도박자금으로 대여하였다면 그 금원은 그 때부터 피고인의 소유가 아니라 D의 소유에 속하게 되므로 그것을 D로부터 몰수함은 모르되 피고인으로부터 몰수·추징할 성질의 것이 아니다), 허위신고에 의한 가호적원본의 부실기재부분(대판 1959. 6. 30. 4292형상177), 소유자에게 반환하여야 할 장물대가(대판 1966. 9. 6. 66도853), 국고에 환부하여야 할 국고수표(대판 1961. 2. 24. 4293형상759) 등은 몰수할 수 없다.

[대판 1999. 12. 10. 99도3478] 관세법 제183조에 의하여 몰수대상이 되는지의 여부를 판단함에 있어 당해 운반기구가 누구의 소유에 속하는가 하는 것은 그 공부상의 명의 여하에 불구하고 권리의 실질적인 귀속관계에 따라 판단하여야 한다.

그러나 범죄 후 범인 이외의 자가 정을 알면서 취득한 물건은 몰수할 수 있다(제48조 제1항). 정을 안다는 것은 제48조 각 호의 사정을 알았다는 것을 의미하고 구체적으로 몰수의 대상인지까지 알아야 하는 것은 아니다.

범인은 정범뿐만 아니라 공범도 포함된다. 공범자에는 임의적 공범은 물론 필요적 공범도 포함된다(대판 2006. 11. 23. 2006도5586). 유죄의 죄책을 지는 공범이 아니어도 상관없다(대판 2006. 11. 23. 2006도5586).

[대판 2006. 11. 23. 2006도5586] 형법 제48조 제1항의 '범인'에 해당하는 공범자는 반드시 유죄의 죄책을 지는 자에 국한된다고 볼 수 없고 공범에 해당하는 행위를 한 자이면 족하므로 이러한 자의 소유물도 형법 제48조 제1항의 '범인 이외의 자의 소유에 속하지 아니하는 물건'으로서 이를 피고인으로부터 몰수할 수 있다.
[대판 2013. 5. 23. 2012도11586] 형법 제48조 제1항의 '범인' 속에는 '공범자'도 포함되므로 범인 자신의 소유물은 물론 공범자의 소유물도 그 공범자의 소추 여부를 불문하고 몰수할 수 있고, 이는 범죄수익은닉의 규제 및 처벌 등에 관한 법률 제9조 제1항의 '범인'의 해석에서도 마찬가지이다. 그리고 형벌은 공범자 전원에 대하여 각기 별도로 선고하여야 할 것이므로 공범자 중 1인 소유에 속하는 물건에 대한 부가형인 몰수에 관하여도 개별적으로 선고하여야 한다.

(4) 추징 및 폐기

1) 추징의 개념 몰수대상 물건을 몰수하기 불능한 때에는 그 가액(價額)을 추징한다(제48조 제2항). 추징은 몰수가 불가능할 경우 몰수대상인 물건의 가액 납부를 강제하는 처분으로서, 가액을 납부하지 않는 경우에도 노역장에 유치할 수 없고 일반 강제집행절차에 의해 피고인의 재산을 강제집행한다는 점에서 벌금형 및 과료형과 구별된다.

2) 추징의 법적 성격 몰수가 부가형이므로 추징 역시 부가적 처분이라고 할 수 있다. 따라서 주형에 대하여 선고를 유예하는 경우에는 그 부가할 추징에 대하여도 선고를 유예할 수 있으나, 그 주형에 대하여 선고를 유예하지 아니하면서 이에 부가할 추징에 대하여서만 선고를 유예할 수는 없고(대판 1979. 4. 10.

78도3098), 종국판결에 대한 상고없이 추징선고 부분에 한하여 독립상고는 할 수 없다(대판 1984. 12. 11. 84도1502).

그러나 주형인 징역형은 선고유예하면서 추징만을 선고할 수 있고(대판 1990. 4. 27. 89도2291), 범인이 피해자로부터 받은 금품을 소비하고 나서 그에 상당한 금품을 반환하였을 경우나 상호합의에 이르러 고소를 취소한 경우에도 이를 범인으로부터 추징하여야 한다(대판 1983. 4. 12. 82도812). 또한 징역형의 집행유예와 추징의 선고를 받은 사람에 대하여 징역형의 선고의 효력을 상실케 하는 동시에 복권하는 특별사면이 있는 경우에도 추징선고의 효력은 상실되지 않는다(대결 1996. 5. 14. 96모14).

몰수하기 불가능하다는 것은 법률상 혹은 사실상 몰수하기가 불가능하다는 것을 의미하고 소비, 분실, 양도, 혼동, 은닉 등 그 원인은 묻지 않는다.

[대판 1999. 1. 29. 98도3584] 수뢰자가 자기앞수표를 뇌물로 받아 이를 소비한 후 자기앞수표 상당액을 증뢰자에게 반환하였다 하더라도 뇌물 그 자체를 반환한 것은 아니므로 이를 몰수할 수 없고 수뢰자로부터 그 가액을 추징하여야 한다.

[대판 2002. 6. 14. 2002도1283] 공무원의 직무에 속한 사항의 알선에 관하여 금품을 받고 그 금품 중의 일부를 받은 취지에 따라 청탁과 관련하여 관계 공무원에게 뇌물로 공여하거나 다른 알선행위자에게 청탁의 명목으로 교부한 경우에는 그 부분의 이익은 실질적으로 범인에게 귀속된 것이 아니어서 이를 제외한 나머지 금품만을 몰수하거나 그 가액을 추징하여야 한다.

[대판 2017. 3. 22. 2016도21536] 공무원이 뇌물을 받는 데에 필요한 경비를 지출한 경우 그 경비는 뇌물수수의 부수적 비용에 불과하여 뇌물의 가액과 추징액에서 공제할 항목에 해당하지 않는다.

[대판 2017. 4. 7. 2016도18104] 형법은 제357조 제1항에서 배임수재죄를, 제2항에서 배임증재죄를 규정하고, 이어 제3항에서 "범인이 취득한 제1항의 재물은 몰수한다. 그 재물을 몰수하기 불가능하거나 재산상의 이익을 취득한 때에는 그 가액을 추징한다."라고 규정하고 있다. 배임수재죄와 배임증재죄는 이른바 대향범으로서 위 제3항에서 필요적 몰수 또는 추징을 규정한 것은 범행에 제공된 재물과 재산상 이익을 박탈하여 부정한 이익을 보유하지 못하게 하기 위한 것이므로, 제3항에서 몰수의 대상으로 규정한 '범인이 취득한 제1항의 재물'은 배임수재죄의 범인이 취득한 목적물이자 배임증재죄의 범인이 공여한 목적물을 가리키는 것이지 배임수재죄의 목적물만을 한정하여 가리키는 것이 아니다. 그러므로 수재자가 증재자로부터 받은 재물을 그대로 가지고 있다가 증재자에게 반환하였다면 증재자로부터 이를 몰수하거나 그 가액을 추징하여야 한다.

3) 추징의 방법 판례에 의하면, 이익박탈적 성격의 몰수와 징벌적 성격의 몰수의 경우 그 추징방법이 다르다. 이익박탈적 성격의 몰수에서는 개별적·분배적 추징원칙에 따르지만(대판 1996. 11. 29. 96도2490), 징벌적 성격의 몰수에서는 공동연대추징의 원칙에 따른다(대판 1998. 5. 21. 95도2002).

[대판 2006. 10. 27. 2006도4659] 특정범죄 가중처벌 등에 관한 법률 제13조의 규정에 의한 필요적 몰수 또는 추징은, 범인이 취득한 당해 재산을 범인으로부터 박탈하여 범인으로 하여금 부정한 이익을 보유하지 못하게 함에 그 목적이 있는 것으로서, 공무원의 직무에 속한 사항의 알선에 관하여 금품을 받음에 있어 타인의 동의하에 그 타인 명의의 예금계좌로 입금받는 방식을 취하였다고 하더라도 이는 범인이 받은 금품을 관리하는 방법의 하나에 지나지 아니하므로, 그 가액 역시 범인으로부터 추징하지 않으면 안 된다고 할 것이다.

4) 가액의 산정방법 추징하여야 할 가액은 범인이 그 물건을 보유하고 있다가 몰수의 선고를 받았더라면 잃게 될 이득상당액을 의미한다(대판 2017. 9. 21. 2017도8611). 가액산정은 재판선고시의 가격을 기준으로 한다(대판 1991. 5. 28. 91도352; 대판 2020. 6. 11. 2020도2883). 범죄수익을 얻기 위해 범인이 지출한 비용은 추징할 범죄수익에서 공제하지 말아야 한다(대판 2007. 11. 15. 2007도6775; 대판 2000. 5. 26. 2000도440). 또한 가액산정은 정상적인 유통과정에 의하여 형성된 시장가격을 기준으로 한다(대판 1991. 5. 28. 91도352).

5) 폐 기 문서, 도화(圖畫), 전자기록(電磁記錄) 등 특수매체기록 또는 유가증권의 일부가 몰수에 해당하는 때에는 그 부분을 폐기한다(제48조 제3항). 문서, 도화, 전자기록 등이 몰수에 해당해야 하므로 범인 이외의 자의 소유에 속하는 문서, 도화 등은 폐기할 수 없다.

판례에 의하면 지적등본의 기재를 변개한 경우에 동등본 중 변개한 부분은 그 공문서변조의 범죄행위로 인하여 생긴 것으로서 누구의 소유도 불허하는 것이므로 이를 폐기해야 하지만(대판 1960. 3. 16. 4292형상858), 국고에 환부하여야 할 국고수표(대판 1961. 2. 24. 4293형상759), 부실기재된 원본에 의한 등기부등본의 기재부분(대판 1960. 7. 13. 4293형상128), 부동산등기부(대판 1957. 8. 2. 57도190)는 폐기할 수 없다.

(5) 몰수제도의 개선방안

몰수는 물건을 대상으로 한 것이므로 몰수대상 물건을 이용하여 형성한 재산에 대해서는 몰수할 수 없다. 예를 들어 1억원을 절취하여 부동산투기를 하여 10억의 재산을 형성한 경우 1억에 대해서는 추징할 수 있지만 나머지 9억에 대해서는 몰수·추징할 수 없다. 그러나 범죄인이 범죄로 인해 생겨난 과실(果實)을 향유할 수 있도록 하는 것은 문제가 있으므로 이러한 수익들마저 몰수하는 것을 불법수익몰수제도라고 한다. 현재로서는 부패범죄, 마약범죄, 공무원범죄 등에 이러한 제도가 도입되어 있다. 그러나 모든 범죄에 확대해야 할 필요가 있다.

§44

제3절 양 형

I. 양형의 의의

1. 양형의 개념

양형 혹은 형의 양정(量定)이란 법정형을 기초로 하여 구체적 선고형을 정하는 과정을 말한다. 이를 광의의 양형이라고 한다.[1)]

광의의 양형에는 법정형에 수개의 형벌이 선택형으로 규정되어 있는 경우 형벌을 선택하고 형벌의 가중, 감경 여부를 결정하여 처단형을 정하고, 집행유예 혹은 선고유예의 결정, 사회봉사명령·수강명령·보호관찰의 부과 여부 결정, 처단형의 범위 내에서 구체적 선고형을 정하는 것 등을 모두 포함하는 개념이다.

이에 대해 협의의 양형이란 광의의 양형 중 집행유예, 선고유예 등의 결정을 제외한 전체 과정을 말한다.

최협의의 양형은 처단형의 범위 내에서 구체적인 선고형을 결정하는 과정만을 의미한다.

---

1) 甲이 절도죄와 특수협박죄의 경합범을 범한 경우 절도죄에는 6년 이하의 징역 또는 1천만원 이하의 벌금이 규정되어 있고(제329조), 특수협박죄에는 7년 이하의 징역 또는 1천만원 이하의 벌금이 규정되어 있다(제284조). 여기에서 甲이 10년 6개월을 넘는 징역이나 1천5백만원을 넘는 벌금을 선고받지 않는다는 것은 결정되어 있다. 그러나 甲에게 선고될 수 있는 형벌은 다양하다. 甲은 징역형의 실형을 선고받을 수도 있고, 선고유예나 집행유예를 받을 수도 있다. 벌금형만을 선고받을 수도 있고, 징역형과 벌금형을 선고받을 수도 있다.

2. 양형의 중요성

(1) 재판의 결론으로서의 양형

양형은 유죄가 인정된 피고인에 대한 재판의 결론이다. 이런 의미에서 양형은 형사재판의 핵심적 부분이라 할 수 있고 유무죄확정 이상으로 중요하다고 할 수 있다.

유죄확정이 제대로 이루어졌다 하더라도 양형이 제대로 이루어지지 않는다면 재판의 결론이 잘못된 것이고 이로 인해 피고인은 필요 이상으로 자신의 인권이 침해받게 되거나 부당한 혜택을 받게 된다.

(2) 일반예방 및 특별예방효과

형벌의 특별예방효과가 극대화되기 위해서는 피고인이 자신에게 선고된 형벌을 정당한 것으로서 수긍하는 마음을 가져야 한다. 양형이 부당한 경우 피고인은 반성하기 보다는 형사사법기관과 사회에 대한 원망을 하게 된다.

이 경우 일반국민들도 피고인과 그 행위를 비난하고 준법의식을 강화하기보다는 피고인에게 동정심을 갖거나 '유전무죄, 무전유죄'라는 인식이 생겨나 형벌의 일반예방효과를 달성하기가 곤란하다.

(3) 현실적 중요성

지난 수십 년간의 통계를 보면 무죄판결의 비율은 매우 낮다. 따라서 피고인은 유무죄보다는 양형에 관심을 갖게 된다. 변호인의 입장에서도 설사 피고인이 무죄라고 생각하여도 무죄가 선고될 확률이 낮기 때문에 피고인에게 자백을 하도록 하고 그 대가로 유리한 양형이 이루어질 수 있도록 하는 것이 낫다는 생각을 할 수 있다. 일반국민들도 피고인의 유무죄보다는 어떤 형벌이 선고될 것인가에 더 관심을 갖게 된다.

법관의 경우 유죄가 확실한 사건에서도 양형은 쉽지 않다. 유무죄 판단에 고려해야 할 요소보다 양형요소가 훨씬 많기 때문이다. 비록 현실적으로는 법관이 별 고민을 하지 않고 양형을 한다고 하더라도, 실제로는 쉽게 양형을 할 수 있는 사건은 하나도 없다고 할 수 있다.

3. 양형의 법적 성격

판례는 양형의 법적 성격을 법관의 자유재량이라고 본다.[1)] 그러나 다수설은 양형을 법적으로 구속된 재량 혹은 법적용의 문제로 본다.

형법에서 자유재량이라는 개념은 인정될 수 없다고 해야 한다. 양형의 중요성에 비추어볼 때 양형은 법적용행위라고 보아야 할 것이다. 양형부당을 상고이유로 하는 것도 부당한 양형이란 위법한 양형 즉, 법적용을 잘못한 양형이라는 의미라고 해야 한다.

Ⅱ. 양형과 책임 및 형벌목적

1. 양형과 책임

양형이란 추상적 법정형에서 구체적 선고형을 발견해 내는 과정이므로 제일 먼저 어떤 목적 및 원칙하에서 이러한 과정을 수행할 것인가를 정하지 않으면 안 된다. 이는 책임원칙과 예방목적이 어떻게 양형에 반영되어야 하는가의 문제로 다루어진다. 그러나 현행형법은 양형과 책임 및 예방에 관해 아무런 규정을 두고 있지 않다.

양형과 책임과의 관계에 대해 통설은 "형벌은 범죄인의 책임을 초과할 수 없다," "형벌은 책임에 상응해야 한다"라고 하는 책임주의가 양형의 지도원칙이 된다고 한다. 2011년도의 형법개정법률안도 "형은 범인의 책임을 기초로 정한다"고 규정하였다(제46조 제1항).

이 때의 책임이란 범죄성립조건으로서의 책임과는 구별되는 것이라고 할 수 있다. 후자는 책임능력, 위법성인식, 고의·과실, 기대가능성 등 주로 행위관련적 요소들을 고려해서 결정되는 것이지만, 전자는 행위관련적 요소 이외에도 범죄인의 성행, 지능, 환경 등 형법 제51조에 예시된 사항과 제51조에 예시되지 않은 범죄 및 범죄인에 관련된 모든 사항을 고려해서 결정되는 것이다. 즉 양형책임은 범죄의 성립요건으로서의 책임보다는 훨씬 다양한 요소들을 고려해서 결정된다.

---

1) 보호처분과 관련하여, 대판 1991. 1. 25. 90도2693; 대판 1990. 10. 12. 90도1760; 자수에 의한 형감면 여부와 관련하여, 대판 1988. 8. 23. 88도1212; 대판 1984. 11. 13. 84도1897; 대판 1980. 2. 26. 80도35; 구관세법상의 관세포탈물운반구에 대한 몰수 여부와 관련하여, 대판 1957. 7. 19. 4290형상118; 대판 1955. 10. 18. 4288형상275 등.

2. 양형에서 책임과 예방의 관계

양형은 책임을 기초로 하고 여기에 일반예방과 특별예방을 고려하게 된다. 여기에서 책임과 예방목적을 어떻게 고려해야 할 것인지 문제가 된다.

(1) 유일형이론

유일형이론[1]은 책임은 언제나 고정된 크기를 가진 것이므로 정당한 형벌도 하나일 수밖에 없다고 한다. 유일점형론이라고도 한다. 유일점형론에 대해서는 설사 일정한 양의 책임이 존재한다고 하더라도 이를 정확하게 인식하는 것은 인간의 능력을 벗어나는 것이고, 양형에서 일반예방이나 특별예방의 목적을 고려할 수 없고, 상대적 부정기형을 인정할 수 없다는 비판이 제기된다.

(2) 책임범위이론

다수설은 책임은 일정한 범위에서 정해질 수밖에 없다고 한다. 폭이론이라고도 한다.[2] 이에 의하면 책임은 범위 혹은 폭으로 확정될 수 있어서 상한과 하한이 있는데 이 범위에서 일반예방과 특별예방을 고려하여 형벌을 정하여야 한다. 다만, 예방목적으로 인해 책임의 상한을 초과할 수는 없지만 하한에 미달할 수는 있다.

(3) 단계이론

단계이론은 일정한 양형단계에서 각각 책임과 예방을 고려하려는 이론이다.[3] 이에 의하면 형량을 결정하는 단계에서는 불법과 책임을 고려하고, 형벌의 종류와 집행 여부를 결정하는 단계에서는 예방의 목적을 고려하여 결정한다.

단계이론에 대해서는 형량을 결정할 때에도 예방의 목적을 고려해야 하고, 형벌의 종류와 집행 여부를 결정할 때에도 책임을 고려해야 한다는 비판이 제기된다.

(4) 결 어

세 가지 이론은 모두 양형은 법관의 자유재량이라는 입장을 거부하는 것이라고 할 수 있다. 다만 유일점형론은 좀더 단호한 태도를, 범위이론은 유연한 태도를 취하는 차이가 있을 뿐이다.

---

1) 독일어의 Punkttheorie를 번역한 것이다.
2) 독일어의 Spielraumtheorie를 번역한 것이다.
3) Stufenwerttheorie를 번역한 것이다. 이를 위가이론이라고도 하지만 이상한 번역이다.

일정한 사건에서 가장 적합한 형벌을 찾아내려고 하는 것은 법관의 목표라고는 할 수 있지만, 어느 누구도 그것이 무엇인지를 알 수 없다. 따라서 유일형이론은 이상적이긴 하지만 현실적이지 못하다. 단계이론이 주장하는 양형방법은 하나의 제안에 불과하다. 범위이론이 현실적이기는 하지만, 이 이론 역시 어디부터 어디까지가 범위 혹은 폭인지 및 이 폭 안에서 어떻게 일반예방과 특별예방을 고려해야 하는지 구체적 방법을 제시하지 못하고 있다.

어느 이론에 의하더라도 정당한 선고형이 무엇인가를 확실하게 제시할 수 없다. 이러한 경우에는 좀더 많은 사람들이 양형작업에 참여해야 한다. 유무죄 확정은 다수인의 협동작업이다. 그러나 유무죄확정 이상으로 중요한 양형을 단독 혹은 소수의 법관이 사무실에서 하고 있는 것은 매우 이상하고 잘못된 일이다. 앞으로는 인공지능(AI)을 적극적으로 활용하는 등 양형의 정확성을 기하는 노력을 해야 할 것이다.

Ⅲ. 양형의 단계 및 양형조건

1. 양형의 단계

양형은 법정형을 시발점으로 하여 법정형 중 형벌의 종류를 선택하여 이를 가중하거나 감경하여 처단형을 정하고, 이를 기초로 하여 구체적 선고형을 정하는 과정으로 이루어진다.

(1) 법 정 형

양형의 첫단계는 법정형의 확정이다. 하나의 범죄에 대해 수개의 법령이 적용되는 경우에는 특별법우선의 원칙, 신법우선의 원칙, 보충법에 대한 일반법우선의 원칙 등의 제원칙에 따라 최종적으로 적용해야 할 법정형을 확정한다.

법정형에는 정기형과 부정기형이 있다.

정기형이란 형기의 장단기가 정해져 있지 않고 형기가 고정되어 있는 형태의 법정형을 말한다. 현행형법에는 정기법정형은 규정되어 있지 않다.[1)]

부정기형에는 절대적 부정기형과 상대적 부정기형이 있다. 절대적 부정기형은 형기의 상한과 하한이 정해져 있지 않은 형태의 형벌이지만, 죄형법정주의원

1) 여적죄는 사형만이 형벌로 규정되어 있지만(제93조) 이에 대해서도 정상참작감경(제53조)이 가능하므로 법정형이 바로 선고형으로 결정되지는 않는다.

칙상 허용되지 않는다. 상대적 부정기형이란 형기의 상한과 하한이 정해져 있는 형태의 형벌을 말한다. 형법의 법정형은 대부분 상대적 부정기형이다. 예를 들어 절도죄(제329조)의 법정형상 징역형기는 하한이 1개월, 상한이 6년으로 규정되어 있다.

정기형과 부정기형은 자격정지에도 있을 수 있고, 벌금에 대해서는 정액법정형과 부정액법정형이 있을 수 있다. 정액법정형과 절대적 부정액법정형은 형법에 규정되어 있지 않고 형법에 규정되어 있는 벌금형이나 과료형은 모두 상대적 부정액법정형이다. 예를 들어 절도죄의 법정형상 벌금형의 하한은 5만원, 상한은 1천만원이다.

(2) 처 단 형

처단형이란 법정형에서 형벌의 종류를 선택한 후 이에 법률상 및 재판상의 가중·감경을 한 형벌을 말한다. 처단형을 정할 때에는 책임주의원칙과 형벌의 일반예방 및 특별예방효과를 고려하여야 한다.

처단형을 정하는 마지막 단계는 법관의 정상참작감경이다.

(3) 선 고 형

선고형이란 처단형의 범위 내에서 법관이 구체적으로 형량을 결정하여 선고하는 형벌을 말한다. 범죄인에게 집행할 형기는 바로 선고형이다. 선고형을 정할 때에는 처단형을 정할 때와 마찬가지로 책임주의원칙과 일반예방 및 특별예방 등 형벌의 목적을 고려하여야 한다.

선고형에도 정기(액)형과 부정기(액)형이 있다.

정기선고형이란 형기를 확정하여 선고하는 형태의 선고형을 말한다. 현행법상 성인에 대해서는 정기선고형만 인정된다.

부정기선고형에는 절대적 부정기선고형과 상대적 부정기선고형이 있는데, 전자는 죄형법정주의원칙상 허용되지 않는다. 상대적 부정기선고형이란 형기 또는 금액의 상한과 하한만을 선고하고 구체적인 형기 또는 금액은 형집행과정에서 정하도록 하는 형태의 선고형을 말한다. 예를 들어 "피고인을 단기 2년 장기 2년 6월의 징역에 처한다," "피고인을 200만원에서 300만원 사이의 벌금에 처한다"는 형태의 선고형은 상대적 부정기(액)선고형이다. 상대적 부정액선고형은 현행법상 인정되지 않는다.

상대적 부정기선고형은 성인에게는 인정되지 않고 소년범에게만 인정된다(소년법 제60조). 일반적으로 부정기형이라고 할 때에는 상대적 부정기선고형을 말한다.

2. 형의 가중 및 감경

(1) 형의 가중

형의 가중은 법률에 규정되어 있는 경우에만 할 수 있고, 재판상의 가중은 인정되지 않는다. 이는 죄형법정주의의 원칙상 당연한 것이라고 할 수 있다.

형의 가중규정에는 총칙상의 가중규정과 각칙상의 가중규정이 있다. 이 구별은 가중, 감경의 순서를 정할 때(제56조)에 그 실익이 있다.

(2) 형의 감경

형의 감경에는 법률상의 감경과 재판상의 감경이 있다. 전자는 감경할 수 있는 경우가 법률에 규정되어 있는 것인데 필요적 감경과 임의적 감경으로 나뉜다. 후자는 법률에 규정되어 있지 않지만 법관의 정상참작에 의해 감경하는 것으로서 정상참작감경이라고도 한다.

1) 법률상 감경

가. 필요적 감경 필요적 감경은 일정한 사유가 있으면 반드시 감경해야 하는 경우를 말한다. 필요적 감경에는 청각 및 언어장애인(제11조), 중지미수(제26조), 종범(제32조), 일정범죄에 대한 자수(제90조, 제101조, 제111조, 제120조, 제153조, 제175조, 제213조), 외국에서 형의 일부가 집행된 자(제7조) 등에 대한 감경이 있다.

> 중지미수(제26조), 일정범죄에 대한 자수(제90조, 제101조, 제111조, 제120조, 제153조, 제175조, 제213조) 등은 필요적 '감면'의 사유이다.

나. 임의적 감경 임의적 감경은 일정한 사유가 있는 경우 법관의 정상참작에 의해 감경 여부가 결정되는 것을 말한다. 임의적 감경에는 심신미약자(제10조 제2항), 과잉방위(제21조 제2항), 과잉피난(제22조 제3항), 과잉자구행위(제23조 제2항), 장애미수(제25조 제2항), 불능미수(제27조), 자수·자복(제52조), 범죄단체의 조직(제114조), 인취자·인질해방(제295조의2, 제324조의6) 등에 대한 감경이 있다.

> 과잉방위(제21조 제2항), 과잉피난(제22조 제3항), 과잉자구행위(제23조 제2항), 자수·자복(제52조), 불능미수(제27조) 등은 임의적 '감면'의 사유이다.

2) 재판상 감경(정상참작감경)

가. 개념 및 의의 범죄의 정상(情狀)에 참작할 만한 사유가 있는 때에는

그 형을 감경할 수 있다(제53조). 이를 정상참작감경(구형법의 용어로는 '작량감경'이라고 하였다) 혹은 재판상의 감경이라고 한다. 일반사회에서 사용되는 용어로 정상참작이라고 할 수 있다.

[대판 1997. 8. 26. 96도3466] 징역형과 벌금형을 병과하여야 할 경우에 특별한 규정이 없는 한 징역형에만 작량감경을 하고 벌금형에는 작량감경을 하지 않는 것은 위법하다.

나. 정상참작감경 폐지론 정상참작감경은 법정형이 지나치게 가혹한 경우 이를 시정하기 위한 취지에서 인정되는 것이라고 할 수 있다. 우리 형법에는 외국에 비해 법정형이 높게 규정되어 있는 범죄가 많으므로 정상참작감경을 인정할 여지는 있다.

그러나 과도한 법정형으로 인한 문제점은 입법에 의해 시정해야 할 사항이고 정상참작감경에 의해 시정할 사항이 아니다. 정상참작감경은 법관이 피고인에게 은혜를 베푼다고 하는 권위주의사고가 반영된 것이라고 할 수 있고, 법관의 광범위한 재량을 인정함으로써 남용의 우려가 있다. 이러한 의미에서 정상참작감경제도를 폐지하거나 감경의 폭을 대폭 줄이는 방향으로의 개선이 이루어져야 할 것이다. 2011년 형법개정법률안은 정상참작감경의 요건을 제한하는 방향으로 개정하였다.

3) 자수 및 자복

가. 자수의 개념 자수란 범인이 스스로 수사책임이 있는 관서에 자기의 범행을 자발적으로 신고하고 그 처분을 구하는 의사표시를 말한다(대판 2011. 12. 22. 2011도12041; 대판 1999. 4. 13. 98도4560). 범죄사실을 신고하면 족하고 법적으로 그 요건을 완전히 갖춘 범죄행위라고 적극적으로 인식하고 있을 필요까지는 없다(대판 1995. 6. 30. 94도1017). 자기의 범죄사실을 신고한 이상 그 신고에 있어 범죄사실의 세부적인 형태에 있어 다소의 차이가 있다 하여도 무방하다(대판 1969. 4. 29. 68도1780).

그러나 수사기관에의 신고가 자발적이라고 하더라도 그 신고의 내용이 자기의 범행을 부인하는 등의 내용으로 자기의 범행으로서 범죄성립요건을 갖추지 아니한 사실일 경우에는 자수는 성립하지 않는다(대판 2004. 6. 24. 2004도2003).

나. 자수의 범위 범인이 자발적으로 자신의 범죄사실을 수사기관에 신

고하면 자수가 될 수 있고, 자수에 의해 범죄사실이 새로이 밝혀질 것을 요건으로 하지 않는다. 범인이 직접 하지 않고 제3자를 통한 범죄사실의 신고(대판 1967. 5. 2. 67도350; 대판 1964. 8. 31. 64도252), 지명수배 이후 범죄사실의 신고(대판 1968. 7. 30. 68도754), 신문지상에 혐의사실이 보도되기 시작한 후 수사기관에 자진출석하여 혐의사실을 모두 인정하는 내용의 진술서를 작성한 경우(대판 1994. 12. 27. 94도618), 검찰에 자진출석하여 범행을 사실대로 진술한 후 법정에서 범행을 부인한 경우(대판 2005. 4. 29. 2002도7262)도 자수로 인정된다.

그러나 수사기관의 직무상의 질문 또는 조사나 여죄추궁에 따른 범죄사실의 진술은 자백일 뿐 자수가 될 수 없다(대판 2011. 12. 22. 2011도12041; 대판 1982. 9. 28. 82도1965).[1)]

양벌규정에 의하여 법인이 처벌받는 경우, 법인의 이사 기타 대표자가 수사책임이 있는 관서에 자수한 경우에만 자수감경을 할 수 있고, 그 위반행위를 한 직원 또는 사용인이 자수한 것만으로는 자수감경을 할 수 없다(대판 1995. 7. 25. 95도391).

수개의 범죄사실 중 일부에 관하여만 자수한 경우에는 그 부분 범죄사실에 대하여만 자수의 효력이 있다(대판 1969. 7. 22. 69도779).

다. 자수의 효과 자수에 대해서는 형을 감경 또는 면제할 수 있다(제52조 제1항). 자수의 효과는 임의적 감경이므로 피고인이 자수하였다 하더라도 법원이 자수감경을 하지 않아도 위법하지 않다(대판 2011. 12. 22. 2011도12041).

일단 자수가 성립한 이상 자수의 효력은 확정적으로 발생하고 그 후에 범인이 번복하여 수사기관이나 법정에서 범행을 부인한다고 하더라도 일단 발생한 자수의 효력이 소멸하는 것은 아니다(대판 2002. 8. 23. 2002도46).

라. 자 복 자복이란 피해자의 명시한 의사에 반하여 벌할 수 없는 반의사불벌죄에서 피해자에게 범죄를 고백하는 것을 말한다. 반의사불벌죄가 아

1) 기타 자수서를 소지하고 수사기관에 자발적으로 출석하였으나 자수서를 제출하지 아니하고 범행사실도 부인한 경우 및 그 이후 구속까지 된 상태에서 자수서를 제출하고 범행사실을 시인한 경우(대판 2004. 10. 14. 2003도3133), 세관검색시 금속탐지기에 의해 대마휴대사실이 발각될 상황에서 세관검색원의 추궁에 의하여 대마수입범행을 시인한 경우(대판 1999. 4. 13. 98도4560), 내심으로 자수할 것을 결심한 경우(대판 1986. 6. 10. 86도792), 경찰관에게 검거되기 전에 친지 등 수사기관 아닌 자에게 자수의사를 전달한 경우(대판 1985. 9. 24. 85도1489; 대판 1954. 12. 21. 54도164), 범행 직후 자신의 경솔하였던 소행을 크게 후회하고 자수하겠다고 나갔다가 그 다음 날 체포된 경우(대판 1984. 2. 28. 83도3232)만으로는 자수로 볼 수 없다.

닌 범죄에서 피해자에게 범죄를 고백하는 경우 자복의 효과는 인정되지 않고 양형참작사유가 될 수 있을 뿐이다. 형면제나 감경을 하려면 명문의 근거가 있어야 하므로(대판 1994. 10. 14. 94도1), 반의사불벌죄가 아닌 범죄에서 피해자에게 범죄사실을 고백하였다고 하여 형을 감경하거나 면제할 수는 없다.[1)]

자수와 마찬가지로 자복이 있는 경우 감경을 할 것인가의 여부는 법원의 재량에 속한다.

(3) 형의 가중·감경의 순서 및 방법

1) 가중·감경의 순서 한 개의 죄에 대하여 정한 형이 여러 종류인 때에는 먼저 적용할 형을 정하고 그 형을 감경한다(제54조). 가중할 경우에 대해서는 규정이 없으나 마찬가지 요령에 의해야 한다. 결국 형벌의 종류를 먼저 선택한 후 가중·감경을 해야 한다. 가중·감경사유가 경합된 때에는 각칙 조문에 따른 가중 → 제34조 제2항에 따른 가중 → 누범가중→ 법률상 감경 → 경합범가중 → 정상참작감경의 순서에 의해 가중·감경한다(제56조).

2) 가중·감경의 방법

가. 가중의 방법 누범가중은 장기의 2배까지, 경합범가중은 무거운 죄의 장기의 2분의 1까지, 상습범가중은 형기의 2분의 1까지가 대부분이고, 상습강도죄는 무기 또는 10년 이상의 징역(제341조), 상습장물취득죄는 1년 이상 10년 이하의 징역(제363조)으로 가중한다.

나. 감경의 방법

A. 법률상 감경 법률상의 감경의 방법은 다음과 같다. ① 사형을 감경할 때에는 무기 또는 20년 이상 50년 이하의 징역 또는 금고로 한다. ② 무기징역 또는 무기금고를 감경할 때에는 10년 이상 50년 이하의 징역 또는 금고로 한다. ③ 유기징역 또는 유기금고를 감경할 때에는 그 형기의 2분의 1로 한다.[2)] ④ 자격상실을 감경할 때에는 7년 이상의 자격정지로 한다. ⑤ 자격정지를 감경할 때에는 그 형기의 2분의 1로 한다. ⑥ 벌금을 감경할 때에는 그 다액의 2분의 1로 한다.[3)] ⑦ 구류를 감경할 때에는 그 장기의 2분의 1로 한다. ⑧ 과료를 감경

---

1) 다만 입법취지나 자복의 본질에 비추어 반의사불벌죄뿐만 아니라 친고죄도 포함된다고 해석하는 견해가 있다.

2) 대판 2021. 1. 21. 2018도5475 전합: 임의적 감경사유가 있어 그에 따라 징역형에 대해 법률상 감경을 하는 이상 형법 제55조 제1항 제3호에 따라 상한과 하한을 모두 2분의 1로 감경해야 한다.

할 때에는 그 다액의 2분의 1로 한다(제55조 제1항).

법률상 감경할 사유가 수개 있는 때에는 거듭 감경할 수 있다(제55조 제2항).

B. 재판상 감경(정상참작감경) 재판상 감경의 방법도 법률상의 감경과 같다. 형법은 법률상 감경을 먼저 하고 마지막으로 정상참작감경을 하도록 규정하고 있다(제56조). 이는 법률상 감경을 다하고도 그 처단형보다 낮은 형을 선고하고자 할 때에 정상참작감경을 해야 한다는 취지이다(대판 1994. 3. 8. 93도3608; 대판 1991. 6. 11. 91도985).

정상참작감경은 사건을 전체적으로 보아 정상을 참작하는 것이므로 수회 정상참작감경하는 것은 허용되지 않는다. (하나의 범죄에 대해) 징역형과 벌금형을 병과하여야 할 경우에 특별한 규정이 없는 한 징역형에만 정상참작감경을 하고 벌금형에는 정상참작감경을 하지 않는 것은 허용되지 않는다(대판 1997. 8. 26. 96도3466; 대판 1977. 6. 28. 77도1094). 그러나 경합범에 대해 각각 징역형과 벌금형을 과하는 경우에는 각 형에 대한 범죄의 정상에 차이가 있을 수 있으므로 징역형에만 정상참작감경을 하고 벌금형에는 정상참작감경을 하지 않아도 되고(대판 2006. 3. 23. 2006도1076), 양벌규정의 경우 자연인에 대해서는 정상참작감경을 하고 회사에 대해서는 정상참작감경을 하지 않아도 무방하다(대판 1995. 12. 12. 95도1893).

소년범에 대해서 무기징역을 선택한 후 정상참작감경을 하는 경우 부정기형을 선고할 수 없고, 정기형을 선고해야 한다(대판 1991. 4. 9. 91도357; 대판 1990. 10. 23. 90도2083; 대판 1989. 5. 9. 89도522). 자수를 한 경우 자수감경을 하지 않고 다른 정상과 합쳐 정상참작의 사유로 삼아 정상참작감경을 할 수 있다(대판 1985. 3. 12. 84도3042; 대판 1982. 12. 28. 82도2628).

3. 양형의 조건(양형참작사항)

(1) 양형참작사항

형을 정함에 있어서는 1. 범인의 연령, 성행, 지능과 환경, 2. 피해자에 대한 관계, 3. 범행의 동기, 수단과 결과, 4. 범행 후의 정황 등의 사항을 참작하여야 한다(제51조). 여기에 규정되어 있는 사항들은 열거적이 아니라 예시적이므로 제51

3) 대판 1978. 4. 25. 78도246 전합: 형법 제55조 제1항 제6호의 벌금을 감경할 때의 그 '다액'의 2분의 1이라는 문구는 '금액'의 2분의 1이라고 해석하여 그 상한과 함께 하한도 2분의 1로 내려가는 것으로 해석하여야 한다.

조에 규정되어 있지 않은 사항도 양형시에 참작할 수 있다. 예를 들어 피해액수, 피해자의 수, 범행장소, 범행시간, 전과 등을 양형에서 고려해도 무방할 뿐만 아니라 일정한 경우에는 반드시 고려해야 한다.

1) 범인의 연령, 성행, 지능과 환경 이것은 주로 범죄인의 행위자책임과 특별예방에 관련된 것들이다. 소년법은 "소년의 특성에 비추어 상당하다고 인정되는 때에는 그 형을 감경할 수 있다"(제60조 제2항)고 하여 연령에 의한 특별감경사유를 규정하고 있다. 성행이란 성격과 행실을 말한다.

> 소년법상 소년이란 19세 미만의 자(제2조)로서 이는 심판의 조건이 되므로 범행시뿐만 아니라 심판시까지 필요한 것이며, 따라서 소년인지의 여부의 판단은 원칙적으로 심판시 즉 사실심 판결 선고시를 기준으로 하여야 한다(대판 2000. 8. 18. 2000도2704 참조).

2) 피해자에 대한 관계 범인과 피해자가 직장, 가정, 일상생활 등에서 어떤 관계를 가졌는가를 양형에 반영하는 것이다.

3) 범행의 동기, 수단, 결과 범행의 수단이나 결과는 주로 행위책임과 관계된 것이라고 할 수 있다. 잔인한 수단을 사용하였거나 범행결과가 큰 경우에는 형벌가중사유가 된다. 범행의 동기는 행위책임뿐만 아니라 행위자책임을 판단하는 요소가 된다.

4) 범행 후의 정황 범행에 대한 일반인의 의식, 범행에 대한 반성 여부 등도 양형시 고려된다. 범인에게 개전의 정(뉘우치는 정상)이 있다는 것, 피해자에 대한 사과, 피해의 원상회복 등은 형벌감경사유가 된다.

(2) 이중평가금지

양형참작사항 등을 고려할 때에 하나의 사항을 이중으로 고려해서는 안 된다. 예를 들어 범인에게 전과가 있어서 누범가중이 된 경우에는 전과를 양형에서 다시 고려해서는 안 된다. 흉기나 위험한 물건을 사용하여 법정형이 가중된 경우에도 양형에서 이러한 범행수단을 사용하였다는 것을 다시 고려해서는 안 된다.

쉬어가기

甲은 2011. 3. 2. 사기죄로 징역 2년을 선고받아 2012. 11. 5. 그 형의 집행을 종료하였다. 甲은 다시 2015. 6. 2. 사기죄를 범한 후 도피 중 2016. 6. 7. 강도상해죄를 범하고 체포되어 위 두 죄로 기소되었다. 법원은 공소사실을 모두 유죄로 인정하고 제1심 판결을 선고

하면서 정상참작감경을 하고, 특히 강도상해죄를 범할 당시 심신미약의 상태였음을 인정한다. 이 사례에서 형의 선택 및 가중, 감경을 하는 방법은?(형법 제337조 강도상해죄의 법정형은 무기 또는 7년 이상의 징역이고, 형법 제347조 사기죄의 법정형은 10년 이하의 징역 또는 2천만 원 이하의 벌금이다.)

【설문의 해결】 1. 甲은 사기죄의 형집행 종료일인 2012. 11. 5.부터 3년 내인 2015. 6. 2. 다시 사기죄를 범했으므로 2015. 6. 2.자 사기는 누범에 해당한다. 2016. 6. 7.자 강도상해죄는 누범에 해당하지는 않는다. 다만, 강도상해죄에 대해서는 심신미약에 따른 법률상 임의적 감경사유가 존재한다. 甲에 대한 형의 가중·감경은 (1) 누범가중 → (2) 법률상 감경 → (3) 경합범 가중 → (4) 정상참작감경의 순서로 이루어진다.

(1) 누범가중에 따라 사기 부분은 장기의 2배까지 가중된다(㉠ 유기징역 선택시: 10년 이하의 징역 → 20년 이하의 징역 / ㉡ 벌금형 선택시: 벌금형에 대해서는 누범가중 규정 없음).

(2) 법률상 감경에 따라 강도상해 부분의 형을 감경할 수 있다(㉠ 무기징역 선택시: 무기징역 → 10년 이상 50년 이하의 징역 / ㉡ 유기징역 선택시: 7년 이상 30년 이하의 징역 → 3년 6개월 이상 15년 이하의 징역).

(3) 경합범 가중을 할 경우, 만약 두 범죄 모두 유기징역을 선택했다면 3년 6개월 이상 30년 이하의 징역(양죄의 장기를 합산하면 35년과, 20년을 2분의 1 가중한 30년을 비교하여 적은 것)이 도출된다.

(4) 정상참작감경을 할 경우 처단형의 범위는, 위에서 두 범죄 모두 유기징역을 선택했다면 1년 9개월 이상 15년 이하의 징역형으로 처단형이 도출된다.

Ⅳ. 양형론의 과제 및 양형의 개선방안

1. 양형론의 과제

양형의 중요성에 비추어 본다면 양형은 형법학의 핵심적 과제였어야 하지만 현실은 그 반대이다. 이는 우리나라뿐만 아니라 독일, 일본 등 다른 나라에서도 마찬가지였다. 그리하여 독일에서도 양형은 '형법학의 서자'로서 취급받았다는 평가가 있을 정도였다.

1960년대 이후 독일 및 영미에서는 양형에 대해 많은 관심을 갖고 법관의 양형과정을 체계화·합리화하려는 노력을 하였다. 우리나라에서도 1980년대 이후 학계 및 실무계에서 이러한 시도가 상당수 있었고, 이러한 노력의 결실로 양형위원회와 양형기준제도가 도입되었다(법원조직법 제8편). 그러나 아직까지도 양형의 중요성에 상응할 만큼의 이론적 관심과 노력이 경주된다고 하기는 어렵다.

현재 양형은 주로 법관의 결정에 의해 이루어지므로 법관의 양형을 지도해 줄 대원칙 및 체계적 이론이 필요하다. 앞에서 보았던 구성요건론, 위법성론, 책임론, 미수론, 공범론, 죄수론 등의 범죄체계론이 법관이 피고인의 유무죄 여부를 판단하는 가이드 역할을 하는 것처럼 법관의 양형을 가이드해 줄 양형체계론의 확립이 시급하다.

2. 양형의 개선방안

(1) 양형과 법관의 재량

비록 법률의 기속을 받는다 하더라도 양형에서 법관의 재량이 중요한 역할을 하는 것은 사실이다. 예를 들어 살인죄의 경우 법관은 피고인의 석방부터 사형까지 광범위한 재량을 지니고 있다.

그런데 피고인의 입장에서는 법관의 재량이 넓을수록 양형의 예측가능성이 줄어들고, 따라서 법적 안정성을 확보하기 어렵다는 문제가 생긴다. 일반국민의 입장에서는 양형불균형(sentencing disparity)으로 인해 재판을 불신하게 된다. 법관의 입장에서도 정당한 양형을 추구하려고 하는 경우 광범위한 재량은 부담스러운 것이 된다.

따라서 양형의 합리화 내지 개선을 위해서는 법관의 재량을 적정한 범위로 줄이는 것이 핵심적 사항이 된다. 현재 양형의 합리화방안으로 주장되는 것으로서는 양형기준표의 도입, 구성요건의 세분화, 법정형의 조정, 양형이유의 설시 등이 주장되고 있다.

(2) 양형기준표

이는 영미에서 많이 사용되고 있다. 이에 의하면 법관의 양형재량을 줄이기 위해 양형기준표(sentencing guideline)를 활용하고 있다. 미국의 경우 행위를 수직축으로 행위자를 수평축으로 하여 각각에 점수를 매기고 행위점수와 행위자점수가 교차하는 점에서 선고형을 정하도록 하고 있다. 그리고 그 범위가 매우 좁아 법관의 재량을 극히 제한하고 있다. 법관은 양형기준표에서 벗어난 형벌을 선고할 수 있지만 이 경우에는 그 이유를 밝혀야 한다. 미국의 양형기준표가 법관의 재량을 극도로 제한하고 있음에 비해 영국에서는 개별범죄에 대한 점진적 양형기준표를 택하고 있기 때문에 여전히 법관의 재량이 넓게 인정될 수 있다.

우리나라에서도 2007. 12. 개정 법원조직법에 의해 양형기준제도가 도입되었고, 영국식에 가깝게 법관의 재량의 범위가 넓은 양형기준제를 사용하고 있다.

(3) 구성요건의 세분화

예를 들어 살인죄의 경우 모살과 고살을 구별하고 모살 역시 등급을 매기는 입법례가 있다. 이렇게 되면 각각의 살인죄에 적용되는 법정형의 범위가 줄어들게 된다. 이에 따라 법관의 재량을 통제할 수 있고, 법관의 입장에서는 법정형이 지나치게 광범위함으로써 겪게 되는 곤란함을 피할 수 있게 된다.

우리 형법은 선진국가의 형법 등에 비해 분량이 매우 적다. 이는 구성요건이 매우 광범위하다는 것을 의미하는데, 이로 인해 법관의 양형재량이 넓어지게 된다. 그러나 이는 형법의 보장적 기능이라는 관점에서 바람직하지 않으므로 구성요건을 세분화하려는 노력이 필요하다.

그러나 양형기준이 도입되었으므로 구성요건의 세분화를 법률에서 해야 할 것인지 아니면 양형기준에서 하면 족한 것인지도 형법개정과 관련하여 하나의 과제로 떠오르고 있다.

(4) 법정형의 조정

법관의 재량을 무조건 통제하는 것만이 양형의 합리화를 달성하는 것은 아니다. 법관의 양형재량을 너무 좁게 인정함으로써 문제되는 규정들도 많다. 예를 들어 강도치상죄(제337조)의 법정형은 무기 또는 7년 이상의 징역이므로 경미한 상해가 발생한 경우 정상참작감경하더라도 집행유예가 불가능하고 3년 6개월 이상의 실형을 선고해야 하는 문제점이 있다. 모든 형사특별법에는 이와 같은 과도한 형벌이 규정되어 있으므로 이를 바로잡을 필요가 있다.

(5) 절차상의 개선방안

양형을 합리화할 수 있는 방안으로 판결전조사제도의 도입이나 양형이유의 설시 등이 제시되고 있다. 판결전조사제도란 양형에 참작할 사항을 보호관찰관이나 법원조사관 등 법관 이외의 기관으로 하여금 조사토록 하고 이들이 선고형에 대한 의견을 제시하면 법관이 이를 참고하여 선고형을 정하도록 하는 제도이다. 특히 양형기준제도를 제대로 시행하기 위해서는 판결전조사가 필수적이다.

「법원조직법」은 "법원이 양형기준을 벗어난 판결을 하는 경우에는 판결서에 양형의 이유를 적어야 한다"(제81조의7 제2항 본문)고 규정하고 있다. 그러나 합리적 양형을 위해서는 양형기준을 벗어나지 않는 경우에도 좀더 구체적으로 양형이유를 설시하도록 해야 한다.

Ⅴ. 형의 면제, 판결선고전 구금일수의 통산, 판결의 공시

1. 형의 면제

(1) 개 념

형의 면제란 범죄가 성립하지만 형벌을 과하지 않는 것을 말한다. 형의 면제는 확정판결 이전의 형면제라는 점에서 확정판결 이후의 형면제인 형집행의 면제와 구별된다. 형면제판결을 한다는 점에서 선고유예나 집행유예와 구별된다.

형의 면제는 법률에 인정된 경우에만 허용되고 이러한 규정이 없음에도 불구하고 법관이 형의 면제를 선고하는 것은 허용되지 않는다(대판 1994. 10. 14. 94도1).

(2) 종 류

법률상의 형면제에는 필요적 면제와 임의적 면제가 있다. 필요적 형면제에는 중지미수(제26조), 실행의 착수 전의 예비·음모의 자수(제90조, 제101조, 제111조, 제120조, 제153조, 제157조, 제175조, 제213조) 등이 있고, 임의적 형면제에는 과잉방위(제21조 제2항), 과잉피난(제22조 제3항), 과잉자구행위(제23조 제2항), 불능미수(제27조), 자수·자복(제52조) 등이 있다.

필요적 형면제 중 구 형법에서 친족간 범행은 면제만을 규정한 경우도 있었지만, 현행형법에서는 필요적 형면제도 면제 또는 감경을 선택할 수 있으므로 항상 면제해야 하는 것은 아니다. 따라서 필요적 형면제는 '－면제한다'로, 임의적 형면제는 '－면제할 수 있다'라는 표현으로 되어있다는 의미만을 지니게 되었다.

2. 판결선고전 구금일수의 통산

(1) 의 의

판결선고 전의 구금일수란 피고인이 확정판결을 받기 전에 체포·구속된 기간, 즉 미결구금기간을 말한다. 미결구금은 형벌은 아니지만, 자유를 박탈당한다는 점에서는 징역, 금고, 구류, 노역장유치 등 형집행과 동일하다. 이 때문에 형법은 판결선고 전의 구금일수는 그 전부를 유기징역, 유기금고, 벌금이나 과료에 관한 유치 또는 구류에 산입하고, 이 경우 구금일수의 1일은 징역, 금고, 벌금이나 과료에 관한 유치 또는 구류의 기간의 1일로 계산하도록 하고 있다(제57조).

(2) 방 법

구 형법 제57조는 미결구금일수의 일부산입도 규정하고 있었으나 이 부분이 위헌결정(헌재 2009. 6. 25. 2007헌바25)을 받았기 때문에 2014년 개정형법은 미결구금일수 전부를 산입하도록 규정하였다.

또한 미결구금일수를 전혀 산입하지 않는 것(대판 2007. 4. 13. 2007도943), 미결구금일수보다 많은 기간을 산입하는 것(대판 1994. 2. 8. 93도2563; 대판 1960. 3. 9. 4292형상782), 노역장 유치기간을 미결구금일수로 보아 본형에 산입하는 것(대판 2007. 5. 10. 2007도2517) 등은 허용되지 않는다. 외국에서 집행된 기결구금 일수의 전부 또는 일부를 형기에 산입해야 하지만(제7조), 외국에서 집행된 미결구금 일수는 형기에 산입할 수 없다(대판 2017. 8. 24. 2017도5977 전합).

항소심에서 항소기각의 결정을 하는 경우에도 미결구금일수의 전부를 본형에 산입하여야 한다. 피고인이 수개의 범죄로 기소되었고 그 중 A범죄로 구속되었는데, 법원이 A, B범죄에 대해 따로 형을 선고하면서 B범죄에 대해 징역형을 선고할 경우에도 A범죄에 대한 미결구금일수를 산입하는 것도 허용된다(대판 1996. 5. 10. 96도800).

본형 산입의 대상이 되는 미결구금일수(재정통산 일수)는 판결 선고 전날까지의 구금일수이다(대판 2006. 2. 10. 2005도6246).

3. 판결의 공시

판결의 공시란 피해자나 피고인의 이익을 위해 판결의 선고와 함께 판결을 공적으로 알리는 것을 말한다. 형법은 피해자의 이익을 위한 판결의 공시와 피고인을 위한 판결의 공시를 인정하고 있다.

피해자의 이익을 위하여 필요하다고 인정할 때에는 피해자의 청구가 있는 경우에 한하여 피고인의 부담으로 판결공시의 취지를 선고할 수 있다(제58조 제1항). 피고사건에 대하여 무죄의 판결을 선고하는 경우에는 무죄판결공시의 취지를 선고하여야 한다. 다만, 무죄판결을 받은 피고인이 무죄판결공시 취지의 선고에 동의하지 아니하거나 피고인의 동의를 받을 수 없는 경우에는 그러하지 아니하다(제2항). 피고사건에 대하여 면소의 판결을 선고하는 경우에는 면소판결공시의 취지를 선고할 수 있다(제3항).

제 4 절 선고유예, 집행유예, 가석방 §45

Ⅰ. 선고유예

1. 선고유예의 의의

(1) 선고유예의 개념

선고유예란 일정기간 동안 형의 선고를 하지 않고 그 기간 동안 피고인이 법이 요구하는 사항을 충족한 경우에는 면소의 효과를 인정하고, 충족하지 못한 경우에는 형을 선고하는 제도를 말한다. 선고유예제도는 경미한 범죄를 저지른 사람이 사회생활에 지장을 받지 않도록 하여 피고인의 사회복귀에 도움을 주기 위한 것이다. 선고유예제도는 형을 선고하지 않는다는 점에서 응보나 일반예방목적보다는 범죄인의 사회복귀라고 하는 특별예방목적을 강조한 제도라고 할 수 있다.

선고유예는 형의 선고 자체를 유예한다는 점에서 형을 선고하되 집행만을 유예하는 집행유예와 구별된다. 선고유예는 유예기간중 피고인이 일정한 요건을 충족하지 못하는 경우에는 형의 선고가능성이 있다는 점에서 형이 완전히 면제되는 형의 면제와 구별된다.

선고유예도 유죄판결에 속하고, 금고 이상의 형의 선고유예를 받은 경우에는 일정기간 공무원이 될 수 없는 등(국가공무원법 제33조) 행정법이나 기타 법률상 일정한 불이익이 따르고, 전과에도 해당될 수 있다.[1)]

(2) 선고유예의 법적 성격

현행형법상 선고유예에는 보호관찰부 선고유예와 단순선고유예로 나뉜다.

단순선고유예는 보안처분에 속하지 않고 형의 선고를 하지 않는다는 점에서 형집행의 변형이라고 할 수 없고 고유한 종류의 제재라고 하는 견해가 있다. 그러나 선고유예는 징역, 금고, 벌금과 관련하여 인정되는 제도이니만큼 형벌과 보안처분과 같은 차원의 고유한 형사제재라고 할 수는 없고 변형된 형태의 형벌이라고 할 수 있다.[2)]

---

1) 과거에는 금고 이상의 형의 선고유예를 받으면 공무원직에서 당연퇴직되었으나 현행법에서는 일정한 범죄에 대한 선고유예로 축소되었다(국가공무원법 제69조 제1호).

2) 다수설은 독자적인 제3의 형사제재수단으로 이해한다. 그 밖에 형집행의 전환수단으로 이

판례는 보호관찰을 보안처분이라고 한다(대판 1997. 6. 13. 97도703). 보호관찰은 형법뿐만 아니라 치료감호법, 소년법 등 많은 법률에 규정되어 있으므로 독자적 형사제재라고 할 수 있지만, 형법상 보호관찰부 선고유예는 변형된 형태의 형벌이라고 해석할 수밖에 없다.

보호관찰부 선고유예·집행유예를 영미에서는 probation이라고 한다. 영미의 probation은 유죄의 판결만을 하고 형을 정하지 않는 데에 비해 우리의 선고유예의 경우에는 유죄판결뿐만 아니라 선고할 형의 종류와 양을 정해 두어야 한다는 점에서 양자가 구별된다. 영미의 probation과 1995년 개정형법 이전의 우리의 선고유예의 가장 큰 차이는 보호관찰 부과 여부에 있었다. 그러나 현행형법은 선고유예시 보호관찰을 부과할 수 있도록 하였으므로 우리의 선고유예와 영미의 probation은 같은 내용이라고 할 수 있다. 다만 probation은 집행유예도 포함하는 개념이라는 점에서만 차이가 있다고 할 수 있다.

2. 선고유예의 요건

1년 이하의 징역이나 금고, 자격정지 또는 벌금의 형을 선고할 경우에 제51조의 사항을 고려하여 뉘우치는 정상이 뚜렷할 때에는 그 형의 선고를 유예할 수 있다. 단 자격정지 이상의 형을 받은 전과가 있는 사람에 대하여는 예외로 한다(형법 제59조 제1항). 형을 병과할 경우에도 형의 전부 또는 일부에 대하여 그 선고를 유예할 수 있다(제2항).

(1) 1년 이하의 징역이나 금고, 자격정지 또는 벌금의 형을 선고할 경우

1) 형벌의 범위 사형, 1년이 넘는 징역이나 금고, 구류, 과료, 몰수에 대해서는 선고유예가 인정되지 않는다. 그러나 1년이 넘는 자격정지를 선고할 경우에도 선고유예를 할 수 있다. 선고유예를 하는 경우 선고가 유예된 형에 대한 판단을 하여야 하므로 선고유예 판결에서도 그 판결이유에서는 선고할 형의 종류와 양, 즉 선고형을 정해 놓아야 하고 그 선고를 유예하는 형이 벌금형일 경우에는 그 벌금액뿐만 아니라 환형유치처분까지 해 두어야 한다(대판 1993. 6. 11. 92도3437; 대판 1975. 4. 8. 74도618).

2) 부가형의 경우 주형과 부가형이 있는 경우 주형을 선고유예하면서 부가형을 선고유예할 수 있으므로(대판 1980. 12. 9. 80도584; 대판 1980. 3. 11. 77도2027)

해하는 입장도 있다.

필요적 몰수도 선고유예할 수 있다(대판 1978. 4. 25. 76도2262). 그러나 주형을 선고유예하지 않으면서 부가형만을 선고유예할 수는 없다(대판 1988. 6. 21. 88도551; 대판 1979. 4. 10. 78도3098).

주형을 선고유예하면서 부가형만을 선고할 수 있는가에 대해 판례는 부정설[1)]을 취하였다가 긍정설[2)]로 변경하였다.

3) 양벌규정의 경우 양벌규정의 경우 개인에 대한 형벌을 선고유예하고, 법인에 대한 형은 선고유예하지 않아도 무방하다(대판 1995. 12. 12. 95도1893).

(2) 뉘우치는 정상이 뚜렷할 것

뉘우치는 정상이 뚜렷하다는 것에 대해 다수설은 모든 양형조건을 고려하여 재범위험성이 없는 것으로 인정되는 것이고, 재범위험성판단은 판결시를 기준으로 한다고 한다.

판례는 죄를 깊이 뉘우치고 있는 것이라고 해석하고, 범죄사실을 부인하는 경우에는 죄를 뉘우친다고 할 수 없어 선고유예를 할 수 없다고 하였다가(대판 1999. 11. 12. 99도3140), 입장을 변경하여 범죄사실을 부인하는 경우에도 선고유예를 할 수 있다고 한다(대판 2003. 2. 20. 2001도6138 전합).

> 뉘우치는 정상을 재범위험성으로 해석하는 것은 무리이다. 뉘우치는 정상과 재범위험성의 문언의 의미는 전혀 다르므로 재범위험성이 있더라도 죄를 뉘우치면 선고유예를 할 수 있다고 해석해야 한다. 다만 입법론으로는 뉘우치는 정상을 재범위험성으로 바꾸는 것이 바람직하다.

(3) 자격정지 이상의 형을 받은 전과가 없을 것

선고유예는 특별예방의 목적을 위해 응보나 일반예방의 목적을 포기하는 것이므로 피고인의 행위자책임이 현저하게 적은 경우에만 허용되는 것이라고 할 수 있다. 따라서 이전에 자격정지 이상의 형을 선고받았음에도 불구하고 재범을 한 사람에게는 이와 같은 사정이 없다고 할 수 있으므로 선고유예의 대상에서 제외한 것이다.

형의 집행유예를 받고 유예기간을 무사히 경과하여 형선고가 실효되었다고

---

1) 대판 1972. 10. 31. 72도2049.

2) 대판 1973. 12. 11. 73도1133 전합: 주형을 선고유예를 할 경우에도 몰수형만을 선고할 수 있다. 대판 1990. 4. 27. 89도2291; 대판 1981. 4. 14. 81도614: 추징은 성질상 몰수와 다를 바 없으므로 주형을 선고유예하고 추징만을 선고할 수 있다.

하더라도 '자격정지 이상의 형을 받은 전과가 있는 자'에 해당하므로 선고유예를 할 수는 없다(대판 2012. 6. 28. 2011도10570). 또한 자격정지 이상의 형을 선고받은 경우에는 형의 실효 등에 관한 법률에 따라 실효되었다 하더라도 선고유예를 할 수 없다(대판 2004. 10. 15. 2004도4869). 사후적 경합범에 대해서도 이미 '금고 이상의 형에 처한 판결이 확정된 죄의 형'이 있으므로 선고유예를 할 수 없다(대판 2018. 4. 10. 2018오1; 대판 2010. 7. 8. 2010도931).

(4) 한 개의 형의 전부에 대한 것일 것

제2항의 취지는 형을 병과할 경우 하나의 형의 전부에 대해 선고유예를 할 수 있다는 것을 의미하고, 하나의 형의 일부에 대한 선고유예는 허용되지 않는다. 즉, 1년 징역형과 300만원의 벌금형을 선고하면서 두 형벌 중 1년 징역형에 대해 선고유예는 할 수 있지만, 징역 1년만을 선고하면서 일부인 4개월에 대해서 선고유예를 할 수는 없다.

[대판 1976. 6. 8. 74도1266] 징역형과 벌금형을 병과하면서 그 징역형에 대하여 집행을 유예하고 그 벌금형에 대하여 선고를 유예하였음은 정당하다.

3. 보호관찰부 선고유예

뉘우치는 정상이 뚜렷하여 선고유예를 받은 피고인도 죄를 범한 자이므로 석방을 하되 그의 일상생활을 감독·지도해 줄 필요가 있다. 그리하여 1995년의 개정형법은 선고유예의 경우 1년의 보호관찰을 명할 수 있도록 규정하였다(제59조의2). 그러나 사회봉사나 수강은 명할 수 없다는 점에서 집행유예의 경우와 차이가 있다.

4. 선고유예의 실효

형의 선고유예를 받은 자가 유예기간중 자격정지 이상의 형에 처한 판결이 확정되거나 자격정지 이상의 형에 처한 전과가 발견된 때에는 유예한 형을 선고한다(제61조 제1항). 보호관찰부 선고유예를 받은 자가 보호관찰기간중에 준수사항을 위반하고 그 정도가 무거운 때에는 유예한 형을 선고할 수 있다(제2항).

집행유예의 경우에는 형을 선고하지만, 선고유예의 경우에는 형의 선고 자체가 없으므로 선고유예가 실효된 경우 형을 선고하도록 하고 있다. 따라서 집행유예의 취소는 있지만 선고유예의 취소는 없다.

5. 선고유예의 효과

형의 선고유예를 받은 날로부터 2년을 경과한 때에는 면소된 것으로 간주한다. 선고유예의 기간은 법률에 의해 2년으로 일률적으로 정해진다는 점에서 집행유예기간과 구별된다. 면소란 확정판결, 사면, 공소시효의 완성, 범죄 후 형의 폐지(형사소송법 제326조) 등으로 인해 소송수행의 이익이 없는 경우 선고하는 판결을 말한다. 집행유예의 기간을 경과한 경우에는 형선고가 실효되는 것과 구별된다.

Ⅱ. 집행유예

1. 집행유예의 의의

(1) 집행유예의 개념

집행유예란 피고인에게 징역이나 금고 또는 벌금의 형을 선고하면서, 일정기간 형벌의 집행을 유예하고 피고인이 그 기간을 무사히 경과한 뒤에는 형선고의 효력을 잃도록 하고, 피고인이 유예기간 동안 재범을 하거나 준수사항을 위반한 경우에는 선고된 형을 집행하는 제도를 말한다(제62조 이하).

형을 선고하면서 그 집행을 하지 않는 예외를 인정하는 이유는 징역, 금고 등의 형을 집행하거나 벌금형을 납부하지 못해 노역장에 유치되는 경우 악풍감염으로 인해 피고인의 재범가능성이 높아질 가능성이 있고, 피고인의 사회복귀에도 방해가 되기 때문이다. 이런 의미에서 집행유예는 응보, 일반예방보다는 특별예방의 목적을 우선하는 것이라고 할 수 있다.

집행유예를 선고하면서 보호관찰, 사회봉사·수강 등을 명할 수 있도록 규정한 것(제62조의2)도 집행유예에서 특별예방목적을 좀더 효과적으로 달성하기 위한 것이다.

(2) 집행유예의 법적 성격

집행유예제도는 영미의 probation제도와 유사하지만, probation에서는 일반적으로 보호관찰이 부과되는 데 비해 우리나라에서는 1995년 개정형법 이전까지는 보호관찰을 부과하지 않았다.

현행형법에서도 보호관찰을 명할 것인가는 법관이 정하므로 집행유예는 단순 집행유예와 보호관찰부 집행유예로 나눌 수 있다. 후자는 영미의 probation과 같은 성격의 제도라고 할 수 있다. 단순한 집행유예제도는 변형된 형벌집행이고, 보호관찰, 사회봉사명령, 수강명령 등이 독자적인 제재수단이 될 경우에는 제3의 형사제재라고 할 수 있다. 그러나 현행형법의 해석상으로는 보호관찰부 집행유예는 변형된 형벌집행이라고 해야 한다.

2. 집행유예의 요건

(1) 3년 이하의 징역이나 금고 또는 500만원 이하의 벌금형을 선고할 경우

3년 이하의 징역이나 금고 또는 500만원 이하의 벌금이란 법정형이 아닌 선고형을 의미한다(대판 1989. 11. 28. 89도780). 형법 제57조에 의해 산입된 미결구금기간이 징역 또는 금고의 본형기간을 초과하는 경우에도(예를 들어 6개월의 징역형을 선고하는데 이미 미결구금기간이 8개월이어서 이를 형기에 산입하는 경우) 집행유예를 할 수 있다(대판 2008. 2. 29. 2007도9137). 집행유예는 징역이나 금고 또는 벌금형을 선고하는 경우에만 가능하고, 다른 형벌에 대한 집행유예는 인정되지 않는다.[1]

(2) 정상에 참작할 만한 사유가 있을 것

형법 제51조의 사항을 참작하여 그 정상에 참작할 사유가 있어야 한다. 정상참작사유가 있다는 것은 형을 집행하지 않더라도 피고인이 재범을 하지 않으리라고 인정되는 경우라고 해석하는 것이 당연하다는 견해도 있다.

> 그러나 치료감호법에서 재범위험성이라는 용어를 사용하고 있으므로, 정상참작사유의 유무를 재범위험성의 유무와 동일시하는 것은 해석의 한계를 벗어난 것이다. 재범위험성이란 예측적인 개념이지만 정상참작사유란 현재나 과거의 것들도 포함할 수 있기 때문이다.
>
> 다만 입법론적으로는 '재범위험성이 없다고 판단될 때'라고 개정하는 것이 바람직하다.

---

1) 일찍부터 사형과 벌금형에 대한 집행유예제도를 도입해야 한다는 주장이 있었다. 사형의 집행유예제도는 사형을 제한하기 위한 것이다. 벌금형의 집행유예제도를 도입해야 하는 이유는 가난한 사람들에게는 징역 또는 금고의 집행유예보다 벌금형이 사실상 더 불리할 수 있기 때문이다. 이 때문에 2016년 개정형법은 500만원 이하의 벌금에 대한 집행유예제도를 도입하였다.

(3) 금고 이상의 형선고판결 확정시부터 그 형의 집행종료 또는 면제후 3년의 기간 내에 범한 죄가 아닐 것

1) 취 지 이러한 죄를 집행유예 대상에서 제외하는 것은 정상참작의 여지가 없기 때문이다. 금고 이상의 판결확정 이전에 범한 죄에 대해서는 집행유예를 할 수 있다.

구형법에서는 현재 재판을 받고 있는 범죄가 이전 확정판결의 전후인가는 불문하였다(대판 1990. 11. 23. 90도1803). 그러나 이전 확정판결 전에 범한 죄에 대해서 무조건 집행유예를 하지 못하도록 하는 것은 집행유예의 취지에 맞지 않는다. 이 때문에 2005년 개정형법은 이전 확정판결 이후의 범한 죄에 대해서만 집행유예를 할 수 없도록 하였다.

2) 집행유예기간 중의 재차 집행유예의 가부 구형법에서는 집행유예기간 중 재차 집행유예가 가능한가에 대해 견해가 대립되었으나, 판례는 사후적 경합범의 경우에는 예외적으로 긍정하였다(대판 1989. 9. 12. 87도2365).

그러나 현행형법은 확정판결 이후에 범한 죄에 대해서만 집행유예를 할 수 없다고 하고 있으므로, 집행유예의 확정판결을 받고 유예기간중에 있는 자가 집행유예 확정판결 이전에 범한 죄에 대해서는 집행유예를 할 수 있다고 해석된다.

판례는 A죄로 집행유예기간 중에 있는 자가 그 기간 중 B죄를 범하고, A죄의 집행유예기간이 만료된 이후 B죄에 대한 유죄판결을 선고하는 경우에도 집행유예가 가능하다고 한다.

[대판 2007. 7. 27. 2007도768; 대판 2007. 2. 8. 2006도6196] 집행유예 기간 중에 범한 죄에 대하여 형을 선고할 때에, 집행유예의 결격사유를 정하는 형법 제62조 제1항 단서 소정의 요건에 해당하는 경우란, 이미 집행유예가 실효 또는 취소된 경우와 그 선고 시점에 미처 유예기간이 경과하지 아니하여 형 선고의 효력이 실효되지 아니한 채로 남아 있는 경우로 국한되고, 집행유예가 실효 또는 취소됨이 없이 유예기간을 경과한 때에는, 형의 선고가 이미 그 효력을 잃게 되어 '금고 이상의 형을 선고'한 경우에 해당한다고 보기 어려울 뿐 아니라, 집행의 가능성이 더 이상 존재하지 아니하여 집행종료나 집행면제의 개념도 상정하기 어려우므로 위 단서 소정의 요건에 해당하지 않는다고 할 것이므로, 집행유예 기간 중에 범한 범죄라고 할지라도 집행유예가 실효 취소됨이 없이 그 유예기간이 경과한 경우에는 이에 대해 다시 집행유예의 선고가 가능하다.

쉬어가기

2022. 5. 3. 도로교통법위반(음주운전)죄로 징역 6월, 집행유예 2년의 판결을 선고받아 2022. 5. 10. 그 판결이 확정된 전과가 있는 사람이, 2023. 9. 1. 혈중알코올농도 0.123% 상태에서 자동차를 운전하였다는 공소사실로 기소된 경우 집행유예가 가능한가?

【설문의 해결】 판례에 의하면, 형법 제62조 제1항 단서에 규정한 '금고 이상의 형을 선고한 판결이 확정된 때'에는 실형뿐만 아니라 형의 집행유예를 선고한 판결이 확정된 경우도 포함되므로, 원칙적으로 집행유예를 선고받을 수는 없다. 하지만 집행유예기간 중에 범한 죄라고 하더라도 집행유예가 실효되거나 취소됨이 없이 그 유예기간이 경과한 경우 집행유예 선고가 가능하므로, 2024. 5. 9.이 지나서 선고를 할 경우에는 집행유예를 선고할 수 있다.

(4) 하나의 형의 전부에 대한 것일 것

형이 병과되는 경우 그 중 일부의 형에 대해서만 집행유예를 하는 것은 가능하지만(제62조 제2항), 단일한 형의 일부에 대한 집행유예가 허용되지 않는 것(대판 2007. 2. 22. 2006도8555)은 선고유예에서와 같다.[1]

수죄에 대해 징역형의 집행유예와 벌금형 또는 추징이 선고되었는데 징역형의 집행유예의 효력을 상실케 하는 특별사면이 있더라도 벌금형 또는 추징의 선고의 효력까지 상실케 하는 것은 아니다(대결 1997. 10. 13. 96모33; 대결 1996. 5. 14. 96모14).

3. 집행유예와 보호관찰, 사회봉사·수강명령

구형법에서는 조건없는 집행유예만을 인정하였으나 1995년 개정형법은 집행유예를 하면서 보호관찰, 사회봉사·수강을 명할 수 있도록 하는 규정을 두었다(제62조의2).

보호관찰은 범죄인이 사회 내에서 생활하도록 하면서 국가기관인 보호관찰관의 지도·감독·원호를 받게 하는 제도를 말한다. 사회봉사명령은 범죄인으로 하여금 일정시간 동안 무보수의 공익적 봉사활동을 하도록 하는 명령, 수강명령은 범죄인으로 하여금 일정시간 동안 지정된 장소에 출석하여 강의·훈련 등을 받게 하는 명령을 말한다.

---

1) 많은 국가에서는 일부의 형의 집행유예를 인정하고 있는데 이는 범죄인에게 구금의 충격을 줌으로써 사회복귀를 촉구하기 위한 것이다. 이를 충격적 보호관찰(shock probation)이라고 한다.

[대판 2008. 4. 11. 2007도8373] 사회봉사는 자유형의 집행을 대체하기 위한 것으로서 … 시간 단위로 부과될 수 있는 일 또는 근로활동을 의미하는 것으로 해석되므로, 법원이 사회봉사명령으로 피고인에게 일정한 금원을 출연하거나 이와 동일시할 수 있는 행위를 명하는 것은 허용될 수 없다. … 피고인으로 하여금 자신의 범죄행위와 관련하여 어떤 말이나 글을 공개적으로 발표하라는 사회봉사를 명하는 것은 위법하다.
[대판 2020. 11. 5. 2017도1829] 보호관찰법 제32조 제3항이 보호관찰 대상자에게 과할 수 있는 특별준수사항으로 정한 "범죄행위로 인한 손해를 회복하기 위하여 노력할 것(제4호)" 등 같은 항 제1호부터 제9호까지의 사항은 보호관찰 대상자에 한해 부과할 수 있을 뿐, 사회봉사명령·수강명령 대상자에 대해서는 부과할 수 없다.

보호관찰, 사회봉사·수강명령의 집행은 보호관찰소가 담당한다(보호관찰법[1] 제15조). 보호관찰기간은 원칙적으로 집행유예기간이지만 법원은 유예기간의 범위 내에서 보호관찰기간을 정할 수 있다(제62조의2 제2항). 사회봉사명령 또는 수강명령은 집행유예기간중에 집행한다(제3항). 법원은 사회봉사를 명할 때에는 500시간, 수강을 명할 때에는 200시간의 범위 내에서 그 기간을 정하여야 한다(보호관찰법 제59조 제1항).

판례는 보호관찰과 사회봉사명령 또는 수강명령은 어느 하나만을 해야 하는 것이 아니라 동시에 명할 수 있다고 한다(대판 1998. 4. 24. 98도98).

4. 집행유예의 실효 및 취소

(1) 집행유예의 실효

집행유예의 실효란 일정사유가 있는 경우 집행유예의 선고가 당연히 효력을 상실하는 것을 말한다. 집행유예의 선고를 받은 자가 유예기간중 고의로 범한 죄로 금고 이상의 실형의 선고를 받아 그 판결이 확정된 때에는 집행유예의 선고는 효력을 잃는다(제63조).

재범은 집행유예 '기간 중'에 '고의범'을 저질러야 하고, 그 범죄에 대해 '금고 이상'의 '실형'의 '확정판결'이 있어야 한다. 집행유예 기간 중에 범한 고의범으로 금고 이상의 형의 실형을 선고받았더라도 그 판결이 확정되기 이전에 집행유예

1) 「보호관찰 등에 관한 법률」(이하 '보호관찰법')을 말한다.

기간이 경과한 경우에는 집행유예가 실효되지 않는다. 이는 단기자유형의 폐해방지와 피고인의 사회복귀라는 집행유예제도의 취지를 더욱 살리기 위한 것이다.

(2) 집행유예의 취소

1) 개 념 집행유예의 취소란 일정한 사유가 있는 경우 법원의 재판으로 집행유예선고의 효력을 상실시키는 것을 말한다. 집행유예의 실효는 법원의 재판없이 이루어지는 데에 비해, 집행유예의 취소는 법원의 재판에 의한 것이라는 점에서 차이가 있다.

집행유예의 취소에는 필요적 취소와 임의적 취소가 있다.

2) 필요적 취소 피고인이 집행유예를 선고받은 범죄가 금고 이상의 형을 선고한 판결이 확정된 후 그 집행을 종료하거나 면제된 후 3년까지의 기간에 범한 죄라는 것이 발각된 때에는 집행유예의 선고를 취소한다(제64조 제1항).

이에 대해 일사부재리원칙 및 피고인의 진술거부권보장에 반한다는 비판이 제기된다.

[대결 2001. 6. 27. 2001모135] 형법 제64조에 의하여 집행유예의 취소를 하려면 그 집행유예의 판결이 확정된 후 취소사유에 해당하는 전과가 발각된 경우에 한하고, 그 판결확정 전에 결격사유가 발각된 경우에는 이를 취소할 수 없으며, 이 때 판결확정 전에 발각되었다고 함은 검사가 명확하게 그 결격사유를 안 경우만을 말하는 것이 아니라 당연히 그 결격사유를 알 수 있는 객관적 상황이 존재함에도 부주의로 알지 못한 경우도 포함된다.

[대결 1999. 1. 12. 98모151] 집행유예의 선고를 받은 후 그 선고의 실효 또는 취소됨이 없이 유예기간을 경과한 때에는 형의 선고는 효력을 잃고, 그와 같이 유예기간이 경과함으로써 형의 선고가 효력을 잃은 후에는 형법 제62조 단행의 사유가 발각되었다고 하더라도 집행유예를 취소할 수 없고 그대로 유예기간 경과의 효과가 발생한다.

3) 임의적 취소 보호관찰이나 사회봉사 또는 수강을 명한 집행유예를 받은 자가 준수사항이나 명령을 위반하고 그 정도가 무거운 때에는 집행유예의 선고를 취소할 수 있다(제64조 제2항). 집행유예의 취소는 검사가 보호관찰소의 장의 신청을 받아 법원에 청구한다(보호관찰법 제47조 제1항).

[대결 2023. 6. 29. 2023모1007] (집행유예취소) 심리 도중 집행유예 기간이 경과하면 형의 선고는 효력을 잃기 때문에 더 이상 집행유예의 선고를 취소할 수 없고 취소청구를 기각할 수밖에 없다. 집행유예의 선고 취소결정에 대한 즉시항고 또는 재항고 상태에서 집행유예 기간이 경과한 때에도 같다.

5. 집행유예의 효과

집행유예를 선고받은 사람은 1년에서 5년의 기간 동안 형벌집행이 유예된다. 집행유예 기간의 시기(始期)는 집행유예를 선고한 판결 확정일로 하여야 하고 법원이 판결 확정일 이후의 시점을 임의로 선택할 수는 없다(대판 2002. 2. 26. 2000도4637; 대판 2019. 2. 28. 2018도13382). 재심판결에서 또 다시 집행유예 판결이 선고된 경우, 그 집행유예기간에 '재심대상판결에서 정한 집행유예기간 중 재심판결 확정일까지 경과한 기간 부분'을 산입할 수는 없다(대결 2025. 9. 26. 2025모1963).

집행유예의 선고를 받은 후 선고의 실효 또는 취소됨이 없이 유예기간을 경과한 때 '형의 선고가 효력을 잃는다'(제65조). 이것은 형의 실효와 마찬가지로 형의 선고에 의한 법적 효과가 장래를 향하여 소멸한다는 취지이며, 형의 선고가 있었다는 기왕의 사실 자체까지 없어진다는 것은 아니다.

[대판 2016. 6. 23. 2016도5032] 폭력행위 등 처벌에 관한 법률(이하 '폭력행위처벌법'이라 한다) 제2조 제3항은 "이 법(형법 각 해당 조항 및 각 해당 조항의 상습범, 특수범, 상습특수범, 각 해당 조항의 상습범의 미수범, 특수범의 미수범, 상습특수범의 미수범을 포함한다)을 위반하여 2회 이상 징역형을 받은 사람이 다시 제2항 각 호에 규정된 죄를 범하여 누범으로 처벌할 경우에는 다음 각 호의 구분에 따라 가중처벌한다."라고 규정하고 있다. 그런데 형의 실효 등에 관한 법률에 따라 형이 실효된 경우에는 형의 선고에 의한 법적 효과가 장래를 향하여 소멸하므로 형이 실효된 후에는 그 전과를 폭력행위처벌법 제2조 제3항에서 말하는 '징역형을 받은 경우'라고 할 수 없다. 형법 제65조는 "집행유예의 선고를 받은 후 그 선고의 실효 또는 취소됨이 없이 유예기간을 경과한 때에는 형의 선고는 효력을 잃는다."라고 규정하고 있다. 여기서 '형의 선고가 효력을 잃는다'는 의미는 형의 실효와 마찬가지로 형의 선고에 의한 법적 효과가 장래를 향하여 소멸한다는 취지이다. 따라서 형법 제65조에 따라 형의 선고가 효력을 잃는 경우에도 그 전과는 폭력행위 등 처벌에 관한 법률 제2조 제3항에서 말하는 '징역형을 받은 경우'라고 할 수 없다.

Ⅲ. 가 석 방

1. 가석방의 의의

(1) 가석방의 개념

가석방이란 징역 또는 금고의 집행중에 있는 사람을 형기만료 이전에 일정한 조건하에 석방하는 것을 말한다(제72조 제1항). 잔여형의 집행유예라고 할 수 있다.

일정기간 징역, 금고의 집행을 받았고 재범가능성이 없다고 판단되는 수형자를 형기만료일까지 구금하는 것은 그의 사회복귀에 방해가 된다. 이런 의미에서 가석방제도 역시 응보나 일반예방보다 특별예방을 우선하는 제도라고 할 수 있다. 가석방제도는 수형자들로 하여금 자발적으로 개선·갱생의 의욕을 갖도록 하고, 기계적으로 형기만료일까지 형을 집행하는 정기형제도의 단점을 보완하여 형집행의 구체적 타당성을 기하는 목적도 가지고 있다.

한편 현실적으로는 가석방이 교도소 등 형사시설에서의 질서유지 수단으로서의 기능도 한다. 교도관들에게 순응하지 않으면 수형자의 가석방이 사실상 불가능하기 때문이다.

(2) 가석방의 법적 성격

가석방은 사법처분이 아니라 가석방심사위원회의 허가신청에 의해 법무부장관이 결정하는 행정처분이다(제72조 제1항; 형집행법 제119조 이하). 가석방은 실질적으로 형의 집행유예와 같은 목적을 가지면서도 행정처분에 의하여 수형자를 석방하는 것이므로 일종의 형집행작용이다.

> 가석방제도는 영미의 parole제도와 유사성을 지니고 있다. 영미의 parole제도는 법원이 피고인에게 상대적 부정기형을 선고하고 교정기관이 선고형기의 범위 내에서 구체적으로 집행될 형기를 정하도록 하는 제도이다. 이는 범죄인의 재범위험성을 판결시에 미리 정확하게 판단하기는 불가능하기 때문에 교정전문가들로 하여금 행형과정에서 재범위험성을 판단하도록 하고 재범위험성이 없는 수형자들은 가석방함으로써 교정기관이 구체적인 집행형기를 결정하도록 하는 제도이다.

우리의 가석방제도는 정기형을 기초로 하기 때문에 parole과 같이 교정기관이 주도적으로 수형자의 집행형기를 결정하도록 위임하는 성격은 약하고, 뉘우치는 정상 혹은 재범위험성 유무의 판단을 통해 교정기관이 법관의 선고형을 보정하는 성격을 지니고 있다고 할 수 있다.

구 형법에서는 가석방 시 보호관찰을 규정하지 않았었는데, 1995년 개정형법은 가석방기간 동안 필요적으로 보호관찰을 하도록 규정하였다. 이는 가석방자의 경우 전과자로 낙인찍히고 수형생활로 인해 사회적응력이 떨어지기 때문에 이들에 대한 지도·감독·원호를 통해 사회적응력을 높이고 재범을 방지하기 위한 것이다.

2. 가석방의 요건

(1) 20년(무기징역·금고) 또는 형기의 3분의 1 이상 경과(유기징역·금고)

1) 가석방이 가능한 형벌 가석방은 징역 또는 금고의 집행중에 있는 자에 대해서 인정되고, 사형이나 구류에 대해서는 인정되지 않는다. 유기징역·금고뿐만 아니라 무기징역·금고 수형자에 대해서도 가석방이 인정된다.

다수설은 노역장유치에 대해서도 가석방이 인정된다고 한다. 노역장유치는 대체자유형이고, 벌금형 수형자를 징역·금고형 수형자보다 불리하게 처우해서는 안 된다는 이유에서이다.

2) 기간상의 요건 무기징역, 무기금고에 있어서는 20년, 유기징역, 유기금고에 있어서는 형기의 3분의 1 이상이 경과하여야 한다. 이 때의 형기란 선고형을 의미하고 선고형이 감형된 경우에는 감경된 형기를 기준으로 한다. 소년범에 대해서는 무기형의 경우에는 5년, 15년 유기형의 경우에는 3년, 부정기형의 경우에는 단기의 3분의 1을 경과하면 가석방할 수 있다(소년법 제65조).

형기에 산입된 판결선고 전 구금의 일수는 가석방을 하는 경우 집행을 경과한 기간에 산입한다(제73조 제1항). 그러나 사형이 무기징역으로 감경된 경우 사형집행대기기간을 가석방에 필요한 형의 집행기간에 산입할 수는 없다(대결 1991. 3. 4. 90모59).

수개의 자유형이 선고된 경우 각 형을 기준으로 기간경과 여부를 계산할 것인가 아니면 각 형을 합산한 전체형을 기준으로 기간경과 여부를 결정할 것인가가 문제되는데, 수형자에게 유리하도록 전체형을 기준으로 기간을 계산해야 할 것이다.

(2) 행상(行狀)양호 및 뚜렷한 뉘우침

죄를 뉘우침이 뚜렷해야 하는데, 그것은 징역, 금고의 집행 중의 양호한 행상(行狀)을 통해 나타나야 한다. 가석방 여부는 행상의 양호와 뉘우침이 뚜렷한지 여부를 기준으로 결정해야 하고, 피고인이 행한 범죄의 죄질이나 심각성 등을 기준으로 결정해서는 안 된다. 그러나 현실적으로는 성폭력범죄, 조직범죄 등 일정한 범죄에 대해서는 아예 가석방 대상에서 제외하는데, 이는 가석방제도의 취지를 무시하는 것이다.

입법론상으로는 '재범위험성이 없을 것'을 요건으로 해야 할 것이다.[1] 형사시설에서의 행상양호나 뉘우침보다는 가석방자들이 사회에서 재범을 하지 않는 것이 더 중요하기 때문이다.

(3) 병과된 벌금 또는 과료의 완납

자유형에 벌금 또는 과료가 병과된 경우 가석방되더라도 벌금 또는 과료를 미납하면 노역장에 유치되어 다시 구금되어야 하기 때문에 벌금 또는 과료 금액을 완납할 것을 요구하는 것이다. 벌금 또는 과료에 관한 유치기간에 산입된 판결선고 전 구금일수는 그에 해당하는 금액이 납입된 것으로 간주한다(제73조 제2항).

그러나 벌금이나 과료를 가족 등에게 전가시킬 가능성이 크므로 입법론상으로는 재고를 요하는 규정이다.

3. 가석방기간 및 보호관찰

가석방의 기간은 무기형에 있어서는 10년으로 하고, 유기형에 있어서는 남은 형기로 하되, 그 기간은 10년을 초과할 수 없다. 가석방된 자는 가석방기간 중 보호관찰을 받는다. 다만 가석방을 허가한 행정관청이 필요가 없다고 인정한 때에는 그러하지 아니하다(제73조의2). 가석방자는 원칙적으로 보호관찰을 받는다는 점에서 선고유예 및 집행유예와 구별된다.

가석방자에 대한 보호관찰은 보호관찰소가 담당한다(보호관찰법 제15조 제1호).

4. 가석방의 실효 및 취소

(1) 가석방의 실효

가석방의 실효란 일정한 사유가 있는 경우 별도의 조치없이 가석방의 효력이 상실되는 것을 말한다. 별도의 조치가 필요하지 않다는 점에서 가석방의 취소와 구별된다.

---

1) 통설은 현행규정의 요건도 재범위험성으로 해석한다. 그러나 입법론으로는 모르되 해석론으로는 무리가 있다.

가석방 기간 중 고의로 지은 죄로 금고 이상의 형을 선고받아 그 판결이 확정된 때에는 가석방처분은 효력을 잃는다(제74조). 따라서 과실로 인한 죄로 형의 선고를 받았을 때에는 가석방처분이 효력을 잃지 않는다. 금고 이상의 형의 확정판결이 있어야 하고 단순히 금고 이상의 형의 선고를 받았다고 하여 가석방이 실효되는 것은 아니다.

(2) 가석방의 취소

가석방의 취소라 함은 일정한 사유가 있는 경우 가석방취소처분을 통해 가석방의 효력을 소급적으로 상실시키는 것을 말한다. 가석방의 처분을 받은 자가 감시에 관한 규칙을 위배하거나, 보호관찰의 준수사항을 위반하고 그 정도가 무거운 때에는 가석방처분을 취소할 수 있다(제75조). 가석방취소는 필요적이 아니고 임의적이다.

보호관찰부가석방취소의 심사 및 결정은 보호관찰심사위원회가 담당한다(보호관찰법 제6조 제1호). 일반가석방취소의 심사와 결정은 각각 가석방심사위원회와 법무부장관이 담당한다.

(3) 가석방취소·실효의 효과

가석방이 취소·실효된 경우 가석방중의 일수는 형기에 산입하지 아니한다(제76조 제2항). 따라서 가석방이 취소·실효된 사람에 대해서는 가석방시의 잔형 전부를 집행해야 한다.

5. 가석방의 효과

가석방의 처분을 받은 후 그 처분이 실효 또는 취소되지 아니하고 가석방기간을 경과한 때에는 형의 집행을 종료한 것으로 본다(제76조 제1항). 형의 집행을 종료한 효과만이 있고 집행유예처럼 형선고 자체가 실효되는 것은 아니다.

가석방기간이 경과하면 형의 집행이 종료된 것이므로 이후에 재범을 하면 누범이 될 수 있다. 그러나 가석방기간 중 재범을 하면 누범이 될 수 없다(대판 1976. 9. 14. 76도2158).

§46
제 5 절 형의 시효 및 소멸과 기간

Ⅰ. 형의 시효

1. 형의 시효의 의의

형의 시효란 형선고의 시간적 효력, 즉 선고된 형을 집행할 수 있는 시간적 범위를 말한다. 형의 선고가 있는 경우에도 일정한 사유로 인해 시효기간이 경과한 경우(시효가 완성된 경우) 피고인은 형벌의 집행을 면하게 된다(제77조). 공소시효는 소송상의 문제이므로 형사소송법에 그 기간이 규정되어 있는 데 비해 형의 시효는 형집행상의 문제이므로 형법에 규정되어 있다.

형의 시효를 인정하는 이유는 다른 시효제도와 마찬가지로 형벌을 집행하지 않는 상태가 오래 지속되는 경우 형벌을 집행해야 한다는 사회의식이 희박해지고, 범죄인에 대한 형벌집행이라는 요구보다는 오랫동안 지속된 상태를 존중해야 할 필요가 더 커지기 때문이다.

2. 형의 시효기간

시효는 형을 선고하는 재판이 확정된 후 그 집행을 받지 아니하고 다음의 기간을 경과함으로 인하여 완성된다. 즉 ① 사형은 구법에서는 30년이었으나 현행법은 시효기간을 삭제하여 시효완성이 불가능하고, ② 무기의 징역 또는 금고는 20년, ③ 10년 이상의 징역 또는 금고는 15년, ④ 3년 이상의 징역이나 금고 또는 10년 이상의 자격정지는 10년, ⑤ 3년 미만의 징역이나 금고 또는 5년 이상의 자격정지는 7년, ⑥ 5년 미만의 자격정지, 벌금, 몰수 또는 추징은 5년, ⑦ 구류 또는 과료는 1년 등이 경과함으로써 시효가 완성된다(제78조).

3. 형의 시효의 정지와 중단

(1) 형의 시효의 정지

시효의 정지란 진행하던 시효가 일정한 사유로 인하여 진행하지 않는 것을 말한다. 일정한 사유가 없어진 경우에는 이미 진행했던 시효에 계속하여 시효가 진행되는 점에서 처음부터 시효가 다시 진행하는 시효의 중단과 구별된다.

시효는 형의 집행의 유예나 정지 또는 가석방 기타 집행할 수 없는 기간은 진행되지 아니한다(제79조 제1항). 기타 집행할 수 없는 기간이란 천재지변이나 기타 사변으로 인하여 형을 집행할 수 없는 기간을 말한다. 형이 확정된 후 그 형의 집행을 받지 아니한 사람이 형의 집행을 면할 목적으로 국외에 있는 기간 동안에도 시효가 정지된다(제2항).

(2) 형의 시효의 중단

시효의 중단이란 진행하던 시효가 일정한 사유로 인하여 진행을 정지하고 처음부터 다시 시효가 진행하는 것을 말한다. 중단사유가 있으면 처음부터 시효가 다시 진행된다는 점에서 시효의 정지와 구별된다. 시효는 징역, 금고와 구류의 경우에는 수형자를 체포한 때, 벌금, 과료, 몰수와 추징의 경우에는 강제처분을 개시한 때에 중단된다(제80조).

[대결 2001. 8. 23. 2001모91] 수형자가 벌금의 일부를 납부한 경우에는 이로써 집행행위가 개시된 것으로 보아 그 벌금형의 시효가 중단된다고 봄이 상당하고, 이 경우 벌금의 일부 납부란 수형자 본인의 의사에 따라 이를 납부한 경우를 말하는 것이고, 수형자 본인의 의사와는 무관하게 제3자가 이를 납부한 경우는 포함되지 아니한다.

[대결 1992. 12. 28. 92모39] 확정된 벌금형을 집행하기 위한 검사의 집행명령에 기하여 집달관이 집행을 개시하였다면 이로써 벌금형에 대한 시효는 중단되고, 이 경우 압류물을 환가하여도 집행비용 외에 잉여가 없다는 이유로 집행불능이 되었다고 하더라도 이미 발생한 시효중단의 효력이 소멸하지는 않으므로 벌금형의 미납자에 대하여는 노역장유치의 집행을 할 수 있다.

[대결 2006. 1. 17. 2004모524; 대결 2000. 9. 19. 99모140] 검사의 징수명령서를 집행관이 수령하는 때에 강제처분의 개시가 있는 것으로 보아야 하고 (집행관이 그 후에 집행에 착수하지 못하면 시효중단의 효력이 없어진다고 할 것이지만) 상당한 기간이 경과되기 전에 징수명령이 집행되었다면 추징의 시효가 완성된 후의 집행이라고 할 수 없다.

4. 형의 시효완성의 효과

형(사형은 제외한다)의 선고를 받은 사람에 대해서는 시효가 완성되면 그 집행이 면제된다(제77조). 형집행이 면제될 뿐이고 형선고 자체가 실효되는 것은 아니다. 형집행의 면제는 법률상 당연히 인정되고 별도의 재판을 요하지 않는다.

Ⅱ. 형의 소멸

1. 형의 소멸의 의의

형집행의 종료나 면제, 가석방기간의 종료, 형의 시효의 완성, 피고인의 사망 등의 사유가 있는 경우 국가는 형벌집행권을 행사할 수 없게 된다. 그러나 징역, 금고의 집행이 종료되거나 면제된 이후에도 자격정지의 집행은 계속될 수 있고, 자격정지를 병과받지 않더라도 사회생활에 필요한 자격의 제한이 있을 수 있다. 또한 기왕에 형이 집행한 사실은 여전히 남아있고, 이러한 전과사실이 남아있으면 사회복귀에 장애를 받을 위험성이 있다.

이러한 위험성을 제거하고 범죄인의 사회복귀를 원활하게 하기 위해 형법은 형의 소멸이라는 제목하에 형의 실효와 복권제도를 두고 있다.

2. 형의 실효

(1) 형의 실효의 개념

형의 실효란 징역 또는 금고의 집행을 종료하거나 집행이 면제된 자에 대해 일정한 요건하에 법원의 재판에 의해 징역, 금고를 선고했던 재판의 효력을 상실시키는 것을 말한다.

형의 실효는 법원의 재판에 의한 것이고 그 효력이 소급되지 않고 장래에 향하여만 있다는 점에서 법률상 당연히 인정되고 소급적으로 형선고가 실효되는 집행유예의 효과와 다르다.

(2) 형의 실효의 요건

징역 또는 금고의 집행을 종료하거나 집행이 면제된 자가 피해자의 손해를 보상하고 자격정지 이상의 형을 받음이 없이 7년을 경과한 때에는 본인 또는 검사의 신청에 의하여 그 재판의 실효를 선고할 수 있다(제81조).

[대결 1983. 4. 2. 83모8] 형의 실효는 징역 또는 금고의 집행을 종료하거나 면제된 자에게만 허용되고 기타 형벌에 대해서는 허용되지 않는다. 자격정지 이상의 형을 받음이 없이 7년을 경과해야 하므로, 형의 집행종료 후 7년 이내에 집행유예의 판결을 받고 그 기간을 무사히 경과하여 7년을 채우더라도 형의 실효를 선고할 수 없다.

(3) 형의 실효의 효과

형실효의 재판이 있으면 징역, 금고를 선고했던 재판의 효력이 상실된다(제81조). 그러나 형의 선고가 있었다는 기왕의 사실 그 자체까지 없어지는 것은 아니고 소급하여 자격을 회복하는 것도 아니다(대판 1974. 5. 14. 74누2).

(4)「형의 실효 등에 관한 법률」

이 법은 전과기록 및 수사경력자료의 관리와 형의 실효에 관한 기준을 정함으로써 전과자의 정상적인 사회복귀를 보장함을 목적으로 하는 법으로서(제1조), 일정한 요건이 갖추어지면 법원의 재판이 없이 당연히 형이 실효되도록 하고 있다.

동법은 수형인이 자격정지 이상의 형을 받음이 없이 형의 집행을 종료하거나 그 집행이 면제된 날부터 ① 3년을 초과하는 징역·금고는 10년, ② 3년 이하의 징역·금고는 5년, ③ 벌금은 2년 등이 경과한 때, ④ 구류·과료는 형의 집행을 종료하거나 그 집행이 면제된 때에 실효되도록 하고 있다(제7조 제1항).

그러나 이 경우에도 형의 선고가 있다는 사실 그 자체가 없어지는 것이 아니므로 예컨대 도로교통법상 2회 이상 음주운전죄(제148조의2)의 해당여부를 결정할 때 형선고가 실효된 음주운전 전과도 고려해야 한다(대판 2012. 11. 29. 2012도10269).

3. 복 권

복권이란 자격정지의 선고를 받은 사람에 대해 일정한 사유가 있는 경우 법원의 재판에 의해 자격을 회복시키는 것을 말한다. 법원의 재판에 의하고 장래에 대해서만 효력이 있다는 점에서 형선고가 소급적으로 실효되는 집행유예의 경우와 다르다. 또한 대통령이 행하는 사면법상의 복권(제5, 8, 9조)과도 다르다.

자격정지의 선고를 받은 자가 피해자의 손해를 보상하고 자격정지 이상의 형을 받음이 없이 정지기간의 2분의 1을 경과한 때에는 본인 또는 검사의 신청에 의하여 자격의 회복을 선고할 수 있다(제82조). 형의 실효재판과 마찬가지로 이러한 요건이 갖추어진 경우 법원은 반드시 자격의 회복을 선고해야 한다.

[대판 1986. 11. 11. 86도2004] 형의 선고를 받은 자가 특별사면을 받아 형의 집행을 면제받고, 또 후에 복권이 되었다 하더라도 형의 선고의 효력이 상실되는 것은 아니므로 실형을 선고받아 복역하다가 특별사면으로 출소한 후 3년 이내에 다시 범죄를 저지른 자에 대한 누범가중은 정당하다.

Ⅲ. 기 간

연(年) 또는 월(月)로 정한 기간은 역수에 따라 계산하고(제83조). 형의 집행과 시효기간의 초일은 시간을 계산함이 없이 1일로 산정한다. 형기는 판결이 확정된 날로부터 기산한다. 징역, 금고, 구류와 유치에 있어서는 구속되지 아니한 일수는 형기에 산입하지 아니한다(제84조). 석방은 형기종료일에 하여야 한다(제86조).

제 2 장 보안처분

§47

I. 보안처분의 의의

1. 보안처분의 개념

통설에 의하면 보안처분이란 장래에 범죄를 저지를 위험성이 있는 범죄인의 재범을 방지하고 이를 통해 사회 일반인의 안전을 확보하기 위한 형사제재를 말한다. 형벌이 과거의 범죄행위를 이유로 한 제재임에 비해 보안처분은 장래의 재범위험성을 이유로 한 제재라는 점에서 차이가 있다. 따라서 형벌에서는 책임주의원칙이 강조되지만, 보안처분에서는 재범가능성과 보안처분 사이의 비례의 원칙이 강조된다.

예를 들어 정신병으로 인한 심신장애인이 범죄행위를 한 경우 처벌되지 않거나 형벌이 감경될 수 있다(제10조 제1, 2항). 그러나 그 사람이 정신병으로 인한 심신장애상태에 있는 한 재범위험성이 있으므로 사회일반인들은 범죄로 인한 피해를 입을 위험성이 있다. 이 경우 그 사람의 정신병을 치료하여 재범을 하지 않도록 할 수 있는 조치가 필요한데, 이러한 조치를 보안처분이라고 한다. 이와 같이 보안처분은 형벌을 보완하거나 대체하는 기능을 한다.

2. 보안처분의 연혁

(1) 서구에서의 역사

어느 시대에나 오늘날의 보안처분과 유사한 기능을 하는 조치들이 존재했다. 그러나 형벌과 구분되는 현대적 의미의 보안처분제도는 18세기 말부터 생겨났다. 독일의 경우 클라인(E.F. Klein)이 제정한 1794년의 일반란트법(Allgemeines Landrecht)

은 형벌로서의 정기자유형 이외에 부정기의 보안구금을 규정하였다.

본격적으로 오늘날의 형태를 갖춘 보안처분은 스위스의 1893년의 형법예비 초안에 규정되었다. 이 초안은 슈토스(Karl Stooß)가 만들어 슈토스초안이라고도 한다. 슈토스는 형벌과 보안처분의 목적, 성격, 내용을 달리 파악하는 이원주의 입장에서 보안처분을 규정하였다. 이에 영향을 받아 1933년 독일형법은 형법전에 보안처분을 규정하였고 유럽의 대부분의 국가들도 보안처분을 형법전 혹은 형사특별법에 규정하였다.

(2) 우리나라 보안처분의 연혁

1953년 제정된 형법은 보안처분을 규정하지 않았기 때문에 1970년대까지는 형사특별법에서 보안처분을 규정하였다. 1958년에 제정된 소년법상의 보호처분, 1975년에 제정된 사회안전법[1]상 반국가사범에 대한 보호관찰, 주거제한, 보안감호 등이 그 예이다.

우리나라에 보안처분제도가 본격적으로 도입된 것은 1980년 사회보호법에 의해서였다. 동법은 제정이유를 상습범·심신장애범죄자 등으로부터 사회를 보호하고 이들을 교육·개선·치료하기 위하여 보호처분제도를 마련한 것이라고 하였다. 동법의 숨겨진 제정목적에는 5·17쿠데타에 의해 정권을 잡은 군부세력들이 권력유지차원에서 범죄에 대한 강경대응정책을 통한 민심수습도 있었다.

이러한 태생적 한계 때문에 2005년 사회보호법과 보호감호제도가 폐지되었다. 그러나 치료감호와 보호관찰의 필요성은 여전히 인정되기 때문에 2005년「치료감호등에 관한 법률」(이하 '치료감호법')은 심신장애인과 마약류중독자 등에 대한 치료감호와 이들에 대한 보호관찰은 존치시켰다.[2] 치료감호법은 치료감호, 치료명령, 보호관찰 등 세 가지의 보안처분을 규정하고 있다.

또한 1995년 개정형법은 보호관찰, 사회봉사명령, 수강명령제도를 도입하였는데 판례는 이들을 보안처분성격을 지닌 것으로 파악하고 있다(대판 1997. 6. 13. 97도703). 이후 성범죄자들의 신상정보공개명령 및 고지명령, 특정 범죄자들에 대한 위치추적 전자장치부착명령, 성범죄를 저지른 성도착증환자에 대한 약물치료명령

---

1) 이 법률은 1989년의 보안관찰법으로 대체되었다. 보안관찰법은 반국가사범에 대한 보안관찰처분만을 규정하고 있다(동법 제2조, 제3조).

2) 이후 마약류·알코올이나 그 밖의 약물중독 상태, 정신성적(精神性的) 장애가 있는 상태 등에서 죄를 범한 사람들로 대상자를 확대하였다.

등이 도입되었는데, 판례는 이들을 보안처분이라고 한다(대판 2012. 5. 24. 2012도2763; 대판 2011. 7. 28. 2011도5813; 대판 2014. 2. 27. 2013도12301).

3. 보안처분의 종류

(1) 대인적 보안처분과 대물적 보안처분

보안처분의 대상에 따른 분류이다.

대인적 보안처분에는 치료감호, 보호관찰, 치료명령, 위치추적전자장치 부착명령, 성충동약물치료명령, 보안관찰 등이 있고 현행법률은 대인적 보안처분만을 규정하고 있다. 소년법상의 보호처분을 보안처분이라고 한다면 이 역시 대인적 보안처분이다.

대물적 보안처분이란 물건을 대상으로 한 것으로 우리나라에서는 몰수를 형벌의 일종으로 규정하고 있기 때문에 현행 형법전에는 대물적 보안처분은 없다. 외국에서 인정하고 있는 대물적 보안처분에는 몰수, 영업소폐쇄 등이 있다.

(2) 자유박탈적 보안처분과 자유제한적 보안처분

대인적 보안처분은 대상자를 구금하는 자유박탈적 보안처분과 대상자를 구금하지 않고 사회 내에서 일정한 지도·감독을 받도록 하는 자유제한적 처분으로 나눌 수 있다.

치료감호, 소년에 대한 보호처분 중 소년원송치처분은 자유박탈적 보안처분이다. 자유제한적 보안처분에는 형사특별법상의 보호관찰, 보안관찰법상의 보안관찰 등이 있다. 형법상의 보호관찰, 사회봉사명령, 수강명령 소년법상의 보호관찰처분 등을 보안처분이라고 할 경우 자유제한적 보안처분에 속한다. 위치추적전자장치 부착명령, 성충동약물치료명령도 자유제한적 보안처분에 속한다.

Ⅱ. 보안처분의 법적 성격

1. 보안처분과 형벌

(1) 보안처분과 형벌의 관계

보안처분과 형벌이 그 목적, 내용, 범위, 한계, 절차 등에서 어떤 관계에 있는가에 대해서 양자는 기본적으로 같은 것이라고 하는 일원론과 양자는 본질적으로 다르다고 하는 이원론이 대립한다.

1) 일 원 론 근대학파의 형법이론에 의하면 형벌의 목적으로는 특별예방만이 의미가 있다. 따라서 형벌이든 보안처분이든 범죄인의 재범방지와 이를 통한 사회일반인의 보호에 그 목적이 있으므로 내용, 범위, 한계, 절차 등에서 양자를 구별할 필요가 없다. 따라서 형벌과 보안처분의 구별 자체가 무의미하고, 양자가 모두 실정법에 규정되어 있는 경우에는 양자를 선택적으로 선고하고 집행해야 한다.

2) 이 원 론 통설에 의하면 양자는 다음과 같은 본질적으로 차이가 있다.

첫째, 형벌은 주로 응보나 일반예방의 목적을 지니는 데에 비해 보안처분은 특별예방과 이를 통한 사회보호에 목적이 있다.

둘째, 형벌은 범죄인에 대해 해악 내지는 고통을 내용으로 하는 데에 비해, 보안처분은 고통 내지 해악을 내용으로 할 필요가 없다.

셋째, 형벌은 해악이나 고통을 내용으로 하므로 행위자의 비난가능성을 전제로 하고 책임주의원칙에 구속된다. 이에 비해 보안처분은 해악이나 고통을 내용으로 할 필요가 없기 때문에 책임과 관계없이 재범위험성이 있는 사람에게는 보안처분을 과할 수 있다.

넷째, 형벌은 절차에 있어서도 법적 안정성이 강조되고 이에 따라 사법처분에 의해야 한다. 그러나 보안처분은 합목적성이 강조되고 이에 따라 반드시 사법처분이 아닌 행정처분 등에 의해 과해도 무방하다.

(2) 보안처분과 형벌의 집행방법

일원론에 의할 경우 형벌과 보안처분은 같은 것이므로 이를 택일, 병과, 대체한다는 것은 의미가 없다. 그러나 이원론에 의할 경우에는 형벌과 보안처분을 어떻게 적용, 집행할 것인가가 문제된다.

1) 택일주의 형벌과 보안처분 중 어느 하나만을 적용하는 것이다. 응보, 일반예방적 목적이 강조되는 경우에는 형벌을, 특별예방적 목적이 강조되는 경우에는 보안처분을 과하는 방식이다.[1)]

2) 대체주의 형벌과 보안처분을 모두 선고하되 보안처분의 집행기간을 형기에 산입하는 방식이다. 여기에도 다양한 방식이 있지만, 보통은 ① 형벌보다 보안처분을 우선 집행하고, ② 보안처분의 집행기간을 형기에 산입하고, ③ 보안

1) 택일주의를 일원주의라고도 하는데, 형벌과 보안처분을 하나로 파악하는 입장과 혼동을 불러일으킬 수 있으므로 택일주의라고 하는 것이 더 정확하다고 생각된다.

처분집행 후 형벌의 집행유예 여부를 심사하는 방식이 사용되고 있다.

형벌보다 보안처분을 먼저 집행하는 이유는 응보, 일반예방보다 특별예방의 목적이 우선시되기 때문이다. 보안처분이 형벌과 별로 차이가 없다는 점에서 보안처분기간을 형기에 산입하고, 보안처분에 의해 범죄인의 재범위험성이 없어진 경우에는 굳이 형벌을 집행할 필요가 없으므로 잔형의 집행유예가능성을 두는 것이다. 스위스형법은 이 방식을 채택하고 있다(제57조).

3) 병과주의 형벌과 보안처분을 모두 선고, 집행하는 방식이다. 여기에도 여러 가지 방식이 있지만 형벌을 먼저 집행하고 보안처분을 집행하는 방식이 많이 사용된다. 병과주의는 응보, 일반예방의 목적에서 형벌을 과하는 것은 당연하고, 형벌을 집행했음에도 불구하고 범죄인에게 재범위험성이 여전히 남아 있는 경우에는 보안처분을 집행해야 한다는 것을 그 근거로 든다.[1]

(3) 치료감호법의 입장

형법과 치료감호법은 형벌과 보안처분을 엄격히 구분하고 있다. 형법에 정식으로 보안처분을 규정하고 있지 않고,[2] 형법 제10조는 사회적 책임론이 아닌 도의적 책임론의 입장이라고 할 수 있다. 보안처분은 치료감호법, 보안관찰법 등 특별법에만 규정되어 있으므로 현행법은 이원론의 입장에서 형벌과 보안처분을 규정하고 있다.

> [대판 2007. 8. 23. 2007도3820, 2007감도8] 형벌과 치료감호처분은 신체의 자유를 박탈하는 수용처분이라는 점에서 유사하기는 하나 그 본질과 목적 및 기능에 있어서 서로 다른 독자적 의의를 가진 제도인바, 명시적인 배제 조항 등이 없는 이상 어느 한 쪽의 적용 대상이라는 이유로 다른 쪽의 적용 배제를 주장할 수 없는 것이다.

치료감호법은 피고인의 인권보호를 위해 법관이 보안처분을 선고할 수 있도록 하고 있다. 이에 비해 보안관찰법상의 보안관찰은 행정기관이 정하도록 하고 있다(제12조).

치료감호법은 치료감호와 형이 병과된 경우 치료감호기간을 형기에 산입하

1) 병과주의를 이원주의라고도 하는데, 역시 형벌과 보안처분 이원론과 혼동될 염려가 있는 용어이므로 병과주의라는 용어가 더 정확하다고 생각된다.

2) 판례는 형법에 규정되어 있는 보호관찰, 사회봉사명령, 수강명령을 보안처분이라고 하지만, 이들 제도는 형의 선고유예·집행유예와 결합된 것으로서 순수한 보안처분은 아니다.

는 대체주의를 규정하고 있다(제18조).

2. 보안처분의 위헌성

구 사회보호법이 시행되던 시절 형벌 이외에 보안처분의 부과는 헌법상 일사부재리의 원칙, 죄형법정주의, 과잉금지원칙, 적법절차의 원칙에 위반된다는 논란이 있었다. 일사부재리의 원칙은 형벌과 보호감호의 병과주의와 관련하여, 죄형법정주의는 보호감호의 요건 및 절대적 부정기의 처분인 치료감호와 관련하여, 적법절차원칙은 법관이 아닌 행정기관이 결정하도록 한 보안관찰과 관련하여 특히 문제가 되었다.

이에 대해서는 합헌론도 있었으나 위헌론이 설득력을 얻게 되어 2005년 사회보호법과 보호감호제도가 폐지되었다. 2005년의 치료감호법은 치료감호를 존치시키되 그 기간을 심신장애범죄자에 대해서는 15년, 마약류중독자 등에 대해서는 2년을 초과하지 못하도록 규정하여(제16조 제2항)[1] 위헌의 소지를 없앴다.

> 그러나 형벌과 보안처분은 본질적으로 다르다고 하는 19세기말적 사고방식을 전환하여야 할 때가 왔다. 잘못한 사람에게 두 대를 때리고서 '한 대는 잘못에 대한 처벌이고(형벌) 다른 한 대는 앞으로 잘하라는 것이므로(보안처분), 한 대만 때린 것'이라고 한다면 얼마나 우스꽝스러운 일인가? 역사적으로 볼 때 보안처분은 바로 이러한 논리로 악용된 적이 많았고, 현재에도 판례가 새로운 형사제재가 도입될 때마다 그것은 형벌이 아닌 보안처분이라고 하는 것은 죄형법정주의에서 금지하는 소급효를 인정하거나 일사부재리원칙에 반하지 않는다고 하기 위함이라고 할 수 있다.
>
> 오늘날 형벌의 목적도 고통의 부과가 아니라 교정교화 및 건전한 사회복귀(형집행법 제1조)를 통한 재범예방이라는 점에서 보안처분과 차이가 없다. 형벌도 고통뿐만 아니라 혜택도 포함하고 있고(교도소등 형사시설에서는 모든 것이 공짜다), 자유의 제한이나 박탈 등과 같은 고통을 포함하지 않은 보안처분은 없다. 이러한 의미에서 치료감호조차 형벌과 그 성격이 다르지 않으므로 형벌과 보안처분의 구분은 무의미할 뿐만 아니라 인권침해를 정당화시키는 것이라는 새로운 사고방식이 필요하다.

1) 다만 일정한 요건에 해당하는 살인범죄자에 대해서는 3회까지 매회 2년의 범위에서 기간을 연장할 수 있다(제16조 제3항).

Ⅲ. 치료감호

1. 치료감호의 의의

치료감호란 금고 이상에 해당하는 죄를 지은 심신장애인, 마약등의 습벽자·중독자 및 금고 이상에 해당하는 성폭력범죄를 지은 정신성적(精神性的) 장애인으로서 치료감호의 필요성이 있고 장차 재범할 위험성이 있는 경우 치료감호시설[1]에 수용하여 치료를 위한 조치를 하는 보안처분을 말한다(치료감호법 제2조, 제16조).

치료감호시설에 수용한다는 점에서 자유박탈적 보안처분에 해당한다.

심신상실자, 심신미약자, 마약 등의 습벽·중독자 및 정신성적 장애상태에서 범죄행위를 한 사람들에게는 형벌을 과할 수 없거나 형벌을 과하더라도 재범위험성이 별로 줄어들지 않는다. 따라서 형벌 이외에 심신장애나 마약 등의 습벽·중독 및 정신성적 장애를 치료해 줄 수 있는 조치들이 필요한데 이것이 치료감호이다.

2. 치료감호의 요건

치료감호대상자가 금고 이상의 형에 해당하는 죄나 성폭력범죄를 범하였고 이들에게 치료감호의 필요성과 재범위험성이 인정되어야 한다(제2조 제1항).

(1) 치료감호대상자

치료감호대상자는 형법 제10조 제1, 2항에 해당되는 심신장애인(제1호), 마약·향정신성의약품·대마, 그 밖에 남용되거나 해독을 끼칠 우려가 있는 물질이나 알코올을 식음·섭취·흡입·흡연 또는 주입받는 습벽이 있거나 그에 중독된 자(제2호), 소아성기호증, 성적가학증 등 성적 성벽이 있는 정신성적 장애자(제3호) 등이다.

(2) 금고 이상에 해당하는 죄 또는 성폭력범죄를 범한 때

금고 이상의 형이란 선고형이 아니라 법정형을 의미한다. 심신장애인이나 중독자의 경우에는 범죄가 제한되어 있지 않지만, 성정신적 장애자의 경우에는 제2조의2에 규정된 성폭력범죄에 국한되어 있다. 심신장애, 중독, 성정신적 장애와 죄를 범한 것 사이에는 인과관계가 있어야 한다(대판 1986. 2. 25. 85감도419).

---

1) 치료감호시설(제16조의2) 중 구법의 치료감호소는 2022년 개정법률로 국립법무병원으로 명칭이 변경되었다.

(3) 치료감호의 필요성

구사회보호법에서는 치료감호의 필요성이라는 요건을 규정하지 않았으나 치료감호법은 이를 새로이 규정하였다. 따라서 재범위험성이 있더라도 치료감호의 필요성이 없으면 치료감호를 선고할 수 없다.

(4) 재범위험성

재범위험성이란 피감호청구인이 장래에 다시 심신장애나 마약 등의 습벽·중독 및 정신성적 장애로 인한 상태에서 범행을 저지를 개연성을 말한다.[1)]

[대판 2003. 4. 11. 2003감도8; 대판 2000. 7. 4. 2000도1908] 재범의 위험성의 유무는 ① 판결선고 당시의 피감호청구인의 습벽 또는 중독증세의 정도, 치료의 난이도, 심신장애의 정도, 심신장애의 원인이 될 질환의 성격과 치료의 난이도, 향후 치료를 계속 받을 수 있는 환경의 구비 여부, 피감호청구인 자신의 치료에 관한 의지의 유무와 그 정도, ② 피감호청구인의 연령, 성격, 가족관계, 직업, 재산정도, 전과사실, 개전의 정 등 사정, ③ 피감호청구인에 대한 위 습벽 또는 중독증세의 발현에 관한 하나의 징표가 되는 당해 감호청구원인이 된 범행의 동기, 수법 및 내용, ④ 전에 범한 범죄의 내용 및 종전 범죄와 이 사건 범행 사이의 시간적 간격 등 제반 사정을 종합적으로 평가하여 객관적으로 판단하여야 한다.[2)]

(5) 판단기준시기

치료감호의 요건에 해당하는가 여부는 범죄행위시가 아니라 판결선고시를 기준으로 하여 판단하여야 하는데(대판 1996. 4. 23. 96감도21; 대판 1987. 5. 12. 87감도50), 이는 장래의 재범방지라고 하는 보안처분의 목적에 비추어 볼 때 당연한 것이다.

---

1) 제정 당시의 사회보호법에는 재범위험성이 규정되어 있지 않았으나 1989년의 개정에서 재범위험성이 규정되었다.

2) 재범위험성을 인정한 판례로, 대판 2005. 9. 30. 2005도4208, 2005감도16; 대판 2005. 9. 30. 2005도3940, 2005감도15; 대판 2003. 4. 11. 2003감도8; 대판 2000. 7. 4. 2000도1908; 대판 1990. 8. 28. 90감도103 등. 그러나 판결선고 당시에는 정신질환으로 치료의 필요성이 있음이 인정되더라도 피감호청구인이 치료할 경제적 능력이 있고, 현증상이 중하지 아니하고 상당기간의 입원치료 또는 약물복용으로 어렵지 않게 재발되지 않을 상태를 이룩할 수 있고 본인도 이에 임할 의지도 보이며 학교 및 가족의 도움으로 자신의 행동을 통제하는 한편 스스로 재발방지의 자구책을 강구할 예방능력이 있는 경우(대판 1984. 5. 22. 84감도103), 범행 후의 감정 당시에는 정신분열 등 정신질환을 시사하는 증상은 발견되지 아니하고, 다만 기능저하에서 결과되는 이해의 감소나 의사소통의 부적절함을 엿볼 수 있는 정신박약자일 뿐 정신질환이 인정되지 않는 경우(대판 1984. 10. 10. 84감도257)에는 재범위험성을 부정한다.

3. 치료감호의 내용

(1) 치료감호의 절차

검사는 치료감호대상자가 치료감호를 받을 필요가 있는 경우 관할법원에 치료감호를 청구할 수 있다(제4조 제1항). 치료감호대상자에 대한 치료감호를 청구함에는 정신건강의학과 등의 전문의의 진단이나 감정(鑑定)을 참고하여야 한다(제2항). 검사는 공소제기한 사건의 항소심 변론종결시까지 치료감호청구를 할 수 있다(제4조 제5항). 검사는 공소를 제기하지 않고 치료감호만을 독립적으로 청구할 수 있다(제7조).

[대판 1999. 8. 24. 99도1194] 공소제기된 사건에 관하여 심신상실을 이유로 한 무죄판결이 확정되어 다시 공소를 제기할 수 없는 경우에도 독립하여 치료감호를 청구할 수 있다.

법원은 공소제기된 사건의 심리결과 치료감호에 처함이 상당하다고 인정할 때에는 검사에게 감호청구를 요구할 수 있다(제4조 제7항; 대판 1998. 4. 10. 98도549). 그러나 치료감호청구의 요구는 법원의 의무는 아니다(대판 2007. 4. 26. 2007도2119; 대판 2006. 9. 14. 2006도4211).

법원은 치료감호 사건을 심리하여 그 청구가 이유있다고 인정하는 때에는 판결로써 치료감호를 선고하여야 하고, 그 이유없다고 인정하는 때 또는 피고사건에 대하여 심신상실 외의 사유로 무죄를 선고하거나 사형을 선고할 때에는 판결로써 청구기각을 선고하여야 한다. 치료감호사건의 판결은 피고사건의 판결과 동시에 선고하여야 한다. 다만 독립적 치료감호청구의 경우에는 그러하지 아니하다(제12조 제1, 2항).

(2) 치료감호의 내용 및 기간

치료감호의 선고를 받은 자(이하 '피치료감호자'라 한다)에 대하여는 치료감호시설에 수용하여 치료를 위한 조치를 한다. 치료감호시설에의 수용은 심신장애인과 정신성적 장애인은 15년, 마약·알콜중독자 등은 2년을 초과할 수 없다(제16조 제1, 2항). 다만, 전자장치부착법상의 특정 살인범죄자의 경우에는 3회까지 매회 2년의 범위에서 기간을 연장할 수 있다(제3항).

피치료감호자는 원칙적으로 분리수용하여야 한다(제19조).

(3) 치료감호와 형벌의 집행순서

치료감호와 형이 병과된 경우에는 치료감호를 먼저 집행하고, 치료감호의 집행기간은 형기에 산입한다(제18조). 이를 대체주의라고 한다.

(4) 치료감호의 집행정지·치료위탁과 종료

치료감호 및 보호관찰의 관리와 집행에 관한 사항을 심사·결정하기 위하여 법무부에 치료감호심의위원회를 둔다(제37조). 치료감호심의위원회는 피치료감호자에 대하여 그 집행개시 후 매 6개월마다 종료 또는 가종료 여부를, 가종료 또는 치료위탁된 피치료감호자에 대하여는 가종료 또는 치료위탁 후 매 6개월마다 종료 여부를 심사·결정한다(제22조).

치료감호심의위원회는 치료감호만을 선고받아 그 집행개시 후 1년을 경과한 자와 치료감호와 형이 병과되어 형기상당의 치료감호를 집행받은 자에 대하여 상당한 기간을 정하여 그의 법정대리인·배우자·직계친족·형제자매에게 치료감호시설 외에서의 치료를 위탁할 수 있다(제23조 제1, 2항).

치료감호가 가종료된 자와 치료위탁된 자에게는 보호관찰이 개시된다(제32조 제1항).

피치료감호자에 대하여 형사소송법 제471조 제1항 각호의 어느 하나에 해당하는 사유가 있는 때에는 동조의 규정에 따라 검사는 치료감호의 집행을 정지할 수 있다. 이 경우 치료감호의 집행이 정지된 자에 대한 관찰은 형집행정지자에 대한 관찰의 예에 따른다(제24조).

Ⅳ. 치료명령

1. 치료명령의 의의

치료명령이란 법원이 피고인에게 형의 선고유예 또는 집행유예를 하는 경우 치료기간을 정하여 치료를 받을 것을 명하는 제도이다(제44조의2). 보호관찰과 같이 자유제한적 보안처분에 속한다. 치료감호는 무거운 범죄를 저지른 사람에게 부과되는 경우가 많으므로 가벼운 범죄를 저지른 정신장애인 등에 대해 근원적 치료를 통해 재범을 방지하려는 목적으로 2015년 개정 치료감호법에 도입되었다.

2. 치료명령대상자

치료명령대상자는 형법 제10조 제2항에 따라 형이 감경될 수 있는 심신장애인, 알코올이나 마약류등의 식음등 습벽이 있거나 그에 중독된 자로서 금고 이상의 형에 해당하는 죄를 범하고 통원치료를 받을 필요가 있고 재범의 위험성이 있는 자이다(제2조의3).

3. 치료명령의 요건 및 기간

법원은 치료명령대상자에 대하여 형의 선고 또는 집행을 유예하는 경우에는 치료기간을 정하여 치료를 받을 것을 명할 수 있다. 치료를 명하는 경우 보호관찰을 병과하여야 한다.

보호관찰기간은 선고유예의 경우에는 1년, 집행유예의 경우에는 그 유예기간으로 하지만, 법원은 집행유예 기간의 범위에서 보호관찰기간을 정할 수 있다. 치료기간은 보호관찰기간을 초과할 수 없다(제44조의2).

4. 치료명령의 절차 및 집행

법원은 치료를 명하기 위해 보호관찰소에 피고인에 관한 사항의 조사를 명할 수 있고(제44조의3), 전문가의 진단을 요구할 수 있다(제44조의4).

치료명령은 검사의 지휘를 받아 보호관찰관이 집행하고, 정신건강의학과 전문의의 진단과 약물 투여, 상담 등과 정신건강전문요원 등 전문가에 의한 인지행동 치료 등 심리치료 프로그램의 실시 등의 방법으로 집행한다(제44조의6).

5. 치료명령대상자의 준수사항

치료명령을 받은 사람은 보호관찰관의 지시에 따라 성실히 치료에 응하고, 인지행동 치료 등 심리치료 프로그램을 성실히 이수하여야 한다(제44조의5). 대상자는 치료기간 동안 치료비용을 부담하여야 하지만, 경제력이 없는 사람의 경우에는 국가가 비용을 부담할 수 있다(제44조의9).

법원은 치료명령대상자가 정당한 사유없이 준수사항을 위반하고 그 정도가 무거운 때에는 유예한 형을 선고하거나 집행유예의 선고를 취소할 수 있다(제44조의8).

Ⅴ. 보호관찰

1. 보호관찰의 의의

보호관찰이란 치료감호 가종료자, 치료위탁된 자, 치료감호기간종료자 등에 대해 보호관찰관이 보호관찰법에 따라 그들의 사회생활을 지도·감독·원호하는 보안처분을 말한다. 피보호관찰자를 시설에 수용하지 않고 사회 내에서 지도·감독한다는 점에서 자유제한적 보안처분에 속한다.

형법상의 보호관찰의 성격에 대해서는 견해의 대립이 있지만 치료감호법상의 보호관찰은 보안처분이라는 데에 견해가 일치한다.

2. 보호관찰대상자

치료감호가 가종료된 자, 치료감호시설 외에서의 치료를 위하여 법정대리인 등에게 위탁된 자, 치료감호기간이 종료된 피치료감호자 중 치료감호심의위원회가 보호관찰이 필요하다고 결정한 자 등에 대해서는 보호관찰이 개시된다(제32조 제1항).

3. 보호관찰의 내용

피보호관찰자는 보호관찰법 제32조 제2항의 규정에 의한 준수사항을 성실히 이행하여야 하고, 치료감호심의위원회는 피보호관찰자의 특성을 고려하여 기타 특별히 준수하여야 할 사항을 따로 과할 수 있다(제33조 제1, 2항).

4. 보호관찰의 기간 및 종료

보호관찰의 기간은 3년으로 한다(제32조 제2항).

보호관찰기간이 끝났을 때, 보호관찰기간이 끝나기 전이라도 치료감호심의위원회의 치료감호의 종료결정이 있는 때, 보호관찰기간이 끝나기 전이라도 피보호관찰자가 다시 치료감호의 집행을 받게 되어 재수용된 때에는 보호관찰이 종료된다(제32조 제3항).

다만, 피보호관찰자가 보호관찰기간 중 새로운 범죄로 금고 이상의 형의 집행을 받게 된 때에는 해당 형의 집행기간 동안 보호관찰기간은 계속 진행되고, 이 형의 집행이 종료·면제되는 때 또는 피보호관찰자가 가석방되는 때에 보호관찰기간이 아직 남아있으면 그 잔여기간 동안 보호관찰을 집행한다(제32조 제4, 5항).

Ⅵ. 보안관찰

1. 보안관찰의 의의

보안관찰이란「보안관찰법」제2조 소정의 범죄(주로 내란·외환 등 반국가적 범죄) 또는 이와 경합된 범죄로 금고 이상의 형의 선고를 받고 그 형기 합계가 3년 이상인 자로서 형의 전부 또는 일부의 집행을 받은 사실이 있고 재범위험성이 있는 자(제3, 4조)를 사회 내에서 감독·지도·원호하는 보안처분을 말한다.

치료감호법상의 보호관찰처분이 사법처분이고 보호관찰소가 담당하는 데에 비해 보안관찰은 보안관찰처분심의위원회에 의한 행정처분이고 경찰서장이 보안관찰업무를 담당한다.

2. 보안관찰의 내용

보안관찰처분청구는 검사가 행한다(제7조). 검사의 청구가 있는 경우 법무부장관의 심사를 거쳐(제10조) 보안관찰처분심의위원회가 보안관찰처분 혹은 그 기각의 결정 등을 한다(제12조 제9항). 보안관찰처분에 관한 결정은 위원회의 의결을 거쳐 법무부장관이 행한다. 법무부장관은 위원회의 의결과 다른 결정을 할 수 없지만 위원회의 의결보다 유리한 결정을 하는 때에는 그러하지 아니하다(제14조).

보안관찰처분을 받은 자는 이 법이 정하는 바에 따라 소정의 사항을 주거지 관할경찰서장에게 신고하고, 재범방지에 필요한 범위 안에서 그 지시에 따라 보안관찰을 받아야 한다(제4조 제2항).

보안관찰처분의 기간은 2년으로 한다. 법무부장관은 검사의 청구가 있는 때에는 보안관찰처분심의위원회의 의결을 거쳐 그 기간을 갱신할 수 있다(제5조).

판례색인

[대법원]

[헌법재판소]

사항색인

[ㅋ]

[ㅌ]

저자약력

오 영 근

현재 한양대학교 법학전문대학원 명예교수
서울대학교 법과대학 및 대학원(법학사, 법학석사, 법학박사)
강원대학교 법과대학 교수
독일 Bonn 대학, Konstanz 대학, Würzburg 대학에서 연구
한국형사정책연구원 초빙연구위원
사법시험, 행정고시, 입법고시 출제위원
한국형사법학회 회장, 한국피해자학회 회장, 한국형사판례연구회 회장, 한국교정학회 회장, 한국소년정책학회 회장

저서 및 논문

형법각론(제9판, 공저, 2025)
형법연습(제2판, 2012)
객관식 형법(제2판, 공저, 2011)
로스쿨 형법(2009)
신형법입문(제9판, 공저, 2025)
범죄인의 사회 내 처우에 관한 연구 외 다수

노 수 환

현재 성균관대학교 법학전문대학원 교수
한국형사법학회 회장
서울대학교 법과대학(법학사)
국민대학교 대학원(법학석사, 법학박사)
제32회 사법시험 합격
제24기 사법연수원 수료(대법원장상 수상)
서울중앙지방법원, 서울동부지방법원,
전주지법 정읍지원, 인천지방법원 판사
법무법인 명인 대표변호사
사법연수원 형사소송실무 외래교수
대법원 양형위원회 전문위원, 법제처 법령해석심의위원
사법시험, 입법고시 출제위원(형법, 형사소송법)
변호사시험 출제위원

저서 및 논문

핵심형사기록(제9판, 2023)
죄형법정원칙과 법원 I (공저, 2023)
특별형법 판례 100선(공저, 2022)
신형법입문(공저, 2025)
형법각론(공저, 2025)
형법판례 150선(제3판, 공저, 2021)
형사소송법 판례 120선(제4판, 공저, 2019)
"특수상해죄에서 '위험한 물건을 휴대하여'의 의미" 외 다수

제 8 판

형법총론

초판발행 2005년 3월 10일
제 2 판발행 2009년 3월 10일
제 3 판발행 2014년 3월 15일
제 4 판발행 2018년 2월 28일
제 5 판발행 2019년 8월 10일
제 6 판발행 2021년 7월 30일
제 7 판발행 2024년 2월 20일
제 8 판발행 2026년 2월 20일

지은이 오영근 · 노수환
펴낸이 안종만 · 안상준

편 집 장유나
기획/마케팅 조성호
표지디자인 이영경
제 작 고철민 · 김원표

펴낸곳 (주) 박영사
서울특별시 금천구 가산디지털2로 53, 210호(가산동, 한라시그마밸리)
등록 1959. 3. 11. 제300-1959-1호(倫)
전 화 02)733-6771
f a x 02)736-4818
e-mail pys@pybook.co.kr
homepage www.pybook.co.kr
ISBN 979-11-303-9836-5 93360

정 가 43,000원